国家出版基金项目
NATIONAL PUBLICATION FOUNDATION

华侨华人与中国革命和建设丛书

任贵祥 主编

华侨华人与
毛泽东、孙中山等政党领袖

◎ 任贵祥 王婧倩 刘 颖 叶维维 张晓飞 著

UNITY PRESS 团结出版社

图书在版编目（C I P）数据

华侨华人与毛泽东、孙中山等政党领袖 / 任贵祥等著 . 一北京：团结出版社，2024.11
（华侨华人与中国革命和建设 / 任贵祥主编；4）
ISBN 978-7-5234-0780-6

Ⅰ . ①华… Ⅱ . ①任… Ⅲ . ①华侨－史料②华人－史料③民族领袖－生平事迹－中国－近现代 Ⅳ . ① D634.3 ② K827=6

中国国家版本馆 CIP 数据核字 (2024) 第 017162 号

责任编辑：陈　婧
封面设计：阳洪燕

出　版：团结出版社
（北京市东城区东皇城根南街 84 号　邮编：100006）
电　话：（010）65228880　65244790（出版社）
（010）65238766　85113874　65133603（发行部）
（010）65133603（邮购）
网　址：http://www.tjpress.com
E-mail：zb65244790@vip.163.com
tjcbsfxb@163.com（发行部邮购）
经　销：全国新华书店
印　装：三河市东方印刷有限公司

开　本：170mm×240mm　16 开
印　张：42　　字　数：488 千字
版　次：2024 年 11 月 第 1 版　　印　次：2024 年 11 月 第 1 次印刷

书　号：978-7-5234-0780-6
定　价：118.00 元

《华侨华人与中国革命和建设》丛书编委会

总序

郑建邦

中华民族经过五千多年的繁衍发展，已茁壮成长成一棵枝繁叶茂的参天大树，拥有众多根系和枝干，海外华侨正是其中一枝，一代又一代的华侨华人与祖国生死相依、荣辱与共。

自鸦片战争以来的近两个世纪里，世界各地几千万海外侨胞，始终与祖国同呼吸、共命运，积极发挥独特优势，为中国革命事业，为我国改革开放和社会主义现代化建设，为坚持“一国两制”、推进祖国统一，为传播中华文化、加强中外交流合作，作出卓越贡献。孙中山先生曾经说过“华侨为革命之母”；毛泽东主席曾为著名侨领陈嘉庚先生题词“华侨旗帜，民族光辉”；邓小平同志一再强调海外华侨华人的独特作用，“我们有几千万爱国同胞在海外，他们对祖国作出了很多贡献”；习近平同志指出：“长期以来，一代又一代海外侨胞，秉承中华民族优秀传统，不忘祖国，不忘祖籍，不忘身上流淌的中华民族血液，热情支持中国革命、建设、改革事业，为中华民族发展壮大、促进祖国和平统一大业、增进中国人民同各国人民的友好合作作出重要贡献。祖国人民将永远铭记广大海外侨胞的功绩。”事实证明，华侨华人为中国革命和建设事业立下的不朽功绩，历史不会忘记，人民不会忘记，祖国不会忘记！

顺应历史大势，共担民族大义，新时代中国特色社会主义建设赋予中华民族和海内外中华儿女共同的责任担当和历史使命。中共十八大、十九大、二十大向全党全国各族人民提出了全面建成小康社会的重大任务，明确了实现“两个一百年”奋斗目标，描绘了到21世纪中叶实现中华民族伟大复兴的宏伟蓝图。这是党和国家，也是全体中华儿女共同的梦想和心之所向。中国共产党正以巨大的政治勇气和强烈的责任担当，凝聚人心力量，义无反顾地肩负起带领全国各族人民实现中华民族伟大复兴的历史使命，为推动党和国家事业取得历史性成就、发生历史性变革发挥重大作用。

目前，华侨华人分布在世界上一百多个国家和地区，他们心系祖国，是中国联系世界的纽带，他们能用双方都能听得懂、听得进的语言，在海外讲好中国故事，让国际社会全面客观准确地了解中国。凝聚侨心、汇集侨智、发挥侨力，团结调动海外侨胞积极投身国家改革和建设事业，是党和政府的一项重要工作，也是广大华侨华人渴望与祖国人民一道同圆共享中国梦的殷切期盼。习近平同志强调：“在这个伟大进程中，广大海外侨胞一定能够发挥不可替代的重要作用。中国梦是国家梦、民族梦，也是每个中华儿女的梦。广大海外侨胞有着赤忱的爱国情怀、雄厚的经济实力、丰富的智力资源、广泛的商业人脉，是实现中国梦的重要力量。”

中国革命、建设和改革的历史实践昭示，华侨华人是我国全面建成小康社会、实现“两个一百年”奋斗目标和中华民族伟大复兴中国梦强有力的参与者、见证者、贡献者。在举国上下即将迎来中华人民共和国成立75周年之际，团结出版社推出献礼之作“华侨华人与中国革命和建设丛书”，并得到国家出版基金的资助，充分表明党和政府对广大海外侨胞的重视，对华侨华人与国家发展历史关系研究的重视。这套丛书的出版，意义重大，既是对华侨华人与中国革命和建设的关系史料做出的较为系统全面的整理与补充，又是对推动中国历史发展作出突出贡献的广大海外侨胞、国内归侨侨眷的高度认可，对全体中华儿女勠力同心、共同书写中华民族发展的时代新篇章具有重大现实意义和深远历史意义。

当今，华侨华人历史研究方面的著作不少，但尚未有专著能够全面系统地将华侨华人与中国革命和建设的关系史进行阐述。“华侨华人与中国革命和建设丛书”共6册，在立足史料研究的基础之上，明确正误，查漏补缺，填补空白，着重阐述了从鸦片战争至今180多年中国近现代历史上华侨华人与中国革命和建设的关系的历史，内容体系跨越中国旧民主主义革命、中国新民主主义革命、中国社会主义革命和建设以及中国特色社会主义这四个时期，是中国近现代历史的组成部分，是百年中国共产党成长史、七十多年中华人民共和国发展史和四十多年改革开放奋斗史的重要组成部分，也是华侨华人爱国史不可或缺的内容。丛书系统全面地印证了在中国民主主义革命、中国社会主义建设和改革开放的历史中，广大海外华侨华人及国内归侨侨眷是中国革命和建设的一支重要力量，他们为中国革命和建设事业作出不可磨灭的贡献，其历史功绩得到中国共产党历代领导人的高度赞扬。丛书还记录了毛泽东等几代中国共产党领袖及孙中山等国民党民主派领袖，与积极投身中国革命和建设事业的华侨华人的深情厚意，对我们深刻把握国家历代领导人的侨务理论，全面领会习近平新时代中国特色社会主义思想，落实党和国家的各项侨务工作方针与政策有重大意义。

在呈现和追忆这段历史，品评相关历史人物，在分析评价华侨华人与中国改革和建设的关系时，我们既要看到他们有超越时代的进步性，又要清醒认识到某些历史事实受当时社会客观条件制约而产生的历史局限性与片面性，这是我们在看待历史、分析问题时应当坚持的历史唯物主义和辩证唯物主义立场。本套丛书正是本着实事求是原则，客观展现华侨华人伟大功绩的真实记录。

为了保证丛书编辑质量，编辑委员会做了大量认真细致的组织和协调工作，特别是邀请了相关领域的知名文史专家、党史专家担任顾问，他们在百忙之中对丛书的编辑体例、内容框定、事实选材、写作规范等方面提出建设性意见和指导性建议，成为本套丛书得以高质量出版的重要保证。参与丛书写作的都是在近代历史研究、党史研究方面卓有建树和研究成果的专家学者，他们既有对近代史、华侨华人史、中国共产党历史的专业学术理论研究基础，又有深厚扎实的写作功底和文字处理能力。

近年来，团结出版社出版了许多优秀的人文社科类图书，受到广大读者好评，在海内外华人学者中拥有良好口碑，我们寄希望于本套丛书的出版，对华侨华人与中国革命和建设的关系史研究起到推动作用，对弘扬爱国主义精神，团结广大海外侨胞，增强民族凝聚力产生积极深远影响，为实现中华民族伟大复兴、促进世界和平与发展作出新的重大贡献。

2024 年 2 月 1 日

（总序作者系全国人大常委会副委员长、民革中央主席）

目 录

二、华侨华人的知心朋友周恩来

三、刘少奇国家视野中的侨务问题

四、朱德与华侨交往片断

五、邓小平开创改革开放时期侨务工作新局面

六、江泽民把侨务工作推进新世纪

七、胡锦涛关于侨务工作的新理念

八、习近平侨务工作的重要实践及丰富理论内涵

九、孙中山奉“华侨为革命之母”

十、黄兴率华侨为反清革命冲锋陷阵

十一、深受华侨华人爱戴的宋庆龄

一、党和国家侨务事业的擘画者毛泽东

毛泽东是中国共产党的创始人之一，中华人民共和国的主要缔造者，党的第一代中央领导集体的核心。在长期领导中国革命和建设实践中，他直接或间接地与华侨华人有着不同方式的交往，在党和国家侨务工作的历史上留下值得记录的一页。

（一）有关研究回顾

在中共党史界和侨史学界，对于毛泽东与华侨华人交往或者说毛泽东的侨务思想与实践有一定的研究，有必要加以介绍和梳理。

据笔者掌握的情况，目前尚未见到公开出版的毛泽东侨务思想与实践的专题资料和学术著作，有关这方面的内容在毛泽东生平思想研究中还是一个相对薄弱的环节。2003 年 3 月，国务院侨务办公室侨务干部学校为了侨务干部培训和教学的需要，编辑了《毛泽东周恩来朱德论侨务》的内部资料，收录了 1941 年至 1975 年间三位党的领导人涉及侨务问题的讲话、谈话、报告、题词等内容的语录 88 条，约 1.8 万字，是一本简明小册子。

2010 年 9 月，国侨办侨务干校在《毛泽东周恩来朱德论侨务》的基础上编辑了《论中国侨务》一书，收录了 1941 年至 2005 年共 65 年间，毛泽东、周恩来、朱德、邓小平、江泽民、胡锦涛等六位党和国家主要领导人论述侨务的语录 272 条；分为总论、论国外侨务工作、论侨务经济科技工作、论侨务文化教育宣传工作、论国内侨政工作、论新中国侨务机构和侨务干部等六章。该书作为侨务干部培训的内部教材、资料，未公开出版。该书是目前收录党的主要领导人论侨务唯一较全面的专题资料，史料价值较高。当然，有的基本资料仍没有收录进去，如周恩来的相关论述收录得就不够全面。

有关毛泽东论侨务问题的资料比较零散，见之于各种著作中，如《毛泽东书信选集》（人民出版社 1983 年版），《建国以来毛泽东文稿》第三册、第五册（中央文献出版社 1989 年内部出版），《毛泽东文集》第四卷（人民出版社 1996 年版）；再如中共中央文献研究室编《毛泽东年谱（1893—1949）》上中下卷（中央文献出版社、人民出版社 1993 年版）等资料，都零星涉及这方面的内容。全国政协文史资料研究委员会华侨组编的《峥嵘岁月——华侨青年回国参加抗战纪实》（中国文史出版社 1988 年版）一书，收录了 30 多位归侨青年从海外回国到中共领导的各抗日根据地参加抗战活动的回忆录。其中庄焰（菲律宾归侨）的《烽烟寸丹——延安的回忆》，王唯真（菲律宾归侨）的《归国奔延安》，苏惠（泰国归侨）的《去延安参加七大》等文章，介绍了他们在延安与毛泽东交往的片段。陈嘉庚的《南侨回忆录》（香港草原出版社 1979 年版），介绍了他在 1940 年五六月间到延安慰劳考察与毛泽东相识会谈的片段。司徒美堂的《旅居美国七十年》《我的生活经历》，司徒丙鹤（司徒美堂秘书）的《司徒美堂与美洲洪门致公堂》《美堂老人的“烈士暮年”》等回忆文章（收录在北京市政协文史资料研究委员会、广东省政协文史资料委员会编《回忆司徒美堂老人》，中国文史出版社 1988 年版；中国致公党中央委员会编《司徒美堂》，中国致公出版社 2003 年版），介绍了 1949 年政协召开期间毛泽东与司徒美堂的亲切交往，以及 20 世纪 50 年代前期他们之间有关侨乡土改问题的交流。另外，解放战争期间，中共中央机关报《解放日报》、《新华日报》（中共在国统区办的报纸）、《华商报》（中共在香港办的报纸），分别刊登了一些海外华侨给毛泽东的电文，阐述对国内政治的态度立场；毛泽东给他们回信，阐述中共对国是的主张，积极争取有正义感的侨胞反对国民党蒋介石内战专制独裁行径，支持中共自卫反击国民党军进攻的爱国民主运动。这些是反映解放战争时期毛泽东与华侨交往的第一手资料。

有关毛泽东与华侨华人关系的研究，在相关研究著作中亦有所涉及。石汉荣著《探解中国侨务》，第三编“侨务思想解读”第十一章“《毛泽东周恩来朱德论侨务》解读”第一节“毛泽东论侨务”认为，毛泽东的侨务思想大致有以下几点：一是“充分肯定和热情赞扬海外华侨对中国抗日战争所作出的巨大贡献”；二是“总结党在新民主主义革命时期的侨务政策”；三是“阐明中国共产党与海外华侨之间的关系”；四是“提出对海外华侨和侨务工作的希望和要求”；五是“海外侨务工作，不同国家应有不同政策”；六是“重视对海外华侨的教育和引导”；七是“提出取消双重国籍的侨务政策”。[①] 该书第四编“侨务百年实践”中的第十六至第十八章分别阐述了新民主主义革命时期、新中国建立初期、全面建设社会主义时期的侨务工作，零星涉及毛泽东的相关内容。

改革开放以来出版的六本有关华侨支援祖国抗战的著作，分别是曾瑞炎的《华侨与抗日战争》（四川大学出版社 1988 年版），任贵祥的《华侨第二次爱国高潮》（中共党史资料出版社 1989 年版），黄慰慈、许肖生的《华侨对祖国抗战的贡献》（广东人民出版社 1991 年版），任贵祥的《华夏向心力——华侨对祖国抗战的支援》（广西师范大学出版社 1993 年版），黄小坚、赵红英、丛月芬合著的《海外华侨与抗日战争》（北京出版社 1995 年版），任贵祥的《海外华侨与祖国抗日战争》（团结出版社 2015 年版），均或多或少地介绍了抗战时期毛泽东对于华侨的抗日统一战线思想和工作实践。

任贵祥、赵红英合作撰写的《华侨华人与国共关系》（武汉出版社 1999 年版），是阐述华侨华人与国共两党关系的通史著作，其中涉及抗战时期、新中国建立初期毛泽东的侨务思想与侨务工作；任贵祥著《华

---

① 石汉荣著:《探解中国侨务》，香港中国评论学术出版社 2004 年版，第 127—135 页。

侨与中国民族民主革命》（国家社科基金青年课题，中央编译出版社 2006 年版）一书，也介绍了抗战时期毛泽东的侨务思想及其对归侨的统战工作，尤其是详细阐述了全国解放战争时期毛泽东与华侨的电函来往，及其与侨领陈嘉庚、司徒美堂在政协会议期间的密切合作。任贵祥主编的《海外华侨华人与中国改革开放》（国家社科基金课题，中共党史出版社 2009 年版）一书，对新中国建立后有关毛泽东的侨务思想与实践作了阐述，并客观地指出了毛泽东晚年侨务理论与实践的重大失误。

有关毛泽东与华侨的关系、侨务思想与实践的学术论文比较少，产生一定影响的有以下几篇：

曾瑞炎的《毛泽东与华侨爱国统一战线》（《华侨华人历史研究》1993 年第 4 期）一文，阐述了抗日战争时期、解放战争时期和新中国建立初期，毛泽东对于华侨的统一战线理论与实践。文章认为，毛泽东关于华侨爱国统一战线的理论与实践，是中共统一战线的重要组成部分，也是毛泽东思想科学体系之一。我们在研究和总结民主革命时期和新中国成立初期，毛泽东在华侨爱国统一战线上所作大量工作取得的显著成效的同时，也应认真地、科学地吸取在新中国成立后“左”的错误及在“文化大革命”期间“无产阶级专政下继续革命”“左”倾思想的指导下，党的侨务政策和侨务工作遭到严重破坏，成为“重灾区”，给中国造成重大损失的深刻教训。如此评价是比较客观的。

郑应洽、卢宁的《毛泽东与华侨》[（《暨南学报》（哲学社会科学版）第 16 卷第 1 期，1994 年 1 月] 一文，全面阐述了毛泽东一生的侨务思想与实践；既介绍了毛泽东在侨务方面取得的成绩，也探讨了毛泽东在侨务方面的失误，由于晚年犯了阶级斗争扩大化的错误，直接或间接地影响到华侨工作，给广大侨胞带来不幸。但毛泽东在华侨问题上的功绩是不应抹杀的，他在华侨问题上的功绩与所犯的错误相比，功绩是第一位的。但遗憾的是该文有几处史实错误。[①]

任贵祥的《解放战争时期毛泽东与华侨来往电函解析》（《毛泽东邓小平理论研究》2005 年第 5 期）一文，通过解读解放战争时期毛泽东与华侨来往的电文，认为毛泽东不但把华侨作为统一战线的重要组成部分，而且非常注重发挥其特殊作用——把华侨看作反对内战、争取“和平民主”的重要力量；进而看出解放战争时期华侨与国共关系的变化，成为华侨与国共关系的一个分水岭。文章认为，通过电讯来往阐明各自的主张立场，是解放战争时期日理万机、戎马倥偬的毛泽东与华侨的一种特殊形式的交往，反映了在事关中国命运前途的抉择中，广大华侨对祖国政局的关心及中共对华侨的重视；通过这些电讯往来可以看出解放战争时期毛泽东对于华侨的统一战线思想，并反映出华侨对解放战争和创建新中国的贡献。

《毛泽东与陈嘉庚交往论略》（任贵祥著，《党的文献》2010 年第 2 期）一文，介绍了二十世纪四五十年代毛泽东与侨领陈嘉庚交往的“三部曲”，即“相识相交于中华民族的抗日战争中”，“同舟共济于创建新中国的大业中”，“肝胆相照于新中国的建设事业中”；文章进而认为这种交往对陈嘉庚由坚定的民主主义革命者向拥护社会主义的爱国者的思想转变有着重要影响，衬托出领袖与华侨民主人士肝胆相照、团结合作的民主空气和融洽氛围，以及中共领袖坦荡宽广的胸襟。

除以上几篇专门论述毛泽东与华侨关系的论文外，还有一些论著零星涉及毛泽东与华侨关系，不再展开介绍。

---

① 如文章说：“1935 年，新加坡《星洲日报》女记者随世界联合会代表团来延安参观”，受到毛泽东的接见，实际应为 1938 年，1935 年毛泽东还在长征途中，当时延安叫宝安；“1939 年底，由著名华侨领袖陈嘉庚率领的‘南洋筹赈祖国难民总会’（简称‘南侨总会’）回国慰劳”，时间应为 1940 年 3 月；“1945 年 8 月，毛泽东应邀到重庆与蒋介石谈判……其时正在重庆的陈嘉庚”，由于日军占领新加坡，陈嘉庚到印尼琅玛避难，日本投降后回到新加坡，当时陈并未在重庆。

（二）毛泽东与华侨交往的缘起

毛泽东何时接触华侨问题，何时与华侨有直接交往？

有学者推论说：至少从20年代就已开始了。1924年1月，中国国民党第一次全国代表大会在广州举行。毛泽东作为湘区代表，出席了大会。这次大会不但有来自世界各国的华侨代表参加，而且讨论了华侨问题，通过了有关华侨问题的决议案。[①]以上所述没有列举毛泽东与华侨交往的具体情况和资料依据，也就是说，这是一种推论。

带着上述问题，笔者查阅相关资料发现，毛泽东最早与华侨交往，是1920年11月25日致信给旅居新加坡、后侨居印度尼西亚的华侨教师张国基，答复他5月23日和9月19日的两封来信。毛泽东在信中说：弟对湘人往南洋有一意见，即湘人往南洋应“取世界主义，而不采殖民政策。世界主义，愿自己好，也愿别人好，质言之，即大家好的主义。殖民政策，只愿自己好，不愿别人好，质言之，即损人利己的政策”。[②]毛泽东在信中阐述了中国人移往海外属于和平移民，与西方国家损人利己地向海外殖民有本质的区别。也就是说，华人向外移民，是由于生活所迫或其他原因，自发地、无组织地以谋生为目的移往海外。他们既无长期生活在侨居地的打算，也没有领土扩张的动机，其与本国政府没有政治和经济关系，封建政府反而视他们为罪人。他们在侨居地地位低下，受到当地政府和殖民者多重奴役压迫。华侨与当地人民友好相处，以血汗和勤劳的双手开发建设第二故乡，对当地经济文化的发展贡献甚大。所以“华侨问题是移民问题，不是殖民问题”。这是毛泽东的信中关于

---

① 参见郑应洽、卢宁：《毛泽东与华侨》，《暨南学报》（哲学社会科学）第16卷第1期，1994年1月。

② 《毛泽东早期文稿（1912.6—1920.11）》，湖南出版社1990年版，第560页；另见中共中央文献研究室编：《毛泽东年谱（1893—1949）》上卷，中央文献出版社、人民出版社1993年版，第72页。

移民和殖民的区别。另外，毛泽东在信中还谈到与南洋文化交流问题，认为“南洋文化闭塞，湘人往南洋者，宜以发达文化为己任。兄等苟能在南洋为新文化运动，使国内发生的新文化，汇往南洋，南洋人（不必单言华侨）将受赐不浅”[①]。

介绍毛泽东致张国基信，有必要介绍张国基的简要情况。张是湖南益阳人，1915 年考入湖南省立第一师范学校，与毛泽东、李维汉、蔡和森等为同学。1918 年加入新民学会，五四运动时任湖南省学联副主席，积极参加毛泽东等发起的驱逐军阀张敬尧的斗争。1920 年被新民学会介绍去新加坡在华侨中学执教，翌年转赴印度尼西亚爪哇北加浪岸中华学校任校长。1926 年底回国参加北伐战争，第二年应毛泽东之邀，到武昌农民运动讲习所担任教务，遂由毛泽东介绍加入中国共产党。1927 年参加南昌起义。第二年重返印度尼西亚华校执教。1958 年回国定居。毛泽东与印度尼西亚湘籍华侨张国基通信，是目前见到的他与华侨最早的交往文字记载，而且他还亲自介绍张国基加入中共，表明了他们的密切关系。

中国共产党成立后立即投入领导中国革命的斗争中，由于党处于幼年时期尚不成熟，加之力量弱小，便与孙中山领导的国民党建立第一次国共合作，随即掀起国民革命高潮。在国共合作期间，毛泽东与国民党上层中的归侨即有接触和交往。辛亥革命元老、国民党左派、归侨廖仲恺，是孙中山改组国民党、实行国共合作的坚定支持者和重要助手；陈独秀、李大钊、毛泽东等人则是与国民党合作的中共代表。1923 年 6 月下旬，以讨论国共合作为主要议题的中共三大结束后，他们三人亲自到廖仲恺家商谈国共合作问题。[②] 虽然没有见到他们商谈的具体资料及内

① 《毛泽东早期文稿（1912.6—1920.11）》，第 560 页。

② 中共中央文献研究室编：《毛泽东年谱（1893—1949）》上卷，第 72 页。

容，但这是目前见到毛泽东与廖仲恺交往的最早资料。1924 年 1 月，中国国民党一大召开。大会代表共有 196 人，实际与会代表 165 人，其中海外党部代表即华侨党代表 34 人，各省选出的归侨代表有廖仲恺、冯自由、邓泽如、陈树人、方瑞麟、陈璧君等人。华侨和归侨代表共 40 多人，占与会代表的 1/4 多。[①] 据资料记载，毛泽东在国民党一大上是比较活跃的人物。他被大会推选为国民党中央执行委员会候补委员，并且是中国国民党章程审查委员。1 月 28 日，大会讨论《中国国民党章程》时，国民党右派归侨、广州市特别区代表方瑞麟等起来反对共产党员跨党，主张章程中增加一条："本党党员不得加入他党。"共产党代表李大钊起而反驳说："我等之加入本党，是为有所贡献于本党，以贡献于国民党的事业而来，断乎不是为取巧讨便宜、借国民党的名义作共产党的运动而来的"，"我们来参加本党而兼跨固有的党籍，是光明正大的行为"。李大钊的诚意，得到廖仲恺等代表的支持。毛泽东等则把握时机，适时提议停止讨论，请付表决。方瑞麟的提案被大会表决否定。[②] 这表明毛泽东和当时出席国民党一大的左派、右派归侨代表都有接触。1 月 31 日，召开国民党第一次执委、监委会议。孙中山主持会议，决定设立中央机构，组成国民党中央党部，并决定派遣执委分赴京、沪、汉等特别区，指导和监督当地党务，组织执行部。毛泽东被派到上海执行部，随即投入国民党上海执行部的工作。至此他仍然有与国民党归侨党员接触的机会。

廖仲恺是孙中山改组国民党的得力助手，他全力推动和实行国共合作，是坚定的国民党左派，也是共产党的挚友，但成为国民党右派阻挠国共合作的眼中钉。1925 年 8 月 20 日，在帝国主义的指使下，国民党右派分子在广州暗杀了廖仲恺。"廖案"发生后，共产党人周恩来参加悼

① 参见任贵祥著：《华侨与中国新民主主义革命——兼论民主革命时期华侨与中国共产党的关系》，中国华侨出版社 2006 年版，第 119、120 页。

② 中共中央文献研究室编：《毛泽东年谱（1893—1949）》上卷，第 121 页。

念活动并参与审理工作，并撰写文章纪念。毛泽东则指出了此案的真相，“廖案使民众认识了帝国主义及其附属物之残暴”；“本党用追悼及文字图画等的宣传，做得很不少”。[①] 这表明，共产党人积极参加廖仲恺的追悼活动，并围绕廖案开展了许多宣传工作，揭露帝国主义及国民党右派破坏国共合作的行径。根据毛泽东比较注重宣传的理念，笔者以为，其中应该包含着毛泽东本人的宣传活动。一两个月后，毛泽东被国民党中央委任为代理宣传部部长，也可以印证这一点。

第一次国共合作建立后，随即掀起国民革命高潮，毛泽东积极投入其中。1926 年 1 月 1 日至 19 日，国民党二大召开，毛泽东参加了大会。16 日下午，大会举行选举，毛泽东等六名中共党员被选为国民党中央候补执行委员，这其中有一位特殊人物——许甦魂，是广东潮州籍的南洋华侨，1921 年在马来亚吉隆坡加入中国国民党，归国后于 1924 年加入中国共产党，曾任大革命时期国民党中央海外部秘书，是国民革命时期国共两党中的活跃人物，也是捍卫国共合作、反对蒋介石集团发动反革命政变的坚定的革命者。

国民革命期间，毛泽东还与南洋华侨领袖、坚定的国民党左派、国民党中央海外部部长彭泽民（后任中国农工民主党副主席）共过事。彭泽民早年跟随孙中山革命，是同盟会、中华革命党、中国国民党马来亚吉隆坡、雪兰莪党组织的负责人，积极支持孙中山改组国民党和第一次国共合作，在国民党二大上当选为中央执行委员，随后参与由毛泽东任代理部长的国民党中央宣传部的工作。1926 年 4 月 27 日，国民党召开中央常委会第二十三次会议，会议批准由宣传部提出的四项议案，其中一项为指派汪精卫、陈公博、甘乃光、彭泽民、陈其瑗、林伯渠、毛泽

① 中共中央文献研究室、新华通讯社编：《毛泽东新闻工作文选》，新华出版社 2014 年版，第 5 页。

东七人为宣传委员会委员。5 月 13 日，毛泽东主持召开国民党中央宣传部所属宣传委员会第一次会议，彭泽民等出席议事。[①] 正是由于这一时期合作共事，为解放战争时期以彭泽民为首的农工民主党转向接受中共领导的反对国民党蒋介石内战专制独裁的斗争、参与创建新中国打下了基础。

第一次国共合作的国民革命时期，毛泽东与归侨尤其是国民党上层中的归侨有诸多合作共事的机缘，他们主要是围绕着国共合作和国民革命问题展开交往，其中既有与国民党左派归侨的真诚合作，也有与国民党右派归侨的矛盾斗争。但遗憾的是，此间毛泽东与华侨交往留下的相关资料殊少，笔者只是粗线条地笼统作些介绍，并根据间接资料作出某些合理的推论。

（三）抗战时期对华侨的统战工作

20 世纪 30 年代，随着日本帝国主义大肆发动侵华战争，中日民族矛盾逐渐上升为主要矛盾，为集中全民族的力量反抗日本侵略者，中国共产党首先倡导并提出建立抗日民族统一战线的战略策略。抗日民族统一战线，包括各党派、各阶层和社会各界的绝大多数中国人，当然也包括海外华侨在内。1935 年 8 月 1 日，中华苏维埃共和国中央政府、中国共产党中央委员会发表了《为抗日救国告全体同胞书》（即《八一宣言》，以下简称《宣言》），这是中共关于抗日民族统一战线的倡议书，也是土地革命战争时期党的侨务思想的一个飞跃。其标志有以下三点：一是这篇约 4000 字的《宣言》中有四处直接提到“华侨”问题，如果加上华侨政党——致公党，就是五处了，这是自中共成立以来正式颁布的中央文件、决议、宣言中从未有过的。二是《宣言》向全国发出抗日救国的“恳切号召”，明确将“一切关心祖国的侨胞们”与其他阶层并列；

① 中共中央文献研究室编：《毛泽东年谱（1893—1949）》上卷，第 162、164 页。

宣言建议组织抗日救国的最高机关——“全中国统一的国防政府”，这个政府“由工农军政商学各界，一切愿意抗日救国的党派和团体，以及国外侨胞和中国境内各民族，在民主条件下选出的代表”组成，把华侨摆到抗日救国的重要地位上。三是《宣言》郑重提出“保护侨胞在国内外生命、财产、居住和营业的自由”，并把它列为抗日救国的一条“行政方针”。[①]《八一宣言》反映了当时中共对华侨认识的程度。

1935 年，日军大举侵略华北，制造了华北事变，中华民族危机更加深重。在此背景下，爆发了一二·九运动，这标志着全国抗日救亡新高潮的到来。为了抵抗日本的大举侵略，挽救民族危亡，1935 年 12 月 17 日，经过长征落脚陕北的中共中央召开瓦窑堡会议，25 日，会议通过了《中共中央关于目前政治形势与党的任务决议》，制定了建立“最广泛的民族统一战线策略的总路线”，号召每一个爱国的中国人都应“参加到反日的战线上去”。会议制定了对各党派、各阶层的政策和策略，其中专门制定了对于海外华侨的政策，内容如下：

苏维埃人民共和国对海外华侨宣告，称赞他们历来帮助中国革命的爱国举动。蒋介石辈虽然久已叛变革命了，苏维埃人民共和国及全民族爱国人民却继承了太平天国以来的英勇事业，决心挽救中国于危亡，而致之于富强隆盛之域。苏维埃人民共和国在全国胜利之日，即华侨得到解放之时。一切国民党政府引导华侨沦于奴隶牛马的政策，均当彻底铲除，而代之以积极保护华侨的政策。在目前，一切被日本帝国主义及其他帝国主义国家排斥驱逐的华侨同胞，苏维埃给予以托庇的权利，并欢迎华侨资本家到苏区发展工商业。[②]

瓦窑堡会议及其决议，旗帜鲜明地向国内外同胞发出建立抗日民

① 《中共中央文件选集》第 10 册（1934—1935），中共中央党校出版社 1991 年版，第 518 页。

② 《中共中央文件选集》第 10 册（1934—1935），中共中央党校出版社 1991 年版，第 612 页。

族统一战线的号召，并专门提出了对华侨的统一战线政策和策略，比之《八一宣言》前进了一步。瓦窑堡会议决议是张闻天起草的，但它也反映了毛泽东的思想。《决议》和会后毛泽东所作的《论反对日本帝国主义的策略》的报告，共同奠定了党的抗日民族统一战线策略的理论基础，而且成为党整个政治路线转变的标志。抗战时期毛泽东有关华侨统一战线的思想与实践即源于此。

抗日战争全面爆发后，大批华侨青年回国参加抗战，其中有一小部分华侨青年来到陕甘宁边区所在地延安，使毛泽东有机会直接与普通华侨交往并留下有关资料。1940 年 3 月，新加坡著名侨领陈嘉庚组织南洋华侨慰劳考察团回国慰劳考察祖国抗战实况。五六月间，陈嘉庚等三人冲破国民党蒋介石的阻挠辗转来到延安，使毛泽东与陈嘉庚有了历史性的会见和交往的机会。

抗战时期，是毛泽东思想形成的时期，其标志是毛泽东思想的诸方面包括统一战线思想的成熟，毛泽东关于华侨是抗日民族统一战线组成部分的观点也是其统一战线思想的内容之一。1938 年 3 月 18 日，毛泽东为随马来亚华侨抗敌后援会代表团归国的辜俊英的纪念手册题词说："全体华侨同志应该好好团结起来，援助祖国，战胜日寇。共产党是关心海外侨胞的，愿意与全体侨胞建立抗日统一战线。"① 同日，毛泽东为南洋华侨战地记者通讯团题词道："马来亚的侨胞用一切力量援助祖国为中华民族的独立解放而斗争。"② 这两份题词是毛泽东关于华侨是抗日民族统一战线一部分的思想的体现。这两个题词，是党史、侨史相关论著所经常引用的。抗战时期毛泽东题词涉及华侨的还有，1938 年 3 月 10 日第二次为陕公题词："陕北公学是属于中华民族的，因为它为抗日救亡而设，

① 中共中央文献研究室编：《毛泽东年谱（1893—1949）》中卷，人民出版社、中央文献出版社 1993 年版，第 56 页。

② 蔡仁龙、郭梁主编：《华侨抗日救国史料选辑》，第 49 页。

因为它收纳了全国乃至海外华侨的优秀儿子。”[①] 这份题词是人们较少引用的。

由中共中央文献研究室、新华通讯社编，新华出版社出版的《毛泽东新闻工作文选》，收录了1938年10月12日至14日毛泽东在中共六届六中全会扩大会议上所作政治报告《论新阶段》第四部分《全民族的当前的紧急任务》节选，题为《高度发扬民族自尊心和自信心》。报告首先分析了新的抗战形势，即因为主要大城市与交通线的丧失，财政经济的困难，国际援助的不及时，因而发生着与增长着对于抗战前途悲观失望的情绪。而日寇、汉奸、亲日派，必将利用这种情绪，大放其和平妥协空气，企图动摇我抗战的决心。因此，目前一切宣传媒体的第一个任务，在于高度发扬民族自尊心与自信心，克服悲观情绪，反对任何投降妥协企图，坚持抗战到底。毛泽东指出：“为此目的，一切宣传鼓动应照顾到下述各方面。一方面利用已经产生并正在继续产生的民族革命典型（英勇抗战、为国捐躯、平型关、台儿庄、八百壮士、游击战争的前进、慷慨捐输、华侨爱国等等），向前线后方国内国外广为传播。又一方面，揭发、清洗、淘汰民族阵线中存在着与增长着的消极性（妥协倾向、悲观情绪、腐败现象等等）。再一方面，将敌人一切残暴兽行的具体实例，向全国公布，向全世界控诉，用以达到提高民族觉悟、发扬民族自尊心与自信心之目的。”[②] “慷慨捐输、华侨爱国”被毛泽东视为民族革命典型之一，一方面反映了毛泽东对华侨宣传工作的重视，另一方面体现了毛泽东对“华侨爱国”的高度评价。

毛泽东重视从理论上阐述抗日民族统一战线问题，写下了许多有关文章，提出了许多卓有建树的观点。在实际工作中，他非常重视做好统

① 郭同文：《从陕北公学到华北联大》，《人民日报》2005年6月28日，第15版；另见《人民日报》2007年1月29日，第2版。

② 中共中央文献研究室、新华通讯社编：《毛泽东新闻工作文选》，第47—48页。

一战线工作，对侨领陈嘉庚的统战工作就是其中一例。

陈嘉庚早年曾经大力支持孙中山领导的辛亥革命，是南洋同盟会的骨干。由于长期侨居在资本主义国家的殖民地，他对中共及其领导人毛泽东只是耳闻，并没有接触，也不甚了解。他一直把南京国民政府当作正统，对国民党蒋介石“抱有厚望”[①]。这是陈嘉庚早期的思想及其与国共两党关系的状况。

日本帝国主义大举发动侵华战争，中华民族再次面临生死存亡关头，举国一致，奋起抗战，广大华侨也以前所未有的救国热情投入到支援祖国抗战的浪潮中来。为了慰劳国内抗日军民，考察祖国抗战实况，陈嘉庚发起并率领南洋华侨回国慰劳团于 1940 年 3 月回国慰劳考察。在重庆，陈嘉庚受到蒋介石及国民党政要员们的“热情接待”，蒋还授意国民党中央组织部长朱家骅设宴招待陈，“宴间朱君招余入国民党”，被婉辞[②]。蒋介石几次会见陈，除攻击谩骂共产党外，还连续三次征求陈对国民党的意见，意欲拉陈入党，亦被婉辞。陈嘉庚抵达重庆不久，周恩来代表中共到其住处看望。毛泽东闻讯后电邀陈访问延安。5 月 31 日，陈嘉庚偕慰劳团成员李铁民（陈的秘书）、侯西反（南洋华侨筹赈祖国难民总会常委）三人冲破蒋介石国民党的阻挠，来到延安慰劳考察，受到边区党政军民的隆重欢迎。毛泽东与陈嘉庚首次见面。陈嘉庚对延安进行认真仔细的考察参观，多次与中共最高领导人会晤。6 月 1 日下午四时，毛泽东在杨家岭住处会见陈嘉庚，有关这次会见情形，陈嘉庚回忆道：

下午四点钟，余与侯君乘车赴毛主席之约，到时毛君已在门外迎接。其住居与办事所亦是山洞，大小与余寓略同。屋内十余支木椅，大小高

① 《陈嘉庚先生纪念册》，中华全国归国华侨联合会编印，第 9 页。

② 陈嘉庚：《南侨回忆录》，香港草原出版社 1979 年版，第 111 页。

下不一，写字木桌比学生桌较大，系旧式乡村民用家私，盖甚简单也。毛君形相容貌，与日报所载无殊，唯头发颇长，据言多病，已两月未剪去，或系住洞内寒冷所致。余言："何不另建住屋，敌机如来可进洞内。"答："亦有此打算。"又言他办公事多在夜时，鸡鸣后始睡，故日间须下午乃起床。余云："何不改日间工作，身体或可健康。"答："十年多如是，已成习惯。"余致慰劳毕。南洋女学生来，无敬礼便坐，并参加谈话，绝无拘束。又一男学生来亦然。少顷集美学生陈必达来亦如是。余乃知平等无阶级制度。近晚朱德陈绍禹夫妇亦到，诸人安然坐谈，未有起立行礼等项。诸男女学生相辞回去，唯陈必达留作伴。宴仅一席设于门外露天，取一旧圆桌面置于方桌上，已陈旧不光洁，乃用四张白纸遮盖以代桌巾，适风来被吹去即弃不用。同席十余人，毛夫人亦参加。①

另据《毛泽东年谱》介绍，在会见中，毛泽东就中共进行的反摩擦斗争和以斗争求团结的方针向陈嘉庚作了解释和说明，并设晚宴招待他们。会见和晚宴时，朱德和王明作陪。晚宴后，毛泽东等陪同陈嘉庚出席延安各界举行的文艺晚会。②文艺晚会是晚七时左右在中央大礼堂举行的，主题是"延安各界欢迎陈嘉庚先生晚会"。进入礼堂后，陈嘉庚被安排在毛泽东身边，他们的座位在礼堂中间靠前的木板上。当时中央大礼堂没有椅子，所有座位都是钉在木桩上的长木板。在延安中央党校工作的菲律宾归侨庄焰代表留延华侨致欢迎词后，陈嘉庚和侯西反先后上台讲话。随后，晚会开始，由鲁迅艺术学院演出《闲话江南》《黄河大合唱》等节目。

这两则资料，陈嘉庚的回忆介绍了毛泽东的生活起居情况，以及参加会见的人员；《毛泽东年谱》简要介绍了会谈的政治内容，即陈关心的

---

① 陈嘉庚：《南侨回忆录》，第 155 页。

② 中共中央文献研究室编：《毛泽东年谱（1893—1949）》中卷，第 191—192 页。

国共摩擦问题。两者合起来，则内容基本全面。

据《毛泽东年谱》记载，6 月 4 日下午，毛泽东到陕甘宁边区政府交际处看望陈嘉庚，交谈至夜十时左右。[①] 可见，这次两人晤谈时间很长，但不知所谈具体内容。《年谱》记述两者的见面仅此两次。而《陈嘉庚回忆录》则说："毛泽东主席来余寓所数次，或同午餐，或同晚餐。"这说明，两者会见不止两次。另据当时在延安的归侨王唯真回忆说："在这期间，毛主席、朱总司令曾经再一次邀请嘉庚先生到毛主席住处晤谈，反复阐述我党政策。毛主席、朱总司令还两次亲临交际处同嘉庚先生晤谈，并共进晚餐。"[②] 由此推断，毛泽东、朱德与陈嘉庚至少"晤谈"四次。但现有资料对他们晤谈内容记述甚少，除陈嘉庚在回忆录中对 6 月 1 日下午的晤谈有具体记述外，另一次较详细的晤谈忆述如下：

毛主席与余谈论两党摩擦事，余乘间告以"南洋华侨负抗战金钱责任，义捐不过十分之一，汇寄家用占十分之九，然均属政府所得外汇，概系兑现白银，如旧年（民廿八年），连美洲等处共汇来十一万万元。设政府以半数往外国采购军火，留半数汇来祖国作纸币基金，便可发出加四倍纸币，以作抗战军费，无须责成各省民众受公债困苦。自抗战以来，海外华侨提高爱国，并欣幸全国一致团结对外，可望获最后之胜利。兹若不幸两党恶感日剧，破裂内战，海外华侨必悲观失望，公私外汇定必降减，抗战经济或须发生问题，因自抗战以来外国未有借我现金，政府所倚赖全属华侨外汇，万望贵主席以民族国家为前提，降心迁就，凡有政治上不快事项，待抗战胜利后解决，此乃内部兄弟自生意见，稍迟无妨。"毛主席满口应承，言伊等绝无恶意，所有摩擦生端，皆由下级人造作，而中央多误信，嘱余谒见蒋委员长时，代为表白伊完全无恶意。

① 中共中央文献研究室编：《毛泽东年谱（1893—1949）》中卷，第 192 页。

② 王唯真：《陈嘉庚访问延安》，《回忆陈嘉庚文选》，中央文献出版社 2001 年版，第 116 页。

又云："君到此多日，所有见过此间情形，如回到南洋请代向侨胞报告。"毛主席所托两事，余均应承。然余心中已自揣度，凭余人格与良心，决不指鹿为马，不待到南洋，就是出延安界，如有关系人问余所见闻者，余定据实报告耳。①

这次晤谈内容具体翔实，陈嘉庚介绍了战时侨汇的贡献，并担心国共两党摩擦内战，恐影响侨汇，要毛泽东以大局为重，毛表示赞成并托陈代向蒋介石及南洋侨胞如实报告边区及共产党的态度，陈欣然应允。依笔者判断，这次当是 6 月 4 日下午及晚上的晤谈内容。陈嘉庚紧接着说：

余寓洞房前有一座小平屋，隔作两间房，矛盾（原文如此，应为茅盾——引者注）先生及寿长科（应为寿科长，国民党陕西省政府为陈嘉庚派的陪同人员，实际上起监视作用——笔者注）各住一间。晚餐后毛主席问余，寿科长住何处，余指指其住所，毛主席即入其屋谈话，役人立门外等候。余在洞房前待与毛君相辞，乃久不出。余回洞内半点钟复出，视毛君尚未出来，时近十点钟，洞外晚风寒冷，余乃入洞安眠，不知毛君谈至何时回去。以一省府之科长，毛主席竟与长谈若是，足见其虚怀若谷也。②

陈嘉庚这段回忆说明，毛泽东从下午到晚一直和陈晤谈，并共进晚餐，随后与国民党陪同人员谈话，在晚十时左右，与《年谱》所述时间基本吻合。由此可见，陈嘉庚在延安期间，与毛泽东至少有两次详细"晤谈"，另外还有两次见面造访。

陈嘉庚访问延安，和毛泽东等"谈得十分诚挚"③。通过短暂的考察和交往，思想敏锐的陈嘉庚感到，中国共产党人是坦诚务实的，毛泽东

---

① 陈嘉庚：《南侨回忆录》，第 159—160 页。

② 陈嘉庚：《南侨回忆录》，第 160 页。

③ 《张楚琨诗文选》，中国华侨出版社 1994 年版，第 18 页。

“是一个好领袖”，“他和蒋介石的为人，完全不同”[①]。从此，他对国共两党及其领袖的认识发生重大的转变，“从而把民族的命运寄希望于中国共产党身上”，认定“中国的希望在延安”。[②]与陈嘉庚有诸多交往、深得其信任的侨领庄明理，曾谈到陈嘉庚对他介绍在延安慰劳考察的情形：陈嘉庚对我们说，我对延安的印象，不是只凭毛泽东、朱德等共产党领袖们的介绍。我也同从集美、厦大和南洋到陕北参加革命的青年交谈，并且参观访问，了解那里的政治、军事、经济和民生，把在延安观察到的和国民党统治区相比较，就越来越觉得延安是中国的希望所在。在峨眉山的半个多月里，每谈起延安之行，嘉庚先生总是很兴奋。他感慨地说：“我未往延安时，对中国的前途甚为悲观，以为中国的救星尚未出世，或还在学校读书。其实此人已经四五十岁了，而且做了很多大事了，此人现在延安，他就是毛泽东。”[③]

通过这次暂短的与国共两党首脑的接触交往，陈嘉庚的思想确实发生了潜移默化的变化。他将国共两党、蒋介石与毛泽东、重庆与延安作了反复的比较，深深感觉到，中国共产党人是坦诚的、务实的。这位信仰孙中山三民主义的老同盟会员，对他以前熟悉的国民党及其领导人产生恶感，对以前陌生的共产党及其领导人毛泽东产生好感。这是他认识中国共产党并与其领导人接触、建立友谊的开始，是陈嘉庚一生政治思想上转折的起点。如廖承志所说：“南洋爱国华侨领袖陈嘉庚先生，这次回国慰劳并视察，亲自去了延安，通过实际观察，陈先生加深了对我党的了解，他的思想有很大的变化。”[④]曾长期在陈嘉庚身边工作的张楚琨

① 香港《华商报》1949年3月2日。

② 张楚琨：《陈嘉庚光辉的一生》，《华侨领袖陈嘉庚》，中央文献出版社2001年版，第15、16页。

③ 庄明理：《华侨旗帜　民族光辉——毛泽东和陈嘉庚》，见于俊道、李捷编：《毛泽东交往录》，人民出版社1991年版，第42—43页。

④ 《中共党史资料》第18辑，第129页。

说："延安之行是陈嘉庚一生的转折点和里程碑。"①

这次短暂的交往，对于中国共产党来说也是十分重要的，它宽广的胸怀、英明的主张、宏远的志向，被陈嘉庚所真正了解。因此说，这是抗战时期中共与海外侨领之间的一次具有重要历史意义的交往。正是通过 1940 年春夏这次回国实地慰劳考察，陈嘉庚对国共两党的认识和态度发生了重大变化。返回南洋后，他在不同场合谈到了回国考察的真实感受，因此惹恼了国民党蒋介石，遂在华侨中阴谋进行"倒陈活动"。当陈嘉庚受到攻击时，"香港八办"经请示中共中央同意，以毛泽东、周恩来的名义致电陈，对他无所畏惧、敢讲真话的精神给予赞扬和鼓励。不久，太平洋战争爆发，南洋沦陷，日军大肆捕杀爱国侨领，陈嘉庚处境十分险恶，被迫避居印尼玛琅。日本投降后，他安全返回新加坡，在重庆十团体举行的"陈嘉庚先生安全庆祝大会"上，毛泽东送去"华侨旗帜，民族光辉"的条幅，成为对陈嘉庚的历史性评价。周恩来和王若飞为陈送祝词："为民族解放尽最大努力，为团结抗战受无限苦辛，威武不能屈，庆安全健在，再为民请命。"②此祝词传颂于海内外。

作为中共领袖与海外华侨领袖，毛泽东和陈嘉庚相识相知于中华民族的抗日战争中。这种相识虽然是历史的瞬间，但身知心知，使中国共产党认识到这位著名侨领的民族正义感和鲜明的是非观念，对两位伟人后半生的交往产生了积极而深刻的影响。这是笔者详细考察陈嘉庚延安之行与毛泽东亲切交往的深层原因与重要意义所在。

陈嘉庚延安之行，被到处洋溢着高涨的抗日热情所感动，同时也感受到了共产党领袖和八路军将领的艰苦朴素及生活的艰辛困苦。返回南洋后，他一直思忖着给延安军民解决点实际困难，于是，他安排购买了

① 《张楚琨诗文选》，第 14 页。

② 陈嘉庚：《南侨回忆录》，第 370 页。

两辆美国生产的“福特”牌轿车，派人送到延安。中共中央接受了这位爱国侨领的心意，交代有关部门提出意见。有关部门经过认真研究，提议分配给毛泽东一辆作为专车。毛泽东得知这一情况后，坚决表示他不要专车，建议配给年纪较大、身体较弱的同志使用。有关部门最后决定，分配一辆给在前线指挥作战的朱德总司令；另一辆分配给年纪较大的林伯渠、谢觉哉、吴玉章、徐特立、董必武五老共用。“陈嘉庚赠车毛泽东让车”的故事在延安军民中传为佳话。①

除做侨领的统战工作外，毛泽东还力所能及地做一般华侨的统战工作，这主要体现在团结、关心、教育和信任来到陕甘宁边区参加抗战的归侨青年。

全国抗战爆发后，广大华侨在捐款献物支援祖国抗战的同时，还有许多华侨青年万里迢迢地回国参加抗战，其中有部分人奔赴中共领导的各抗日根据地。据当年从菲律宾回到延安的王唯真估计，抗战时期学习、工作和战斗在各抗日根据地的归侨青年总共约有 2000 人②。他们在党的亲切关怀和教育下，在各条战线上锻炼成长为抗日的骨干。如毛泽东在《青年运动的方向》的讲演中所说，“全国各地，远至海外的华侨中间，大批的革命青年来到延安求学”，他们“是抗日救国的先锋……全国青年运动的模范”③。

来到陕甘宁边区的归侨青年，倍感边区的温暖，他们和中国共产党的领袖们学习、生活、战斗在一起，受到培养、关怀和教育。当年到延安的许多归侨，始终难忘他们同毛泽东相处交往的情景，留下美好的

---

① 《陈嘉庚赠车毛泽东让车》（廖春梅摘自三九健康网），广东《红广角》月刊，2011 年第 1 期，第 21 页。

② 王唯真：《归国奔延安》，载全国政协文史资料研究委员会华侨组编《峥嵘岁月》，中国文史出版社 1988 年版，第 49 页。

③ 《毛泽东选集》第二卷，人民出版社 1991 年版，第 568 页。

回忆。

菲律宾归侨庄焰（原名卜一），1938 年来延安后进入中央党校学习，聆听过毛泽东、周恩来、刘少奇、朱德、张闻天、陈云、邓小平、邓发等领导人的演讲、报告或讲课，曾在谢觉哉的领导下主编《党校生活》杂志。1940 年五六月间陈嘉庚访问延安时，他给陈嘉庚和毛泽东当翻译（陈嘉庚只会讲福建话，不好懂），有机会和毛泽东接触。毛泽东详细地了解他在菲律宾的情况，风趣地称他为“洋包子”。毛泽东说，你的名字“卜一”三划太简单了，一看就是假的。这实际上是提醒他不要自我突出，要通俗化，后来他到东北便改名庄焰。纪念五四运动 20 周年时，延安召开模范青年大会，庄焰被中央党校选为模范青年，毛泽东亲手颁给他一枚模范纪念章，使他感受到边区革命大家庭的温暖。

1938 年，新加坡《星洲日报》女记者黄薇回国进行战地采访并来到延安，毛泽东接见了她。黄薇被延安的革命精神和抗战气氛所吸引，提出要留在延安。毛泽东劝她仍当记者，认为当记者也是学习，作为一个华侨记者，把自己的所见所闻向海外侨胞作宣传报道，使他们了解祖国的情况，增强抗战必胜的信心，这个工作很有意义。① 黄薇欣然接受了毛泽东的劝告。

泰国归侨苏惠，先是在上海做党的联络工作，后被推选为党的七大代表到延安。1941 年新年，毛泽东请她等五位女同志到家里吃饭。毛泽东询问了她沿途的经过，并扳着指头说，你们过了长江、黄河，中国的主要河流、山川、铁路都让你们走过来了。我们是大长征，你们是小长征。作为党中央的最高领袖，毛泽东这样风趣幽默，没有架子，平易近人，使她们倍感亲切。在党的关怀下，1945 年四五月间，苏惠作为正式代表参加了党的七大（参加中共七大的归侨还有候补代表何浚，会议旁

---

① 黄薇：《把抗日见闻报告海外侨胞》，载《烽火忆抗战》，人民出版社 1995 年版，第 420 页。

听人员陈子广、钟庆发、林仲、匡沛兴、阿里阿罕等）。

另一方面，在抗战时期，中国共产党及其领袖毛泽东的形象、主张，也通过归侨传播到海外。

1938 年秋，中共党组织从延安各个学校抽调 20 多名归侨党员和归侨青年成立海外工作团，有部分人被派到南洋侨居地向华侨开展宣传活动。他们在华侨中积极宣传中共的抗日主张及八路军、新四军英勇抗敌的事迹；向侨胞们讲解了毛泽东的《论持久战》《论新阶段》等著作及中共的抗日民族统一战线主张等。

1939 年至 1940 年，八路军驻香港办事处通过宋庆龄和香港爱国人士组织的保卫中国同盟和新文化书店等部门，翻印出版了毛泽东的《实践论》《矛盾论》《论持久战》《论新阶段》等著作，并用英文向国外发行。其中《论新阶段》是办事处请美国归侨张继（又称张纪）翻译的。

全民族的抗日民主统一战线，是打败日本侵略者的保证。但是抗日民族统一战线内部充满了复杂激烈的矛盾和斗争，以汪精卫为首的国民党投降派，在全面抗战爆发不久，即从抗日民族统一战线中分化出去，投降日本，成为最大的汉奸卖国贼；以蒋介石为首的国民党顽固派念念不忘借抗战之机限制和消灭共产党及其领导的抗日军队，致使战时国共两党频繁发生“摩擦”。因此，如前所述，陈嘉庚回国除考察广大军民的抗战情况外，异常关心国内政治，担心“摩擦”分裂，因而他密切关注政治问题。

除陈嘉庚外，远在大洋彼岸的美国侨领司徒美堂等也密切关注国内政局。皖南事变爆发前夕，当司徒美堂和另外两名致公堂首领阮本万、吕超然，得知国共两党高级将领就新四军移防问题针锋相对地发出“佳电”“皓电”的消息，已经敏锐地觉察到国共“摩擦”的严重性，立即致电国共两党领导人蒋介石和毛泽东。电文指出：“最近读朱彭叶项发表致何白佳电，胪列国共摩擦事件，言词痛切，初尚不敢轻信，迨中外电讯播传其事，始悉我军事当局确曾下令新四军移防，以及国军二十万五道封锁陕甘宁边区二十三县。国共分裂形势严重，祖国将有内战爆发之虞，各皆言之凿凿，证之佳电信而有征［证］，海外闻之，万分惊骇。思大敌当前，谁甘分裂自坏长城，自促亡国。”“夫以我全国抗战局面，此时若因国共摩擦，弄成分崩离析，则前方慷慨之英勇将士，不独头颅枉掷，宝血空流”；“后方之海外侨胞之踊跃捐输、牺牲一切，亦属枉费血汗，结果仍沦为无国之民也。言念及此，谁不痛心”。“今为我整个国族争取生存计，美堂等敢以血诚，向我国的两党呼号，敦请公等，速行负责，解决两党纠纷，放弃前嫌，重修兄弟之好，携手抗战。”“如蒙采纳，国家幸甚，民族幸甚。”[①] 电文字字血泪，既有担心，又有规劝；语言十分中肯，衷心希望国共两党以抗战大局为重，表达了全体华侨的正义呼声。

但是，蒋介石不顾民族团结抗战的大局，不顾司徒美堂等的苦苦规劝，而是抱着狭隘的党派私见，在蓄谋已久的基础上，公然于 1941 年 1 月 6 日发动皖南事变，派重兵围歼由皖南北移的新四军，造成新四军伤亡近万人。国民党顽固派气焰嚣张，制造“千古奇冤”，震惊中外。事变发生后，在海外华侨社会引起轩然大波。广大华侨致函通电，纷纷谴责事变的发动者。[②] 由于中国共产党有理、有利、有节的针锋相对的斗争，国际社会的强大压力，以及国内外舆论的强烈谴责等多重因素的作用，国民党发动的这次反共高潮终于被打退。

海外华侨愤怒谴责国共自相残杀、维护国共合作的态度和表现，使

---

① 《新中华报》1941 年 2 月 20 日；另见中国致公党中央研究室编：《司徒美堂》，中国致公出版社 2003 年版，第 298—299 页。

② 有关华侨谴责蒋介石国民党发动皖南事变的情况，任贵祥著：《华夏向心力——华侨对祖国抗战的支援》《华侨与中国民族民主革命》《华侨与中国新民主主义革命——兼论民主革命时期华侨与中国共产党的关系》等著作均有介绍。

毛泽东看到了他们是维护正义、坚持抗战、捍卫国共合作的重要力量，因此，在反击国民党顽固派发动第二次反共高潮的斗争期间，他比较注重争取一些有正义感的侨领。1941 年 3 月 14 日，毛泽东复电司徒美堂、阮本万、吕超然等人，对其“关怀祖国，呼吁团结，敬佩无已”，痛陈蒋介石袭击皖南新四军等一系列倒行逆施，尤其是 1 月 17 日国民党政府军事委员会发布通令，诬蔑新四军为“叛军”，宣布撤销新四军番号并将军长叶挺交军法审判，国共合作已遇到严重危机，阐明中共“业向政府当局提出时局善后办法及临时办法十二条，尚祈公等一致主张，予以赞助，以期迅速见之实行”①。

在国内外各方包括海外华侨舆论谴责的压力下，国民党当局不得不有所收敛，蒋介石被迫表示，“以后决无剿共的军事”，“中国绝无发生内战或内部分裂的危险”。如当时中共中央的通报所指出，“海外侨胞反对内战”和“团结进步的运动正在开展”，使“国民党方面在各方反对其反动措施的压力下，虽然不会变更其反动的根本计划，但更大的破裂却有被制止的可能”。②

1941 年上半年，欧洲德国法西斯势力嚣张狂妄，不可一世，在占领大半个欧洲后，正阴谋准备东向偷袭苏联，西方大国则采取放纵德国法西斯的绥靖政策；中国抗日战争进入艰难的相持阶段后，面对日本侵略者的嚣张气焰，以汪精卫为首的国民党亲日派，公然卖国投敌，成立汪伪国民政府，国民党顽固派也不像抗战初期那样积极抗日，国内外形势日益复杂，致使某些海外的华侨对祖国抗战形势感到担忧。1941 年正月，美国华侨王履孚、甄玉莹曾为此致函毛泽东。5 月 25 日，毛亲自回信，对他们“关怀祖国，力主团结抗战，钦佩良深”，“所可虑者，日妥协诱

① 《八路军军政杂志》第三卷第四期，1941 年 4 月 25 日。

② 《中央关于华侨对国民党挑动内战的反映的通报》，1941 年 2 月 26 日。

迫投降之说，近忽甚嚣尘上，远东慕尼黑之阴谋，死灰复燃，亲日派之活动，未可忽视”，“所可告者，不论国际风云如何诡谲，敌伪与亲日派如何呼应，中共同人必与国内一切真诚抗日之党派团结抗战到底，不达民族解放之目的誓不休止”。[①] 回信对华侨担心的问题作了解答，并表明了中共坚决抗战到底的决心。

尽管抗日战争时期毛泽东与华侨的交往是有限的，而且主要是与来到陕甘宁边区的一些归侨青年直接交往，见到的侨领只有陈嘉庚一人，但是这有限的交往所取得的效果是明显的，形成了毛泽东对于华侨的统一战线思想及实践，并使侨领陈嘉庚的思想发生了实质性的转变。

（四）解放战争时期的电函来往

抗日战争胜利后，经过多年惨烈的战争创伤，中国大地满目疮痍。战后中国向何处去，建立一个什么样的国家？面对这样一个事关国家民族前途的重大抉择，国内各党各派提出了各自不同的建国主张：中国共产党主张建立一个和平民主富强的新中国；而国民党蒋介石则要建立一个代表地主买办资产阶级利益的一党专政的国家；各民主党派则热衷于建立一个介于国共之间的“地道的”资产阶级共和国；全国人民以及海外侨胞共同愿望祖国和平生息，医治战争创伤，恢复和发展经济，使中国繁荣昌盛，屹立于世界民族之林。各党各派各界都在为实现自己的主张和目标而奋斗，使国内政局纷繁复杂起来。

海外华侨时刻关注着国内政局，并经常发表自己的政见，这样就留下大量华侨与国共两党交往的文电，其中包括一些华侨与毛泽东来往的文电，电讯来往成为解放战争时期毛泽东与华侨交往的一种特殊形式。

抗战时期，由于中国共产党实行了正确的方针、路线和政策，党及其领导的人民军队得到发展壮大，成为战后中国政坛上唯一能够与国民

① 中央文献研究室编：《毛泽东年谱（1893—1949）》中卷，第300—301页。

党抗衡的举足轻重的力量。抗战胜利之际，即1945年8月25日，中共为顺应全国人民的要求，发表了《对目前时局的宣言》，提出了和平、民主、团结三大口号，赢得了全国人民及海外侨胞的拥护。蒋介石国民党虽然仍“坚持独裁和内战的反动方针”，但由于各方压力及其准备不足，不得不作出“和平”的姿态，连续三次电邀毛泽东赴重庆谈判，不久又召开政治协商会议，国内呈现出暂短的和平局面。

美国侨领李国钦得知毛泽东赴重庆谈判，致电说，要建立一个真正民主的国家，保持我们14年来流血与牺牲所赢得的自尊和地位，则中国的团结是必需的，“我们祈求先生尽最大的能力，使这一众人热望的情形能够实现”，使我们受尽艰辛的民众能享受和平的果实，尽心尽力，贡献于战后我国的建设。[①]电文语言诚恳，希望祖国团结和平发展，反映了旅美侨胞的心声。

众所公认，广大华侨为祖国抗战作出了巨大的贡献，正是在这场空前的民族解放战争中，一部分华侨通过援助祖国抗战了解和认识了中国共产党，并与其建立了深厚的友谊；某些以前不了解中共甚至抱有偏见的侨领侨商对国共两党的认识也发生转变，其中最典型的莫过于陈嘉庚和司徒美堂了。

如上所述，在抗战前视国民党为正统、对蒋介石抱有幻想的陈嘉庚，抗战期间通过回国慰劳考察，耳闻目睹，对比思考，使他对国民党及其首脑大为失望，对共产党及其领袖产生好感并寄予希望，对国共两党的认识发生了质的转变。也正因为抗日战争时期与中共的交往，在解放战争时期陈嘉庚与中共及毛泽东的共识进一步增强，关系进一步发展，发展为患难之交、真挚的朋友。当抗日战争胜利、全国人民沉浸在胜利的欢呼声中，而蒋介石国民党玩弄两面伎俩：一面连续三次邀请毛泽东赴

---

① 《重庆谈判纪实》，重庆出版社1983年版，第178页；《新华日报》1945年9月13日。

重庆谈判；一面磨刀霍霍，阴谋部署内战，妄图吃掉共产党。毛泽东以国家、民族利益为重，不顾个人安危，毅然决定赴重庆同蒋介石谈判。陈嘉庚闻讯，担心毛泽东安全，致电劝毛泽东不要去谈判；同时针对社会各界，包括许多进步人士要求国民党“还政于民”的呼声，陈嘉庚给香港《华商报》题词道：“还政于民，谋皮于虎。蜀道崎岖，忧心如捣。”[①]提醒人们对蒋介石不要抱有幻想，可见他对蒋之为人看得入木三分，也反映了他对毛泽东的敬重及对毛安全的焦虑。

早在日本发动太平洋战争致南洋各地沦陷后，日军对广大华侨和当地抗日志士进行血腥的镇压屠杀，尤其是疯狂搜捕屠杀抗日救国的华侨志士。侨居新加坡并领导南洋华侨掀起轰轰烈烈的抗日救亡运动、深孚众望的侨领陈嘉庚则成为日军的重点搜捕对象，处境异常凶险。陈嘉庚被迫化装逃难到印度尼西亚的爪哇玛琅避难三年多。1945 年 8 月 15 日，日本宣布投降后，南洋各地纷纷解放。隐姓埋名的陈嘉庚安全返回新加坡。

1946 年春，侨领庄明理从重庆经香港来到新加坡，向陈嘉庚介绍了毛泽东赴渝同蒋介石谈判、国共签署“双十”协定及蒋阴谋撕毁协定、部署内战等情况。当时，细心的庄明理看到在陈嘉庚办公场所怡和轩会客大厅的墙壁上悬挂着毛泽东的画像，这是南洋公开悬挂的第一张毛泽东的画像。[②]由此庄明理对陈嘉庚的政治倾向了然于心。

美洲侨领司徒美堂于战后归国时，在中国民主同盟举行的招待会上发表讲话表示，望各党派和衷共济，使国家保存元气，进行建设。他在对《联合晚报》记者谈话时，再次呼吁“国共两党首先无条件停战”。

---

① 庄明理：《华侨旗帜 民族光辉——毛泽东和陈嘉庚》，见于俊道、李捷编：《毛泽东交往录》，第 43—44 页。

② 庄明理：《华侨旗帜 民族光辉——毛泽东和陈嘉庚》，见于俊道、李捷编：《毛泽东交往录》，第 44 页。

1945 年 11 月 27 日，他致电国内各界，呼吁反对内战，力争民主。12 月 28 日，毛泽东复电司徒美堂说：

纽约司徒美堂先生勋鉴：

顷接十一月二十七日代电，反对内战，力争民主，不胜钦佩。敝党代表团久已抵渝出席即将召开之政治协商会议，并已向政府当局提议立即无条件全面停止内战，结束一党专政，成立民主联合政府，以谋国家之团结、统一与和平建设。尚祈贵党与全美侨胞，一致主张，促其实现。民族前途，实深利赖。

中国共产党中央委员会主席　毛泽东

十二月二十八日[①]

这是毛泽东给司徒美堂的第二次复电（第一次是在 1941 年初皖南事变期间），该电报至少反映了三个方面的内容：一是对司徒美堂主张“反对内战，力争民主”深表钦佩，说明两者对战后国内政局的主张在总体上是一致的。二是向司徒美堂及美洲侨胞通报了中共已派代表团到重庆出席即将召开的政治协商会议，并郑重地向国民党政府当局阐明了全面停止内战、成立民主联合政府的主张。三是对中国洪门致公党美洲总部（1945 年 3 月美洲洪门组织召开恳亲大会，决议将美洲致公堂改为“中国洪门致公党”，司徒美堂任美洲总部主席——笔者注）及全美侨胞促进和平民主寄予期望。

毛泽东给司徒美堂的复电，除了礼节上的因素外，表明中共对这位资深的美洲侨领及其领导的致公党组织的重视；还有一个重要原因，就是两人对战后政局主张“反对内战，力争民主”“取消一党专政，实现民主政治”[②]等有着诸多共识。

① 《毛泽东文集》第四卷，人民出版社 1996 年版，第 85 页。

② 1945 年三四月间，美洲致公堂改组为“中国洪门致公党”时，“对内主张各党各派团结一致，制定宪法，取消一党专政，实现民主政治”。见菲律宾《华侨导报》1945 年 7 月 1 日。

1946年，是决定中国政局走向至关重要的一年。国共两党政治谈判紧锣密鼓地进行。1月上旬，国共两党达成停战协定。1月中下旬各党派参加的政治协商会议在重庆举行，会议通过的五项协议总体上是有利于和平民主的大方向的。但蒋介石国民党出尔反尔，不断破坏停战令和政协协议（如制造“较场口事件”和“下关惨案”等），并暗中调兵遣将，阴谋部署内战。表面的和平局面隐藏着内战杀机。最终蒋介石国民党于6月26日悍然撕毁停战协定和政协决议，发动全面内战。中共及其领导的人民军队奋起自卫。在这种严重的局面下，海外华侨忧心如焚，不断就国内局势致电国内各党派团体及领袖，阐明自己的主张。

为了使海外华侨了解国内政局真相，争取他们的同情和支持，毛泽东对华侨的来函来电很重视，并多次亲自复电，通报国内的局势，揭露国民党发动内战、独裁专制的阴谋，阐明中共的主张。因此，1946年是毛泽东与华侨来往函电较多的一年。

1946年春天，美国海员工会侨胞邝赛朝等3000多名华侨会员致电宋庆龄，转国民党蒋介石、中共毛泽东、民主同盟张澜，指出：

美国海员工会中三千华侨会员要求根据停战协定与政协决议，立即停止中国内战，实现和平与重建中国。我们厌恶在内战中使用日伪军与美军的办法。我们认为必须肃清空前的贪污，取消一党专政，代之以民主联合政府。美国劳工界将尽一切力量拥护民主自由独立的中国。

美国海员工会的电文，主张根据停战协定和政协决议，停止内战并实现和平建国；反对国民党利用日伪军及美军做帮凶打内战；肃清贪污、取消一党专政、建立民主联合政府。这三项内容均切中要害，基本是站在中共立场上谴责国民党的。毛泽东对诸多华侨工友的来电十分看重，于6月24日回电说：

邝赛朝先生暨美国海员工会三千华侨工友：

接获来电，得悉诸位工友呼吁立即停止中国内战，取消一党专政，成立民主联合政府，并对依靠外力进行内战的行为表示义愤。诸位关怀祖国前途，热爱和平民主，令人感佩兴奋。深望诸位再接再厉，唤起全美侨胞、全美劳工界与各界人士，要求美国当局立即停止对国民党独裁政府的任何援助，撤退驻华美国海陆空军，并撤销已向美国会提出的继续军事援华法案，使中国和平民主得以早日实现，中美传统友谊得以保持。

中国共产党中央委员会主席　毛泽东

一九四六年六月二十四日①

从毛泽东复电的内容考察，他对美国华侨工友与代表中国工人阶级的中国共产党的主张基本一致，表示“感佩兴奋”，同时期望他们唤起全美侨胞及美国劳工界及各界人士，促使美国政府撤销军事援华法案。如果说前述致电司徒美堂可看作是对美洲侨领的争取，那么这次复电美国华侨海员工人，则是对华侨下层的争取。

东南亚诸国华侨曾遭受日本法西斯侵略者的血腥殖民统治，虎口余生，更加渴望战后祖国有一个和平民主的局面。马来西亚槟榔屿华侨各业总工会及工团代表大会等致电毛泽东，呼吁制止内战，建立民主联合政府，结束一党专政，以期国家得永远和平，并促美国早日撤退驻华美军，停止干涉中国内政。毛泽东复电道：

贵会反对内战，呼吁和平，提出各项主张，均切中时弊，甚值敬佩！为我国谋独立民主和平，乃敝党所订建国之基本方针，而解决当前危机局面，则应停止内战，重开政治协商，一切争端均以政治方式解决。而好战分子们不此之［识］，致内战继续扩大，时局日趋严重。敝党将与海外侨胞与全国人民一致努力，挽此危局，并本和平民主方针

① 《解放日报》1946年6月25日。

奋斗到底。[①]

毛泽东给槟榔屿工界侨胞复电时，国民党蒋介石已经发动全面内战。因此，电文“敬佩”华侨勇敢地反内战、要和平等主张；阐明谋求“独立民主和平”是中共的基本方针，因此解决内战危机的措施，则为停止内战，重开政治协商；而好战分子反其道而行之，使内战扩大，时局严重。此电向侨胞申明，虽然内战已经爆发，中共仍将与国内外主持正义的同胞们一道，为和平民主而不懈努力。

除了与国外华侨函电交往外，因工作关系，毛泽东与当时在延安的归侨也有信函来往。1946 年五六月间，毛泽东给新华社、《解放日报》社代理社长兼总编辑的归侨余光生发出有关宣传问题的两封信。5 月 22 日的信题为《摩擦消息暂停广播》，指示：

从二十三日起，摩擦消息暂行停止广播，惟报上仍可登载一部分。对马歇尔声明如写评论，请送我一阅为盼！

6 月 30 日的信题为《适时揭露敌人》，要求：

从现时起，凡各地蒋军向我进攻之消息，均请发表，并广播；因蒋口头说停战，实际在作战，我应发表新闻予以揭穿。本日《参考消息》中，《顽军侵占青州龙山两车站》、《文水阎军占我孝义镇》等消息请补发后播，并登报。

今日报纸头条新闻黄墨涵等名流，似在渝不在沪，说他们在沪是否有错，请加考查。[②]

毛泽东适时对党的新闻宣传工作发布指示并提出具体要求，反映他对新闻宣传时机进行动态性把握。余光生是一位资深的华侨报人。他出生于日本东京，后随父母回国，就读于上海交通大学机械系。毕业后于

---

① 《毛泽东电复槟榔屿侨胞》，《新华日报》1946 年 8 月 9 日。

② 毛泽东：《宣传一定要适应形势的发展变化》（1946 年 5—9 月），中共中央文献研究室、新华通讯社编：《毛泽东新闻工作文选》，第 176 页。

1928年赴美国入密歇根大学研究院，参加美国共产党领导的美洲华侨反帝大同盟，任机关报《纽约先锋报》编辑，并加入美共，任美洲华侨反帝大同盟执委、书记，《救国时报》编辑，美共中国局委员、书记等职。1939年底归国并于翌年至延安，一度任毛泽东英语翻译，历任《解放日报》国际版主编、代总编、副总编、总编辑，《解放日报》社和新华社代理社长兼总编。他与博古协作契合，“博古能写，光生能改”一时传为佳话。[①] 后到东北解放区铁路局工作。新中国成立后，历任哈尔滨铁路局局长、铁道部副部长等职。

中国民主同盟是抗战后期建立的介于国共两党之间的“第三大党”，战后民盟在南洋各地建立了分部。民盟及其海外组织均旗帜鲜明地反对内战专制、争取和平民主，并在这方面作出了很大的努力。1946年九十月间，民盟马来亚霹雳分部盟员大会主席王廷俊致电毛泽东，电文如下：

中国共产党主席毛先生钧鉴：

我国经八年抗战后，百业凋敝，民不聊生，咸认非和平民主不能复兴中国，本同盟分部于本月十五日举行会员大会，除决议［请］蒋主席速下令停止军事冲突、恢复政治协商外，复决议电情［请］阁下竭力避免军事冲突，采和平民主方法以达联合政府之实现，切盼。

中国民主同盟马来亚霹雳分部盟员大会主席　王廷俊

九月廿日

王廷俊的主张，在海外华侨民主人士中具有一定的代表性，基本上反映了海外华侨资产阶级的主张。其对国共两党均提出了要求，但主张和平民主，呼吁国共停止军事冲突，建立联合政府，实质上是反对国民党专制独裁、发动内战的。应该说，其主旨是好的。毛泽东复电道：

---

① 中共延安市委统战部组编：《延安时期侨务工作史略》，中国文化出版社2012年版，第265—266页。

中国民主同盟马来亚霹雳分部盟员大会主席王廷俊先生钧鉴：

九月廿日代电敬悉，贵盟痛恶内战，呼吁和平，所提甚为切中时弊，敝党自日寇投降之后，即以和平民主与独立为奋斗之目标，但国民党好战分子恃有美政府外援，坚持独裁，坚持内战，破坏政协决议、整军方案与停战协定，数月以来以无理要求作为商谈条件，以掩蔽其进行扩大内战之烟幕，发展至目前，已到最严重阶段。解决的关键为使一月政协决议切实付诸实施，希海外侨胞诸贤达，再接再厉，为祖国之和平民主独立而努力，敝党亦当本此方针奋斗到底。

中国共产党中央委员会主席　毛泽东

十月八日[①]

毛泽东的复电除赞成王廷俊的主张外，又指出国内时局已到最严重阶段的症结所在——国民党好战分子依赖美国的支持，坚持独裁内战，破坏和平协议，直至发动全面内战。显然，是要使王廷俊及海外民主党派人士清楚国内局势严重逆转，责任不在共产党，而在国民党。尽管如此，中共仍不放弃和平，并希望华侨再接再厉，为争取民主和平而努力。

对于国共发生内战，海外华侨深表痛心，纷纷致电国共两党领导人。1946 年 10 月 10 日，新加坡召开华侨和平民主促进祖国大会，号召华侨参加和平民主运动，200 多个侨团的各界侨胞 5 万多人参加大会，大会为呼吁和平民主而发表宣言，并分别致电国共两党领导人，致蒋介石电指出：

窃念当年建国艰难，厥为推翻专制，建立民主，方今内战烽火，势成燎原，外军驻境逡巡不去，党未还政，民不聊生，长此蹉跎，国将不国。用特电请立即停止内战，重开政治协商会议组织联合政府，并促美军撤出中国，挽回民族危机，实现和平民主，临电不胜企祷之至。

① 《民盟马来亚霹雳分部电促和平，毛主席复电共勉》，《解放日报》1946 年 10 月 12 日。

致电毛泽东说：

回顾祖国内战猖狂，民生憔悴，和平民主实现无期，外国驻军主权丧失，除电蒋主席停止内战，重开政协会议，组织联合政府，催促美军撤退外，尚望先生坚持团结，化干戈为玉帛，以民主奠和平，临电不胜祷盼之至。①

同年10月26日，缅甸华侨团体旅缅集美校友会、安溪会馆、新仰光报等九团体致电蒋介石、毛泽东说：

对日八年苦战，人民生命财产损失惨重，胜利以后，方期努力建设，以臻富强之域，不图祸起萧墙，国共自相残杀，重陷国族于万劫不复之地，窃以为如有争执，宜循政治协商方式以谋解决，万勿以兵刃相见，陷人民于水深火热之中，而实现民主政治，尤为促进国家和平团结必要之举。②

从电文可见新加坡、缅甸华侨反对内战、主张和平的鲜明态度，及其对国共两党领导人的期待。目前未见蒋介石、毛泽东对这封电函的回复和反应，但从电文的倾向性判断，前者是反感的，后者是支持的。

蒋介石国民党一意孤行，不顾中共、民盟等多数民主党派和社会贤达的强烈反对，一面穷凶极恶地进行内战，一面于1946年11月15日至12月25日召开一党包办的“国民大会”，通过所谓的《中华民国宪法》，并选举蒋介石为总统。至此，蒋介石国民党已彻底关闭和平的大门，政治上陷入非常孤立的境地。

11月22日，暹罗华侨建国救乡联合总会、暹罗职工总会、暹罗华侨青年会、暹罗华侨教育协会、旅暹琼崖同乡会等71个侨团代表八万多华侨会员一致认为，国民党召开的一党“国大”是非法的、不民主的。

① 《华商报》1946年10月19日。

② 《缅甸华侨团体电蒋主席毛泽东呼吁和平协商》，《华商报》1946年10月30日。

他们向国共两党、民盟领导人及全国同胞通电，其中致蒋介石电指出：

政府违背政协决议，片面召开“国民大会”，使和平谈判由此破裂，内战因之扩大，国家民族危机日深，人民痛苦益甚，此实我旅暹侨胞深感痛心疾首者也。窃我民族百年耻辱，洗雪不易，八载抗战成果之获得尤难，原期抗战胜利，国耻可除，复兴有望。今政府竟出卖主权，献媚外国，陷我国于半殖民地，兹又强奸民意，包办“国大”，决心内战，招致全国分裂惨祸。此不仅我旅暹侨胞坚决反对，抑且完全违背三民主义及国父“和平奋斗救中国”之遗训。敬恳钧座顾念国脉民命危在旦夕，全面分裂迫于眉睫，立即宣布停止违法之“国民大会”，真正停止内战，与民更始，从实执行政协决议，依据规定，改组政府，修改党章，并由改组后之政府正式召开“国大”，转分裂“国大”为团结，化干戈为玉帛，则国家幸甚。如政府不顾民情舆论，继续举行，加速内战，则吾人（包括七十一个单位，代表八万有组织的侨胞），决不承认一党“国大”之任何决议，誓必与国内同胞团结一致，为真正之和平民主奋斗到底。

致毛泽东及张澜电指出：

国民党政府悍然违背民意，撕毁政协决议，片面召开国民大会，其欲促使全面分裂，扩大内战，置国家民族危亡于不顾，坚持一党独裁统治之野心，已昭然若揭。我旅暹侨胞，决然反对此祸国殃民之一国大党，而全力拥护先生等坚持和平团结实行政协决议之主张，为争取实现和平独立民主统一之新中国，而奋斗不懈。

致全国同胞及各机关社团电如下：

此次国民党政府悍然不顾全国人民公意，违背政协决议，独自召开所谓“国民大会”，企图强奸民意，通过一党专制之宪法，以掩护其出卖国家主权，而获取其独裁统治。国民党政府此种行为，非仅违法反民主，且必促使全面分裂，内战扩大，陷国家民族于万劫不复之地。因此吾人坚决反对此祸国殃民之所谓“国民大会”并坚决要求政府停止举行，立即实行真正全面停战，切实遵照政协决议，实行改组政府，执行整军方案，修改宪草，由政协综合小组规定真正代表全国民意之国民大会日期，由改组后之国民政府下令召开。惟有如此，始能转分裂为团结，化干戈为玉帛。际兹时局危急，千钧一发，望海内外同胞，奋起图之。

暹罗71侨团向国内各党派及各界的通电，正值国民党召开所谓的“国民大会”之际，颇具影响和震动。表明国民党的倒行逆施，已经丧失民心和侨心。71侨团的政治主张，揭露深刻，重心为谴责国民党召开一党包办的“国民大会”，并拥护中共及民盟“坚持和平团结实行政协决议之主张”。从这几份电文可以看出其坚决反对国民党内战、专制、独裁，拥护中共和各民主党派主张的鲜明政治立场。毛泽东对此十分重视，迅速回电如下：

暹罗华侨建国救乡联合总会、暹罗职工总会、暹罗华侨青年会、暹罗华侨教育协会、旅暹琼崖同乡会等七十一团体，并转全暹华侨公鉴：

十一月廿二日电悉，义正词严，至深钦佩。国民党当局既拒停开非法国大之建议于先，又拒解散非法国大之要求于后，实为自闭谈判之门。全国人民对该非法的分裂的一党国大，与其所通过之所谓宪法，决不承认。今后本复［党］决为恢复政协路线与恢复一月十三日军事位置而奋斗到底，尚望海外同胞一致努力，以实现祖国之独立和平民主。①

毛泽东的复电表示完全赞同暹罗华侨的主张；抨击了国民党当局自绝民意，一意孤行，召开非法国大，自闭谈判之门的行径；通告了中共的主张和对策，希望海外侨胞为实现和平民主共策共力。与前几份电报明显不同，毛泽东与暹罗华侨来往的电文不仅是一般地反对内战，要求

① 《毛泽东电复暹侨团》，《华商报》1946年12月27日。“一党‘国大’”是指1946年11月至12月由蒋介石国民党操纵包办，将中共、民盟等重要党派等排斥在外召开的国民大会的简称；“一国大党”是针对当时国民党一党独大、排斥他党的称谓。这两个专有名词都是对国民党专制独裁、排斥民主的否定。

民主，而是涉及国民党政治体制的实质——由国民党包办的国民大会及其通过的“宪法”和选举的总统是非法的，这就从根本上否定了国民党蒋介石的专制统治，击中了要害。

解放战争时期，由于国民党蒋介石发动全面内战，国共鏖战，战火激烈，惊心动魄。毛泽东被迫转战陕北，随后指挥三大战役，筹建新中国大业，戎马倥偬，日理万机。他不可能也无法与华侨直面来往，因而只能采取比较特殊的交往形式——电讯往来。与抗战时期和归侨的直接交往不同，解放战争时期毛泽东与华侨电函来往是一种间接的交往形式，反映了中共对华侨统战工作的形式发生了变化，也体现出统一战线思想适时发生了变化，这从上述毛泽东的一系列回复华侨的电报及有关论述中可以看出来。统一战线是毛泽东总结的中国革命的三大法宝之一。其内涵是在中国革命的各个时期，党要最大限度地团结一切可以团结的力量，以打击首要的敌人。抗战时期，中共把华侨作为抗日民族统一战线的组成部分，共同抗击民族死敌——日本侵略者；解放战争时期，国共矛盾成为主要矛盾，国民党蒋介石成为中共的主要敌人，对华侨的统战工作是努力争取他们投入到反对美国支持蒋介石打内战的民主统一战线上来。对此，毛泽东在 1947 年 2 月 1 日的《迎接中国革命的新高潮》中指出：美国、蒋介石的反动政策，“迫使中国各阶层人民处于团结自救的地位。这里包括工人、农民、城市小资产阶级、民族资产阶级、开明绅士、其他爱国分子、少数民族和海外华侨在内。这是一个极其广泛的全民族的统一战线。它和抗日时期的统一战线相比较，不但规模同样广大，而且有更加深刻的基础。全党同志必须为这个统一战线的巩固和发展而奋斗”。[①] 在 5 月 30 日的《蒋介石政府已处在全民的包围中》一文再次阐述这一思想。同年“双十节”，在毛泽东起草的《中国人民解放

① 《毛泽东选集》第四卷，人民出版社 1991 年版，第 1213 页。.

军宣言》中指出："联合工农兵学商各被压迫阶级、各人民团体、各民主党派、各少数民族、各地华侨和其他爱国分子，组成民族统一战线，打倒蒋介石独裁政府，成立民主联合政府。"[①]7 月，中共中央颁布"七七"抗战 10 周年口号，呼吁"全国的工人、农民、知识分子、爱国青年、爱国妇女、小资产阶级、民族资产阶级、开明绅士、少数民族、海外华侨一切爱国分子，联合起来组织全民族的统一战线，反对蒋介石的卖国内战独裁，建立独立、和平、民主的新中国！"毛泽东的论述表明，解放战争时期包括华侨在内的统一战线是反对美国支持蒋介石发动的内战、推翻国民党专制统治、建立新中国的民族民主统一战线。

（五）共同筹建新中国

历史的车轮滚滚进入 1948 年，全国解放战争的局势发生重大变化。蒋介石国民党发动的重点进攻被打退，全国各战场的人民解放军转入战略反攻。国民党军兵败如山倒，人民解放军捷报频传。战争的胜负已见分晓。1948 年春，转战陕北的毛泽东、周恩来等东渡黄河来到西柏坡。4 月 30 日，中共中央发布"五一"国际劳动节口号，其第五条号召"各民主党派、各人民团体、各社会贤达迅速召开政治协商会议，讨论并实现召集人民代表大会，成立民主联合政府"。中共的号召，得到各民主党派、社会各界包括海外侨胞的响应。

中共"五一"号召传播到海外各地后，东南亚、欧美各地华侨纷纷发表通电或宣言表示响应，拥护中共召开新政协、组织民主联合政府，即"五一"号召的第五条。如马来亚槟榔屿 71 个侨团致电中共中央委员会和毛泽东、朱德，表示对"五一"号召召开新政协，组织民主联合政府，"宏谋硕划"，"本会同人，誓为实现贵会正确主张而奋斗"。旅法

① 《毛泽东著作选读》下册，人民出版社 1986 年版，第 621 页；《毛泽东选集》第四卷，人民出版社 1991 年版，第 1237 页。

参战华工总会致电中共在香港主办的《华商报》，请转国内各党派团体，认为中共“五一”劳动节口号第五条“极符人民时势之要求”，“敝会除通电响应外，尤望全国同胞迅速集中意志，共策进行上列主张，以实现祖国之真正和平民主，敝会远处海外，誓为后盾”。加拿大温哥华华侨民众社、美国纽约华侨妇女团体等也通电响应中共“五一”号召。古巴华侨拥护民主大同盟总干部执委会致电毛泽东，热诚拥护中共“五一”号召第五条，“恳请先生刻即领衔召集新政治协商会议负责过渡之民主政权，一俟解放军全面胜利，即开人民代表大会，实现全国性之新民主主义联合政府，临电神驰，并祝新政协克日实现”。①

中共“五一”号召发表前后，适值司徒美堂在香港即将返美，他为表示拥护“五一”号召，撰写重要书面谈话一篇《拥护中国共产党“召开新政治协商会议”的声明》，嘱其亲友在他抵达美国之后发表，其中内容如下：

美堂于1946年春，自美返国，适逢当时之政治协商会议，为之大慰。奈因蒋介石玩弄阴谋，背信弃义，行独裁之政治，置民主于不顾，一手撕破政协决议，挑动剿民内战，美堂乃愤而赴港，视蒋介石如寇仇。窃思谋国之道，旨在和平，剿民内战，元气大伤。今中共中央及民主党派所号召以四大家族除外之新政治协商，进行组织人民民主联合政府之主张，余认为乃解决国内政治问题唯一良好之方法，热诚表示拥护，并愿以八十有二之高龄，为中国解放而努力。②

声明明确表示拥护中共召开新政协的态度。这位早年追随孙中山参加辛亥革命、在美洲侨胞尤其是洪门中有很大影响的老华侨的声明，在香港报纸发表后引起震动。接着司徒美堂又亲书《上毛主席致敬书》，

① 中国人民政协文史资料研究委员会编：《五星红旗从这里升起》，文史资料出版社1984年版，第195、199、201页。

② 中国致公党中央委员会编：《司徒美堂》，中国致公出版社2003年版，第3页。

表示衷心接受中国共产党领导，据其秘书司徒丙鹤回忆道：

司徒美堂返美前夕，1948年10月，连贯设宴为之饯行，地点在香港铜锣湾沈钧儒先生的空房中，出席作陪的有谭天度、饶彰风、罗理实等人。司徒美堂叫我起草，即席亲书“上毛主席致敬书”，表示衷诚接受中国共产党领导，向“出斯民于水火”的毛润之先生致敬，郑重表示：“新政协何时开幕，接到电召，当即回国参加。”原信签字盖章，认真严肃。托为转呈。当时南北交通未恢复，投递费时，据后来所知，此信写于10月23日，隔了80多天，即1949年1月20日才由毛主席作复。据回忆，毛主席复信到达纽约之日，解放军已经渡过长江，南京政府覆灭了。[①]

但无论如何，这封信确实表达了美堂老人的一片诚心。

5月4日，以陈嘉庚为首的新加坡华侨集会，响应中共“五一”号召，否认蒋介石为中华民国总统，并致电毛泽东指出：

贵党中央本月一日呼吁召开新政协，讨论建立联合政府，海外侨胞，闻讯欢跃。本大会本日在星召开。坚决否认蒋介石为总统，并一致决议，通电响应贵党号召，盼早日召开新政协会议，迅速建立联合政府，以解除人民痛苦，保障华侨利益。

新加坡华侨否认蒋介石为中华民国总统大会叩[②]

因电讯不畅通，毛泽东收到新加坡华侨的电报较晚，并于10月1日复电道：

陈嘉庚先生并请转各地侨胞民主团体及一切主张民主的侨胞公鉴：五月四日新加坡侨团大会来电及南洋各地侨团函电，因交通阻隔，今始奉悉。诸先生关怀祖国，赞助敝党五月一日对时局主张，热心卓见，无任感佩。诸先生与各界侨胞对于召集新政治协商会议的各项具体意见，

---

① 司徒丙鹤：《美堂老人的“烈士暮年”》，中国致公党中央委员会编：《司徒美堂》，第264页。

② 中国人民政协文史资料研究委员会编：《五星红旗从这里升起》，第192页。

尚望随时电示，以利进行，实深企盼。①

中共“五一”号召发表后，不少华侨致电中共中央和毛泽东表示响应，而目前见到毛泽东对诸多华侨来电回复的只有以陈嘉庚为首的新加坡华侨，但电文内容是请陈嘉庚“转各地侨胞民主团体及一切主张民主的侨胞”，这说明虽是一封复电，却有代表性和广泛性。电文“感佩”海外侨胞响应中共“五一”号召的“热心卓见”，并希望海外侨胞对未来召开的新政协随时提出高见、献计献策，实际隐含着代表中共邀请华侨回国参政议政之意。不久，毛泽东代表中共电邀陈嘉庚、司徒美堂等人回国参加新政协，即印证了这一点。

1949 年，是中国近现代历史上乃至中华民族历史上极为不平凡的一年——中国共产党领导的中国民主革命取得伟大胜利，结束了百余年的半殖民地半封建社会，建立了中华人民共和国。

1 月 14 日，中共中央主席毛泽东发表关于时局的声明，指出：

中国共产党愿意和南京国民党反动政府及其他任何国民党地方政府和军事集团，在下列条件的基础之上进行和平谈判。这些条件是：（一）惩办战争罪犯；（二）废除伪宪法；（三）废除伪法统；（四）依据民主原则改编一切反动军队；（五）没收官僚资本；（六）改革土地制度；（七）废除卖国条约；（八）召开没有反动分子参加的政治协商会议，成立民主联合政府，接收南京国民党反动政府及其所属各级政府的一切权力。

毛泽东代表中共中央发表的关于时局的主张，立即得到代表华侨的政党——中国致公党的响应。1 月 16 日，中国致公党发言人发表谈话表示：

顷毛泽东先生为了迅速结束战争，实现真正的和平，减少人民的痛苦，提出具体的八项条件，以为解决目前国事的基础，这实适合今日中

① 中国人民政协文史资料研究委员会编：《五星红旗从这里升起》，第 14 页。

国情势的要求，本党当表完全赞同。①

1 月 21 日，中国致公党发表拥护毛泽东时局声明的文电表示：

新华社转全国人民并海外侨胞公鉴：敬读中共中央毛主席本月 14 日发表时局声明，揭斥南京反动政府和平阴谋，同时提出民主和平八个条件，词严义正，实为全国人民最低要求。窃念中国近代内战根源，胥由国民党反动首领蒋介石独裁自私，卖国祸民，有以致之……惟中国历次革命，对于反帝、反封建、反官僚资本三大任务，未能彻底执行，致国家乃沦于半殖民地地位。兹幸中共领导人民革命，已近全面胜利，甚望彻底肃清反动残余势力，使中国得到真正民主的和平。对于战争罪犯，并应严为惩处，以平人民公愤，本党代表海外数十万海外华侨，伫望祖国和平统一，独立富强，自当同为新民主主义而奋斗到底，并盼国民党统治区内各界同胞一致主张为幸。②

致公党对于中共领袖毛泽东时局声明的态度鲜明，对海外广大华侨社会无疑产生了积极的影响。

随着国民党蒋介石在全国各个战场的大溃败，国民党大势已去，国统区民怨沸腾，海外华侨社会的政治倾向性也发生明显的变化，不但反映前述主张的华侨政党，而且在一般侨众中也有反应。在国民党海外党部严密监控下的泰国华侨社会，国民党特务嗅到一些华侨态度的转变，便想杀一儆百，向政府当局控告几位老华侨是“老八”（意为亲共的八路军），县政府将这几个人传去问话，当县长审问一名老华侨时，其对话颇能说明问题，现摘录如下：

县长问：有人说你反对蒋介石——反对你们的总统？

老华侨答：呵！这个么？谁都反对他的，只要是中国人。

① 《华商报》1949 年 1 月 17 日。

② 《华商报》1949 年 1 月 28 日。

县长问：那末，这样说起来，你一定是拥护毛泽东的了？

老华侨答：是的，只要是中国人，谁都会要拥护毛泽东的；他给老百姓饭吃，给种田的耕田，给做工的工作，给商人们生意做，为什么人们不拥护他？我是商人，我没有理由反对他。[①]

简单的几句问答，反映了华侨人心的向背。

为了尽快实现“五一”号召中提出的召开新政协、建立民主联合政府的主张，在人民解放战争的隆隆炮声中，中国共产党与各民主党派、各界民主人士即开始加紧新政协的筹备工作。中共为了扩大民主，倾听各方面的意见，电邀多位海外华侨代表回国参政议政。1949 年 1 月 20 日，毛泽东分别致电陈嘉庚和司徒美堂。致陈嘉庚电中说：

嘉庚先生：

中国人民解放斗争日益接近全国胜利，需召开新的政治协商会议，建立民主联合政府，团结全国人民及海外侨胞力量，完成中国人民独立解放事业。为此亟待各民主党派及各界领袖共同商讨。先生南侨硕望，人望所归，谨请命驾北来，参加会议。肃电欢迎，并祈赐复。

毛泽东

一九四九年一月二十日

致司徒美堂电道：

司徒美堂先生：

去年十月二十三日惠书，因交通阻梗，今始获悉。热情卓见，感佩殊深。中国人民解放斗争日益接近全国胜利，召开新的政治协商会议，建立民主联合政府，团结全国人民及海外侨胞的力量，完全实现中国人民的独立解放事业，实为当务之急。为此，亟待各民主党派各界民主人士共同商讨。至盼先生摒挡公务早日回国，莅临解放区参加会议。如旅

① 《新中国给予希望暹罗华侨大转变》，《华商报》1949 年 1 月 12 日。

途尚需时日，亦祈将筹备意见先行电示，以利进行。谨电欢迎，并盼赐复。

毛泽东

一九四九年一月二十日[①]

陈嘉庚和司徒美堂对毛泽东代表中共发出的盛情邀请，满怀激情，积极回应。当时侨居美国60多年的司徒美堂老人已达82岁高龄，陈嘉庚也已76岁高龄，但他们老当益壮，万里迢迢，来到北平，共商建国大计，这一壮举本身就令人感动。司徒美堂回忆当时离美回国时的情景说：

离美时，许多老朋友替我饯行，关心我这么年老脚跛，怎好单人独马地飞越半个地球？关心战争尚未完全结束，能不能安全开会？但众口一词地说："回去吧，带着我们华侨对祖国仰望的心回去向大会致敬，向毛主席致敬，向解放军致敬！同时请大家不要忘记海外华侨的痛苦！我们盼望这一天实在盼望得太久了……"是的，正如爱国的美洲华侨所瞩望的一样，在人民政协开幕典礼大会上，我用最炽热的声音，向毛主席和朱德总司令致敬，并祝贺祖国的强盛！[②]

司徒美堂回国抵达香港时还发表《告美洲全体侨胞书》，倾诉他侨居美国受到的压迫与歧视，揭露国民党的专制和腐败，盛赞中国共产党及其领导的人民解放军的英勇战绩；对中共电邀他回国参加新政协表示，"自惟老迈，不胜重任，徒以大义所在，责无旁贷"，还表示："有关于我祖国与我侨胞之一切大小问题，吾人必须本其所知，尽其所能，向新政府提供，共同奋斗，以促其实现。"[③]司徒美堂表示愿意在中共领导

① 《毛泽东书信选集》，人民出版社1983年版，第316、314页。

② 司徒美堂：《旅居美国七十年》，中国致公党中央委员会编：《司徒美堂》，中国致公出版社2003年版，第72页。

③ 《司徒美堂告美洲全体侨胞书》（1949年8月23日），任贵祥：《解放战争时期毛泽东与华侨来往电函解析》，《毛泽东邓小平理论研究》2005年第5期。

下，为即将建立的民主联合政府的新中国效力，可见这位饱经沧桑的老华侨的满腔热情和高度责任心。

这里介绍一个细节，就是毛泽东邀请函是如何转到陈嘉庚手里的。有关资料显示，长期跟随陈嘉庚致力于海外华侨民主爱国运动、抗战时期任《南洋商报》特派记者并跟随陈嘉庚战时回国慰劳考察的高云览，于1949年1月从新加坡来到香港，与中共在港从事统战工作的同志会晤。中共中央统战部副部长连贯告诉高云览："北京来电，邀请陈嘉庚先生回国参加政治协商会议。"随后交给高一封信，要他带回新加坡亲自交给陈嘉庚。高抵达新加坡后，不顾旅途疲劳，径直前往陈嘉庚住所怡和轩，将喜讯告知陈，陈激动地读着来信，当即嘱咐由中共委托专门负责邀请陈嘉庚北上的侨领庄明理复电毛泽东说：

革命大功告成，曷胜兴奋，严寒后决回国敬贺。蒙电邀参加新政治协商会议，敢不如命。惟庚于政治为门外汉，国语又不通，冒名尸位，殊非素志。千祈原谅。[①]

陈嘉庚这时不但对国共两党及其领导人的政治态度鲜明，而且更加明确认识到即将建立的民主联合政府的领导者就是中国共产党。这从1949年3月1日他答美联社新加坡分社主任记者马斯特逊问可以一目了然，现将问答摘录如下：

问：陈先生曾经会过毛泽东吗？

答：是的，1940年回国时，曾会过毛泽东。

问：毛泽东是个好人吗？

答：是。

问：他是一个好领袖吗？

---

① 高迅莹：《陈嘉庚与高云览》，《回忆陈嘉庚文选》，中央文献出版社2001年版，第148页；陈嘉庚复电见林玉涵主编：《父子侨领——庄希泉、庄炎林世纪传奇》，人民出版社2007年版，第284页。

答：是的，他和蒋介石的为人，完全不同。

问：陈先生认为中国的政局，将来应该如何处置？是不是应该有一个包括中共、民盟以及李济深等各方面人士联合组成的联合政府？

答：是的。

问：在这联合政府中间，国民党可以参加吗？

答：除了国民党反动派以外，当然都可以参加。

问：在新的联合政府中间，谁将握有控制之权力？是中共，民盟，或是某一其他方面？

答：当为中共。因为他们具有数十年之丰富经验，对中国实际情形有充分之了解，而且有甚多优秀人才。

问：照陈先生看法，蒋介石有再登台的机会吗？

答：余早已见及蒋介石无可能保持其政权。前年余通电美国总统杜鲁门，即曾指出蒋介石政府乃无希望之政府，盖蒋介石乃一不顾信义，经常不遵守诺言者。即余个人亦曾数次受其骗。

……①

笔者以为，陈嘉庚除了是一个侨商、侨领外，通过他的言行也可以说明，他是一个有远见的华侨政治家。

除陈嘉庚、司徒美堂外，中共邀请回国参加新政协的海外华侨代表还有陈其瑗、戴子良、费振东、蚁美厚、李铁民、周铮、侯寒江、庄明理、赵令德、黄长水、刘思慕、林棠、张殊明等 15 人，候补代表 2 人，共 17 人。他们都是各侨居地致力于民主、关心和热爱祖国、深孚众望的侨领或侨商。应中共邀请参加新政协，与华侨有直接关系的还有中国致公党的代表 6 人。再有农工民主党领袖、归侨元老彭泽民，接到中共的邀请非常兴奋，在回国途中，他畅想祖国的未来，感怀自己的今昔，心

① 《陈嘉庚答美国记者问》，《华商报》1949 年 3 月 2 日。

潮澎湃，激动不已，欣然赋诗七绝一首曰："廿年空有还乡梦，今日公车入国门，几经羁縻终解脱，布衣今日也称尊。"①

1949 年 6 月 4 日，陈嘉庚等一行抵达北平。随即由周恩来陪同一起去香山见毛泽东。畅谈间，毛泽东对陈嘉庚说："全国基本解放了，我们要成立新政协，请您来参加。"陈嘉庚表示："我不懂政治，也不会讲话，我不敢接受。"周恩来说："华侨的首席代表您不当，能请谁来当呢？您德高望重，这又是建国大事。您不懂普通话不要紧，有庄先生翻译嘛！"周恩来又说，语言不通这个问题可以通过翻译来解决，最要紧的是大家的心能够相通。例如我们同蒋介石谈话，语言是完全通的，可是彼此的心不相通，所以双方过去谈判了那么多年，总谈不拢来。②毛泽东、周恩来推心置腹，使陈嘉庚十分感动，打消了顾虑。

诸位华侨代表不远万里回国参加新政协，为新中国的建立出力献策，表达一颗颗赤诚之心。他们得到中国共产党的关怀和充分信任。在新政协召开前，由 23 个单位 134 人组成筹备会。中国致公党的陈其尤、黄鼎臣、官文森、雷荣珂四人，海外华侨陈嘉庚、司徒美堂、陈其瑗、戴子良、费振东、庄明理等七人（暹罗华侨代表因事缺席）被推选为筹备委员。当时，中共、民革、民盟三个大党分别只有七名代表参加筹备会，相比之下归侨和华侨代表所占比例是很大的。其中陈嘉庚还任筹备会常务委员。筹备会六个小组均有华侨代表参加。陈嘉庚在新政协筹备会第一次会议上发表了重要讲话。他对中国共产党和毛泽东主席"虚怀若谷，广邀各民主党派、各人民团体及各界民主人士，来共商建国大计……实在无限地钦佩"，提出"选择新政协代表，却应十分审慎，否则宁缺毋滥"③的重要建议，得到大会的采纳。新政协筹备会第一次会议，通过了

① 《纪念彭泽民》，中国文史出版社 1987 年版，第 5 页。

② 转引自童小鹏著：《风雨四十年》（第二部），中央文献出版社 1996 年版，第 181 页。

③ 《五星红旗从这里升起》，第 263—264 页。

参加新政协的有45个单位510名正式代表（另有候补代表77人，特邀代表75人），其中代表华侨的有中国致公党6人，农工民主党代表、归侨彭泽民，海外华侨代表15人，他们是：陈嘉庚、司徒美堂、陈其瑗、戴子良、费振东、蚁美厚、李铁民、周铮、侯寒江、庄明理、赵令德、黄长水、刘思慕、林棠、张殊明；候补代表2人，所占比例也较大。这使司徒美堂老人自然联想到1946年11月蒋介石国民党召开的一党包办的“国民大会”，当年4月，司徒美堂及其美洲致公党代表9人回国，拟以“华侨政党”身份参与民主政治和国家建设，这一幻想结果很快被蒋介石国民党发动的内战所粉碎。谁是民主谁是专制，昭然若揭。

1949年9月17日下午二时半，政协第二次筹备会议在中南海勤政殿举行。会上，周恩来报告政协筹备经过，他富于辩才，条理分明。全体代表一致通过有关文件，并向毛主席、朱总司令致敬电。这次会议上，毛泽东未发言。会毕，毛泽东走出会场，司徒美堂迎上去和他握手，毛笑着说：“老人家，欢迎你！”并向司徒的秘书打招呼。当晚，为庆祝政协筹备工作圆满结束、迎接政协会议正式召开，毛泽东在瀛台大殿设晚宴招待全体代表。瀛台是戊戌政变后光绪皇帝被囚禁的地方，当年陈设，依稀可辨。晚宴时和毛泽东同坐一桌的有何香凝、陈嘉庚、司徒美堂、陈叔通、许德珩、郭沫若、李立三等，庄明理和司徒丙鹤分别作为陈嘉庚和司徒美堂的秘书作陪。席间，毛泽东谈笑风生，只见他头戴列宁帽，身穿灰色军上衣，草青色裤子，黑色皮鞋；身材魁伟，前额发亮。他说：“我们这一桌什么人都齐了。有无产阶级李立三；有无党派民主人士、文学家郭沫若；有民主教授许德珩；有工商界前清翰林陈叔老；还有妇女界廖夫人及华侨老人……这是统一战线的胜利。”毛泽东还不断为老人们夹菜敬酒，还问司徒美堂老人高寿，老人答：“已经83岁，在美国生活69年。”毛说：“好呀，老当益壮，干一杯！”美老递过去一支吕宋烟，毛当即吸起来，烟灭了，又放回口袋里，这是他长期的习惯。[①]席间洋溢着亲热之情。饭后，毛泽东和全体代表在怀仁堂观看京剧《野猪林》，深夜一时始散。

1949年9月21日至30日，由中国共产党、各民主党派、各人民团体、各地区、人民解放军、各少数民族、国外华侨及其他爱国分子共662名代表组成的中国人民政治协商会议第一届全体会议在北平举行。陈嘉庚等参加了大会主席团。大会开始后，毛泽东主席致开幕词。陈嘉庚在24日的大会上发言，他对大会通过的《中国人民政治协商会议组织法》《中华人民共和国中央人民政府组织法》《中国人民政治协商会议共同纲领》三个草案，“站在海外华侨的立场”，“表示完全接受和极力拥护”，并具体阐明了表示接受和拥护的三点原因。陈嘉庚最后表示：“本席代表海外华侨民主人士以及爱国侨胞，对于这三个草案无保留地予以接受，通过以后，并愿在中国共产党领导之下与各民主党派、各人民团体和其他爱国分子努力促其实现。”[②]在大会选举时，陈嘉庚、司徒美堂、戴子良、蚁美厚、庄明理、费振东六位华侨代表被选为政协第一届全国委员会委员。陈嘉庚还被选为政协常务委员，后任副主席。政协第三次会议期间，在中南海勤政殿前，毛泽东高兴地与全体代表合影留念。

10月1日中华人民共和国宣告成立。下午三时整，庄严的开国大典开始，毛泽东和各界代表包括华侨代表陈嘉庚和司徒美堂等600多人登上天安门城楼，检阅游行队伍，鼓掌与欢呼，一个高潮接着一个高潮；“万岁”声响彻云霄，山呼海应……入夜，游行队伍高举火炬灯笼。广

① 司徒丙鹤：《美堂老人的“烈士暮年”》，中国致公党中央委员会编：《司徒美堂》，第268—269页。

② 《华侨民主人士首席代表陈嘉庚在一届政协全体会议上的发言》，《人民日报》1949年9月25日，第2版。

场上霓虹灯交相辉映，五彩烟火灿烂夺目。夜深秋凉，因此，一些年老者可以自行安排休息。司徒美堂携秘书等四人，撤下城楼到东安市场里的“东来顺”饱餐了一顿北京涮羊肉，开国大典的兴奋加上二锅头酒，来者同醉。

司徒美堂对参加开国大典的印象十分深刻，在晚年回忆往事或与人交谈时多次描绘当时的情景：

1949 年 10 月 1 日，海外华人盼望已久的宿愿实现了，我们独立团结的祖国宣告成立了。当我站在北京的天安门城楼上，看着一望无际欢乐的人流通过下面的巨大广场，庆祝中华人民共和国的诞生时，我禁不住热泪盈眶。我为毛主席在那次庆祝大会上的讲话“中国人民从此站起来了”所感动。①

……

三十多万群众汇成巨流，雷鸣般高呼“毛主席万岁！”毛主席以雄伟的声音宣布：“中华人民共和国成立了！”这情景，使我热泪盈眶，我万分激动，感谢伟大英明的毛主席拯救了我们的祖国。他是祖国有史以来最伟大的人物，他的名字将为我们子孙万代所铭念。我能活到今天，亲眼看见宣布中华人民共和国成立的这一历史上最庄严最有意义的一刻，真是光荣！这光荣是属于美洲全体爱国华侨的。②

这是一位饱经沧桑的华侨老人数十年的期盼和心声，这是他终生难忘的时刻。

广大华侨之所以热心响应和支援建立新中国的伟大事业，是因为这是他们从支援辛亥革命以来就一直追求和奋斗的目标，是因为华侨同中国共产党和各民主党派有着一个共同的政治基础，如毛泽东所总结的那

① 司徒美堂：《我的生活经历》，中国致公党中央委员会编：《司徒美堂》，第 113 页。

② 司徒美堂：《回忆当年，欢呼今朝》，中国致公党中央委员会编：《司徒美堂》，第 126—127页。

样："中国共产党、各民主党派、各人民团体、各界民主人士、国内少数民族和海外华侨都认为：必须打倒帝国主义、封建主义、官僚资本主义和国民党反动派的统治，必须召集一个包含各民主党派、各人民团体、各界民主人士、国内少数民族和海外华侨代表的政治协商会议，宣告中华人民共和国的成立，并选举代表这个共和国的民主联合政府，才能使我们的伟大的祖国脱离半殖民地的和半封建的命运，走上独立、自由、和平、统一和强盛的道路。这是一共同的政治基础。这是中国共产党、各民主党派、各人民团体、各界民主人士、国内少数民族和海外华侨团结奋斗的共同的政治基础。"①

解放战争时期，在事关中国命运、中华民族前途的抉择上，广大华侨对祖国政局十分关心，他们普遍担心和反对国共两党同室操戈、发生内战。如果说，此前大多数华侨对蒋介石国民党还抱有希望和幻想，对共产党不了解甚至抱有偏见的话，那么通过解放战争的发展过程和结局——国民党的溃败、失掉在大陆的统治；共产党的胜利、夺取全国政权，建立中华人民共和国——战争的实践，教育了华侨，使他们对国民党大失所望，丢掉幻想，进而抛弃了国民党，把希望寄托在共产党身上，最终确定跟随着共产党走。事实说明，经过全国解放战争初期华侨社会的政治分野，许多华侨已经抛弃国民党蒋介石，选择拥护中国共产党为自己的政治归宿。这虽然有一个复杂的选择过程，但最终实现了可贵的思想转变。华侨对人民解放战争和新中国的建立作出了重要的贡献。如中央人民政府华侨事务委员会向海外华侨致函所指出："在三年的解放战争期间，或回国参加解放战争，或在侨居地坚持人民民主立场，与国民党匪帮派往国外的特务走狗作不屈不挠的斗争。这些

① 《毛泽东选集》第四卷，第1463—1464页。

都是国外侨胞对于祖国的不可磨灭的贡献。”① 广大华侨是真正的爱国者，他们在中国共产党的影响与领导下参加了推翻国民党蒋介石的专制独裁统治、建立新中国的伟大事业；而新中国的建立，又是海外华侨从辛亥革命以来支援和参加中国近现代民族民主革命的最终归宿。

（六）为新中国建立向“毛泽东致敬”

中国人民政治协商会议召开，选举产生中央人民政府，毛泽东当选中央人民政府主席，并在天安门城楼上向全世界庄严宣告中华人民共和国成立。这一特大喜讯传播到世界各地，广大华侨欣喜若狂，奔走相告，开展了各种形式的庆祝活动，他们纷纷致电毛泽东等党和国家领导人表示祝贺，或者悬挂新中国国旗、毛泽东画像以示庆祝。

还在政协会议召开期间，就有海外华侨团体致电祝贺，其中比较有代表性的是泰国华侨团体的两封来电。1949 年 9 月 26 日，暹罗（即泰国）华侨各界建国救乡总会致北京（应为北平）中国人民政治协商会议主席团及全体代表贺电如下：

中国人民政治协商会议在京隆重开幕，消息传来，旅泰广大爱国侨胞兴奋异常：我们坚信大会在中国共产党及毛主席的英明领导下，在各民主党派各界代表的真诚合作下，必能胜利地完成历史所赋予的任务，进而建设一个民主、统一、和平、富强的中华人民共和国。我们亦坚信在中国共产党及毛主席领导下的新中国政府，定能切实地维护海外华侨合理权益和地位，我们坚决拥护与执行大会的一切决议，服从中央人民政府的领导，并以实际行动积极团结广大爱国侨胞，继续支援新中国的建设，并为促进中泰两族人民亲善而努力。谨此庆祝大会成功，并遥祝毛主席及各位代表健康。

---

① 新华社：《华侨事务委员会致函海外华侨社团　望建立直接联系以便开展工作》，《人民日报》1949 年 12 月 28 日，第 1 版。

9 月 27 日，暹罗华侨青年总会、暹罗华侨教育协会、暹罗华侨艺术协会及泰华民主妇女联合会致电中国人民政治协商会议说：

中国人民政治协商会议诸代表先生：你们在全国人民热切希望下，隆重地召开了史无前例的中国人民政治协商会议……由于人民政协胜利召开，正告我们：中国人民百年来忍受着帝国主义灾厄，已不复存在！中国人民近二十年来受的反动官僚统治，已经统统滚蛋！光明的大道在中国共产党及毛主席及诸位先生的开辟下，在全中国人民的苦斗中蓦然出现。祖国的胜利给华侨带来了无限的鼓舞与幸福，我们——泰国华侨教师、青年、学生、妇女、艺术界，谨以万分热烈的心情［向］诸先生致贺！向祖国人民及我们自己致贺！我们从今天起，是一个真正的人了，我们华侨的痛苦消除了。从今天起，我们坚决地拥护人民的祖国及人民的政府……①

这两封贺电是侨居泰国的下层各界华侨发来的，电文对正在召开的政治协商会议及即将诞生的新政府寄予厚望，对中国共产党及其领袖毛泽东表达衷心祝愿，并倾吐自己因为祖国的新生强大而改变处境、“消除痛苦”，一致表示拥护新中国政府并支持未来祖国的建设事业。这是泰国华侨发出的心声和诉求。因为生活在泰国下层的广大华侨长期遭受殖民当局压榨排华之苦。20 世纪三四十年代，他们更是苦不堪言，日本侵略中国和东南亚各国时期，泰国政府亲日排华，迫害爱国华侨；日本投降后，国民党政府在泰国的党部特务严密控制打压进步华侨。凡此种种，泰国广大贫苦华侨渴望祖国新生强大、切实维护他们权益的愿望，十分强烈。因此，上述泰国华侨的电文，确是心理的表达。

果然，新中国刚刚成立，曼谷华侨即举行庆祝活动，他们挂起新中国的国旗和毛主席的肖像，结果遭到泰国当局的镇压，曼谷警察没收了

① 《旅暹华侨职工青年等团体 电贺中央人民政府 拥护中国人民政协》，《人民日报》1949 年 11 月 14 日，第 1 版。

国旗和肖像，并逮捕一批爱国华侨，表明泰国当局对新中国的敌视态度。

1949 年 10 月 10 日，越南华侨民主促进会中南部执委会为庆祝中华人民共和国中央人民政府成立致电毛泽东称：

我们在遥远的越南海外，欣闻中华人民共和国中央人民政府业已在十月一日向全世界宣告成立。每一个爱国华侨无不欢欣鼓舞，觉得我们今后不再是海外孤儿，而是有了毛主席领导的、真正爱护我们的祖国的侨民，将再不会任人歧视欺凌和虐待。但我们时刻记得毛主席的指示，不要为此第一步胜利而骄傲。我们懂得帝国主义一天不完全消灭，我们的斗争还是要继续下去。我们决心团结全体爱国华侨，再接再厉和帝国主义作斗争。际此祖国新生的时候，我们全体会员，谨以恳挚的心情，祝贺我们中华人民共和国万岁！中国共产党万岁！毛主席万岁！[①]

这份电文表达了华侨对于新中国成立感到扬眉吐气的心情，这是笔者见到的海外侨胞最早喊出“毛主席万岁”的资料。

10 月 25 日晚，越盟总部和越南国民联合会总会等华侨社团在越南的太原市举行庆祝中华人民共和国中央人民政府成立集会，旅越华侨和当地各界友人、越南民众共两万多人参加集会，会场上高悬毛泽东主席和胡志明主席的巨幅画像，会议气氛热烈隆重，直至深夜才散会。

10 月 3 日下午，朝鲜各地华侨四万多人举行庆祝中华人民共和国及中央人民政府成立大会，朝鲜党政机关各界代表及苏联驻朝大使等应邀与会，会议致电毛泽东祝贺，电文说：

中华人民共和国中央人民政府毛主席：欣闻中国人民渴望已久的新民主主义的中华人民共和国诞生，北朝鲜四万多华侨莫不欢欣鼓舞。我们以无限兴奋的心情，庆祝中华人民共和国及中央人民政府的诞生，庆

① 《人民日报》1949 年 11 月 23 日，第 3 版。

祝中国人民走向民主、富强、独立的新民主主义的道路。[①]

为庆祝新中国诞生，人口众多的新加坡华侨挂起中华人民共和国国旗和毛主席的画像。新加坡当局反而颁布紧急条例，禁止悬挂国旗和当代或过世的领导人画像。随后在英国殖民地马来亚华侨举行的庆祝新中国成立的活动，也遭到当局依所谓“紧急法令”的迫害，他们遂致电毛泽东求助，电文说：

中央人民政府毛主席钧鉴：顷悉中央人民政府十月一日正式成立，消息传来，举国欢腾，海外华侨欢欣鼓舞，全国人民在贤明毛主席与中国共产党领导之下，团结一致，必能完成国家建设大计。吾等海外华侨，百年以来，受尽帝国主义之杀害与压迫。此次马来亚英殖民当局，颁布非法之《紧急法令》，所谓清除共产主义，大肆逮捕华侨。无辜侨胞，横遭惨杀毒打，家焚人亡，整万难侨被解出境。此种不合理之暴行，史无前例，乃系帝国主义最残暴之手段。伏望主席将此情转达周外长向英帝提出严重抗议。[②]

10 月 10 日，缅甸巴森华侨协会等 11 个侨团代表及缅甸人士，举行庆祝新中国成立的集会，会场上悬挂五星红旗，与会者宣誓效忠毛泽东主席领导下的中央人民政府。此间，在缅甸首都仰光华侨商会，有 37 个华侨团体五万多人举行集会，表示忠诚拥护中华人民共和国，大会决议：“缅甸华侨要站到新中国一边”。

10 月 10 日，位于日本东京市中心的旅日华侨协会会所上空，新中国五星红旗迎风飘扬。代表三万日本侨胞的华侨协会数千名代表和日本友人在这里集会，庆祝中华人民共和国成立，大会正式宣布拥护中华人民共和国中央人民政府。会场高挂着毛泽东、朱德大幅肖像，高唱革命

---

① 《北朝鲜四万侨胞欢庆祖国新生》，《华商报》1949 年 10 月 6 日。

② 《马来亚被遣难侨致电毛泽东主席 控诉英帝残暴迫害》，《人民日报》1949 年 11 月 18 日，第 1 版。

歌曲，华侨代表和日共领袖野坂参三（冈野进）在会上发表演讲。

11 月 1 日印尼婆罗洲邦戛坡中华商会等 12 侨团致电毛泽东及其他几名中央人民政府副主席、周恩来总理，表示竭诚拥护中央人民政府。印尼苏门答腊棉兰华侨总会致电毛泽东称：深喜人民共和国成立。此地各阶层之华侨将在您英明领导之下，克职尽责，以实现人民政协会议所制定之共同纲领。

毗邻中国的蒙古华侨在首都乌兰巴托集会庆祝新中国成立，并致电毛泽东祝贺，电文称：

关于中国人民政治协商会议的胜利结束以及关于十月一日成立的中华人民共和国中央人民政府的消息，使我们无限兴奋。中国人民的长久期待和愿望终于实现了。中国人民终于从国民党反动派和美帝国主义压迫下获得解放，成立了自由独立的人民民主国家。这是历史上空前未有的大变革和中国人民最伟大的胜利。这乃是英勇的中国共产党及其主席毛泽东的贤明领导和以朱德总司令为首的中国人民解放军自我牺牲斗争的结果。我们衷心地为伟大的历史性的胜利向您，并经过您向全体中国人民热烈致贺！[①]

除亚洲各国华侨致电毛泽东祝贺新中国成立外，欧美、非洲、澳洲等各地华侨也纷纷致电毛泽东表示祝贺，有的还以集会联欢等形式庆贺祖国新生。

10 月 1 日晚，旅法参战华工总会等九个华侨社团召开联席会议，欢庆新中国诞生，并通电中华人民共和国中央人民政府，表示竭诚拥护。法国华侨在欧洲最早鲜明表示拥护新中国。10 月 9 日午后，旅法参战华工总会及旅法工商学各界侨胞及前国民党政府驻法使领投诚人员数百人，在巴黎华工总会所在地举行庆贺中华人民共和国成立大会。大会仪式有：

---

① 《库伦华侨集会电毛主席祝贺》，《人民日报》1949 年 10 月 19 日，第 1 版。

先是举行升旗礼，中华人民共和国五星红旗第一次在巴黎上空冉冉升起；接着，与会者表情庄严而热烈，齐声高唱雄壮的《义勇军进行曲》；再接着，与会各界代表纷纷发言，一致表示对毛主席领导的新中国的热爱；最后，大会通过致中华人民共和国中央人民政府贺电，表示竭诚庆祝中华人民共和国的诞生。

10月11日，英国民主阵线社、伦敦共和社、利物浦海员工会三个华侨团体，发表庆祝中华人民共和国成立宣言，宣言表示：

我们旅英的爱国华侨工人，久已深信毛泽东主席领导的中国共产党一定会达到把祖国人民从帝国主义及其走狗蒋介石国民党匪帮的铁蹄统治下拯救出来。我们久已盼望的庆祝人民的新中国的时候现已到临了。我们在庆祝中华人民共和国成立之余，表示坚决拥护中国共产党领导的中央人民政府执行人民专政到底。[①]

10月3日，美国旧金山华侨和平民主促进会、中国工人互助会、中国民主青年同盟等华侨团体联名致电毛泽东，庆祝中华人民共和国成立，谨保证予以最完全最坚决的拥护。同日，纽约中国新文化学会朱启贤及全体同人致电毛泽东说：中华人民共和国宣告成立，海外同胞欢跃若狂。从此全民解放，国家独立，建设大业开始，民族前途无疆。谨电奉贺。[②]10月10日，纽约18个华侨和中国留学生团体的250多人集会庆祝新中国成立，当会议主席宣布开会，全体肃立，向中华人民共和国国旗及革命领袖孙中山、毛泽东像致敬，随后高唱新中国国歌，各团体代表致词。

10月19日，旧金山和平民主联盟（1947年11月9日，冯玉祥在美国纽约左翼华侨中建立“旅美中国和平民主联盟”，进行反蒋、反内战

① 《旅英华侨三个团体宣言拥护新中国》，《人民日报》1949年10月19日，第1版。

② 《祖国新生华侨欢跃》，《华商报》1949年10月7日。

活动，在美国各地建立分支机构，其中旧金山“民联”由冯玉祥夫人李德全任主席——笔者注）向毛泽东发来致敬电：

新中国人民政府诞生了。中华民族从此站立起来，伟大的人民解放战争，把全国人民从封建的压迫下解放出来，从帝国主义的桎梏下解放出来，使我们民主由衰老回复到青春，获得了新生。这一切，都是依靠了你的正确领导……“人民政协组织法”、“中央人民政府组织法”、“政协共同纲领”三大文件，规定了新兴中国的蓝图，制就了整个国家的经纬。我们遥望太平洋彼岸，看见你高举起的火炬，那五星闪耀的红旗。我们愿接受你的号召，团结侨胞，实事求是，拥护和支援祖国的革命和建设，大踏步前进。①

旧金山“民联”这份致敬电词语诚挚感人，是长期生活在美国社会下层侨胞真心的表白，表达他们对毛泽东领导新中国寄予了无限美好的期望。

在南美洲的古巴，当地侨团华侨民主大同盟发起于“双十节”召开庆祝新中国成立大会。会议召开后，遭到国民党特务的破坏，与会侨胞与之展开针锋相对的斗争。

在遥远的非洲，也有庆祝新中国成立的电波传来。1949 年 10 月 3 日，马达加斯加华侨民主协进会致电毛泽东，表示热烈拥护中央人民政府成立，电文如下：

北京中央人民政府毛主席钧鉴：欣闻中国人民政治协商会议圆满闭幕，中华人民共和国于十月一日正式宣告成立，我公当选为中央人民政府主席。远首［道］闻讯，无任欢跃。我公领导革命，建立人民武力，摧毁背叛革命之国民党蒋介石匪帮反动势力，并彻底消灭残余之蒋陈孔

① 《旧金山和平民主联盟旅越华侨民主促进会电毛主席致敬 决团结侨胞支援祖国建设》，《人民日报》1949 年 11 月 23 日，第 3 版。

宋之官僚资本，使全国人民，获得解放，步入民主大道。侨等虽身寄海外，对于祖国之新生，感到无限兴奋。愿率同全体侨胞竭诚拥护中央人民政府，在我公领导下，共同努力，建设新民主主义之新中国，完成革命使命。敬肃，代电奉达，并表示拥护之诚。敬祝毛主席健康，并颂毛主席领导下之祖国繁荣和强盛！中华人民共和国万岁！①

11 月 1 日，澳洲中国海员、铁矿工会等华侨团体致电毛泽东说：我们澳洲的居民和以下签名各团体，参加了国民党革命委员会所组织的庆祝诞生已满一月的新中华人民共和国大会，大家相约以全力支持中央人民政府，主张促进中澳两国人民间的友谊，并保卫民主和平。与会者高呼口号：我们向伟大的人民领袖毛泽东致敬！中华人民共和国万岁！

为了表达对毛泽东主席的敬仰和拥护，除了致函致电祝贺外，华侨还开展了其他一些相关活动。如缅甸华侨组织回国观光团，向毛泽东主席献旗，旗帜上写着“人民大救星”，并由团长徐四民献词：

亲爱的毛主席：我们缅甸华侨回国观光团谨代表缅甸三十万侨胞向您致敬，向您欢呼，感谢您领导中国革命走向胜利，感谢您给我们带来了一个和平强大的祖国。

我们海外华侨一向热爱着我们自己的祖国，但是，只是在我们有了和平强大的祖国，有了您的英明的领导，侨胞们爱祖国的心，才有了归宿，侨胞们爱祖国才真正成为可能。

亲爱的毛主席，您就是光明和希望的象征。在海外，人们欢呼着您的伟大英明的名字，传诵着您领导中国人民翻身的故事。想起了您，就想起了祖国，就感觉到喜悦和温暖，就产生了信心和勇气。亲爱的毛主席，在您的光辉的旗帜下，侨胞们已经团结起来了。我们要向您保证：

---

① 《古巴政府侮辱新中国国旗　侨胞电周外长请求抗议　马达加斯加华侨拥护毛主席》，《人民日报》1949 年 11 月 14 日，第 1 版。

缅甸华侨一定要为更广泛的团结，为爱护我们伟大可爱的祖国奋斗到底。

亲爱的毛主席，让我们为您的健康祝福，并请您接受我们热烈的敬礼。①

献词热情洋溢，表达了对毛泽东主席的崇敬之情，期望新中国在毛泽东的领导下强大起来。

在新中国成立后的一段时间里，世界各地华侨纷纷向毛泽东及中央人民政府致电祝贺，电文有表示祝贺者，有表示忠心者，有抒发情感者，内容颇为丰富，表达了对毛泽东的敬仰和崇敬之情。这表明，毛泽东在海外侨胞中的威信达到了新的高度。有心人可以发现，早在孙中山领导辛亥革命推翻清政府封建专制统治、建立中华民国、就任临时大总统时，曾有海外华侨纷纷致电孙中山，祝贺中华民国建立、孙中山当选为大总统，并把他赞誉为中国的华盛顿。这不仅仅是广大华侨对 20 世纪在中华民族历史进程中扭转乾坤的两位历史伟人的敬仰和爱戴，也表达了广大华侨对国家民族命运的关心，是华侨爱国心、中国心的真实展露。

（七）领导制定新中国的侨务政策

中华人民共和国成立，中国共产党成为全国执政党，党的任务由领导革命事业转变为领导建设事业；中国大陆确立了社会主义制度，进入了社会主义革命和建设时期。因此，新中国成立后，中共与华侨确立了新型的关系，毛泽东与华侨的交往也发生了新变化。

中华人民共和国成立后，得到了世界上一些国家的承认，并与一些国家，主要是社会主义国家和周边国家建立了外交关系，因而华侨问题便常常与国家关系联系在一起，成为外交事务的重要组成部分，保护华侨华人正当权益成为党和国家的庄严任务。毛泽东作为新中国政府党和国家的最高领导人，在新中国成立后除了继续与华侨华人主要是归侨交

① 《缅甸华侨回国观光团向毛主席朱总司令献旗致敬》,《人民日报》1952 年 5 月 14 日，第 1 版。

往外，更重要的是通过国家政权制定侨务政策、开展侨务工作维护华侨的正当权益。而从 1949 年 9 月召开的中国人民政治协商会议通过的起新中国国家宪法作用的《中国人民政治协商会议共同纲领》（简称《共同纲领》）的内容考察，当时是把侨务政策纳入国家外交政策之中的。《共同纲领》第七章“外交政策”第五十八条，明确规定：“中华人民共和国中央人民政府应尽力保护国外华侨的正当权益。”[①]1954 年第一届全国人民代表大会通过的《中华人民共和国宪法》，则把“保护国外华侨的正当的权利和利益”作为正式条文写进国家的根本大法之中[②]，保护华侨的利益有了基本的法律保障。当然，作为新中国党和国家的最高领导人，毛泽东也一再强调，“对华侨和商人的正当利益应该加以保护”。[③]

1949 年 10 月 22 日，中央人民政府华侨事务委员会（简称“中侨委”）在北京成立，由何香凝任主任委员（1959 年由廖承志接任），李任仁、廖承志、李铁民、庄希泉四人为副主任委员；委员共有 46 人，其中有陈嘉庚、司徒美堂、陈其瑗、叶飞、彭泽民、黄长水、庄明理、蚁美厚等。它是新中国人民政府专司侨务工作的职能机构，为新中国初期做好侨务工作提供了保证。1956 年 10 月 5 日至 12 日，第一次全国归国华侨代表大会在北京隆重召开。会议通过成立了中华全国归国华侨联合会（简称“全国侨联”），陈嘉庚当选为侨联主席。至同年底，全国各地共成立了七八十个侨联组织。各级侨联成为归侨之家。“中侨委”和“全国侨联”为做好新中国侨务工作提供了组织保证。

新中国成立后，在国民经济恢复时期及进行大规模社会主义建设时期，人民政府颁布了一系列涉侨法规文件，如《土地改革中对华侨土地

① 中共中央文献研究室编:《建国以来重要文献选编》第一册，中央文献出版社，第 11 页。

② 中共中央文献研究室编:《建国以来重要文献选编》第五册，中央文献出版社，第 467 页。

③ 中共中央文献研究室编:《毛泽东年谱（1949—1976）》第二卷，中央文献出版社 2013 年版，第 629 页。

财产办法》（1950年11月6日政务院颁布），《华侨出入国境暂行办法》（1951年8月2日公安部公布），《关于处理回国华侨就业问题的指示》（1954年3月），《关于贯彻保护侨汇政策的命令》（1955年2月23日国务院发布），《中华人民共和国和印度尼西亚共和国关于双重国籍问题的条约》（1955年4月），《华侨申请使用国有的荒山荒地条例》（1955年8月全国人大常委会发布），《华侨投资于国营华侨投资公司的优待办法》、《华侨捐资兴办学校办法》（1957年8月1日全国人大常委会公布）等。这些涉侨法规条例，有的是以政务院（后来是国务院）的名义颁布的，有的是以全国人大常委会的名义发布的，有的是由华侨事务委员会或有关部委公布的。有些是周恩来总理签署的；有的则是毛泽东以国家主席的名义签署的，如《华侨申请使用国有的荒山荒地条例》，就是1955年8月6日第一届全国人大常委会第二十次会议讨论通过并经毛泽东主席签署命令公布的。这些法规、条例和办法等构成了新中国成立后的侨务政策，奠定了党在全国执政及社会主义革命和建设时期侨务工作的基础。有些政策在后来改革开放的新时期仍然得以继承。当然，这些侨务政策是有时代背景的，是建立在计划经济和纯粹公有制的基础上的，在改革开放后有的得到了发展，有的则被扬弃。

制定了好的侨务政策，关键在于能否真正得到很好的贯彻落实。毛泽东比较注意这一问题。这从毛泽东的一个批示中可以体现。1956年12月8日，毛泽东阅读12月6日新华社编印的《内部参考》第207期刊登的《浙江省许多地区在执行侨务政策中存在不少严重缺点》的文章，引起注意。文章说，出席浙江省最近召开的侨眷归侨会议的代表反映：不少青年由于亲属在国外不能入团，甚至入工会也受阻碍；国外来信被拆阅；干涉侨汇使用，强迫借贷、捐款和购买公债；一些公安部门对归国观光、探亲的华侨出国多方限制、留难。代表们认为，政府的政策是很好的，但宣传工作做得不够，下面执行得不好，要求大力宣传和重视贯彻侨务政策问题。针对这些侨务政策执行不好的情况，毛泽东批示道："罗瑞卿同志：一一一页上关于浙江省的一条消息值得一看。"[①]毛泽东为什么将"内参"批示给时任公安部长的罗瑞卿，主要是文章反映的四个方面的问题，后三个均与公安部门有关；"值得一看"意为值得重视。

由于民主革命时期的特殊环境，以及中国国民党和中国共产党的活动特点，国共两党在海外都有党组织，抗日战争时期两党组织在东南亚各地与当地人民一起开展抗击日本侵略者的斗争。新中国建立后，各侨居地华侨中的中共组织和党员的存在容易授人以柄，为人口实，无法开展活动，甚至难以生存。在此背景下，中共中央对外联络部部长王稼祥主持起草了《中共中央关于海外侨民工作的指示》，[②]1952 年 1 月 6 日，毛泽东和刘少奇亲自审阅修改了这份文件并正式下发。指示提出要在国内外采取有效方法保护华侨正当权益，为华侨服务，收容被迫回国的难侨；要求海外侨民的一切活动应严格遵守人民政协共同纲领和我国人民政府的外交政策，中共决定不在海外华侨中建立党组织，并劝告中国其他民主党派同样不要建立海外支部。这标志着中共对东南亚侨民政策的重大调整。

（八）侨务思想的与时俱进

前面较为详细介绍了民主革命时期毛泽东的侨务实践及其体现的侨务思想，简要梳理其侨务思想主要有这样几点：中国的海外移民是和平的移民，与殖民主义损人利己的移民有本质不同；广大华侨是争取民族解放反帝爱国统一战线的组成部分，也是反对国民党蒋介石专制统治民主统一战线的组成部分；华侨中的相当一部分是中共领导民主革命的一支进步爱国力量，为中国革命和新中国的建立作出了贡献。这为新中国

① 中共中央文献研究室编：《毛泽东年谱（1949—1976）》第三卷，第 50 页。

② 国防大学党史党建政工教研室编：《中共党史教学参考资料》第十九册，第 420—430 页。

建立后毛泽东侨务思想的成熟奠定了基础。在社会主义革命和建设的探索中，毛泽东的侨务思想得到丰富和发展，其主要内容有以下几个方面：

1. 华侨是人民民主统一战线组成部分，是国家政府的代表成分之一

如前所述，1948 年中共发布纪念五一劳动节口号，号召全国各界各阶层人民团结起来，结成广泛的统一战线，“为着打倒蒋介石，建立新中国而奋斗”，召集人民代表大会，成立民主联合政府。这里的广泛的统一战线和民主联合政府，即包括海外华侨在内，因而“迅速地得到了全国各民主党派、各人民团体、各界民主人士、国内少数民族和海外华侨的响应”[①]。1949 年 1 月 20 日，毛泽东分别致电陈嘉庚、司徒美堂，邀请他们回国参加政治协商会议。在致陈嘉庚电中指出：“召开新政治协商会议，建立民主联合政府，团结全国各族人民及海外侨胞力量，完成中国人民独立解放事业。为此亟待各民主党派及各界领袖共同商讨。先生南侨硕望，众望所归，谨请命驾北来，参加会议。”在第一届中国人民政治协商会议选举中，陈嘉庚和司徒美堂、戴子良、蚁美厚、庄明理、费振东六人被选为政协委员，陈嘉庚还当选为政协常委。这些反映了毛泽东关于华侨是民主联合政府的组成力量的思想。

新中国建立，统一战线的形式和内容发生变化，即由革命统一战线转变为人民民主统一战线。《共同纲领》的序言中指出：“由中国共产党、各民主党派、各人民团体、各地区、人民解放军、各少数民族、国外华侨及其他爱国民主分子的代表们所组成的中国人民政治协商会议，就是人民民主统一战线的组织形式。”第二章“政权机关”第十三条规定：“中国人民政治协商会议为人民民主统一战线的组织形式。其组织成分，应包含有工人阶级、农民阶级、革命军人、知识分子、小资产阶级、民

① 《毛泽东选集》第四卷，第 1463 页。

族资产阶级、少数民族、国外华侨及其他爱国分子的代表。”[①] 华侨既是人民民主统一战线的组成部分，又是构成新中国政府代表力量之一。

1949 年 10 月 1 日，以国家主席毛泽东名义发表《中华人民共和国中央人民政府公告》，指出：由全国各民主党派、各人民团体、人民解放军、各地区、各民族、国外华侨及其他爱国民主分子的代表们所组成的中国人民政治协商会议第一届全体会议业已集会，代表全国人民的意志，制定了中华人民共和国中央人民政府组织法，选举了中央人民政府领导人，组成中央人民政府委员会，宣告中华人民共和国的成立。向各国政府宣布，本政府为代表中华人民共和国全国人民的唯一合法政府。[②]《公告》公布了中央人民政府主席、副主席和委员名单共 63 人。其中归侨代表陈嘉庚、司徒美堂，农工民主党领导人、归侨彭泽民，为中央人民政府委员。反映出华侨代表在中央人民政府中占有重要地位。

有关这一思想，毛泽东在后来的不同场合均有所坚持和强调。1954 年 12 月 19 日晚，毛泽东邀请民主党派负责人和无党派民主人士在中南海颐年堂座谈，主要内容是围绕国家最高权力机关全国人民代表大会成立后，还要不要政协，及政协的性质是什么。毛泽东针对有人说，全国人大成立后，政协是否还需要成了问题，毛泽东表示肯定政协是需要的，通过政协能够容纳许多人商量事情。“政协的性质有别于国家权力机关——全国人民代表大会，它也不是国家的行政机关。”“政协是全国各民族、各民主阶级、各民主党派、各人民团体、国外华侨和其他爱国人士的统一战线组织，是党派性的。”[③]

需要说明的是，这一思想是以毛泽东为核心的第一代中共中央领导集体的共识。1949 年 4 月 7 日，刘少奇代表中共中央给联共（布）中央

① 中共中央文献研究室编：《建国以来重要文献选编》第一册，第 1、4 页。

② 中共中央文献研究室编：《建国以来重要文献选编》第一册，第 17—18 页。

③ 中共中央文献研究室编：《毛泽东年谱（1949—1976）》第二卷，第 325 页。

斯大林的报告中介绍正在筹备召开的政协情况，其中指出，“新的政治协商会议，不是由共产党一个党或少数几个党发起召集，而是由中国一切民主党派及人民团体与少数民族和海外华侨共廿三个单位共同筹备与召集”。①

这种思想虽然是中国共产党及其领导人毛泽东等人的主导思想，但在当时民主党派领导人中也达成了共识，如黄炎培把中华人民共和国的构建比喻为新大厦的建造，中国共产党、各民主党派、各人民团体、各少数民族、国外华侨和其他爱国分子是一根根柱子，工人阶级、农民阶级、小资产阶级和其他爱国分子的人民民主统一战线是钢骨水泥，马克思列宁主义、毛泽东思想是新大厦的基础，大厦顶尖飘扬的大旗上写的则是新民主主义。再如，许德珩在新政协会议上说：“这次会议的人物，是包括了各民主党派，军队和各人民团体，各区域，各民族的代表。从阶级的成分来说，它有工人，农民，民族资本家，小资产阶级的知识分子；从中国革命的历史来说，它有戊戌变法，辛亥革命，五四运动以及一九二五年大革命以来的参加人物和领导人物；从代表的年龄来说，它有九十二岁的老翁，也有二十一岁的青年；从信仰来说，它有唯物主义的哲学家，科学家，文艺家，政治家，也有笃信宗教的基督信徒，佛教信徒，回教信徒；从居住的地域来说，它有远在天涯，冒险归来的海外侨领，也有僻处内地的苗、彝、黎、藏同胞！”② 这充分说明政协组织范围的广泛性。

2. 热爱新中国要与自身处境结合起来

实事求是是毛泽东思想的精髓，也是中国共产党的思想路线；毛泽东的侨务思想也体现了实事求是的特点。新加坡《南侨日报》是 1946 年

① 《建国以来刘少奇文稿》第一册，中央文献出版社 2005 年版，第 4 页。

② 杨建新等编著：《五星红旗从这里升起——中国人民政治协商会议诞生纪事暨资料选编》，中国文史出版社 1984 年版，第 329—330、439—440 页。

11月由陈嘉庚发起、由一些华侨民主人士创办的侨报。该报一诞生，就旗帜鲜明地反对和抨击蒋介石国民党发动内战、实行专制独裁的行径，揭露美国援助国民党军打内战，声援中国共产党及民主党派致力于和平民主建国的方针政策。《南侨日报》在争取团结和平民主、反对内战专制独裁的政治斗争中，成为海外华侨社会的号角、火力点，因而受到中共领袖和民主党派领导人的高度赞扬。1949年11月20日《南侨日报》创刊三周年，5000多名侨胞集会纪念，表示对新中国中央人民政府无限忠诚和拥戴。毛泽东为该报题词："为侨民利益服务"；周恩来的题词："为宣扬新民主主义的共同纲领而奋斗，为保护国外华侨的正当权益而奋斗。"并有两幅《书告侨胞》，一幅由毛泽东写道："侨胞们团结起来，拥护祖国的革命，改善自己的地位！"[①] 另一幅由周恩来写道："海外侨胞与祖国人民团结一起为实现中华民族的彻底解放而奋斗！"[②] 中国国民党革命委员会领导人李济深为其题词道："民主和平，人民之声；两年奋斗，大放光明。"[③]1950年7月17日，毛泽东为《美洲华侨日报》创刊10周年题词："为保卫祖国，拥护世界和平而奋斗。"[④] 毛泽东为这两份报纸的题词言简意赅，反映出他"为侨民利益服务"、改善华侨地位的侨务理念。

新中国成立初期，各侨居国对新中国的态度不同，其中西方资本主义国家以及受这些国家殖民统治过的一些东亚南国家，对新中国抱着敌视或怀疑的态度，生活在这些国家的华侨处于两难境地，其中拥护新中国的华侨处境更加艰难。1952年毛泽东同归侨张国基谈话专门谈到这个

---

① 中共中央文献研究室编：《毛泽东年谱（1949—1976）》第一卷，中央文献出版社2013年版，第2页。《年谱》记载毛泽东为侨胞题词，时间为10月1日。

② 《回忆陈嘉庚》，文史资料出版社1984年版，第134页。

③ 《李济深为〈南侨日报〉两周年纪念题词》，新加坡《南侨日报》1948年11月24日。

④ 转引自任贵祥：《毛泽东侨务思想与实践研究》，《党史研究与教学》2014年第2期。

问题，他说："恐怕你们华侨在国外有三个办法。第一个办法，如果这样做对你们没有损害的话，你们就心里挂红旗，门口也可以挂红旗。第二个办法，在对我们不友好的国家里，或没有建立外交关系的国家，不许华侨挂红旗怎么办？很简单，心里挂红旗，门口不挂旗嘛！……第三个办法，如果这个国家与台湾还有外交关系的，那你们就心里挂红旗，门口挂白旗嘛！所以，一是心里挂红旗，门口挂红旗；二是心里挂红旗，门口不挂旗；三是心里挂红旗，门口挂白旗。"①毛泽东以灵活而又实际的态度，教导华侨根据实际情况处理好拥护新中国与自身处境的关系，体现其为华侨切身利益着想的理念。

3. 华侨要遵守侨居国的法律制度

毛泽东多次重申，华侨要遵守侨居国的法律和规章制度，不要参加侨居国的政治活动或革命活动，这样对华侨自身、侨居国及祖国都有利。1954 年 12 月 1 日下午六时半，毛泽东在中南海勤政殿会见缅甸总理吴努和夫人，参加会见的有朱德、刘少奇、周恩来、陈云、陈毅及姚仲明等。毛泽东在谈话中表示："我们经常嘱咐华侨遵守居留国的法律。既然在居留国生活，就要守法，不应该参加居留国国内的非法活动。我们常常进行这种教育工作，叫华侨守法，搞好同居留国政府和人民的关系。在华侨多的国家，这一关系更要搞好。因为这些国家的政府怀疑我们要利用华侨捣乱。这也要在长时期中加以证明，到底我们是教育华侨守法呢，还是暗地里策动他们反对居留国政府。各国有非法政治活动或是革命，但那是本国自己的事，华侨不应该参加。"②12 月 11 日晚，毛泽东在中南海颐年堂第二次会见吴努夫妇，陪同会见的仍然为第一次参加的那些人。会谈中，毛泽东首先具体阐述了国家关系和平共处五项原则问题，

---

① 任贵祥：《毛泽东侨务思想与实践研究》，《党史研究与教学》2014 年第 2 期。

② 任贵祥：《毛泽东侨务思想与实践研究》，《党史研究与教学》2014 年第 2 期。另见中共中央文献研究室编：《毛泽东年谱（1949—1976）》第二卷，第 318 页。

在谈到华侨问题时毛泽东指出："在缅甸的华侨中也有激进分子，我们劝他们不要干涉缅甸的内政。我们教育他们服从侨居国的法律，不要跟以武装反对缅甸政府的政党联系。我们在华侨中不组织共产党，已有的支部已经解散。我们在印度尼西亚和新加坡也是这样做的。我们嘱咐缅甸的华侨不要参加缅甸国内的政治活动，只可以参加缅甸政府准许的一些活动，如庆祝活动等等，别的就不要参加。我们在泰国有三百万华侨，我们的方针也是一样。泰国对我们不友好，原因不在我们。我们实在是想搞好同泰国的关系，我们很想同泰国建立外交关系，希望吴努总理把我们的意思向泰国当局说一下。"吴努表示，他已经答应了周总理。[①]这两次会谈，都是从处理好国家关系的大背景下谈华侨问题的，具有很强的政策性和政治性。

为了消除各国对于中国有关华侨问题的疑虑，毛泽东在接见外宾时，反复阐明新中国对于国外的侨务政策。1956年9月18日下午，毛泽东在中南海勤政殿会见印度尼西亚驻中国大使维约普拉诺托，外交部副部长章汉夫和中国驻印尼大使黄镇在座。在谈到印尼华侨问题时，毛泽东表示：中国一向鼓励华侨要遵守所在国的法令，不要从事政治活动，并且鼓励他们把他们的人力和财力为所在国的利益服务。当然，也可能有些华侨从事了一些不利于印尼利益的事，但这是和中国政府毫无关系的。[②]1958年8月16日，毛泽东接见柬埔寨国王西哈努克谈话时说："中国有1300万侨民在外国，900万在东南亚各国，他们如不同侨居国搞好关系，问题就很大。他们人在外国，心在中国，这是不利于反殖民主义的。""我们要柬埔寨的华侨拥护柬埔寨王国政府，同柬埔寨人民合作，尊重柬埔寨的法律。"[③]1955年12月，泰国经济文化代表团的华侨到中

---

① 中共中央文献研究室编：《毛泽东年谱（1949—1976）》第二卷，第322页。

② 中共中央文献研究室编：《毛泽东年谱（1949—1976）》第二卷，第629页。

③ 任贵祥：《毛泽东侨务思想与实践研究》，《党史研究与教学》2014年第2期。

国考察访问，毛泽东接见他们时说："国外华侨的共产党组织也取消了，以消除华侨所在国政府的怀疑，使大家互相信任。我们究竟是否说的一套，做的一套，那你们也可以看，口说无凭，你们以后还可以看事实，就看清楚了。"①

毛泽东和华侨居住国的领导人重申华侨遵守所在国法律制度，是要其消除疑虑，表示新中国政府的诚意；和华侨群体强调这一问题，是从他们自身生存着想。毛泽东反复强调中国政府要切实贯彻这种思想。

4. 华侨"不应该有双重国籍"

关于华侨的双重国籍问题，是旧中国遗留下的繁难问题，新中国一成立便着手解决这一问题。毛泽东是明确主张不赞同存在双重国籍。1954 年 12 月 1 日，他同吴努谈话时说："国籍问题也要搞清楚，到底是中国籍还是外国籍，不应该有双重国籍。"后来，他又几次表明这一态度。1955 年 12 月 21 日，他在接见泰国经济文化代表团谈话时说："泰国有华侨，加入你们国籍的，就算泰国人了，没有加入泰国国籍的才是中国人。要不华侨很多，人家会害怕。"②1958 年毛泽东接见西哈努克谈话时，又说道："我们应该让华侨入柬籍，他们的祖国是柬埔寨。……当然不是强迫。我们主张经过教育，逐步加入柬籍。"1961 年 6 月 13 日毛泽东接见印尼总统苏加诺谈话说："在总统的努力下，华侨问题得到了解决。这样解决很好，愿意选择印尼籍的成为印尼人，作为印尼的少数民族的一部分；选择中国籍的就是华侨。"③

以上几例，可以说明毛泽东对于取消华侨双重国籍的明确态度。以往的有关研究，大多阐述周恩来关于华侨双重国籍的论述及为解决双重国籍问题所做的大量工作，未见毛泽东对这一问题的看法。实际上毛泽

---

① 中共中央文献研究室编：《毛泽东年谱（1949—1976）》第二卷，第 501 页。

② 中共中央文献研究室编：《毛泽东年谱（1949—1976）》第二卷，第 500 页。

③ 任贵祥：《毛泽东侨务思想与实践研究》，《党史研究与教学》2014 年第 2 期。

东的主张与周是完全一致的。在这一思想指导下，20世纪50年代后期中国和东南亚一些国家或者签订条约，或者以协商方式，解决了华侨双重国籍问题。尽管现在对此有争议，但在当时消除西方某些别有用心者利用华侨作为攻击中国的口实，以及解决中国和东南亚国家关系方面，起到了积极的作用。

5. 主张利用华侨资本的思想

新中国成立后，毛泽东在对待资本主义认识的问题上前后是有变化的，对待华侨资本也是如此。1956年5月3日至30日，毛泽东、彭真等一行125人到广州考察。在穗期间，毛泽东先后召开会议20次，听取了广东、广西、湖南、江西等五省领导人的工作汇报。中共广东省委港澳工委副书记黄施民向毛泽东报告了香港方面的情况。当毛泽东了解到香港各银行游资充斥，存款利息急剧下跌，甚至到了存款者要倒贴利息给银行的地步时，指示说："海外的游资这么多，可以利用嘛。"在提到华侨资金约有五亿美元流入香港，但华侨对回国投资存有怕将来会被"共产"的顾虑时，毛泽东问五亿美元之中今年争取到的有多少。当毛泽东知道是年1000万港元的投资也不易达到时则表示："要有更积极的政策。"当问到是否允许外国资本家投资时，毛泽东说原则上都可以，但条例要研究。他说：要针对港澳华侨的顾虑，想办法争取利用这一大笔外汇，它们在香港市场是找不到出路的。毛泽东结束这一次广州之行前夕，又叮嘱中共广东省委书记陶铸："敞开大门，引进外资，这个想法好，你们赶快写个报告？我们到北京进一步研究。"① 陶铸后来是否按照毛泽东的指示写了报告，若是写了报告，毛泽东对报告的态度如何，有待进一步挖掘资料进行研究和考证，但从中可以看出毛泽东是主张利用

---

① 中共广东省委党史研究室编：《情系广东：老一辈革命家南粤纪行》，广东人民出版社2006年版，第8页。

华侨资本的。

中共八大召开后不久，毛泽东在同民建和工商联负责人的一次谈话中指出，对资产阶级要区分情况，实行不同政策。华侨投资开厂或搞投资公司，二十年、一百年不没收。毛泽东把这个思路概括为："可以消灭了资本主义，又搞资本主义。"①

以上两例可见，1956年毛泽东确曾明确主张利用华侨资本。但从以后的实践看，中共八大以后党的路线方针出现重大转向，不但没有"搞资本主义"，反而使资本主义绝种。而对于华侨资本，主要是引导其投入社会主义的国营企业里，到"文化大革命"时也绝种了。应该说，20世纪50年代毛泽东一度有利用华侨资本的思想，但由于他对马克思主义关于社会主义一些重大基本问题认识的偏差，并没有很好地和中国国情结合起来，在这样的大背景下，利用华侨资本的实践是不会取得成功的。

考察新中国前期毛泽东的侨务思想，可以明显地看出其发展丰富了民主革命时期的侨务思想。作为新中国政府的最高领导人及在全国范围执政的中共领袖，毛泽东的视野更加开阔，将国家的利益和华侨的利益联系起来考察，更多地顾及海外广大华侨的生存处境及保护他们的切身利益；并将华侨主要作为统一战线组成部分的思想转变为华侨在国家政权机构的角色和吸引他们参与国家建设方面。

（九）华侨拥护抗美援朝决策

除了在共同致力于新中国的建设中与归国侨领的交往外，毛泽东作为党和国家最主要领导人，与一般华侨也有密切交往。其中比较集中地体现在新中国建立初期，华侨以切身感受拥护毛泽东的抗美援朝决策。

由于意识形态的根本对立，新中国一成立，美国即采取敌对政策，

① 《毛泽东同民建和工商联负责人的谈话》（1956年12月7日），《毛泽东文集》第七卷，人民出版社1999年版，第170页。

同时加紧迫害在美的华侨和中国留学生。在美的留学生团体，如中国留美科学工作者协会被迫解散；学生刊物，如《留美学生通讯》被迫停刊；一些留学生受到美国特务的跟踪和盘诘，住所被无理搜查。除此之外，美国政府更用威胁利诱的手段使中国留学生不能回国服务，拿“助学金”的名义来强迫留学生填写拥护台湾蒋介石的表格，许多准备回国的教授和学生受到各种留难，已经起程返国的如钱学森、赵忠尧等竟被中途扣押。

1950 年 6 月 25 日，朝鲜内战爆发。美国宣布出兵朝鲜，并派第七舰队侵占中国领土台湾。9 月 15 日，美军实施“仁川登陆”计划，同时多次派飞机侵入中国领空进行侦察和轰炸扫射。朝鲜军队损失惨重，由攻转守，形势危急，并请求中国支援。唇亡齿寒，紧急时刻，毛泽东和中共中央作出了抗美援朝、保家卫国的决策，派出中国人民志愿军赴朝参战，掀起了轰轰烈烈的抗美援朝运动。这一运动得到海外华侨的响应和支持。

抗美援朝战争打响后，美国留学生和东南亚归侨学生纷纷响应。当时华北人民革命大学的留美学生丁则民等 103 人及东南亚的归侨学生杜俊添等 116 人联名致电毛泽东表示不惜任何牺牲支持抗美援朝战争。他们致信毛泽东说：

敬爱的毛主席：

我们是从东南亚各地归国的华侨青年，曾亲身饱受了帝国主义酷毒摧残。为了祖国的建设事业，我们正遵循着您的指示进行学习。

美帝国主义者在六月发动侵略朝鲜的战争，同时侵犯我国领土台湾以后，在这四个月来，美机三番四次侵犯我国东北的领空和山东沿海，屠杀我国人民，炸毁我国的财产，并将侵朝陆军，大量向鸭绿江、图们江逼进，直接威胁我国边境。这些疯狂行动，已使我们深切地认识美帝侵略朝鲜的目的，主要地是为了侵略中国，美帝正袭用着当年日寇侵略我国的故伎；同时也使我们完全明白保卫祖国必须支援朝鲜。在今天，祖国安全已受到严重威胁，迫使祖国的建设事业和我们的学习受到阻碍的时候，我们要向您坚决表示：

我们坚决拥护各民主党派的联合宣言，用实际行动抗美援朝保家卫国，我们决心参加援朝志愿军，坚决反抗美帝侵略，不惜任何牺牲地献出我们的生命，为抗美援朝保家卫国的光荣任务而奋斗！①

信函以亲身感受揭露美国的帝国主义本质，表示响应毛泽东抗美援朝决策、决心参加志愿军赴前线杀敌的心愿。

随后不久，留学美国、英国、加拿大等国家的学生赵忠尧等 20 人联名致信毛泽东表示，值此美帝侵朝之际，我们热诚拥护抗美援朝运动。

1951 年 2 月 21 日，北京千余名归侨在劳动人民文化宫举行反对美国武装日本示威游行大会。大会首先通过何香凝、陈嘉庚、司徒美堂、彭泽民、廖承志、胡愈之、陈其瑗、蔡廷锴、连贯、蚁美厚、李铁民、庄希泉等 36 人组成大会主席团。大会执行主席、北京市归国华侨联谊会副主席胡愈之致词后，陈曼云代表何香凝讲话。华侨工人代表卢成、妇女代表吴瑞英、学生代表谢甲武相继讲话。他们以亲身遭受的种种苦难，向大会作沉痛的控诉。他们愤怒地表示：日本帝国主义曾经欠了华侨无数血债还没有偿还，今天美帝国主义又要武装日本，企图重新奴役亚洲人民和海外华侨。我们一千多万侨胞决不能容忍这种万恶的侵略行为。我们要和全国人民、全亚洲人民、全世界人民紧密地团结在一起，彻底粉碎以美帝国主义为首的侵略集团的一切阴谋。大会最后通过了向毛主席致敬电、致世界和平理事会电、致中国人民志愿军及朝鲜人民军慰问电、致海外侨胞慰问电及大会宣言，并通过了归国华侨爱国公约。会后

---

① 《归国华侨学生给毛泽东写信　在国外亲受帝国主义的横暴欺凌摧残　誓把内心的仇恨化作抗美斗争的力量》，《人民日报》1950 年 11 月 16 日，第 1 版。

举行了示威游行。游行队伍中高擎着巨幅的毛泽东主席、朱德总司令以及斯大林、金日成、胡志明等人的画像。同一天，广州、福州、厦门、汕头、海口、泉州、漳州、昆明、南宁等十几个大城市的归国华侨，纷纷举行反对美国武装日本示威游行大会，这是新中国建立初归国华侨开展的一次空前的爱国活动。在北京的大会上通过了向毛主席致敬电如下：

敬爱的毛主席：

由于您的英明领导，使中国人民得以推翻蒋介石匪帮及其主子帝国主义在中国的反动统治，建立人民自己的国家。在解放以后不过一年多的时间内，中华人民共和国已经成为拱卫亚洲和世界和平的强大堡垒，使华侨在为保卫自己正当权益的团结斗争中，有了强有力的后盾；国内侨眷的生活也获得了空前的安定和保障。我们谨向您表示忠诚的拥戴和最深厚的感谢。

自从美帝国主义者发动对台湾、朝鲜的侵略战争以来，我们在北京的归国华侨就以爱国主义和国际主义的精神，热烈地参加到抗美援朝保家卫国的神圣运动中。今天是世界人民反对帝国主义殖民制度英勇斗争日。我们和全国各地归国华侨同时举行反对美国武装日本示威游行大会，一致通过了归国华侨爱国公约，并保证其彻底实行。大会一致表示，坚决为反对美帝国主义侵略战争，保卫世界和平而斗争到底！谨向您致最崇高的敬礼！

北京归国华侨反对美国武装日本示威游行大会

一九五一年二月二十一日

与此同时，大会发布宣言如下：

美国帝国主义在侵略朝鲜的战争中，在强大的朝鲜人民军、中国人民志愿军的英勇抗击之下，已遭受了决定性的失败。在完全暴露了它纸老虎的外强中干的原形以后，美国帝国主义者又派臭名远扬的战争贩子杜勒斯到日本和东南亚各地进行阴谋活动，妄图片面对日媾和，进一步武装日本，复活日本的军国主义，使之充当美帝国主义在亚洲的新的侵略工具，以挽救它的垂死命运。这完全违反和破坏了开罗宣言、波茨坦公告和雅尔塔协定等国际协议。全国人民和各地华侨以及世界爱好和平的人民万分愤怒，坚决反对美国帝国主义者这一罪恶阴谋。

华侨多少年来在帝国主义的统治摧残和压迫下，在第二次大战日本帝国主义占领东南亚的三年零八个月的时期中，华侨和当地人民同时还遭受到了日寇的残酷屠杀摧残与迫害。在日寇的残酷屠杀下，华侨在新加坡就牺牲了数以万计的生命；在当时日寇强迫修筑暹缅“死亡铁路”时被摧残虐杀、无辜而死的工人亦达万人以上；而在爪哇、苏岛、菲律宾等处的华侨集体被捕入狱，被日寇集体或零星屠杀的，更无法统计。东南亚各地华侨，和当地各族人民一道，以长期的斗争和极重大的牺牲，配合世界反法西斯阵营人民的胜利，才得以打倒了日本帝国主义这个万恶的敌人。现在祖国人民在中国共产党和伟大英明领袖毛主席领导下，驱逐了帝国主义，推翻了蒋匪帮的反动统治，建立了人民自己的国家——中华人民共和国，仅仅在一年多的时间，已获得了飞跃的进步，特别是我国人民在抗美援朝中所取得的伟大胜利，使我们祖国成为拱卫亚洲和平、世界和平的强大堡垒，使海外华侨在为保卫自己正当权益的团结斗争中有了强有力的后盾，国内侨眷的生活也获得了空前的安定和保障。因此我们决不能容忍美国重新武装日本、复活日本的侵略势力、继续危害我们祖国人民和东南亚各国人民。

我们北京归国华侨，为了彻底粉碎美国帝国主义的侵略阴谋，坚决拥护周外长关于对日和约问题的历次声明，坚决拥护斯大林大元帅最近所发表的谈话，誓尽一切力量，为抗美援朝，为反对美国帝国主义者重新武装日本片面对日媾和，为保卫亚洲和世界和平而奋斗到底！

北京归国华侨反对美国武装日本示威游行大会

一九五一年二月二十一日[①]

这次活动既是声讨反对美国武装日本的示威活动，也是侨界声援抗美援朝的誓师大会，是两者的结合。

（十）与归国侨领的交往相处

由于毛泽东的特殊地位和特殊身份，与民主革命时期不同，与其他的党和国家领导人不同，毛泽东与华侨交往主要表现为与归国侨领的交往相处，共同致力于新中国的建设事业。

1. 与陈嘉庚的真诚交往

陈嘉庚作为海外华侨的杰出代表，作为华侨的一分子，他同大多数华侨一样，对于新中国的建立，感到扬眉吐气，认为广大侨胞从此有了坚强的靠山，他们已经不再是“海外孤儿”了，而是“已经有了一个伟大的慈母，这就是伟大的中华人民共和国”。他兴奋地表示，新“成立的人民政府，在英明领袖毛泽东主席领导下，兴利除弊，百政维新，将见三大国中原属落后之中国，勃兴发展，独立自强”。[②]从此以后，他和毛泽东在中央人民政府共事，共同致力于新中国的建设事业，两者的关系也进入了新阶段。

与毛泽东擘画国家全局不同，陈嘉庚十分关心家乡福建的发展建设。早在抗日战争时期，他亲率南洋华侨慰劳团回国慰劳考察，当从各地考察结束返回家乡福建时，耳闻目睹主政福建的国民党政府官员不事家乡建设致使家乡民生凋敝时，遂多次致电蒋介石予以谴责并强烈要求撤换主闽官员，蒋未理睬，致其满腔热情受到冷落。新中国建立初，即

① 《反对美国重新武装日本 北京归国华侨游行示威 大会通过向毛泽东致敬电及爱国公约》，《人民日报》1951 年 2 月 22 日，第 4 版。

② 陈嘉庚著：《新中国观感集》，新加坡怡和轩俱乐部、新加坡陈嘉庚基金、中国厦门集美陈嘉庚研究会 2004 年联合编印，第 142 页。

在 1950 年的政协二次会议上，陈嘉庚针对福建全省无铁路、交通落后的状况，提议在福建修建铁路。1952 年陈嘉庚就此事给毛泽东写信，当时因抗美援朝战争激烈而难以实施。1954 年 1 月 22 日陈嘉庚再次致信毛泽东，报告了他向周恩来提出的关于修建闽南铁路的建议。毛泽东对此很重视，收到信函后，在来信上批示："抄送铁道部研究，原信退我待复。"4 月 28 日，毛泽东复信陈嘉庚说："一月二十二日惠书收到。所提建议，已交铁道部研究。"① 在毛泽东、周恩来的关怀下，1954 年福建鹰厦铁路正式动工，1956 年建成通车。适逢陈嘉庚在北京参加第一届全国人大第三次会议，毛泽东见到陈嘉庚，特意走到他跟前，高兴地谈论起鹰厦铁路通车事。

1955 年 8 月 2 日，陈嘉庚开始了祖国万里行，先后赴东北、华北、西北、中南 16 个省、市、自治区参观考察，北至新疆，南至海南岛，行程 2.5 万里。在长达五个多月的考察活动中，陈嘉庚不顾辛苦疲劳，忠实履行政协常委参政议政的职责。他考察认真仔细，不断给毛泽东、周恩来及全国人大常委会写信报告见闻，反映问题，提出 15 项重大提案建议，其中对海南岛种植发展橡胶业有一整套建议。祖国万里行结束后，1956 年元旦陈嘉庚发表了题为《伟大祖国的伟大建设》的长文，满怀信心地指出："我的总观感是，毛主席领导全国人民做我们前人从没有做过的极其光荣伟大的事业，已经取得重大成就。事实证明：只有社会主义才能使国家富强，使人民幸福。"② 陈嘉庚通过实地考察，对中国共产党、毛泽东领导新中国的社会主义建设事业充满了信心。

陈嘉庚对毛泽东十分敬佩，他曾对身边的秘书说：毛主席在政治上、军事上、文学上都有非凡的才能，是因为他几十年如一日，天天都与军

① 中共中央文献研究室编：《毛泽东年谱（1949—1976）》第二卷，第 239 页。

② 《华侨领袖陈嘉庚》，中央文献出版社 2001 年版，第 27 页。

事、政治打交道，和群众结为一体，经历丰富，对情况了如指掌。他还说：“毛主席、周总理真伟大”；“生我者父母，知我者党！”毛主席“文武才干，英明智慧，不但为我国所未有，而为世界所仅见”。毛主席“领导革命，推翻三座大山，短短十年努力，将破碎山河改造和建设成为独立自主、富强康乐的新中国，一年等于几十年几百年，谁能想得到！毛主席的诗《沁园春·雪》云：‘惜秦皇汉武，略输文采；唐宗宋祖，稍逊风骚。一代天骄，成吉思汉，只识弯弓射大雕。俱往矣，数风流人物，还看今朝。’当然毛主席在这里指的是人民群众，但这前古后今的命世风流人物不正是毛主席么？”[①]以陈嘉庚严谨耿直的禀性，其对毛泽东这些溢美之词，绝非奉承，当是由衷而发。

毛泽东对陈嘉庚非常关心。1952 年 2 月 26 日，日理万机的毛泽东在阅览新华社福建分社给总社的一份电报上，获悉美蒋特务在最近将策划谋害陈嘉庚嫁祸于我，他当即将电报批转周恩来总理：“请指示福建当局加强对陈嘉庚的保卫工作，或劝陈来京。如何，请酌处。”[②]字里行间，可以看出毛泽东对陈嘉庚的关切。周恩来立即按毛的指示作了布置，他再次邀请陈嘉庚来北京定居，但陈为集美学校和厦门大学的建设，再次谢绝了周的好意。周遂指示福建省和厦门市政府要绝对保证嘉庚老人的安全，并派驻军协助。

毛泽东对陈嘉庚也非常尊重，尽量满足他的要求。1952 年春，陈嘉庚致函毛泽东，请他为集美解放纪念碑题字。5 月 16 日，毛泽东欣然命笔：“集美解放纪念碑 毛泽东”，并复信说：“陈委员：惠书早已收到，迟复为歉！遵嘱写了集美解放纪念碑七字未知合用否？先生近日身体如

---

① 《张楚琨诗文选》，第 30、36 页。“成吉思汉”，应为“成吉思汗”，原文如此。

② 《建国以来毛泽东文稿》第三册，中央文献出版社 1989 年版，第 264 页。

何，时以为念！”[①] 毛泽东的题词和陈嘉庚手书碑文的集美解放纪念碑，高高耸立在厦门集美鳌园内。

毛泽东虽然日夜擘画国家大政方针，操劳国家建设，但很重视吸收和采纳各方意见和建议，包括陈嘉庚等侨界代表的意见。如1954年6月14日下午，毛泽东在中南海勤政殿主持召开中央人民政府委员会第三十次会议，讨论《中华人民共和国宪法草案》。与会的宋庆龄、李济深、张澜、黄炎培、张难先、马叙伦、乌兰夫、何香凝、陈叔通、赛福鼎、程潜、傅作义、章伯钧、朱学范、陈嘉庚、章蕴、张治中、胡耀邦、李四光、陈其尤、许德珩等21人发言，提出意见和建议。会议一致通过《中华人民共和国宪法草案》和关于公布《中华人民共和国宪法草案》的决议。[②] 除陈嘉庚代表侨界外，何香凝、李四光、陈其尤等均与侨界有关系。

毛泽东不但就国家大事重视倾听陈嘉庚的意见，而且对于陈提出的事关国计民生的具体问题也是认真对待。1955年三四月间，陈嘉庚致信毛泽东，建议全国食用较粗糙的“九二”、“九五”米，以节约粮食；同时建议将福建省晋江青阳机场改建在青阳公路以南。5月1日，毛泽东回信说：“迭接惠书，论及粮食和飞机场二事，均已转付有关机关研究去了。盛意甚感，谨此奉复。”[③] 从信中可见，毛泽东认真对待陈嘉庚来信中所提的建议，并安排有关机关研究落实。

1955年9月中旬，陈嘉庚访问西北时，再次来到他和毛泽东第一次见面的延安，途中顺便拜谒了黄帝陵和轩辕庙，看到黄帝陵年久失修，

---

① 《建国以来毛泽东文稿》第三册，第447页；另见中共中央文献研究室编《毛泽东年谱（1949—1976）》第一卷，第556页。

② 中共中央文献研究室编：《毛泽东年谱（1949—1976）》第二卷，第250页。

③ 《建国以来毛泽东文稿》第五册，中央文献出版社1991年版，第96页。“九二”、“九五”米，即每百斤粮食脱壳的糙米，再加工后得92斤米或95斤米。

没有保护，遂于10月9日致信毛泽东，信中说，我此次访问西北，于9月中旬再访延安，途经黄陵县时，顺便拜谒黄帝陵和轩辕庙，院中历代碑石犹在，千年古柏森森。惟庙宇木料多已腐坏，势将倾塌，庭中草地，多为农民耕种，陵山多处私坟如鳞。曾查询县长，据说自解放后至今未派人看管。保护山陵标语虽有，但徒有其名。黄帝陵乃我国民族历史遗迹，解放后人民政府对历史文物及各处寺庙尚且保护修饰，而黄帝陵庙竟任荒废，抑中央主管部门因偏僻未暇顾及。毛泽东收到信后，于11月1日将陈嘉庚的信批转周恩来："此件阅后，请批交有关机关处理。我看陈先生的提议是有道理的。"① 从来往信函中，可以看出陈嘉庚保护民族文物的意识、敢于直言的精神，反映了毛泽东对陈所提问题的重视。

1961年8月12日，陈嘉庚在北京病逝。至此，毛泽东和陈嘉庚新中国成立以来12年的交往结束，通过这一时期的交往，可以得出这样几点基本的认识：第一，陈嘉庚由一位坚定的民主主义革命者转变为拥护社会主义的爱国者，这当然是陈嘉庚本人不断追求进步、追求进步正义事业思想境界的升华，其内因起主导作用。但与毛泽东的交往，受毛泽东的影响也起到一定的作用。如前所述，陈嘉庚对毛泽东敬佩、景仰的言行，就说明了这一点。第二，这一时期毛泽东与陈嘉庚的交往，主要是致力于国家建设的交往，由于所处地位和身份不同，毛泽东主要考虑的是国家的大政方针，而陈嘉庚考虑的多为具体问题。毛泽东作为党和国家的最高领袖，能够虚怀若谷，和党外人士直面交流，虚心纳谏，反映了新中国建立初期毛泽东的民主作风；相继担任政协常委、副主席的陈嘉庚作为党外人士，多次向毛泽东上书陈言己见，率直地提出自己的看法，体现了他认真负责的参政议政热情。从他们的交往中可以看出这一

① 《建国以来毛泽东文稿》第五册，第431页；中共中央文献研究室编：《毛泽东年谱（1949—1976）》第二卷，第461页。

时期党内外浓厚的民主空气，以及中共和民主党派无党派民主人士肝胆相照、团结合作的氛围。第三，毛泽东和陈嘉庚两位伟人，人生经历差异很大，个性迥然不同，但他们能够在中国革命和建设事业中结为知己、挚友，值得深思。应该说，两者的人格互有感召力，是人格魅力的交往，堪称后人处事交友的楷模。

2. 与司徒美堂的亲切交往

新中国成立后，司徒美堂担任中央人民政府委员，他关心祖国建设事业，更关心侨乡的发展，是侨胞的代言人。1950 年 2 月，《华侨新闻》月刊在广州创刊，司徒美堂请毛泽东为刊物题词，毛泽东欣然命笔："共同奋斗。"①

新中国建立初期，在新解放的地区包括东南大片侨乡进行了轰轰烈烈的土地改革运动。对于土改，司徒美堂是积极拥护的。他出身贫寒，早年到美国谋生，深知农民与土地的关系，土地是农民的命根子，没有土地农民则无以为生；辛亥革命时期又受到孙中山"平均地权""耕者有其田"思想的影响。司徒美堂对于土改的意义不言自明，但他也清楚闽、粤侨乡的土地情况又有特殊性，应该将特殊性和一般性区别对待。因此，在符合国家大政方针和照顾华侨利益双重考虑下，司徒美堂多次提出对侨乡土改的意见，并将这些意见由秘书司徒丙鹤整理成政协会议提案《关于处理华侨土地房屋问题的建议书》，经他本人签字作为提案提交给 1950 年 6 月的全国政协二次会议。会后，司徒美堂又将自己一系列有关思想归纳梳理，写成《关于华侨土地问题的几点意见》（简称《意见》），由中侨委转呈毛泽东主席。

司徒美堂的《意见》主要有这样几点主张：第一，坚决拥护有步骤、

① 司徒丙鹤：《司徒美堂和毛泽东的六次函电交往》，中国致公党中央委员会编：《司徒美堂》，中国致公出版社 2003 年版，第 303 页。

有计划地进行土地改革的政策。农民有了土地，中国革命才会成功，经济建设问题才有办法解决。第二，就过去百年的情况看，所谓华侨，其实是破了产的贫雇农，逃到海外，借辛苦工作赚了一点外汇，返回祖国买田养老，与封建地主的田租剥削大不相同。第三，华侨地主中与其他富有华侨中的自建洋房最好不要动。洋房之来，是来自他本人血汗所得，与靠封建剥削的地主洋房不同。华侨出外数十年，其与祖国的关系，就是他对国内亲属与薄田数亩，或洋房一座的田园之乐的怀恋。动了这些就斩断了他们与祖国的联系，断了联系也就是断了大笔有利于国计民生的侨汇。第四，什么叫华侨，什么是华侨地主，其定义必须有明确的规定。在划定何者是华侨土地，何者不是华侨土地的时候，技术上要非常精细准确，执行土改的下级干部，要认真对全部政策以及华侨情况作透彻的了解，如果不然，就会引起许多意外麻烦。侨眷有贫富之分，许多贫苦侨眷侨汇少，生活难，十年八年也接不到多少侨汇，租种一两亩瘦地过日子，在阶级成分言，他们倒是实际的贫雇农。第五，华侨捐款办学而置下的新式“学田”，有利于发展侨乡的教育事业，应予暂时保留。第六，如国内环境安定，华侨愿意回来进行大规模的农业生产，不知道这样的土地将来是否可能租得到？华侨能否收买土地来进行新的农业生产？土改条文应加以说明。[①]

司徒美堂的《意见》既照顾了大局，又提出了特殊性问题，切中要害。其中华侨房屋、侨汇、划成分等都是侨乡土改的关键性问题，处理不好，会损伤华侨侨眷的感情，以后的实践证明老人的真知灼见和预见性。《意见》呈上后，毛泽东很重视，指示道：将此文在政协文件中刊登。不久，《意见》全文在政协简报上发表。中央有关负责人和中央土地

---

① 傅颐：《司徒美堂与侨乡土改》，中国致公党中央委员会编：《司徒美堂》，中国致公出版社2003年版，第359—360页。

改革工作委员会也指示说，中侨委在草拟文件时，要采纳司徒美堂的正确意见。1950 年 6 月 30 日，《中华人民共和国土地改革法》公布，其中第 24 条规定：华侨所有的土地和房屋，应本照顾侨胞利益的原则，由大行政区或省人民政府另定适当办法处理之。11 月政务院又根据这个精神颁布了一个适当处理的详细办法，即《土地改革中对华侨土地财产的处理办法》，基本上吸收了司徒美堂的正确意见。这虽反映了毛泽东和中央人民政府对司徒美堂有关土改意见的重视，但是后来广东侨乡土改还是出现了较为严重的“左”的偏差。

1951 年 3 月，司徒美堂以中央人民政府委员的身份，上书毛泽东主席、周恩来总理，要求南下视察土改，得到同意后老人由北京到广东侨乡新会、江门、开平、台山、鹤山等地视察土地改革，将其所见所闻，以题为《粤中侨乡的土改》在《光明日报》连载（后印成单行本）。他深入家乡长达 100 天，考察认真细致。在鹤山考察期间，即 4 月 14 日，当地翻身农民托司徒美堂带一些烟叶、凉薯等土特产品转呈毛泽东主席，老人当场交给致公党的黄鼎臣带到北京，送给毛泽东，并附上报告侨乡土改情况的材料。5 月底司徒美堂收到毛泽东的复信，说道：

美堂先生：

四月十四日来信收到，甚慰。鹤山农民同志们送来的礼物也收到了，请先生转告他们，并致谢意。先生在南方暂留一时期很好，希望先生能于六月上旬返京，面聆教益。敬祝健康

毛泽东　　4 月 27 日[①]

毛泽东的回信在广东各报刊登后，翻身农民欢欣鼓舞，产生了良好的效果，于是司徒美堂圆满地结束了侨乡考察。

---

① 《毛泽东书信选集》，人民出版社 1983 年版，第 412 页。

毛泽东经常把各族同胞献给他的名贵礼物中的补品，如鹿茸、人参、麝香、川贝、枸杞、北芪、田七之类东西转赠给政协老人，司徒美堂所获尤多。1950 年冬，抗美援朝运动轰轰烈烈地开展起来，司徒美堂在《光明日报》上连载《旅美六十九年》的长篇回忆录，以亲身经历揭露美帝国主义对华侨的虐待及其暴行。毛泽东开会与司徒美堂见面时，称赞道："老人家，文章写得好啊！我每天都看。"回忆录印出单行本，由内务部长谢觉哉作序，司徒美堂不忘送给毛泽东一本留念。

司徒美堂少年出洋，旅居美国近 70 年，饱经沧桑。他是美洲致公堂元老，孙中山领导辛亥革命到美洲发动侨胞支持革命时，曾和司徒美堂同吃同住，结为好友。生活在这种环境下及其坎坷经历，使司徒美堂养成了性格豪放、讲江湖义气、疾恶如仇的脾气和个性。但他也粗通文墨，谙熟处事之道。毛泽东和司徒老人处事有道，互相尊重。这从司徒美堂身边工作人员经历的细微小事中可以折射出来。据司徒老人的司机胡寄生回忆，有一次他开车送司徒老人到中南海去参加政协会议，小车进入中南海往怀仁堂方向行驶时，见前面有几个人也朝会场方向走去，司徒老人便问秘书那些人是谁，当得知是毛主席后，老人当即叫司机停车，他也下车行走。这时，可能是身边人员告诉主席，后面司徒美堂老人来了，毛主席遂停下站在路边等着。等到司徒老人走到跟前，毛主席和老人握手、问候，二人边说边走。因为司徒老人脚跛，走路有点不方便。毛主席怕老人累着，便说，你年纪大了，还是坐车走吧。司徒老人则觉得这样不大礼貌，不肯上车，毛主席就站着不走，非请他上车不可。司徒老人难却毛主席的盛意，只好坐上车先走了。但到了会场他没有先进去，而是站在门口等毛主席到了，才一起进去。

司徒美堂对于毛泽东除了尊重外，更有由衷的敬佩、钦佩之情，这从司徒老人的言谈话语中可以反映出来，下面举几例说明之。

1950 年 1 月 20 日，司徒美堂在北京中央人民广播电台广播"向美洲华侨报告祖国解放后的情况”，其中说：

为什么祖国的人民民主革命事业，到今天得到这样的伟大胜利呢？有些海外华侨，还不大了解。我现在相信：这主要是由于中国共产党和毛主席的正确领导，和人民解放军的作战英勇。所以我们应该向毛主席、朱德总司令和解放军全体指战员致敬，感谢他们解放全中国的功绩。

只有共产党和毛主席领导下的人民民主革命，才能真正站在劳动大众与全国人民的立场，坚持不屈的实现孙中山先生所没有能够实现的理想。在人民政协会议上，我亲眼看见孙中山先生的遗像和毛泽东先生的肖像，左右并悬，所以我在此应该告诉各位：现在毛主席所领导的中国人民民主革命，正为了要完成革命的三民主义所没有完成的任务，而努力奋斗，并使革命走向新的阶段。①

《回忆当年，欢呼今朝》一文，是 1954 年 4 月 3 日司徒美堂 88 岁寿辰前后，口述生平经历的记录，连载于同年 5 月的香港《大公报》上，后载于印度的《中国新闻》和北京的《中国建设》（英文）上。其中说：

按中国人的习惯说法，我今年 88 岁了，五分之四的世纪使我看见许多世变。六七十年来我都在想：中国人民实在太苦了，谁能使中国独立富强，谁能使中国人民生活幸福，谁就一定得到中国人民的信任和拥护。今天，我的想法全部实现了：在中国共产党和毛主席的领导下，中国人民已经取得历史上空前的伟大胜利；中国共产党得到中国人民的最高的信任和最热烈的拥护；毛主席是全国人民最敬爱的伟大领袖。祖国人民正按照毛主席指示的道路，坚强地、一天比一天更幸福地生活和建设下去。没有任何力量能够阻拦或者改变我们这一条前进的道路。②

1954 年 9 月 15—28 日，第一届全国人民代表大会第一次会议在北京

① 中国致公党中央委员会编：《司徒美堂》，第 9、11 页。

② 中国致公党中央委员会编：《司徒美堂》，第 131—132 页。

举行。会议通过《中华人民共和国宪法》。根据《宪法》规定，原“中央人民政府华侨事务委员会”改称“中华人民共和国华侨事务委员会”；其负责人名称由“主任委员”改为“主任”。何香凝在大会上就我国的侨务政策问题作了发言。归国侨领陈嘉庚、司徒美堂参加会议。会议期间，司徒美堂写了一篇题为《为了人民幸福，投毛泽东一票》的文章，选举毛泽东当国家主席。参加大会的这些日子，司徒美堂均写了日记，记录了会议情况和真实感受，其中有几段对毛泽东印象，现摘录两段如下。9月15日的日记写道：

下午三时，中央人民政府毛泽东主席偕同各位副主席和秘书长、总理步入会场，是会场空气最热烈的时候。全体代表起立，对毛主席长时间的鼓掌致敬，一千多双眼睛仰望着毛主席，大家说不出自己心头上对于人民领袖的崇敬和感激。东方红，太阳升，中国出了毛泽东。是毛泽东把中国带到光明广阔的前途，是毛泽东使占人口总数四分之一的中国人从此站起来了。

9月27日的日记写道：

今天，我在选举中华人民共和国主席、副主席的选票上，给伟大的毛泽东及其战友朱德，画上了庄严的圆圈。

这是我的心愿，也是六亿人民共同的心愿。全国人民心一条，热烈拥护毛泽东。

1949年9月30日，我也画过这样庄严的圆圈。时隔五年，从五年工作所见和我八十多岁的阅历判断，我说：伟大坚强，而又朴实谦逊的毛泽东，是我们最敬爱的、最可信赖的带路人。中国出了个毛泽东，中国人民有福了。中国革命的胜利，中华人民共和国的建立，在世界历史来说，是一件意义巨大，影响深刻的事情。毛泽东给我们创造了幸福的环境，毛泽东还要领导我们摆脱贫穷落后，为美好的社会主义社会而斗争。我深切的体会到，我们今天在第一届全国人民代表大会第一次会议的“选举新的国家领导工作人员”的议程，不是普通的事情，而是特殊重要的事情。

……

三时四十分开始投票，投票完毕，大家的心情振奋而又热烈，等候开票。下午五时三十七分，宣布选举结果，毛泽东当选中华人民共和国主席，朱德当选中华人民共和国副主席。代表们没有违背六亿人民的重托，把人民所最热烈拥护的、英明伟大的领导者选举出来了。毛泽东是众望所归的人，伟大领袖毛泽东关心人民，人民爱戴伟大领袖毛泽东。[①]

以上摘录的是司徒美堂在三个时间段对毛泽东的印象，这样记录的文字还有一些，字里行间反映这位铁骨铮铮的归侨老人对毛泽东真心实意的敬佩、爱戴之情。扭转乾坤的中共领袖和叱咤风云的海外洪门大佬，从侨乡土改的大事到日常生活小事，反映出毛泽东与司徒美堂交往的真情和深切。

3. 与彭泽民的深切交往

中国农工民主党的领导人、归国侨领彭泽民早年跟随孙中山革命，是马来亚吉隆坡同盟会负责人；后加入中华革命党，任马来亚雪兰莪总支部副支部长；中华革命党改组为中国国民党后，任马来亚支部负责人。他支持孙中山改组国民党，拥护第一次国共合作和新三民主义。后当选为国民党第二届中央执行委员、国民党中央海外部长，积极发动华侨支援国民革命，维护国共合作，成为坚定的国民党左派。蒋介石发动四一二反革命政变后，彭泽民与中国共产党人毛泽东、林伯渠、董必武、吴玉章、恽代英，以及国民党左派宋庆龄、邓演达等人联名通电讨蒋，随后又与在武汉密谋七一五反共事变的汪精卫决裂，冒险保护转移林伯渠、吴玉章等共产党人。不久，他参加共产党人发动的南昌起义，随即

① 中国致公党中央委员会编：《司徒美堂》，第 137、150—151、152 页。

被国民党开除党籍。南昌起义失败，他被迫随军南下，由汕尾流亡至香港寓居，悬壶行医 20 多年，但他仍没有放弃所追求的民主革命事业。

1930 年，邓演达发起成立中国国民党临时行动委员会，彭任负责人之一。该组织后改称中华民族解放行动委员会，彭任中央执行委员会委员，成为邓演达的得力助手。邓演达被蒋介石杀害后，彭泽民十分痛心，更加坚定不移、坚持不懈从事反对蒋介石、追求民主的爱国活动。抗日战争胜利后，蒋介石阴谋发动内战。彭泽民及其领导的农工民主党，同其他民主党派一道投入反内战、反专制、求和平、争民主的斗争中去。全面内战即将爆发时，即 1946 年 5 月 23 日——中共代表团由重庆迁到南京之日，周恩来致电彭泽民，“至望先生与华南民盟诸先生大声疾呼，号召社会人士共同反对内战，力挽狂澜”[①]。彭泽民积极配合，参加各种反蒋集会，频频发表演说和文章，历数蒋介石国民党的倒行逆施。1948 年 4 月 30 日中共发布五一号召；5 月 5 日，彭泽民代表农工民主党同各民主党派联名致电中共中央主席毛泽东和全国同胞，响应中共号召；8 月 1 日，毛泽东复电各民主党派领袖，赞扬他们热心促使新政协会议实现的爱国行动，并希望共同研讨召集新政协的时机、地点和具体人选等。[②]1948 年底，当中共香港分局书记、华南分局第三书记方方传达毛泽东、周恩来邀请彭泽民北上参加新政协的信息时，彭毅然放弃在香港行医多年、安逸稳定的生活环境，离开香港辗转到达解放区。1949 年 1 月 14 日，毛泽东发表《关于时局的声明》，提出八项和平条件。15 日，彭泽民和章伯钧以农工民主党中央负责人的名义发表谈话，响应毛泽东《关于时局的声明》所提出的政治主张。22 日，彭泽民和各民主党派领袖共 55 人联名发表《对时局的意见》，坚决拥护毛泽东的声明，郑重宣

① 周谷城：《彭泽民同志的崇高品德》，中国农工民主党中央编：《纪念彭泽民》，中国文史出版社 1987 年版，第 5 页。

② 中国农工民主党中央编：《纪念彭泽民》，第 89、90 页。

布接受共产党的领导。3 月 25 日，毛泽东、周恩来、刘少奇、朱德等中共中央领导人，从河北平山西柏坡移往北平，彭泽民同各民主党派领导人和无党派知名人士前往西苑机场热烈欢迎，并陪同毛泽东、朱德等阅兵。6 月 11 日，毛泽东在北平香山双清别墅召集各民主党派负责人开会，研究新政协筹备情况。彭泽民出席会议。随后，彭参加了新政协筹备及召开的主要活动，并参加了庄严的开国大典。

新中国成立时，彭泽民当选为中央人民政府委员，中国农工民主党监察委员会主席。1951 年在庆祝中共成立 30 周年大会上，彭泽民深情地表示："新的人民的中国的历史是走向社会主义前途，走向共产主义前途的，需要全国人民更进一步地团结在中国共产党和伟大的毛主席旗帜之下。""中国农工民主党对中国共产党和毛主席表示衷心的拥护，服从领导。"①

彭泽民拜过名医并行医多年，是著名的中医专家。他非常关心我国中医事业。1954 年 9 月底，他和毛泽东讨论改进和发展中国医学问题，进言说："中国医学是我国人民几千年来与疾病作斗争的经验积累，有着丰富的内容，如果用科学方法加以研究和整理，一定可以发挥更大的力量。今天中国医药人才还很缺乏，团结广大中医的问题更显得重要。"②在讨论中，彭情真意切，言词中肯，毛泽东赞同并接受这一见解，要求在我国医疗卫生事业中注重推广中医科学。

彭泽民晚年，愈加坚定拥护社会主义、跟共产党走的决心，并立愿把农工民主党带到社会主义道路上去。1956 年，他在病重垂危之际，犹勉力给毛泽东写信，陈述了他对共产党和毛主席的感激之情后说："辜负提挈，报称难期，然而心有所系尚愿为主席言者，吾党自邓演达同志遇

① 周谷城：《彭泽民同志的崇高品德》，中国农工民主党中央编：《纪念彭泽民》，第 6 页。

② 中国农工民主党中央编：《纪念彭泽民》，第 98 页。

害，同志者多遭蒋介石迫害，虽历经挫折，犹复不避艰险，力争团结，反对独裁……”写至此，即不能终笔。据在旁的夫人翁会巧解释，彭老要给主席写这封信，意在说明邓演达创建的组织来之不易，希望毛主席多加关照，免日后生出反复，迷失航向。这委以后事的绝笔，足见他对农工民主党的语重心长、鞠躬尽瘁，[①] 足见他对毛泽东的高度信任。毛泽东则深深理解彭泽民的意愿，重视农工民主党的发展，及其在人民政府中的地位。

新中国成立初期，即20世纪50年代，毛泽东与归国侨领推心置腹的交往，是他所做的侨务工作的一个方面，这从一个侧面反映了毛泽东这一时期虚怀若谷的民主作风，从中亦可以体会到归国侨领对毛泽东的信任和爱戴。

（十一）晚年与海外华人科学家的交往

毛泽东晚年由于错误地发动了“文化大革命”运动，侨务思想及实践发生错误，毛泽东和华侨、归侨的交往益少。目前所见到的资料，他在20世纪70年代初接见过几次美籍华人科学家或知名学者，是他晚年有限的侨务活动。

1. 与杨振宁探讨宇称守衡问题

杨振宁，是享誉世界的美籍华人物理学家。1957年，他和另一位美籍华人物理学家李政道合作发表物理学论文，获得著名的诺贝尔物理学奖，并获得美国、英国等国家的各种科学荣誉。杨振宁是世界华人的骄傲，其名字传遍世界。

杨振宁出生于安徽合肥，在国内受到中华传统文化教育。因此，他对祖籍国和养育他的家乡，有着浓厚的情感。他多次来往于中美两国。1973年盛夏，在杨振宁第四次回国访问期间，受到周恩来的接见，他趁

① 季方：《纪念彭泽民同志——代序》，中国农工民主党中央编：《纪念彭泽民》，第2页。

机提出要见毛泽东主席。毛泽东答应了他的要求，在中南海自己的书房里会见了杨振宁。毛泽东主席会见华人科学家，在新中国的历史上还是第一次。当时新华社向全世界发布了这一消息，全文如下：

新华社一九七三年七月十七日讯 我国人民的伟大领袖毛泽东主席，今天下午会见了前来探亲、访问的美籍中国物理学家杨振宁博士。毛主席在中南海自己的书房里，同杨振宁博士进行了一个多小时极为亲切的谈话。参加会见的有国务院总理周恩来和中国科学技术协会副主席周培源。①

国内外舆论非常关注这次会见，纷纷推测毛泽东与杨振宁会见究竟交谈了些什么？中外媒体很少直接披露这件事。杨振宁学术活动繁忙，与毛泽东会后随即启程前往日本参加一个高能物理会议。之后，他又从日本飞抵中国香港，再由香港飞抵内地继续进行访问。杨振宁匆匆来往于两国三地期间，不少记者追逐着采访他，当然，追踪采访的内容和焦点自然就是前不久受到中国最高领导人毛泽东接见的情况。

7 月 27 日，香港《大公报》转载日本有影响的报纸《读卖新闻》刊登的日本大学教授中村与杨振宁的谈话，标题是《杨振宁谈四访中国》，现将对话转述如下：

中村：与毛主席的会见，情况如何?

杨：毛主席精神非常之好，跟我谈了上下古今极有意义的话，甚至有幽默的话。

中村：主席有没有提到对中国科学的指导概念呢?

杨：主席没有提到这一点，不过对于科学非常注意。作为一个大国首脑当然是如此的，不过，其中也有个人的关心。在我临离开向毛主席

① 《人民日报》1973 年 7 月 18 日第 1 版；另见徐胜蓝、孟东明编著：《杨振宁传》，复旦大学出版社 1997 年版，第 118 页。

告别的时候，毛主席说他很高兴我在科学方面对世界有一些贡献。他又说，他自己也很希望能给世界有一些（科学）贡献，不过他未能做到这一点。

中村：科学文献等等，主席也过目吗？

杨：造诣非常之深。对于我在1956年的研究还记得很清楚。不仅询问了宇称的守恒、非守恒问题，而且问到了光子的性质和质子的可分与不可分性。

中村：那不是学者之间最新讨论要解决的问题吗？

杨：可不是！如果能可分，可分之后又有什么变化，这是我们还弄不清的难题。

中村：简单来说。主席对于中国科学的想法是怎样的？

杨：我只能凭印象来说。总而言之，主席对于在中国出生的我，能对世界物理学作出了贡献，很是高兴。而且在主席的影响之下，中国按照理想主义来处理科学，希望它的成果能对全人类作出贡献……

至此，毛泽东接见杨振宁谈话的一些内容，终于浮出水面。当然，谈话的具体确切内容及细节还有待于进一步考证。

1973年9月11日，香港《文汇报》转载了留美中国学生刊物《星报》的“读者手稿”，标题为《杨振宁三谈毛主席会见》，也介绍了毛泽东和杨振宁会谈的情形，文中写道：

问：主席的湖南话不容易懂么？

答：也不尽然。只是一开始，主席说到中国历史上的科学成就和科学思想，引用了许多典故成语，这些我都不熟悉，因而一时听不清楚。

问：那么当时怎么办？

答：当时周总理和周培源先生换了座位，由周总理翻译。

问：周培源先生也在座？

答：是的。情形是这样的：我到了国内，便提出要求说，不知可否见到毛主席。接着便自以为不妥，怕毛主席太忙。接待同志倒不以为有什么不妥。每人都想见毛主席，没有什么奇怪。过不了多久，竟然有了这个难得的机会。那天是由周培源先生陪我去中南海。到了主席书房，周总理出来迎接我们，随后我们进去，把我们介绍给毛主席。最初是周培源先生和我坐在毛主席两旁。由于最初不能听懂湖南话的成语，周总理就和周培源先生换了位置，靠近主席坐着，一边给我们解释。

问：中南海警戒森严么？

答：也不觉得，当然进大门时看到了有警卫，主席书房外面却是没有。

问：主席书房大么？陈设如何？

答：相当大，我见到了三进。第一进小一点，第二进特别大，可以接见许多人。第三进是我们见到毛主席的地方，大概也有七八百平方英尺吧。陈设情形，说实在话，当时都无心留意了。倒要回来看看照片才想得起来。只觉得墙上有些字、画，地上有没有地毯都记不清了。

问：你和中村的对话中，你说毛主席的物理造诣很深，你是这么说的么？

答：这话经过英文译日文，日文又翻中文，走了样。我当时用的英文，是 Very interested and has profound knowledge。

问：这个结论是怎么做出来的呢？

答：这是一个总的印象，从和主席谈话一个半小时得到的。

问：主席也问起宇称守恒定律么？

答：是，主席说，“宇称也可以说是守恒，也可以说是不守恒，对么？”这显示他在这方面有很正确的想法。

问：你会不会觉得，在接见您之前，主席读了一些这方面的书，或者和什么人讨论这方面的事情？

答：我完全不这么想，我的印象是主席一向对这方面十分关切，平时就读过许多，谈起来如数家珍，毫不生硬。总之，主席在这方面的了解，至少是 Scientific American 的水平。

问：周总理也谈物理么？

答：不太一样，总理和主席不一样。

问：怎么说呢？

答：比如说吧，主席问我在物理中，理论和思想的关系与哲学中的用法有什么不同，在我思索时，周培源先生替我答复，周总理也谈了话。

问：这么说来，周总理也很懂物理么？

答：也不是，周总理是从日常生活中，理论和思想的关系谈起来的。主席给我的印象，则是一位喜欢从大处远处着想的人，这在我没见到他以前从他的选集和诗词中已经很有体会了。而且，除非是平常对用字、观察很细心，推敲要求精确的人，不然不会留意这样的问题。

问：那么总理呢？总理不也是这样？

答：也可以说是。只是他们两个人不一样罢了。

问：您觉得主席接见您的意义何在呢？

答：哈！这方面的猜测已经太多了，右派左派各有解释，在我看来，一方面是主席对科学工作者的重视，另一方面是主席对海外中国人的关切。①

应该说，以上香港《大公报》《文汇报》的两次转载，毛泽东会见杨振宁的谈话内容及其细节，已经跃然纸上，是比较全面的。但也不能说是很完全。据有的著作介绍，毛泽东和杨振宁还谈到了中国古代哲学家老子、庄子、墨子的故事，以及他们对待自然科学的态度等。②

2013 年 12 月，在纪念毛泽东诞辰 120 周年之际，由中共中央文献

① 转引自徐胜蓝、孟东明编著：《杨振宁传》，第 119—122 页。

② 冯子平著：《华人英才》，香港东西文化事业公司 1998 年版，第 280 页。

研究室编辑出版的六卷本《毛泽东年谱（1949—1976）》，对于毛泽东与杨振宁这次会见及会谈内容有具体的介绍，是目前见到的国内最权威、翔实的记载。

会见的时间是：1973 年 7 月 17 日下午；地点在中南海游泳池毛泽东的住处；陪同会见的有周恩来、周培源。会谈的内容：

谈到物理学时，毛泽东说：物质是无限可分的。如果物质分到一个阶段，变成不可分了，那么一万年以后，科学家干什么呢？有人说公孙龙是诡辩论，还有惠施。但是有“一尺之捶，日取其半，万世不竭”之说，这就是物质无限可分的意思。还有“飞鸟之景，未尝动也”。地球哪里算中央呢？惠施说过“我知天下之中央，燕之北、越之南是也”。公孙龙说过“白马非马”。马有白马、黑马、大马、小马，但是看不见“马”。又比如人，有男人、女人，看不见“人”。我经常吹这些，你们大概不愿意听。谈到杨振宁与李政道提出宇称不守恒原理时，毛泽东说：宇称守恒，宇称不守恒。我是赞成宇称守恒又不守恒。我是搞政治的，不懂科学。

谈到毛泽东的诗词时，杨振宁说：我读了主席的《长征》诗，“红军不怕远征难，万水千山只等闲”，特别是“金沙水拍云崖暖，大渡桥横铁索寒”，我很想去看看。毛泽东说：那是长征快完时写的。讲了一个片面，讲不困难的一面，其实里边有很多斗争，跟蒋委员长斗争、跟内部斗争。有些注释不大对头。如《诗经》，两千多年以前的诗，后来做注释，时代已经变了，意义已不一样。我看，过百把年以后，对我们这些都不懂了。

谈到中国历史时，毛泽东说：我们郭老，在历史分期这个问题上，我是赞成他的。但是他在《十批判书》里边，立场、观点是尊儒反法的。法家的道理就是厚今薄古，主张社会要向前发展，反对倒退的路线，要前进。杨振宁问：秦始皇对中国是不是有贡献？毛泽东说：他是统一中国的第一个人。

谈到中苏两党关系时，毛泽东说：苏联说我们是教条主义，我们说他们背叛了马列主义。我见了柯西金说，你们叫我们是教条主义，我们说你们是修正主义，两家都不是马克思主义。我们在过去一段时间里反对教条主义。我那一篇文章，叫《矛盾论》，其中一段叫“矛盾的特殊性”。矛盾的普遍性并不单独存在，就存在于特殊性之中。人类是看不见的，看到姓杨的，姓周的，看到大人、小孩，但是看不见“人”。

会见结束时，毛泽东说：感谢你这位自然科学家，你对世界是有贡献的。杨振宁说：我也要祝毛主席万寿无疆。毛泽东说：你不要讲，这句话不对，不科学。[①]

从《年谱》记载可见，毛泽东与杨振宁会见主要会谈了物理学、毛泽东诗词《长征》、中国古代历史及中苏两党关系等四方面内容。会谈海阔天空、漫无条理。既有自然科学，又有社会科学；既有历史，也有现实。

访问新中国并受到国家最高领导人毛泽东、周恩来较长时间的亲切接见，使杨振宁感到很激动，他为祖籍国20多年来沧桑巨变感到由衷的高兴。他由此萌生一个想法——利用自己特殊的地位、身份，担负起建造中美友谊桥梁的责任。因此，他回到美国后的多次演讲之中，发表了许多赞美中国发生重大变化的言论。当然，杨振宁毕竟不是一个政治家，“只缘身在庐山中”，看不透毛泽东发动“文化大革命”的动机和原因，也没有感受到“文革”给中国带来的动乱，因而他在各地的演讲中不时有赞美“文革”的言论，这对于一名局外人是可以理解的。后来，即1988年2月，他在接受香港记者访问时，坦诚地说：“我那时做的是一个感情非常丰富的演讲。因为第一次在中国访问了四个星期，在我身

① 中共中央文献研究室编:《毛泽东年谱（1949—1976）》第六卷，第487—488页。

上产生了极大的感情上的激动。但是，从现在比较冷静的情况来看，当时我有许多问题是看错的，最大看错的地方，是没懂‘文化大革命’是怎样一件事……有许多地方对于中国的认识是不清楚的，不过，我觉得总体上来说，我所做的事情是符合历史的潮流的。”[①] 果然，后来中美关系解冻、建立外交关系，杨振宁为中美两国搭起科技之桥功不可没。

2. 与李政道讨论自然和社会

如前所述，1957 年李政道与杨振宁一起获得国际科学界的最高奖——诺贝尔物理学奖，令亿万炎黄子孙为之感到骄傲，从此，李政道与杨振宁的名字齐扬天下，享誉世界科学界。

李政道，原籍江苏苏州，1926 年出生于中国最大的工商业城市上海。本科前两年就读于中国东南著名高等学府浙江大学，后两年就读于西南联合大学（因日本发动侵华战争，高校迁徙至大后方，由多所高校合并而成），对物理学专而精，遂经著名物理学家吴大猷推荐至美国芝加哥大学深造，与杨振宁一起师从“原子弹之父”恩科里·费密教授。在名师指导下，两位高徒双双获得诺贝尔物理学奖，及美国物理学界的各种荣誉。

与海外其他“龙的传人”一样，李政道也有一颗中国心。在 1972 年中美坚冰解冻之际，李政道首次踏上中国之旅。1974 年 5 月，李政道第二次中国之行，先是受到周恩来、邓小平等高层领导人接见，而令他惊喜的是，此行还遂自己所愿，受到最高领袖毛泽东主席的接见。

1974 年 5 月 30 日晨六时许，下榻于北京饭店的李政道，突然接到毛泽东主席要接见他的电话，会见地点在中南海毛泽东的寓所里。这个突如其来的消息使李政道感到惊喜，但也不完全意外，因为来访时，他曾提出想拜见毛泽东主席的愿望，得到的答复是：毛泽东主席身体不好，

---

① 转引自徐胜蓝、孟东明编著:《杨振宁传》，第 123 页。

不能确切地告诉他能否如愿。所以，他已经作了见或不见的两手准备。

虽然以前没有见过面，但作为自己祖籍国、古老大国的领袖，也是世界级的领袖人物，毛泽东主席的传奇一生，在世界上早有诸多媒体报道及各种人士的评论。而在美国，对毛泽东的各种评论报道都有，褒贬不一，李政道都有耳闻，充满了神秘和朦胧的色彩。因而很快就能和这位领袖人物近距离面谈，李政道的心情可谓是激动与紧张交汇。

按照电话约定的时间，李政道被送到中南海游泳池毛泽东的住处。陪同毛泽东的朱光亚、罗青长、王海容、唐闻生等人迎了上来，一一握手问候。朱光亚和李政道都是当年在西南联大时吴大猷的学生，并一起被推荐到美国留学的。朱光亚在美国获得博士学位后于 1950 年冲破重重阻力回到祖国，是中国核能技术的开拓者之一。旧时的同窗好友重逢，当然有许多话可谈，但都无暇顾及，随即在一位穿军装的服务员带领下，走进毛泽东主席的书房。毛泽东主席从沙发上站起来，与李政道握手，随即开始了会谈。

毛泽东主席接见李政道，当时新华社发布消息说：

新华社一九七四年五月三十日讯　毛泽东主席今天上午会见来华探亲、访问的美籍中国物理学家李政道博士，同他进行了极为亲切的谈话。会见时在座的有朱光亚、罗青长、王海容和唐闻生。①

毛泽东、李政道会谈的具体内容，《毛泽东年谱（1949—1976）》作了详细的介绍，转录如下：

谈到理论与实践、绝对和相对的关系，毛泽东说：你的那个东西我是赞成的，应该培养基础科学人才。理论是哪里来的呢？就是从应用科学来的，然后又指导应用科学。就是讲，理论是从实践来的，理论又去指导实践。单是理论不存在，理论都是从实践来的。你看，地球绕太阳

① 《人民日报》1974 年 5 月 31 日，第 1 版。

转叫公转，这个公转包含在自转里头。三百六十五个自转就叫一年，其实呢，这就是公转，而这个公转就在自转里头，是对立的统一。没有自转，哪有公转呢？没有相对，哪有绝对呢？绝对真理存在于每一个时代的相对真理之中。一切绝对真理，看不见，摸不到，但是它又存在于相对真理里面。又相对又绝对，对立统一。当李政道讲到科学研究总是从实验开始，引出理论，进行解释和猜想，又进行实验时，毛泽东说：实践—理论—实践，不是理论—实践—理论。你讲一讲你那个发明创造给我听一下吧。李政道说：那就是宇宙是不是绝对对称。一九五六年我们做实验，发现很多事实表明正负、左右是不对称的。毛泽东说：我这个肩膀就是这边高，那边低。我的眼睛这边好，那边差。按照列宁的话呢，有条哲学原理是讲平衡，平衡跟对称是一个意思吗？朱光亚说：从物理的具体现象的规律来讲，不是一个意思。在哲学里是一个意思。李政道现场演示了物理学上的平衡和对称不是一个意思后，毛泽东说：古希腊的欧几里德三元宇宙它是不动的，物体是不动的。它是专讲空间，不讲时间。时间是运动的。时间是空间的属性，没有空间是不运动的。科学研究要放在静止才能研究，不然不好着手。但是结果，比如提纯，世界上总是不纯的，百分之零点零零零零零零，还可以数下去。我请教你们两位，我没有学过物理，但是我经常想这个问题，比如你们的高能物理，一百万年之后还是这个样子吗？李政道说：一百年以后，甚至二十年以后，就完全不一样了，不要说一百万年。毛泽东说：我想有两个原因，一个呢，就是科学界还没有研究，一个呢，那个原子还有变化。据你说，现在那个粒子（“不平常的原子核”中的核子）有一千多个。我想这个问题，宇宙是无限的，宇宙在空间是无限的，在时间是无限的，构成宇宙的是微观世界了，难道微观世界是有限的吗？我在这里想，可能也是无限的。中国两千多年以前就有人说，有二十一个命题。其中一个说“一尺之捶，日取其半，万世不竭”，有些人说这是诡辩。我呢，怀疑。按照你们的说法，一个看不见的原子，一百万年还搞不清楚呢！如果是哪一年搞清楚了，那么科学家就不要了呢。李政道说：我们追求科学真理是无穷的。我们说，原子构造是无限的，一时看到的是有限的。毛泽东说：希腊人说，那个原子是基本的，是不可分割的，现在分得一塌糊涂。现在好多问题不清楚，比如光学，太阳发出的光，它的结构怎么样？李政道一一作了解释。毛泽东说：这个问题就告一段落吧。讲点世界的形势吧！你们怎么看呢？我的看法就是天下大乱，山雨欲来啊！不可能不打仗的，因为这个社会制度不同呢。就是一样的社会制度，它也要打。比如，第二次世界大战，德国、意大利、日本这是一派，英国、法国、美国等是一派，后头又苏联打。第一次世界大战、第二次世界大战，他们信的都是一个上帝，上帝跟上帝还打呢！谈到西方近代以来的科学研究时，毛泽东说：英国的培根是信宗教的。他的宇宙力学现在被批判了，因为它要用一个外面的推动力，第一次推动，以后就自己动了。第一个发现宇宙结构的是德国的康德，他发明的学说叫星云说。后来法国的拉普拉斯发展了，拉普拉斯是拿破仑的教员哪。英国的达尔文、莱伊尔、培根都是了不起的学者。最后，毛泽东对李政道说：我向你介绍外国人写的一本书，英国汤姆生（约瑟夫·约翰·汤姆生，又译汤姆逊、汤姆森，英国著名物理学家——引者注）编著的，由中国很多人翻译出来，叫《科学大纲》，我读过那本书。它那里边一部分讲神学，你们大概不看那一部分。①

尽管时间已经过去了一个多小时，但他们之间的谈话兴致更浓了。话题从自然现象逐渐转移到了人类活动。李政道结合自己在大陆的所见所闻，谈起了学校教育，谈起了人民创造力和社会健全是不可划分的。李政道结合自己的亲身经历，结合一些发达国家的发展和教训，强调人

① 中共中央文献研究室编：《毛泽东年谱（1949—1976）》第六卷，第536—538页。

才培养的重要性。谈到最后，毛泽东主席坦诚地接受了李政道的建议：中国的教育必须加强。他称赞李政道的建议很好，很值得考虑。整个会见进行了两个多小时，超过了原来安排的时间。李政道感到毛主席已经有些疲倦，他当时患有支气管炎和肺气肿，表示结束会见，毛泽东坚持把李政道送到门口。

第二天，李政道一行离开了北京，在首都机场，一位工作人员给李政道送来毛泽东赠送的临别礼物。李政道打开一看，这是一套1923年英文原版的四卷本汤姆生著的《科学大纲》，这套书在当时已经是很难见到的版本了。①

这次会见是李政道第一次也是最后一次见到毛泽东。应该说，政治家和科学家谈得很投机。所以这次会见对于李政道的印象是深刻而难忘的，影响是深远而无限的。改革开放以后，李政道积极奔走于中美之间，架起中美科技交流之桥，与中共第二代领导核心邓小平也有着深切的交往，成为海外华人科学家与中共领袖交往的缩影。

3. 邀请李振翩回国访问

毛泽东晚年接见的美籍华人科学家还有著名医学家李振翩。李和毛泽东既是老乡，又是老交情。李出生于湖南湘乡（今娄底市），青年时考入著名的长沙湘雅医学院，读书期间参加爱国活动，任该校学生会主办的《新湖南》杂志编辑；他和毛泽东等青年一道参加驱逐湖南军阀张敬尧运动，遭到通缉。后经毛泽东介绍，加入新民学会。李振翩自湘雅医学院毕业后，赴美深造。三四十年代回国参加抗日救亡运动，并在国民党南京陆军医学院血清研究所任所长。1949年再赴美国，继续从事医学研究，在病毒学研究领域卓有建树，对癌症研究亦有一定造诣。1968

① 有关毛泽东接见李政道及会晤的内容，参见蒋东明著：《李政道传》，长春出版社2003年版，第140—144页。其中的史实有待考证。

年退休。李振翩晚年积极致力于推动中美关系的发展，促进两国间的民间友好往来和学术交流。1973 年夏天，应毛泽东之邀，与夫人汤汉志参加美国医学代表团访问中国。8 月 2 日晚，毛泽东在中南海游泳池住处会见美籍华人李振翩夫妇。谈到身体状况时，毛泽东说：我这个人不行了，腿也不行了，气管也不行了，眼睛也不行了，耳朵还可以。两个月前我还能看书，两个月以来就困难了，比如对你们吧，大致看得清楚，细部我就看不清了。李振翩说：主席的一举一动都同全世界有关系。毛泽东说：自从尼克松总统到中国，就在这个地方（用手指汤坐的位置），跟他谈了一次话，还有基辛格博士，后头又跟基辛格谈了一次，从此名声就不好了，说我是右倾，右倾机会主义，勾结帝国主义。我喜欢美国人民。我跟尼克松也讲过，我们的目的是打倒帝国主义、修正主义、各国反动派，帮助各国人民起来革命。我是个共产党员，目的就在于打倒帝修反。现在还不行，大概要到一代。李振翩说：现在中国人地位提高了，我们在国外也觉得他们看得起中国人一些了。毛泽东说：其原因之一就是中国赶跑了日本帝国主义。第二是打败了美国走狗蒋介石，他跑到台湾去了。再就是派志愿军到朝鲜，打败了美国人。①

与毛泽东接见杨振宁、李政道不同，他们二人是访问中国时自己提出要拜见毛泽东的；而李振翩是毛泽东主动邀请的客人，目前也未见到会谈的具体资料。会见后，李振翩夫妇访问了北京、天津、延安、上海及广州等地。此后，1975 年、1978 年，李振翩两次访问中国，并创办美籍华人联谊会（后易名全美华人协会）等团体。1984 年李振翩病逝于华盛顿。为表纪念，中美两国成立李振翩基金会。

以上阐述了毛泽东一生的侨务活动。在此引用台湾《海峡评论》1994 年 1 月号署名刘实的文章《毛泽东在海外中国人心目中地位》中的

---

① 中共中央文献研究室编：《毛泽东年谱（1949—1976）》第六卷，第 489—490 页。

两段话作为结语：

众所周知，海外中国人首先关心的是自己在定居国所处的地位，而在有史以来，这一地位都是与中国的国际地位和处境息息相关的。海外中国人不太关心中国实行什么主义，但他们却十分关切中国是不是仍然被别国欺负。就这个意义来说，毛泽东的形象在海外中国人的心目中是有极其特别的地位的。

美国人所以敬佩华盛顿，是因为他领导着美国人民打败了英国统治者，建立了独立自主的美利坚合众国。英国人所以敬佩丘吉尔，是因为他领导着英国人民击败了纳粹德国，使大英帝国履险若夷。海内外中国人所以佩服毛泽东，是因为他把陷于万丈深渊的中国人拉到地平线上，建立了独立自主的中国，使中国人民从负数变成正数。许多海外华侨认为，毛泽东以他一生的勋业，确实为中国人提供了一个牢靠的起点。①

毛泽东一生轰轰烈烈，叱咤风云。他建立了不朽的丰功伟绩，晚年也犯有严重的错误，给国家带来灾难和损失。其是非功过，多有评说。对于华侨华人而言，以上两段话，也许道出了毛泽东在他们心目中的真实地位。

（十二）留存华侨华人心目中的伟岸形象

1976年，对于中国人来说，既是悲痛之年，又是多事之秋，也是风云变幻之际。悲痛在于，中国共产党、中华人民共和国的创建者、缔造者，周恩来、朱德、毛泽东三位伟人，相继逝世；多事在于，在中国十年动乱中兴风作浪、阴谋篡党夺权、猖狂一时的江青反革命集团被粉碎；变幻在于，犹如漫漫寒冬、长达十年的“文化大革命”即将结束，改革开放的春风徐徐吹起……

① 《中流》月刊编辑部选编：《海外赤子眼中的新中国》，当代中国出版社1996年版，第269、271页。

毛泽东是在这年9月9日零时去世的，终年83岁。同日，中共中央、全国人大常委会、国务院、中央军委发布《告全党全军全国人民书》，悲痛地宣告毛泽东逝世的消息。18日下午三时，首都各界群众百万人在天安门广场隆重举行“伟大领袖导师毛泽东主席追悼大会”。中共中央第一副主席、国务院总理华国锋致悼词。

毛泽东逝世的消息传到海外，海外华侨华人和国内同胞一样无限悲痛，并举行各种悼念活动。一些国家的华侨华人的悼念活动是在当地中国使馆的主持下举行的。1977年2月1日，中国驻澳大利亚使馆组织放映了大型彩色纪录影片《伟大的领袖和导师毛泽东主席永垂不朽》，70多名华侨华人和当地友人观看了影片。一位观众说：“毛主席的一生是伟大的一生，因此，在他逝世后有这么多国家、这么多的外国朋友悼念他。”另一位观众激动地表示：“毛主席逝世后，国内人民考虑着中国的前途，我们也在考虑中国的前途。华主席领导中国人民打倒了‘四人帮’，国内人心大快，我们也一样。”与此同时，中国驻奥地利大使馆为华侨华人举行了电影招待会。许多华侨怀着对毛主席逝世深切悲痛的心情观看了影片。在观看过程中，一些华侨流了泪，并表示：在毛主席领导下，砸碎了旧世界，使昔日的奴隶获得了新生。中国解放后，毛主席又领导中国人民继续革命，使中国不致走向修正主义的道路。毛主席是全国各族人民的大救星。他们还说，毛主席走遍祖国大地，与人民群众心连心，毛主席是中国人民的贴心人。①

旅居罗马尼亚、古巴的爱国华侨代表怀着无限崇敬和极其悲痛的心情，2月5日分别在中国驻这两个国家的大使馆观看了这部影片。他们盛赞伟大的领袖和导师毛主席对中国革命和世界革命创建的丰功伟绩，并一再表示对毛主席的深切怀念。他们说，毛主席的逝世是中国人民和

① 《人民日报》1977年2月7日，第5版。

世界人民不可估量的损失，全世界人民都为毛主席的逝世而感到无比悲痛。一些年老的华侨联想到自己因在旧中国难以维生而被迫移居海外的苦难经历，更是泣不成声地说，是毛主席拯救了灾难深重的中国，领导中国人民把贫穷落后的旧中国建设成为繁荣富强的新中国。2 月 7 日，旅居马德里的华侨华人在中国驻西班牙大使馆观看了这部大型彩色纪录片，他们对毛主席的逝世深感悲痛，许多人泣不成声。他们缅怀毛主席领导中国各族人民在创建社会主义祖国的伟大事业中所建立的丰功伟绩。他们说，毛主席是中国人民的大救星，是我们海外华侨最亲的亲人，毛主席永远活在我们心中。①

中国驻美联络处 2 月 12 日和 13 日为旅美台湾同胞、华侨华人和留学生，放映了大型彩色纪录影片《伟大的领袖和导师毛泽东主席永垂不朽》和《敬爱的周恩来总理永垂不朽》。看电影时，全场为失去伟大领袖毛主席和敬爱的周总理而万分悲痛，许多人热泪滚滚，哀思如潮。一些华侨说，灾难深重的中国人民翻身得解放，海外华侨扬眉吐气，都应归功于伟大领袖毛主席。毛主席真是中国人民的大救星！敬爱的周总理在毛主席领导下，为中国人民的解放事业鞠躬尽瘁，贡献了毕生精力，建立了不可磨灭的丰功伟绩。②

菲律宾、老挝、新西兰等地华侨华人也在当地使馆观看电影，悼念毛泽东。

当然，海外华侨华人的悼念活动充满了当时的时代色彩，如 1977 年 1 月 30 日，中国驻蒙古国大使馆为旅居蒙古的华侨放映了彩色影片音乐舞蹈史诗《东方红》和彩色故事影片《洪湖赤卫队》。千余名华侨前来观看。许多华侨无法抑制内心的激动和悲痛而失声痛哭。他们说，毛主

---

① 《人民日报》1977 年 2 月 9 日，第 5 版；2 月 14 日，第 5 版。

② 《人民日报》1977 年 2 月 17 日，第 5 版。

席的恩情比天大，比海深。毛主席虽然与世长辞了，但他老人家高大光辉的形象，与天地共存，与日月同辉。侨胞们愤慨地说，“四人帮”罪行累累。他们疯狂反对伟大领袖毛主席和敬爱的周总理，是十恶不赦的反革命分子。有的侨胞说：“我们旅居国外的华侨同祖国人民一样，对‘四人帮’十分愤恨；我们也同样享受到了粉碎‘四人帮’的真正的革命喜悦。”①

作为世界人口最多的大国主要领导人，毛泽东、周恩来、朱德既是中国的，也是世界的；他们的影响和精神深深留存于华侨华人的心中，对他们的怀念和纪念是长时间的。1996 年 12 月 21 日下午，美国纽约侨界 300 多人在唐人街举行纪念毛泽东、周恩来、朱德逝世 20 周年活动，缅怀这三位中国革命史上的伟人。这次纪念会是由纽约中国和平统一促进会、中国研究会、新世纪论坛和《亚美时报》联合主办的。前国民党高级将领沈策等以及旅居美国的中国学者代表也出席了纪念会。纪念会播放了毛泽东主席在中华人民共和国开国大典上的讲话录音，使人们想起了当年的峥嵘岁月。张治中将军的女儿张素初女士回忆了她从 1945 年开始与毛泽东、周恩来认识和以后多次受到这两位伟人接见和关怀的感人情景。许多侨界代表在纪念会上发表热情的讲话，高度评价这三位伟人对中国革命所作出的贡献。他们认为，中国人和海外华侨华人对他们的深切怀念，不只是对历史伟人的缅怀，更主要的是他们所代表的时代给后人留下了宝贵的物质和精神财富。人们从他们身上所看到的优秀品质，即远大的志向，恢弘的胸襟，高尚无私的风格，平等谦虚的态度，真正体现了中华文化的精髓。他们代表的是中华民族的尊严、志气和骄傲。在纪念会上，与会者合唱了《东方红》，一些旅美歌唱家表演了《北

① 《人民日报》1977 年 2 月 9 日，第 5 版；1 月 20 日，第 5 版。

京的金山上》《绣金匾》等歌舞，受到热烈的欢迎。①

华侨华人对毛泽东的怀念和纪念值得一提的还有柬埔寨首都金边的“毛泽东大道”。“毛泽东大道”是柬埔寨国王西哈努克早年倡议修建的，1965年3月22日动工，同年8月30日建成，全长5100米，最宽处18米，最窄处12米。这是穿越金边市西南部最长、最宽的一条街道，也是金边市的交通要道。由中国派出的工程队将大道建造完成后，宽敞平直的大道成了当时金边市颇为壮观的一景。但自20世纪70年代以后，柬埔寨陷入数十年的战乱之中。连年的战争使“毛泽东大道”变得坑坑洼洼，破败不堪。柬埔寨实现和平以后，百废待兴，政府因缺少资金，无力修复这条大道。柬埔寨华人领袖许锐腾先生得知这一情况后，立即与有关部门联络，决定捐出100万美元，维修“毛泽东大道”。在20世纪60年代中国政府赠建这条大道时，许锐腾先生还是一位20余岁热血沸腾的华侨青年。他曾站在这条大道上多次迎送来自祖国的亲人。刘少奇主席、周恩来总理、陈毅副总理等国家领导人亲切的音容笑貌，至今还浮现在他的眼前。他认为，中国人民过去是，将来也永远是柬埔寨人民的好朋友，决不能由于暂时的资金原因让这条体现中柬两国人民友谊的大道蒙辱。1997年，在许锐腾先生捐资维修的基础上，中国政府两次提供援助，对“毛泽东大道”的照明、排水系统及部分路面进行修复。2003年4月25日，我国援助柬埔寨维修金边市“毛泽东大道”路面工程顺利竣工，并与金边市政府举行交接仪式。如今，“毛泽东大道”的路牌更加醒目地矗立在大道旁，以全新的面貌展现在金边市民面前，平整的路面、畅通的排水系统、统一标准的人行道、先进的交通信号灯系统和崭新的照明设备，成为金边市漂亮的大道。②

---

① 何洪泽：《纪念毛泽东周恩来朱德逝世二十周年 纽约侨界深切怀念伟人业绩》，《人民日报》1996年12月23日，第6版。

② 王忠田：《金边有条毛泽东大道》，《人民日报》2003年5月30日，第15版。

二、华侨华人的知心朋友周恩来

在以毛泽东同志为核心的第一代中共中央领导集体中，毛泽东是党和国家大政方针总体擘画者，是总的掌舵人；周恩来则是制定党和国家大政方针的参与者和具体执行者，具体到党和国家的侨务政策也是如此。由于周恩来的这种角色定位，因此在第一代党中央领导集体中，他与华侨华人及归侨侨眷接触交往最多，工作较为具体，因而成为华侨华人的知心朋友。

（一）研究现状

学术界、侨史界有关周恩来的侨务思想和实践及其与华侨华人的关系的研究，比较党的其他领导人相对深入一些。

相关资料方面，由国务院侨务办公室王棠编著的《侨务春秋》（中国国际广播出版社 1997 年版）一书，是集中收录有关周恩来侨务资料的著作。这本 11 万多字的小册子，分卷一、卷二两部分。卷一是周恩来论述华侨华人工作讲话摘录，是作者早年在外交部领事司工作期间汇集的，均为第一手资料，价值较高。其中分为六个部分，即“华侨的国籍问题”“保护华侨的正当权益和华侨遵守所在国的法令问题”“团结、教育华侨问题”“华侨办学、办报问题”“华侨、华侨学生回国和外籍华人来华问题”。卷二是作者根据周恩来的讲话精神，并结合长期从事侨务工作的实践，撰写的有关周恩来侨务思想及其体会的文章。此书虽然篇幅不大，但它是研究周恩来侨务思想必不可少的资料。

由侨务报社编辑的《侨务政策文集》（人民出版社 1957 年版），收录了新中国建立初期侨务文件、法规、条例、办法等资料，其中有周恩来关于侨务问题的讲话，如《周恩来总理对缅甸华侨的讲话》（1956 年

12 月 18 日），周恩来代表我国签订的《中华人民共和国和印度尼西亚共和国关于双重国籍问题的条约》（1955 年 4 月 22 日），周恩来在“中华人民共和国和印度尼西亚共和国关于双重国籍问题的条约”签字后的讲话，中国和印度尼西亚关于“中华人民共和国和印度尼西亚共和国关于双重国籍问题的条约”的实施办法的换文——周恩来总理的去文，《周恩来总理接见戴维·马歇尔谈新加坡中国人的国籍问题》（1956 年 10 月 9 日），周恩来总理签署的《中华人民共和国国务院关于贯彻保护侨汇政策的命令》（1955 年 2 月 23 日）、《华侨投资于国营华侨投资公司的优待办法》（1957 年 8 月 2 日）、《华侨捐资兴办学校办法》（1957 年 8 月 2 日）等，是有关周恩来论述侨务政策的价值很高的资料汇集。

由中共中央统一战线工作部、中共中央文献研究室编辑的《周恩来统一战线文选》（人民出版社 1984 年版），收录了周恩来在印度尼西亚雅加达对华侨的讲话《关于华侨的双重国籍问题》（1956 年 6 月 4 日），在缅甸华侨举行的欢迎会上的讲话《做一个守法的模范的侨民》（1956 年 12 月 8 日）等资料（这两篇讲话收录在王棠编著的《侨务春秋》一书中）。

中共中央文献研究室编撰的《周恩来年谱（一八九八—一九四九）》（中央文献出版社 1989 年版）、《周恩来年谱（一九四九—一九七六）》上中下三卷（中央文献出版社 1997 年版），依时间顺序记述了 1898 年至 1976 年周恩来的一些侨务活动和讲话等，具有很高的资料价值。

国务院侨办干部学校编辑的《毛泽东周恩来朱德论侨务》（2003 年 3 月），以及后来在此基础上编辑的《论中国侨务》（2010 年 9 月），收录了周恩来有关侨务的一些论述（与前述王棠编著的《侨务春秋》雷同之处较多）。

有关研究周恩来侨务思想的文章比较多。主要有：何锦、关宗周的《周恩来在侨务工作中的思想与实践》（中华人民共和国外交部外交史编辑室编、裴坚章主编《研究周恩来——外交思想与实践》，世界知识出版社 1989 年版，第 284—287 页）；黄顺通、刘正英的《披肝胆 共安危——周恩来与陈嘉庚交往实录》（《福建党史月刊》1994 年第 1 期）；曾昭铎的《陈嘉庚纵论当代伟人周恩来》（《漳州职业大学学报》2002 年第 1 期）；洪醒华的《印尼华侨华人保卫周总理》（香港《镜报》月刊 2001 年 8 月号）；史高羽、杨占清的《周恩来情暖侨胞》（《中国统一战线》2006 年第 1 期）；萧易的《春雨润物细无声——记周恩来与庄希泉》（《福建党史月刊》2008 年第 1 期）；等等。这些文章，有的发表在报刊上，有的收集在论文集中；有的是学术文章，有的是通俗纪实性的文章。

在研究周恩来侨务思想的论文中，较有分量的学术论文有以下几篇：

刘正英的《周恩来为解决华侨双重国籍问题所作的贡献》（《中共党史研究》1998 年第 5 期；收录南开大学周恩来研究中心编《中外学者再论周恩来——第二届周恩来国际学术讨论会论文集》，中央文献出版社 1999 年版）一文，是 1998 年为纪念周恩来诞辰 100 周年在南开大学召开的“第二届周恩来国际学术讨论会”入选论文。文章专门论述了上世纪 50 年代前期，周恩来为解决华侨双重国籍问题所作出的重要贡献。文章认为，新中国成立后周恩来妥善解决华侨的双重国籍问题，充分表达了我国政府在和平共处五项原则指导下处理历史遗留问题的真诚态度和国际主义精神；有力地粉碎了帝国主义分子和各种保守势力在华侨问题上的造谣诬蔑；充分体现了我国政府关心海外华侨切身利益、尊重他们愿望的原则和立场；华侨双重国籍问题解决的思想和原则成为我国第一部国籍法基础。当然，现在看来，此文个别观点值得商榷。

任贵祥的《论周恩来对侨务工作的贡献》（《华侨华人历史研究》1998 年第 4 期，收录南开大学周恩来研究中心编《中外学者再论周恩来——第二届周恩来国际学术讨论会论文集》，中央文献出版社 1999 年版）一文，也是1998年在南开大学召开的“第二届周恩来国际学术讨论会”入选论文。文章通过总结周恩来深入侨心的统战工作、真知灼见的侨务思想，全面论述了其一生对党和国家侨务工作的贡献，并认为这些是我们党和国家“价值宝贵的历史遗产”，进而得出这样的观点：周恩来的侨务工作及其思想，高瞻远瞩、博大精深，其价值宝贵、影响深远，为中国共产党赢得了侨心；周恩来的雄才大略和伟大人格，在广大华侨华人中产生了深远的影响，树立起一座不朽的丰碑。

任贵祥的《周恩来与陈嘉庚交往述评》（《党史研究与教学》2008年第4期，收录南开大学周恩来研究中心编辑、徐行主编《二十一世纪周恩来研究的新视野》论文集下册，中央文献出版社2009年版）一文，是2008年4月为纪念周恩来诞辰110周年在南开大学召开的“第三届周恩来国际学术讨论会”入选论文。文章共分为三个部分，即“相识相知于民族革命战争中”，“心心相印于新中国建设事业中”，“周恩来、陈嘉庚交往留给我们的启迪”。文章指出周恩来、陈嘉庚的交往是中国共产党对海外侨胞统一战线工作的缩影；是人格魅力的交往，堪称后人处事交友的楷模；反映出新中国建立初期民主政治的良好开端。

以上介绍了有关周恩来侨务思想与实践的基本研究情况，下面具体介绍周恩来的侨务理论与侨务工作。

（二）早期与华侨的交往合作

周恩来青年时期先是到日本求学，然后到欧洲留法勤工俭学，因此他有机会有条件与海外华侨接触交往。据笔者所掌握的资料，在中共第一代领导集体主要成员中，周恩来与华侨接触交往与合作的时间最早、最长、最密切。

周恩来是何时开始接触华侨并与之交往的？目前未见到相关考证。据笔者掌握的资料，应为他在南开中学毕业后赴日本求学期间。1917年6月26日，周恩来参加南开学校第10次毕业典礼。9月由天津乘船赴日本，10 月进入东京神田区东亚高等预备学校补习日文，1919 年 4 月中旬离开日本回国。在日本求学的一年半多时间里，周恩来有记日记的习惯，从留下的日记中有零星与日本华侨交往的记载。如 1918 年 1 月 6 日（星期天）的日记："晨起往寻朴山，未遇。见希天、介眉谈许久。"这里的"希天"即旅日华工领袖王希天。这可以说是周恩来最早与华侨交往的记载。此后的日记中多次提到王希天。如同年 2 月 25 日日记中说："下午往经理员处报名。归来希天、涤愆先后至。晚谈至十二钟寝。"[①]可见这次见面谈话至很晚。此后 5 月 7 日、9 日日记又提到王希天。

1918 年 5 月初，北洋军阀政府和日本政府即将签订中日共同防敌军事协定的消息传出后，激起中国留日学生的强烈反对，留日学生的代表共议组织留日学生救国团，号召全体留学生罢学归国，以示抗议。在随后的一个月时间里，周恩来把主要精力投入这一活动，积极参加各种集会，散发爱国传单。至 5 月底，要求归国的学生接近 3000 人，引起了北洋军阀政府的恐慌。周恩来在 5 月 5 日的日记中记载了留日学生活动的情况。这天是星期天，阴雨。"今早外间议论益歧，余因蓬、涤、希三均为返归主干人物，故今日首见涤愆与代议办法多条。"可见，王希天也是这次活动的"主干人物"。本日留日各省各校学生召开代表会议，与会者因"外患紧急，祖国危殆，群议组织团体"，议决救国办法 14 项，第一项为由全体留日学生组织"大中华民国救国团"；第二项为"本团以一致对外，决不干涉内政为宗旨"。各省学生组织先发队回国到京沪活动。本团公金则"向在日侨商募集捐款"，"向侨商募捐员，由广东、浙江、福建、山东四省同乡会各举二人由本团给予信任状，前往分头募

① 中央文献研究室、南开大学编：《周恩来早期文集（1912.10—1924.6）》上卷，中央文献出版社、南开大学出版社 1998 年版，第 310、340 页。

捐”。[①] 5月9日的日记记载：“希天发布至神户可购船票事。”[②] 这表明，这次活动的费用，是向旅日的侨商募集；王希天在这次活动中的一项工作是为归国学生负责购买船票事宜。以上说明，周恩来与日本华侨交往最多者，王希天是其中之一。周恩来日记中提到的其他人还有谁是日本华侨有待考证。

王希天回国后，与国内学生一道开展救国活动，因感到北洋政府腐败无能，救国希望渺茫，遂返回日本，致力于华工的救济事业。其爱国活动及其救济华工义举，为日本地方当局及当地日本浪人所不容，于1923年9月初日本关东大地震混乱之际，被日本军警暗害。在这次大地震中有300多旅日华工被残杀。对于王希天等300多名华工被残杀，以及北洋军阀政府极端软弱无能、交涉无果，正在留法勤工俭学的周恩来闻讯异常愤慨，特于1924年5月1日撰写《三百多条生命换来这样三条要求》一文，发表在《赤光》杂志第七期上，文章揭露北洋军阀政府的软弱无能，指出：

关于日本军阀浪人乘着日本大地震后人心慌乱的时候，惨杀华侨三百多人，并华工共济会会长王希天一案，经北京政府派王正廷赴日调查的结果，北京外交部仅根据他的报告，向日本驻京公使芳泽提出照会，作下列三个要求：

日本政府关于此案之调查及惩罚应请逐次发表；

日本政府对于受害者应从速支付抚恤金；

日本政府应担负此后不得再有此类事件发生。

死了三百多条生命，经了各方面的呼吁，只博得区区这样三个要求，比起临城案绑了十几个外国人便闹得全国翻腾，自北京总统以下都吓得

---

① 中央文献研究室、南开大学编：《周恩来早期文集（1912.10—1924.6）》上卷，第359、360页。

② 中央文献研究室、南开大学编：《周恩来早期文集（1912.10—1924.6）》上卷，第362页。

唯洋人大人之命是从的那番景象，真觉得中国人的生命自视得比狗还贱了，更何敢比于洋大人。

总之，中国人遭各帝国主义者的蹂躏、贱视、残杀，无处非然。如最近传出的美侨残杀中国水手（事载《工人旬报》第四十二期）和日商逼死贾初敏二案，事情重大，固不能比诸留日侨胞三百余之被杀，但被压迫的中国人，无分有产阶级之同被各国帝国主义者欺凌则一，在勾结外人的军阀统治下的中国政府之不能为中国人索命尤属当然事实。我们永不要信这般列强与军阀互相勾结的现时中国政治，能有希微保护我们国民生命之望了。

生命悬在他们手中，怕死也要死，死里逃生我们只有出于革命一途。报仇雪恨在是，救国安民也在是。[①]

文章对王希天等300多名华工遭到无辜残杀十分痛心，对北洋军阀政府的软弱无能、交涉无果十分愤怒，提出报仇雪恨、救国安民只有“革命一途”。显示出周恩来将保护华侨与革命救国紧密联系起来的远见卓识。

1914年第一次世界大战爆发，大战期间，由于英法俄等协约国的大批青壮年劳动力应征参军到前线作战，后方劳力极度匮乏，这些国家便到中国大肆招募华工到欧洲战场服劳役、充当炮灰。统治中国的北洋军阀政府站在协约国一方，积极配合招募华工的活动。这样，在很短的时间里即有20万左右华工被征募至欧洲战场。大战结束后，大批华工回国，也有一些华工因为各种原因留在当地谋生，这些人成为欧洲华侨的基础。

在近代中国，出国留学寻求救国道路，以此振兴中华，挽救危亡，成为一部分朝野有识之士的共识，也是中国青年追求新思潮、向西方学

---

① 中央文献研究室、南开大学编：《周恩来早期文集（1912.10—1924.6）》下卷，第550页。临城案即1923年5月，一伙土匪在山东临城制造劫车案，其中有一批外国旅客遭到劫持。各列强趁机向北洋政府提出各种要挟，后文中将有所涉及。

习的重要途径。五四运动前后，即1919年至1920年，在中华大地上掀起了一股留法勤工俭学的热潮。一批又一批中国热血青年，先后远涉重洋，到欧洲勤工俭学。至20年代初，勤工俭学运动达到高潮，最多时达1600多人。这些勤工俭学学生思想信仰多元多样，其中以信奉无政府主义和共产主义者居多。1920年11月7日，周恩来由上海乘法国邮船“波尔多斯”号启程赴法勤工俭学，他是第十五批留法勤工俭学生之一。行前，周恩来与天津《益世报》商定，作为该报驻欧记者，以撰写旅欧通讯所得稿费来维持旅欧期间的生活。12月中旬周恩来抵达法国，开始了勤工俭学生活，这是他与欧洲华侨（主要为华工）接触的开始。

有关周恩来留法勤工俭学留下的资料不少，而直接与华侨有关的资料却不多。目前见到的周恩来在法国留下的第一篇文章，与引导华侨爱国活动有关。1920年12月下旬，留法学生组织励学社“关于交涉销毁恶劣影片事”致《留美学生季报》函，刊载在《留美学生季报》1921年夏季第二号，题为《留法学界来函》。函末所加的按语，署名“飞”，经考证为周恩来的笔名。按语如下：

按：恶劣影片，流行远近，最足惹起外人注目。法国留学界此举，为顾全国家名誉计。吾人当极表同情，固无待言。至美国戏院开演类似之画片，亦属不鲜。我国使馆以为数太多，对于华侨请愿，往往未能照办。惟各地侨胞设法阻止开演者，亦时有所闻。如年前德郡侨商运动西商会，要求该埠自治局禁止银湖戏院开演华人地狱画片；舍路埠侨胞请求该埠官厅禁演黄祸影片，均达目的。大埠国民外交会，对于狮子恶画交涉，亦得警厅同意，将毁坏华人名誉之恶劣部分删除。此外，他埠爱国侨商自行集资收买戏院，令其停演相类劣画者，亦不一而足，具见热心爱国，顾全名誉，人各有同情。惟望以后各埠侨胞，继续尤效，分别进行。庶于此项恶画影响，可日见减煞。至根本救济方法，仍在侨商之自行劝阻华人参与制造此项劣画。按美国制造关于损害华人名誉各画片，其中正角虽多由日人扮演，惟其衬角每由贪利华人插扮。凡我明达爱国之士，当随时向各埠侨胞讲演其利害，设法戒止，庶足消患于未萌也。

飞识[①]

“飞”为周恩来早年较常用的笔名。此按语的思想内容是教育华侨维护国家名誉，提出对于演出损毁我国名誉的外国戏院采取说服的方法，对外国机构采取交涉的办法，对于参与演出的华人采取劝阻的方式；认为“根本救济方法，仍在侨商之自行劝阻华人参与制造此项劣画”，“以消患于未萌”。采取“说服”“交涉”“劝阻”的策略，符合周恩来的做事风格。

周恩来到法国后，开始住在巴黎拉丁区，在阿利昂法语学校补习法文。1921年春，他和来自天津的四名勤工俭学生转到布卢瓦学习。周恩来在法国的学习和工作安排得十分紧凑，睡眠严重不足，白天除了学习，还搞社会调查，晚上又要常常通宵达旦地给《益世报》撰写通讯报道。周恩来在法国与其他勤工俭学生不同，他没有集中时间做工，主要是考察欧洲的工人运动、学生运动及进行大量的社会活动。因此，他除在法国外，还到德国、英国、比利时等国家从事社会考察活动，与华工、勤工俭学生、外国工人、学生等广泛接触，认真考察了欧洲社会，这对于他共产主义理想信念的形成，大有裨益。

周恩来旅欧期间，特别注意调查欧洲工人运动的发展和动向。他常常深入到工人群众中，和他们生活在一起，听取他们的呼声，认真了解旅欧勤工俭学生、华工的生活、思想和斗争情况；对欧洲各国的政治、经济状况，特别是俄国革命后社会情况也很关注。然后他再把调查材料进行综合分析，整理归纳，写成文章或通讯报道，寄给国内报刊发表。

---

① 《〈关于交涉销毁恶劣影片事〉的按语》（1920年12月下旬），载中央文献研究室、南开大学编：《周恩来早期文集（1912.10—1924.6）》下卷，第1页。

据不完全统计，仅从1921年1月至1922年3月的一年多时间里，他给国内报刊写了50多篇共30多万字的通讯报道和评论文章，详尽地报道了欧洲的政治形势、工人运动状况、留法勤工俭学生和华工的生活、斗争等情况。

除了对欧洲社会做了大量考察活动外，他还坚持每日挤出时间勤奋学习，攻读马克思主义，分析总结十月革命的经验。周恩来到欧洲前，就已接触和阅读了一些马克思主义的著作。欧洲是马克思、恩格斯、列宁的故乡，这里留下了他们大量珍贵的思想遗产和财富。周恩来来到这里后更加苦心孤诣地学习马克思、恩格斯、列宁的经典名著，对《共产党宣言》《法兰西内战》《国家与革命》《哥达纲领批判》和《社会主义从空想到科学的发展》等经典著作进行了系统的学习，并结合国际国内革命斗争实际进行了分析研究。通过学习和观察，周恩来坚定了对马克思列宁主义的信仰，认识到了“俄国十月革命确为全世界的无产阶级奠定了革命始基”；共产主义“能解决世界的乱象”，是中国“救时的良方”。

与此同时，周恩来始终不脱离勤工俭学生队伍，带领他们勇敢地同中法的反动势力作斗争，这些活动也吸引了一批旅法华工参加并成为学生的后盾。

1921年夏，在法国某些重要官员的策划下，中国北洋政府派官员赴法秘密商谈中法实业大借款，目的是挽救法国在华经营不善而倒闭的中法实业银行，以及购买军火穷兵黩武。中法借款的消息披露后，激起旅法华人的一致愤怒，随即爆发了一场大规模的反对中法借款的斗争。

6月中旬，周恩来首先从法国报纸获悉北洋政府专使到巴黎与法国政府密谈借款的消息后，立即和赵世炎、蔡和森等联络旅法华人各团体负责人，共商对策，密切注意事态发展并调查借款内幕。同时和旅法华工领袖袁子贞等联络旅法华工会等六团体数次集会，成立反对借款委员会领导开展反对借款斗争。与此同时，周恩来还撰写《旅法华人拒绝借款之运动》《中法借款之又一黑幕》《中法大借款竟实行签字矣》《中法大借款案之近讯》等多篇通讯报道，揭露北洋军阀政府暗中勾结法国政府、出卖民族利益的行径，报道旅法华人开展拒款斗争的情况。6月30日，周恩来和赵世炎、袁子贞等300多人参加由旅法华人各团体召开的拒款大会。会上宣读了旅法各地华人团体来函来电一百数十封，并通过宣言书，号召国内同胞和各国华侨“联合一致以反对非民意之借款”[①]。周恩来在是日撰写的通讯《旅法华人拒绝借款之运动》，详细报道了借款内幕及旅法各团体拒款的情况（刊登在天津《益世报》8月16—18日）。通讯中转载了旅法华人六团体发出的“拒款通告”，及其开展的六项拒款活动，其中有将“拒款通告”散发至法国各地的学校、工场及商店的侨胞中；发通告致国内各团体及美洲、南洋华侨、留英留德学生会，劝其一致力争。在拒款大会上一致表决通过四项决定草案：

（甲）对于中法借款运动，应请公使负责打销，“否则用相当方法对待”。打销之后，应即正式发出中法宣言，用作证据，以释群疑。

（乙）旅法华人正式向各国宣言，在中国真正代表民意之代议机关未恢复以前，对于所有一切借款，决不承认。

（丙）依照甲、乙两项之决议，用旅法华人名义，向法人发出正式宣言，申明拒款主旨，并请其赞助。

（丁）依照甲、乙两项之决议，用旅法华人名义，向国内同胞及各国华侨发出宣言书，并详述中法借款之主旨及其经过，并联合一致以反对非民意之借款。

报道中还介绍了拒款大会召开时，法国克鲁邹华工在会场中散发旅

① 中共中央文献研究室编:《周恩来年谱（1898—1949）》，人民出版社、中央文献出版社1989年版，第48页。

法中国工人传单，其中说：“你们今天到会便是群众，群众聚集就应作群众的事，和强盗土匪讲和平是不行的，你们今天若仅仅演说一阵，简直无用，打电报，递呈文，也只是官样文章，你们何妨直接做去。”[①]意在鼓动旅法华工直接采取行动。

《中法大借款案之近讯》一文，报道了1921年8月13日旅法华人各团体在巴黎召开第二次拒款大会，与北洋政府驻法公使馆人员进行针锋相对的斗争，迫使其代表签署了反对中法借款的声明等内容。

法国政府因怕事态扩大，只得宣布暂缓借款，持续两个多月的反对中法借款斗争最终取得了阶段性胜利。这场反对强大的中法反动政府的爱国斗争能够取得胜利，仅靠在异国他乡的一批勤工俭学生孤军奋斗是难以做到的。无疑，周恩来、赵世炎等人对旅法华工成功的统一战线工作，争取广大华工为后盾是这场斗争取得胜利的主要原因。

在领导旅法华人开展爱国活动中，周恩来一方面注意团结争取旅法华工参加活动，另一方面积极为他们争取利益。刊登在旅欧共产主义青年组织所办的《少年》杂志上由周恩来撰写的《告工友》一文，则反映了他为华工谋利益的事实。经过留法勤工俭学负责人的争取，北洋政府于1922年秋汇到法国经费十万元，作为旅法华人的“侨民教育经费”。按照原来的分配方案包括勤工俭学生和华工的教育费用，但最终的分配结果却取消了华工的份额。周恩来在《告华工》一文中分析了其中的原因，即北京政府无视华工，甚至认为他们“下流”；而“勤工同学有团体有组织，声势浩大，而劳工朋友没有，所以当事的人不注意”，是由于“为世界尽劳动义务的华工朋友竟沉沦于人类困苦的最下层，而无法解脱”。文章表示，我们不是专为十万元而争“侨民教育经费”，

---

① 中央文献研究室、南开大学编：《周恩来早期文集（1912.10—1924.6）》下卷，第160、163页。

也不是对勤工同学而争“侨民教育经费”，“我们乃是为劳动教育而争‘侨民教育经费’，乃是对中国政府而争‘侨民教育经费’”。文章最后郑重向劳工朋友声明：“劳工朋友必须急图团结组织，勿放松一切机会，勿远离可引为友的勤工同学，更须认清对象，好轰轰烈烈地做将起来！”[①]《告工友》一文虽然篇幅不长，但为旅法华工利益着想，情深意长。1924年2月1日，周恩来又在旅欧共产主义组织办的《赤光》杂志上发表《可希望的旅法华工大团结》一文，对以往“遗憾而着急的，是旅法工友数千人真知道团结利益的本来已占少数，而此少数人中，又多不能相下，每每因意气之争，不愿走拢来共同努力去谋公共的利益，或者便是由办事人性情操切，偶因细故，便弄得工会会员向心之力日减”深感痛切。文章对“今年新年大会开过，大家似已觉悟到昔日分裂之非，渐渐都能走拢一起”而感到高兴，并提醒工友们注意下列二事：“（一）千万不要因些小意见不合，便自立门户；（二）做事切勿忘掉劳苦群众的真正利益。”[②]

周恩来在欧洲开展革命活动中，注意争取和培养华工领袖，引导他们投身于革命洪流中。在1923年3月13日周恩来以“旅欧中国共产主义青年团”的名义给国内团中央的报告中，介绍了旅欧青年团大会上通过的20项案件，其中第四项为“华工运动问题——决定维护现在我们同志所主持的‘华工总会’，实力援助《华工旬报》——工会机关报——努力图华工教育实现，以便吸收同志”[③]。报告还说明会议决定弹劾旧中央执行委员，选举新执行委员五人，候补委员三人，其中华工领袖袁子贞（化名钟声）当选为候补委员。由执行委员萧朴生任“华工运

① 中央文献研究室、南开大学编:《周恩来早期文集（1912.10—1924.6）》下卷，第468、469页。

② 中央文献研究室、南开大学编:《周恩来早期文集（1912.10—1924.6）》下卷，第533页。

③ 中央文献研究室、南开大学编:《周恩来早期文集（1912.10—1924.6）》下卷，第502页。

动委员会”主任。这表明，旅欧中国共产主义青年团把华工中的积极分子吸收到团组织中来，并在团组织中安排人分管华工组织。

1923年5月，一伙土匪在山东临城制造劫车案，其中有一批外国旅客遭到劫持。各列强趁机向北洋政府提出在华设万国警察，其目的是想攫取中国的铁路管理权益。旅法华人闻讯，无不愤慨，纷纷表示抗议。周恩来掌握时机，及时领导旅法华人掀起一场反对列强企图共管中国铁路的爱国斗争。

7月2日，《巴黎时报》报道各列强借临城劫车案之机策划在华设立万国警察共管中国铁路的消息。3日，周恩来以旅欧中共党组织的机关刊物《少年》杂志社代表的身份，发起并出席旅法各团体代表在巴黎西郊华侨协社的集会。会议决定开展反对列强共管中国铁路的群众斗争。8日，周恩来和袁子贞、徐特立等22个团体代表在巴黎中华饭店集会。会议通过反对列强共管中国铁路的六项具体办法，决定召开旅法华人大会，并成立旅法各团体联合会临时委员会领导斗争。周恩来被推为临时委员会中文书记。15日，他又出席在巴黎召开的旅法华人反对国际共管中国铁路大会，并在会上发表演说：“国事败坏至今，纯由吾人受二重之压迫，即内有冥顽不灵之军阀，外有资本主义之列强。吾人欲图自救，必须推翻国内军阀，打倒国际资本帝国主义。”①会上还散发了周恩来起草的《旅法各团体敬告国人书》。当晚旅法华人各团体代表集会，决定正式成立中国旅法各团体联合会，周恩来被选为书记股中文书记。31日，中国旅法各团体联合会举行记者招待会，巴黎24家报馆记者等出席。次日，法国各报发表评论，支持旅法华人的爱国行动。与此同时，国内各地纷纷举行各种抗议活动。在国内外强大舆论的压力下，在北京的16国外交使团于8月10日照会北洋政府，未正式提出“共管”中国铁路的要

① 中共中央文献研究室编：《周恩来年谱（1898—1949）》，第60—61页。

求，使这一阴谋计划胎死腹中。这场反对列强“共管”中国铁路的斗争能够很快取得胜利，是国内外同胞共同奋斗的结果。周恩来等领导的旅法华人开展的有声有势的斗争推动了这场斗争的胜利。

在开展旅法华人反帝爱国斗争统一战线的活动中，周恩来还注意发现和培养旅法华工中有觉悟的先进分子，并将他们吸收到党团组织中来。1922 年 6 月，“旅欧少年中国共产党”（即团组织）成立，同年冬，参加少共的成员组成中国共产党旅欧支部。此后专门从事旅欧党团工作的周恩来，经常到巴黎留学生和华工比较集中的拉丁区和近郊的小咖啡馆演说，宣传马克思主义，并筹备建立共产主义研究会，组织青年阅读马克思、列宁著作，在此基础上发展团员。同时通过袁子贞担任书记的华工会对旅法华工做工作，华工会成为中共旅欧党团组织领导下教育华工的组织，在此基础上创办了《华工旬刊》、华工夜校等。经过培养发展，周恩来从华工领导人中发展袁子贞、马志远等人为团员，后转为党员，袁子贞还被选为旅欧共青团执行委员会委员。旅法中共党组织建立后，周恩来又赴德国建立组织，和张申府介绍在德国勤工俭学的朱德入党。不久，朱德又发展勤工俭学生、暹罗华侨青年许包野为党员。这些华工党团员后来先后回国投入到革命中去，成为革命骨干，有的为革命而英勇献身。

针对旅法华工和勤工俭学生在教育经费上存在的误会，1922 年 9 月 1 日，周恩来在《少年》杂志第二号上发表的《告工友》一文，对于两者的误会指出，两方“同是现社会的被压迫者”，“劳工朋友必须急图团结组织，勿放松一切机会，勿远离可引为友的勤工同学”，呼吁双方须无条件地携起手来，以图工学前途的发展。[①]

周恩来在旅欧勤工俭学期间，对广大旅欧华工做了较为深入的爱国

① 中共中央文献研究室编：《周恩来年谱（1898—1949）》，第 56 页。

统战工作，这为他后来成为党对华侨统战工作的领导人打下了基础。

根据国内革命斗争的需要，1924 年 9 月周恩来回国。10 月，出任中共广东区委委员长兼区委宣传部部长。11 月，国民党左派、黄埔军校党代表、美国归侨廖仲恺亲自迎接他到黄埔军校担任政治部主任。其间，他和廖仲恺为推进国共合作，“一起合作共事，亲密相处，真诚无间”①。翌年 8 月 20 日，廖仲恺遇刺，周恩来闻讯后立即到医院看望，并和陈延年、邓中夏、苏联顾问鲍罗廷等商量对策。以周恩来为首的中共广东区委决定号召全体省港罢工工人、广州工代会所属各业工会会员、市郊农民、黄埔学生军和广州学生组织声势浩大的队伍，为廖送殡。31 日，周恩来出席军校为廖举行的追悼大会，与何应钦联名撰写祭文：“总理逝世，骤失重心，承继统率，端赖先生，先生革命，凡三十年，躬行实践，不尚空谈，尤任劳怨，不避险艰，扶持正义，反抗强权，万流共仰，如日中天。”“工农阶级，革命先锋。帝国主义，蠹国正凶。唯公知此，团结工农。”② 追悼会结束后，周恩来还写了一篇《勿忘党仇》的纪念文章。据何香凝回忆，文章大致内容如下：

廖先生一生为党为国，现在又在秉承孙中山先生遗志，努力图谋统一广东军政财政，以便进一步发展国民革命的时候不幸牺牲，可以说，廖先生是为承继孙中山先生的遗志而牺牲的。自国民党改组以后，最显著的革命势力，便是组织革命军和发动工农群众参加国民革命，在这两方面廖先生是做了很多工作的。廖先生因此而愈加见忌、见恨于反革命分子。而且最近几次反帝国主义运动，廖先生更是唯一的急先锋，当然会招致帝国主义之忌，尤其是招致香港政府之忌。廖先生一向为反革命分子所忌视，为帝国主义者忌视，现在又终于为反对帝国主义，为推动

① 何香凝著：《回忆孙中山与廖仲恺》，中国青年出版社 1963 年版，第 68 页。

② 中共中央文献研究室编：《周恩来年谱（1898—1949）》，第 79 页。

革命运动，为推动工农运动而被暗杀牺牲，我们一定要为廖先生报仇。[①]

同时，周恩来担任了广东国民政府审理廖案的临时特别法庭的检查委员，为审理廖案，“做了大量工作”[②]。周恩来与廖仲恺的合作和主持开展的对廖仲恺的追悼活动，可以说是他与国内归侨团结合作的典型事例。

此后，周恩来对廖仲恺予以很高评价。1943年春，他在重庆召开的中共中央南方局干部学习会上所作的题为《关于一九二四至二六年党对国民党的关系》报告中，几次提到廖仲恺，并评价说：“廖仲恺是国民党的左派。因为他是华侨出身，与国内的买办阶级、地主阶级关系较少，所以更多地带着民族资产阶级进步派的倾向。在广州商团事件上，他开始是主张坚决镇压的。省港罢工以后，他是同情工人，站在工人方面的。当时农民运动在广东有发展，他也是和我们站在一起赞助和推动农民运动的。虽然他在政治斗争中有其动摇性，对工人、农民和我党的力量有所畏惧，但他晚年的政治生活是光荣的。他尊重苏联顾问的意见，但他有自己的立场，有自己的独立见解。他是资产阶级左派的坚强的代表。”[③]

1944年3月3日，周恩来在延安中共中央党校作报告，题为《关于党的“六大”的研究》，其中在讲到中国革命的动力和阶级关系时说，廖仲恺“是民族资产阶级的激进的代表，没有买办性。他是华侨，但不大富有，对帝国主义很仇视，反对封建势力，同情农民减租减息，但对工人反对中国资本家却采取调和的态度，对反对外国资本家则是赞助的。在黄埔军校，当我们青年军人联合会反孙文主义学会时，他采取调和的

① 何香凝著：《回忆孙中山和廖仲恺》，第68页。

② 廖梦醒：《恩情》，《怀念周恩来》，人民出版社1986年版，第7页。

③ 中共中央统一战线工作部、中共中央文献研究室编：《周恩来统一战线文选》，人民出版社1984年版，第58页。

态度。他是激进的资产阶级革命家”。[①]

“资产阶级左派的坚强代表”，“激进的资产阶级革命家”，这是周恩来代表中共对廖仲恺作出的定性评价。从阶级视角考察，廖仲恺“是民族资产阶级的激进派的代表”，是革命的动力，但也存在妥协性的弱点。

大革命期间，周恩来主要致力于中国共产党的军事活动，维护第一次国共合作，与华侨交往的机会不多。蒋介石发动四一二反革命政变，革命形势急转直下，白色恐怖笼罩全国。周恩来等中国共产党人以武装斗争反抗国民党对共产党和革命群众的屠杀。1927 年 8 月 1 日，周恩来等领导了南昌起义。起义失败后，部队南下广东潮汕，在中共汕头市委书记、国民党汕头市执委工人部长杨石魂（汕头市普宁县人）率新组建的东江工农革命军接应下进占汕头。起义部队失利，周恩来在流沙与部队失散后，在杨石魂的带领下，在当地归侨、侨领黄伟卿家中过夜脱险。黄伟卿是普宁县流沙镇马棚村人，早年加入中国同盟会，后侨居越南、柬埔寨金边。1926 年被越南华侨推举为国民党二大代表，后任东江行政公署侨务专员、丰顺县长。这是大革命失败后的危难中，周恩来与归侨的一次交往。

（三）对华侨的抗日统战工作

抗日战争期间，周恩来作为中共中央代表战斗在国统区，并直接领导中共中央南方局的工作。南方局设有华侨工作组，暹罗（泰国）归侨蔡楚吟和丈夫伍治之就在该组工作。周恩来亲自同香港英国当局交涉在香港设立八路军办事处，通过办事处及其负责人廖承志对海外华侨做了大量的抗日爱国统战工作，并指示要“在香港建立一个对南洋和西方各国华侨、进步人士的宣传据点”[②]。

---

① 中共中央统一战线工作部、中共中央文献研究室编：《周恩来统一战线文选》，第 75 页。

② 转引自童小鹏著：《风雨四十年》第一部，中央文献出版社 1994 年版，第 318 页。

1940年前后，著名爱国侨领陈嘉庚发起组织“南洋华侨筹赈祖国难民总会”代表团，回国慰劳考察祖国抗战情况。3月下旬，慰劳考察团一行来到重庆，适逢周恩来返回延安；5月25日下午，陈嘉庚等一行赴西北慰劳考察来到古城西安，与先行到达这里的慰劳考察团第一分团团长侨商潘国渠相会。潘告诉陈嘉庚，八路军的朱德将军亲自来约请慰劳团今天到七贤庄第十八集团军办事处吃午饭，被陕西省府以另有约会为借口加以阻止，朱德将军又改约下午三点在办事处见面，并说周恩来由延安返重庆路过西安，也想和慰劳团侨胞见见面，又被陕西省府派来的寿科长找借口将慰劳团所用车辆调走，使慰劳团因无交通工具而失约。陈嘉庚听后，觉得对不住朱德和周恩来，第二天遂亲自到七贤庄八路军办事处致歉，但朱德已回延安，周恩来则已去重庆，失之交臂，未能相见，陈嘉庚深感遗憾。

虽然陈嘉庚和周恩来在重庆、西安两次失之交臂，但陈嘉庚对周恩来的能力、才华、人格和风度，早已有所耳闻；周恩来对陈嘉庚支援辛亥革命、倾资办学、声讨汪精卫卖国的爱国事迹，也是了然于胸。老天不负有心人，给他们提供了相会的机会。7月中旬，陈嘉庚一行到各地慰劳考察结束返渝。20日，陈嘉庚秘书李铁民接到重庆八路军办事处电话，询问陈嘉庚近日是否有时间，约定周恩来第二天登门拜访。陈嘉庚听到消息后非常高兴，立即将第二天原定的活动改期，以便和周恩来相见。21日早餐后，陈嘉庚提前到门口等候。当40岁出头、身穿制服、浓眉大眼、整洁潇洒的周恩来出现在嘉陵宾馆门前时，陈嘉庚连忙迎上前去，两人紧紧握手问候。陈嘉庚不会讲普通话，由李铁民当翻译。他们相互讲述了由重庆到延安又从延安到重庆的经过。周恩来先是向陈嘉庚介绍了共产党对抗战时局的主张：“坚持抗战反对投降，坚持团结反对分裂，坚持进步反对倒退，这是我们共产党人的三大主张。”接着指出：“国共合作，这是历史的潮流，顽固派搞摩擦，这是不会得逞的。有人要阻止我们在西安会面，但是今天我们不是在重庆会面了吗？”随后他又分析了国内抗战的形势，指出了团结抗日的光明前途并对海外侨胞提出了殷切的希望。陈嘉庚则向周恩来介绍了南洋侨胞支持祖国抗战的情况，表达了华侨的愿望：“我们这次回国慰问也是希望国共两党能够精诚合作，共赴国难，带领全中国人民夺取抗日战争的最后胜利。”两人促膝长谈，不知不觉已近中午，因周恩来还有其他安排，便和陈嘉庚等人握手告别。初次见面虽是一波三折，但两人都留下了深刻的印象，陈嘉庚评价周恩来道：“周先生何等儒雅，何等英明！正是‘天欲堕、赖以柱其间’的国家栋梁！”周恩来认为陈先生是“很爱国，很公正的”，有“可贵的民族气节”①。这是两人莫逆之交的开始。

陈嘉庚重庆和延安之行，通过与国共两党及其首脑的接触交往，思想上发生潜移默化的转变。他在考察结束南返途中，谈了一些真实的观感，被国民党的耳目传到重庆，引起国民党当局和蒋介石的恼火，随即在华侨社会中进行阴谋的“倒陈”活动。在陈受到恶意攻击时，八路军驻香港办事处经请示中共中央同意，以毛泽东、周恩来名义致电慰问陈嘉庚，予以精神鼓励。

太平洋战争爆发后，日军占领南洋各地，大肆搜捕屠杀爱国华侨，陈嘉庚处境凶险，被迫隐姓埋名、改装易服，避居印尼玛琅。日本投降后，他安全返回新加坡。11 月 18 日，重庆十团体举行“陈嘉庚安全庆祝大会”，毛泽东送“华侨旗帜，民族光辉”的条幅。周恩来和王若飞为陈送祝词：“为民族解放尽最大努力，为团结抗战受无限苦辛，诽言不能伤，威武不能屈，庆安全健在，再为民请命。”②此祝词传颂海内外。

---

① 张楚琨：《周总理与陈嘉庚》，见《张楚琨诗文选》，中国华侨出版社 1994 年版，第 16、18 页。笔者以为：陈嘉庚以毛泽东诗词评价周恩来，是在陈身边工作过的张楚琨后来的回忆，可理解为大概意思，未必是原话。

② 《张楚琨诗文选》，第 23—24 页。

抗战期间，美国华侨革命元老司徒美堂曾两次万里迢迢返回祖国慰劳考察。由于种种原因，他未能亲到延安，对中共中央及其领导的军队并不十分了解。但在浓雾笼罩的重庆，以周恩来为首的中共南方局对司徒美堂做了一些有效的统战工作。1941 年冬，司徒美堂归国抵渝，周恩来、董必武、邓颖超闻讯前去看望，后又派车将他接到红岩村，举行欢迎会。周恩来向司徒美堂介绍了中共及其领导的军队的抗日情况及年初发生的皖南事变真相，使他对国内政治有了清醒的认识。周还邀请他去延安参观。会谈结束时，他们一起合影留念。对此，司徒美堂回忆说，“1942 年夏天，我在重庆应周恩来的邀请出席了茶话会”，“他向我详细阐述了国民党在皖南进攻新四军的经过……还向我描述共产党领导的武装力量是怎样受着日本侵略军主力的进攻。他邀请我参观在延安的共产党指挥部”。通过这次会见，“我确信共产党人正在与日本侵略者浴血奋战，国民党对他们的造谣中伤都是谎言”。当然仅仅是一次见面，这位洪门首领和同盟会元老，“对共产党的方针、政策持保留态度”①，但他毕竟通过这短暂的会见了解到一些国共两党的情况，并对中共有了初步的认识，成为他以后拥护共产党、抛弃国民党的契机。当时司徒美堂之子司徒杜历险陪同护送父亲回国到重庆，对周恩来夫妇看望司徒美堂的情景有较为具体的回忆，现摘录如下：

住在重庆的第二天，周恩来先生和邓颖超女士就来到中央饭店看望我们，这是我们第一次见到二位。邓大姐先到的，她态度和蔼而大方。周先生那天穿灰色西装。他们和我们一一握了手。由我翻译（司徒美堂年少出国，只会英语和广东开平家乡话，不好懂，故需翻译——引者注），谈话进行了一个多小时。临走时，周先生说改日还要为父亲举行

---

① 司徒美堂：《我的生活经历》，见《回忆司徒美堂老人》，中国文史出版社 1988 年版，第 61 页。司徒美堂回忆的时间与《周恩来年谱（一八九八—一九四九）》（人民出版社、中央文献出版社 1989 年版）第 524 页时间不一致。

正式的欢迎大会。第二天，周先生就派人送来一份《新华日报》。我们看过后随手放在了桌子上，恰好这时国民党海外部长刘维炽来访，他看见桌上的《新华日报》，惊讶地说："这是共产党的报纸嘛！"父亲说："这报纸很好，说的都是实话。"刘维炽只好苦笑了一下。五天后，共产党驻重庆办事处通知父亲出席欢迎大会。我们来到办事处门口时，周先生等已在那里等候了。我们共同照了相。这张照片我一直珍藏到今天。

我记得，欢迎会是在办事处院内大棚下召开的，到会的有陶行知等进步人士100多人。周先生首先致词，他盛赞父亲早年追随孙中山先生革命，从财力物力上给了孙先生很大帮助。接着又说，在抗日战争中，父亲对中国共产党在经济上也出了不少力。他还称赞父亲是一位爱国者；称赞父亲为侨胞排难解纷，对侨胞扶危济困等等。我坐在父亲身后，把周先生的话一字一句地"翻"给父亲听。他连连说："不敢当，不敢当！""过奖了。"然后父亲发言。他首先感谢这次欢迎会的召开，接着说自己这次回国，了解到许多抗日救国的真实情况。回到美国后，他一定要把这些情况向侨胞宣传。最后父亲感慨地说："爱国救国，人人有责。今后我要站在广大人民一边，为国尽力。"欢迎会开得非常成功。回到中央饭店后，父亲再三嘱咐我："要认清是非，要跟着共产党走。"国民党知道这件事后，大为恐慌，戴笠、杜月笙等都极力来拉拢父亲。父亲内心很明白，但不得不表面敷衍一下……

父亲在重庆大约住了两个月，由国民党海外部长刘维炽陪同，见过蒋介石两三次。我问父亲见蒋的情况时，父亲常常摇头。两个月后我们又回到韶关，探望了亲戚朋友。8月，我们又到了重庆，参加了国民参政会。会上的收获并不大，但和周恩来先生的来往更密切了，对国内的情况了解得更清楚了，因此，也就更加坚定了对共产党的信心。[①]

众所周知，陈嘉庚、司徒美堂两位著名侨领都是同盟会元老，信仰的是三民主义，对共产党及其信仰的共产主义并不了解。但他们都是在抗战时期回国首次接触共产党人并有初步的交往，并从此开始了对国共两党认识的转变——对标榜继承孙中山三民主义的国民党逐渐疏远，对信仰共产主义的共产党逐渐亲近，最终抛弃国民党，成为共产党的挚友。这里原因是多方面的，其中周恩来对他们所做的卓有成效的爱国统战工作是重要原因之一。

除了对爱国侨领的统战工作外，周恩来还力所能及地做一般归侨和国外华侨的统战工作。1938 年秋，中共中央有关部门为了对南洋华侨开展统一战线工作，在延安的归侨青年中挑选出 20 多名党员和学生组成海外工作团，派到东南亚各国去宣传中共的抗战主张并争取华侨援助。当工作团一行南下武汉时，受到正在武汉的周恩来的接见。周恩来指示，由于国民党加紧反共摩擦，日本也正向东南亚渗透，国内外环境复杂，工作团不宜集体公开出国，而要化整为零分散出国。他详细询问了每个人的情况，让在海外没有可靠立足关系的 10 多名同志留下返回延安，其余的继续分头南下出国。工作团的同志都深深感到周恩来考虑问题的全面深远。

日军发动卢沟桥事变、大举侵略中国，中华民族面临生死存亡关头，旅居暹罗的广大华侨为祖国的存亡和命运担忧，议论纷纷，思想混乱。当时在一家欧洲人办的体育俱乐部图书阅览室工作的杜英等 30 多名华侨工人经常谈论抗战问题，并感到惶惑不安。一天，杜英阅报得知周恩来主持武汉八路军办事处的消息，便和一些华工联名给周恩来写信反映暹

① 司徒柱:《忆先父司徒美堂》，中国致公党中央委员会编:《司徒美堂》，中国致公出版社 2003 年版，第 318—319 页。

罗华侨的思想情况，请他谈谈抗战前途。不久，他们喜出望外地收到周恩来亲笔写的长达八页纸的复信。信中赞扬暹罗侨胞关心祖国命运、支援祖国抗战的热忱，详细解答了他们提出的疑难问题。据杜英回忆（因后来日军发动太平洋战争，同时在泰国登陆，局势严峻，杜英被迫把信烧了），信的主要内容有这样几点：（1）日本帝国主义的侵华战争，是非正义的，它将受到全世界爱好和平的人民的谴责和反对；中国人民奋起抗战，反抗侵略者，是正义的，它也将得到全世界正义之士的同情和支持。（2）国民党内有投降派，他们明的目的，是和日本帝国主义相勾结，是一伙卖国求荣的反动派。国民党之中也有动摇派和力主抗日的开明之士，只要我们工作做得好，在全国人民处于水深火热、民族生死存亡的关键时刻，一致要求抗日的强大压力下，国共联合是可能坚持下去的。我们对国民党的政策是既联合又斗争，在斗争中求联合，力争和他们组成和发展抗日民族统一战线，共同抗击日本侵略者。（3）日本帝国主义，目前还是个强大的、凶残的敌人，我们又有很多困难，不可能在短期内战胜它。因此，中国人民这场抗日战争，将是一场艰苦的甚至是残酷的、长期的持久战。信的最后得出结论是“抗日战争必将是以中国人民取得最后胜利而告终”①。周恩来的信深入浅出，精辟入理，打开了侨胞们的心扉，使他们茅塞顿开。随即该信以《周恩来论抗日形势》为题发表在《曼谷时报》上，轰动了曼谷华侨社会，使之一扫以前的疑虑、担忧、彷徨、争论不休的局面。不久，曼谷华侨成立了“曼谷洋务工人抗日后援会”，暹罗华侨的抗日救亡运动如火如荼地开展起来了。周恩来的这封信产生了较大影响。

1940 年 9 月中旬，新加坡《南洋商报》（20 世纪 20 年代由陈嘉庚

① 杜英：《周恩来与泰国华侨的抗日救亡活动》，《不尽的思念》，中央文献出版社 1987 年版，第 106—107 页。

创办）记者张楚琨、高云览来到重庆。周恩来愉快地接受了他们的采访，赞扬他们“是海外的进步记者，做了不少抗日工作”，并阐明了中共的抗日主张，揭露了国民党顽固派搞反共摩擦的行径。接着，他认真听取了张楚琨汇报南洋华侨抗日救亡情况。借采访之机，张楚琨谈到《南洋商报》董事经理傅无闷委托他在国内物色一位有声望、有影响的编辑协助办好报纸，请求周恩来帮助，并特别强调：“如果能找到这样一位众望所孚的新闻界权威人士，一定能帮助陈嘉庚先生的抗日筹赈运动。”周恩来当即答应：“这个建议很好，我同意，可以物色的，你到香港找‘小廖’商量好了。”[①]张楚琨离渝时，周恩来给张写了一张便条带给廖承志。张楚琨到香港后，廖承志推荐新闻界权威胡愈之担当此任。果然，胡愈之接任《南洋商报》编辑主任后，报纸的影响、销路大增，成为南洋一带宣传抗日救亡运动的重要喉舌。

（四）由解放战争携手走向新中国

解放战争初期，周恩来作为中共中央代表团主要负责人坚持战斗在国统区，与国民党进行谈判，努力争取和平民主。后国内政局严重恶化，国共关系彻底破裂，蒋介石国民党撕毁政协决议，发动全面内战，周恩来被迫撤回延安协助毛泽东指挥全国解放战争。这一时期，周恩来或者在龙潭虎穴中谈判，或者在戎马倥偬中指挥战争，无暇也不可能和更多的华侨接触和交往，但仍然与陈嘉庚及司徒美堂等个别侨领保持着直接或间接的交往。

1945年10月10日国共两党在重庆签订《政府与中共代表会谈纪要》（简称《双十协定》），国内各界对此多抱乐观态度，而陈嘉庚以其政治的敏锐性，独不以为然，当《经济导报》请他就《双十协定》题词时，他写道：“还政于民，谋皮于虎。蜀道崎岖，忧心如捣。”反映出他对时

---

① 小廖即指廖承志，见《张楚琨诗文选》，第20页。

局的忧虑和远见。果然，《双十协定》墨迹未干，蒋介石即阴谋部署内战，国内战云密布，形势严峻。陈嘉庚对身居国统区的周恩来的安全十分担心，并曾致电提醒周恩来："预防阴谋暗算。"周恩来接到电报后当即回电："惠电奉悉。卓见深情，感佩无已。对阴谋暗算，自当如嘱慎防，请释廑念。"[①] 从中可见周恩来与陈嘉庚已经建立了深厚友谊。周恩来对陈的千里慧眼高度称赞，后来他在《关于和平谈判问题的报告》中说："过去与蒋介石谈判，正如陈嘉庚先生在1946年打给我的电报中所说，是'无异于与虎谋皮'，但又不能不谈，因为人民切望和平，而当时像陈嘉庚、张奚若二先生这样的还不多，广大人民不了解蒋介石和平骗局。"[②] 这是对陈嘉庚政治远见的赞扬。

为进一步反对内战专制独裁，争取和平民主，1946年11月21日，陈嘉庚发起集资成立南侨报社有限公司，在新加坡创办《南侨日报》。陈嘉庚亲自任公司董事主席，著名民主人士胡愈之任社长。《南侨日报》创刊后，得到周恩来的大力支持，他派夏衍赴新加坡任主笔。据夏衍回忆说："周副主席在我临行交待说，陈嘉庚先生对你主编的桂林版《救亡日报》有很好的印象，你到新加坡去加强《南侨日报》的编辑力量，并向陈嘉庚先生和侨领转达党中央对他们的关怀和问候，向他们通报国共谈判破裂后我党的方针政策。"[③] 周恩来、陈嘉庚两人在反对国民党蒋介石专制内战斗争中的默契配合，从中可见一斑。

由于《南侨日报》在争取和平民主、反对内战专制的斗争中成为海外华侨社会的号角、火力点，因而受到中共领导人的高度赞扬。该报创刊三周年时，毛泽东和周恩来分别为该报题词并书写条幅，其中周恩来

---

① 《张楚琨诗文选》，第24页；《周恩来书信选集》，中央文献出版社1988年版，第330页。

② 分别见张楚琨：《陈嘉庚光辉的一生》，黄顺通、刘正英：《陈嘉庚与周恩来》，载《华侨领袖陈嘉庚》，中央文献出版社2001年版，第21、92页。

③ 张楚琨：《周恩来与陈嘉庚》，载《张楚琨诗文选》，第26页。

的题词说："为宣扬新民主主义的共同纲领而奋斗，为保护国外华侨的正当权益而奋斗。"并送《书告侨胞》的条幅，写道："海外侨胞与祖国人民团结一起为实现中华民族的彻底解放而奋斗！"① 周恩来给《南侨日报》以很高的评价，实际上也是对陈嘉庚的鼓励。

1946 年 4 月，司徒美堂率领美洲致公党九名同人回国，准备以致公党的名义参政并参加祖国建设事业，但蒋介石国民党正在紧锣密鼓地阴谋部署发动全面内战，哪有心思搭理司徒美堂？司徒美堂等人的一片热心遭到冷落，大失所望。6 月，在内战阴霾笼罩下，中共代表团周恩来、董必武热情邀请司徒美堂到南京梅园新村驻地亲切交谈，向他介绍了抗战胜利后国内形势、解放区的民主气氛、大生产运动的辉煌成果等情况。随后，周恩来又两次到司徒美堂的寓所见面，交谈了国际形势，向他介绍了抗战胜利后的国内形势和解放区的情况，以及中国共产党对国家前途、命运的主张，揭露蒋介石企图独吞抗战胜利果实、部署内战的阴谋，并再次邀请司徒美堂赴解放区参观。从而使司徒美堂对国内情况有了更深切的了解，加深了对国共两党尤其是共产党印象，促进了他在思想上的进一步转变。同时，也说明周恩来对司徒美堂工作的深入人心。对此，曾任中共中央香港分局委员兼港澳工委副书记的连贯评价说："周恩来无愧是中国共产党统战工作的杰出代表，在做司徒美堂的思想工作方面为我们做出了光辉的榜样。南方局在周恩来的直接领导下，通过深入而细致的统战工作，给予司徒美堂先生以极大的影响。"②

就在这时，蒋介石国民党发动全面内战，天怒人怨，民不聊生。铁的事实教育了司徒美堂，使他深深地认识到周恩来是正确的，并彻底与

① 中国人民政治协商会议全国委员会文史资料研究委员会、中华全国归国联合会福建省政协合编：《回忆陈嘉庚》，文史资料出版社 1984 年版，第 134 页。

② 连贯：《追求进步向往光明的司徒美堂老人》，中国致公党中央委员会编：《司徒美堂》，中国致公出版社 2003 年版，第 190 页。

蒋介石国民党决裂，拒绝参加国民党包办的国民大会，坚定站在中国共产党一边，投入到轰轰烈烈的人民解放战争中去。

当人民解放战争凯歌高奏、国民党蒋介石大势已去之际，筹建新中国大业便提上议事日程。1948 年 11 月 5 日，周恩来为中共中央起草致香港分局电，责成香港分局的钱之光在 12 月将李济深等民主人士及陈嘉庚等各方面代表几十人护送到解放区参加新政协，并对进入解放区的路线和安全措施作了周密的布置。陈嘉庚因气候、语言等顾虑迟迟未起程。

1949 年 1 月，毛泽东分别致电陈嘉庚和司徒美堂，邀请他们回国筹备和参加新的政治协商会议。6 月 4 日，陈嘉庚等一行抵达北平。7 日，周恩来到北京饭店看望陈嘉庚，这是继 1940 年 7 月重庆见面之后的第二次历史性见面。一见面，周恩来就说："嘉庚先生，我们又见面了。当年在西安，国民党不让我们见面，后来我们在重庆还是见到了，不过那时候有特务盯梢。一别十年，现在天下是我们的了。嘉庚先生十年来为抗日所作的贡献、所受的磨难我是知道的，中国共产党和中国人民也是不会忘记的。"① 一番话说得陈嘉庚心里暖烘烘的。十年来积存心里的话不知有多少，但他知道毛泽东主席和刘少奇等中央领导人正在等着他呢，便表示赶紧走吧。随即周恩来陪陈一起去香山见毛泽东。畅谈间，毛泽东对陈嘉庚说："全国基本解放了，我们要成立新政协，请您来参加。"陈嘉庚表示："我不懂政治，也不会讲话，我不敢接受。"周恩来说："华侨的首席代表您不当，能请谁来当呢？您德高望重，这又是建国大事。您不懂普通话不要紧，有庄先生翻译嘛！"周恩来又说，语言不通这个问题可以通过翻译来解决，最要紧的是大家的心能够相通。例如我们同蒋介石谈话，语言是完全通的，可是彼此的心不相通，所以双方过去谈

① 黄顺通、刘正英：《披肝胆 共安危——周恩来与陈嘉庚交往实录》，《福建党史月刊》1994 年第 1 期。

判了那么多年，总谈不拢来。[1] 周恩来这番话，推心置腹，使陈嘉庚十分感动，打消了顾虑。

陈嘉庚随即被安排参加了新政协筹备委员会。6 月 15 日，新政协筹备会议在中南海勤政殿召开，他代表华侨致辞。6 月 22 日至 8 月底，陈嘉庚离开北平到东北三省、内蒙古各地考察。历时两个月的考察，使他得出了“从东北看全中国，国家建设的前途是一片光明”的结论。8 月 30 日，回到北平后，他兴奋地向周恩来谈了考察观感。9 月 7 日，周恩来在新政协第一届全体会议召开前作报告时谈道：“陈嘉庚先生这次到东北参观，同时也到内蒙古自治区，他回来后说现在内蒙古的汉蒙两族合作得很好，犹如兄弟一样。这消息我们听了非常高兴，这足以证明我们的民族政策的成功。”[2]

1949 年 9 月 21 日，中国人民政治协商会议第一届全体会议召开。陈嘉庚等归侨代表出席大会，陈嘉庚是大会主席团成员。在大会选举时，他被选为政协常委；他和司徒美堂、戴子良、蚁美厚、庄明理、费振东 6 名归侨代表被选为政协委员。10 月 1 日中华人民共和国宣告成立，庄严的开国大典开始后，600 多名政协代表包括归侨代表一起登上天安门城楼，检阅游行队伍，大家盼望已久的新中国终于诞生了。

（五）主持制定并实施新中国侨务政策

新中国建立伊始，面对旧中国留下的烂摊子，百废待兴，侨务工作也是如此。与民主革命时期比较，新中国建立后，党和国家侨务工作范围扩大，新中国政府与国民党政府有本质区别，必须重新制定有别于国民党统治时期的侨务政策。周恩来为此做了大量开创性的工作，其中最

---

① 童小鹏著：《风雨四十年》（第二部），中央文献出版社，1996 年，第 181 页。“庄先生”指华侨民主人士庄明理。

② 黄顺通、刘正英：《披肝胆 共安危——周恩来与陈嘉庚交往实录》，《福建党史月刊》1994 年第 1 期。

主要的就是主持制定侨务政策。

1. 领导建立侨务机构

1949 年 10 月 1 日，毛泽东主席在天安门城楼上，庄严宣布中华人民共和国中央人民政府今天成立了。这一天，中央人民政府委员会第一次会议任命周恩来为中央人民政府政务院总理。随即周恩来便集中主要精力筹建新中国首届“内阁”——中央人民政府政务院。当时政务院下面设四个委员会：政治法律委员会、财政经济委员会、文化教育委员会、人民监察委员会；另外还有外交部、华侨事务委员会和情报总署，直属政务院。政务院下设机构及人事安排就绪后，1949 年 10 月 21 日，周恩来召集第一次政务（扩大）会议，宣告政务院成立，总理、副总理、各委员会及下属负责人正式就职。10 月 22 日，中央人民政府华侨事务委员会（简称“中侨委”）成立，由何香凝任主任委员（1959 年由廖承志接任），李任仁、廖承志、李铁民、庄希泉四人为副主任委员；委员共有 46 人，其中有陈嘉庚、司徒美堂、陈其瑗、叶飞、彭泽民、黄长水、庄明理、蚁美厚等。“中侨委”是中央人民政府专司侨务工作的职能机构，其主要职责是：依法保护华侨的合法权益，安置归国难侨，辅导归侨、侨眷参加社会主义建设，号召华侨回国投资设厂，为回国升学的侨生服务；团结国外侨胞，建立广泛的爱国统一战线，扩大新中国的国际影响等。

“中侨委”在一般省区设侨务工作委员会，华侨众多的专区设侨务局，县设侨务科，乡镇建立侨属工作委员会或乡侨务委员会等基层组织。据初步统计，新中国初期各级侨务部门的专职工作人员有 1000 多人。

各级侨务组织经常召开会议，研究贯彻落实各项侨务政策，使其变成“侨胞之家”。侨务工作者克己奉公，努力为广大侨胞、侨眷服务，帮助他们解决各种困难，反映他们的意见，宣传祖国的各项政策，并动员和带领他们参加祖国的各项建设事业，成为侨胞的贴心人。各级侨务组织的建立和侨务工作者的辛勤努力，为新中国建立初期做好侨务工作提供了保证。

1954 年 10 月，国务院领导人分工，周恩来除抓全面工作外，还具体分管外交部和华侨事务委员会。他日理万机，国务繁忙，但仍十分重视并做了大量的侨务工作，奠定了社会主义时期党的侨务工作的基础。

2. 主持制定、颁布侨务法规条例

周恩来作为新中国的重要开创者、奠基者，中华人民共和国开国元勋，参与了以毛泽东为核心的第一代中共中央领导集体对新中国大政方针的制定。其中在新中国建立初期起到宪法作用的《中国人民政治协商会议共同纲领》，就是周恩来主持起草的，经过各种层次的讨论修改达十多次，是高度凝聚中共第一代领导集体心血及各民主党派努力的结晶。《共同纲领》约 6000 字，有四处提到侨务问题，如政治协商会议是包括华侨在内的人民民主统一战线的组织形式，新中国保护国外华侨的正当权益，便利侨汇等。[①] 体现了新中国的侨务政策，当然也体现了周恩来的相关思想。对此，周恩来也有具体阐述，在 1949 年 9 月 22 日的中国人民政治协商会议第一届全体会议上，周恩来作了题为《关于〈中国人民政治协商会议共同纲领〉草案的起草经过和特点》的报告，在阐述人民民主统一战线时，他说："大家的目的很明确，正如共同纲领草案和人民政协组织法所规定的那样，是实行新民主主义，反对帝国主义、封建主义和官僚资本主义，建设一个独立、民主、和平、统一和富强的新中国。为着这个任务，我们团结国内各民主阶级、各民族和国外华侨，结成这样一个伟大的人民民主统一战线。这不仅是中国共产党为之奋斗了二十八年的主张，也是各民主党派、各人民团体、各区域、军队、国内

① 见中共中央文献研究室编：《建国以来重要文献选编》第一册，中央文献出版社，第 1、3、8、11 页。具体内容在前述毛泽东的侨务思想中已有介绍，此不赘述。

少数民族、国外华侨，以及一切爱国民主人士所拥护和赞助的。”① 这段话集中体现了周恩来的侨务思想。

20 世纪 50 年代，是新中国侨务政策初创时期，主要体现在制定推出一系列有关侨务方面的条例、法规和文件等，周恩来作为政务院总理主持和参与了这些条例、法规和文件的起草讨论定稿和公布。查阅当时颁布的侨务文件，周恩来直接签发颁布的有如下四个：

1955 年 2 月 17 日，国务院第五次全体会议通过了《中华人民共和国国务院关于贯彻保护侨汇政策的命令》，23 日周恩来签发颁布该命令。命令规定：（1）侨汇是侨眷的合法收入，国家保护侨汇政策不仅是国家当前的政策，而且是国家的长远政策。（2）在动员侨眷参加各种合作社，进行爱国储蓄、购买公债时，必须贯彻完全自愿的原则。任何个人或团体不得向侨眷强迫借贷，不得积压侨汇，不得擅自检查侨批和以任何借口变相侵犯侨汇。凡有侵犯侨汇事情发生，必须分别情节论处；对于有意挪用、侵吞、冒领、盗取侨汇和敲诈侨眷的不法分子，必须依法制裁。（3）侨眷有使用侨汇的自由，任何人对侨眷把侨汇用于生活方面，包括用于举办婚、丧、喜、庆等事，不得干涉。（4）国家鼓励华侨和侨眷把侨汇投入生产或者向国家投资公司入股，同时鼓励华侨、侨眷修建房屋，各级地方国家行政机关对此应给予便利。华侨素来热心家乡公益事业，如兴办学校医院、兴修水利、造桥、修路等，各级地方国家行政机关对此应表关怀，并给予指导、帮助，必要时予以表扬。②

经过中华人民共和国和印度尼西亚共和国政府的多次谈判，1955 年 4 月 22 日周恩来代表我国政府与印尼政府签订了《中华人民共和国和印度尼西亚共和国关于双重国籍问题的条约》。条约规定：（1）凡属同时

① 中共中央文献研究室编：《建国以来重要文献选编》第一册，第 13 页。

② 侨务报社编：《侨务政策文集》，人民出版社 1957 年版，第 94—95 页。

具有中国和印尼两国国籍的成年人，应在条约生效后两年的期限内，根据本人自愿的原则，就中华人民共和国国籍和印度尼西亚国籍中选择一种国籍。（2）凡属具有双重国籍的人，如愿意保留其中一种国籍时，必须向有关当局宣告放弃另一国籍。（3）如果没有在规定的期限内选择他们的国籍，他们的父亲是哪一国人，即被视为具有了哪一国的国籍，如果和他们的父亲没有法律上的关系或他们的父亲国籍不明，则依他们的母亲的国籍。（4）凡具有双重国籍的人，“如在本条约生效时尚未成年，应在成年后一年内选择他们的国籍。在他们未成年期间应被视为只具有他们的父母双方或父方按照本条约的规定所选择的国籍”。如果他们的父亲已经去世或国籍不明或与他们没有法律上的关系，则应被视为只具有他们目前的国籍。在成年后没有按照规定期限选择国籍者，则被视为他们在未成年时期所具有的国籍。（5）具有双重国籍的人，在选择一种国籍并同时丧失另一国籍之后，如果他们离开了所选择的那个国家的国境并在该国外固定居住，一经根据本人自愿的原则重新取得居住地国籍，即丧失了他们原先所选择的国籍。（6）缔约双方同样勉励本国侨民尊重侨居国政府的法律和社会习惯，不参加侨居国的政治活动。双方表示愿意各自依照本国政府的法律互相保护对方侨民的正当权利和利益。①

1957 年 8 月 1 日经全国人大常委会第七十八次会议批准，8 月 2 日周恩来签发国务院令，公布《华侨投资于国营华侨投资公司的优待办法》。该办法规定华侨汇款投资于国营华侨投资公司，可以享受下列优待：（1）华侨投资于国营华侨投资公司的股金，到社会主义建成后，仍为投资人所有。凡投资满 12 年的，可以收回股金，以人民币支付。（2）华侨投资于国营华侨投资公司的股息定为年息八厘，以人民币支付。（3）华侨投资于国营华侨投资公司所得的股息，经过外汇主管机关

① 《新华月报》1955 年第 5 期，第 92—93 页。

批准后，可以汇往国外，但是不得超过本年股息的50%。（4）投资于国营华侨投资公司的投资人，如果要求工作，可以根据公司有关企业的需要和投资人的具体情况，优先录用。①

1957年8月1日经全国人大常委会第七十八次会议批准，8月2日周恩来签发国务院令，公布《华侨捐资兴办学校办法》。《办法》共十二条，对华侨出资兴办学校的批准程序、学校命名、校址选定、土地征用、领导体制、校务管理、老师作用、招收学生、奖励办法等，均作了具体规定。②

除此之外，周恩来主持、领导或参与制定的侨务法规、条例、命令、指示还有许多，主要列具如下：1950年中央人民政府颁布《侨汇业管理暂行条例》，提出了“便利侨汇，服务侨胞”的政策；1951年8月2日，经中央人民政府政务院批准，由公安部公布施行《华侨出入国境暂行办法》；1952年1月6日，中共中央发出《关于海外侨民工作的指示》，要求中共和民主党派此后停止在海外发展组织；1952年政务院根据侨乡情况颁布了《土地改革中对华侨土地财产处理办法》，对侨乡土改或涉侨土改问题作了政策性规定；1953年5月，由中央人民政府教育部、高等教育部、“中侨委”共同拟定并经过政务院批准的《长期收容处理华侨学生工作方针与方案》实施；1954年3月发布《关于处理回国华侨就业问题的指示》；1955年8月6日一届全国人大常委会通过，国家主席毛泽东签署发布《华侨申请使用国有的荒山荒地条例》；1959年国务院制定了《关于国外侨胞和港澳同胞赠送人民公社和其他单位的物资的审批和免征关税的规定》《过渡时期党的国内侨务工作方针》；1964年颁发了《关于华侨和港澳同胞捐资兴办公益事业问题的通知》等。

① 侨务报社编：《侨务政策文集》，第100—101页。

② 侨务报社编：《侨务政策文集》，第102—104页。

上述具有开创性、政策性很强的侨务条例、法规、办法等大多是20世纪50年代时制定和公布的，其中凝聚了周恩来的许多心血和智慧。如为了制定科学可行的土地改革中对华侨土地财产处理优待办法，周恩来做了很深入的调查研究，分别找陈嘉庚、司徒美堂等归国侨领和华侨居多的广东、福建两省的叶剑英、张鼎丞等负责同志交谈，倾听他们的意见。1950年11月某日晚，周恩来要廖承志、李初梨（时任华侨事务委员会办公厅主任）、彭光涵（时任华侨事务委员会研究室副主任）研究修改《土地改革中对华侨土地财产的处理办法（草案）》，听完他们的报告后，周恩来说，土地改革是一场消灭封建土地制度的大革命。大多数华侨是由于在旧中国不堪忍受地主残酷剥削和压迫无法生活才背井离乡、出走异国的，或者被当做“猪仔”贩到国外的。大多数华侨眷属在土改中会得到好处，他们大多数人会拥护土改的。但估计还有百分之二至四的华侨地主，他们的土地要被没收分配，这些人是不会满意的。如果我们在华侨地主的房屋问题上给予照顾，就会波而不动，这对我们团结国外华侨有好处，而且他们的房子大都是用寄回的侨汇盖的，不是封建剥削得来的，要把这些情况向干部和农民讲清楚。在此基础上，1950年11月6日，周恩来主持政务院会议讨论通过并公布了这个政策，对华侨的一些特殊情况给予了适当照顾。① 可见周恩来为制定华侨土改办法进行了深入细致的调研，全面了解情况，因而对于政策把握得到位。尽管如此，后来在侨乡土改工作中，还是不同程度地发生了“左”的错误。对此，周恩来则采取有错即纠的态度。1953年3月28日，他和邓小平、李维汉、廖承志商谈广东、福建两省侨务问题时认为，两省在侨区土改出现偏差后，提出的纠偏方针、办法是正确的，应予同意，即错划阶级的

① 中共中央文献研究室编：《周恩来年谱（1949—1976）》上卷，中央文献出版社1997年版，第93页；另见童小鹏著：《风雨四十年》（第二部），第178页。

应无条件地给予纠正，尽量赔偿损失，并做好争取团结工作；对华侨地主，除极少数按公安管理条例应予管制外，其他的一律取消管制。随后，周恩来又将有关情况函告中共中央农村工作部部长邓子恢，意在要他在主管的农村工作中注意这类问题。①

对于国内归侨、侨眷，周恩来一再强调要“一视同仁”，不但从生活上关心照顾他们，而且在政治上给予亲切关怀。侨汇历来是广大侨眷赖以维生的主要经济来源，允不允许侨眷靠侨汇生活，关系数百万侨眷的切身利益问题。新中国建立后，有一些“左”倾思想认识的人，认为归侨和侨眷接受海外亲属的汇款生活是不劳而获，不允许他们接受侨汇，甚至以各种名义侵占归侨侨眷对侨汇的所有权和使用权，影响恶劣。周恩来得知这些情况后很生气，立即责成“中侨委”起草一个保护侨汇的命令，坚决保护侨眷对侨汇的所有权和使用权，不准任何人侵犯，这就是 1950 年中央人民政府颁布的《侨汇业管理暂行条例》，成为后来颁布关于“贯彻保护侨汇政策的命令”的主要依据。文件颁布后，周恩来非常重视它的执行情况。由于当时货币不稳定，为了不使华侨吃亏，他采纳了陈嘉庚的建议，指示中国银行对华侨赡家汇款可根据自愿原则采取原币存款，取用时按当时汇率取出人民币，这样就保证了侨汇不受货币贬值的影响。

抗美援朝战争爆发后，美国政府下令禁止侨居美国的华侨汇款赡养中国大陆的侨眷，其他一些国家受美国影响也限制侨汇金额。为了解决侨眷由于断汇带来的生活困难，周恩来一方面指示财政部拨出专款解决他们的困难；另一方面指示“中侨委”调动一切可行通道，采取一切可靠办法沟通侨汇。在各方通力合作下，解决了美国等国家封锁侨汇的问题，疏通了侨汇渠道，缓解了侨眷的生活困难。全国实行统购统销后，

① 中共中央文献研究室编：《周恩来年谱（1949—1976）》上卷，第 292 页。

居住在农村的侨眷由于靠生产队分配的食品及生活用品比别人少，纷纷要求国外亲属寄回粮、油、布等食品和生活用品，十分不便。对此出现两种解决意见：一种认为根据侨眷的侨汇数量发给侨汇证，按证卖给一定数量的粮、油、肉、布等生活用品；另一种意见则反对发侨汇证，要求中央增拨统购统销物资统筹解决。两种意见报告到中央，周恩来认为管理侨汇是经济工作，应该用经济办法去解决。他立即批准发侨汇证的办法，并责成财政和有关部门制定实施办法和调拨物资。① 这样既解决了侨眷的实际困难，也调动了华侨汇寄侨汇的积极性，又减少了华侨向国内邮寄食品的麻烦，既方便了华侨、侨眷，又增加了国家的外汇收入，一举多得。1956 年 6 月 7 日，周恩来为中共中央起草关于制止侨眷外流和侨汇下降等问题的报告，并批转廖承志、方方分别给广东、福建省委的指示。指示要求："望根据广东、福建两省有侨眷的地区的具体情况，研究和采取参照廖、方所提意见若干紧急措施，以有效制止目前侨眷大批外流和侨汇下降的趋势。" ②

3. 为中国建设发展招纳海外人才

国家建设需要各种人才，发展科技事业尤其需要尖端人才。新中国刚刚成立，百废待举，更需要大量人才。而旧中国贫穷落后，战乱频繁，社会动荡，致使人才外流，特别是高科技人才流散欧美发达国家。周恩来十分注重吸纳海外人才回归新中国，并作为新中国建立初期党和国家的一项方针政策加以实施。

早在 1949 年夏，在筹建新中国的大业中，周恩来指示旅美进步侨团，要把动员在美国的中国知识分子特别是高科技专家回来建设新中国作为其中心任务；同年 12 月 18 日，周恩来又通过中央人民广播电台，

① 童小鹏著:《风雨四十年》（第二部），第 179—180 页。

② 中共中央文献研究室编:《周恩来年谱（1949—1976）》上卷，第 586 页。

代表中国共产党和人民政府郑重邀请在世界各地的海外学子回国参加建设。1954 年 6 月上旬，经英国代表团中间牵线，中国代表团和美国代表团，就两国侨民问题进行商谈。11 日，周恩来致电中共中央并告公安部、外交部：15 日中美双方拟将再次接触，我方商谈方针是：（一）主动提出“保护我国在美侨民、留学生的权益问题”。（二）“拟指出美国强迫扣留我留学生，既违犯国际法又不合人道主义，要求立即恢复他们自由离美返回祖国的权利”。（三）关于整个侨民和留学生问题的做法……[①] 六七月间，按照周恩来的指示精神，中美双方继续就留学生和侨民问题进行三次商谈。

新中国的建立，犹如一块有强力磁场的磁石，强烈地吸引着海外学子，他们络绎不绝地回国为新中国的建设出力献技。但是，他们当中有些人回国时受到西方国家和国民党残余势力的阻挠，历经艰险曲折。“他们的回国，周恩来是费了不少心血的。”[②]

李四光早年参加辛亥革命，坚持反帝反封建的革命立场。后留学英国，获伯明翰大学的硕士、博士，曾担任国民党政府中央研究院地质研究所所长，抗战时期他在重庆两次与周恩来交往，印象十分深刻。1948 年，李四光赴伦敦出席第十八届国际地质学大会后旅居英国。国民党政府垮台前夕，有关部门曾下令在南京的地质所南迁。李四光得知后，立即电函同人加以阻止。南京解放后，地质所完整地回到人民手中。周恩来赞扬李四光的爱国义举并关注着他的动向，期望他回到即将建立的新中国。1949 年 4 月，周恩来委托赴布拉格出席世界和平大会的郭沫若给李四光写信，盼他回到即将建立的新中国贡献才智。在 9 月召开的中国人民政治协商会议期间，周恩来提名远在国外的李四光为政协委员；10

① 中共中央文献研究室编：《周恩来年谱（1949—1976）》上卷，第 376 页。

② 力平著：《开国总理周恩来》，中共中央党校出版社 1994 年版，第 399 页。

月，周恩来组阁政务院时，提名李担任中国科学院副院长。可见，周恩来对李四光的充分信任。

新中国的召唤尤其是周恩来期盼的目光，使李四光回国心情迫切，并准备尽快动身。但这时李获悉国民党当局“外交部”密令“驻英大使”，要李公开发表声明拒绝接受共产党的职务，否则将通过英国当局将李扣留送往台湾。李四光只好秘密绕道东欧几个国家辗转回国。周恩来非常关心李的安全，并设法安排保护。1949年11月15日，周恩来为安排保护李四光回国，亲自写信给新华通讯社驻布拉格分社社长吴文焘和驻苏大使王稼祥，信中说：“李四光先生受反动政府压迫，已秘密离英赴东欧，准备返国，请你们设法与之接触。并向捷克当局交涉，给李以入境便利，并予保护。”[①]还表示，新中国的第一次全国地质会议一定要等李四光回来召开。有人怀疑李四光能否回来；甚至有人造谣说李不会回来，已去台湾了。周恩来依然坚信李会回来的。身处险境的李四光与周恩来心意相通，毅然拒绝国民党蒋介石要他迁台的命令，冒着被扣留、暗杀的危险，在周恩来的关心和亲自部署下，克服重重困难，经过多半年的辗转跋涉，终于回到了新中国的怀抱。对此，李四光夫人许淑彬回忆说：“到了北京，许多新旧朋友都来迎接。有的老朋友告诉仲揆（李四光的字——笔者注），解放后不久人民政府就曾考虑召开第一次全国地质会议，但周总理指示要等仲揆回国后再开。谁知一直等了五个月还不见仲揆回来。于是有人造谣说：李某人是不会回来的，他去台湾了。周总理听了这话后说：我相信他不会去台湾，现在还没有回来，一定是给什么困难耽误了，我们一定等他回来再开会。”[②]

李四光刚回国时，自觉年迈多病，担任这样一些重要职务不合适，

① 郑毅涛主编：《广交朋友的周恩来》，红旗出版社1996年版，第124页。

② 中共中央文献研究室编、金冲及主编：《周恩来传（1949—1976）》上，中央文献出版社1998年版，第234页。

想请有关方面再考虑。当得知是周恩来亲自提名安排的，他对周恩来如此信任重用自己感动不已，便决定服从政府安排，随即投入到原来虚位以待、等他回国召开的全国地质工作会议的筹备之中。某日下午五点左右，李四光正在埋头工作，忽然有人通报说，有中央领导来看你来了。他刚站起来，只见周恩来已经跨进门来，在经历险阻后老朋友久别重逢，又是握手，又是拥抱，没完没了地叙谈起来。周恩来非常关心李四光的身体，一再嘱咐他注意身体，并委婉地要他学点马列主义、毛泽东思想，把世界观提高到辩证唯物论和历史唯物论的高度；李则没完没了地汇报地质工作。不知不觉快到晚八点，周恩来起身告辞、上车离去。李四光心情激动不已。其夫人后悔而抱怨地说：我们多不懂事！时间这么晚了，也没请总理吃饭。李四光这才看看表，他早已把时间忘了。1952 年，在周恩来提议下，成立中华人民共和国地质部，任命李四光为部长。从此，新中国的地质事业展开了腾飞翅膀，周恩来、李四光的友谊也更加真挚、深远。

1935 年，钱学森从上海交通大学毕业后赴美国留学，后在美获得博士学位，成为美国力学大师、火箭专家冯・卡门教授的得力助手之一。新中国建立后，钱学森十分渴望回国，1950 年 7 月，他决定以探亲为名回国不再返美。但临行时突遭美国当局的拘留，后虽被保释，但仍受多方监视。美国政府阻止钱学森回国的根本原因在于，他已经掌握了尖端的军事科学，了解美军的军事机密。美国海军部副部长扬言说，一个钱学森抵上五个海军陆战师，宁可把他枪毙了，也不能放他回中国去！美国非但不准他回国，还对他进行政治迫害，移民局抄了他的家，把他软禁在特米那岛两个星期，直至收到加州理工学院送去的数目很大的保证金才释放他。后来，海关又没收了他的行李，包括 800 公斤书籍和笔记本，硬说里面有机密材料（本来打包前曾让他们检查过）。

1955 年 6 月 15 日，钱学森在避开监视写给比利时亲戚的家信中，夹带了给著名民主人士陈叔通的信，请求祖国帮助他回国。信的内容如下：

叔通太老师先生：

自一九四七年九月拜别后未通信，然自报章期刊上见到老先生为人民服务及努力的精神，使我们感动佩服！学森数年前认识错误，以致被美政府拘留，今已五年。无一日、一时、一刻不思归国参加伟大的建设高潮。然而世界情势上有更重要更迫急的问题等待解决，学森等个人的处境是不能用诉苦的。学森这几年中惟以在可能范围内努力思考学问，以备他日归国之用。

但是现在报纸上说中美交换被拘留人之可能，而美方又说谎谓中国学生愿意回国者皆已放回，我们不免焦急。我政府千万不可信他们的话，除去学森外，尚有多少同胞，欲归不得者。从学森所知者，即有郭永怀一家（Prof.Yong-huai Kuo，Comell University，lthaca，N.Y.），其他尚不知道确实姓名。这些人不回来，美国人是不能释放的。当然我政府是明白的，美政府的说谎是骗不了的。然我们在长期等待解放，心急如火，惟恐错过机会，请老先生原谅，请政府原谅！附上《纽约时报》旧闻一节，为学森五年在美之处境。

在无限期望中祝您健康

钱学森谨上

一九五五年六月十五日[①]

陈叔通收到钱学森的信后立即转给周恩来。面对大洋彼岸的求助，周恩来高度关注。他马上要求外交部火速把这封信转交给正在日内瓦进行中美大使级会谈的王炳南，并指示说："这封信很有价值。这是一个铁证，美国当局至今仍在阻挠中国平民归国。你要在谈判中，用这封信揭穿他们的谎言。"同时，中国政府公开发表声明，谴责美国政府监禁钱

① 转引自奚启新著：《钱学森传》，人民出版社2011年版，第152—153页。

学森。为了以中国政府的诚意换得美国政府让步，周恩来指示王炳南大使，在中美第三次会谈中，对美方提出让美国在华侨民和被中国拘禁的美国军事人员回国问题上作出让步，以此为交换条件停止扣留钱学森等中国留美人员。但提议遭到美国方面无理拒绝。为了帮助钱学森，周恩来决定再作让步，让中美在日内瓦进行领事级会谈的中国代表通报，已经释放了四个被扣押的美国飞行员。但美国谈判人员仍然不让步，继续阻挠钱学森回国，并歪曲事实地说钱并不情愿回中国。这时王炳南拿出钱学森的信件予以驳斥，美方代表理屈词穷，无言以对，最后迫使美国当局同意允许钱离美回国。周恩来为钱学森回国而感到高兴。王炳南回忆说："50 年代末，周总理曾经在一次会议上说，中美大使级会谈至今虽然没有取得实质性成果，但我们毕竟就两国侨民问题进行了具体的建设性的接触，我们要回了一个钱学森。单就这件事来说，会谈也是值得的，有价值的。"①

当代著名作家文学家老舍，20 世纪 20 年代后期曾在英国伦敦大学任东方学院中文讲师，回国后从事进步文学创作。1946 年 3 月赴美讲学。1949 年 6 月，当全国解放战争接近尾声、第一次全国文代会即将在北平开幕之际，周恩来代表即将成立的新中国向客居在美国的老舍发出了召唤。据老舍夫人胡絜青回忆说："1949 年 6 月开第一次文代会时，总理面对解放区和国统区两股文艺大军在北京会合的大好形势，提出'现在就差老舍了，请他快回来吧'。根据他的旨意，由郭沫若、茅盾、周扬、丁玲、阳翰笙、曹禺、田汉、冯雪峰等 30 多人签名写了一封邀请信，经过秘密渠道传递到了远在纽约的舍予手中。他终于在当年 11 月底回到了祖国，掀开了他新生活的一页。"另据曹禺在《怀念老舍先生》一文中回忆说："1949 年，北平解放了，中华人民共和国建立了。那时老舍在

---

① 转引自力平著:《开国总理周恩来》，第 400 页。

美国讲学。周总理对我说：你写封信请老舍回来吧，新中国有许多新事可以写。我遵照周总理的指示写了信，老舍立即整装返回祖国。”[①]1949年12月12日，老舍回到离别14年的故乡北京，翌日，老舍在老友阳翰笙陪同下与周恩来总理会面。老朋友相会，畅谈许久，此次倾心交谈，对老舍以后的生活影响颇大。

1950年7月14日中午，日理万机的周恩来宴请老舍，鼓励他多为人民而进行创作，多写他自己所熟悉的北京，多写北京解放后所发生的巨大变化。胡絜青在《周总理对老舍的关怀和教诲》一文中说：“总理关心地问老舍有什么创作计划。老舍说他已基本写完话剧《方珍珠》，青年艺术剧院正在排演，打算马上动笔再写一部以龙须沟的变迁为题材的话剧，通过新旧社会对比，歌颂毛主席、共产党和新政府。总理听了很高兴。当老舍说他已约好在第二天就上金鱼池、龙须沟去实地采访时，总理连声说：对，对，一定要去，等着看你的新戏。这次接见和那些热情洋溢的鼓励，像春风一样，使老舍感到无限温暖和喜悦。他兴奋，他感激，他感到毛主席创立的新中国为他发挥自己的才能提供了无限美好的前景，他获得了新的艺术生命！”[②]

新中国前后，由于周恩来的努力争取和亲自部署，使得滞留在海外的著名地质学家李四光、著名科学家钱学森、著名文学家老舍，辗转回到祖国的怀抱。据统计，经新中国的召唤、周恩来的努力争取，从1949年到1954年，冲破层层阻挠、克服重重困难，回到祖国的留学人员和归侨学者有1424人，其中美国937人，英国193人，日本119人，法国85人；至50年代末，回国者达到约2500人，占当时海外留学人员和华人科学家的一半。[③]他们为开拓和发展新中国的教育、科技、国防事业作出

① 张桂兴编撰：《老舍年谱》上册，上海文艺出版社2005年第二版，第555、556页。

② 张桂兴编撰：《老舍年谱》下册，上海文艺出版社2005年第二版，第609页。

③ 张应龙主编：《华侨华人与新中国》，暨南大学出版社2009年版，第3页。

了卓越的贡献。

4. 维护国外华侨的正当权益

新中国政府应尽力保护国外华侨的正当权益的条文，载入周恩来主持起草的《共同纲领》之中。周恩来作为政务院总理兼外交部长，分管华侨事务委员会的工作，认真履行保侨、护侨的职责。

周恩来在各种有关场合，多次重申保护华侨正当权益问题。如前面介绍的 1949 年 10 月 13 日，他为新加坡《南侨日报》创刊三周年题词即鲜明地表示："为保护国外华侨的正当权益而奋斗！" 1951 年 10 月 23 日，周恩来在政协一届三次会议上的政治报告中说："我国散居海外的华侨约达一千余万。由于某些国家无理地歧视乃至迫害他们，他们的正当权益已受到了重大损害。这不能不引起中国人民和政府的深切注意和严重关怀。" 1954 年 9 月 23 日，周恩来在政府工作报告中重申："华侨是热爱祖国的。他们一般地并不参加侨居国的政治活动。几年来，在对我国不友好的国家中，华侨的处境甚为困难。我们希望这些国家能够对我国侨民不加歧视，并尊重他们的正当的权利和利益；在我们方面，我们愿意勉励华侨尊重一切侨居国政府的法律和社会的习惯。"① 1955 年 10 月 23 日，他在答菲律宾《马尼拉纪事报》记者莫里西奥问时申明："中华人民共和国对住在菲律宾的中国侨民非常关怀。我们希望：他们的正当权益得到尊重和保护。" 1956 年 10 月 9 日，周恩来接见新加坡劳工阵线主席、前新加坡首席部长戴维・马歇尔时再次重申，华侨的"正当权益应该受到尊重而不被歧视"②。1959 年 4 月 18 日，周恩来在二届全国人大一次会议上的政府工作报告中再次指出："有些东南亚国家采取了错误的排华政策，这完全是中了帝国主义造谣挑拨的奸计。我们希望这种

① 中共中央文献研究室编：《建国以来重要文献选编》第五册，中央文献出版社，第 531 页。

② 《侨务政策文集》，第 46 页。

现象能够得到纠正，华侨的正当利益能够得到保护。”①

周恩来经常指示我国驻外人员，华侨在国外的正当权益受到侵害时要加以保护，并给予协助，必要时进行外交交涉。1954 年 6 月，周恩来率中国代表团出席日内瓦会议期间，由英国代表牵线，中美两国就侨民问题进行初步商谈。周恩来指示我方谈判的首要方针是提出“保护我国在美侨民、留学生的权益问题”②。根据周恩来的指示，中美两方就侨民问题进行了多次会谈，中国据此争取被美国软禁的科学家钱学森回国获得了成功。

周恩来还重申，侨胞在侨居国的正当权益得到有效保障，其大前提是处理好祖国与侨居国之间的关系。1954 年中国和缅甸两国总理联合公报中就提到两国政府愿意保护对方侨民的正当权益。1956 年 12 月 18 日，他访问缅甸时在仰光华侨举行的欢迎大会上的讲话中，开宗明义地阐明了这一思想，他说：“在缅甸的侨胞，你们多少代已经在这里生活的。过去呢，因为缅甸也处于和中国相同的地位，受到外国侵略者压迫，因此我们两国在历史上的友谊就被隔断，侨胞们在这个地方也就遇到许多外来的困难。可是现在，我们两国都获得独立，我们两国的友谊，兄弟般友谊基础更加发展了，我们侨胞在缅甸的地位，也就获得了独立的缅甸政府给我们予以优待。”③

中国和印尼政府签订关于双重国籍问题的条约后，中国政府信守承诺，认真履行条约中方所承担的义务。而印尼方面则未认真执行条约，仍不时掀起排华活动。对此，周恩来据理力争并进行解释：“保护华侨的正当权益，将对印尼的经济发展有帮助，也是华侨本身的利益。”针对印尼借口华侨破坏经济，周恩来严正指出：“破坏经济的行为应该取缔，

① 王棠编著：《侨务春秋》，中国国际广播出版社 1997 年版，第 23、24、25、31 页。

② 中共中央文献研究编：《周恩来年谱（1949—1976）》上卷，第 376 页。

③ 《周恩来总理对缅甸华侨的讲话》（1956 年 12 月 18 日），《侨务政策文集》，第 1 页。

各国都是禁止的。但印尼政府应善于区别哪些是破坏经济的行为，哪些是华侨的正当利益。”①

周恩来对于保护海外华侨正当权益的主张和行动体现在两个方面：一方面是坚决地同敌视新中国、迫害华侨的行径做斗争；另一方面是在各种不同场合重申保护华侨权益的主张。1955 年 10 月 23 日，周恩来接见了菲律宾《马尼拉纪事报》的两名记者莫里西奥和曼那劳克，并回答了他们的提问。当他们问及“中华人民共和国对住在菲律宾的中国侨民抱什么态度”时，周恩来明确地回答说：“中华人民共和国对住在菲律宾的中国侨民非常关怀。我们希望，他们的正当权益得到尊重和保护。我们也愿意勉励他们尊重侨居国政府的法律和社会的习惯。在菲律宾的华侨中，也存在双重国籍的问题。中华人民共和国同印度尼西亚共和国签订的关于双重国籍问题的条约，说明了中国政府解决这个问题的政策和态度。”② 周恩来的回答旗帜鲜明地表示了保护华侨权益的态度。当然，也要求华侨遵守当地的法律。

1971 年 8 月 10 日，周恩来同缅甸总理奈温的谈话中，具体指出了哪些华侨的利益应该保护，哪些利益不受到保护：“对所在国人民进行投机、敲诈的华侨，我们不支持。华侨大资本家和中等资本家在经营工商业中，因投机倒把，违反你们的法令而受缅甸法办，我们不提任何意见。”“对那些进行劳动和服务行业中的华侨，他们在所在国有利于那里的人民，有利于那个国家公共事业的发展，对那里的主权国家有好处，对两国友好有好处，我们应该支持，鼓励他们尊重所在国的主权和法令，取得生存和劳动的权利，他们有得到我们外交机关保护的权利，希望友好国家要保护他们的正当利益。”从谈话中，可见周恩来关于保护华侨

① 王棠编著：《侨务春秋》，第 31、32 页。

② 新华社：《周恩来答菲律宾记者问》，《人民日报》1955 年 10 月 30 日，第 1 版。

正当权益问题考虑得周到全面，并不是笼统和非客观的。他甚至表示："对于侨民，我们是不分哪一派的。只要承认新中国，到我们大使馆来登记，说他是侨民，我们就保护。我们不因为他过去承认过国民党就不保护他。"①

由于东南亚各国较长时期受到西方列强的殖民统治，这些国家上层统治者受西方思想影响根深蒂固，而生活在这些国家的广大下层华侨受到多重压迫和歧视。新中国建立后，东南亚一些国家对华采取不友好甚至敌视政策，而生活在这些国家的广大华侨却感到欢欣鼓舞并纷纷举行庆祝活动，因而他们不断遭到迫害。每当有迫害华侨的消息传来，中国政府或有关部门则发表严正声明和抗议，如对马来亚英国殖民当局、法国驻越南殖民当局迫害甚至屠杀华侨的行径进行谴责和抗议；对泰国政府虐待和迫害华侨的行为加以揭露并提出抗议。尽管当时受到国内外环境和各种因素的制约，这种抗议有时难以奏效，但新中国政府把保护华侨作为重要的国家政策并予以重视，是不能否认的事实。

1949 年 11 月 11 日凌晨，驻越南法国武装部队百余人包围永安省青铃与流冈两个农场。这两个农场均为华侨农场，共居住着 160 多名华侨及家小。他们生活清贫，安分守己，没有参与当地的政治活动，对法越战争保持中立。然而，法国军队强行闯入华侨家里，对男性不分老幼一律用绳索捆绑，赶到外面的晒谷场围成圆圈，一些法兵抽打华侨，迫使他们绕圈行走，多数法兵则在旁边调笑取乐，历时达半个小时，多半人被打伤。尤其令人发指的是，法军强行将华侨妇女集中，实行轮奸，发泄兽性。其中华侨黄自蔼的妻子怀孕八个多月，被追逐流产而死。法军施暴后，复强迫华侨为他们杀猪宰鸡，酒肉侍候，然后翻箱倒柜抢走所有值钱财物。针对驻越南法军的暴行，1950 年 1 月 18 日，周恩来以中华

① 王棠编著：《侨务春秋》，第 33、34 页。

人民共和国外交部长的名义向法国外长发去照会表示强烈抗议，照会在历数法军暴行后，严正指出：

为此我特着重地提醒你，保护国外华侨的正当权益乃我政府不可动摇的政策。上述法国武装部队对我越南华侨的暴行，是我们中国人民所不能忍受的，其全部责任应由法国政府负担。我中华人民共和国中央人民政府保留对上述及其他类似事件提出相应要求的一切权利。①

针对某些国家的排华、迫害华侨事件，我国外交部门根据周恩来的上述思想，起草了一些文件，提出应对措施。1950 年，外交部拟定《关于华侨受排斥及迫害问题处理意见》和《关于在兄弟国家中华侨问题的初步意见》。前者的要点是：外交部根据中侨委整理的资料和建议，在适当时机呈请中央人民政府，以抗议或声明的方式还击迫害华侨的国家。对有外交关系的国家可循外交途径交涉之；对无外交关系的国家可请兄弟国家使馆代为照料华侨和进行外交协助。后者的要点是：劝说教育当地华侨遵守侨居国政府法令，处理华侨事务时力求用友好协商的方式解决。②

1951 年，中央人民政府华侨事务委员会召开侨务扩大会议，根据政务院的指示，明确提出：国外侨胞应致力于团结互助、爱护祖国；做好互助互济的福利事业；保护华侨自己的正当权利和利益；发扬华侨兴办文化教育的优良传统；促进华侨与当地人民的友好关系；揭露蒋介石卖国集团的祸侨害侨罪行。

以上大量论述和事实可见，在新中国成立初期，周恩来为保护国外华侨的正当权益做出了很大努力，直接或间接地同某些国家迫害华侨的

① 《保护华侨正当权益 周外长照会法外长舒曼 抗议法军迫害我侨胞 法政府应负担法军暴行全部责任 我保留提出相应要求的一切权利》，《人民日报》1950 年 1 月 20 日，第 1 版。

② 庄国土：《新中国政府对海外华侨政策的变化 1949—1965 年——新中国政府侨务政策研究之一》，《南洋问题研究》1992 年第 2 期。

行径进行有力的斗争。

另一方面，周恩来维护国家主权和华侨权益的正义行为，也得到了华侨的理解、支持和拥护。1954 年周恩来代表中国政府发表声明，谴责美国同台湾蒋介石签订的所谓《共同防御条约》，指出，这个条约同维护和平毫无共同之处，“在任何意义上都不是一个防御性的条约”，而“是一个彻头彻尾的侵略性的战争条约”。这是美国“对中国人民的一个严重的战争挑衅行为”。[①] 翌年 1 月3 日，在京归侨召开拥护周恩来声明座谈会，会议由北京归国华侨联谊会主席彭泽民主持。与会者一致痛斥美蒋条约的战争阴谋，拥护周恩来外长的声明。美国归国华侨陈其瑗说：“蒋介石卖国集团早已被中国人民所唾弃，根本无权和任何国家缔结条约。美国侵略集团的战争威胁吓不倒中国人民。中国人民解放台湾的意志是坚不可摧的。”马来亚归国华侨洪丝丝说：“我们解放台湾就像我们过去解放福建、广东一样，是我国内政问题，谁来干涉，谁就是干涉我国内政。”印度尼西亚归国华侨吴益修说：“我是一个医生。台湾是我们祖国身体的一部分，这一部分长着蒋介石卖国集团这些毒菌，我们要解放它，正像人们要把他身体的这一部分恢复健康一样。”[②]

（六）全力解决华侨双重国籍问题

1. 双重国籍问题的由来及新中国的立场

中国是世界上侨民最多的国家之一，华侨存在的双重国籍是旧中国长期遗留下来的一个复杂繁难的问题。在旧中国历史上，我国历届政府都采取血统主义国籍原则，即只要父母一方为中国籍，不管在中国境内或境外所生的子女都具有中国籍；而在一些侨居国，其国籍法多采取出生地主义，即以出生地来定国籍。还有因跨国婚姻及收养关系而产生的

---

① 中共中央文献研究室编：《周恩来年谱（1949—1976）》上卷，第 430 页。

② 新华社：《我国广大人民反对美蒋条约 北京归国华侨坚决拥护周恩来外长声明》，《人民日报》1955 年 1 月 6 日，第 1 版。

双重国籍等。由此引起了中国和华侨居住国种种法律冲突，造成双重国籍问题的矛盾或纠纷。“过去常常引起中国同有关国家之间的不和”，为处理国家关系带来难题。同时也“使华侨处于困难的境地”，诸如双重国籍者常常要为两个国籍国尽国民义务，到底由哪个国籍国对其进行外交保护，也常常引起外交争议；另外，某些国家常常利用华侨的双重国籍问题在我国侨民中间制造纠纷，引起不团结，甚至恶意挑拨我国同侨居国之间的关系。因此说，“华侨具有双重国籍，原是不合理的。这不仅使我国在保护华侨的正当权利和利益方面发生困难，也使华侨在当地国家经常处于困难的地位”。

在旧中国，“虽然也存在着双重国籍，但没有人拿这个问题来制造国际间的纠纷”①。新中国成立后，与中国毗邻的某些东南亚国家对新中国存有疑虑或戒备。这种疑惧主要来自三方面：一是对大国的戒备；二是对所谓“共产主义威胁”的担忧；三是对众多华侨存在的担心。尤其是外国敌对势力在华侨问题上大做文章，把华侨诬称为海外的“第五舰队”，华侨“双重国籍”问题成为其反共反华的一个重要借口。如周恩来说：“有人说，中国在国外有一千多万华侨，可能利用他们的双重国籍来进行颠覆活动。”②特别是以美国为首的西方反华势力利用东南亚国家的这种心态，企图把这些国家都拉进西方阵营和反共防共体系，充当遏制中国的帮手。如此不仅给新中国与这些国家之间留下外交隐患，也不利于这些国家华侨的生存和发展，同时还不利于新中国的建设。处理好与这些邻国的关系，对于打破以美国为首西方国家的遏制，维护中国的安全，寻求更多的朋友极为重要。因此，新中国建立后决心解决这个纷

① 周恩来：《关于华侨双重国籍问题》，《周恩来统一战线文选》，人民出版社 1984 年版，第 313 页。

② 周恩来在亚非会议全体会上的补充发言（1955 年 4 月 19 日），王棠编著：《侨务春秋》，中国国际广播出版社 1997 年版，第 3 页。

繁复杂、历史遗留下来的“双重国籍”问题，并把它作为与东南亚各国建立友好关系的突破口。

在以上大背景下，新中国建立初期的几年里，中共中央就确立了解决这一问题的原则：第一，华侨双重国籍问题，是华侨本身的问题，又是两国之间的关系问题，因此，理应通过正常的外交途径，由我国政府和有关国家政府之间通过谈判达成协议，才能获得较合理的解决。第二，必须从华侨的切身利益出发，严格根据华侨本身自愿的原则，选择侨居国国籍。既不能是简单的血统主义，也不能是简单的出生地主义，以免造成强迫的恶果。第三，取得侨居国国籍的华侨，按照当地法律，履行脱籍手续后，有恢复中国国籍的权利。第四，取得侨居国国籍，并参与侨居国政治活动的华侨，即不再具有中国国籍，可以无需再经过选籍的手续。第五，有关国家对华侨的选择国籍不应人为地限制，手续力求简便，并予谅解和赞助。华侨参加侨居国国籍，我国绝不阻止。①

在解决华侨的双重国籍问题上，新中国政府既不赞成传统的以出生地主义选择国籍或采取血统主义选择国籍，而是根据华侨的实际情况采取自愿的原则。这当然也是周恩来的主导思想。

2. 竭尽心智解决双重国籍问题

周恩来努力遵循新中国对华侨双重国籍的立场和原则，并积极加以贯彻实施，并为此倾注了大量心血和智慧。

周恩来十分重视解决华侨的双重国籍问题，并将它作为新中国初期一项大政方针和重要外交问题提上日程。1954 年 9 月 23 日，周恩来在全国人大一届一次会议上的政府工作报告中指出：“华侨的国籍问题是中国过去反动政府始终不加解决的问题。这就使华侨处于困难的境地，并且

① 廖承志：《在中国共产党的八届三中全会上的发言》（1957 年 4 月 30 日），《廖承志文集》上册，人民出版社 1990 年版，第 314 页。

在过去常常引起中国同有关国家之间的不和。为了改善这种情况，我们准备解决这个问题，并且准备首先同已经建交的东南亚国家解决这个问题。”①

1956年8月19日，周恩来与新加坡前首席部长马歇尔谈话明确地表示：“我们极力主张解决双重国籍问题：华侨可根据自愿选择所在国或中国国籍，既非简单的出生地主义，也非简单的血统主义。未成年的决定于父母。更不能有时间的限制。”同年11月20日，周恩来接见越南华侨代表时以实际事例加以说明，其中说道：

最近南越公布一件对华侨很坏的事，就是凡在越南出生的华侨子女都算越南人，还规定凡在法令公布前在越南出生的华侨子女都算是越南人，表明吴庭艳是采取出生地主义，这个国籍法我们是不承认的。我们主张自愿。在国籍问题上，另一种主张是血统主义，即凡是有中国血统的都算是中国人，则在东南亚许多国家的人都算中国人了，这也行不通。例如高棉（今柬埔寨）的西哈努克，寮国（今老挝）的富马亲王，泰国的銮披汶，都有中国血统，不都变成中国人了吗？我们正在反对大国主义，采取血统主义就会犯大国主义。如新加坡百分之七十五有中国血统，马来亚（马来西亚）华侨也占百分之四十以上。马歇尔曾说，这样马来亚（马来西亚）不变成中国的地方了吗？讲起来都觉得可怕。有些华侨就是想采取血统主义，这对我们团结东南亚各国不利。我们采取自愿政策，给华侨自由。南越吴庭艳是采取强迫，不是自愿。我们反对它，越南民主共和国政府也反对它。②

根据这一原则，中国政府首先与印度尼西亚共和国政府谈判。1954年11月2日至12月23日，印尼政府代表团来北京与中国政府代表团就

① 中共中央文献研究室编：《建国以来重要文献选编》第五册，第531页。

② 王棠编著：《侨务春秋》，第8、10页。

双重国籍问题进行了初步磋商谈判，为中国和印尼签订关于双重国籍问题条约打下了基础。

1955 年 4 月 21 日，在印尼参加亚非会议的周恩来致电中共中央报告说：中国和印尼关于华侨双重国籍问题的条约已根据中共中央批准的内容达成协议。在万隆，我们“已将条约的基本精神在华侨中开始透露，以作必要的精神准备。公报发表后，这里的华侨报纸同时准备发表社论”；建议《人民日报》社论表示祝贺。随电发出中国和印度尼西亚《关于双重国籍问题谈判公报》《关于双重国籍问题条约（草案）》。[①]可见，周恩来对此的周到考虑和安排。4 月 22 日，以周恩来为首的中国政府代表团与印度尼西亚政府代表团根据平等互利、互相尊重的原则进行谈判，与印尼外交部长苏纳约签订了《中华人民共和国和印度尼西亚共和国关于双重国籍问题条约》（条约内容前面已作详细介绍）。签字的当天，周恩来发表讲话，他说：“双重国籍问题是旧时代遗留给我们的问题，现在中华人民共和国和印度尼西亚共和国根据平等互利和互相尊重的原则，经过友好谈判，获得了合理的解决。”“我们知道还有一些国家同样关心这个问题。这个问题能在亚非会议期间获得解决，是有重要意义的。这是我们亚洲和非洲各国之间以友好协商的精神解决繁难问题的又一个良好的事例。”“我希望，无论是选择中华人民共和国国籍或者选择印度尼西亚共和国国籍的人们，将会为促进中华人民共和国和印度尼西亚共和国的友好睦邻共同努力。”[②]周恩来的讲话，包含三层意思：一是双重国籍问题是根据和平共处五项原则解决的；二是还有其他一些国家关心这一问题，将会随后解决；三是这是亚非会议的另外一项

① 中共中央文献研究室编：《周恩来年谱（1949—1976）》上卷，第 468 页。

② 《中华人民共和国外交部长周恩来在〈中华人民共和国和印度尼西亚共和国关于双重国籍问题的条约〉签字后的讲话》（1955 年 4 月 22 日），载《新华半月刊》1955 年第 5 号。另见侨务报社编《侨务政策文集》，第 27 页。

成果。

4月24日晚，周恩来出席亚非会议闭幕会议，并在会上发言。翌日，周恩来率中国代表团，同印尼西爪哇省省长山努西、万隆市市长恩诺一起，出席万隆华侨代表举行的招待会，并发表演讲，阐述了新中国的外交政策，他说：今天的中国不是旧中国而是新中国。在推翻了殖民的和封建的统治以后，中国人已经在世界上站起来了。中国在政治上是革命成功了，但是在经济上和文化上仍旧很落后，中国需要长时期的建设，才能赶上今天世界上工业先进的国家，因此需要一个和平的国际环境。新中国的外交政策也是跟旧中国根本不同的。新中国奉行的是独立自主的和平外交政策，而旧中国奉行的是怕强欺弱的外交政策。现在，如果有人欺侮我们，我们一定要抵抗，而对于那些以平等待我的国家，我们就伸出手来，同它们友好合作。在这次亚非会议上，中国代表团采取的就是这种态度。[①]27日下午，周恩来在中国驻印尼大使馆会见印尼各地侨界推选的600多名华侨代表，向侨胞们阐释了新中国的国际地位和外交政策，并从国家关系和外交政策的角度解释解决双重国籍问题的重要性，他说：华侨双重国籍问题“是一个涉及国家同国家之间关系的问题。不论从我们国家的对外政策上，还是从消除误会、解除怀疑、改善我们两国关系上，都应该解决这个问题”。这是因为，“今天中国政府执行和平的、平等的外交政策，所以不能不解决这个问题。解决好这个问题，对双方都有利，也会提高我们国家在国际上的信誉”。“现在中国强起来了，有的国家就会从中挑拨，说你们这样的大国，有一千多万华侨呆在海外，是不是想搞颠覆活动？”虽然这是毫无根据的，“可是，双重国籍问题如果不解决，人家还会感到有些不放心”。“这是大道理，要跟侨胞

① 中共中央文献研究室编：《周恩来年谱（1949—1976）》上卷，第471页。

们讲清楚。这就是我们缔结关于解决双重国籍问题条约的根据”。[①]4 月 28 日晨，周恩来率中国代表团到印尼独立宫向苏加诺总统辞行离开印尼回国，在雅加达机场同沙斯特罗阿米佐约签署中国和印尼两国总理《联合声明》。同时书面答复印尼记者的提问，着重表示：“希望关于双重国籍问题的条约在两国批准以后，能够顺利执行，希望现在仍然具有双重国籍的人能够在规定的期限内选定他们的国籍。”希望无论是保留了中国或者印度尼西亚国籍的人们，都能够互相尊重、互相亲爱，为促进两国之间的友好关系而努力。[②]

1955 年 6 月 3 日，周恩来和印度尼西亚总理沙斯特罗阿米佐约在北京互换了关于《中华人民共和国和印度尼西亚共和国关于双重国籍问题的条约》实施办法的换文照会。在换文中，对条约作了补充规定：“有一类人，根据印尼政府的意见，由于他们的社会地位和政治地位，证明他们已经不言而喻地放弃了中国国籍，可以被认为只具有一种国籍，而不具双重国籍。”他们被免予履行办理选籍手续，有效期 20 年。[③] 换文第四条约定，经两国政府同意，在雅加达成立一个由印尼和中国双方代表组成的联合委员会，其任务是讨论和规定有关实施双重国籍条约的办法。

这是中国政府在经过慎重和全面的考虑之后，对国籍法原则所作的调整和修改。此后，周恩来代表中国政府一再申明，解决华侨双重国籍问题的上述原则同样适用于其他国家。1956 年 10 月 9 日，周恩来接见新加坡劳工阵线主席、前新加坡首席部长戴维·马歇尔，宾主进行了坦诚的会谈，其中周恩来就新加坡中国人的国籍问题系统地谈了四点看法：

1. 中国政府愿意看到新加坡的中国人取得他们自愿取得的新加坡的

① 中共中央文献研究室编：《周恩来年谱（1949—1976）》上卷，第 472 页。

② 中共中央文献研究室编：《周恩来年谱（1949—1976）》上卷，第 473 页。

③ 李慎之、张彦：《人民的心同亚非会议在一起——亚非会议日记》，《人民日报》1955 年 6 月 4 日，第 4 版。

公民资格，完全效忠于他们所在的国家。中国政府相信，这将有助于促进他们本身的利益，有助于新加坡的稳定和安宁，有助于中国同新加坡之间的友好关系的发展。

2. 任何居住在新加坡的中国人，只要他们自愿地取得新加坡公民资格，就不再具有中国公民资格；当然他们所固有的种族联系和文化联系仍然继续存在。

3. 任何取得新加坡公民资格的中国人，如果他们愿意的话，可以在根据新加坡法律放弃新加坡的公民资格后，取得中国的公民资格。

4. 任何具有中国公民资格的侨民应当尊重当地政府的法令，不参加当地的政治活动，但是他们的正当权益应该受到尊重而不被歧视。①

周恩来在和缅甸政府领导人会谈及与华侨交流时也表达了相同的思想。1954 年 6 月，周恩来访问缅甸时，曾就华侨双重国籍问题与缅甸总理吴努交换意见；同年 12 月，吴努来华访问再次商讨这一问题。当时正值中国和印尼谈判解决华侨的双重国籍问题，周恩来向吴努表示，中国与印尼双重国籍问题解决后，接着就同缅甸谈，“我们不反对华侨加入侨居国国籍”。随后公布的《中缅两国总理会谈公报》决定，将在尽可能早的时机，经过正常外交途径，解决华侨双重国籍问题。当获悉中国和印尼关于双重国籍问题的条约签订后，缅甸驻华大使吴拉茂向中方表示，缅甸华侨双重国籍问题解决，原则上可以参考中国和印尼订立的双重国籍问题条约并愿意同中国谈判。1956 年 6 月，周恩来接见吴拉茂，同意缅方希望谈判的要求，表示双方可就此问题进行接触讨论，并阐明“中国的基本精神是造成在当地出生并愿意留居的华侨更多地取得居留国的公民籍”。同年 8 月，周恩来再次对吴拉茂表示，中国政府愿意同缅甸

---

① 《接见新加坡劳工阵线主席戴维·马歇尔 周总理谈新加坡的中国人国籍问题》，《人民日报》1956 年 10 月 13 日，第 1 版。载侨务报社编：《侨务政策文集》，第 45—46 页。

政府谈判解决华侨双重国籍问题，如果缅甸政府愿意，现在就开始谈。但因前不久在中缅边界南端未定国界黄果园附近，双方前哨部队因误会而发生武装冲突（即“黄果园事件”），导致中缅关系一度紧张，加上西方反华势力的挑拨，缅方态度便发生变化，没有对周恩来的表示作出答复。随后缅方又把注意力转到中缅边界谈判方面来，不愿进行解决双重国籍问题谈判，因而没有通过谈判正式达成协议解决这一问题，而是在中方默认中逐渐推进并最终解决的。①

1957 年 12 月 30 日，周恩来在全国人大常委会第八十九次会议上的讲话中说：“我们叙述一下历史的发展，根本的变化是由于第二次世界大战以后，亚洲出现了中国这样的大国——社会主义国家，也出现了许多民族独立国家，华侨关系就不像从前了。我们觉得在今后十年要很好地首先把亚洲国家的华侨问题解决，在拉丁美洲如在美国和加拿大那些地方的华侨问题要缓一步解决。不然的话，在十年以后或者十五年以后还不解决，对国际关系只会增加紧张，成为增加紧张的一个因素。”并以与印尼政府签订解决双重国籍问题的条约为基础，规定了解决双重国籍问题的五项基本原则：

第一项原则，采取自愿原则来解决。凡是具有双重国籍的华侨，必须根据自愿原则选择印度尼西亚或中国的国籍，在选择国籍后，都享受各该国公民的同等待遇，不受歧视。

第二个原则，有些人，由于他现有的地位不言而喻是所在国公民了，不再是中国国籍的人，这一条原则应该承认。

第三条，已经选择了所在国国籍的人，就应该效忠于那个国家，不再参加华侨的团体，不再参加中国的政治活动。

① 有关中缅双方关于华侨双重国籍问题的谈判情况，参见张安、李敬煊：《二十世纪五六十年代缅甸华侨双重国籍问题再探》，《中共党史研究》2015 年第 8 期。

第四条，选择了华侨的少数人，他们就要跟所在国的政治活动一刀两断，不能参加所在国的政治活动。

第五个原则，已经选择国籍以后，丧失另外一个国籍，以后如果他要变，我们可以允许他变，但是我们采取不鼓励的态度。①

后来，中国和其他国家谈判解决华侨双重国籍问题基本都是以上述五条原则为蓝本的。20 世纪 70 年代，我国先后与马来西亚、菲律宾、泰国谈判建交时，均商定以建交公报形式确定解决这些国家中华侨双重国籍问题。

3. 解决双重国籍问题的依据及评价

解决华侨的双重国籍问题，可以说是新中国建立初期周恩来主持制定侨务政策、开展侨务工作用心最多、着力最多、花费精力最多的一项工作，也是周恩来处理大量国内外纷繁复杂的棘手问题之一。根据周恩来有关这方面的诸多论述，当时新中国解决华侨双重国籍问题的主要依据或原因有以下几点：

第一，解决旧中国政府长期遗留下来的繁难问题，以示新中国侨务政策的创新性和务实性。对此，周恩来曾指出："华侨的双重国籍问题是旧中国遗留下来的，蒋介石至今还在利用极少数的华侨进行对所在国的破坏活动。新中国的人民政府却准备与有关各国政府解决华侨的双重国籍问题。"② 这显然说明，华侨双重国籍问题是旧中国政府遗留下的问题，新中国政府要对此加以解决，开拓国家关系和侨务工作的新思路新局面。

第二，出于处理国家关系的大局。周恩来在印尼万隆接见西爪哇侨领时推心置腹解释道："在一个国家里原就不应有人具有双重国籍，两国

① 王棠编著：《侨务春秋》，第 13 页。

② 王棠编著：《侨务春秋》，第 3—4 页。

都有他的份时，当地政府就不好办事了，大家想想看吧；如果在中国，外侨也是有双重国籍的，这可怎么办？而且也不好，我们要待人家好，人家都会待我们好，诸位是代表一个国家住在别个国家的侨民，一举一动全会发生影响，新中国是坚定的要解决这个双重国籍问题的，不然会对两国的关系都不好。如果说：去参加印尼政府的办事人员还在做中国侨民，这是不好办的，所以必须解决它，现在这样的解决方式是友好的，平等的，这不但对印尼一国是这样，对缅甸、对印度、对巴基斯坦、对锡兰（今斯里兰卡），甚至对泰国、对菲律宾，以至于将来对美国，也都要解决这一问题的，这样做，当地的国家都会安心。”[①] 周恩来的表述浅显易懂。周恩来认为，华侨问题是关系到我国开展国际交往，同亚非民族独立国家建立和发展友好合作关系，共同为反对帝国主义、殖民主义，维护世界和平而斗争的重大课题，必须妥善处理好。[②]

第三，是贯彻和平共处五项原则的需要。周恩来指出：“华侨问题是关系到我国外交政策的。”解决双重国籍的政策，“我们觉得使亚非各国能够首先实现和平共处、友好合作，加强我们共同反对殖民主义的力量，更好地孤立帝国主义，使亚洲各国在我们中国兴盛起来、将来强大以后，还跟我们友好。解决了华侨双重国籍问题，使我们跟他的关系更好，对他们本人也更增加积极的作用，把消极的因素减少”。1956 年 11 月 26 日，周恩来在柬埔寨金边华侨招待会上发表讲话指出：我们侨胞“要尊重人家的主权，不能干涉人家的内政，五项原则不是有这两条嘛，你们就应该遵守，你们在五项原则上也要做出模范来”。[③] 他还诚恳地说，坚定明确地提出华侨与华人的政策界限问题，表明了我国在和平共处五项

① 王棠编著：《侨务春秋》，第 4 页。

② 何锦、关宗周：《周恩来在侨务工作中的思想与实践》，中华人民共和国外交部外交史编辑室编、裴坚章主编：《研究周恩来——外交思想与实践》，世界知识出版社 1989 年版，第 285 页。

③ 王棠编著：《侨务春秋》，第 17、13—14、27 页。

原则指导下处理历史遗留问题的诚意，为我国同新兴民族独立国家建立友好睦邻关系及促进亚非和平开创了范例。这一政策符合客观规律，合乎历史潮流和我国对外政策，赢得了各国的赞赏。[①]

第四，以实际行动回击敌对势力利用华侨问题制造口实攻击新中国。1958 年 8 月，柬埔寨首相西哈努克访华，24 日，周恩来与西哈努克第二次会晤，并签署《周恩来总理与西哈努克首相联合声明》。声明说：双方对中柬建交、发展经济和文化关系、中国侨民与柬埔寨人民友好相处表示满意。随即两国领导人发表讲话，周恩来在讲话中专门谈到华侨问题，他说：

在中国和柬埔寨的关系中，正像在中国和其他一些东南亚国家的关系中一样，华侨问题是一个相当重要的问题。中国政府一向根据和平共处的五项原则，勉励华侨遵守侨居国的法令和尊重侨居国人民的习惯，劝告他们不参加侨居国的政治活动，并且动员他们为侨居国的经济发展作出贡献。但是，有些国家为了离间中国和东南亚国家的关系，破坏中国的国际威信，却不断散布所谓中国利用华侨进行颠覆活动的谎言。事实证明，侨居在东南亚各国的绝大多数华侨是遵照中国政府的指示同侨居国人民友好相处的，而美国却勾结蒋介石集团，利用华侨中极少数的败类，进行种种危害东南亚各国的阴谋活动。美国指使居住在印度尼西亚的蒋帮分子公开支持印度尼西亚的叛乱集团，就是这种阴谋活动的例证。美国和蒋介石集团还以较为隐蔽的方式，通过个别华侨败类，用金钱收买的办法，干涉某些东南亚国家的内政。我们满意地看到，中柬两国政府在华侨问题上表现了充分的互相尊重和互相信任，使挑拨离间的人丝毫不能发生影响，这是中柬友谊的又一个具体表现。[②]

---

① 中华人民共和国外交部外交史编辑室编、裴坚章主编：《研究周恩来——外交思想与实践》，第 286 页。

② 《周恩来总理的讲话》，《人民日报》1958 年 8 月 25 日，第 4 版。

这段讲话除了阐明中国政府根据和平共处五项原则重申华侨尊重侨居国的法律外，集中揭露了别有用心者利用华侨攻击新中国的阴谋。虽是就个别国家而言，但也关联到东南亚其他国家。1959 年 4 月 18 日，周恩来总理在第二届全国人大第一次会议上作《政府工作报告》，两次阐明这一问题。报告说："我国和某些东南亚邻国之间的未定界问题和海外华侨的国籍问题，曾经被挑拨者当做宣传资料。""至于华侨问题，我国政府一向劝告海外华侨尊重侨居国的法令和习惯，不参加当地的政治活动，努力帮助当地的人民发展经济；对于华侨根据自愿的原则选择侨居国的国籍，我国政府也采取赞助的态度。有些东南亚国家采取了错误的排华政策，这完全是中了帝国主义造谣挑拨的奸计。我们希望这种现象能够得到纠正，华侨的正当利益能够得到保护。"①

第五，从有利于华侨自身生存长远发展考虑。周恩来说："鼓励中国血统的华族选择所在国的国籍对他本身有好处，这样不会受到歧视，不会被分别对待。你是那里的公民了，不管搞工业、商业和参加各种政治活动不会受到限制，这不是很好吗？所以，这点从中国血统的土生的华族人着想，参加所在国的国籍，作为所在国的公民最有利。当然这要让他们自己选择，但是我们要把道理讲通，鼓励他们，不要阻止他们，或者我们还存在着两面夸好的想法。"②

从周恩来讲话的内容考察，中国政府解决双重国籍问题的初衷和目的是双重的：既考虑到处理好国家关系的大问题，又考虑到有利于华侨自身长期生存发展、"促进他们本身的利益"的实际问题。两者是并重的，并非偏重于国家利益而忽视华侨的利益，而且一再重申华侨"正当权益应当受到尊重而不被歧视"。对此应加以全面辩证的分析。

① 周恩来：《政府工作报告 一九五九年四月十八日在第二届全国人民代表大会第一次会议上》，《人民日报》1959 年 4 月 19 日，第 2 版。

② 王棠编著：《侨务春秋》，第 15—16 页。

周恩来生前自始至终是坚持取消双重国籍的。1973 年 3 月 7 日，他同加拿大总理特鲁多的谈话仍表示：“我们主张中国血统的人参加外国国籍后，自然丢掉中国国籍，不主张双重国籍。”同年 10 月，同澳大利亚总理惠特拉姆的谈话说：“我们反对国民党的双重国籍政策，主张华侨加入侨居国国籍。”[①]1975 年 6 月 30 日，周恩来同泰国总理克立·巴莫的谈话说：新中国一成立，我们就不主张双重国籍，这样可以搞好我们和其他国家的关系，特别是亚洲的一些国家，它们是我们的近邻。现在泰国的三十多万华侨如都能加入泰国国籍，我们将很高兴。他们虽然叫华侨，但是跟泰国人民生活在一起，相处得很好。我们很欣赏总理阁下在曼谷、香港所宣布的：泰国华侨只能有两个选择，不是加入泰王国国籍，就是中华人民共和国国籍，没有台湾国籍。请总理阁下有机会转告新加坡总理李光耀：中国政府充分尊重新加坡作为一个独立的国家存在，并希望新加坡的华侨都加入新加坡国籍。同时，建议将中泰两国建交公报也给李光耀总理看看。[②]翌日，周恩来与克立·巴莫签署中泰两国建交公报。据笔者掌握资料考察，这是周恩来生前最后一次重申不主张双重国籍。

周恩来既是解决华侨双重国籍政策的制定者，又是积极的宣传者实行者。据不完全统计，从 1951 年至 1975 年的 25 年间，他就华侨双重国籍问题所作的重要讲话达 28 次。[③]有关政策制定后，周恩来身体力行，认真贯彻，不厌其烦地亲自向外国领导人及华侨华人做工作，并通过人大和政协会议的报告阐明我国籍政策及解决华侨双重国籍问题的重要性。

---

① 王棠编著：《侨务春秋》，第 19、20 页。

② 中共中央文献研究室编：《周恩来年谱（1949—1976）》下卷，第 713 页。

③ 中华人民共和国外交部外交史编辑室编、裴坚章主编：《研究周恩来——外交思想与实践》，第 286 页。

双重国籍问题的解决，使绝大部分华侨加入当地国籍，成为外籍华人，是长达千百年来华侨身份转变的标志；也标志着中国大陆与海外华侨关系的历史进入了一个新的时期。关于我国政府和印尼政府签订解决双重国籍问题条约的实际效果怎样？条约签订一星期后，即 1955 年 4 月 30 日，周恩来就双重国籍问题致电中共中央并向毛泽东报告说："双重国籍问题的条约公布后，我在万隆与雅加达公开召集华侨各界领导人传达并解释这一条约的意义，每次开会都请了印尼有关方面负责人参加。"对此，"印尼官方的反应是好的。对在印尼的华侨，尤其对只有中国国籍的华侨影响更大"。他们认为，长期未解决的历史问题这次终于获得解决，证明祖国的政府是关怀和爱护华侨的。"同时，这一条约在会议期中予以公布对泰国和菲律宾也发生一定的影响。因此，这一条约的公布是适时的，其基本内容是符合争取东南亚各国和团结华侨的目的，因而是正确的。"[①] 这说明，条约的签订在短期内就取得了积极的效果。当然，客观地说，对于这个条约也有"一部分华侨不大拥护"。[②]

同年 5 月 13 日，周恩来在第一届全国人大常委会第十五次扩大会议上作了《关于亚非会议的报告》，集中阐述了中国和印尼签订双重国籍问题条约的意义，其内容如下：

亚非会议期间，我又代表我国政府同印度尼西亚共和国政府签订了关于双重国籍问题的条约。华侨的双重国籍问题是旧时代遗留给我们的一个繁难问题。这个问题能在亚非会议期间获得合理解决，是有重要的意义的。这个条约的签订，不仅进一步增进了中国和印度尼西亚两国人民的友谊，而且为我国同东南亚其他国家解决华侨双重国籍问题提供了榜样。曾有人说，中国有一千万以上的海外华侨，他们的双重国籍可能

① 中共中央文献研究室编:《周恩来年谱（1949—1976）》上卷，第 475 页。

② 中共中央文献研究室编:《周恩来年谱（1949—1976）》中卷，第 112 页。

被利用来进行颠覆活动。但是，在印度尼西亚利用华侨的双重国籍进行颠覆活动的却是蒋介石集团，并不是中华人民共和国。缅甸吴努总理在一九五五年四月二十六日对美国《新闻周刊》记者说，他深信中国没有领土野心，中国最大的愿望就是求得和平。我们在亚非会议上曾经正式声明：中国毫无颠覆它的邻邦的政府的意图，相反地，中国却遭受着美国赤裸裸的公开进行的颠覆活动之害。①

还应该看到，周恩来关于解决华侨双重国籍问题的思想和原则，产生了深远的影响，它是我国改革开放后于 1980 年 9 月 10 日第五届全国人民代表大会第三次会议通过的新中国第一部《中华人民共和国国籍法》的基础。《国籍法》规定："中华人民共和国不承认中国公民具有双重国籍。"② 这部国籍法总结了新中国建立以来 30 年中我国处理华侨国籍问题的历史经验，并以法律形式确定了下来，目前仍然是我国遵循的基本原则。

当然，新中国致力于解决华侨双重国籍问题的时代背景，正处在东西方冷战大格局下，国际形势复杂。这从周恩来的上述报告中能够体现出来。出于意识形态的敌意和遏制中国的需要，以美国为首的西方反华势力一面直接把矛头对准新中国，一面支持台湾当局与新中国争夺"控制海外华侨华人效忠"。为竭力争取海外华侨的支持，台湾当局与新中国针锋相对，承认双重国籍，在海外华侨社会中制造分裂；与中共和民主党派取消海外党组织完全相反，台湾当局资助部分华侨成立亲台组织，出版反共报刊，插手控制部分华文学校，竭力进行反共宣传活动。这些在海外华侨社会中造成混乱，为解决双重国籍问题带来难度，也影响了解决和实施双重国籍问题的效果。

---

① 周恩来：《关于亚非会议的报告》，《人民日报》1955 年 5 月 17 日，第 1 版。

② 国务院侨务办公室编：《侨务法规文件汇编（1955—1999）》（1999 年内部文件），第 151 页。

（七）富有建树的侨务思想

周恩来的一生不但做了大量的侨务工作，而且主持制定了新中国成立后党和国家的侨务政策，做了一些开创性和奠基性的工作，并且提出了一些富有建树的侨务思想，可以归纳概括为以下几个主要方面。

1. 华侨是统一战线的重要组成部分

统一战线是中国共产党领导中国革命取得胜利的三大法宝之一。其内容广泛，理论丰富，实践经验宝贵。周恩来自与华侨交往之初，即把他们作为反帝反封建爱国统一战线的组成部分。他在旅欧勤工俭学期间，即发动旅欧华侨华人参加反帝反封建的斗争；回国后在推进和维护国共合作的斗争实践中，与国民党左派、归侨廖仲恺、彭泽民等人亲密合作，这些是周恩来早期开展的对华侨的统一战线工作，但当时还没有也不可能上升到理论高度来进行总结论述，将这一问题上升到理论层面是在抗日战争时期。1940 年 7 月，周恩来在重庆接受《侨报》记者张楚琨、高云览采访时说，陈嘉庚领导的南侨总会是抗日民族统一战线的组织，全体南洋华侨要团结在陈先生的周围，“坚持抗日民族统一战线的方针。对广大侨胞要宣传团结，对华侨国民党员也要宣传团结”；“你们两位接触南侨总会陈嘉庚主席，要支持他，协助他，在统一战线中做好工作”。[①]这里明确地将华侨作为抗日民族统一战线的组成部分。

新中国建立后，统一战线包括对华侨统一战线的内容、形式发生诸多的变化。党和政府确定了对国外华侨统一战线工作的基本内容：教育、指导和组织国外广大华侨从切身利益出发，实行团结互助，争取长期生存。只要广大华侨能团结起来，就是有利于华侨本身的，就是有利于祖国的。据此要求在国外华侨中进行爱国宣传时，一方面不要联系当地的政治革命活动，不要响应国内的政治运动，不要发通电、发宣言、开大会、搞

① 《张楚琨诗文选》，第 19 页。

游行等；另一方面，又必须谅解国外华侨的处境和困难，容许其“身在曹营心在汉”，准其“门上不挂五星红旗，心里挂五星红旗”。[①]

周恩来作为中国共产党统一战线工作的开创者和实践者，又是统一战线理论的阐述者和发展者。新中国建立后，他针对新形势下有关华侨统一战线工作加以论述。1949 年 9 月，周恩来在中国人民政治协商会议期间的报告或发言指出，中国人民政治协商会议是一个统一战线组织，它所包含的成分是非常广泛的，“它的任务是团结工人阶级、农民阶级、小资产阶级、民族资产阶级以及一切爱国民主人士、国内少数民族和海外华侨，共同反对帝国主义、封建主义和官僚资本主义，建设新民主主义的新中国”。“为着这个任务，我们团结国内各民主阶级、各民族和国外华侨，结成这样一个伟大的人民民主统一战线。这不仅是中国共产党为之奋斗了二十八年的主张，也是各民主党派、各人民团体、各区域、军队、国内少数民族、国外华侨，以及一切爱国民主人士所拥护和赞助的”。[②] 周恩来的这些论述，不仅强调华侨和国内其他各个阶级、阶层、团体一样是统一战线的组成部分，而且阐明这是自党成立二十八年以来的始终主张，当然也是周恩来本人的思想。1962 年 3 月，周恩来在第二届全国人大第三次会议上所作的《政府工作报告》中进一步强调，包括爱国侨胞在内的广泛的人民民主统一战线，“在社会主义革命和建设中，已经发挥、并且将继续发挥它的重大作用”[③]。周恩来不但认为华侨始终是社会主义时期统一战线的重要组成部分，而且还强调它已经发挥并将继续发挥重大的作用。联系到新中国成立以来的各个历史时期，包括改

① 中华人民共和国成立初期，世界各地华侨纷纷举行各种庆祝活动，但处于敌视新中国的某些资本主义国家及其宗主国华侨的庆祝活动遭到限制和镇压。毛泽东、周恩来设身处地考虑华侨的处境，提出身处逆境的华侨不必勉强举行悬挂新中国五星红旗的庆祝活动，只要心里挂红旗就行了。

② 《周恩来统一战线文选》，人民出版社 1984 年版，第 136、145 页。

③ 《周恩来统一战线文选》，第 425 页。

革开放新时期的实际，尽管时代和环境条件不断发生变化，但周恩来的这一思想被实践证明是经得住考验的。

不但如此，周恩来进一步认为华侨是推动祖国和平统一的重要力量。1956 年 6 月 28 日，周恩来在第一届全国人大第三次会议上所作的报告指出："我们重视海外广大的爱国侨胞在推动和平解放台湾的事业中所发挥的积极作用。我们希望曾经或者还在对祖国采取对立态度的少数海外华侨，认清是非，省察大势，跟广大的爱国侨胞站在一起，为促进和平解放台湾的爱国事业作出贡献。"[①] 周恩来还指出："我们也同样希望一切身在海外其他地方的国民党军政人员，为促进和平解放台湾而努力。只有这样，他们才能使自己免于流落异乡、受人轻视的命运。"[②] 他还号召广大华侨要团结和争取对新中国还不理解、亲蒋亲台的少数华侨，"把我们的手伸出去，只要他爱祖国，我们就给他团结起来，团结在爱国主义的旗帜下"[③]。

他还衷心地希望华侨之间互相团结，包括团结那些政见不同的华侨。"我们希望华侨的内部不分彼此，能够大家团结在一起。把现在和我们对立的，还不愿意和我们团结的人，争取他们团结在一起，一时争取不过来，等待他们，努力做工作，最后终有一天全体华侨都要团结起来。" 1972 年 10 月 6 日，周恩来会见台湾同胞、旅日旅美华侨及美籍华人时，仍然耐心地解释："现在情况变了，如果有一部分人愿意回台湾去，可以拿台湾护照。只要跟华侨总会打声招呼，可以让他回去，当然要对他做些工作。不要认为回台湾就是反动的，应该让他们回去看看，这样我们就可以懂得如何向这部分台湾同胞做工作。不要光跟进步的华

---

① 中共中央文献研究室编:《建国以来重要文献选编》第八册，中央文献出版社，第 344 页；另见《周恩来统一战线文选》，第 321 页。

② 中共中央文献研究室编:《建国以来重要文献选编》第八册，第 344 页。

③ 侨务报社编:《侨务政策文集》，第 10 页。

侨来往，落后的不理睬，这就不好做工作了。”[①] 团结和争取包括不同政见的华侨，是周恩来统一战线思想的重要内容，体现了他的宽广胸襟。

周恩来晚年，在国务繁忙、体弱多病的情况下，仍力所能及地做海外国民党人士的统战工作，争取缪云台回国定居就是一例。国民党在大陆溃败后，作为国民党要人的缪云台先是定居香港，后从香港转赴美国，1955 年获美国永久居留权。在美国，他和原清华大学校长梅贻琦住在一起。他们相约再读几年书，多学点历史。他们分别到哥伦比亚大学和纽约大学索取入学简章。缪到纽约大学登记上夜课，后来由于家属患病，不得已而放弃了学习的打算。此间，台湾国民党要人陈诚、叶公超和蒋廷黻曾迭电邀约他去台湾，他一一谢绝。他虽身居海外，但渴望回大陆看看新中国翻天覆地的变化。1972 年美国总统尼克松访华后，1973 年，缪云台外甥朱希贤由香港赴美，给缪带来了周恩来总理对他的问候：周恩来总理邀请你回国看看，费用全部公家承担。闻听总理邀请，缪云台高兴异常。同年，他带着女儿和外孙女等几名亲友，回到阔别 24 年的祖国。回国后，先是参观了农民运动讲习所、中山纪念堂，并到东北参观了大庆油田、长春汽车制造厂等国内大型企业。看到祖国能自己制造汽车、飞机，缪高兴地说，祖国变化之大、进步之快，真是做梦也想不到。

1973 年 8 月 4 日下午五时许，周恩来会见并宴请缪云台一行。当缪到达北京时，周总理设晚宴热情地欢迎他。周恩来和缪自 1946 年旧政协会议分别后，已有 20 余年未见面，旧友重逢，倍感兴奋。这次宴会在愉快的气氛中进行。宴会上，周恩来向缪老介绍了祖国的建设成绩。此次回国，缪老心情愉快，亲眼见到了祖国的建设、人民的生活情况，高兴地说：“中国站起来了。”周恩来安排缪去北戴河休息，并会见了正在那里休养的朱德委员长。辛亥革命时，缪在云南昆明方言学堂英语班学习，

① 王棠编著:《侨务春秋》，第 35、38 页。

朱德则在云南讲武堂习武，老相识再次重逢，十分亲切。

回到纽约后，缪云台积极从事中美联谊及祖国统一活动，向众多亲友讲述回国见闻。

1976年初，周总理逝世的噩耗传到美国，缪怀着悲痛的心情，在纽约主持举行了一次隆重的追悼会，参加的华侨华人共有千余人。同年冬，缪再度回国参观。这时，“四人帮”已被打倒，阴霾驱散，政治环境好转，缪看到祖国呈现安定团结的新局面，于是增加了对大陆的良好印象，决定回国定居。1979年，缪毅然偕夫人赵佩玱回到北京。他首先到美国大使馆声明放弃美国国籍，恢复中国国籍。缪的爱国行动，赢得了各界人士的好评和尊敬。他被选为第五届全国人民代表大会常务委员会委员和第五届全国政协常委，以后又当选为全国政协副主席。缪对中国共产党和人民给予的政治地位感愧交加，他感奋地说：叶落归根是老年人的常情，但叶落还须护根，根固然后枝叶才能繁茂。[①] 缪归国十年，用实际行动深化了“叶落归根”一词的含义。1988年9月3日，缪云台去世，终年94岁。缪回国定居之时，周恩来已经去世，但他的回国定居与周的争取是分不开的。

周恩来一贯重视广大华侨华人为祖国独立解放及和平统一所作的积极努力，认为他们是中华民族的向心力。这一思想至今仍有重要意义。

除了进步华侨外，周恩来把华侨对新中国的态度分成三种，并作了深入分析，针对不同思想情况的华侨采取不同对策。他说：这些华侨，一种是不了解新中国，对新中国持怀疑态度，讲给他听，他又不相信，请他回国又不回去，只好让他怀疑了，当他一旦了解就会好的。另一种是因个别事情感觉不满意，或是因对他在国内的亲戚处理得不好，或因他的亲戚朋友对他的态度不好，是暂时的对立，这在一个时期是可以避

① 李希泌：《叶落归根——沉痛悼念缪云台先生》，《人民日报》1989年3月2日，第6版。

免的。第三种是搞分裂破坏活动、替蒋介石宣传的坏人，“坏人是极少数的，坏人并不是不能改变的，人是可以改变的，过去是坏人现在是好人，那他还是好人嘛！人是环境教育出来的，如果我们创造一个环境来争取坏人，影响坏人，坏人是可以变成好人的”；“对于现在还是坏的人，我们也不要对他绝望，应争取他们，向他们伸出手，争取他们，希望他在这些情形下回心转意，所以我们不要急，把我们的手伸出去，只要他爱祖国，我们就给他们团结起来，团结在爱国主义的旗帜下。今天他们不改变，我们还要等待，明天不改变，我们还要等待，后天不改变，我们还可以等待，等待一两年，终有一天大多数人会回心转意的，这样我们就主动了”。“扩大和团结一致，为国家的建设，在爱国主义的旗帜下团结一致”。[①] 从中体现出周恩来对海外华侨犹如春风化雨，尤其是仍对新中国采取敌视态度的华侨的转化耐心细致、目光长远。

2.“妥善地照顾在国内的侨眷和安置归国的华侨”

周恩来始终认为：“华侨工作有两个方面，一个方面是侨居在国外的；一个方面是他的眷属在国内，或者回国来工作、学习的。”[②] 而国内侨务工作又有两个层次：一是妥善安置和照顾好归国华侨；二是做好侨眷的工作，主要是安排好他们的生活，并发挥他们参加生产、建设祖国的积极性。对此二者，周恩来主张“一视同仁，适当照顾”，从政治上予以关怀爱护，生活上给予安排照顾。他充分信任和重用有才能的归侨。如前面介绍的著名爱国侨领司徒美堂，素抱“洪门”功成身退的信条，对于孙中山委官而不就，对于蒋介石劝党而不入；又如陈嘉庚对蒋介石的拉拢入党和封官许愿嗤之以鼻。他们参与创建新中国，但功成身退，不愿在政府中做官。后经周恩来的耐心开导劝说，均愉快地在中央人民

---

① 《周恩来总理对缅甸侨胞的讲话》（1956年12月18日）。载侨务报社编:《侨务政策文集》，第9、10页。

② 《周恩来统一战线文选》，第445页。

政府任职。政协会议开幕时，李四光还未回国，周恩来就提名他为政协委员，随即又提名请他出任中科院副院长，后来又任命他为地质部部长。钱学森回国后，当即安排他主持国防第五研究院工作，1957年，为了派钱到苏联谈判援助尖端武器问题，甚至破格授予他中将军衔。有关这方面的事例还有许多，不胜枚举。正如有的民主人士赞扬周恩来总理做事周到，考虑全面，滴水不漏，不愧为“周总理”。

周恩来很重视一般归侨的安置工作。新中国建立初期，为了解决大批归国难侨生活和工作问题，在党中央和周恩来的关怀下，中央拨出专款在海南岛和广西等地创办了一批华侨农场，安置了大批归侨；对有些归侨则按照他们的特长分配了适当的工作，使其既自食其力，又为国家建设添砖加瓦。1960年2月2日，周恩来指示归侨接待安置部门：对归国华侨的生活，各地应当给予适当照顾。1962年3月27日，在全国人大二届三次会议的政府工作报告中，周恩来提出：“我们还应该做好侨务工作，进一步团结海外的一切爱国侨胞，妥善地照顾在国内的侨眷和安置归国的华侨。”①

为了使国内侨眷有可靠的生活保障，1950年8月22日，周恩来专门约廖承志、孔原、南汉宸、王诤等人研究华侨侨眷的福利问题。决定：为了照顾侨汇，不收取“双程邮资”；在厦门等地因物资缺乏而致物价尚未稳定的地点，暂时特准某些物资入口，以便利侨眷。②周恩来对于侨汇性质及侨汇政策作出明确阐释：“侨汇是我国外华侨从事劳动和各种职业所得，用以赡养国内家属的汇款，是我国外华侨的切身利益和广大侨眷的生活依靠，是侨胞、侨眷的正当权益之一，国家对侨汇坚决保护”；

① 王棠编著:《侨务春秋》，第43页。

② 中共中央文献研究室编:《周恩来年谱（1949—1976）》上卷，中央文献出版社1997年版，第66页。

实行“便利侨汇，服务侨胞”的政策[①]。为了鼓励侨眷建设祖国的积极性，国家支持侨眷自愿把侨汇投资于国营公司、兴办福利事业及投资兴办教育事业，但不得强迫，各级政府要给予支持和保护，任何部门和个人不得“挪用、侵吞、冒领、盗取侨汇”，违犯者按情节论处或制裁。1950年11月6日，在《土地改革中对华侨土地财产的处理办法》颁布以前，周恩来亲自同侨务部门的负责人研究，根据华侨、侨眷的特殊情况，在土地改革中区别对待，给予照顾。

3. 华侨要遵守侨居国法律制度，不参与当地政治活动

周恩来从国家关系、我国外交政策及华侨自身处境等实际情况出发，提出华侨在侨居国要遵纪守法、不参与当地政治活动的主张，这是他有关国外侨务政策的一个重要思想。

1951年7月10日，周恩来召集章汉夫、伍修权等人研究，决定党内成立指导对外活动的党小组，确定华侨只做公开与合法的援助祖国的工作，不应进行颠覆当地政府的活动。[②]这是经过深入思考作出的决定。为消除华侨居住国政府的顾虑，周恩来多次向东南亚各国政府的领导人郑重地表示：“中国共产党在海外不发展党员，如果想加入中国共产党，得回到中国来。”“在华侨中间，我们不发展党派组织。因为这样容易引起误会。他们如果要参加，可以回国去参加。”[③] 1956年8月4日，周恩来接见缅甸驻华大使吴拉茂时表示：“我曾经向吴努（缅甸总理）提过，在万隆会议期间，又向泰国和菲律宾的代表提过，中国共产党已经决定在华侨中停止发展组织，因为，那容易同本地的进步运动纠缠在一起。华侨在国外是为了贸易和进行其他的劳动，没有必要参加政治活动。”同年8月19日，在接见新加坡前首席部长马歇尔的谈话中，周恩

① 侨务报社编：《侨务政策文集》，第94页。

② 中央文献研究室编：《周恩来年谱（1949—1976）》上卷，第157页。

③ 《周恩来年谱（1949—1976）》上卷，第641、648页。

来重申："对于愿保持中国籍的，我们有几项规定：（1）这些华侨不应参加本地政治活动。作为华侨，应遵守本地法律。（2）我们不在这些华侨中组织共产党。过去有过，后来取消了，其他政党也取消了，因为这容易引起华侨与当地之间的误解。"[①]同年12月18日，周恩来在缅甸华侨欢迎会上讲话时又重申："作为华侨就不是缅甸公民，应该有华侨的态度，侨民应该不参加缅甸的政治活动，譬如他们的政党、选举、缅甸的一切政治组织，我们都不能参加，这是应该分开的一个界限。"[②]不在华侨中发展中共组织和民主党派组织并要求华侨不参加当地政治活动，这从国家关系的角度为华侨在侨居国遵纪守法创造了前提条件。

周恩来认为，每一个国家都有一套法律制度，华侨在国外从事各行各业，无论从事哪一行的华侨都要守法，按照法律手续办事。"我们在国内，经营企业和经商的，也都要守法，在国内守法，在国外也应该守人家的法。这一点很重要，尤其是今天我们是新中国的侨民，我们一举一动都应该做模范的侨民，都应该配得起新中国的侨民。"[③]他还指出，从政治上说，我们侨胞应该遵守所在国家的法律，应该遵守所在国的风俗习惯，尊重他们的宗教信仰，这是很重要的。1955年4月亚非会议期间，周恩来代表中国政府与印尼政府签订解决双重国籍问题的条约后，向当地华侨做耐心的说服工作，4月27日在中国驻印尼大使馆接见印尼华侨代表时说："选择中华人民共和国国籍的，属于中国的侨民。他们要尊重所在国的法律，不参加所在国的政治活动，保持一个华侨的地位。这样便于我们华侨同所在国人民友好相处。"[④]1956年十一二月间，周恩来

① 王棠编著：《侨务春秋》，第25、26页。

② 王棠编著：《侨务春秋》，第27、28页。

③ 《周恩来总理对缅甸华侨的讲话》（1956年12月18日），见侨务报社编：《侨务政策文集》，第4页。

④ 中共中央文献研究室编：《周恩来年谱（1949—1976）》上卷，第473页。

在越南、柬埔寨、缅甸各地访问时反复强调，华侨既要联系中国的实际，也要联系侨居国的实际，还应该很好地尊重侨居国的法律制度和风俗习惯，同当地人民互相团结。在政治上，凡是选择了当地国籍的，成为当地公民，就不应该加入华侨团体。作为华侨，不是当地公民，就不应该参加当地政府的政治活动。当地政党及其选举，其他政治组织，华侨都不能参加。如11月27日，周恩来在柬埔寨首都金边西哈努克亲王举行的告别招待会上发表讲话，讲到华侨问题时说："我们还看到了柬埔寨人民对华侨的友好和宽容。通过千年以上的亲密相处，柬埔寨人民已经同华侨结成了兄弟的和亲戚的情谊。中国政府要根据一贯的政策，更加勉励华侨同柬埔寨人民打成一片，同甘共苦，遵守柬埔寨的法令，尊重柬埔寨的风俗习惯，并且为柬埔寨的繁荣发展贡献出一切力量。"①周恩来关于"旅柬华侨要为促进中柬两国的友好关系而努力"等一系列主张和思想，写入两国的联合公报中，上升为国家之间的法律规定。②

同年12月初，周恩来总理和贺龙副总理访问印度。12月3日下午，周恩来、贺龙在中国驻孟买总领事馆花园接见旅居孟买的华侨并合影留念。晚上，中国驻孟买总领事张吉平为欢迎周恩来总理、贺龙副总理举行招待会，印度孟买邦首席部长恰范和政府官员、文艺界人士、社会名流及外国领事馆官员等200多人与会。周总理对与会的百余位侨胞说，印度是我们友好的国家，侨胞们应当遵守印度的法律和当地的风俗习惯。周总理还强调，印度有很多方面值得我们学习，侨胞们要虚心向印度学习。最后，周总理号召侨胞加强团结。③12月9日下午，周恩来和贺龙

① 《在金边举行的告别招待会上 周恩来总理的讲话》，《人民日报》1956年11月28日，第4版。

② 《和平共处的榜样》，《人民日报》1956年11月29日，第1版。

③ 《没有任何力量能阻碍中印友好合作 周总理在孟买市政机关的招待会上强调向印度学习 我驻孟买总领事为欢迎周总理贺副总理举行招待会》，《人民日报》1956年12月5日，第1版。

在印度西孟加拉邦政府大厦花园，接见了旅居加尔各答和附近各邦的华侨代表150多人。受到接见的华侨中，有来自大吉岭、阿萨姆邦、比哈尔邦的华侨和藏族侨胞，老同盟会员熊奋南，国际大学中国学院院长谭云山，中国全国人民代表大会代表谢应瑞，中国人民政治协商会议委员叶鹤汀等。西孟加拉邦立法会议议长、印中友好协会加尔各答分会会长慕克吉、加尔各答市长高士等也应邀参加会见。中国驻印度大使潘自力和驻加尔各答总领事柳雨峰也参加了会见。华侨代表向周恩来总理敬献锦旗，藏族侨胞代表敬献哈达。周恩来随即发表讲话。他号召华侨“人人学玄奘”，努力学习所在国语言，并且加强团结。他说，每一个侨胞都要很好地尊重所在国的法律和生活习惯，同所在国人民要把关系搞好，不许搞坏。他还说，要和印度人民团结好，首先要中国人自己团结起来。政治见解有差别是免不了的，但是不管有什么不同意见，应该在爱国主义的旗帜下团结起来。①

1967年6月，受国内“文化大革命”运动的影响，缅甸仰光华侨学生佩戴毛主席像章，引起纠纷，并牵涉到中国驻缅使馆，随即引发流血事件（被称作“六二六事件”）。后来缅甸总理奈温访华，与周恩来会谈时，对“六二六事件”表示“深切的遗憾”。周恩来也诚恳地表示：“一九六七年华侨学校的某些行动，我们也不赞成”；“我们对华侨和华侨所在的国家都宣布，侨民应该服从所在国的法令，不应该违反所在国的法令，要按照所在国的习惯生活和工作”。②

4. 鼓励华侨华人和当地民族融合

新中国建立后，中央人民政府决定解决旧中国遗留下来的华侨双重国籍问题，并确定了解决这一问题的基本原则。经过周恩来多方努力，

---

① 《在加尔各答接见华侨代表时 周总理号召“人人学玄奘”》，《人民日报》1956年12月11日，第4版。

② 中共中央文献研究室编：《周恩来年谱（1949—1976）》下卷，第473页。

我国先后与许多国家解决了华侨的双重国籍问题。同时，周恩来系统地提出华侨华人要与当地民族和人民融合的主张，指出这是大部分选择当地国籍的华人长期安生之路。

1956 年 12 月 18 日下午，缅甸华侨 1200 余人在仰光中国驻缅甸大使馆大礼堂举行大会，来自缅甸 91 个地方的各界华侨济济一堂，他们当中有许多人在 15 天以前就赶到了仰光，欢迎正在缅甸访问的周恩来总理和贺龙副总理等一行。礼堂内在红色大宫灯照耀下显得富丽堂皇，会场上面高悬着“中缅友好”字样的横幅。中国驻缅甸大使姚仲明作为陪同人员出席大会。缅甸驻华大使吴拉茂、缅甸联邦政府秘书长吴庆貌漂、仰光市长吴貌貌和缅甸政府移民局负责人也应邀出席大会。大会主席雷碧书在致词中说，周总理和贺副总理在百忙中抽出时间和缅甸华侨见面，使我们感到无限的温暖和高兴。他说，缅甸华侨衷心拥护周总理关于“和平解放台湾”的号召。在同缅甸朋友的关系中，缅甸华侨要坚决反对大国沙文主义，严格遵守和平共处的五项原则。

周恩来总理在欢迎大会上发表讲话，对缅甸各地华侨的盛情欢迎表示感谢。他说：我们有许多侨胞和缅甸朋友结婚了，这“当然是很好的事情”。侨胞们根据自愿的选择，并得到当地政府法律许可取得侨居国国籍后，就不再是中国人民了，这样是不是会受到同胞们和中国政府的歧视呢？不会的，因为我们还是亲戚，亲戚有什么不好呢？就好像女儿嫁出后，当然不再是娘家的人，但是还是亲戚嘛。那么你们以为女儿可以出嫁，男的呢，男的也可以招赘嘛。对缅甸来说是给他们添丁，对中国来说是增加一门亲戚，所以呀，有些侨胞在选择了缅甸国籍后，中国政府看待你们是好亲戚，不管是男的招赘，女的出嫁，我们一律当成好亲戚看待。[①] 至于华侨同侨居国人民通婚，不但不应限制，相反地应该鼓

① 侨务报社编：《侨务政策文集》，第 3 页。

励。只有鼓励他们与当地人结婚，才能善于与人同化，才能和人家一道前进。周恩来的比喻生动通俗，得到了侨胞们的理解。

周恩来还说：中国侨民多少代以来，就侨居在缅甸。他们中的一部分人同缅甸人民还有着血缘关系，有不少人已经加入了缅甸籍，因此，中缅两国成了亲戚的国家，缅甸人民称中国人民为“胞波”，把中国人民看成同胞，在友谊上像亲兄弟一样。这种人民之间的关系，已经撒下了和平共处五项原则的种子。他说，中国侨民同缅甸朋友结亲也是值得提倡的一件事。周恩来接着说：已经选择了缅甸国籍的人就不应该再参加华侨团体，但是他们仍然是中国的亲戚。没有参加缅甸籍的侨民，他们可以同缅甸人民进行人民之间的往来，但是不应该参加缅甸的政府活动。缅甸华侨应该按缅甸法律办事，不要占不应该占的便宜。缅甸华侨还应该学习缅文，以便能更好地直接同缅甸人民相互交流感情。从长远的利益来看，缅甸华侨可以把他们的游资投到缅甸的工业和手工业方面去。同时，这样做对缅甸的工业发展也能有所贡献。华侨在同缅甸朋友的关系上，要谦虚谨慎，坚决反对大国主义思想作风。周恩来还耐心地教导，在华侨之间的关系上，要耐心争取和等待那些至今对新中国还不够了解或少数不满意的人。即使是那些极少数站在坏的方面的人也不能看成是一成不变的。他们总有一天会回心转意的。必须耐心地伸出手来，使华侨们都团结在爱国主义的旗帜下，并争取和平解放台湾。①

周恩来反复强调华侨要和居住国政府和当地人民搞好关系、搞好团结，不厌其烦地向侨胞阐明其中的道理。1955 年 4 月 19 日，周恩来在万隆接见西爪哇侨领时说道：“做人要谦虚，也要尊重所在国人民，他们同样有智慧、有勇敢，我们要钦佩他们而不轻视人家，瞧不起人家，这样

① 《缅甸华侨欢迎周总理贺副总理 周总理勉励他们同缅甸朋友和睦相处》，《人民日报》1956 年 12 月 21 日，第 4 版。

彼此才能相处得好。尤其是年轻人特别骄傲，他们免不了会犯上骄傲的错误，可是也容易改过，年老的怕就一时改不了，我希望老一辈子的要这么想：你们在海外辛辛苦苦的工作，总要把两国间关系搞好才对，不要因为一部分侨胞欺负了人家而竟影响到两国之间的关系。当然，这是双方面都有关系的事，我们尊重他们，他们也会尊重我们，这事要我们先做，好的事我们要先做，坏的事情我们不做，这样子我们就会把关系搞好起来，才会得到印尼人民对我们的国家的好感，印尼政府也才会照顾我们的正当权益。”“希望侨胞好好的工作，并把双方关系搞好，这对于国家的和平政策以至于合作友好的政策都会有所帮助，海外每个侨胞的行动，是都会关系到国家的荣誉和利益的，所以我们不能看轻自己，中国的国际地位愈高，我们就更不要轻视自己，同时也要格外小心，鼓励自己少犯错误或者最好是不犯错误。华侨能把工作做好，关系搞好，自己人之间才会团结一致。”①4 月 27 日，周恩来在中国驻印尼使馆接见华侨代表，再次诚恳地指出：“希望诸位在海外要注意团结，不仅要团结侨胞，还要跟所在国家的人民团结在一起，跟他们友好相处。”“要得到人家尊重，首先要尊重人家。”“每个国家和民族都有自己的优点和长处。我们要善于学习。要提倡互相学习，互相尊重。如果发生了一些困难和纠纷，我们应该首先批评自己，这样就会更加团结，就会得到所在国政府和人民的尊重。”②

在此期间，周恩来收到印尼安塔拉通讯社和一些印尼报纸提出的问题。4 月 28 日，他针对这些问题用书面一并答复。其中有记者问：周总理认为应该怎样来开展印度尼西亚和中国之间的友好关系？周恩来的答复中表示：最近我们两国之间又签订了关于双重国籍的条约，解决了这

① 王棠编著：《侨务春秋》，第 48、49 页。

② 中共中央文献研究室编：《周恩来年谱（1949—1976）》上卷，第 473 页。

一个旧时代遗留下来的困难问题。我们两国之间的关系是以互相尊重领土主权、互不侵犯、互不干涉内政、平等互利的原则为基础和平相处的。我认为中国和印度尼西亚的国土相近，两国的资源丰富，只要我们坚持以上的原则，我们在经济上、文化上的互相帮助、互相学习的可能性是无限广大的。从周恩来的回答可以看出，双重国籍问题是在和平共处五项原则的大框架下解决的。

当有媒体提问：《中华人民共和国和印度尼西亚共和国关于双重国籍问题的条约》签字以后，周总理对于在印度尼西亚的华侨有什么话要讲？周恩来回答说：

我希望关于双重国籍问题的条约在两国批准以后，能够顺利执行，希望现在仍然具有双重国籍的人能够在规定的期限内选定他们的国籍。

我希望凡是保留了中华人民共和国国籍的人，都能遵守印度尼西亚共和国的法律，和印度尼西亚人民友好相处。

我希望凡是保留了印度尼西亚共和国国籍的人都要对印度尼西亚国家忠诚，对印度尼西亚人民热爱。

我希望无论是保留了中华人民共和国或保留了印度尼西亚共和国国籍的人们，都能互相尊重、互相亲爱，为促进我们两国之间的友好关系而努力。①

以上可以简称周恩来关于印尼华侨履行取消双重国籍条约的“四点希望”。当然对于印尼政府来说，还属于一厢情愿，条约签订后，印尼方面并未认真履行，排华运动并未停止。当然，这需要另当别论。

1956 年 11 月 20 日，在接见越南华侨代表时，周恩来又说：“人家也都当你是中国人看待，我们的行动都与国家有关，如一人做不好，人家就说中国人不好，所以大家要努力、慎重。”“我们态度有些不好，

① 《周总理答印度尼西亚记者问》，《人民日报》1955 年 4 月 29 日，第 1 版。

人家就会感到头痛。这是我们每天都要警惕的，不要犯这个错误。”[①]21日，周恩来与贺龙来到河内中华中学参观，该校是50年前孙中山来越南向华侨宣传革命时创办的。当日，有700多名学生、老师和家长以及从海防赶来的华侨中学的代表。在热烈的掌声中，周恩来向学生们讲话。他说，越南人民有很多长处，值得我们学习。他要求学生们和教员们都要学习越南的语文和关于越南的各种知识。他还说，华侨的教育既要联系中国的实际，也要联系侨居国的实际。所有的华侨，包括华侨学校的教员和学生都要很好地尊重侨居国的法律制度和风俗习惯。他赞扬越南人民勤劳、朴素、艰苦奋斗的作风，并且勉励华侨学生和教员在生活方面要和越南人民共甘苦。华侨学生代表接着讲话，表示一定要听从周恩来总理的嘱咐，并且要求周恩来总理把他们的问候转达给毛泽东主席。[②]

在文化方面，周恩来主张中外文化融合。他倡导华侨学习居住国的语言文字。华侨报纸除汉文外，还要有当地语言的版面；华侨学校除教中文外，还要将当地语种作为必修课。这样才能有益于文化交流和感情交流。周恩来访问缅甸和柬埔寨时，反复要求华侨要学习当地语言，把当地语言当作必修课。周恩来还对缅甸华侨举了一个有意义的例子：有一次他和缅甸吴巴瑞总理夫妇一起去芒市的路上，吴夫人对周恩来说，她一定要学会中国话，以便在访问中国的时候说几句中国话。周恩来说，她这话把我将住了，我下次到缅甸访问的时候，一定要说几句缅甸话才成。引来华侨们的掌声和笑声。

1957年12月30日，周恩来在全国人大常委会第八十九次会议上的讲话提出：“华侨子弟学校必须要以所在国的语文成为主要课，因为绝大多数人总是留在那个地方，总是在那个地方生活，你不学那个地方的语

① 王棠编著:《侨务春秋》，第49页。

② 《周总理和贺龙副总理参观河内中华中学》，《人民日报》1956年11月22日，第1版。

言，怎么行？在那个地方参加人家的建设，应该学人家的话，应该以所在国家的语文为主，教科书也以所在国编制的教科书为主，汉语教科书为副，这样才恰当。”在“文化大革命”期间，周恩来接见“中侨委”两派群众代表时仍严肃地表示：“国外的华侨学校，学汉文，不学当地文，这是保守思想。华侨不懂当地话，这种保守思想不能原谅。”[①]海外华人只有与当地民族有机地融合在一起，才能长期生存下去；而这种融合犹如水乳交融，是方方面面的融合。周恩来以上一系列论述被实践证明是符合实际的。

（八）侨领侨商的贴心人

周恩来作为一个大国国家总理，第一代中共中央领导集体的重要成员，日夜操劳党和国家大事，他才华横溢，殚精竭虑；但他又是一位细致入微的人，对于处理日常琐碎小事滴水不漏，其中体现在与归侨交往的方方面面。

1. 与侨领陈嘉庚的深情厚谊

新中国建立后，周恩来长期担任政务院（后为国务院）总理，为擘画新中国建设大业日理万机，呕心沥血；归国侨领陈嘉庚曾担任中央人民政府委员、全国政协常委、全国侨联主席、全国政协副主席、华东行政委员会副主席等领导职务，为建设新中国参政议政，贡献智慧。他们在共同致力于新中国建设大业中进行深入交往，并建立了深厚的友谊。

1950 年春，陈嘉庚回新加坡处理事务。8 月，回北京参加政协一届二次会议。会议期间，陈嘉庚曾向周恩来表示，自己不懂政治，不会做政府工作，不能有所贡献。周恩来则恳切地对陈嘉庚说：今后我们国家要进行社会主义建设，需要外汇资金，希望陈号召华侨多寄汇款，帮助祖国建设，这就是最好的贡献。陈接受了周恩来的真诚建议，留在中央

---

① 王棠编著:《侨务春秋》，第 40 页。

政府任职，并决心以身作则，发动华侨、归侨、侨眷支援祖国建设。周恩来劝陈嘉庚定居北京，而陈心里惦记着被台湾国民党军飞机炸坏的由自己早年亲手创办的厦门集美学村及厦门大学的修复，婉言谢绝了周恩来的好意，于9月5日返回家乡厦门集美定居。

修复被轰炸破坏的集美学校校舍和扩建厦门大学，需要大笔资金。陈嘉庚决定不给国家增加负担，不要国家出资，而是自己出一部分资金并向海外亲友筹集一部分资金。他遂托人捎信给在香港集友银行（早年由陈嘉庚创办）担任经理的二儿子陈厥祥，要其汇大笔款项至厦门。不久，在多方努力下，集友银行上海分行开业，营业顺利，其利息收入作为两校的建设发展基金。1950年8月，陈嘉庚对上海集友银行的邱方坤说："我这次在北京开会，曾向周总理表示，我不懂政治，不会做政府的工作，不能有所贡献。总理说，今后我们国家要进行社会主义建设，需要外汇资金，他希望我号召华侨多寄侨汇，帮助祖国建设，这就是最好的贡献。我一定按照总理的指示去做，号召华侨多寄侨汇是我应该做的，也是我能够尽力做到的。但要号召别人多寄侨汇，先要从自己做起。我正好打算修复集美的校舍和扩大厦门大学的规模，需要很多资金，这主要靠海外亲友筹集，争取侨汇既有利于学校建设，又有利于社会主义建设，一举两得。"①1954年国家对私营工商业进行社会主义改造，集友银行业务受到影响，导致亏损。陈嘉庚对此非常着急，于1954年12月13日致函周恩来，请人民政府接办集友银行；翌年2月6日又致电催复。不久，接到周恩来复电："厦门、上海集友银行事，仍继续经营，业务上由国家银行帮助，多分配一部分侨汇与放贷业务，保证集友银行有利可图，不使亏损，多余人员可安置在国家银行。"②陈嘉庚读完电文后激动

① 童小鹏著：《风雨四十年》（第二部），第182页。

② 转引自童小鹏著：《风雨四十年》（第二部），第183页。

不已。从此，集友沪、厦银行在国家金融机构的支持下，业务蒸蒸日上，年年盈利，使集美学校的办学经费有了保障。1959 年夏，厦门遭到强台风袭击，集美校舍受损惨重。陈嘉庚察看校园后，痛心不已。正当他为修复校舍犯愁时，又收到周恩来的电报，对集美学村遭灾表示慰问，并告之国务院已拨专款 80 万元修复校舍。这笔款犹如雪中送炭，再次使陈感动不已。

陈嘉庚十分关心家乡建设。早在抗日战争时期，他亲率南洋华侨慰劳团回国慰劳考察祖国抗战情况，当从西北、华北慰劳考察结束返回家乡福建时，耳闻目睹主政福建的国民党政府官员不事家乡建设、致使家乡民生凋敝时，多次致电蒋介石予以谴责并强烈要求撤换主闽官员，蒋未理睬，其满腔热情受到冷落。新中国成立初，在 1950 年召开的政协二次会议上，陈嘉庚针对福建全省无铁路、交通落后的状况，提议在福建修建铁路。此提议得到中央的重视，但因抗美援朝战争爆发暂时难以实施。后来，陈几次为此写信给毛泽东、周恩来。周恩来对陈的提议一直放在心上，曾多次为福建铁路选线等问题与陈嘉庚交换意见。1953 年 2 月的一天，周恩来到陈嘉庚的寓所探望，两人交流了对形势问题及集美学校问题的看法，陈向总理反映福建落后，主张发展工业，再次提出修建铁路问题。总理条分缕析，一一作了明确的表态和说明。陈嘉庚听后非常高兴，事后对身边的人说：“总理确实伟大、谦虚，我没有次序地什么都讲，他不插话，耐心地等我说完。我一共讲了多少问题连自己也记不得，还是总理最后替我扼要地一个不漏地归纳成几个问题，并作明确的答复。”① 据陈嘉庚的秘书回忆：“嘉庚先生每次到北京，必去找周总理等国家领导人，谈述修建福建铁路的问题。嘉庚先生每次到北京，周总理必先到嘉庚先生北京寓所探望，陈先生深感不安。有次赴京途中，

---

① 张楚琨：《周恩来与陈嘉庚》，载《张楚琨诗文选》，第 31 页。

陈先生说，这次到北京后一定先去拜会总理。谁知，嘉庚先生一到北京寓所，电话铃就响了，说周总理的车已在途中了。”① 从中可见两人的交往在礼节上的细微之处。

1953 年 7 月 20 日，周恩来致函华东行政委员会转福建、厦门两级政府转陈嘉庚说：来电阅悉。中央铁道部经过一年来搜集资料，曾对此线（即福建省铁路线——笔者注）提出过三个方案。经反复研究，以采用第三方案较好。好处是：“第一，建筑里程短，沿线地形工程难处较少。”“第二，从发展经济上看，对照顾发展福建省的林业、煤、铁及轻工业、农业方面较广。”“第三，从铁路事业发展方面看，此线建成后，可逐步向福州、潮汕、赣州等发展”；“从运输上看，由厦门至上海，至南昌均较第一、二方案近”。所以，“拟采用第三方案，并非单纯为节省经费而变更”。② 并为此征询陈的意见。该方案定下后，鹰厦铁路大军日夜奋战，于 1956 年提前一年竣工通车，改变了福建没有铁路的历史，对后来福建省经济建设的恢复发展起到了重要的作用。鹰厦铁路的修筑，渗透着周恩来与陈嘉庚深切交往的友谊。

1955 年初，台湾国民党飞机轰炸福州市，炸毁店堂住宅 4000 多间。陈嘉庚又致电周恩来，要求重新规划重建福州市。周恩来采纳了陈的废木屋建新式街巷的建议，在废墟上重建福州新市区。

回国定居后，陈嘉庚几次到全国各地考察参观，每到一地看到好的地方和不尽如人意之处，就写报告给周恩来，建议推广好的经验，改正不好的地方。周恩来对于陈嘉庚反映的情况，总是认真对待、细心处理，

---

① 林沙：《陈嘉庚与鹰厦铁路》，载《回忆陈嘉庚文选》，中央文献出版社 2001 年版，第 195 页。

② 中共中央文献研究室编：《周恩来年谱（1949—1976）》上卷，第 315 页。第三方案即自鹰潭起，经资溪、光泽、邵武、永安、漳平、龙溪，跨集美海峡至厦门市，全长 820 公里。即现在的鹰厦铁路。

常常亲自执笔回信。应推广学习的，立即安排有关部门采取措施落实；应当纠正的，马上指示相关部门处理。因此，陈嘉庚遇到问题总是愿意直接向周总理反映。1955 年 8 月 2 日，陈嘉庚开始了祖国万里行，先后赴东北、华北、西北、中南 16 个省、市、自治区参观考察，北至新疆，南至海南岛，行程二万五千多里，相当于当年中央红军长征的路程。临行前，周恩来接见陈嘉庚及身边的工作人员。总理对陈嘉庚说："陈先生访问十六省市自治区确是壮举，祖国正在突飞猛进，先生对工业是内行，多提意见。海南岛种植橡胶还有很多问题，先生是世界橡胶界的著名开拓者和经营者，必有好意见和好办法。"接着，周总理叮嘱随行人员："要好好照顾嘉庚先生。写写日记，多做记录。"①

长达五个多月的考察活动，陈嘉庚不顾辛苦疲劳，认真执行总理的指示，忠实履行政协常委参政议政的职责。他考察认真仔细，不断给毛泽东、周恩来及全国人大常委会写信报告见闻，反映问题，提出 15 项重大提案建议，其中对海南岛橡胶业提出一整套建议。考察结束后，身边工作人员将考察见闻整理成一篇《伟大祖国的伟大建设》的文章，由中国新闻社在国内外发表。陈嘉庚提出的 15 项建议，尚无资料披露周恩来是怎么具体对待和落实的。但从陈嘉庚对身边工作人员的谈话，可以间接反映出其中的情况，陈说："总理知人，理解人、体贴人，使我永远感激……我在祖国万里行提出十五项建议，凡是写信给总理的，都一一有着落。总理真是于细微处见精神！"② 这几句话有两层含义：一是说周恩来总理关怀体贴归侨；二是反映他信任和重用归侨。这正是周恩来关心归侨的真实写照。

除了国家建设外，周恩来和陈嘉庚对于解放台湾、祖国统一大业问

① 张楚琨：《周恩来与陈嘉庚》，《张楚琨诗文选》，第 32 页。

② 《张楚琨诗文选》，第 37 页。

题有着共同的心愿和默契的共识。1956 年 6 月 28 日，周恩来在一届全国人大三次会议上作报告指出：我国政府曾经再三指出：中国人民解放台湾有两种可能的方式，即战争的方式和和平的方式。“我们重视海外广大的爱国侨胞在推动和平解放台湾的事业中所发挥的积极作用。我们希望曾经或者还在对祖国采取对立态度的少数海外华侨，认清是非，省察大势，跟广大的爱国侨胞站在一起，为促进和平解放台湾的爱国事业作出贡献。”“祖国的大门对于所有的爱国分子都永远是敞开着的。任何一个中国人对于祖国统一的神圣事业都有权利和义务作出自己的贡献。”[①] 陈嘉庚坚决响应周恩来的号召。在讨论周总理报告的座谈会上，他指出：国外广大华侨，包括许多国民党员在内，都是爱国的，只有少数华侨由于不了解祖国的实际情况，曾经或者还在对祖国政府采取敌对态度。我们希望他们能认清是非，发挥爱祖国、爱家乡的热忱，跟广大爱国侨胞站在一起，积极为促进和平解放台湾，从而完成祖国统一的事业而努力。同年，根据周恩来的指示，由廖承志筹备成立中华全国归国华侨联合会，由陈嘉庚出任主席。10 月 5 日，“全国侨联”成立，陈致开幕词说：“当前归国华侨联合会应该更广泛地团结组织归侨、侨眷和华侨，加强社会主义教育，进一步鼓励并帮助他们参加祖国建设事业。爱国华侨对于推动和平解放台湾的事业，应该和祖国人民一道，担负起应负的责任。”[②]1961 年 3 月，陈嘉庚临终前留下三条遗嘱，其中一条就是解放台湾问题。

陈嘉庚秉性耿直，对于事关国家建设或外交大事有不同看法，能够直言不讳地提出。他曾公开批评苏联的大国沙文主义，对于“一边倒”政策提出不同看法。经周恩来耐心阐明外交形势及当时各种关系后，陈

① 周恩来：《关于我国外交政策和解放台湾问题》（1956 年 6 月 28 日），中共中央文献研究室编：《建国以来重要文献选编》第八册，中央文献出版社，第 398、402 页。

② 《张楚琨诗文选》，第 33 页

识大体、顾大局，表示服从中央的决定，保留自己的意见。他曾写信给周总理，指出在首都和上海设立“苏联展览馆”有损民族尊严。后来这两个馆分别改为“北京展览馆”和“上海展览馆”。[①]他还对当时的“大跃进”中虚报粮食产量及大炼钢铁等脱离实际的做法向周总理提出不同看法。

周恩来与陈嘉庚不但在共同致力于国家建设上结为知己，而且在日常工作生活中，周恩来对陈嘉庚予以无微不至的关心，成为至交。1952年，新华社福建分社给总社一封电报中说，美蒋特务最近阴谋策划谋害陈嘉庚，以嫁祸于我，破坏大陆的“五反”运动。毛泽东阅后批示：周总理：请指示福建当局加强对陈嘉庚的保护工作，或劝陈来京，如何，请酌处。周恩来立即按毛泽东的指示作了布置，他再次邀请陈嘉庚来北京定居，但陈为集美学校和厦门大学的建设，再次谢绝了周的好意。周恩来遂专门指令福建省和厦门市政府要绝对保证嘉老的安全，并指示派驻军协助。

1952年，集美学校和厦门大学两校都在建设中，当时，集美海堤还未修建，陈嘉庚每天都要乘坐油船来回两个工地督促检查，对年近八十的老人来说，既不方便又不安全。周恩来得知后，指示国务院机关事务管理局拨一艘电动交通艇和一辆小轿车给陈。陈考虑到当时国家还很困难，坚持不要，经人劝说，陈才收下小轿车。

20世纪50年代后期，陈嘉庚患眼疾住进上海华东医院。周恩来知道后，亲自到医院看望。1959年，在周恩来的关照下，陈嘉庚来京治病，周为陈选择了圆恩寺一座清静舒适的四合院，很适合养病。

同样，重病中的陈嘉庚也念念不忘周总理。1960年4月，住在北京

---

① 张楚琨：《陈嘉庚光辉的一生》，载《华侨领袖陈嘉庚》，中央文献出版社2001年版，第28—29页。

医院的陈嘉庚得知周总理要到印度与尼赫鲁谈判，当时中印关系剑拔弩张，遂给总理写信表示担心安全问题；并给毛泽东写信，建议电告印度政府要求确保周总理的安全。临出国前一天晚上，周总理在百忙中抽时间看望嘉老，请他安心静养和治疗，并解释和安慰说："中印问题必须解决，尼赫鲁估计我们不会前往，以便借口说是我们毫无诚意解决边界问题，我们去了，使他被动，主动权就在我们这边。当然出门多少是会有危险，但为国家做事，也顾不了个人的一切，预料大乱子是不会的……"又说："嘉老给毛主席的信，都看到了，承嘉老的关心，非常感激……"陈嘉庚表示理解，但一再叮咛总理多加小心，注意防范。① 可见两人的相互关心及深厚感情。

1961 年 3 月，陈嘉庚因患脑溢血病危，周恩来到寓所探视，指示在场的医护人员采取一切措施抢救和精心护理，并关切地询问陈身边的庄明理："嘉老病前有什么交代吗？"庄向总理汇报了陈这次生病前交代他的几件事：一、死后希望运回集美安葬。二、人总要死，死不要紧，最要紧的是国家前途。国民党过去做尽坏事，现在逃到台湾去了，还在捣乱，我们应当尽早解放台湾，台湾必须回归祖国。三、集美学校一定要继续办下去。香港集友银行是集美学校的校产，每年都有股息和红利。厦门、上海两所集友银行也是校产，它们赚钱不多，只要不亏本就可以，学校要继续办下去。周恩来听完汇报后，当即按陈的心愿相应作了三条指示。② 当陈嘉庚苏醒、庄明理将周恩来的指示告诉他时，老人平时冷峻的脸上露出一丝宽慰的笑容。6 月 23 日，陈嘉庚病情严重恶化，周恩来闻讯再来探望，陈双眼紧闭，不能说话。周恩来召来负责为陈治疗的医务人员，指示他们全力抢救。

---

① 张其华：《陈嘉庚先生在最后的日子里》，载《回忆陈嘉庚文选》，第 225 页。

② 黄顺通、刘正英：《陈嘉庚与周恩来》，载《华侨领袖陈嘉庚》，第 100 页。

8 月 12 日，陈嘉庚在北京逝世，享年 88 岁。中央成立“陈嘉庚先生治丧委员会”，周恩来亲自担任主任委员。他看到老人的脸上因癌病侵蚀而变形，特请来整容专家精心整容。14 日，周恩来前往北京医院，亲视陈嘉庚遗体入殓。15 日，首都各界隆重举行陈嘉庚公祭大会，周恩来为主祭人并送花圈，送花圈的还有毛泽东、刘少奇、朱德、宋庆龄、董必武等党和国家领导人。周恩来亲自护送灵柩上灵车，出殡时，他和朱德两人亲自为陈嘉庚执绋起灵。至此，周恩来与陈嘉庚长达 21 年的深切交往、深厚友谊画上了句号。

陈嘉庚生前曾想建造一所房屋供海外归来的子孙居住，但因“集美故乡规划未完成，不能先私后公”而一直没有兴建。周恩来怀着对嘉庚老人深深的敬意，也为了实现老人的遗愿，指示有关部门拨出专款，在陈嘉庚逝世的第二年，在其陵墓鳌园的斜对面修建一座“归来堂”，供海外赤子归来居住。

由于时代的发展、前进及奋斗目标的变化，与民主革命时期不同，新中国建立后周恩来与陈嘉庚 12 年间的交往，主要是共同致力于新中国建设事业。交往的内容主要为恢复和发展国民经济，以及内政外交等重大事项；交往的形式主要为面对面的交流沟通，以及书信和电函等。由于所处地位和思考问题的角度不同，周恩来考虑的主要是党和国家带有全局性的问题，而陈嘉庚侧重关心的是家乡的建设和发展，即改变家乡的落后面貌问题。与此同时，他们在共同致力于国家建设发展中，又加深了私人间的交情和友谊，成为知心朋友。如今两位领袖人物已故，但后人从两者交往中可以得到回味无穷的启迪。

2. 关心体贴司徒美堂老人

如前所述，早在抗战时期周恩来与司徒美堂相会于雾都重庆，解放战争初期再会于故都南京，彼此留下很深的印象。新中国成立时，司徒美堂应邀代表美洲华侨不远万里回国参与创建新中国的大业。新中国成立后，司徒美堂像早年支持孙中山的辛亥革命一样，“功成身退”，他对身边的秘书司徒丙鹤说：“辛亥革命后孙中山叫我做官，我没做。现在大会已经开完，我也要回香港、美国去了。”他把此意反映给周恩来，周安排人极力挽留，并转达说：这不过是万里长征迈出的第一步，国家的战争创伤很重，要大家同心协力，恢复经济，发展生产，改善人民生活。[①] 在周恩来的挽留下，司徒美堂最终选择留在国内作为自己的归宿，在有关部门安排下，老人在西邻紫禁城的北池子简子河边 83 号一座宁静的老式四合院安居下来，担任中央人民政府委员的职务，以老年之身力所能及地从事政府的工作和各种社会活动。待司徒美堂安顿下来后，周恩来和朱德曾亲自前往住宅看望老人。

司徒美堂归国时已 80 多岁，年老足跛，政协开会时，行走不便，而轿车又不能开到中南海大殿堂门口。周恩来便指示大会秘书处为其特制类似轿子的藤椅，由工作人员抬着去开会。有人称这种待遇叫作“特赐金銮殿乘舆”。美堂老人深为感激，并表示受之有愧。北京的冬天寒冷，司徒美堂匆忙归国衣服不足。周恩来派人带老人到前门大栅栏瑞蚨祥，为其特制一件名贵的水獭领子狍毛大衣。周恩来的关怀，司徒美堂深以为殊荣。老人去世后，其家人把这件大衣转送给秘书司徒丙鹤，作为当秘书的纪念。“文化大革命”期间，司徒丙鹤被抄家，此大衣秘藏于他在《工人日报》工作的儿子那里保管，得以保留下来，后来辗转送到广东开平司徒美堂纪念馆，作为革命文物传于后世。[②]

在日常工作和交往中，周恩来对司徒美堂提议的事情或提出的要求，十分重视并尽可能满足。1951 年 2 月 7 日，司徒美堂收到家乡一封来电，称他的侄儿司徒程南从香港返抵广州时即被拘押。得到消息，老人非常

① 司徒丙鹤：《美堂老人的“烈士暮年”》，中国致公党中央委员会编：《司徒美堂》，中国致公出版社 2003 年版，第 274 页。

② 司徒丙鹤：《美堂老人的“烈士暮年”》，中国致公党中央委员会编：《司徒美堂》，第 278 页。

着急，认为侄儿在抗日战争时当过乡长，尽了守土安民的职责；新中国成立前又帮助过共产党，怎么说也应该作为开明士绅对待。司徒程南与美堂老人私交不浅，1947 年老人在香港被国民党特务紧紧跟踪，处境危险，生活困难，侄儿曾在经济上资助过老人。现在侄儿被拘押，老人十分担忧，情绪激动、急躁。因此，他上书周总理，力保司徒程南，并当面陈述意见。周总理对司徒美堂提出的问题很重视，派秘书向司徒美堂的秘书司徒丙鹤表示，这个事情要研究研究。美堂老人出面保一个人，不是件小事。侄儿出事促使美堂老人决心南下，同时亲自考察作为粤中侨乡老家的土地改革情况。1951 年 2 月底，司徒美堂以中央人民政府委员身份，上书毛泽东主席、周恩来总理，要求南下考察土改。中央认为通过司徒美堂在舆论上支持土改，可以教育华侨过好“反封建”这一关，于是同意了老人的要求。中央还电告华南分局第一书记叶剑英，让他调查处理司徒程南一事。临行前，周恩来叮嘱司徒丙鹤：要好好帮助美老工作。司徒美堂在广东停留了 100 天，5 月底返回北京，出席了政协会议，向毛泽东和周恩来陈述了自己的观感。不久由秘书司徒丙鹤将此行写成《粤中侨乡土地改革前后》的长篇报道在《光明日报》上连载，接着成书出版。为了表示支持土改，司徒美堂将此书广泛地邮寄给海外的亲朋好友。回京后，老人念念不忘侄儿司徒程南的事，并写信给叶剑英力保。后来，司徒程南获得释放，使老人放下一块心病。

周恩来对于司徒美堂的关心不但体现于生前，还体现于逝后丧事的妥善安排。1955 年 4 月中旬，周恩来正在印尼参加亚非会议。司徒美堂非常关注中国代表团尤其是周恩来的安危和在会议上的表现。原来，4 月间亚非会议要在万隆开幕，周恩来总理率领中国代表团出席，其先遣人员 11 人，在香港启德机场乘坐“克什米尔公主号”的专机起飞后，飞机被国民党特务安装的炸弹炸毁坠入大海，先遣人员全部遇难，国内外舆论哗然，一致谴责台湾国民党特务的暴行。起初，司徒美堂异常焦虑周总理的安全，心中极为不安；后来得知他另乘飞机绕过香港，幸免于难，老人一颗悬着的心才放下。万隆会议期间，周恩来施展外交才华，团结各国首脑，圆满完成任务，最终发表万隆会议公报，会议取得重大成果。司徒美堂每天都在关注着周总理的行踪和消息。5 月 5 日晚饭过后，司徒美堂和秘书司徒丙鹤在京寓所谈论万隆会议的新闻，并阅读《参考消息》。由于报纸量大，美堂老人拿着放大镜，回到床上继续看一阵后才睡觉。不料到了凌晨，老人鼻子突然出血，陷入昏迷状态。急请北京医院大夫诊治，连卫生部长傅连暲也亲自上门诊治。经确诊为脑溢血，不能移动，遂在寓所大厅安置了病床。连续抢救四日未见起色，5 月 8 日晚 20 时老人与世长辞，享年 89 岁。

刚从印尼回到北京的周恩来，闻讯立即赶到司徒美堂的寓所与老人作最后的告别。周总理当场指示华侨事务委员会的廖承志、方方及美堂老人的生前友好陈其瑗、陈其尤等，组织成立司徒美堂先生治丧委员会并安排有关治丧事宜。9 日上午，司徒美堂灵柩移到中山公园中山堂入殓。灵前摆放着毛泽东、朱德、刘少奇、周恩来等党和国家领导人敬献的花圈。周恩来、陈云、邓小平等亲视合殓。10 日上午，首都各界人民在中山堂公祭司徒美堂老人，公祭大会由周恩来主持，廖承志致悼词，陈其瑗介绍其生平事迹。各党派团体负责人及亲友 700 多人参加公祭。公祭后起灵，周恩来、林伯渠等人执绋。13 时，司徒美堂的遗体在八宝山公墓安葬。公祭仪式隆重肃穆，体现了党和国家对这位“洪门元老，一生爱国”老人的最高褒扬，也可看出周恩来对司徒美堂的关心、体贴。

3. 与庄希泉、李光前等真诚交往

周恩来和庄希泉早在大革命时期就有过秘密联系但没有见面。庄希泉早年跟随孙中山革命，加入中国同盟会。和侨领陈嘉庚既是同乡，又是同时代的侨领，关系甚笃。大革命时期，庄希泉因从事反对日本侵略活动，在台湾被捕入狱，出狱后辗转回到福州，与已是中共党员的妻子

余佩皋重逢。这时蒋介石正阴谋酝酿发动反革命政变，白色恐怖的气氛笼罩各地。警惕性很高的周恩来派共产党员林云影（曾是庄希泉筹办厦南女学的教师）送信给庄希泉、余佩皋等，提示其防范。果然，不久即爆发了四一二事变，庄希泉夫妇等因有所防范而得以脱险。1941 年 12 月，日本发动太平洋战争，随即占领香港，大肆搜捕“敌性人物”。中共南方局书记周恩来策划并指导粤港地下党对在港的大批民主人士和知名文化人士进行秘密大营救，庄希泉也在被营救者中。但因他正忙于完成一项任务，没有随大队撤离，稍后和几个朋友一起秘密转移。虽然没有见过面，但庄希泉对周恩来及中共组织甚是感念。

1948 年底，庄希泉由新加坡来到香港，住在老朋友张兆汉（时任中共华南分局直属福建特支书记、香港工商委员）家里，其间，他与中共香港分局书记，负责联络华侨、开展统战工作的饶彰风来往密切。某日，饶彰风约见庄希泉表示，新中国成立在即，中共中央准备成立一个负责华侨事务的专门机构，领导海内外侨胞参与新中国建设和革命斗争，届时拟邀请在海内外深孚众望的侨领陈嘉庚担纲此项工作，并委托庄希泉作为特使前往新加坡面邀陈嘉庚。庄希泉闻言，对中共的信任和委托感到十分兴奋和惊喜，随即愉快地接受任务。但他不知道，安排指定他为中共特使赴新加坡面邀陈嘉庚的正是中共领导人周恩来。原来，毛泽东、周恩来等中央领导人筹备新政协、筹建新中国的时候，就考虑要有华侨代表参加，而陈嘉庚大力支援祖国抗战及其在解放战争中的鲜明态度和作出的特殊贡献，作为华侨代表参与建国大业，其地位无可替代。为促成陈嘉庚北上，中央决定选派一位党内和陈嘉庚均信得过的人作为特使，专程前往新加坡面邀陈嘉庚。派谁去合适呢？中共香港地下党组织向中央推荐了庄希泉。周恩来虽未与庄希泉见过面，但他深知庄一贯致力于民主和革命，政治性很强，可以胜任这项特殊的任务，便同意中共香港党组织的建议，遂由饶彰风向庄转达了中央的意见。事实表明，庄希泉不辱使命，出色地完成了任务。

当庄希泉接受并出色地完成代表中共中央邀请陈嘉庚回国参加建立新中国的重要任务后，他自己也辗转从新加坡经香港、上海来到北京，与周恩来首次见面，并在周总理领导的政务院下设的华侨事务委员会任生产救济司司长、难侨处理委员会主任、华侨事务委员会副主任等职，有幸在周恩来的直接领导下工作。以上便是周恩来与庄希泉间接或直接交往的情况。

1965 年 4 月，华侨事务委员会在北京迎来一位重要的南洋客人——李光前。他是福建泉州南安人，是陈嘉庚的爱婿，新马商界巨子，世界十大华人富商之一，也是一位有名的慈善家和社会活动家。李光前因身体欠佳，这次来京本是治病访友的，却没想到在老友庄希泉的引荐下，受到日理万机的周恩来的接见。5 月 1 日，周恩来在人民大会堂亲切接见李光前夫妇。庄希泉、廖承志、方方等归侨人士和侨界领导陪同接见。交谈中，庄希泉和廖承志简要介绍了李光前的爱国义举和维护侨胞利益等情况。周恩来边听边点头，高度赞扬李光前爱国爱乡义举，语重心长地说道："凡是为祖国作过贡献的华侨，祖国和人民是永远不会忘记的。"又说："嘉庚先生、光前先生翁婿的爱国壮举，是一段千秋佳话呀！"[①] 会谈中，周恩来提出华侨要克服大国沙文主义思想，他循循善诱地说："新、马的华侨要克服大国沙文主义思想，把马来族（MALAY）译成巫族是不恰当的，是轻视当地民族。侨委要检查，把一些不尊重当地民族的用词如'番人'、'番鬼'等取消，否则会造成种族隔阂。这是殖民主义思想，也容易为殖民主义者利用来挑起种族的隔阂。中国人有劳动习惯，劳动力较强，也懂得手工业，手工技术比当地人稍微先进一些，于是就在当地生活下去了。但他们带有浓厚的民族情绪，有自高自大思想；

---

① 萧易：《春雨润物细无声——记周恩来与庄希泉》，载《福建党史月刊》2008 年第 1 期。

虽然也受帝国主义、封建主义的压迫，但思想觉悟不高。由于语言、风俗、习惯同当地人不同，帝国主义常以此进行挑拨。现在祖国解放了，革命成功了。许多华侨参加当地国籍，在那里安居乐业，人数也很多，必须克服大国沙文主义思想。”[①] 整个会见气氛热烈。随后宾主一起在松竹梅大幅屏风前合影留念——李光前夫妇分列周恩来两旁，庄希泉等陪同左右，留下一张永久而珍贵的照片。在和李光前握别时，周恩来两三叮嘱：“既来之，则安之，国内有不少优秀专家，相信能尽快地为光前先生治好病。”[②] 李光前夫妇对周恩来的关心表示感谢。

归途中，庄希泉告诉李光前：“总理大公无私，每日工作十四五个小时以上，公忠体国，勤政为民，他是国家的柱石，德高望重，前无古人。”言语中表露出对周恩来的无比崇敬之情。李光前也深深地仰慕周恩来的风采，由衷地感慨：“祖国有总理这样的领袖，复兴有期啊！”[③]

（九）信任重用爱护归国学子

前面已经介绍，新中国建立后，周恩来大智大勇，以高超的智慧从西方发达国家争取大批才华横溢的中国学子回到祖国怀抱，其中有些属于华侨知识分子，有些属于留学人员，有些属于旅居国外的学者，他们回国后，周恩来在工作上充分信任重用他们，在生活上无微不至地关怀他们。

李四光回国后，为报答党和政府及周恩来总理的期望，忘我地投入工作，为我国的地质事业呕心沥血，贡献所有才智，但他的身体每况愈下。周恩来时时刻刻都在关心李四光的身体，甚至胜过自己和家人。

1957 年初，李四光被检查患有肾病，组织上安排他到杭州疗养。3

---

① 《周恩来同志在接见李光前、李引桐时的谈话》（1965 年 5 月 3 日），国务院侨办干部学校编：《论中国侨务》（2010 年版），第 70—71 页。

② 萧易：《春雨润物细无声——记周恩来与庄希泉》，载《福建党史月刊》2008 年第 1 期。

③ 萧易：《春雨润物细无声——记周恩来与庄希泉》，载《福建党史月刊》2008 年第 1 期。

月的一天早饭后，春光明媚，李四光夫妇正在院子里散步。突然，一辆小汽车来到门口戛然而止，一个熟悉的身影走下车，他们定睛一看是周恩来总理，喜出望外。原来，周总理陪外宾到杭州参观，忙完公事后，便向当地交际处要了一辆车，甩掉警卫独自来看望李四光。他们攀谈了两个多小时，谈身体，谈地质，谈形势，谈思想。在这次谈话中，周恩来有意识地向李四光提出是否有加入中共党组织的想法，李四光则坦诚地谈了自己的思想情况。中午时分，李夫人想请总理吃饭，但秘书来找，说有要事请总理回去处理。总理只得匆匆离去，临走时，还抱起他们四岁的小孙女在脸颊上亲了亲，并笑着对李四光夫妻说：你们二位只有一个女儿，你们的女儿也只有一个女儿。总理的举止和话语，勾起李四光夫妇难以平静的心情——总理和邓大姐把自己的一切都献给了革命事业，虽没有一个亲生子女，但全中国的儿童青年都是他们的孩子。也就是在这次谈话中，李四光增添了勇气，暗暗下定了加入中国共产党的决心。

杭州见面不久，李四光因病住院，初步诊断为恶性肿瘤，需要动手术，他心情沉闷。就在这时，一个穿着白大褂的熟悉身影走进病房。李四光一看，是周总理来了。总理关切地询问病情，让他安心治疗，好好养病，一阵聊天，使李四光的心情由阴转晴。周总理临告别时，对站在旁边的李四光的女儿李林声音不大但十分严肃地说道：党交给你一个很重要的任务，一定要好好照顾你父亲的身体。

就在手术的前一天，李四光的病床边又出现了周恩来的身影。总理鼓励他一定会战胜疾病的，这给李四光增添了无尽的勇气、力量和信心。事后才知道，周总理这次来医院亲自审阅了手术方案，详细询问了手术中可能发生的一切情况和处理方法，最后才批准了手术方案。对此，李四光铭记在心。手术后，周总理熟悉的身影第三次出现在李四光的眼前。这次交谈中，李四光郑重地向总理提出入党问题。总理深表赞许并建议他是否请董老（即董必武）作他的入党介绍人。因为总理知悉他们是老相识，且董老最了解李四光；而李四光对总理如此关怀和了解自己深深感动。

1958年12月22日，李四光加入了中国共产党。他激动地表示："我入党了，这是我一生中最愉快不过的事情！我活了70岁，到现在才找到了归宿。"入党后，李四光全身心投入工作，为国家的地质事业作出了杰出的贡献。1964年12月20日，周恩来总理在第三届全国人民代表大会第一次会议上作政府工作报告时指出："第一个五年计划建设起来的大庆油田，是根据我国地质专家独创的石油地质理论进行勘探而发现的。"① 李四光作为人大代表参加会议，听到周总理给予的崇高评价，热泪盈眶。

1965年2月19日，北京医院给李四光体检时，确认他患有左髂骨总动脉瘤。根据他的体质情况及手术的风险程度，医院决定采取保守治疗。周总理得知后，马上关照李四光不要太劳累了，并指示有关部门减少李的工作和事务性活动。之后，因工作脱不开，周总理几次要邓颖超代他探望李。1971年4月29日，李四光动脉瘤破裂，处于昏迷状态，病情危重。周总理得知后，指示大夫全力抢救，并亲自派两个大夫前来协助抢救，但终因病况危重而未能抢救过来。总理参加了李四光的追悼会。在那个大内乱年代，未能给李四光准备悼词，周恩来遂灵活地将李四光的女儿写给他的信作为悼词，亲自诵读。②

著名数学家华罗庚，1936年至1938年曾在英国剑桥大学做访问学者，1946年去美国著名的普林斯顿大学任教，1950年在周恩来的争取下回国到清华大学当教授，后任中科院数学所所长、中国科技大学副校长等职。周恩来对他非常关心。"文化大革命"内乱期间，华罗庚被打成所谓"反动学术权威"。当周恩来得知中国科大的"造反派"要批斗华时，

① 郑毅涛主编:《广交朋友的周恩来》，红旗出版社1996年版，第131页。

② 郑毅涛主编:《广交朋友的周恩来》，第121—122页。

立即要求科大上级出面加以劝止。当华罗庚的数学手稿在办公室被盗，周恩来辗转得知后，指示：首先要给华罗庚以保护，防止坏人害他，并追查被盗的手稿。还指示，华罗庚已不宜承受科大要求的去“五七”干校或迁外地，应以全国人大常委会委员身份留在北京。就这样，华罗庚得到了保护。不但如此，在如此非常时期，周恩来还多次指示，要华罗庚继续搞科研，并提出对他创造的现代科学管理方法——优选法和统筹法要向全国推广，直接服务于生产。华罗庚对周总理在危难时刻保护并支持他搞科研，感念不已，终生难忘。

新中国成立后回国报效的海外学人当中不乏巾帼英雄，被誉为“大地娇女”的刘恩兰就是其中的一位。刘恩兰早年毕业于金陵大学，后赴美国、英国留学，相继获得美国克拉克大学、英国牛津大学自然地理硕士、博士学位，精通几国语言，学识渊博，尤其是在自然地理学、海洋学等方面颇有造诣。新中国成立不久，她心怀报国之志，回到祖国，被周恩来推举参与组建中国科学院的工作。当时周恩来并没有见过刘恩兰，只是看了有关她的材料，慕名而推荐；刘恩兰自然也没有见过周总理，只是耳闻他是党和国家的重要领导人。刘恩兰是个急性火爆脾气的女强人，在中科院筹委会的第一次会议上，她的火爆性格即暴露无遗——嫌工作进展太缓慢，连珠炮似地向会议主持者力陈己见，甚至带有激烈偏颇的语言；而会议主持人并没有责怪她之意，一边耐心地听着，一边记录她的意见，并投以微笑鼓励的目光。待刘恩兰等人发言完后，主持人过来首先与刘恩兰握手，称赞她提的意见很好，还表示欣赏她这种火爆性格，新中国建设事业需要她。会后，有同事责备她不该以这种方式与周恩来总理说话，她这才知道主持会议的就是英名赫赫的周恩来总理。她既感到懊悔，又为周恩来那种虚怀若谷、求贤若渴的伟大气魄所感动。1954年，根据工作安排，刘恩兰调到哈尔滨军事工程学院海军系任职。在三年困难时期的 1960 年，刘恩兰这个有爱国民主思想的基督徒成为中国共产党党员。但到了“文化大革命”动乱时期，才华横溢的女强人，却被打成“反动学术权威”“里通外国分子”，遭到侮辱批斗和迫害，其身心受到极大伤害。危难时刻，传来周恩来的指示：刘恩兰是海洋界的巾帼英雄，不准批斗，她才重获人身自由。刘恩兰对周总理的关怀刻骨铭心。

周恩来重用关怀海外学人的事例不胜枚举，以上列举的只是其中有代表性的几例。

（十）情暖国内外侨胞

周恩来对归国侨胞一视同仁，不但关心归国侨领，而且十分关心普通归国侨胞，体现了平易近人的领袖风范；不但关怀体贴海外归国的科学家、高级知识分子，而且情意播撒普通的海外侨胞。

1951 年春天，一名在国外遭受帝国主义迫害的难侨回到北京，在周恩来总理亲自主持的一次政务院会议上，专门请这位难侨汇报海外华侨受迫害的情况。周恩来在百忙中认真地听取了汇报，并作了总结讲话，对华侨受迫害表示关切之情，并指示有关部门采取对策。

周总理待人热情，平易近人，给侨胞们留下深刻的印象。有一天，周总理接见几个优秀运动员，主动同其中一个女归侨运动员谈话，十分和蔼地问她什么时候回国，从什么地方回来，同国外亲人有没有联系，还问起在国外的家属现在有没有困难，等等。又有一次，一个归侨医生应邀到周总理家里吃饭，在饭后照相留念的时候，大家请周总理站在前面，他却说：今天你们是我的客人，而且你们工作很辛苦，所以你们应该站在前面，我应该站在后面。他这样平等待人，使这个归侨念念不忘。周总理在患病期间，有时看见归侨中的几位老人，总要问起他们的身体怎么样，建议他们要注意休息，很关心他们的健康。

20 世纪 50 年代，全国各地开展了轰轰烈烈的社会主义建设高潮，从南到北，由东到西，热火朝天。周恩来关心侨乡建设，赞扬广大华侨及归侨、侨眷积极支援祖国社会主义革命和建设事业。归侨、侨眷也把总理看作自己的贴心人。广东江门的台山、开平、新会、恩平四邑一带是著名的侨乡。1958 年 7 月初，周恩来冒着酷暑来到这里视察。5 日上午十时许，周恩来一行来到台山县委会议室召开座谈会，了解台山的情况。之后，周恩来又召集归侨、侨眷开座谈会，与会的 30 多位各界归侨、侨眷代表畅所欲言。周恩来耐心地听取他们的发言，并向他们讲述了国内外的形势。会间，他向县委打听 1955 年亚非会议期间曾组织许多华侨接待中国代表团的爱国归侨关崇涧的情况，并派车把他接来，亲切慰问，促膝谈心。上午，在有限的时间内，周恩来还安排访问了两户侨眷。

7 月 6 日午饭后，周恩来利用休息时间，接见新会归侨代表。参加接见的老归侨代表有陈谋灼（加拿大归侨，洪门会党主席）、邓龙（印尼归侨，广肇会馆主席）、谭义阅（印尼归侨，原孟加锡华侨会主席，新会侨联会主席）等人。新会县分管侨务工作的副县长甘伟光陪同接见。周恩来亲自在县委二楼小会议室门前迎接归侨代表，与他们一一握手问候。周恩来详细询问了他们在国外和回国后的生活情况，以及侨居国华侨的人数、生活、就业等情况。先是由陈谋灼汇报了他个人生活经历和加拿大华侨的人数、生活、工作，以及华侨支持中国解放事业和社会主义建设等情况。陈说：“建设新中国，第一个五年计划已经完成，第二个五年计划争取三年完成，我们华侨很高兴。华侨是国民的一分子，要尽力帮助国家建设。”周恩来听后，高兴地称赞说：“华侨是有爱国心的，这是华侨的传统。但我们建设不要靠捐钱，要靠自己双手。”说着，周恩来取下手上戴的手表，自豪地拿着对归侨代表们说：“这是我们自己生产的手表，我过去戴了几十年手表，都是外国的手表，我第一次戴上我国生产的这块手表，就没有换过。虽然还比不上外国的好，但毕竟是自己的，还很准。”邓龙和谭义阅向周恩来汇报了他们在印尼和归国后的生活、工作状况，以及印尼华侨的人数、生活、工作等情况。当他们诉说印尼华侨长期遭到许多不公平待遇时，周恩来勉励他们顾全大局，说：

“他们反帝是坚决的，反了帝，坚持民族独立是好事，反帝是共同的事情，是大事情。华侨是有点苦，这个我是知道的。……但要注意，即使祖国强大了，华侨地位提高了，我们华侨也不要骄傲。”[①]

周恩来还利用各种机会，同归国侨胞们谈心，甚至请归侨到家中做客吃饭。在周恩来的晚年，正是“文化大革命”动乱时期，他不分昼夜地操劳，重病缠身，仍然关心侨务工作。1971 年 11 月，他亲自指示成立华侨问讯处，协助华侨、归侨和侨眷查找亲人的下落。1972 年 8 月 12 日，周恩来将一则反映广州接待华侨工作问题的简报批给有关人员，请他带给广东省党政负责人一阅，要他们“负责检查和教育这些服务工作人员的态度，规定一些合理的办法，让大家遵守”。[②]1972 年 10 月 6 日，周恩来会见台湾同胞、旅日旅美华侨、美籍华裔陈焜旺、梅子强等 40 多人，并进行亲切交谈，其中谈到不向日本索要战争赔款问题及其原因。[③]

作为新中国的总理兼外交部长，周恩来经常出国访问或代表我国参与重大的国务活动，每到一个国家他总是抽暇看望当地华侨，同他们座谈。

1956 年 12 月，周恩来总理访问缅甸。18 日，缅甸华侨在仰光举行盛大的欢迎周恩来总理大会，仰光市长等官员也参加了会议。在欢迎大会上，周恩来热情洋溢地作了长时间的讲话，受到侨胞们的热烈欢迎。周恩来的讲话多次引起热烈的掌声。

最能反映周恩来和海外华侨亲情、海外侨胞对周总理爱戴的典型事

---

① 杨汉卿：《“我是来新会工作的，来这里学习的”——周恩来视察新会纪实》，中共广东省委党史研究室主办《红广角》2011 年第 4 期（总第 187 期），第 12—13 页。另见中共中央文献研究室编：《周恩来年谱（1949—1976）》中卷，中央文献出版社 1997 年版，第 151 页。

② 中共中央文献研究室编：《周恩来年谱（1949—1976）》下卷，中央文献出版社 1997 年版，第 544 页。

③ 中共中央文献研究室编：《周恩来年谱（1949—1976）》下卷，第 557 页。

例，是亚非会议期间周总理与印度尼西亚华侨的交往。1955 年 4 月，亚洲、非洲共有 29 个国家的负责人，在印度尼西亚万隆举行第一次亚非会议，即万隆会议。中国政府由周恩来率代表团出席会议，受到当地华侨热烈欢迎和大力帮助。会议期间周恩来与华侨的交往及华侨对周总理爱戴的情形十分感人。跟随周恩来与会的陈毅，后来在报告中深有感慨地说："我生平流过两次眼泪，一次是解放上海入城时，目击人民的热烈欢迎情况；一次是万隆会议时，目击华侨的热烈欢迎情况。"①

万隆是印尼繁华的大城市，有华侨八万多人，占当地人口的 1/10；印尼首都雅加达（又称椰城，也有译称巴达维亚）约有华侨 30 万人。临近中国代表团与会时，印尼中华侨团总会在椰城聚会，由侨团主席洪渊源传达了印尼外交部秘书长同他的谈话："为了接待好中华人民共和国代表团和确保代表团领导的安全，政府需要印尼中华侨团的合作和帮助。"②因此，会议决定组成印尼华侨支援委员会，椰城、万隆设分会。万隆分会由万隆中华总会侨领洪载德、房延龄（有称房延凌）、杨朝顺（有称杨朝春）、赵文华（女）、林仁桂（有称林仁木）、关焜（有称关昆）等任负责人。其中洪载德，是一位侨居印尼的华侨元老，抗日战争期间曾率领当地华侨积极支援祖国抗战，1942 年日本侵占印尼后，被日本宪兵逮捕监禁九个月，受到严刑拷打，坚贞不屈，表现出高尚的民族气节。1949 年新中国成立时，他联络几十个侨团联名通电表示祝贺和拥护。此后，他多次率团回国观光，并将夫人和孩子送回国定居。亚非会议期间他热情接待周总理。会后，党和国家领导人刘少奇、周恩来、宋庆龄、陈毅、贺龙、廖承志等访问印尼时，均受到他的热情接待，因此受到周恩来总理的表扬。20 世纪 60 年代，由于他们团结侨胞维护自身的合法

---

① 司徒丙鹤：《美堂老人的烈士暮年》，中国致公党中央委员会编：《司徒美堂》，第 288 页。

② 洪醒华：《印尼华侨华人保卫周总理》，载香港《镜报》（月刊）2001 年 8 月号，第 67 页。

权益，同印尼排华势力作斗争，被印尼军方关押，1966 年因遭受迫害回国，受到周恩来等党和国家领导人亲切接见，1974 年底因病去世。

中国代表团分两批出发，第一批在香港起飞后即发生了令人震惊的“克什米尔公主号”事件——飞机被台湾特务安装炸弹爆炸失事，机上人员全部遇难。印尼华侨闻讯十分震惊，并对蒋帮特务表示极大愤恨，大家的心都悬在半空中，担心周恩来总理的安全。中国代表团在万隆的安全形势十分严峻。蒋帮特务除在华侨中进行阴谋活动外，还组织了 20 多人的暗杀团，声称杀死中国代表团团长，赏 40 万盾（印尼币），打死一个团员，赏 20 万盾。印尼华侨支援委员会万隆分会为保证中国代表团安全，将中国使馆负责人和代表团工作人员找去，一起专门研究保证周总理和代表团安全问题，30 多名华侨代表七嘴八舌，有的说：“敌人的阴谋目的没有达到，敌人是决不会就此罢休的。”有的表示：“我们一定千方百计，保卫周总理的安全，总理是我们的好总理啊！”大家讨论了可能发生的问题，提出了万全之策。为保证代表团能顺利进行各种活动，当地华侨成立了秘书组、食品采购组、住房组、家具组、车辆组、洗衣组、翻译组和记者组等。当代表团的人员与住房组商定选择团长的住房时，房主都表示欢迎住到自己家。后来选中华侨郭贵盛家——位于市中心高坡上的一幢独立别墅，其周围居住的都是华侨，地势显眼便于警卫且离会场较近，主人感到不胜荣幸。当听说周总理的住处需要补充部分家具时，几个家具店的老板都以能选中自己的家具为荣，甚至发生争执而不肯让步，结果由中国使馆人员出面调解，每个家具店都选用一点家具，大家才满意。尤其是车辆组自愿报名参加服务者十分踊跃，多达 160 多辆，只好日夜分批轮流值班。有时车子多了，动员车主回去，都不愿离开，纷纷表示：“这是千载难逢的，让我们向祖国表示一点心意。”[①]

---

① 姚力：《万隆华侨保卫周总理》，《大江南北》1991 年第 4 期（总第 34 期），第 11 页。

为了盛情迎接并切实保卫好周恩来总理率领的中国代表团，万隆华侨支援委员会特地邀请曾为辛亥革命、抗日战争作过贡献的万隆洪门洪义顺公会来担任保卫工作，以会武术和身强力壮的大汉与成千上万的华校师生、各社团的群众组成欢迎队伍，在周总理车队所经过的马路两旁组成人墙夹道欢迎。一边注视周围动静，一边和印尼的军警相互配合，防止特务的破坏活动。

当地各界华侨都以能为中国代表团尤其是能为周恩来总理服务或做点事为荣幸。每天清晨，持有支援委员会发的证件的华侨职工、经理、教师，更多的是家庭妇女，拎着各种肉食蔬菜送到中国代表团的住地；其中每次都有七八位姑娘或妇女送菜时，顺便带上鲜花、工具留下一会儿负责插花。中国代表团的工作人员说，只要花草鲜活，几天换一次就可以了，而她们表示：一定要让总理每天看到最新鲜的、造型不同的插花盆景。在翻译组服务的大多为侨校师生，他们每天分工负责阅览纸质媒体的重要新闻资料并整理好送给代表团。后来，会议组织者又请部分人到会场帮忙，他们为能近距离为祖国代表团服务尤其是能见到周恩来总理而感到高兴。有二三十位侨报记者则担任了特殊的任务：因周恩来总理活动繁忙，频频拜访会见与会各国代表团负责人或东道主领导人，不时发生受阻、拥堵及围观等混乱现象，存在安全隐患。支援组的华侨向中国代表团工作人员建议，让那些记者近身保卫周总理。先把周总理上下车的地点时间通知记者，当周总理下车，他们便迅速围拢在总理身边，并走到哪里跟到哪里，既维持了秩序，又护卫了周总理。这些侨报记者尽职尽责、尽心尽力地保护了周总理。

没有参加服务的华侨都想一睹周恩来总理的风采。周总理住房外面，常常围着一个二三十米长的半圆形人群，每天从早到晚，先是本地的，后是外地的，就是天下雨了也不散，见不到总理不走。年老的华侨甚至包个三轮车坐等。周总理在这里住了十多天，他们就围观了十多天，而且人越来越多。他们说："仔细看看新中国的总理，这一生也值得了。"[①] 但有时人太多了，甚至影响了交通，警察就来疏导并加岗哨。而周恩来开会回来后，看到围观的华侨，总要在房前的平台上多待一会儿，向围观的华侨和印尼民众不停地挥挥手。有一天总理从会场回来，突降暴雨。总理见到等候的100多人都没打伞，他也不要警卫为他打伞，冒雨和围观者一一握手问好。其中有些人激动地哭了起来：总理工作那么劳累，却还是这样为他人着想，这样的总理让侨胞们崇敬。哭声比雨声还大。如此场面、如此情景，确实感动人心，也被传为美谈。说明印尼华侨对周恩来总理的衷心爱戴，以及周恩来在当地华侨中的崇高威信。

4月25日中午，万隆华侨代表举行招待会，招待中国出席亚非会议代表团首席代表周恩来总理和代表团全体人员。随行记者的日记真实记录了当时招待会的情景，这里将其中片段转录如下：

对于万隆的八万华侨来说，今天是一个有特别意义的日子，中华人民共和国代表团要出席他们的招待会。

招待会的地点是在连望街的广肇会馆，时间是上午十一点半。

十点钟还没有到，连望街上就排满了各华侨学校学生整齐的队伍。广肇会馆的礼堂只能容纳三四百人，成千的人不能不站在大街上。许多被称做"唐山伯姆"的老太太们，也站在当街，顶着太阳，一手牵着儿孙，一手擎着芭蕉扇，一个钟头，两个钟头地等。

最令人感动的是，一位七十多岁的陈郁章老先生，已经路都走不动了，但是还是由家人搀扶着要来看一看祖国的亲人。

十一点半钟，以周恩来总理为首的代表团到了。同他们一起来的还有西爪哇的省长山努西和万隆市长恩诺。

万隆侨胞好多天以来的心愿达到了。成千的人齐声高喊："中华人民

① 姚力：《万隆华侨保卫周总理》，《大江南北》1991年第4期（总第34期），第12页。

共和国万岁！”青年学生们拍痛了手，欢喜得互相拥抱着跳起来。

周恩来总理在招待会上向华侨们讲了话。

他首先向万隆华侨的热情欢迎表示了感谢。

然后，周总理指出：今天的中国不是旧中国而是新中国。在推翻了殖民的和封建的统治以后，中国人已经在世界上站起来了。中国在政治上是革命成功了，但是，在经济上和文化上仍旧很落后，中国需要长时期的建设，才能赶上今天世界上工业先进的国家，因此需要一个和平的国际环境。

周总理接着说明：新中国的外交政策也是跟旧中国根本不同的。新中国奉行的是独立自主的和平外交政策，而旧中国奉行的是怕强欺弱的外交政策。旧中国的政府看到比自己强的帝国主义就叩头屈服，看到比自己还弱的就想欺负占便宜。现在，如果有人欺侮我们，我们一定要抵抗，而对于那些以平等待我的国家，我们就伸出手来，同它们友好合作。在这次亚非会议上，中国代表团采取的就是这种态度。

周总理又说：中国强大了。但是，中国人民不论在国内，在海外，千万不能因此而骄傲。我们对一切国家，不分大小强弱，都应该平等相待。

周总理要求侨胞们警惕蒋介石分子在华侨中的欺骗活动，要求侨胞们努力去说服那些暂时被蒙蔽的侨胞，来扩大侨胞内部的团结。周总理说，这样做不但对中国侨胞是有利的，而且对印度尼西亚政府也是有利的。

周总理分析了中国和印度尼西亚两国政府最近签订的关于侨民双重国籍的条约的内容之后，号召侨胞很好地执行这个条约。

周总理最后谆谆告诫全体侨胞，尊重印度尼西亚国家的主权，政府的法令，与印度尼西亚人民团结友好，和睦相处。周总理特别着重说：中国的国际地位越高，中国的人民就越应该谦虚。

一个多钟头的讲话不时被一阵又一阵的掌声打断。每当礼堂里一鼓掌，大街上也就跟着鼓掌，而且，更久更响。

一个多星期以来，每一个中国代表团的团员们或中国来的记者都无时不感到万隆华侨热爱祖国的心情。

每天，中国代表团都要收到各色各样美丽的热带鲜花。那是华侨送来的。

每天都有各色各样的刚刚从地里拔出来的蔬菜送到达曼·沙里十号，菜上贴着的标签说明它们是华侨们从自己的菜圃里直接送给代表团的。

在万隆的记者都知道有一辆红色敞篷汽车是中国摄影记者的专用汽车。这辆汽车是华侨的，而司机就是车子的主人，不论白天黑夜，他都一定要亲自给祖国来的人们开车。

为了迎接中国代表团的到来，许多华侨因为中国代表团要到万隆来而自动让出了房屋和汽车。虽然代表团只需要极少的房屋和汽车，而在爱国的华侨看来，能为祖国的代表服务就是幸福，而如果得不到这样的机会就是憾事。

从吃饭、行路、住宿到生活的每一方面对代表团人员的无微不至的关怀充分表现了华侨对祖国的热爱。

但是，只有到今天的招待会上，侨胞和祖国来的人才得到了相互见面的机会，才得到了相互倾吐感情的机会。

招待会到午后一点钟才结束。当周恩来总理和代表团其他人员们走出广肇会馆的时候，连望街上在烈日下站了几小时的侨胞再一次发出了暴风雨似的欢呼。①

亚非会议结束后，中国代表团一行来到雅加达中国驻印尼大使馆。

① 李慎之、张彦：《人民的心同亚非会议在一起——亚非会议日记（续昨）》（热情的华侨），《人民日报》1955年6月4日，第4版。

周恩来总理把当地主要侨领都请到使馆来同他们谈话，并特意请印尼政府的官员参加谈话。周总理有意这样安排，表明他不是背着印尼政府同华侨见面，而是让印尼官员参加听他讲什么，这就是他的高明之处。周恩来的谈话虽然也介绍一些祖国情况，但主要是说明印尼是一个怎样好的国家，讲印尼获得独立很不容易，华侨应全力以赴地把这个国家建设好，一定要尊重驻在国人民的风俗习惯，一定要遵守驻在国政府的法令，与当地人民和睦友好相处，为当地服务。周恩来的讲话十分恳切真诚，与会的印尼官员都点头称是。前述两名随行记者的日记接着记录了 4 月 27 日雅加达华侨欢迎中国代表团的热烈情形：

中国代表团下午的节目是同华侨见面。

自从知道中华人民共和国代表团要访问印度尼西亚以后，印度尼西亚各地华侨已经陆续派遣了六百多名代表到雅加达来。他们的共同目的是：见一见从伟大的祖国来的亲人，并且通过他们向祖国人民致敬。

他们从这个千岛之国的每一个角落，从爪哇、从苏门答腊、从加里曼丹、从苏拉威西、从小巽他，从所有这些岛上的一百多个城市来到这里。他们代表了华侨社会的各个阶层，有工商界的，文教界的；有职工、青年、妇女，也有年高望重的老人家。他们中间很多已经在雅加达的旅馆里等了好几天，甚至十天半个月了，就为的要在今天下午来招待祖国的代表们。

全印度尼西亚二百多万华侨，不分地区和阶层，推选这么多名代表，团结在一起，举行这样的盛会，在历史上还是第一次。

地点是借的中国大使馆。下午两点钟，周恩来总理和雅加达市长苏迪罗都到了，招待会也就开始了。

印度尼西亚华侨总会主席洪渊源首先致辞。他代表全印度尼西亚侨胞向周恩来总理和代表团团员致敬。最后他说："敬爱的周总理，我们印度尼西亚华侨都是热爱祖国的，我们保证为加强华侨本身的爱国大团结，为加强同印度尼西亚人民的爱国大团结而努力。”

周恩来总理接着在热烈的掌声中同大家讲话：同两天以前在万隆华侨的招待会上一样，他向侨胞们详细说明了新中国的国际地位和外交政策，他一再要求海外侨胞不要因为中国站起来了，强大了，就骄傲起来，而要尊重侨居国的人民，同他们友好相处，互助合作。他的一个多钟头安详、透彻的发言始终吸住了听众，并且一再引起了热烈的掌声。

苏迪罗市长接着应邀发言。他首先说，我过去曾引用过拿破仑的一句话，说中国是一只睡狮，一旦醒来的时候就会震动全世界；现在中国是已经醒来而且震动了全世界了。但是，他的兴起和强大都不会去侵略别人。他说他对周总理告诫海外华侨不要骄傲感到非常感动。最后他高呼“印中友好万岁！”

在大使馆的中国式的大厅里，充满了一种骨肉团聚的感情。所有的侨胞都热情地找祖国来的人或者找平时难得见面的同胞谈话。大家都感到，在这个屋顶下，就是在自己家里。

酒会到四点钟结束，周总理亲自在门口同辞别出去的侨胞握手。有的侨胞在离开大使馆时，眼睛里噙着欢喜的泪水。

晚上八点钟，黄镇大使在大使馆举行了另一个招待会，中国代表团要同印度尼西亚的朋友告别了。

这又是一个稀有的盛会，到会的有八百人。①

（十一）与海外华人科学家探讨科技兴国

新中国建立后，周恩来长期担任国务院总理（初为政务院总理），直到逝世，长达26年。他日理万机，呕心沥血，全身心地投入社会主义建设事业之中。在1964年12月召开的第三届全国人民代表大会第一次

① 李慎之、张彦：《人民的心同亚非会议在一起——亚非会议日记（续昨）》（热情的华侨），《人民日报》1955年6月6日第4版。

会议上，周恩来在21日、22日两天的大会上连续作《政府工作报告》，向全国人民提出“要在不太长的历史时期内，把我国建设成为一个具有现代农业、现代工业、现代国防和现代科学技术的社会主义强国，赶上和超过世界先进水平”①。这就是人民熟知并为之奋斗的“四个现代化”的伟大目标。1975年1月，在第四届全国人民代表大会第一次会议上，周恩来以抱病之躯最后一次作《政府工作报告》，再次提出“在本世纪内，全面实现农业、工业、国防和科学技术的现代化，使我国国民经济走在世界的前列”②。四个现代化，是周恩来一生始终不渝追求的事业，直到生命的最后一刻。而当时正值“文化大革命”的动乱时期，“四个现代化”建设受到严重干扰甚至中断。周恩来晚年特别是中美关系解冻后，他多次接见回国访问的美籍华人科学家，谈及最多的是有关科学技术问题。这是他晚年与华侨华人交往的主要内容。

1971年夏，中美关系的坚冰显出解冻的迹象，著名美籍华人科学家杨振宁即踏上破冰之旅，第一次回到大陆访问，8月4日晚十九时十分，周恩来总理在人民大会堂接见杨振宁，并设宴招待。这是杨振宁与大名鼎鼎的周恩来总理第一次见面，虽是首次见面，但对于杨振宁来说并没有陌生感，因为14年前周恩来安排的一件事令他至今难忘——

1956年，杨振宁与李政道合作发表论文证明“宇称不守恒”原理，打破了科学界奉为金科玉律的“宇称守恒定律”，并经著名美籍华裔物理学家吴健雄女士所证实。因此，杨振宁、李政道同获1957年诺贝尔物理学奖，这是世界科学界的最高奖项，两位海外华人科学家获此殊荣，令海内外炎黄子孙感到骄傲。当杨振宁、李政道赶赴瑞典首都斯德哥尔摩领奖时，未曾想在机场碰到前来迎接他们的、来自中国大陆的著名物

① 中共中央文献研究室编：《周恩来年谱（1949—1976）》中卷，第696页。

② 中共中央文献研究室编：《周恩来年谱（1949—1976）》下卷，第691页。

理学家、中国科学院近代物理研究所副所长张文裕——他们早在抗战时期昆明西南联合大学的老师。见面后，杨振宁、李政道惊喜地同声问道：“张老师，你怎么来了？”张笑着回答：“周恩来总理派我为代表，前来向你们表示祝贺！”[①]师生相见既亲切又高兴，更使杨、李为周恩来的精心安排而感动和难忘。

与周恩来见面后，杨振宁提出一个请求，即想见见老朋友、老同学邓稼先。周恩来满足了他的要求，随即召见邓稼先到北京见杨。老同学见面自然亲切，杨振宁不敢问邓稼先在什么单位从事什么工作，那层窗户纸谁也没有捅破。但杨在离京赴沪登机前，突然问邓稼先：“是不是美国人寒春曾参加中国原子弹工作？”杨振宁这一问非常机智。邓稼先当即意识到，若回答“有”或“不知道”就是骗朋友。邓回答道：“你先上飞机，我去证实一下，然后告诉你。”邓稼先的回答同样十分机智。邓稼先及时向上级汇报，周恩来得知后马上指示：让邓稼先如实地告诉杨振宁，中国原子弹武器工程中除了最早于 1959 年底以前得到苏联的极少援助以外，没有任何外国人参加。邓稼先听后当即按周总理的指示写了封短信给杨振宁。杨振宁接到此信时正坐在上海市“革委会”为他举办的欢迎宴会的主宾席上。此信篇幅虽小，但给杨振宁的震动确实不小，他顿时热泪盈眶，以至于不得不起身去洗手间整容。他十分清楚，中国在当时的国内外条件下，取得原子弹、氢弹研制成功，真是太不容易了……[②]

1972 年 7 月 1 日，杨振宁再次回国。2 日，周恩来在人民大会堂新疆厅设宴招待。交谈中，周恩来对杨振宁提出的目前在中国应加强基础理论研究并进行交流的建议，表示赞同，说道：“杨先生说我们的理论太

---

① 曹应旺著：《中国外交第一人周恩来》，山西人民出版社 1999 年版，第 48 页。另见中共中央文献研究室编：《周恩来年谱（1949—1978）》中卷，第 91 页。

② 曹应旺著：《中国外交第一人周恩来》，第 50—51 页。

缺乏了，而且我们也不跟人家交流，恐怕这话有道理，你看到我们的毛病了。”又说：“理论不提高，这有两方面的原因：一是不能总结经验，再回到实践中去，再提高；二是对人家的经验不那么感兴趣，不能去多听多看。你有好的意见我们应该听取，我们应该能够学到一些东西，不要还是自高自大，听不进去你提的意见；或者表面上说好，接受，你走了以后就无所谓了。你热情指出我们一些缺点，我们要是听了当耳边风就很危险了，我生怕我们老一代科学工作者这样。”[①]从交谈中，可以反映出周恩来虚心听取杨振宁关于开展基础理论研究并开展交流的建议。杨振宁两次回到祖国大陆，看到了中国科学的落后现状，认识到片面的平等主义已经毁了中国的科学，遂坦诚地向毛泽东、周恩来提出了自己的建议——采取多注意基础科学的政策，哪怕从全国的观点看，这也许并不立时见实惠。周恩来接受了这一建议。7 月 14 日，周恩来指示北京大学副校长周培源研究如何实施这样的政策。[②]反映了周恩来虚心纳谏的胸怀。

1973 年夏，杨振宁第三次回国。根据杨的要求，并征得毛泽东的同意，在周恩来的安排下，7 月 17 日下午，毛泽东在中南海会见了杨振宁。18 日晚，周恩来和邓颖超会见并设宴款待杨振宁和夫人杜致礼及他们的亲属杜聿明和夫人曹秀清。

杨振宁连续三年在盛夏之际来到北京，均受到周恩来的热情接见，可见周对这位海外华人科学家的重视。1974 年 5 月，杨振宁父亲杨武之去世后，周恩来致电上海市“革委会”转杨振宁表示：“令尊武之先生终于不治逝世，谨致悼忱，并希先生阖家节哀珍重。丧事毕后，盼能来京

① 中共中央文献研究室编：《周恩来年谱（1949—1976）》下卷，第 533 页。

② 杨振宁：《我应为中国科技发展做贡献》，载张劲夫主编：《海外学者论中国》，华夏出版社 1994 年版，第 65 页。

一叙。”[1]没有见到杨振宁是否赴京的资料记载，但周恩来处事周到则从这些具体事情中明显地体现出来。

继杨振宁首次踏上破冰之旅后，1972 年 9 月 19 日，李政道偕夫人秦惠君（莙）女士一起，踏上了阔别 26 年的故土。他们先是回到李政道的出生地——上海。1946 年，李政道赴美留学时还只是一位 20 岁的大学二年级学生，今天，他已是誉满全球的物理学家。

10 月 14 日，周恩来总理在北京接见了李政道夫妇，陪同会见的有科学家吴有训、周培源、钱学森、朱光亚、华罗庚等。对于周恩来这位富有神奇魅力的革命家，李政道仰慕已久。周恩来总理对李政道先生回到祖国给予高度评价，对他和杨振宁成为首次获得诺贝尔物理学奖的炎黄子孙表示敬意，并称李政道是“李精于学”，鼓励他为中美的文化、教育、科技交流发展多作贡献。会见中，他们就国内教育和科研方面存在的问题进行了交流。关于教育问题，周恩来表示：学校学生应“以学习为主”。“对学习社会科学理论或自然科学理论有发展前途的青年，中学毕业后，不需要专门劳动两年，可以直接上大学，边学习、边劳动，当然这总是少数，大多数人要参加劳动，不一定升学。”“我们总要有一批大学培养的研究人才出来”，在大学教育方面“要迎头赶上”。“如果设想一二十年赶上他们（指发达国家），现在就要搞起”。周恩来要求在座的国内科学家注重研究人才的培养、提高。他告诉李政道：我们准备派遣一批研究生去美国学习、深造。在谈到与发达国家的差距时，周恩来说：在生产上比日本差三十年，我们现在不了解这方面的情况，白纸一张。又说，我们在实验上可以在几年内迎头赶上，但成批生产还不行，这跟整个工业水平、技术水平有关。我们整个工业水平和技术水平还不行。还表示：无论生产实践还是理论研究，都有待提高；要把研究

① 曹应旺著：《中国外交第一人周恩来》，第 49 页。

工作活跃起来，把科技资料交流工作恢复起来。[①] 周恩来的谈话，就注重强调学生参加劳动方面带有当时时代的痕迹，但有关注重培养人才、送研究生出国深造，以及自己与发达国家存在差距方面的认识都是正确的、符合实际的。近两个小时的畅谈，使李政道心里如沐春风，他敬佩周恩来的学识和政治家的风度，对周恩来总理表示由衷的爱戴。

1974 年 5 月，李政道和夫人及妹妹李雅芸、儿子李中汉一起再度回到中国大陆访问。他在上海耳闻目睹当时的中国不但基础科学没有，连最起码的正常教育几乎也没了。他感到自己为祖国科技振兴做点事是义不容辞的责任，特别期待祖国的教育、文化、科学事业的发展能有一线生机，纵使能稍微改进一下这种状况也是好的，便给周恩来写信坦言自己的看法。5 月 25 日，已是病魔缠身、身体虚弱的周恩来总理，在百忙中再次安排会见了李政道一行。当时正值召开教育会议，所以参加会见的人比较多，有邓小平、郭沫若等中央领导人，以及周荣鑫、吴有训、周培源、钱学森、朱光亚、王淦昌、周光召、何祚庥等一批顶尖物理学家；还有"四人帮"王洪文、张春桥、江青、姚文元也参加了会见。见面后，周恩来对李政道说：本来没有想见你，看了你的建议，认为非常重要，立即排了大字给毛主席看。周恩来总理随即要李政道阐明自己的看法。李政道再次谈起培养人才、发展科学教育的重要性，对祖国人才培育中存在的问题也直言不讳。李政道形象地指出：既然上海人很重视芭蕾舞，任何时候都不能停，难道科技反而不如芭蕾？另外，培养科技人才应选择优秀青少年，加以重点培养。由于与会者鱼龙混杂，情况复杂，尤其有从上海滩发迹起家的"四人帮"一伙在场，气氛非常。李政道发表完看法后，立即引来了诘问声，以及交头接耳的议论声。周恩来见状，立即予以制止。李政道看得出周总理对他的意见深有同感，当然

① 中共中央文献研究室编：《周恩来年谱（1949—1976）》下卷，第 558—559 页。

他也知道政治风云的变幻莫测不是自己所能想象的，他面前这位主政的中国领导人已显得有些力不从心了。所以当时他的建议不会有什么结果，也在预料之中。但李政道的主张并非水月镜花，在场的邓小平等人继周恩来之后采纳并实践了李政道的主张，这是后话了。

除会见杨振宁、李政道外，周恩来晚年还两次会见美籍华人医学家李振翩。1973 年 7 月 29 日，周恩来接见了李振翩与夫人汤汉志。有关这次会见及交谈情况，《周恩来年谱》等著作中没有记载。据李振翩本人回忆，会见中周恩来介绍了一些万里长征故事：

当红军抵达遵义时，设在贵阳的敌人总指挥部决定要全部消灭红军。当时敌人兵多，武器精良，红军情况颇为危急。毛主席决定设计骗敌，假装反攻湖南。敌果中计，集重兵于湘黔边境，要待红军来时，一举而消灭之。待敌人布置差不多完毕了，毛主席半夜下令“急行军”，西往云南。敌人发觉上了当，要派兵追去，时间相差十天，已追不上了。红军打到云南北部时，先锋离昆明仅三十华里。敌将薛岳，集中军队，死守昆明。毛主席又于半夜下令急行军北入四川。要渡江，便一举击溃防守渡口的敌人。当薛岳追兵的先锋到达毛主席原驻地时，毛主席已离开三天了。①

李振翩知道这一战略“策划的是毛主席，辅助毛主席执行这个计划的，主要是周总理。当时执行这个计划，是千难万难的事”。

1975 年 6 月 26 日，周恩来在北海仿膳饭庄再次接见李振翩。陪同会见的有王海容、唐闻生、朱传贤等。当时周恩来和客人一起吃荔枝。荔枝有两种，黑叶和糯米糍，李振翩分不清楚，周恩来挑选一些糯米糍给他吃，并问道，你太太好吗，为什么不同你来？当时，李振翩并不知道

---

① 李振翩：《追悼周总理 学习周总理》，载《周恩来纪念集》，香港《七十年代》月刊社编印，1977 年版，第 148 页。

周总理癌症已到晚期，而总理一点也没有表现出来。[①]

赵元任是美国知名的华人语言学家，也是中国近现代著名的音乐作曲家，同时他在数学、物理学、哲学等领域也颇有造诣。他出生于天津，1910年夏考取清华学校公费赴美留学，先后在康乃尔大学、哈佛大学学习数学、哲学，获哈佛大学哲学博士。毕业后在美国大学任教。20世纪20年代初回清华学校（后改清华大学）工作。1938年，他应邀再次赴美讲学并定居美国，先后在夏威夷大学、耶鲁大学、哈佛大学等校任教，并担任美国语言学会主席等多种社团职务。是学贯中西、通晓多学科的大师级学者。

20世纪70年代中美关系缓和后，赵元任致力于两国学术界的沟通交流，1973年携夫人杨步伟及亲属回到阔别多年的中国大陆，5月13日，受到周恩来总理的接见。会谈中，周恩来谈到当年的国语运动和文字改革问题，对赵元任带来的由他本人编写的《通字草案》一书表示关注，提出要印制数十份，供国内实行汉字改革和拼音化方案时参考，并建议赵在国内出版该书（1983年由商务印书馆正式出版）。在谈及旅美学生、留学生回国工作问题时，周恩来说：我说过，年轻的也好，老的也好，要创造一个回来工作的环境，还需要一段时间。对此，我们还要准备一下，不然，大家回来，条件不具备，反而是用非所学，环境也不一定适合。与其如此，宁可在外面再多学习两年，在知识方面能有更多的发展，反而有好处。[②] 值此非常时期，周恩来欢迎海外留学人员回国的思想仍然没变。会谈中，周恩来还阐明了教育问题，他说："一个民族要能在国际上站住脚，要能前进，就要进行长期的教育。勤劳勇敢是中国人民的一种好品质，但中国人也有些保守，总想到一起，到一起就

① 李振翩：《追悼周总理 学习周总理》，载《周恩来纪念集》，第150页。这次会见《周恩来年谱（1949—1976）》下卷第713页有一句简单的记述。

② 中共中央文献研究室编：《周恩来年谱（1949—1976）》下卷，第591—592页。

说中国话，不愿意和外国人接近。那不行，你要影响世界，不能闭关自守，只说中国话，怎么行？中国人有中国的弱点，要进行思想教育。这不是一天两天的事，而是一项长期的工作。”①杨步伟女士的祖父杨仁山居士，是著名的“金陵刻经处”的创办人，因此，她很想了解刻经处的现状。周恩来告诉她，“金陵刻经处”依然存在，由中国佛教协会管理。杨听了之后十分宽慰。周恩来知道她曾热心推行优生学，是我国最早提倡计划生育的医师之一，遂希望杨为祖国的计划生育工作出点力，这让杨步伟非常感动。这次会谈话题很多，气氛很融洽。周恩来拖着病痛，会谈达三个小时。临别时，周恩来一直将赵等送到人民大会堂门口，让赵难以忘怀。②此后赵与国内联系更加密切，常常接待来自大陆的访美代表团。

接见来华的海外华人科学家和专家学者，是周恩来晚年的一项重要的侨务活动，通过这些会见和交谈从某种程度上可以看出周恩来的内心世界，及其所关心的问题。

（十二）亿万人民心中不朽的丰碑

周恩来一生对党的事业忠心耿耿、尽职尽责；为了国家日夜操劳，鞠躬尽瘁、死而后已。特别是在“文化大革命”的艰难时期，独撑危局，积劳成疾，于1976年1月8日上午9时57分不幸去世。巨星陨落，举国哀悼；海外同胞，无限悲痛。

当时中国正处在“文化大革命”的末期，政治动乱，阴云缭绕，笼罩全国。“四人帮”集团，猖獗一时。政治上的“严寒”，与大自然的寒冬互相交汇，长期压抑在人们心目中的郁闷，化作悼念周总理的泪雨，漂洒在大江南北，长城内外，天涯海角……

---

① 王棠编著：《侨务春秋》，第54页。

② 李岚清：《成就卓著的“业余爱好”——博学多能的著名音乐家赵元任》，《光明日报》2007年7月3日，第9版。

在当时那种高压的政治氛围下，人们在各种场合举行公开的或隐蔽的悼念活动。与国内同胞一道，海外华侨华人纷纷悼念周总理，举国、举世哀痛。在北京三里屯一处不起眼的四合院里，已经88岁高龄的庄希泉老人在自家举行悼念活动。他在周总理的遗像前默默地伫立、默哀、鞠躬，脑海里一幕幕地浮现出总理在危难时刻关爱自己的情景，工作中循循善诱的话语，交往中春风化雨般的情谊……不禁老泪盈眶。

在周总理逝世的日子里，刚强火爆的“大地之娇女”刘恩兰，改变了自己的常态，悲痛地说：“我是个倔强的人，记事以来从未哭过。”边说边流下悲痛的泪水：“他走得太早了，他走得太快了……”在那令她难忘的日子里，她把自己珍珠般的泪水献给了最崇敬的人。[①]

华罗庚知道，周总理曾用孱弱而高大的身躯保护自己幸免于难，在周恩来逝世之际，非常悲痛，常常神情呆滞地凝视着周总理的遗像，沉湎于对往事的追忆中。后来他因工作关系来到江苏淮安，特意前往周恩来故居，仔细观看周总理生平事迹。

作为世界伟人的周恩来，他不仅属于中国，也属于世界。周恩来逝世的消息传到联合国总部，这个国际组织自1945年成立以后31年来第一次为中国领导人去世下半旗致哀。正在举行的联合国非殖民化特委会，随即由大会主席、坦桑尼亚常驻代表萨里姆宣布取消原定的一切议程，改成悼念中国总理周恩来。萨里姆动情地回顾了20多岁时成为本国的驻华大使，与周恩来亲切交往的难忘情景。说着说着，萨里姆热泪盈眶，哽咽得再也说不出话来。在悼念活动期间，安理会15个成员国的常驻代表都在会上发表了悼词。尤其是联合国秘书长瓦尔德海姆从位于大楼38层的秘书处乘电梯下来，来到联合国大厦门前的台阶上，神情严肃地发表了真挚感人又意味深长的演讲：

---

① 郑毅涛主编：《广交朋友的周恩来》，红旗出版社1996年版，第303页。

为了悼念周恩来，联合国下半旗，这是我决定的。原因有二：一是中国是一个文明古国，她的金银财宝多得不计其数，可她的总理周恩来没有一分钱的存款！二是中国有10亿人口，占世界人口的1/4，可是她的总理周恩来，没有一个孩子。你们任何国家的元首，如能做到其中一条，在他逝世之日，总部照样为他下半旗。①

听到这番话，在场的一些原来不理解为中国总理去世下半旗的外交官们先是哑口无言，接着响起了雷鸣般的掌声。

与此同时，中国常驻联合国代表团设置的灵堂里接待了前来吊唁的许多美国政要、联合国高级官员和120多个驻联合国的大使。成群结队的华侨华人，男女老幼，怀着悲戚之情陆陆续续前来悼念。一位中年华人妇女带着幼儿一踏进灵堂就悲痛得直不起身子，跪在周总理的遗像前喃喃自语："周总理，你是大好人。国家有了你，我们这些人才能在国外不受欺侮。周总理，你不能走呀！"一些年迈的侨胞在后辈的搀扶下，不停地向周总理的遗像鞠躬，老泪纵横，离开时紧紧握着代表团守灵人员的手不放。纽约各界侨领大都送了花圈，加上侨胞个人送的花圈共有1000多个，堆满整个灵堂，其情景悲哀感人。

海外华侨华人十分尊敬和热爱周恩来总理。他逝世时，从纽约到东京，从巴黎到马尼拉，众多华侨华人扶老携幼，排着长长的队伍，肃穆地进入中国驻外机构所设的灵堂，许多人失声痛哭。马来西亚槟榔屿华人大会堂主席庄汉良，得知周恩来逝世的噩耗寝食不安。他追念周恩来一生的事迹，认为他是当代世界上一位杰出的政治家，其扶持弱小民族，对抗殖民主义，为世界和平作出了极大的贡献。泰国华文报《新中原报》代表当地华侨华人为周恩来逝世，专门发表《深切悼念周恩来总理》的

① "外交官手记"——中国前常驻联合国代表团成员吴妙发：《亲历联合国哀悼周总理》，《参考消息》2001年11月22日，第12版。

社论，介绍了周恩来对外交事业的杰出贡献，赞扬周恩来“是世界争取独立、爱好和平的国家和人民的真正朋友，是中国海内外八亿人民的楷模”。[①]

自周恩来去世那天起，连日来，美国东西岸各地各界华侨华人纷纷举行追悼大会。其中1月18日在美国东岸各界举行的一次追悼大会上，当地华侨华人、留学生及美国友人1700多人参加，由杨振宁所致的悼词真切感人，全文摘录如下：

周恩来总理和我们永别了。

周总理的逝世是中国人民的巨大损失，也是世界所有维护正义的人的巨大损失。在悲痛之中，让我们来重读《毛泽东选集》中一篇文章里的几句意义深长的话：

“人总是要死的，但死的意义有不同。中国古时候有个文学家叫做司马迁的说过：‘人固有一死，或重于泰山，或轻于鸿毛。’为人民利益而死，就比泰山还重；替法西斯卖力，替剥削人民和压迫人民的人去死，就比鸿毛还轻。”

这几句话是1944年9月8日写的，在一篇叫做《为人民服务》的文章里面。

我们相信周总理的伟大就在于他的无私的、坚强的、始终不渝的为人民服务的精神。

周总理出生在1898年的旧中国。

那是一个半封建、半殖民地的社会。用鲁迅的话，那是一个吃人的社会。

中国人民被封建主义压迫得透不过气来。

中国人民在帝国主义侵略之下，在中国自己的土地上不能有自己做

① 转引自曹应旺著：《中国外交第一人周恩来》，山西人民出版社1999年版，第46页。

主的机会。

周总理从青年时代就献身于反对封建主义、反对帝国主义的革命活动。他积极参加了 1919 年的五四运动。在法国和德国勤工俭学的时间，他于 1922 年加入了新成立的中国共产党。回国以后参加了北伐战争。1927 年他是上海工人武装起义的主要领导人。他领导了南昌起义。他是江西红军根据地的主要领导人之一。他参加了历史性的二万五千里长征。他参加了抗日战争和战后全国解放战争的工作。

1949 年毛泽东主席宣布中华人民共和国成立。毛主席说："中国人民站起来了！"任何有血有肉的中国人都会了解这句话的历史性的意义。

周总理从中华人民共和国成立以来，一直担任总理的职务，到今天共计二十六年。在这二十六年之间，他不但领导了中国政府的行政，而且在国际外交上做了许多意义重大、影响深长的工作。我们在这里只简要的提到两点：第一是 1955 年万隆会议上他所提出的国际外交五原则的基本观念；第二是近年来周总理在毛主席指导下所坚持的反对国际霸权的观念。我们毫无疑问地相信这两项基本观念在未来的四分之一世纪中会被更多的国家所采用，因为它们是符合正义的，因为它们是符合世界绝大多数人民的利益的。1972 年的中美上海公报采用了这两个观念就因为它们符合中美两国人民的利益，符合亚洲人民的利益，符合世界人民的利益。

周总理逝世于 1976 年 1 月 8 日，在新中国的首都。

他贡献了他的一生，无私地为人民服务。

我们可以说，

这位伟人一生的历史，

就是新中国孕育的历史，

就是新中国诞生的历史，

就是新中国成长的历史，

他是中国人民的英雄。遵照周总理的遗嘱，他的骨灰将被撒在中国的山川土地上。

他的身体将永远散布在一个伟大国家的每一个角落。

他的精神将滋长在一个伟大民族的精神里，是这个民族的永恒的榜样。①

美国华人学者李振翩撰写悼念周总理的文章指出：

周总理去世，世界各国，都一致哀悼他，并赞扬他对于世界的贡献。周总理的伟大，是举世公认的，用不着我来说。我要提出的，是我们应该学习周总理为人民服务的精神。

周总理艰苦卓绝、谦虚友爱、鞠躬尽瘁、为国服务的伟大精神，是值得我们学习的。②

美国西海岸旧金山，华侨华人和留学生举行了纪念周恩来的会议。加拿大麦基尔大学东亚研究中心主任华人林达光即席讲话，称赞周恩来是新中国内政外交的主要设计者和执行者之一，高度赞扬他在外交上的卓著功勋，并回顾了他对华侨的亲切关怀。

美籍华人学者赵浩生，1946年在一次中外记者招待会上第一次见到周恩来，留下难忘的印象。他评价说，新中国成立后，周恩来“这面红旗不但照耀着新生进步的中国，而且辉映到全世界。26年来，周总理是八亿中国人民口中最亲切的名字。‘周恩来’三个字，不论以任何语言出现，都代表着尊敬与荣誉”③。周总理去世及悼念期间，他正在北京探亲访问，后经过香港返回美国时，接受香港《七十年代》月刊记者采访，

① 杨振宁：《哀悼周恩来总理——在美国东岸各界举行的周恩来总理追悼大会上的悼词》，载张劲夫主编《海外学者论中国》，华夏出版社1994年版，第37—39页。

② 李振翩：《追悼周总理 学习周总理》，载《周恩来纪念集》，香港《七十年代》月刊社编印，1977年版，第148、150页。

③ 曹应旺著：《中国外交第一人周恩来》，第48页。

详细介绍了耳闻目睹悼念周总理的情况——

1 月 8 日，赵浩生由北京到天津，准备去大港油田参观。9 日早晨，在天津下榻处吃早餐时，得知周总理去世的噩耗，当即流下眼泪。白天他迎着寒风参观，当看到一口油井“哗”的一声滚滚喷油的时候，他们一行流下了滚滚的热泪：既是高兴的眼泪，又是悲痛的眼泪——“我们高兴的是祖国有油了，这油来得不容易；我们悲痛的是二十多年辛辛苦苦为建设新中国而鞠躬尽瘁的一位领导人，和我们永别了”。11 日，赵浩生回到北京，没有赶上向周总理遗体告别。下午四时，赶上周总理的遗体从北京医院送八宝山火化。他看到长安街两边密密麻麻地站着十几层人，在凝重的空气中都朝一个方向望着：“当灵柩经过的时候，整个长安大街一片哭声，大家哭在一块，都哭出了声音。”“已是晚上七八点钟了，温度是零下七度到十度，长安街还有人在那里哭泣。”12 日，赵浩生参加了人们自发地在天安门吊唁周总理的活动；13 日，他带着夫人儿子又参加了人民文化宫的吊唁活动。一家三口人，随着缓缓人群默默地走进太庙，慢慢地走到最后一个大院——太庙正殿，他们看到正中间有一行白底黑字写着：“中国人民伟大的无产阶级革命家、杰出的共产主义战士周恩来同志永垂不朽！”踏上台阶，赵浩生心情激动，不停地流泪，视线模糊，直奔周总理的遗像和骨灰盒前鞠躬。当他抬头注目总理的照片时，看到下面有一个小花圈，右边写着：“悼念恩来战友”；左边写着：“小超哀献”。再次哭了起来。[①] 据赵介绍，周总理逝世期间，他在北京逗留的几天里，每时每刻都沉浸在悲痛之中，不知流了多少泪水。

周恩来逝世不久，即 1976 年 4 月，杨振宁回中国大陆访问。15 日

① 赵浩生：《在北京吊唁周恩来总理》，载《周恩来纪念集》，香港《七十年代》月刊社编印，1977 年版，第 212、214 页。

上午，邓颖超在人民大会堂江苏厅会见了他。当谈到周总理时，杨动情地说，我对周总理不仅非常敬佩，还有一种难以用语言形容的感情。当我从广播中听到周总理逝世的消息时，我十分悲痛，但我还能控制自己。但当我听到周总理遗言要把骨灰撒到祖国的江河里和土地上时，立即在我心里引起十分强烈的有感情与理智的冲突，我实在控制不住自己了。说到这里，杨失声痛哭。[①] 这泪水饱含着他对周总理的崇高敬意和真实情感！

一代伟人逝去，为后人留下深情的怀念。周恩来逝世一周年，海外各地华侨纷纷举行各种怀念活动，寄托无限哀思。

1977 年 1 月 8 日晚，菲律宾华侨体育促进会在某体育馆召开“敬爱的周总理逝世一周年纪念集会”，500 多人与会。大家先是向周总理默哀三分钟。随即，会议主席邱仁士在会上讲了话。他对周总理为中国人民和世界人民的革命事业而奋斗的一生表示衷心的敬意。他说，周总理高尚的革命榜样，永远值得我们学习。翌日，东方体育会也举行了纪念周总理逝世一周年的座谈会。与此同时，一些华侨向中国使馆敬献花束。有的系在花束上的挽带上写着：“为纪念周总理逝世一周年，献上花束，以志永远怀念。”

与此同时，远在大洋彼岸的美国纽约各界华侨包括台湾籍华侨也举行了纪念周恩来总理逝世一周年大会，1200 多名各界华侨怀着对周总理的无限哀思参加了纪念活动。著名美籍华人物理学家杨振宁及著名学者王浩及美中协会的一些朋友前来与会。会场主席台正中悬挂着周总理的遗像，两侧走廊展出了许多幅周总理光辉战斗一生的图片。大会还出版纪念特刊，登载许多悼念周总理的诗词、文章和图片。大会由梅子强主持。老华侨黎法兴，芝加哥大学教授何炳棣，以及刚访问过祖国的叶南

---

① 曹应旺著：《中国外交第一人周恩来》，第 51 页。

等人先后在会上讲话。他们热烈颂扬周总理一生的丰功伟绩和高尚品德，愤怒谴责和声讨“四人帮”蓄意陷害周总理的滔天罪行。已退休的前哥伦比亚大学教授74岁的蒋彝，在会上对比旧中国经历的种种苦难和新中国欣欣向荣的景象。他说，每当想起中国这些天翻地覆的变化，怎能不使人无限怀念毛主席和周总理披荆斩棘、领导革命、创业建国的巨大功绩！他颂扬周总理忠实执行毛主席的革命路线，一心为革命一心为人民。叶南说，我们今天在此怀念周总理，也怀念周总理所关怀的台湾同胞。我们相信，全国同胞大团聚，祖国领土大统一的日子一定会来临。我们海外爱国侨胞一定要和祖国八亿同胞共同努力，作出贡献，来告慰周总理，纪念周总理。带着家人孩子一起来参加纪念会的旅美台湾女侨胞黄明玲在会上怀着深厚的感情发言说，我们尊敬周总理，爱戴周总理，因为他把一生的精力都贡献给国家，贡献给人民。周总理关怀台湾同胞，在他逝世前几年，凡是回国参观的台湾同胞，他总是在百忙中抽空会见。他念念不忘解放台湾，统一祖国大业。她说，一年前，周总理不幸去世。他的骨灰在撒到祖国大地之前，特别停放在人民大会堂台湾厅，它的意义是多么深长！今天我们纪念周总理，一定要学习他的光辉榜样。我们一定要解放台湾，统一祖国。老华侨黎法兴也在会上回忆了1972年回国参观时荣幸地受到周总理亲切会见的情形。他说，周总理一生对海外华侨一直非常关怀。随着新中国的成长和强大，海外华侨的地位也提高了。海外华侨无限敬爱和悼念周总理。大家一定要努力学习和发扬周总理为祖国的革命和建设事业奋斗终生，一心为公、任劳任怨、毫不利己、专门利人、全心全意为人民服务的精神。

同日，法国700多名各界华侨集会纪念周恩来总理逝世一周年。纪念大会由旅法华侨俱乐部主任杨鹤主持。纪念会首先演奏中国国歌和《东方红》乐曲。之后，全体与会者肃立，向周恩来总理遗像默哀一分钟。旅法华侨俱乐部负责人张璧山首先在大会上讲话。他在讲话中高度赞扬周恩来总理的丰功伟绩。他说，周总理“在建党、建军、建国、统一战线和新中国的社会主义革命、社会主义建设、外交等方面都作出了不可磨灭的贡献，建立了不朽的功勋”。他还赞扬周总理的高尚品德。他说，周总理无私忘我，任劳任怨，坚韧不拔，不知疲倦，光明磊落，顾全大局；对敌斗争立场坚定，奋不顾身，机智勇敢；对人和蔼，满腔热情，平易近人，联系群众。旅法华侨俱乐部负责人厉言在纪念大会上，以大会名义宣读了给邓颖超的致敬电。致敬电表示，旅法爱国华侨要学习周总理的光辉榜样，紧跟华主席为首的党中央的部署，和全国同胞统一步伐，狠批“四人帮”，为华侨的爱国大团结作出应有的贡献。同日，英国华侨在伦敦举行集会，纪念敬爱的周恩来总理逝世一周年。英国各界朋友、旅英爱国华侨 1200 多人参加了纪念集会，华侨知名人士格林在集会上发表了讲话。他说，“这么多的人聚集在这里的这一事实足以证明周恩来不仅在中国，而且受到全世界人民无限尊敬和爱戴”。他说，“我同他会见过几次，像会见过他的每个人一样，我不仅被他敏锐的智慧，而且也被他的忠贞纯洁和他对中国人民和全世界被压迫人民事业的献身精神而感动”。与会的侨胞表示，敬爱的周总理是毛主席的亲密战友，是久经考验的伟大的无产阶级革命家。他无私地把自己的一生献给了中国的革命事业和全世界被压迫人民的革命事业。旅英爱国华侨对周总理十分尊敬和爱戴，他永远活在爱国华侨的心中。①

世界各地华侨华人为周恩来举行的各种悼念和纪念活动，难免带有那个时代的政治色彩和烙印，但他们对周恩来的怀念之情是真挚的。

（十三）深切的海外周恩来情结

1998 年 2 月 28 日，周恩来百年诞辰之际，美国纽约卡内基音乐厅专

---

① 《海外华侨怀念周总理拥护华主席声讨“四人帮”　旅居菲律宾、美国和法国华侨集会纪念周总理逝世一周年》，《人民日报》1977 年 1 月 11 日，第 5 版。

门举办了一场音乐会加以纪念。音乐会是由美中人民友好协会、美中经贸促进会、纽约中国和平统一促进会和美中关系基金会联合主办的。男高音歌唱家刘捷演唱的《周总理，你在哪里》怀念歌曲，把音乐会引向高潮。美国前总统国家安全事务助理、国务卿基辛格致信音乐会，表达他对周恩来总理的怀念之情。他在信中写道：

我无法与你们一起纪念周恩来百年诞辰，颇感怅然若失。若非早已安排到海外旅行，我一定不会错过这个难得的机会，定会和大家一起，共同颂扬本世纪最重要的人物之一周恩来非凡的一生。

我在1971年第一次见到周总理，我非常敬佩他，喜欢他。他精于治国之道。他别具慧眼，在没有几个人能了解到美中走合作道路最符合两国相互利益的时候，他就有此先见之明。他机智过人，学识渊博，幽默开朗，我十分珍视与他的友谊。

今天下午的音乐会让美中两国艺术家共聚一堂，歌颂周恩来留给我们的友好关系。以此追思我们尊敬的人，是最适当不过的。①

基辛格致信音乐会，是音乐的一个特殊插曲。

介绍周恩来在华侨华人中的影响，不能不提及韩素音及其著作《周恩来与他的世纪（1898—1998）》。20世纪三四十年代，著名的美国记者埃德加·斯诺撰写的《红星照耀中国》一书，冲破重重封锁，把神秘的中共中央所在地陕北延安及中共领袖毛泽东等首次介绍到西方，在世界引起轰动。70年代，英国作家韩素音的名字在中国广为人知，关于她的报道和她与毛泽东、周恩来等中国领导人的照片不时出现在媒体上，并通过她的作品把特殊时期的中共领袖尤其是周恩来真实地介绍给西方。因此，在某种程度上可以说，韩素音成为继埃德加·斯诺之后向西方介

① 符福渊、毛众役：《纽约举办纪念周恩来百年诞辰音乐会 基辛格致信表达怀念之情》，《人民日报》1998年3月2日，第6版。

绍“神秘中国”及其领袖的文化人。

与埃德加·斯诺的纯外国血统不同，韩素音是中外混血：父亲是中国客家人，母亲是比利时人。她生于河南，在四川、北京长大；曾在比利时和英国（伦敦）求学；相继在中国香港、马来西亚行医 18 年，48 岁弃医从文，成为专业作家，而她关注、书写最多的则是中国，又以书写中国领袖而著名，尤其是有关周恩来的著作影响最大。她的第一任丈夫为国民党军官，1947 年国共内战中在东北战场阵亡，由此她对蒋介石政权不抱好感，而对 1949 年建立的中共领导的新政权“感到害怕”。1956 年，韩素音与早年燕京大学同学、时任外交部新闻司司长的周恩来助手龚澎取得联系，龚澎请她回国看看。6 月，韩素音回国，并在中南海西花厅受到周恩来、邓颖超的亲切会见，两个小时的谈话，令她对周恩来终生难忘，成为周的铁杆粉丝，如她自己所说，“这次谈话改变了我的一生”①。从此以后，她频繁地往返中国和其他国家，认为自己可以在中国和其他国家之间架起一座桥梁。自 50 年代中期起，她举办了 2000 多场演说，主题均是中国，可以说其与中国结下半生缘。韩素音见多识广，频繁回国，自然与中国领导人交往密切，毛泽东、周恩来、邓小平等党政主要领导人多次接见过她，进行深入交谈。1972 年，她为毛泽东立传，称赞毛为“理论联系实际的创造天才”②。而她最崇拜的还是周恩来。她以崇敬的心情表示：“拿周恩来和世界上许多伟人如拿破仑、罗斯福作比较，我只能说就人格品德而言，这些人都不能望其项背。”“他受到了全世界的钦佩和尊敬”。周恩来逝世时，韩素音无比悲痛，如她自己所说：“听到他逝世的噩耗时是我一生中最悲痛的时刻，甚至超过了我父亲

① ［英］韩素音著，王弄笙等译：《周恩来与他的世纪（1898—1998）》，中央文献出版社 1992 年版，译文第 2 页。

② 黄薇：《为毛泽东和周恩来作传记 混血儿韩素音因书写中国红遍世界》，《国家人文历史》2013 年第 1 期（1 月上，总第 73 期）。笔者未见过国内有关韩素音为毛泽东撰写的传记。

去世时我难过的心情。”[①] 征得邓颖超的同意，她着手撰写周恩来的传记。她懂得，“传记作家必须控制自己的情感。过分流露情感会影响传记本身的作用”。所以，她在撰写周恩来传记时，尽量摈除个人感情，自以为做到这些，但实际上仍难以避免。这从她与美国出版商的对话可以体现出来：“我的美国出版商曾问过我，‘难道你就找不出他的一点毛病吗？’我回答说：‘我说过，而且花了很大力气找过，可我找不到任何你想要的东西，譬如不为人知的恶习、贪婪……他全都没有。他从来不谋私利。他是一个名副其实的有彻底精神的革命者。’”[②]

经过多年的艰辛努力，一部 40 万字的《周恩来与他的世纪（1898—1998）》终于问世，这部著作在中国尤其是国际上产生了良好的影响。韩素音为周恩来写传记，当然是有她自己的原则的。在书里她曾几次介绍自己与江青见面的情况，江青曾有意让韩为她立传：“你写我的传记，对我们两个女人都意义非凡，你看如何？”[③] 韩觉得江青自私、品质低劣，但又难以推托，翌日便不辞而别，让江青非常生气。后来她让美国教授维特克口授自传《江青同志》（被译为《红都女皇》）。

韩素音对于中国政治的认识有时也处于矛盾中，如“文化大革命”开始后，她被大字报诬为“美帝国主义的代理人”，并一度规定不准她入境，但 1976 年她回国探亲时却称赞“文革”是“创造性的历史伟业”。中国改革开放后，韩素音持赞成态度，认为邓小平是“周恩来的继承者和接班人”，“邓小平实施的现代化和改革的政策，就是周恩来逝世前所宣布的伟大创议的继承和发展”。[④]

---

① ［英］韩素音著，王弄笙等译：《周恩来与他的世纪（1898—1998）》，第 2 页。

② ［英］韩素音著，王弄笙等译：《周恩来与他的世纪（1898—1998）》，第 2 页。

③ 黄薇：《为毛泽东和周恩来作传记 混血儿韩素音因书写中国红遍世界》，《国家人文历史》2013 年第 1 期（1 月上，总第 73 期），第 81 页。

④ ［英］韩素音著，王弄笙等译：《周恩来与他的世纪（1898—1998）》，第 544 页。

2012年11月2日，96岁高龄的韩素音在瑞士洛桑家中辞世。中国驻瑞士大使出席了葬礼，称她是“中国人民的老朋友”。在此笔者还要补充一句，她作为外籍血统的华人，为周恩来研究留下了独特的厚重成果。

周恩来总理逝世多年后，海外华侨华人仍然在怀念他。1996年3月4日，周恩来逝世20周年、诞辰98周年之际，为了缅怀他的丰功伟绩，法国欧华文化交流协会在巴黎法国华裔互助会总部举办周恩来总理生平革命事迹图片展览。法国200多位侨领和知名人士出席了剪彩仪式。86岁高龄的法国华人艺术家戴顽君向前来参观的年轻人介绍展览。

说起周总理，戴顽君老人双眸顿时炯炯有神，闪现出无限崇敬的神情。他对周总理可称毕生心仪。早年他在天津上小学的时候，正值周恩来在南开学校组织“觉悟社”。当时虽不可能结识周恩来，但在忆述自己经历时，每每喜欢忆及。最令他难忘和珍惜的经历是，1938年，在武汉抗战训练团两次聆听周恩来关于游击战的演讲。周恩来雄辩的口才和迷人的风采，折服了所有听众。1945年抗战胜利，戴顽君随中国代表团赴越南接受日军投降后，便受聘于越南美术学院任教20多年。其间，他耳闻目睹新中国在毛泽东主席、周恩来总理等一代伟人的领导下站立起来，并逐步走上了复兴之路，心中始终怀有景仰之情。1976年元旦过后不久，周总理壮志未酬身先死，戴顽君陷于极度悲痛之中。自那时起，他决心以象牙微雕的形式纪念中华民族的这一伟人，计划在周总理百年冥寿时完成他的象牙微雕。

20世纪70年代初，戴顽君为继续自己的艺术生涯，应友人之邀定居巴黎。来法后稍事安顿，他便投入了艺术创作。他以独具一格的象牙微雕艺术蜚声中外，人称“神眼魔刀”。象牙微雕艺术先是于五六十年代风靡东南亚，后又于七八十年代轰动欧洲。戴顽君居住在巴黎北城一套极普通的公寓里，与室内陈旧的家具相比，藏书字画十分丰富、精美。在立志完成周总理象牙微雕愿望后，他在欧洲各地及中国国内，广泛搜集和整理有关周总理生平的文字与图片资料。开始雕刻后，由于多年劳累过度，手指肌肉萎缩，关节风湿病严重，几经中断，原准备在周总理逝世十周年之际赠送给周总理纪念馆的夙愿未能实现。直至 1988 年，在一块六七厘米见方的象牙片上，微雕 5000 余字和 20 多幅图片的浩繁工程才初具规模，可谓“小雕塑大工程”。是年秋天，他欣喜地将这件名为“缅怀周总理伟大的一生”的象牙微雕艺术珍品带回国内。孰料旅途中由于行李搬运不慎，象牙片被压裂，十几年的心血就这样付诸东流了。

从那时起，又是十年。在这十年中，戴老毫不气馁，重新拿起刻刀，又从第一个字刻起。对于一位身患多种疾病、年逾八旬的老人来说，这是何等的艰难啊！从事象牙微雕，要凭非凡的“三力”，即心力、眼力和手力：心力要求在夜深人静、万籁俱寂的时候，排除一切杂念，全神贯注；眼力要求高度凝聚于一点，丝毫不失；手力要求全身气力运聚于指端，其蕴含之力往往数倍于雕刻用力。戴老的手疾和白内障，严重影响其艺术功力的发挥。在“三力”不济之时，只能停刀，否则将前功尽弃。这样，刻刻停停，停停刻刻，直至 1997 年春天，这一作品才又一次接近完成。然而，老人的白内障日渐严重。为了能够赶在 1998 年 3 月 5 日周总理百年诞辰前献给祖国人民，心急如焚的戴老毅然决定接受白内障手术。1997 年 10 月，右眼手术十分成功。随即接受手术的左眼，因操之过急而迟迟未能痊愈。直到 1998 年 2 月记者采访时，作品尚未最后完成。戴老向记者展示了这一惊世佳作。在六七厘米见方的一块米黄色象牙片上，镌刻着 5000 多个汉字，20 余张图片，记述了周总理自淮阴诞生、南开读书、法国留学、黄埔执教、北伐战争、万里长征、抗战建国直至出任新中国总理二十六载，为国为民鞠躬尽瘁、死而后已的光辉一生。

谈及他二十年如一日、锲而不舍的力量源泉，戴老说，那就是周总理直至生命最后一息，毫不利己、一心为民的献身精神。多年来他一直精心保存着一盘北京曲艺磁带，唱的是理发师朱师傅在为周总理最后一次理发时，深情怀念他事事处处为人民的高尚情操。戴老说，每当他遇到困难时，就听听这个唱段，想想周总理，浑身就有使不完的劲儿。老人邀记者一起听一遍，曲未过半，他已老泪纵横。曲毕，他泣不成声地说："未能在周总理百年寿诞前完成这件作品，真是一大憾事！我今年虽已 88 岁，但一定要在有生之年把它雕完！"[①]

笔者未见到相关资料和线索，不知戴老的象牙微雕作品是否完成，但结果并不重要，关键是一颗真诚的心，这里权且留个悬念吧。

---

① 果永毅、杨汝生：《一片深情颂周公——访旅法艺术家戴顽君》，《人民日报》1998 年 2 月 24 日，第 6 版。

三、刘少奇国家视野中的侨务问题

作为以毛泽东为核心的第一代中共中央领导集体重要成员的刘少奇，曾长期担任党和国家的重要领导人。新中国成立后，刘少奇担任中央人民政府副主席，1954 年在第一届全国人民代表大会第一次会议上，当选为全国人大常委会委员长，1959 年在第二届全国人大第一次会议上当选为国家主席，1956 年中共八届一中全会上当选为中共中央副主席。然而，据目前笔者掌握的研究情况，有关刘少奇与华侨关系的资料殊少，其与华侨直接交往的资料更少，其中主要是《建国以来刘少奇文稿》（中央文献出版社出版，共七册）收录的刘少奇的大量信函中，零星涉及这方面的内容，至于新中国成立前，刘少奇与华侨交往的零星资料也无从见到，当然，也没有见到相关研究成果。出现这种情况的原因，笔者推断，这主要是与党和国家领导人的工作分工有关系，刘少奇负责的是国家的政务工作并侧重分管组织工作。

（一）制定国家大政方针统筹侨务问题

从目前见到的有关刘少奇与华侨交往的零星资料考察，主要是他在制定国家方针政策中直接或间接涉及侨务问题。

据初步考证，刘少奇最早与华侨交往的记载是 1949 年 6 月 7 日和毛泽东、周恩来一起在北平香山双清别墅会见南洋侨领陈嘉庚，就国内外局势等问题进行了交谈。[①] 毛泽东、周恩来邀请陈参加即将召开的中国人民政治协商会议及即将成立的新的国家政权机关，但未见刘少奇的谈话

① 中共中央文献研究室编：《刘少奇年谱（1898—1969）》下卷，中央文献出版社 1996 年版，第 214 页。

内容。

关于参加第一届中国人民政治协商会议的党派团体代表，刘少奇有过几次阐述，明确华侨是其中一个方面的代表。如1949年4月7日，刘少奇代表中共中央给联共（布）中央斯大林的报告，其中介绍了正在筹备召开的新政协情况，报告指出："新的政治协商会议，不是由共产党一个党或少数几个党发起召集，而是由中国一切民主党派及人民团体与少数民族和海外华侨共廿三个单位共同筹备与召集，这种方式，使党外人士非常满意。"① 接着，刘少奇介绍了政协筹备会组成情况，政协筹备会决定将来参加新政协的党派14个，代表142人；地区代表102人；军队代表60人；人民团体及少数民族与海外华侨代表206人。总共45个单位，510名代表。刘少奇表示："我们认为中国的政治协商会议，是中国革命民族统一战线的为群众所熟悉的新的便当的组织形式，准备使其成为经常的组织。"② 这表明人民政协是民族民主统一战线性质的机构，并且将长期存在。这一主张与毛泽东、周恩来的思想是一致的。

1949年9月21日，中国人民政治协商会议第一次会议开幕，刘少奇代表中共中央在会议上作了题为《加强全国人民的革命大团结》的讲话，讲话申明："中国共产党从它产生的时候起，就为中国人民的革命大团结奋斗，在今后，它也一定要继续为这种大团结而奋斗。因此，中国共产党一定要为人民政治协商会议的成功及其发展和巩固而进行不懈的努力。中国共产党以一个政党的资格参加人民政治协商会议，和其他各民主党派、各人民团体、各少数民族、国外华侨及其他爱国民主分子一起，在新民主主义的共同纲领的基础上忠诚合作，来决定中国一切重要的问题。凡是中国共产党参加并一道通过的人民政治协商会议的决议，中国共产

① 中共中央文献研究室、中央档案馆编：《建国以来刘少奇文稿》第一册，中央文献出版社2005年版，第4页。

② 中共中央文献研究室、中央档案馆编：《建国以来刘少奇文稿》第一册，第4—5页。

党将坚决地执行并为其彻底实现而奋斗。中国共产党将为人民政治协商会议的最高威信而奋斗，不允许任何人来破坏人民政治协商会议。这就是中国共产党对人民政治协商会议今后所要采取的态度。我们也希望各民主党派、各人民团体、各少数民族、国外华侨及其他爱国民主分子以至全国人民，对今天开幕的人民政治协商会议也采取同样的态度。”① 这表明，中共要认真实行政协纲领，在政协中起表率作用；同时也希望其他民主党派、人民团体、少数民族及国外华侨共同执行《共同纲领》，维护人民政协的权威。

以上这些充分说明，刘少奇明确主张将海外华侨作为中国人民政协一个方面的代表并发挥其参政议政作用，而且认为华侨是新中国人民民主统一战线的组成部分。此后，他仍一贯坚持这一思想。如 1956 年他在中共八大所作的政治报告中，继续重申并强调这一思想，他说：“随着我国社会主义事业的胜利发展，我们的人民民主统一战线的范围将愈来愈广泛。对于少数民族的上层人士、宗教界的爱国人士和其他有各种社会影响的爱国人士，我们都应当继续坚持同他们的团结。海外各地的爱国华侨也是统一战线的组成部分，我们必须继续团结他们。总之，我们的任务就是使一切积极因素都能够动员起来，使他们对于建设社会主义的事业都能贡献一份力量。”② 与以往相关表述不同，刘少奇在中共八大政治报告中，不但把爱国华侨作为统一战线组成部分单列出来，而且强调“必须继续团结他们”，在程度上有所递进。

与毛泽东、周恩来等党和国家领导人的侨务思想一致的是，刘少奇也鲜明地主张保护华侨的正当权益，切实执行《共同纲领》有关这方面的规定。1950 年 1 月泰国发生了一起残忍地迫害华侨事件——一些泰国

① 中共中央文献研究室、中央档案馆编：《建国以来刘少奇文稿》第一册，第 70—71 页。

② 刘少奇：《中国共产党中央委员会向第八次全国代表大会的政治报告（之四）》，《人民日报》1956 年 9 月 17 日，第 4 版。

华侨聊天中赞扬毛泽东和中国共产党领导中国革命取得胜利，非议国民党蒋介石的腐败专制行径。由于泰国侨社中国民党势力及影响较强，泰国政府对中共领导建立的新政权采取不友好态度，结果这些倾向新中国的华侨被泰国军警投进监狱，有些人被驱逐出境。投进监狱者被戴上手铐脚镣，遭到惨无人道的摧残蹂躏，有 10 多人被折磨致死。惨遭迫害的侨胞无奈，推出代表方泾南等五人，致函国家主席毛泽东，副主席朱德、刘少奇、宋庆龄、李济深、张澜、高岗和政务院总理周恩来，向他们紧急求救。1 月 18 日，新华社华南分社经总社将泰国难侨的信转呈中央人民政府。1 月 20 日，刘少奇在信上批转给中共中央宣传部副部长胡乔木："乔木：发表。外交部提抗议，要求立即停止虐待，立即释放。并由外交部代主席拟一慰问电答复他们。各文件均经审查后发表。"[①] 遵照刘少奇的批示，1 月 26 日，中国外交部副部长李克农致电泰国政府，代表中华人民共和国中央人民政府反对泰国政府非法拘留华侨，对虐待行径表示强烈抗议，并声明中国政府保留提出要求的一切权利。电报指出，本人认为，泰国政府应对此种暴行担负全部责任。要求泰国政府立即停止对被拘押华侨的虐待行为；立即释放被拘押的华侨，并停止驱逐华侨出境；保证以后不再发生同样事件。[②] 刘少奇的批语及中国政府对泰国迫害华侨事件的处理，体现了其保护华侨的主张和行动。

对于取消华侨双重国籍问题，未见刘少奇有直接论述，但从间接论述中可以看出，他是赞同中国政府和印尼政府签订的关于取消双重国籍问题的条约、赞同取消华侨双重国籍的政策的。1960 年 9 月下旬，印尼驻中国大使苏卡尼·卡托迪维约偕大使馆外交官员向刘少奇（时为国家主席）递交国书，双方进行了会谈，刘少奇说："最近一个时期，虽然两

---

① 《对一封被难华侨给毛泽东的信的批语》，中共中央文献研究室、中央档案馆编：《建国以来刘少奇文稿》第一册，第 378 页。

② 中共中央文献研究室、中央档案馆编：《建国以来刘少奇文稿》第一册，第 379 页。

国之间在华侨问题上发生了一些暂时的和局部的困难，但是，我们相信这不应该成为我们两国友好合作的障碍。我高兴地看到，现在两国政府已经就关于双重国籍问题条约的实施办法达成了协议，条约即将付诸实施，这就为全面和合理地解决我们两国之间的华侨问题铺平了道路。”从中可以看出刘少奇对双重国籍的明确态度。印尼驻华大使听了刘少奇讲话后，作出某种积极回应说：“印度尼西亚和中国两个国家和民族之间的关系，最近由于华侨问题而遇到一些障碍，这的确是一个事实。但是，正如苏加诺总统在我宣誓就职为驻中华人民共和国大使的典礼上所提到的，华侨问题是一个暂时性的小问题，本着双方的良好愿望，是可以满意地解决的。我们对中华人民共和国也具有同样的立场而感到高兴。”①会谈反映出刘少奇对于解决双重国籍问题所持的积极态度。

（二）立足于实际执行侨务政策

刘少奇充分尊重华侨拥有并行使自己的权利。这从陈嘉庚在第一届全国人民代表大会第一次会议听取刘少奇关于中华人民共和国宪法草案报告后的发言中可以体现出来，发言说：

这个宪法草案，是毛主席为人民服务数十年来的经验，历多月而写成的；并于本年三月起至六月中旬止，历三个月，由中国人民政治协商会议全国委员会以及各大行政区，各省市领导机关，各民主党派、人民团体等八千余人参加讨论修改，成了优美完善、符合国情的伟大宪章。但是毛主席为了要更广泛征求全国人民对宪法草案的修改意见，由六月十五日起，颁布全国人民进行讨论、尽量提出修改意见，迄今复历三个月，远如海外华侨亦有充分时间可以参加讨论和提出自己的意见。但在那里因为环境和祖国不一样，不能像我们国内这样组织开会讨论，就是想写信回来也有困难。因此远在海外的华侨不能提出更多的意见，至于

① 《印度尼西亚新任驻华大使 向刘主席递交国书》，《人民日报》1960年9月27日，第1版。

选举代表，也是有困难的。在有些帝国主义国家，他们借国际法的干涉，不能允许我们在那里进行选举代表，要选举代表就要坐船到公海去，我们华侨这样多，要坐船到公海去选举是困难的，做不到的。即使我们要这样做，他们也是要干涉的，甚至可能就不给我们再回去。尤其是在今天我们祖国一天一天进步和强盛起来，因而帝国主义也就越妒忌和敌视我们。①

陈嘉庚进而充满信心地表示："这个宪法公布实行后，不但全国人民热烈欣庆，海外千余万侨胞亦必欢欣鼓舞也。"

对于刘少奇所作的关于宪法的报告，印尼华侨代表叶贻东发言表示："我以印度尼西亚华侨代表的身份，热烈拥护刘少奇委员关于宪法问题的报告。我国宪法序言中指出：'我国根据平等、互利、互相尊重领土主权的原则同任何国家建立和发展外交关系的政策已经获得成就，今后将继续贯彻。在国际事务中，我国坚定不移的方针是为世界和平和人类进步的崇高目的而努力。'这一关于领导我国在国际关系上的努力方向和政策，对长期居留在国外的华侨，特别具有重大的意义。"②

新中国建立初期土地改革中涉及侨乡土改政策问题，引起刘少奇的重视。1950 年 7 月 15 日，刘少奇就闽粤两省起草土地改革中处理华侨土地和房屋条例，分别致电华南分局并中南局、华东局转福建省委，电文指出："在土地改革中如何处理华侨的土地和房屋，在土地改革法第廿四条规定由大行政区或省人民政府另定适当办法处理之。中央现决定由广东、福建两省各起草一个在土地改革中处理华侨土地房屋的条例草案于一个半月内送中央审查，经中央修改批准后，再由华东、中南两军政委

① 《在第一届全国人民代表大会第一次会议上代表们关于宪法草案和报告的发言（之二）》，《人民日报》1954 年 9 月 17 日，第 3 版。

② 《在第一届全国人民代表大会第一次会议上代表们关于宪法草案和报告的发言（之二）》，《人民日报》1954 年 9 月 17 日，第 3 版。

员会或广东、福建两省人民政府公布施行。”[①]这份电报内容反映出刘少奇对侨乡土改既重视又慎重，并采取稳妥措施，即先安排主要侨乡闽粤两省政府分别起草条例报中央，再经中央综合参考、修改批准后施行。9月18日，刘少奇致函中央政策研究室副主任廖鲁言，指出：“关于华侨土地处理办法，广东福建草案均已报来，请即加研究，并加修改送我。两个草案可合成一个，也可分成两个分由两省政府颁布，但大体应该一样。为此，你并可与侨委同志共同研究，惟须从速办理。”[②]根据刘少奇的指示，廖鲁言与中侨委副主任廖承志协商拟出《土地改革中对华侨土地财产的处理办法（草案）》，于10月13日报送刘少奇审阅，11月6日由政务院正式公布施行。其中第十一条规定，本办法经中央人民政府政务院制定，由有关大行政区人民政府（军政委员会）公布施行；华侨较多地区的省人民政府，得根据本办法拟定补充实施办法，经大行政区人民政府批准施行。刘少奇要求，侨乡土改条例由侨乡政府部门起草，上报中央后，又由中央政策研究室与侨务主管部门协商修改拟定条例，再送刘本人修改后公布施行。经过如此上下左右的综合平衡，政策的制定臻于完善，体现了刘少奇对于制定侨乡土改政策的审慎严谨态度。

作为党和国家的重要领导人，刘少奇不但在制定有关国家的大政方针中，对于涉及侨务问题采取慎重稳妥的态度，在处理具体的侨务问题时也注意倾听和吸收当事人的合理建议。这从他处理一封反映华侨或侨乡问题的电报批示中可见一斑。1950年1月12日，一位署名曼华的作者致电中共中央统战部并转华南分局第三书记方方（党内长期从事侨务工

---

① 刘少奇：《中央关于由粤闽两省各起草一份土改中处理华侨土地和房屋条例草案的电报》（1950年7月15日）。中共中央文献研究室、中央档案馆编：《建国以来刘少奇文稿》第二册，中央文献出版社2005年版，第288—289页。

② 刘少奇：《关于研究颁布土地改革中华侨土地财产处理办法给廖鲁言的信》（1950年9月18日）。中共中央文献研究室、中央档案馆编：《建国以来刘少奇文稿》第二册，中央文献出版社2005年版，第430—431页。

作的领导人），据电报内容判断，发报者应该是一位华侨或与华侨有关系者，电报反映：近来侨胞家属来信，多有停止寄款与拒绝收款的事情发生，原因是港币、南方券和铜元之间的比价不合理，几经兑换，侨眷最终收不到四成钱，因此建议：第一，发行侨汇券，一元侨汇券等于一元港元；第二，禁止港币和南方券流通，考虑收回南方券，统一于人民币；第三，直接以暹铢折合人民币，暹铢侨汇可以转为英镑、美金或祖国所需要的物资；第四，废止原币汇款，统一折合人民币，但为照顾侨胞，政府可按时按价贴水。电报还建议：关于潮、汕粮食问题，这个地区米价甚便宜，多在潮阳、海门一带流出。政府应加以调剂，及时收购，勿使谷贱伤农，或几个月后无米接济。①

这份电报辗转上报刘少奇后，1 月 20 日，刘少奇批转相关领导人陈云、薄一波处理，批示道："侨汇问题请加指示。广东粮贱，香港粮贵，似应指示广东征粮。据说香港华侨吃广东粮，广州人吃暹罗粮，果如此，似可以暹粮换出广粮。"② 刘少奇的批示，实际上采纳了电报中的某些建议，并进一步提出处理意见。

从目前见到的刘少奇与华侨直接交往的资料中，有两件关于陈嘉庚的批件，一件是 1950 年 1 月 21 日《对陈嘉庚出国问题的批示》，批示说："因陈与英国有特殊关系，出国只有［要］我们允许，英即不会留难。故我允许陈去为宜。请外交部即电福建和广州办理。"批示接着说："昨何香凝先生有电给陈，要陈来京，可商何先生，不必留陈或来京。"③ 这个批件是 1 月 19 日中共华东局向中央转报福建省 1 月 18 日关于陈嘉庚出国手续问题的请示，请示说，陈嘉庚拟由福建经广州赴南洋，请外

① 电文参见中共中央文献研究室、中央档案馆编：《建国以来刘少奇文稿》第一册，第 380—381 页。"暹铢"为泰国货币。

② 中共中央文献研究室、中央档案馆编：《建国以来刘少奇文稿》第一册，第 380 页。

③ 中共中央文献研究室、中央档案馆编：《建国以来刘少奇文稿》第一册，第 388 页。

交部办好手续直送广州。这个批件反映出刘少奇为陈嘉庚办理出国手续提供方便及处理事情的灵活性。

另一件是刘少奇 1955 年 6 月 28 日给陈嘉庚的电报，要福建省人民政府转给陈，电报说："全国人民代表大会第二次会议将讨论第一个五年计划和国家预决算等重要议案，事关我国工业化，意义重大，务请届时出席为盼。何时动身？请先电告。"① 这封电报则说明在事关国家大政方针上，刘少奇对侨领陈嘉庚意见的重视，亲自给陈致电请他参加人大二次会议。1956 年 6 月 5 日，刘少奇同周恩来联名致信陈嘉庚："全国人民代表大会第三次会议拟于六月十五日以前举行。此次会议中心议题为国家财政预算和决算，高级农业合作社章程，请即来京出席会议。"② 因陈嘉庚虽为国家领导人，但较多住在家乡福建厦门集美，有国事活动需要通知。刘少奇身为全国人大常委会委员长和国务院总理周恩来联名致信陈嘉庚参加会议，显示对党外人士的尊重。

还有一件批语，虽然很简单，但可以反映出刘少奇处理侨党问题的态度。1954 年 12 月 14 日，中央组织部和中央对外联络部向中央和刘少奇报告说：截至 1953 年 6 月，曾参加马来亚共产党而被驱逐回国的华侨约 800 人，据了解，他们在学习和工作上一般说还比较努力，并普遍要求恢复党籍和过组织生活，但除个别的加入中国共产党并有七八人由在京的马来亚共产党代表与其保持联系外，其余绝大多数的党籍问题迄今仍没有解决，因为他们没有马来亚共产党的介绍手续。我们的意见是：经本人要求，凡历史清楚、政治上绝无问题、具备中共党员条件者，按党章规定手续，可吸收为中共党员；其过去的马共党员历史，可当为革

① 中共中央文献研究室、中央档案馆编：《建国以来刘少奇文稿》第七册，中央文献出版社，第 242 页；另见中共中央文献研究室编：《刘少奇年谱（1898—1969）》下卷，中央文献出版社 1996 年版，第 368 页。

② 中共中央文献研究室编：《刘少奇年谱（1898—1969）》下卷，第 368 页。

命历史看待，但不再保留马共党员身份。如中央同意这个处理办法，我们就依此与他们商谈，在取得他们同意后，即通知有关单位办理。12月19日，刘少奇批示道："周、朱、陈、邓阅，退中央组织部办。拟予同意。"① 据此，1955年2月20日，中共中央发出《关于处理归国华侨中马来亚共产党员党籍问题的通知》，内容如下：（一）凡归国华侨中的马来亚共产党党员，如自动要求加入中国共产党并具备中共党员条件，其在国外的情况在国内又有可靠证明者，经过中共正式党员二人介绍，和县委或相当于县委之党委批准，一般可以不要候补期，而接收其为中国共产党正式党员；其参加马来亚共产党的一段历史，可填注于中国共产党党员登记表上。（二）凡归国华侨中的马来亚共产党党员，原系中国共产党党员，现在又要求转为中国共产党党员者，如其每一阶段的历史都能找到确凿的证明，可以恢复其中国共产党党员的党籍，但必须经过省委以上的党委批准。（三）马来亚华侨归国的情况比较复杂，回国后的表现又各有不同，因此各地在处理归国华侨中的马来亚共产党党员的党籍时，既须热情对待，又须严肃慎重。在马来亚华侨较多的省份如广东、福建等省，则更应有计划地加以处理。②

以上批语反映出，刘少奇作为主管组织工作的党的最高领导人，尊重相关部门意见，实事求是、坚持原则地处理侨党问题。

（三）出访东南亚四国与华侨交往

刘少奇与国内归侨的交往，主要是在新中国建立初期，刘少奇的几件涉侨的批语，也主要集中在这一时期。另外，刘少奇到侨乡活动时调研和考察与华侨有关的场所。如1959年11月1日，刘少奇到达海南岛

① 中共中央文献研究室、中央档案馆编：《建国以来刘少奇文稿》第六册，中央文献出版社，第465页。

② 中共中央文献研究室、中央档案馆编：《建国以来刘少奇文稿》第六册，中央文献出版社，第465—466页。

崖县（今三亚）休假。22日，离崖县赴海口，途中参观了万宁南林农场橡胶园、兴隆华侨农场。[①]

自1959年刘少奇担任国家主席后，外事活动日益多起来。1963年4月，应印尼总统苏加诺和缅甸主席奈温的邀请，国家主席刘少奇偕夫人王光美，陈毅副总理兼外交部长偕夫人张茜及外交部副部长黄镇等陪同人员先后对印尼、缅甸进行友好访问。这是新中国成立以来，中国国家元首第一次访问亚洲友好国家，是当时中国对外交往的一件大事。

刘少奇一行东南亚之行访问的第一个国家是印尼（1963年4月12日访问）。刘少奇等访问印尼八天，除在首都雅加达访问外，又到茂物、万隆、日惹、巴厘等地访问，所到之处均受到印尼方面及当地华侨华人的热烈欢迎和热情接待，印尼总统苏加诺全程陪同。当刘少奇一行抵达雅加达时，在机场、沿途及下榻处，参加欢迎的人群达10多万人，其中包括当地华侨。4月20日，刘少奇和苏加诺总统签署《中华人民共和国和印度尼西亚共和国联合声明》。印尼是南洋各国华侨居多的国家，刘少奇访问期间，印尼侨胞们以无比兴奋的心情欢迎了国家主席夫妇。他们以特有的方式，连续出版了五册中文《刘少奇主席访问印度尼西亚》新闻消息资料，报道了刘少奇访问的消息和图片。

刘少奇一行访问的第二个国家是缅甸联邦共和国，4月20日到达仰光。刘少奇等在缅甸访问六天。22日上午，按照日程安排，刘少奇等人在奈温的陪同下乘坐金碧辉煌的巨舫航行在风景如画的茵莱湖，航行时远看水面上有两道长堤，堤上飘扬着颜色鲜艳的彩旗；行近一看，原来这“长堤”竟是上千条首尾相接的木船连成几公里的欢迎行列，木船上站立一万多人的欢迎人群，雀跃鼓掌，跳着欢快的迎宾舞，场面十分壮

① 中共广东省委党史研究室编：《情系广东：老一辈革命家南粤纪行》，广东人民出版社2006年版，第45页。

观。下午，刘少奇等人前往掸邦首府东枝，市区街道两旁站满了欢迎的人群。在上述“长堤”及东枝欢迎的人群里，就有不少缅甸“胞波”，即当地华侨，他们兴奋地参加了各处举行的欢迎刘主席的活动。刘少奇访缅期间，当地媒体作了大量报道，其中华文报纸《人民报》《新仰光报》《中华商报》《中国日报》等都发表了刘少奇一行访问活动的新闻消息和图片，刊登缅甸政府首脑、知名人士的欢迎言论和文章。

4 月 26 日，刘少奇一行结束对缅甸访问回国到云南昆明。五一国际劳动节及柬埔寨立宪节（5 月 6 日）期间，国家主席刘少奇等一行访问柬埔寨，受到西哈努克亲王殿下及柬埔寨人民更加热烈的欢迎。当客人到达金边时，欢迎的人群有 20 多万人；5 月 5 日，刘少奇主席和西哈努克亲王在金边王宫月殿庄签署《中华人民共和国和柬埔寨王国联合声明》，当刘少奇和西哈努克走上阳台与欢迎人群见面并致意致辞时，由 25 万多人组成的欢迎海洋，立即欢腾咆哮起来。在上述两次欢迎的人海人潮中即有成千上万的爱国华侨。旅居柬埔寨的华侨共约有 35 万人。为了能够见到祖国的亲人和国家领导人，各地的华侨都投入了欢迎活动，出现了许多动人的场面。当刘少奇一行到达金边时，夹道欢迎的行列里，有一位近百岁高龄的老华侨，由他两个儿子搀扶着站在一个椅子上。他告诉人们，只要能看到刘主席一眼，就是他这一生最幸福的事。他的愿望实现了，当刘主席乘坐的汽车缓缓行驶过去后，老人才兴奋地从椅子上下来。住在金边株德奔区的一名华侨老太太，因为第一天欢迎的人太多，没有能挤到前面看见刘主席，她就两次徘徊在王宫前等候，但同样没有达成愿望。当刘主席离开那天，她在通往金边机场的公路上走了好几公里路去等候，终于见到刘主席而如愿以偿了。有不少华侨扶老携幼，举家去欢迎刘主席。由于日程变更，刘主席到达的确切消息在头一天夜里才下达到柬埔寨各省。远在 500 公里以外的上丁省和远在 300 公里外的马德望、桔井省的华侨代表，都是连夜乘车赶到金边参加欢迎队伍的。

其中路途最远的上丁省华侨在中午才赶到金边，此时欢迎的行列已经散去，他们有些失望。但在当天晚上，西哈努克亲王陪同刘少奇主席浏览市容时，他们终于见到祖国亲人，得以向国家领导人表示敬意。旅居磅湛市的不少华侨，亲眼见到了刘主席，感到特别兴奋。当刘主席一行到达磅湛机场，并由西哈努克亲王陪同步行通过夹道欢迎的人群时，许多华侨都情不自禁地用潮州话高呼：刘主席万岁！当刘主席放慢脚步向他们挥手致意时，侨胞更加激动了。西哈努克亲王也含笑向华侨队伍招手，表示满意。5 月 5 日，刘少奇主席举行告别宴会，邀请了部分华侨代表参加，并在宴会前接见了他们，一一握手。他们兴奋地代表柬埔寨华侨向刘主席问好，刘主席也请代表们转达他个人和祖国向全体华侨的问候！①

5 月 6 日，刘少奇一行结束在柬埔寨的访问回到昆明。10 日前往越南访问，当他们抵达河内时，受到以胡志明为首的越南党政领导人及各界群众 20 多万人的热烈欢迎。刘少奇在越南访问六天，16 日签署《刘少奇主席和胡志明主席联合声明》后回国。生活在越南北方的华侨有十几万人，其中有众多华侨生活在河内，他们也兴奋地参加到欢迎国家主席刘少奇的人流里。这些华侨代表穿上最漂亮的衣服，有些戴上他们获得的勋章，一清早便赶到机场迎接祖国亲人，当胡志明主席陪同刘少奇主席走到华侨队伍面前，胡志明指着正在同刘少奇握手的鸿广矿区工人黄乃辉说："他是越南的劳动英雄。"刘主席望着黄乃辉点头表示称赞。当两位领袖走到纺纱女工、劳动模范李余香面前时，胡主席又介绍说："她是南定纺织厂的女工，生产很好！"刘主席又向她点头以示赞扬。刘少奇主席的到来并与侨胞们见面，使他们受到了极大的鼓舞，他们以更加

① 刘少奇访问印尼、缅甸、柬埔寨受到华侨爱戴欢迎的情况见《战友胞波心连心——记刘主席访问印度尼西亚和缅甸》，《侨务报》1963 年第 3 期，第 18—20 页。

饱满的热情和干劲投入到以后的工作和劳动中。越南华侨联合总会创办的《新越华报》在欢迎刘少奇主席的社论中说："我们将努力学习祖国人民的革命战斗精神，不断地提高自己的政治觉悟，在越南劳动党、政府和胡主席的领导下，同越南兄弟紧密团结，为实现越南发展国民经济的第一个五年计划、建设社会主义和越南的统一事业作出贡献。"[①]但令人十分遗憾和惋惜的是，胡志明主席逝世、越南统一后，越南改变对华友好政策，实行亲苏反华政策，大肆迫害、驱赶华侨，使越南华侨陷入悲惨的境地。

① 胡本英：《无比深厚的兄弟情谊——记刘主席访问越南民主共和国》，《侨务报》1963年第3期，第22页。

四、朱德与华侨交往片断

朱德，是人民军队的缔造者之一，位于中华人民共和国的十大元帅之首，也是中华人民共和国的开国元勋。朱德是中共中央第一代领导集体的重要成员，而且是年长资深者。在其戎马生涯的早期，他曾经历一段人们知之不多的旅欧勤工俭学生活，与华侨有所接触。抗日战争时期，朱总司令还有一段掌管华侨事务的特殊经历，与延安归侨和海外华侨有着一段不平凡的交往历程。

学术界关于朱德与华侨华人的关系尚无专门研究。有关资料非常零散，如抗战时期中央机关报《新中华报》，新中国建立后的《人民日报》有个别报道。没有这方面的专门著作，某些关于华侨与中国革命和建设关系的著作直接或间接有所涉及，如任贵祥著《华侨与中国民族民主革命》（中央编译出版社 2006 年版）、《华侨第二次爱国高潮》（中共党史资料出版社 1989 年版）、《华夏向心力——华侨对祖国抗战的支援》（广西师范大学出版社 1993 年版）、《海外华侨与祖国抗日战争》（团结出版社 2015 年版），曾瑞炎著《华侨与抗日战争》（四川大学出版社 1988 年版）等，均介绍了抗日战争期间朱德与华侨的交往。文章仅有一篇，即笔者撰写的《朱德总司令与华侨》（《情系中华》1996 年第 9 期，后被几本研究朱德的文集收录）。美国友人艾格妮丝·史沫特莱撰写的《伟大的道路》（生活·读书·新知三联书店 1979 年版），涉及朱德早年在德国勤工俭学时的革命活动。还有个别抗日战争时期来到延安的华侨的回忆有所涉及，如陈嘉庚的《南侨回忆录》（香港草原出版社 1979 年版）；郭戈奇的《战斗在延安的岁月》（载全国政协文史资料研究委员会华侨组编《峥嵘岁月——华侨青年回国参加抗战纪实》，中国文史出版社 1988 年版）等。介绍朱德与华侨交往内容的文章著作较多集中在抗日战争中朱德与华侨的交往，朱德早期在德国勤工俭学和新中国建立初期与华侨的交往兼有介绍。

（一）领导留德学生和华侨开展爱国斗争

辛亥革命时期，风华正茂的朱德抱着“非救国不可”的决心，“奋身军界，共济时艰”。当他浴血苦战十年之后，却看到为之奋斗的“中华民国”名存实亡，人民仍然生活在水深火热之中。从此朱德陷入深深的苦闷、彷徨之中，他决定抛弃军界，去寻找新的救国救民道路，遂和好友孙炳文商定，到俄国或德国去，研究一下外国的政治思想和制度。

中国共产党自成立之日起，便以自己的行动坚定地表明，它以领导人民完成反帝反封建的伟大历史使命为己任。朱德感到这样的党，正是他所需要、渴望加入的党。1922 年 7 月，朱德来到上海，拜访了中共中央执行委员会委员长陈独秀，向他提出加入共产党的要求。但是，陈独秀怀疑他的诚意和动机，认为像他这样在旧军队中当过高级军官的人，需要经过长时间的学习考察才能吸收入党，因而没有接受他的申请。朱德的真诚愿望被误解了，感到“那些日子真难过”，便决定按原计划到马克思主义的故乡去寻找救国救民的思想武器。

1922 年 10 月，朱德和孙炳文抵达法国，在巴黎他们听到了一个好消息——中国留学生刚刚组成中国共产党支部，组织者是位名叫周恩来的年轻人。朱德急切地想见到周恩来，但听说他到德国柏林去建立新的支部了。当得到周恩来在柏林的地址后，朱德与孙炳文立即起程，于 10 月 22 日赶到柏林，并且立即拜访了周恩来，同时开始了在德国勤工俭学的历程。

与陈独秀的认识不同，周恩来对朱德急迫地寻求革命真理、寻找共产党组织的心情表示理解，认为他可以成为一名无产阶级的先锋战士。周恩来热情地接受了他的请求，愿意介绍他加入中国共产党，并替他办理了加入中共旅德支部的手续，在未获中共中央批准之前，暂作候补党员。1922 年 11 月，由中共旅欧支部负责人张申府、周恩来介绍，朱德正式加入了中国共产党。从此，朱德和周恩来结下了长达半个多世纪的深厚革命友谊。

过了几个月，中共中央从国内来信，批准朱德和孙炳文为中共正式党员。为今后开展工作的特殊需要，朱德的党籍对外界保密。

1923 年 5 月，朱德离开柏林，来到德国南部的大学名城格廷根。在格廷根大学有几十名中国留学生，朱德成为该校中国留学生会的领导者，他经常利用各种机会向中国留学生宣传马列主义；宣讲中国社会制度落后，军阀割据，列强入侵，我们的任务是改造这个现状，使之成为一个独立、幸福的新国家。朱德还积极发展党的组织，把那些努力学习马列主义、思想进步的留学生吸收入党。

1924 年 12 月，朱德放弃了在格廷根大学的学习生活，返抵柏林，专门从事革命工作。这时，周恩来已经回国，朱德在中共旅德支部中发挥了重要的领导作用。同年，在国内国共两党开始了第一次合作，在柏林也建立了国民党支部。按照中共党组织的指示，朱德作为老同盟会员，也参加和领导了这个支部的工作。1925 年 1 月 3 日，在中国国民党驻德支部召开的大会上，朱德当选为执行委员，分工负责组织工作。他在留德学生中积极开展工作，发展国民党的组织，壮大左派力量。

旅欧早期共产党组织的建立，在某种意义上，是以广大旅欧华工为基础的；旅欧华侨支持或参与了旅欧中共党团组织的建立。当时，中国侨居德国的华侨不多，有关朱德与华侨交往的资料较少，其中对暹罗（泰国）华侨许包野的培养教育值得一提。许包野是 1920 年来法勤工俭学的，第二年转赴德国学习，思想上积极要求进步，认真研究学习马克思主义著作。1923 年经朱德介绍加入中国共产党，成为中共旅欧支部的一名先锋战士。大革命失败后许包野回国参加领导革命斗争，先后任中共厦门市委书记，中共江苏、河南省委书记等要职，1935 年因叛徒出卖被捕牺牲。

当时在柏林的中国留学生有五六百人，成立了留德学生总会。但是，学生会却被北洋政府驻德公使所支持的一小部分右派青年党学生所控制。他们以学生会为阵地，疯狂攻击马克思主义，反对国共合作，反对孙中山的新三民主义和三大政策，引起广大留学生的不满。以朱德等共产党员为核心的左派学生，则要把青年党把持的中国留德学生会变成真正群众性的组织，双方遂展开了斗争。

为了同青年党右派分子作斗争，便于在中国留德学生中宣传马克思主义，1925 年 1 月，朱德主编了一份油印刊物《明星》，每次印几百份。从写文章、刻蜡版、推油墨滚子，到包装和邮寄，朱德什么都干。他曾回忆说："我把全部精力都放在报纸上，从发行主任直到打杂、送报工作。"[①]

朱德等人以学生会为阵地，宣传中国共产党的主张，扩大党的影响，教育和团结了广大留德学生。在 1925 年上半年，朱德曾指挥中国留学生成功地进行了一次焚烧侮辱中华民族的展品的行动——

当时，德国帝国主义为显示本民族"进步"，把亚、非、拉一些国家和地区的落后东西收集起来搞展览，其中有中国女人的小脚、男人的辫子、抽大烟的烟具……这是对中华民族的极大侮辱，激起留德学生的义愤和怒火，大家决定捣毁它。经过商议之后，由朱德指挥这次行动。在一个星期日的上午十点钟，中国留学生以迅雷不及掩耳之势，进入展览会，把守住大门，切断了电话线，将那些诬蔑丑化中华民族的展品全部集中起来烧掉了。在一个好战成性的强大的帝国主义国家的心脏，一

① [美]艾格妮丝·史沫特莱著:《伟大的道路》，生活·读书·新知三联书店 1979 年版，第 185 页。

群手无寸铁、无权无势的中国留学生，以大无畏的精神表现出的一次爱国壮举，是对大日耳曼民族蔑视中国的抗争。

朱德在德国并不是成天泡在书斋里学习马克思主义理论，而是参加了火热的革命斗争生活，参加了声援国内反帝民主革命斗争。

1925 年 3 月 12 日，伟大的中国民主革命先行者孙中山先生在北京不幸逝世。作为一名同盟会员、孙中山民主革命追随者的朱德，自然也很悲痛，他和邓演达等人，以国民党旅德支部的名义，组织留德学生、工人和华侨，在柏林波茨坦广场举行追悼孙中山逝世大会。与会者盛赞孙中山先生对中国革命的伟大贡献，高度评价他推行国共合作以及制定新三民主义和三大政策。会后举行了游行活动，悼念活动持续了一整天。

1925 年 5 月，当国内爆发了震惊中外的五卅运动后，旅德华人也立即开展了声援活动。由中共旅德党支部掌握下的中国留德学生总会首先召开旅德华人大会，成立了“旅德中华民族独立运动委员会”。又以全体旅德华人的名义发表了反抗帝国主义镇压中国革命的宣言，并通电全世界，反对英、日帝国主义在华的大屠杀。朱德等人以中国留德学生会名义，致函柏林各大报纸，庄严地声明五卅运动是中国民族解放运动，目的是反对帝国主义的桎梏和屠杀，中国人民的反抗是正义的、自卫的。德国各大报多在醒目位置刊登这一公开信。中国留德学生会还印发题为《英帝暴行与中国民族反不平等条约斗争》的传单广为散发，赢得了德国工人和各界的同情和支持。朱德还与“他的同志们，联同德国的工人阶级，在两个月内组织了十次大规模集会”。①

6 月上半月，朱德和孙炳文等人按照中共党组织的指示，组织中国留学生和侨民举行抗议示威集会，抗议英帝国主义制造五卅惨案的罪行。朱德等人还组织中国留学生包围并占领了北洋政府驻德公使馆，强迫公

① 《史沫特莱文集》3，新华出版社 1985 年版，第 191 页。

使表态支持国内群众的正义斗争，并在反对英、日帝国主义大屠杀的通电上签字。公使魏宸祖早在学生进入使馆前，就躲在柜子里面，不敢露面。留德学生在使馆服务人员的帮助下，搜出公使，昔日官威赫赫，现在狼狈现丑的公使不得不乖乖地在通电上签字。这件事影响很大，成为中国留德学生爱国的一段佳话。

1925 年 6 月 18 日，朱德等留学生到柏林体育馆参加德国共产党召开的声援中国五卅运动的大会。德国警察突然包围了会场，散会后逮捕了以朱德为首的 10 名中国留学生，并把朱德等人关押在亚历山大勃拉兹监狱。这是朱德因在德国开展爱国活动而第二次入狱。

朱德等人被捕后，中国北京政府驻德公使得知他是中共党员，不再保释。这时，德国共产党进行了积极的营救活动。德国的工人团体向法院起诉，说中国人是被邀请参加大会的，警察没有理由逮捕他们。为营救朱德等人，德共中央还以党的名义向社会民主党政府提出抗议；德共机关报《红旗》接连发表文章，指责社会民主党政府是英帝国主义的帮凶。在社会舆论的压力下，德国政府释放了被捕的中国学生，但是朱德和另一位同志被吊销了护照，遭驱逐出境。正在这时，中共旅莫斯科支部执行委员会批准朱德赴苏联学习。在德国共产党的帮助下，“国际红色救济会”帮助朱德等人买好了火车票和轮船票，办理了进入苏联的护照。1925 年 7 月 4 日，朱德结束了在德国三年的勤工俭学生活，奔向了向往已久的世界上第一个社会主义国家苏联。

（二）在抗战烽火中与华侨建立深情厚谊

1926 年 5 月，朱德结束了在苏联的学习，辗转回国投身国内革命洪流中。土地革命战争时期，朱德先是领导了南昌起义和湘南起义，后率部上井冈山与毛泽东会师，参与创建中央苏区，担任中国工农红军总司令，参加并领导了红军长征。抗日战争爆发后，红军改编为第八路军，出任总司令。在抗战的硝烟炮火中，任八路军总司令的朱德，一面指挥千军万马与日本侵略者鏖战，一面在戎马倥偬之际做了许多侨务工作。

1. 书信传递友谊真情

信函是交流思想感情、沟通联络的桥梁。抗战初期，在华北前线指挥杀敌的朱德，就是通过信函与远在海外的华侨建立起联系和交往的。

华侨有着高度的爱国热情，他们冲破国民党的限制和阻挠，在海外开展援助八路军抗敌的活动，一面捐款献物，一面向八路军写信鼓励和赞扬他们英勇杀敌。朱德对华侨的抗日救国热情尤其是对八路军的援助非常感动和重视，在紧张而激烈的战争间隙尽可能亲自回信答谢。

1937 年 12 月 1 日，北马来亚文化俱乐部等八个华侨团体各向八路军献旗一面，托华侨战地记者通讯团团长曾圣提带回转交八路军，同时附信一封。信中对八路军全体将士“在西北战场浴血苦斗，舍身为国，或成仁，或取义，使暴敌欲掠夺我每一寸土，必须付出重大代价”的“动天地泣鬼神之英勇精神”“极表敬佩”。1938 年 2 月朱德以《告华侨同胞书》的形式给马来亚华侨回信，信函全文如下：

诸位侨胞先生大鉴：由华侨战地记者通讯团送来诸位赠予敝军的纪念旗八面及来信均收到。敝军全体将士对于诸位先生这种关怀祖国关怀敝军的高尚热忱，十分的感动与兴奋。我们除了鼓起继续杀敌、为国牺牲的精神以慰诸位先生及全体海外同胞的殷念外，特写此书，托华侨战地记者通讯团带上，表示我们的谢意！

日本帝国主义企图牺牲中国以挽救其国内无法解决的经济政治矛盾，从卢沟桥事变以来一面采取大举武装进攻，企图吞灭中国，企图分裂中国抗日民族统一战线实行以华制华毒计，并散布谣言离间其美洲各国的反日援华运动，这是多么毒辣的手段啊！

现在我们的国土及平津沪等许多城市已被日寇肆意蹂躏，沿海各海岸大都被封锁，广大后方被其轰炸，一切被占领地之同胞无日不被其摧残，壮丁被其杀戮，妇女被其奸淫，财产被其劫掠，房屋被其焚烧，寇军所至，鬼哭狼嚎，犹复扶持汉奸组织傀儡政府以期长期压制我国人民于十八层地狱之下，我中华民族已到存亡绝续关头了，唯有全国团结，结成坚固的民族统一战线才能抵抗日寇，挽救危亡，这已成天经地义的真理了。

敝军全体将士和全国友军全国人民一道，为了中华民族的生存努力杀敌半载于兹。

自去年9月间平型关战斗胜利之后，在晋北晋东绥南察南冀西广大地区大小六百余战斩获甚多，经常破坏敌军交通运输联络，截击他、扰乱他、被困他，并使他不敢无顾虑的南进，最近又占领平汉线上之定州、望都、新乐、清风店等地，一路进攻到平汉线以东，一路进攻到平汉线以北，坚持了华北的抗战，创造和巩固了华北的抗日根据地，发展了抗日运动，牵制了大量敌人。所有这些配合着全国友军的英勇战斗，都证明中国绝不会亡，定能战胜日寇，想我远在外国的华侨同胞必是乐于知道的。

各位华侨同胞们！驱逐日寇出中国是一个持久的残酷战斗，中华民族解放，要依靠全民族力量的团结，从各方面努力奋斗才能获得。因此深盼我全体海外侨胞团结一致，一面努力援助国内抗战，同时加紧国际宣传，联络并推动一切爱好和平国家主持正义的人民，扩大反日援华运动，用以最后战胜我们的敌人复兴我们的祖国，至敝军物质方面甚感缺乏，倘得海外侨胞惠予援助无比欢迎。谨此奉复，并致民族解放之敬礼！①

朱总司令和侨胞互相慰勉，既增加了了解和友谊，更增加了共同抗日救国的勇气和决心。

1938年3月10日，妇女慰劳会菲律宾分会的华侨致函朱德总司令说："公率三军，捍卫华北，捷报频传，侨众欣跃"，并汇国币一万元购

---

① 《第八路军名震中外马来亚华侨献旗致敬》，《新中华报》1938年3月5日；另见中共中央文献研究室朱德研究组编著：《朱德画传（1886—1976》，四川出版集团、四川人民出版社2006年版，第263页。

置雨具，为八路军将士杀敌之用。朱德、彭德怀及时予以回信，对她们的“厚意热情，无任感奋！”对海外侨胞“本毁家纾难之忱，拥护国军爱及敝路，全体将士，皆为之感动”。①

一封封飞跃大洋、跨过群山、充满激情的慰问信，表达了华侨对朱德及其领导的八路军英勇抗战的崇高敬意；朱德的回信，表达了朱德和八路军指战员对爱国华侨寄予莫大的希望和信任、慰藉和鞭策。

为表彰印度尼西亚万隆福州公会主席阮家金带头为延安捐款，朱德为阮母题写了“阮太夫人 教子有方”② 几个刚劲有力的大字。

朱德总司令在战事频仍、工作繁忙之际，给海外华侨复信答谢，及时向他们通报八路军的抗敌战绩和政治主张，鼓励侨胞积极支持祖国抗战，激发他们的爱国热情，说明从抗战一开始，朱德总司令就重视对海外华侨的争取工作。

2. 开展对归侨的统战工作

在广大华侨开展的抗日救国运动中，涌现出一些典型的爱国侨领富商。他们在华侨社会中人数虽少，但能量很大，起到了组织者、领导者和火车头的作用，影响和带动了整个华侨社会。当时中共与侨领接触交往的机会并不多，但在这有限的接触交往中却做了大量的统战工作，其中对南洋著名爱国侨领陈嘉庚的统战工作最具典型意义。

陈嘉庚是新加坡的一位著名爱国侨领，同盟会元老。他富有不忘祖国和家乡，为家乡捐献巨资兴学的爱国事迹名扬海内外。他更有着强烈的民族爱国心，自九一八事变至七七事变以来，他一直是南洋几百万华侨抗日救国运动的带头人。但自参加同盟会后直到抗战前期的较长一段时期里，陈嘉庚在政治上是亲蒋疏共的，对蒋介石国民党“是抱有厚望

---

① 《第八路军屡战皆捷海内外同胞一致钦仰》，《新中华报》1938 年 4 月 20 日。

② 中国人民抗日战争纪念馆、中华全国归国华侨联合会文化交流部编：《华侨与抗日战争》（画册），中国华侨出版社 2006 年版，第 94 页。

的”[①]。早在20年代后期，国内各派军阀混战时，陈即把以蒋介石为首的南京政府当作正统的中央政府，希望他统一中国，并以此作为自己主办的《南洋商报》的宗旨。1936年蒋介石五十寿辰，陈发动新加坡马来亚（简称新马）华侨“购机寿蒋”的捐款可购十余架飞机。全国抗战爆发后，陈被聘为国民参政员，对国民党政府有求则应。

为了慰劳国内抗日军民和考察祖国抗战实况，陈嘉庚亲自发起并率领南洋华侨回国慰劳团于1940年3月回国慰劳考察。慰劳团的足迹踏遍祖国17个省各大战区的上百个城镇和乡村，多次出没于战火纷飞的前线，到过血迹斑斑的战地医院，参观了繁忙的工厂、矿山、农村、机关。在重庆，陈嘉庚受到蒋介石及国民党大员们的“热情接待”。他们不遗余力地拉拢陈，蒋介石甚至授意国民党中央组织部长朱家骅拉陈“入国民党”，被拒绝。[②]5月31日，陈嘉庚偕侯西反、李铁民冲破国民党蒋介石的重重阻挠，风尘仆仆地来到延安，开始了和中国共产党首次而具有重要意义的交往。下面是陈嘉庚在延安八天参观考察的日志：

5月31日下午，陈嘉庚等一行抵达延安。延安党政军代表吴玉章、高自立、萧劲光、周士第及各机关、学校、群众共5000多人前来车站欢迎。其隆重场面为小小山城前所未有。延安归侨们满面笑容地打着“欢迎海外归来的陈嘉庚先生”的横幅站在队伍的前面，并向陈嘉庚等三人献花致敬。

陈嘉庚莅临延安之际，恰好朱德从充满战火硝烟的华北抗日前线刚刚返回延安，尘装甫卸。于是，闻名遐迩的八路军总司令与名冠南洋的爱国侨领得以有缘相会。朱德与陈嘉庚在延安进行了虽然短暂却有重大历史意义的交往。

---

① 中华全国归国华侨联合会编辑出版：《陈嘉庚先生纪念册》，第9页。

② 陈嘉庚：《南侨回忆录》，香港草原出版社1979年版，第111页。

6月1日下午，朱德和夫人康克清亲自陪同陈嘉庚等参观了延安女子大学。他们和学生进行了亲切愉快的交谈，观看了学生们露天上课的操场和居住的窑洞，参观了女大附设的缝纫、制鞋车间等。女大有20多名南洋归侨女学生，朱总司令和她们有说有笑，嘘寒问暖，十分亲切，八路军总司令和学员们欢快平等相处的情景给陈嘉庚留下了深刻的印象。一些归侨女学生向陈嘉庚介绍了在延安愉快的学习和生活情况。

参观女大后，朱德又陪同陈嘉庚来到杨家岭毛泽东的住所——一个坐北朝南普通的窑洞。他们在这里进行了亲切而长时间的畅谈，并共进晚餐。晚餐后，毛泽东、朱德陪同陈嘉庚等来到中央党校大礼堂，一同参加“延安各界欢迎陈嘉庚先生晚会”。

6月2日下午，朱德和陈嘉庚一道参加了抗大三分校举行的欢迎刚从前线归来的朱德总司令及从遥远的海外归国莅延访问的陈嘉庚一行。会前，学员们举行了一场篮球赛，朱德也上场比赛，他龙腾虎跃地和小伙子们一道拼抢，使陈嘉庚看得眼花缭乱。

6月3日至7日，为陈嘉庚在延安随意活动的时间。他拄着手杖视察了延安城，仔细考察了居民区、“商业区”、新市场等，其间还由朱德陪同参观了离延安数十里的安塞钢铁厂。

6月7日晚，延安各界在中央党校大礼堂举行欢送陈嘉庚一行晚会，毛泽东、朱德、吴玉章等中共领导与各界群众代表千余人参加欢送会。在一片热烈的气氛中朱德致欢送词。他说：“诸位先生来延九天，曾给了我们很多的指教，这是我们非常感激的。”“我们坚持华北抗战，已经三年了。这三年来我们历经千辛万苦，和华北广大民众在一块支撑了华北的抗战，从斗争的经验中，证明了只要我们坚持团结，坚持进步，我们一定能够胜利的。最不幸的是华北也发生了摩擦事件，然而我们相信这只是少数顽固分子‘反共’的结果，华北的最广大的军民，是坚决反对摩擦的。”朱德最后说：“在陈嘉庚、侯西反、李铁民三先生回去的时候，我们谨希望把我们的意思，传达给海外数千万侨胞，敬祝诸位先生沿途平安和健康！”①朱德的欢送词代表了中国共产党及其领导下的抗日根据地军民的共同心声。

陈嘉庚在延安只逗留了九天时间，②这瞬间的历史，却成了中共领袖与海外侨领首次交往的重要一页，其中包括朱德对陈嘉庚的统战工作和亲切交往。

抗日烽火硝烟弥漫，成千上万华侨儿女回国奔赴抗日前线，先后有七八百人跋山涉水来到延安战斗和学习过（约有 300 人常在延安）。他们和中国共产党的领袖、将士们生活战斗在一起，时时受到亲切关怀，常常得到帮助教育，留下一件件美好而难忘的往事。

在延安乃至边区，一提起身经百战、赫赫有名的朱德总司令，初到延安的归侨都以为他是一个坚强果敢、相貌威武、脾气暴躁的将军，但一见面他们简直不敢相信总司令没有架子，和蔼可亲，是一个很普通的人；如果不是身着戎装，人们很可能把他当作陕北农村的一位农民老大爷。

1940 年底，马来亚华侨青年郭戈奇来到延安。他到延安后的第一件事就是打算以槟城《现代日报》记者身份采访朱总司令。1941 年 1 月 3 日，他把这个想法告诉朱德身边的工作人员，并托他把自己的名片转给朱德。第三天，即 1 月 5 日上午，郭戈奇未曾想到日理万机的朱德知道后当即到王家坪接受采访。见面前，郭戈奇心情非常激动，心想：朱总司令是一位名扬中外的伟大人物，一定很威严。警卫员引领他走进一孔极其简洁的石窑洞办公室，朱老总很快就出来了，面容慈祥，热情地欢迎海外远道而来的记者。见面后，郭戈奇颇为拘束地首先给朱德敬礼道：“海外华侨对英勇善战的八路军、新四军致敬、问候！”“对朱总司令

① 《人民的光荣——朱德委员长光辉战斗的一生》四，第 378—379 页。

② 陈嘉庚等三人 1940 年 5 月 31 日到达延安，6 月 8 日离开，按此算在延安为九天。

的雄才韬略和指挥作战有方表示敬佩！”

朱德面带笑容、语速缓慢地回答说：共产党领导的八路军、新四军是人民的子弟兵，军队的天职就是保卫祖国的安全，在民族生死存亡之际，挺身而出，开进敌后抗日是义不容辞的。我身为军人，指挥部队抗日杀敌更是责无旁贷。海外侨胞热心祖国，努力捐献物资，支援祖国抗战，成千上万的华侨青年到延安，到革命根据地参加抗战，我们表示欢迎！

郭戈奇接着问道：八路军、新四军在敌后，在日寇、国民党反动派和伪军三面夹击下，为什么能够生存、发展和壮大？

朱德回答说：我们共产党人领导的八路军、新四军是人民的军队，来自老百姓。这个军队的唯一宗旨，就是为民族解放服务的，所以人民拥护我们。军队和人民的关系，好比鱼和水的关系，鱼在水中游，水深任鱼跃。我们在敌后抗战，条件十分艰苦，吃的、穿的都很困难，吃不上肉和油是常事，到了冬天，连棉衣也穿不上。国民党还经常违背协议刁难我们，停发八路军的军饷和弹药，甚至动员武装力量袭击我们，搞了一次又一次反共摩擦，制造了许多惨案。最近，又在酝酿再次掀起反共高潮。针对国民党当局的反共摩擦，我们提出了“坚持抗战，反对投降；坚持团结，反对分裂；坚持进步，反对倒退”的政治口号，以不破裂统一战线为原则，给予坚决的反击。尽管条件十分艰苦，但我们仍然坚持抗战。我们这支军队有共产党的领导，有人民的拥护，靠自力更生，艰苦奋斗，不仅没有被困难所压倒，反而一天天壮大起来了。

郭戈奇又问八路军的武器来源，朱德笑笑说：一靠自己制造，二靠缴获敌人的。过去，蒋介石是我们的运输大队长，现在是日本鬼子了。[①]

朱老总热情、慈祥、坚定的言谈，使郭戈奇原来的拘谨一扫而光，

① 郭戈奇：《战斗在延安的岁月》，全国政协文史资料研究委员会华侨组编：《峥嵘岁月——华侨青年回国参加抗战纪实》，中国文史出版社 1988 年版，第 94—95 页。

在这种和谐欢快的气氛中，他们畅谈了一个多小时。采访中，不时有参谋人员送来电报、文件，请朱总司令处理。郭戈奇不忍多耽搁总司令的宝贵时间，便起身握手告辞，朱总司令亲自送到门口道别。

延安的生活非常艰苦，这对于生活在国外条件优越的归侨来说是个严峻的考验。朱德不但从政治上关怀教育归侨青年，还从生活上关心体贴他们。朱德经常深入到归侨中，参加归侨开展的各种活动，并多次同归侨青年一起就餐，有说有笑，热情地同他们拉家常，问他们在延安生活是否习惯，想不想家？他还风趣地问大家：国民党反动派造谣说我一天要吃一个小孩，大家信不信？逗得大家哈哈大笑。朱德还多次到食堂嘱咐炊事员给归侨青年加菜，主食多增加一些大米（延安以小米为主，较少有大米）。每到周末晚上，归侨青年在桃园俱乐部举行舞会，朱老总和叶剑英等领导人常来参加，和归侨们共享欢乐。

菲律宾归侨庄焰来到延安后，进中央党校学习并主编《党校生活》杂志，曾聆听过朱德的报告。后来，庄焰和在延安做护士工作的闵自强小姐结婚。不久，庄焰被调到朱德属下工作，和朱德接触更多了，也得到了更多的关怀和教诲。1942 年某日，闵自强和另一女同志同时分娩，当时八路军总司令部王家坪只有一位医生，为了照顾两个产妇，这位医生深夜在两处来回奔波，惊动了整个王家坪。小闵生产后，朱德亲自派人送去两只老母鸡，这是朱德用自己劳动种的菜换来的。看到这两只老母鸡，庄焰夫妇不禁想到，已年过半百的朱总司令，在极其艰苦的条件下指挥千军万马，衣、食、住、行，摸、爬、滚、打，处处和普通战士一样，生活上不搞特殊。炊事员有时给朱老总多炒一两盘菜，朱老总总是提出批评，并规定每餐只准炒两小盘菜，有时可多一碗清汤；当后勤管理机关发放军装时，朱老总多次不领，而他身上却穿着打补丁的衣服；朱老总嘱咐炊事员不要单独开灶，和战士同灶……总司令普通一兵的作风，使庄焰夫妇永生难忘。

朱德对延安归侨的工作积极支持和信任。王家坪有个出色的泰国归侨伙食员罗道让。他看到干部战士每人每天定量的一斤粮食不够吃，便写了一个报告给朱德，提出拿出一些粮食喂养猪、羊、鸡等畜禽，增加肉食量，以减少粮食用量。他的报告得到朱德的批准。这一做法在王家坪推行后，果然效果显著，不但粮食够吃了，而且还改善了生活。罗道让因此被评为延安的模范管理员。朱德称赞他是懂得辩证法的好管家。

3. 为党的侨务工作奠基

为了加强对侨务工作的领导，把战时党的侨务工作落到实处，抗战期间中共建立了相应的侨务机构，使战时党的侨务工作有计划有组织地进行。

1938 年秋，中国共产党为进一步扩大对海外华侨的抗日民族统一战线工作，从延安抗日军政大学、鲁迅艺术学院、陕北公学等学校，挑选 20 多名华侨共产党员和青年学生组成海外工作团，由朱德总司令亲自担任工作团的主任，成仿吾负责具体工作，蔡克明、蔡白云任正副团长。被选入海外工作团的归侨有少部分人被党派到东南亚各侨居国开展华侨的统战工作（多数人由于在海外立足点不可靠等原因没派出去），在各国侨胞中大力宣传中共的抗日民族统一战线政策。这可以说是抗战时期中共成立的最早的侨务机构。

朱德和党的其他领导人多次参加归侨的集会。1940 年 9 月 5 日，延安华侨救国联合会在杨家岭大礼堂召开成立会议时，洛甫、叶剑英、博古、吴玉章等前来参加。他们称赞华侨对中国革命的支持和援助，鼓励“延安华侨应该起核心作用，以推动全世界千余万华侨同胞积极参加祖国抗战，坚决反对投降分子分裂的阴谋”①。1941 年初，华侨救国联合会召开第二次大会，朱德出席会议并讲话，他说：“抗战以来，侨胞踊跃

① 《新中华报》1940 年 9 月 12 日。

捐献物资，并从几千里外，归国参战。我对侨胞支援祖国抗战的热情，钦佩备至，希望在延安的归国华侨，加强对国外华侨的联络和宣传。”叶剑英讲话说：“侨胞在海外，深感帝国主义压迫的痛苦，故希望祖国独立、强大的爱国心更切。从辛亥革命至今，海外侨胞始终保持着爱国的光荣传统，积极支持祖国的解放事业。”①

1941年10月5日，华侨救国联合会召开第三次大会，内容为选举参议员及参加反法西斯大会的代表，研究成立西北华侨实业公司。朱德在百忙中再次抽出时间参加会议，并作了热情洋溢的讲话。他说：“侨胞与东方各民族的关系非常密切。华侨内又包括着各民族的优秀分子。华侨是反法西斯的重要力量。我们热望华侨在团结东方各民族反对法西斯上，能有最大的贡献。同时，海外侨胞对于祖国抗战、建国事业向来踊跃参加。我们希望延安的华侨能与海外华侨建立密切联系，积极对各抗日根据地投资开办实业，增加抗战力量，对于这些我们不但热诚欢迎，加以保护，而且愿意给予各种便利和帮助。我们更欢迎各种人才到这里来，给他们适当的岗位，让他们尽量发挥才能。”② 朱德对侨联筹办西北华侨实业公司表示称赞，并表示愿意赞助。

1946年3月13日，延安华侨救国联合会召开会员大会，朱德再次到会讲话，他说：

各位回到祖国参加抗战艰苦奋斗了8年，现在我们已取得胜利，全国走上了和平民主的新阶段。这是大家都很高兴的事情。在和平时期，侨胞应努力参加建国工作。我们欢迎华侨回国，投资开办工厂、银行、商店及参加各种建设。延安过去是经济很落后的地方。我们缺少资金又

---

① 全国政协文史资料研究委员会华侨组编：《峥嵘岁月——华侨青年回国参加抗战纪实》，第165页。

② 《朱德同志在延安华侨救国联合会第三次大会上的讲话》（1941年10月7日），国务院侨务干部学校编：《论中国侨务》，（2010年），第1—2页。这里注明朱德的讲话时间为10月7日。

受封锁，机器运不来，但凭着一双手，大家开办了工厂，建立了新的街市，支持了抗战，把边区建设得很繁荣。现在我们有8年的经验，解放区的“家当”已有相当的基础。在工业方面，我们有了大的铁厂、炭厂。农业方面，解放区实行了减租减息、发展生产、改造二流子，农民经济上升，购买力也已提高。所有这些，给解放区医治战争创伤，创造了有利条件。我们除自己努力以外，更欢迎华侨来合作举办建设事业。同时也欢迎各盟国——尤其是美国贷款、投资或给以机器及技术的帮助，建设一个和平、民主、富强的新中国。①

朱德的讲话提出由于抗战胜利转变到和平时期，华侨爱国活动的方式也要随之转变；表示欢迎华侨向解放区投资兴办建设事业。但不久，国民党蒋介石即发动大规模内战，和平的愿望化为泡影。

抗战时期，在党中央的机构中，有专门开展和管理华侨工作的中央华侨工作委员会，由朱德兼任书记。中央书记处成立了中共中央党务研究室海外研究组，由朱德任组长。为了加强统一领导，适应世界反法西斯战争的需要，太平洋战争爆发的第二天，即1941年12月9日，中共中央政治局决定成立海外工作委员会（简称“海委”），同时决定将原来中央华侨工作委员会和中共中央党务研究室海外研究组并入海外工作委员会。仍由朱德任主任；委员有朱德、叶剑英、何英、李初梨、林仲、黄华、武亭、朱海德、庄然、萧林、何浚等。“海委”的任务是讨论党在日本大举侵略南洋时，如何组织国际反日统一战线的战略和策略问题，在军事上争取与英美同盟军合作，抵抗日本侵略者，以及讨论南洋局势、组织华侨抗日武装和难侨的安置救济问题等。

“海委”成立后，从中央各部门抽调了39名归侨干部成立海外工作

---

① 《朱德同志在延安华侨救国联合会上的讲话》（1946年3月13日），国务院侨务干部学校编:《论中国侨务》，（2010年），第2—3页。中央文献研究室编《朱德年谱》新编本第1225页认为，朱德讲话是3月12日。

学习班，训练干部，准备将来派到各侨居地开展工作。海外学习班设在王家坪，其中分七个组：第一组：组长彭光涵，组员有李介夫、李英岚（女）、刘小明、李奥、萧戈、高辛、罗启等。第二组：组长萧鲁，组员有谭亮兵、高汉、罗道让、黄觉生、韩英朴、海丰。第三组：组长李光，组员有许金荣（后期郑祥鹏、李军、王楚惠参加该组）。第四组：组长李天夫，组员有朱德海、陈邦秀、陶克夫、张夫。第五组：组长谢生（钟庆发），组员有杨城、杜伦、张上明、潘伊梅。第六组：组长庄然，组员有林汗明、高明轩。第七组：组长萧林，组员有林力群、王健华、日文翻译王文书。学习班的成员，大多是曾在国外从事华侨爱国运动的领导人，或为早期回国、在京沪等城市从事白区革命斗争的归侨。学习班聘请日共负责人冈野进兼任指导员。学习的内容有马列主义理论、军事学、整风文件，并从事社会调查研究及研究制定侨务政策等。朱德、叶剑英对此很重视，亲自领导学习班的学习工作。朱德曾亲自为学习班讲授军事课。他还强调要研究有关欧洲战场、太平洋战场的情况和美国问题，要求学员们做到对时局动向的研究和基本情况的研究相结合，经常组织时事座谈会，并要求从实际出发，调查研究国际国内问题。1942年7月10日，朱德致电周恩来说，为了培养党的海外工作干部，已在海外工作委员会的领导下，设立海外工作研究班，请在重庆经常注意了解和收集有关海外和华侨团体的活动情况，并把有关这方面的书报、刊物及时送来延安。[①] 学习班于1944年夏结业，当时由于日本侵略者和国民党顽固派的层层封锁，加之东南亚大部分地区被日军占领，海外工作学习班的学员们未能按计划返回侨居地开展工作，但中共对华侨工作及开展世界反法西斯统一战线工作的重视及其所作出的努力是不能埋没的。

---

① 中共中央文献研究室编：《朱德年谱》，人民出版社1986年版，第251页。

（三）新中国建立后的点滴交往

新中国建立后，朱德与华侨交往比较少，很少有这方面的资料，目前见到的仅有 1950 年在华侨举办的联欢会上，朱德发表讲话，反映了他在新中国建立后的侨务思想。朱德说：

自中华人民共和国成立以来，中央人民政府一向是十分注意华侨工作的。华侨事务委员会虽然建立不久，工作还有许多困难，但在何香凝主任委员领导下，正在努力开展工作，只要我们全心全意为华侨服务，困难是可以逐渐克服的，工作是会有成绩的。

什么地方才能找到克服困难的力量呢？只有团结，团结就是力量！首先应该实现华侨的大团结，凡是赞成拥护共同纲领的人，都应该团结起来，哪怕是那些曾经盲从国民党反动派的人，只要他们改过自新，诚心诚意拥护共同纲领，也应该团结他们。

这两段话主要是说新中国建立初期侨务工作面临许多困难，只要侨胞们团结起来，包括团结不同态度的华侨，就能克服困难。

朱德还指出：

海外华侨多少年来，希望有一个繁荣昌盛的祖国出现，并愿意贡献出他们的力量。但这种希望在帝国主义、封建主义、官僚资本主义打倒以前，是不可能实现的。现在大陆战争已基本结束，剩下的西藏、海南岛、台湾的解放，也为期不远了。目前我们主要是进行医治战争创伤的恢复工作，而这种恢复工作，正是为即将到来的大规模建设工作打基础。华侨参加祖国建设事业的机会来了，你们多少年来的希望，今天有可能实现了。侨胞们，踊跃地参加祖国的建设大业，这就是你们的光荣任务！[①]

新中国建立，实现了民族独立，广大侨胞的期盼终于实现了，因此，

① 《朱德同志在华侨联欢会上的讲话》（1950 年 1 月），国务院侨务干部学校编：《论中国侨务》（2010 年），第 4—5 页。

华侨要积极投入新中国的建设事业。这是朱德讲话表达的期望。

新中国建立初期，人民解放军为取得解放战争的彻底胜利，继续乘胜追击盘踞西南和华南的残敌，海外华侨关心国内战况。1950 年 5 月，当国民党军队在大陆盘踞的最后一块陆地海南岛解放时，旅日华侨民主促进会中央委员会为海南岛解放写信给毛泽东主席、朱德总司令及渡海作战的人民解放军全体指战员表示祝贺，信中说：

解放海南岛的捷报传来，在日侨胞以及日本所有的进步人士，对我人民解放军这次不辞艰难渡海苦斗，而卒以完成空前伟业，莫不衷心欣悦，表示感激和敬意。

率直地说：这次战捷，不但对买办反动的日本当局是个无上的打击，而对他们背后的老板——国际独占资本家们，也不啻一个晴天霹雳。可是这对日本进步人士来说，益发添增了建设和平民主独立的日本的信念，更鼓舞了我们侨胞。此后我们更要誓忠祖国，我们并且相信不久会解放台湾。

谨将在日侨胞及日本进步人士的诚意，以本会的名义，向诸位致贺并致敬意。

留日华侨民主促进会中央委员会　鞠躬[①]

这封信除了对解放海南岛表示祝贺外，还有一层深刻的含义即留日华侨期望“相信不久会解放台湾”，这也是全国人民和海外进步华侨的期望。

朱德作为人民军队的总司令，为人民军队的创建发展，为中国革命的胜利和新中国的建立戎马一生，战功赫赫，得到了全国人民的爱戴，也得到海外华侨的爱戴。1952 年 5 月，缅甸华侨组织回国观光团，由爱

---

① 《留日华侨民主促进会 函毛主席朱总司令 庆贺解放海南岛的胜利》，《人民日报》1950 年 5 月 23 日，第 1 版。

国侨商徐四民为团长。观光团回国后，向毛泽东主席献旗的同时，还向德高望重的朱德总司令献旗，旗帜上写道："保卫世界和平"，并由观光团副团长、侨商陈占梅献词如下：

亲爱的朱总司令：我们缅甸华侨回国观光团谨代表缅甸三十万侨胞向您致敬，向为了取得中国革命的彻底胜利而经历了长期艰苦战斗的英勇的人民解放军致敬。

亲爱的朱总司令，您的伟大的名字和毛主席的名字在一起，永远为海外侨胞所崇敬和爱戴。您所领导的中国人民解放军，在解放祖国斗争中的无数英勇事迹，广泛地在侨胞中间传诵着。海外侨胞们深切地了解：有了中国人民解放军，我们祖国的和平建设，我们为捍卫祖国边疆和保卫世界和平的斗争，就有了有力的保证。中国人民解放军，就是我们海外侨胞爱祖国的信心和勇气的泉源。

亲爱的朱总司令，请您接受我们的敬礼，并请您将我们的敬意转告中国人民解放军的全体指战员同志们。[①]

献词歌颂朱德对缔造中国人民解放军立下的赫赫战功，其伟大的名字和毛泽东连在一起。

① 新华社：《缅甸华侨回国观光团向毛主席和朱总司令献旗致敬》，《人民日报》1952年5月14日，第1版。

五、邓小平开创改革开放时期侨务工作新局面

邓小平是第一代中共中央领导集体的重要成员，第二代中央领导集体的核心。新中国成立后，邓小平先是在地方担任重要领导职务，后调任中央工作，1956年中共八届一中全会上当选为中共中央政治局常委、中央委员会总书记。由于他长期担任党的重要领导工作，较少涉及侨务问题，与华侨交往不多，留下的资料殊少。党的十一届三中全会进入改革开放新时期后，作为改革开放的“总设计师”，邓小平在全面规划和推动我国改革开放事业时，把侨务问题作为一个重要方面加以统筹考虑，因而在改革开放新时期开辟了侨务工作的新局面。

（一）相关研究的学术梳理

1. 有关资料和著作的编撰出版

学术界有关邓小平利用海外华人科学家才智推动科技改革的研究，未见专文专著，大多零星地散布在邓小平关于侨务思想与实践的研究成果中。相关资料和著作的编撰出版主要有以下一些。

2000年，由国务院侨务办公室和中央文献研究室联合编辑了《邓小平论侨务》（中央文献出版社2000年版），全书2.2万字。收入邓小平1977年至1993年间关于侨务问题的论述55条，其中第一次正式发表的28条。这是一本集中反映邓小平论述侨务问题的资料集，虽然篇幅小，但内容比较丰富，分为“拨乱反正 落实侨务政策”“发挥华侨作用 振兴中华民族”“凝聚侨力 实现祖国统一”“发展同各国友好关系”四个部分，其中涉及邓小平有关利用海外华人科学家才智和条件发展我国科技、开展科技交流的论述。这是研究邓小平侨务思想唯一的一本资料汇

编。相关资料还有《邓小平文选》一至三卷，一些文章涉及邓小平有关侨务问题的论述，其中多数内容也被收集到《邓小平论侨务》一书中。

由中共中央文献研究室编辑的《邓小平年谱（1975—1997）》上、下册（中央文献出版社 2004 年版），收录了大量邓小平有关侨务问题的论述，包括会见海外华人科学家学者的谈话、有关批示等内容，资料比较丰富，散见于全书诸多条目中。为给读者和研究者提供方便，该年谱后还附有一张光盘。这是研究邓小平相关思想的重要一手资料。中共中央文献研究室编《邓小平思想年编（1975—1997）》（中央文献出版社 2011 年版），集中收录了从 1975 年邓小平主持整顿到 1997 年去世期间诸方面的思想资料，是邓小平后半生推动并致力于我国改革开放事业的思想资料汇集，内容全面，资料翔实。其中有些反映邓小平与华侨华人包括华人科学家交往、会谈的资料。虽然许多内容在《邓小平年谱》中有所反映，多有重合之处，但比《邓小平年谱》详细并有少部分内容属于首次披露，两者可以互补。

就笔者掌握的研究状况，目前还没有发现专门研究邓小平侨务思想与实践包括邓小平与海外华人科学家交往、推动科技改革发展方面的著作，只有一些相关华侨著作有所涉及。如任贵祥、赵红英撰写的《华侨华人与国共关系》（武汉出版社 1999 年版，是王功安、毛磊主编的“国共关系与两岸关系丛书”的一本）一书第六部分“华侨华人与两岸关系的新时期”，介绍了拨乱反正与邓小平侨务思想的确立，海外华侨华人盛赞邓小平领导的改革开放，“一国两制”思想提出及在香港、澳门的成功实践等。石汉荣著《探解中国侨务》（香港中国评论学术出版社 2004 年版），介绍了邓小平有关“海外关系论”“独特机遇论”“团结振兴论”等侨务观点。书中还专门对《邓小平论侨务》一书作了解读。《方毅传》编写组撰写的《方毅传》（人民出版社 2008 年版），传主是当时主管科技工作的副总理，书中介绍了方毅在邓小平的领导下进行科技改革工作，直接或间接介绍了邓小平与海外华人科学家交往的一些情况，以及方毅积极贯彻落实邓小平科技改革的指示，这是为数不多的涉及邓小平关于吸收海外华人科学家的智慧推动科技改革思想的著作。由任贵祥主编的《海外华侨华人与中国改革开放》（中共党史出版社 2009 年版，是其主持的国家社科基金资助项目，并被国家新闻出版总署评选列为纪念改革开放 30 周年百种重点图书）一书，第三章“新时期党的侨务思想和侨务工作的发展”，第一节“邓小平开创我国侨务工作的新局面”，全面系统深入地阐述了邓小平主导的新时期侨务领域的拨乱反正，邓小平“独特机遇论”的侨务思想，以及在邓小平理论指导下开创侨务工作的新局面等四个目。其中第二目第二点“创造条件，吸收华侨华人科学家发展中国科技事业”集中阐述了相关内容。还有其他著作零星涉及改革开放中邓小平与海外华人科学家交往的内容，如于俊道、邹洋编《邓小平交往录》（四川人民出版社、新疆人民出版社 1996 年版），蒋东明著《李政道传》（长春出版社 2003 年版），顾迈男著《报国：回忆我所采访的科学大家》（中共党史出版社 2011 年版）等，不再展开介绍。

2. 发表的有关研究论文

20 世纪 90 年代，特别是 1997 年邓小平去世、党的十五大确立邓小平理论为党的指导思想以来，学术界陆续发表了一些研究邓小平侨务思想的文章，主要论述改革开放中邓小平的侨务思想与实践，其中有些文章涉及邓小平吸收海外华人科学家的才智发展我国科技事业的思想。

按照时间顺序，发表的相关文章主要有以下一些。白晓东：《邓小平侨务思想初探》，《华侨大学学报》（社会科学版）1996 年第 3 期；黄松赞：《论如何领会邓小平侨务思想》，《华侨华人》1998 年第 1 期；何珠：《邓小平侨务思想是邓小平理论的组成部分》，《华侨与华人》1998 年第 1 期；蒋述卓：《邓小平侨务思想与中国发展战略》，《暨南学报》1998 年第 3 期；向大有：《论邓小平侨务理论的继承性、发展性和批判性》，

《八桂侨刊》1998年第3期；李奎林：《邓小平侨务思想初探》，《侨务工作研究》1998年第3期；黄松赞：《邓小平侨务思想内涵论要》，《侨务工作研究》1998年第3期；李鸿阶、黄春花：《邓小平侨务思想的实践意义》，《八桂侨刊》1998年第3期；杨金荣、汪俊昌：《论邓小平侨务思想的时代意义》，《浙江学刊》1998年第4期；王荣德：《邓小平侨务思想及其特征》，《湖州师专学报》（哲学社会科学）1998年第4期；王瑞瑜：《论邓小平侨务思想的基本构架》，《学术探索》1999年第1期；武市红：《邓小平与新时期侨务工作》，《党的文献》1999年第4期；张国新：《浅论邓小平的侨务理论》，《探索》1999年第4期；陈乔之：《邓小平侨务理论探析》，《东南亚研究》2000年第1期；娄胜华：《邓小平侨务思想论析》，《学海》2000年第2期；张秀红：《新时期邓小平侨务理论及特色》，《山西社会主义学院学报》2000年第3期；吴金平：《略论智力引进与邓小平侨务思想》，《社会主义研究》2000年第5期；娄胜华：《从“爱国论”到“机遇论”——邓小平侨务思想论析》，《中央社会主义学院学报》2000年第7期；周中栋：《深刻领会邓小平侨务思想的精髓》，《华侨与华人》2001年第1期（广东华侨华人历史研究会主办）；苏征社：《邓小平侨务思想的实践意义》，《江苏省社会科学学报》2001年第3期；于小英：《试论邓小平的侨务思想》，《四川省社会主义学院学报》2001年第3期；卢荻：《论邓小平侨务思想和党的统一战线》，《当代中国史研究》2001年第4期；王笑鸿：《试论邓小平侨务思想的实践意义》，《宁夏党校学报》2001年第4期；刘权：《邓小平有关侨务工作理论与实践》，《求实》2003年第6期；贺东航：《邓小平的侨务思想探究》，《集美大学学报》（哲学社会科学版）2004年第3期；夏莉萍：《邓小平侨务思想发展的三个阶段》，《北京党史》2004年第4期；李嘉：《“海外关系是个好东西”——论邓小平侨务理论》，《上海市社会主义学院学报》2004年第5期；郭肖宁、聂剑：《邓小平侨务思想初探》，《西南民族大学学报》（人文社科版）2004 年第 5 期；浙川：《邓小平侨务思想述论》，《毛泽东思想研究》2004 年第 6 期；谭天星：《邓小平侨务思想的精髓及其时代意义》，《华侨华人历史研究》2005 年第 1 期；王创峰、曾军：《试论邓小平侨务思想》，《湖北社会科学》2005 年第 2 期；陈楚材、任贵祥：《新时期中国对外开放的先声——邓小平侨务思想述评》，《中共中央党校学报》2006 年第 5 期（第 10 卷）；郑志锋：《邓小平的侨务思想与统一战线的壮大》，《福建省社会主义学院学报》2008 年第 3 期；陈云云、李子白：《解读邓小平侨务思想发展的历史进程》，《赤峰学院学报》（汉文哲学社会科学版）2008 年第 4 期；郑志锋：《邓小平的侨务思想与中国的对外开放》，《重庆邮电大学学报（社会科学版）2010 年第 4 期；张梅：《论邓小平侨务思想与中国特色社会主义侨务理论的形成》，《北京行政学院学报》2012 年第 1 期；姜淑萍：《新时期邓小平重视海外华侨华人作用论析》，《当代中国史研究》2012 年第 6 期；任贵祥：《邓小平"借风行船"推动我国科技改革思想研究》，《中共党史研究》2015 年第 1 期。

收入论文集的相关文章有：浙江省侨联：《以邓小平侨务思想为指导努力开创浙江省留学人员工作新局面》，王险峰、王耀成：《邓小平与"宁波帮"——邓小平侨务思想在宁波的成功实践》（这两篇文章收录在浙江省侨联、浙江师范大学华侨华人研究中心主办，周望森主编《华侨华人研究论丛》第四辑，中国华侨出版社 2000 年版）；《邓小平的侨务思想与新移民——兼述闽籍国外移民概况》，收录在泉州华侨历史学会编《华侨史》第九辑（内部资料，2005 年 10 月）。另外，还有相关硕士论文一篇：邹霞著《浅论邓小平侨务思想》，华中师范大学硕士学位论文，2006 年 5 月（未刊稿）。

以上共有 40 多篇论文，比较集中阐述了邓小平侨务思想这样几个内容：在侨务工作拨乱反正中为"海外关系"正名（即"海外关系论"）；

华侨华人是中国大发展独特机遇（“独特机遇论”）；利用海外华商资本为中国现代化服务；“华裔专家”是发展我国科学技术的“宝贝”；海外华侨华人是促进中国和平统一的重要力量；邓小平侨务思想与中国特色社会主义侨务理论，等等。

通过对上面罗列的相关著作和论文归纳分析，笔者得出这样几点看法：第一，有关邓小平专门论述华侨华人问题的资料仅有一本语录式的小册子，没有一本相关研究著作，仅在某些著作中涉及这方面的内容；发表的相关论文较多，具有一定的数量和规模，这些文章分别从不同的角度阐述了邓小平侨务思想产生的历史背景、内涵及其实践意义，并提出某些有价值的观点。第二，阅读论述邓小平侨务思想的文章，其利用的资料、阐述的内容、提出的观点、写作的方法，大多雷同，原创性和新观点的论文不多。可以说，虽然有一定数量，但多数文章质量不高，不少问题有待于进一步深入研究。

（二）参与发动领导旅欧华人反帝爱国斗争

19 世纪末 20 世纪初，大批有志青年为寻求救国救民道路，掀起留法勤工俭学热潮，有一部分初步具有共产主义思想的知识分子参与其中，邓小平就是代表之一。在留法勤工俭学运动后期，根据国内中共中央的指示和安排，中共旅欧党团组织的骨干或转赴苏俄学习，或回到国内领导革命斗争。为了接替周恩来等先期回国的革命者继续领导旅欧华人（包括旅欧华工和中国留学生）开展革命斗争，旅欧党团组织补充了一批新生的力量，20 岁出头的邓小平遂脱颖而出，成为骨干和后起之秀，并在领导革命活动中，与法国华侨华人开始了接触和交往。

1920 年 10 月，年仅 16 岁的邓小平来到巴黎，开始了留法勤工俭学生活。10 月下旬，由华法教育会安排，邓小平和他的叔父邓绍圣及其他 20 名中国学生，来到了诺曼底的巴耶男子中学学习。他在第六班（附设小学班）学习法文。巴耶中学管理较严格，伙食价格虽比巴黎低些，邓小平也尽量节俭，但不久从家里带来的一点钱花光了，除了法语外也学不到其他东西，第二年3月13日晚便离开了巴耶学校。但邓小平当时万万没有想到，这次离开学校后，他便再也没有迈进法国其他学校的大门，不到五个月即结束了法国的俭学生涯。

俭学不成，只好走勤工的道路。1921年4月2日，邓小平及叔父邓绍圣和另外几名四川学生，经介绍来到了克鲁梭的施奈德钢铁厂做工。在该厂人事处招工登记卡上保留有邓小平的有关档案写着：邓希贤，16岁，工人编号为07396；进厂注册日期是1921年4月2日。从此，邓小平便开始了艰苦的四年多勤工生活。

邓小平是作为散工来到施奈德钢铁厂的。在这里做散工既苦又累且工资低，每天在车间做各种各样的杂活，劳动强度很大，而且有危险，还要早班、中班和夜班轮流循环。有时从煤车往下运煤，有时则搬运钢板；一会儿推铁屑，一会儿又要去拉铁条，一天下来汗流浃背，疲惫不堪。身材矮小、还不满17岁的邓小平，要承担这样繁重而危险的体力劳动，实在是勉为其难，不可为而为之。更有甚者，法国工头欺辱歧视中国勤工俭学生的行径，令人无法容忍。邓小平于4月23日辞去工作来到巴黎，失去固定工作，他只好就近找些杂工做，如在饭馆当招待，在火车站、码头送货、搬行李，到建筑工地推砖、搬瓦、扛水泥或打扫工地、清除垃圾等。

为了争求学权、争生存权，在此期间，留法勤工俭学生先后发动了反饥饿斗争、拒款斗争和争回里大等三次大规模的抗争。中国学生开展的反对中法反动势力的斗争，惹恼了法国当局，于1921年10月，停止发给中国学生的生活维持费。邓小平和其他学生一样，已经毫无生活来源，面临生活绝境。

蒙达尼是留法勤工俭学进步学生云集之地，旅欧少年共产党总书记赵世炎就经常到这里进行革命活动，年长的少共党员王若飞曾和邓小平在一起工作过两个多月。当时邓小平尚未参加他们的活动，但毕竟受到了耳濡目染，得到他们的帮助和影响，逐渐接受革命思想，开始阅读进步书报，思想上不断追求进步。

1923 年 6 月，赵世炎、周恩来等留法勤工俭学生中的先进分子，组织了旅欧少年中国共产党（次年 2 月改名为“旅欧中国共产主义青年团”）。邓小平在蒙达尼参加了这个组织。随后，他从蒙达尼来到巴黎近郊的比扬古雷诺汽车厂做工，成为一名钳工学徒，同时从事青年团旅欧支部的工作。雷诺汽车厂是法国著名的大企业之一，有一万多工人，其中华工和勤工俭学生多时达 600 多人，聂荣臻、何长工等都在这里做过工。

加入共青团后不久，邓小平在巴耶支部担任了两届宣传干事，同时受支部委托参与为旅欧华工创办《工人旬报》。这可以看作他所从事的一项侨务活动。1923 年 6 月，中共旅欧支部召开第二次代表大会，会议改选了委员会，周恩来任书记，李富春负责宣传，尹宽负责组织，邓小平等也被推选为负责人。从此，邓小平直接在周恩来的领导下工作，正式成为一名职业革命家。在这次会议上，根据国内团中央的指示，决定把 1922 年 8 月创刊的偏重于理论的《少年》半月刊，改刊为注重于现实的《赤光》杂志。

在周恩来的帮助和指导下，邓小平渐渐崭露头角，成为青年团组织的一名骨干。他做《赤光》的编辑工作，刻印蜡纸、编审校对，并以希贤的本名和化名写过一些文章发表。其工作非常认真，刻印蜡纸字体工整隽秀，印刷清晰，装帧简雅，油印的杂志简直和铅印的不相上下，大家习惯称他为“油印博士”。

1924 年 7 月 13—15 日，旅欧中国共产主义青年团召开第五次代表大会。在这次大会上邓小平被选进执行委员会书记局，成为青年团旅欧支部领导成员之一。根据党的规定，当时担任旅欧青年团执行委员会（支部）的领导，则正式转为中国共产党旅欧支部的党员。这样，自 1924 年 7 月起，邓小平在他的革命生涯中迈进了第二个关键的阶段——正式成为中国共产党党员，当时他还差一个月满 20 岁。

同年 7 月下旬，由于国内革命斗争的需要，中共中央安排周恩来回国参加革命斗争。此前，中共旅欧党团组织的骨干赵世炎、王若飞等一批人相继离法赴苏或回到国内，这样中共旅欧党团组织领导的重任就落在了邓小平等人肩上。

1925 年国内五卅运动爆发后，中共旅欧党团组织立即行动起来，与中国国民党驻法支部联合发出声援通告，并于 6 月 7 日在巴黎举行了有 1000 多名旅法华侨华人参加的反帝大会，谴责帝国主义屠杀中国人民的暴行，会后举行了游行示威。6 月 14 日，中共旅欧党团组织发出《告示威华人书》，这张传单出自邓小平之手，传单上写道：

一个沉重而光荣的表示在欧洲反动势力的中心——巴黎发动了，我们被压迫的中国人民第一次向帝国主义的政府作直接的示威运动！参加示威运动的华人啊！你们的精神应该为我们所敬重，不论你们是相信什么主义的，只要你们在言论上、行动上是反对帝国主义的，只要你们从今日起能与帝国主义从事不妥协的斗争，我们都向你们致敬了。我们相信一切推翻帝国主义的工作，比什么都神圣。被压迫民族解放的起点，全人类解放的起点关键就是：推翻帝国主义！反对屠杀上海人民的法兰西帝国主义！反对屠杀上海人民的一切帝国主义！①

这一传单是号召旅法华侨华人起来反对帝国主义屠杀中国人民的一篇檄文！是中共旅欧党团组织向侵略、欺压、屠杀中国人民的帝国主义宣战的号角！

旅法华侨华人在法国的心脏——巴黎开展反帝爱国运动，震动了欧

① 毛毛著：《我的父亲邓小平》上卷，中央文献出版社 1993 年版，第 126 页。

洲，也吓坏了法国政府。它命令警察大肆搜捕参加反帝运动的华人，几天之内，将中共旅欧党团组织的成员和负责人 20 多人逮捕入狱，随后又将 47 名中国留法勤工俭学生驱逐出境。中共旅欧党团组织遭到严重破坏，而邓小平也引起法国警方的注意。从警察局的秘密报告中，可以看到当年邓小平领导旅欧党团组织及旅法华侨华人斗争的掠影——

1925 年 10 月上旬，邓小平主持了在巴黎附近的工业城市伊西·莱穆里内举行的有 20 多人参加的华人集会。

同月 25 日，法国侦探报告，某个估计有 23 岁、名叫邓希贤的人，在巴黎肖莱大街的咖啡馆里主持了 25 人的碰头会。

在 11 月 16 日的一份秘密报告中写道：前一天（即 15 日），旅法华人团体的代表 47 人，在布瓦耶大街 23 号集会，悼念 6 月事件后被逐出法国的国民党左派王京歧的逝世（周恩来的好友，因患肺病死在遣返回上海的轮船上）。追悼会由邓希贤担任主席，并在会上致悼词。法国警察在这份报告中承认，现在仍不清楚邓的住址。

法国警察记录邓小平最后一次领导的集会，是 1926 年 1 月 3 日有 70 多人参加的会议。邓小平在会议上讲话，代表与会者声援冯玉祥反对进驻北京的奉系军阀张作霖，敦促同苏联政府友好，以进行“反帝斗争”。到 1 月 3 日法国警方才明确了邓希贤的住址：布洛涅—比央古卡斯泰耶大街 3 号。在这份报告中，法国警方还注释道：邓希贤到目前为止还没有触犯侨民法。

1926 年初，旅法华人中的反共分子——国家主义派骨干何鲁之等人，向法国警察指控邓小平、傅钟等人策划谋刺他。原来，自从 1925 年 6 月旅法华人奇袭中国驻法国公使馆的事件之后，何鲁之向法国警察密告了旅法华人中共产主义分子和激进分子的名单及住址，致使一批革命者被捕并被驱逐。从此以后，心怀鬼胎的何鲁之做贼心虚，唯恐旅欧共产主义者找他算账，故恶人先告状。

法国警方接到何鲁之等人的告发后，如获至宝，立即于1926年1月8日搜查了卡斯泰耶大街3号小旅店。但是，警察们晚到了一步，在这个两层楼房顶层的5号客房里已空无一人——原来邓小平与其他中国旅欧党团员20人，早已于1月7日晚登上开往莫斯科的列车。

从1920年10月19日到1926年1月7日，邓小平在法兰西的土地上生活了五年多。初到法国时，他是一个单纯的青年，经过求学、做工、参加革命活动及领导中共旅欧党团组织的不平凡的经历，在他22岁离开法国时，已成长为一个具有坚定的共产主义信念和丰富的革命斗争经验的职业革命家。后来又成为中国革命及新中国中叱咤风云、举世瞩目的伟大人物。

留法勤工俭学，是邓小平与华侨华人交往的开始。但此后一直到70年代中期，邓小平与华侨华人交往甚少，也未见相关资料，其与华侨华人交往最多的是在改革开放的新时期。

（三）视“海外关系”为“独特机遇”

20世纪50年代后期，中国共产党及其领袖毛泽东在探索中国社会主义建设道路上发生了“左”的错误，而且愈演愈烈，直到发展为“文化大革命”十年内乱。在这种大背景下，我国侨务政策也随之发生愈演愈烈的“左”倾错误，侨务领域成为“重灾区”。当时，侨务机构被撤销，绝大部分侨务工作被迫中断。

在“文化大革命”时期的极左思潮中，对于侨务领域危害最大、影响最广的就是所谓“海外关系复杂论”。“海外关系复杂论”——把归侨、侨眷与国外家属亲友（即华侨华人）的关系称为“海外关系”——认为“海外关系”是一种“资产阶级关系”“复杂政治关系”“敌我关系”。这种理论错误地认识和对待华侨华人，认为他们大多数生活在非社会主义国家，多数是“资本家”，是“资产阶级”；宣扬“海外关系”是反动的政治关系，归侨侨眷是“反动的社会基础”。他们给有所谓“海外关系”的人横加罪名：把同海外亲友的书信来往说成“里通外国”；把海外赡家汇款诬为“特务经费”；把有“海外关系”的人同地、富、反、坏、右、特并列在一起，称为“黑七类”，胡说什么“有海外关系的无好人，信任他们无根据，接触他们无好处”。在这种荒谬理论影响下，那些有所谓“海外关系”的人都被打入“另册”，入团、入党、参军、上学、就业、结婚都遭到歧视和排斥。在这种荒谬的理论指导及荒唐的逻辑推理下，造成了侨务领域无数的冤、假、错案。许多归侨、侨眷因为“海外关系”受到歧视、怀疑、排斥，甚至被诬陷为“特务”“里通外国”分子，遭到打击、迫害。人们谈“侨”色变。据不完全统计，“文化大革命”期间，在 19 个有关省、自治区、直辖市中，有 1.3 万多归侨、侨眷，因“海外关系”受到诬陷打击和迫害。海外华侨华人面对祖籍国的政治运动，不敢、不愿回乡探亲访友，更不用说支援祖籍国及家乡建设了。这些极左的错误行径，严重挫伤了华侨的爱国爱乡热情和归侨侨眷建设家乡的积极性，中国侨务工作遭到了严重破坏，在国际上则损害了中国的声誉，在国家经济建设上丢失了宝贵的资源，其教训十分惨痛。

可以说，“海外关系复杂论”是危害侨务工作的理论之源，是侨务灾难的祸根，是恢复和发展侨务工作的最大障碍。因此，揭穿“海外关系复杂论”的本质，对“海外关系”作出正确的分析和评价，冲破禁锢人们的思想枷锁，就成为党和国家对侨务领域拨乱反正的首要任务。

“文化大革命”刚结束，党和国家的工作千头万绪、纷繁复杂。刚刚复出的邓小平在致力于推动改革开放事业中，善于抓住关键环节，敏锐地认识到“海外关系复杂论”是侨务领域拨乱反正的最大障碍，必须扫除；清醒地看到了“海外关系复杂论”是侨务领域危害最大的禁区，必须突破。因此，他率先对此发起冲击。1977 年 10 月 2 日，邓小平在接见港澳同胞国庆代表团和香港知名人士利名泽夫妇时，明确提出“海外关系是个好东西”的崭新论断，鲜明地表示：“说什么‘海外关系’复杂不能信任，这种说法是反动的。我们现在不是海外关系太多，而是太少。海外关系是个好东西，可以打开各方面的关系。‘四人帮’胡说什么‘地、富、反、坏、侨’，把华侨同地、富、反、坏并列起来。这种错误说法和做法一定要纠正过来，要做大量工作，进行政策教育，全国执行。中央已下了这个决心。”[①]在人们还未解除“左”倾思想禁锢的情况下，邓小平以通俗易懂的话语表达的这一重要思想，当时在侨界引起了巨大反响。

“海外关系是个好东西”，成为后来学术界在阐述改革开放初期邓小平侨务思想时通常引用的一句至理名言。单纯从字面上看，这是一句通俗而容易理解的话语，看不出什么深奥的哲理。但在当时人们思想处于迷茫、“左”倾思想的禁锢仍未解除的情况下，邓小平提出这句名言是充满勇气的，具有正本清源的作用，为新时期开创侨务工作新局面奠定了思想基础。

邓小平批判“海外关系复杂论”的有关论述还有：1978 年 3 月 30 日，邓小平会见泰国总理江萨的谈话；4 月 30 日，邓小平接见来京参观的华侨华人代表时的讲话；11 月 9 日，邓小平在泰国曼谷接见华侨华人代表的讲话等，均批判了“海外关系复杂论”的观点。同年 11 月 13 日，他在接见新加坡总理李光耀时再次指出：“林彪、‘四人帮’横行的时期，把侨务方面的政策搞得乱七八糟。在国内，不管华侨还是华人的亲属都遭到摧残，动不动就说是有海外关系。有海外关系就是叛国，不少人被捕入狱。华侨、华人不能到中国探望亲属，也不能互相通信。这方面在中国国内牵涉到几千万人。”[②]通过以上介绍可以看出，“文化大革命”结束至党的十一届三中全会前，邓小平至少有五次批驳“海外关系复杂

① 国务院侨务办公室、中共中央文献研究室编:《邓小平论侨务》，中央文献出版社 2000 年版，第 6 页。

② 国务院侨务办公室、中共中央文献研究室编:《邓小平论侨务》，第 10 页。

论”的观点，这反映了侨务工作在邓小平心目中的重要地位。

从“文化大革命”结束到十一届三中全会前这一时期，在党史上被称为两年“徘徊时期”。在此具有过渡性且仍较敏感的非常时期，邓小平能够旗帜鲜明地肯定“海外关系”，并为“海外关系”平反，率先在侨务方面冲破了“左”的思想枷锁，显示了他非凡的勇气和胆识。江泽民高度评价说：“邓小平同志在一九七七年指出，林彪、‘四人帮’说什么‘海外关系’复杂，不可信任，这种说法是反动的，这种错误政策一定要纠正过来。他还说：海外关系是个好东西，可以打开各方面的关系。这就对侨务工作进行了拨乱反正，给侨务工作赋予了新的意义，也为归侨、侨眷和海外侨胞在祖国现代化事业中充分发挥作用提供了新的用武之地。”① 从江泽民的评价中可以看出，邓小平为“海外关系”正名，对侨务领域的拨乱反正进而调动和发挥广大归侨、侨眷和海外侨胞爱国热情，有着重大意义。

中国致公党中央原主席罗豪才对此也作出了中肯评价：“邓小平同志对于‘海外关系’的重新定论为扫除极左思想的观念障碍奠定了思想基础，是他重新确立的‘解放思想，实事求是’的思想路线在侨务战线的最光辉的运用，对于打破我国长期同世界隔绝的状况起到了重要作用，极大地调动了广大归侨侨眷和海外侨胞参与振兴中华伟业的积极性。”②

笔者以为，邓小平为“海外关系”正名，不能仅仅从侨务工作本身考察，它与邓小平的对外开放思想有着密切的联系。海外华侨华人遍布世界各地，人数众多，与祖籍国和居住国关系十分密切，是我国处理对外关系、制定外交政策、实行对外开放的一种特殊有利因素。如果我国的对外开放，不能首先对分布在海外各地具有中华民族血统的中华同胞

---

① 《在第四次全国归国华侨代表大会上江泽民同志的讲话》，《人民日报》1989 年 12 月 19 日，第 1 版。

② 王尧：《“海外关系是个好东西”》，《人民日报》2004 年 9 月 2 日，第 10 版。

开放，就谈不上对世界各国开放，更谈不上扩大对外开放。这看起来似乎是个简单的问题，但当时却很少有人提到这个高度来认识，更没有人勇敢地提出来。这是邓小平为“海外关系”正名的深层含义，可以说是他对外开放思想的有机组成部分。

邓小平关于“海外关系是个好东西”的观点，为长期受“左”倾思想禁锢的侨务工作打开了突破口，将对侨务工作的认识提高到了一个新水平。在这一思想指导下，侨务战线进行了全面的拨乱反正，而且走在了各个领域的前面。1977 年 11 月 28 日至 12 月 20 日，在北京举行了全国侨务会议预备会议。会后，形成了《关于全国侨务会议预备会议的情况报告》上报中央。1978 年 1 月 11 日中央同意这一报告，并以中央文件形式下发，而且加了批示。批示首次提出了侨务工作的“十六字”原则，强调继续贯彻执行毛主席关于“保护华侨利益，扶助回国的华侨”的指示，对归侨侨眷采取“一视同仁，不得歧视，根据特点，适当照顾”的方针政策，团结广大华侨，充分调动归侨侨眷的社会主义积极性，为实现我国四个现代化作出贡献。文件的内容，主要是重申和明确了要正确对待“海外关系”问题等九项具体的侨务政策。文件认为 1962 年中央批准华侨事务委员会党组关于“海外关系”问题的报告，应当继续贯彻执行。因所谓“海外关系”问题牵连而不能入党、入团、参军、上学、就业和正确使用的相关人员，以致影响婚姻等情况，应予以纠正。因所谓“海外关系”问题而审查处理了的，应尽快进行复查，作出正确的结论。所有诬陷不实之词，应予推倒；有关档案材料，应予剔除销毁；处分错了的，应一律平反；被迫害致死的，应予昭雪，并对死者家属给予适当抚恤。同时，也要教育归侨侨眷正确对待这个问题。

1978 年 1 月 4 日，《人民日报》刊载三篇文章——《在英明领袖华主席、党中央的亲切关怀下，全国侨务会议预备会在京举行，李先念副主席亲切接见到会同志并作重要讲话》，廖承志的《批判“四人帮”所谓

"海外关系"问题的反动谬论》，社论《必须重视侨务工作》，对"海外关系复杂论"进行深入批驳正名，全面深刻阐述了中央对华侨问题的重新认识，在侨界产生了广泛的影响。广大华侨、侨眷和归侨同声欢呼，奔走相告。有人激动地说，天空驱散了乌云，侨务工作即将出现一个新局面。[①]

不破不立，有破必立。邓小平为被"文化大革命"颠倒的"海外关系论"正名，随即提出"独特机遇论"，是新时期邓小平侨务理论破旧立新的体现。海外华侨华人是中国发展的独特机遇，即"独特机遇论"思想，是邓小平为"海外关系"正名后提出的另一个重要思想，是新时期邓小平侨务思想重要理论观点之一。

邓小平指出，社会主义的根本任务是发展社会生产力。中国大发展的机遇并不多，要抓住时机发展自己。他认为，中国的发展离不开世界，对外开放是建设有中国特色社会主义的一项基本国策。在此前提下，他把发挥几千万海外华侨华人的作用，与我国对外开放的基本国策及把握我国大发展的机遇，紧密地联系在一起。

20 世纪八九十年代，邓小平以战略家的眼光，敏锐地洞察到广大海外华侨华人对于我国改革开放和现代化建设的重大作用。因此，他在开辟有中国特色社会主义道路时，在谋划我国改革开放和现代化建设大业时，把发挥几千万海外华侨华人的作用，作为一个重要因素和条件来考虑。他认为，拥有雄厚的经济、科技实力和广泛海外联系的几千万海外中华同胞，能够为振兴中华发挥重要作用。1990 年 4 月，他在会见泰国正大集团董事长谢国民等人时指出："中国人要振作起来。大陆已经有相当的基础。我们还有几千万爱国同胞在海外，他们希望中国兴旺发达，

① 《人民日报》1978 年 1 月 4 日，第 1 版、第 3 版。

这在世界上是独一无二的。我们要利用机遇，把中国发展起来。”[①]邓小平的谈话告诉我们，几千万海外同胞，是我国改革开放、发展自己的有利条件。当时，正值西方国家对我国实行制裁，外国企业停止来华投资，有些已经投资的企业又撤回去了。但海外华商和港澳商人不仅没有撤回投资的企业，而且仍然继续投资。在祖籍国遇到暂时困难之际，海外同胞给予了可贵的支持。正是在这样的背景下，邓小平首次提出“机遇论”的思想，即把发挥海外华侨华人的作用作为我国发展的机遇的思想，可谓见解精辟、眼光独到，把广大华侨华人与中国现代化建设和改革开放事业的关系，提升到前所未有的高度。

此后，邓小平又几次重申了“机遇论”的思想。1993年初，他在上海同各界人士共迎新春佳节时指出：“希望你们不要丧失机遇。对于中国来说，大发展的机遇并不多。中国与世界各国不同，有着自己独特的机遇。比如，我们有几千万爱国同胞在海外，他们对祖国作出了很多贡献。”[②]这是邓小平对“机遇论”思想的进一步重申和阐述。

邓小平“机遇论”思想，是站在改革开放和现代化建设的战略高度，对以往侨务工作重要论述的继承和发展，也体现了他对华侨华人这一宝贵资源的高度重视，是邓小平侨务思想的集中体现。邓小平的“海外关系是个好东西”及“机遇论”思想，是邓小平侨务思想的精髓，为新时期侨务工作奠定了理论基础。江泽民对邓小平的“机遇论”思想给予了充分的肯定。他说：“小平同志把发挥华侨、华人的作用，作为我们国家一个独特机遇，并且把它同我国大发展的机遇，紧密联系起来，这对于全党同志在新形势下，加深对侨务工作重要性的认识，具有极其重要、

① 《邓小平文选》第三卷，人民出版社1991年版，第358页。

② 《人民日报》1993年1月23日第1版；另见国务院侨务办公室、中共中央文献研究室编：《邓小平论侨务》，第12页。

深远的意义。”[①]

邓小平的“海外关系论”与“机遇论”是辩证统一的关系。前者是针对20世纪50年代后期至70年代，侨务领域长期存在的“左”倾错误予以拨乱反正的指导思想；后者是在前者的基础上，进一步阐发了海外华侨华人对我国改革开放十多年来发挥的重大作用——既是从我国以经济建设为中心、进行现代化建设的大局出发，又是从我国对外开放总体战略部署着眼所得出的结论。前者是后者的前提，后者是前者的发展。

从理论和实践上，把海外华侨华人看作我国社会主义现代化建设及国家大发展的一种独特机遇，可谓是邓小平独具慧眼，也是侨务理论的重要创新。“海外关系论”“独特机遇论”，是邓小平侨务思想为大家所熟悉的二维理论。

（四）全力推动侨务领域拨乱反正

1. 为侨务工作建“庙”请“菩萨”

新中国建立之初，我国就成立了专门的侨务工作机构。当时在中央人民政府机构中设立华侨事务委员会，1954年通过的《中华人民共和国宪法》和《国务院组织法》规定将中央人民政府华侨事务委员会改为中华人民共和国华侨事务委员会（简称中侨委），负责保护华侨的正当权利和利益，管理华侨事务；协助中央、国务院研究制定侨务工作方针，做好为侨服务工作。1956年10月，在中共中央和中侨委的关心指导下又成立了全国归侨侨眷的群众团体——中华全国归国华侨联合会（简称全国侨联）。随后，凡有归国华侨和侨眷的市、县、乡镇大都设立了归国华侨联谊会，形成了全国统一的侨联组织网，成为教育归侨、表达意见、互助互济的团体。

然而，“文化大革命”时期，在“左”倾思想影响下，侨务领域受到

① 转引自任贵祥《江泽民侨务思想探析》，《当代中国史研究》2007年第4期。

猛烈冲击，各级侨务机构荡然无存。1970年6月，中侨委被正式撤销，侨务工作归入外交部，中侨委设立留守处，由外交部代管。接着，各级侨务部门也相继取消，各级侨联组织完全瘫痪。大批侨务干部被打成“资产阶级代理人”“走资派”被下放劳动改造。归侨侨眷基本失去了国家权力的保护，各种敌视海外华侨和侵犯国内归侨侨眷合法权益的问题大量出现。1952年至1960年创办的北京、集美、广州、汕头、南宁、昆明、武昌等七所华侨补习学校被迫停办。泉州华侨大学、暨南大学也相继停办。许多回国求学的侨生无学可上，不少人被强制下乡插队。这些在海内外造成十分恶劣的影响。

“文化大革命”结束以后，邓小平在思想上为侨务领域正本清源的同时，多次强调要恢复各级侨务机构。因为纵使有好的侨务思想，若没有机构贯彻执行，拨乱反正也无从谈起。

1977年9月29日，邓小平接见参加国庆活动的华侨华人和台港澳同胞旅行团部分成员讲话时，就明确提出要恢复侨务机构。他说：“最近，党的十一大开过了，提出了新的任务。我刚才说有希望，但好多事情还要费劲。比如侨务工作，提到日程上来了，准备恢复过去的侨务机构。没有机构，这个事情就管不了。这个问题要解决，现在正在酝酿。”“海外侨胞、台湾同胞的事情，过去都有机构管，后来统统没有了。不仅国内遭灾，你们也受难。”邓小平还形象地将侨务机构比作“庙”，把主持侨务工作的领导人比作“菩萨”，进而阐明恢复重建侨务机构的重要性。他说：“过去，‘四人帮’破坏统一战线，统一战线没有了。现在，把‘庙’建立起来，有个‘菩萨’在里面管事，要把爱国人士、民主人士、宗教人士等等都更好地团结起来。侨务工作恢复起来也要花费时间，有个过程。”[①] 他还指出：“侨务方面，很多问题都要解决。过去不可能，

① 国务院侨务办公室、中共中央文献研究室编：《邓小平论侨务》，第1、5页。

解决了要‘犯罪’。现在先把‘庙’立起来，老‘菩萨’就是这个人，廖承志同志，他当侨务委员会主任多年。‘菩萨’灵不灵，就看‘菩萨’的本事。”[①] 邓小平要求侨务部门恢复后，落实侨务政策，“该解决的解决，该恢复的恢复，该改善的改善”。

1977 年 11 月 28 日至 12 月 20 日召开的全国侨务会议预备会议，根据形势发展的需要，建议设立国务院侨务办公室，作为国务院直属机构，由外交部代管。在归侨侨眷较多的省、市、自治区和地、县，也相应建立和健全侨务机构，统称侨务办公室，直属同级党委和革委会领导。侨务工作较少的省、市、自治区可考虑根据实际情况，设立侨务处，也可由外事或有关部门负责。重点侨乡公社，要有专职干部管侨务工作。同时，提出要恢复归国华侨联合会，加强对海外宣传工作的领导。

1978 年上半年，邓小平又几次向海外华侨华人介绍恢复侨务机构的情况。1 月 30 日，访问缅甸的邓小平在中国驻缅大使馆接见仰光华侨代表，指出：建国以来国家对海外侨胞是非常关心的。当然，这十一二年来侨务工作也受到“四人帮”的干扰破坏。侨务机构没有了，过去有个华侨事务委员会，后来没有了。对海外侨胞的事情没有一个机构管，你们理所当然会遇到一些困难，有些问题本应解决的而没有解决。现在“四人帮”粉碎了，过去毛主席、周总理制定的方针政策，不管是对国内的或对国外的，包括侨务政策，应该恢复的正在恢复起来。现在又重新建立一个侨务工作机构，由你们都很熟悉的廖承志同志负责。[②]4 月 30 日，邓小平接见在京参观的华侨华人代表时，再次讲到恢复侨务机构问题，他说：“去年国庆，我提议应该有一个‘庙’，长期没有一个机构，没有

① 国务院侨务办公室、中共中央文献研究室编:《邓小平论侨务》，第 2 页；中共中央文献研究室编:《邓小平年谱（1975—1997）》（上），中央文献出版社 2004 年版，第 211 页。

② 中共中央文献研究室编:《邓小平年谱（1975—1997）》（上），第 260 页。讲话中提到的侨务机构指 1978 年 1 月成立的国务院侨务办公室。

人管不行，总要有一个‘庙’，‘庙’里摆几个‘菩萨’，廖承志同志就是‘菩萨’。过去有个机构叫华侨事务委员会，现在叫侨务办公室，性质是一样的。把‘庙’立起来就专管这件事。管这件事还要花点时间，并不是说‘庙’有了，‘菩萨’有了，什么事情一下子都解决了。有些朋友提出问题，子女要回国，可以不可以？侨属要出去，可以不可以？有了‘庙’，这些问题就可以解决了。除了很特殊的情况，应该允许。出去的可以回来，出去不回来也可以，回来要出去也可以。过去确实有些框框是不合理的。”[①] 邓小平有关侨务机构问题的这几次谈话，对侨务机构的来龙去脉及其重要性谈得比较具体。

在邓小平的积极倡议和努力下，1978 年 1 月，经国务院批准，中华人民共和国华侨事务办公室（简称“国务院侨务办公室”、“国务院侨办”或“国侨办”）正式成立，[②] 主任廖承志（1984 年由廖晖接任）。作为我国政府管理华侨事务的机构，国务院侨办的性质和职能与过去的中华人民共和国华侨事务委员会基本相同，其不同点是这个新成立的主管华侨事务机构的职能之一是协助外交部处理华侨（指那些保留中国国籍者）和华人（指加入外国国籍的中国人）事务。自 1978 年起，全国 29 个省、自治区和直辖市（除了西藏之外）也陆续成立了侨务办公室，主管各地的侨务工作。

1978 年 4 月，全国侨联也恢复活动，同年 12 月在北京召开第二次全国归侨代表大会并选举产生新的侨联委员会。1981 年，有关部门确定归国华侨联合会为全国性人民团体，以提高侨联的社会地位，侨联组织随即出现了大发展的局面。此后，国务院侨办还复办了“文化大革命”

---

① 国务院侨务办公室、中共中央文献研究室编：《邓小平论侨务》，第 3—4 页。

② 有文章认为国务院侨办是 1978 年 5 月成立的。见武市红：《邓小平与新时期侨务工作》，载《党的文献》1999 年第 4 期，第 42 页。这里系根据中共中央文献研究室编《邓小平年谱（1975—1997）》（上），第 260 页注释（1）。

期间撤销的华侨学生补习学校和暨南大学（广州）、华侨大学（福建泉州），于1979年秋季招生。各级侨务机构和团体的相继恢复建立，为落实侨务政策提供了组织保障。

2. 推动制定侨务工作十六字方针

以1978年12月召开的中共十一届三中全会为标志，我国进入改革开放新时期。伴随着各个领域、各条战线的全面拨乱反正，侨务领域也迈出拨乱反正的步伐。邓小平为“海外关系复杂论”正名，并在他的亲自过问下恢复重建各级侨务机构，并进一步制定了侨务工作的十六字方针。

1978年召开的全国侨务预备会议，党中央提出要从“九个方面落实涉侨历史遗留下来的问题”。1979年召开的全国侨务工作会议，根据十一届三中全会精神，认真总结新中国建立30年来侨务工作正反两方面的经验教训，将国内归侨、侨眷的政策概括成为“一视同仁，不得歧视，根据特点，适当照顾”的十六字方针，并重申新中国建立以来党的一系列侨务政策是正确的，要求各地区各部门落实和贯彻。会议强调指出：在林彪、“四人帮”横行时期发生的冤案、错案、假案要坚决彻底地给予平反昭雪，实事求是地作出正确结论，不留尾巴，向所有受害人和家属赔礼道歉，对被查抄的财物，应按政策予以退赔；有些人过去因受林彪、“四人帮”迫害而出国或去港澳的，应表示深切的关怀，应按照党的政策，为他们平反昭雪，对林彪、“四人帮”强加在他们身上的种种诬陷，应当一律推倒。对以各种借口拖延平反的，要限期解决；对历史上各个时期被侵占的华侨房屋也要限期落实；并要从政治上、工作上、生活上关怀归侨、侨眷，给予适当的照顾；要改变过去对他们的歧视，使他们享受同国内人民一样的政治权利，吸收符合条件的归侨、侨眷入党、入团、参军；在工作上要根据他们的专长，合理安排、正确使用，从各个方面发挥他们的积极作用；凡是有真才实学的，要同国内职工一样提职升级，授予技术职称；生活上要给予适当照顾，切实做好侨汇物资供应；对回国的华侨学生、归侨、侨眷的子女报考学校，要按国家规定的条件，一视同仁，予以录取。[①]会议号召“欢迎华侨参加祖国社会主义建设”。这既是侨务领域一次全面拨乱反正的会议，也是对以前侨务政策的改进和发展，如将“文化大革命”前的对归侨、侨眷政策“一视同仁，适当照顾”的八字方针发展为“一视同仁，不得歧视，根据特点，适当照顾”的十六字方针。1981 年 5 月，在北京召开国内侨务工作座谈会，胡耀邦、李先念等党和国家领导人会见会议代表并进行座谈。1984 年 4 月，全国省、自治区、直辖市侨办主任会议召开，胡耀邦总书记在会上讲话，讲了八个方面，认为“侨务工作是长期的工作，是很重要的工作”；提出华侨华人是“促进四化建设、实现祖国统一、扩大海外影响、争取国际朋友的一支重要力量”。[②]

20 世纪 80 年代前半期，党中央、国务院及有关部门制定了一系列落实侨务政策的规定，其中主要有：1980 年 9 月国务院批转国务院侨务办公室、公安部《关于对刑满释放、解除劳教后留劳改单位就业的归侨处理意见的报告》（1987 年 6 月对此作了补充规定）；1981 年 5 月国务院侨办、中央组织部、公安部《关于善始善终地复查纠正归侨、侨眷中冤假错案工作的通知》；1983 年 9 月国务院侨务办公室、劳动人事部《关于处理六十年代初期精简的归侨职工问题的意见》（1985 年 4 月对此作了补充规定）；1984 年 9 月中央组织部、公安部、国家安全部、国务院侨办《关于抓紧清理归侨、侨眷档案工作的补充通知》，10 月国务院侨办《关于配合有关部门妥善处理归侨、侨眷在“文革”中被查抄财物遗留问题的通知》，12 月中央办公厅、国务院办公厅转发《关于加快

① 廖承志：《认真落实党的侨务政策，为建设现代化的社会主义强国而奋斗》（1978 年 12 月 22 日），《廖承志文集》下卷，人民出版社 1990 年版，第 547—549、552 页。

② 《胡耀邦文选》，人民出版社 2015 年版，第 544 页。

落实华侨私房政策的意见的通知》（1987 年 5 月又转发了补充意见）；1986 年 2 月国务院侨办提出《关于对五十年代初期归侨用侨汇集资办的企业的资金退还问题的意见》等。

侨务工作十六字方针及一系列相关侨务法规政策，虽然不是邓小平直接主持制定的，但它是邓小平启动统筹改革开放的内容之一，是推动改革开放的必然结果。

3. 平反侨务领域的冤假错案

改革开放之初，随着各个领域的全面拨乱反正，处于十年动乱中的“重灾区”，侨务领域的拨乱反正也随之开始，而侨务领域的拨乱反正又有其特殊性。对于落实侨务政策，邓小平明确要求：“该解决的解决，该恢复的恢复，该改善的改善。但问题要一个一个地解决，一下子把‘四人帮’破坏的东西都改过来，也不可能。”[①] 在邓小平这一思想指导下，各级侨务部门积极贯彻落实“十六字方针”及有关侨务法规条例，把落实党和国家各项侨务政策作为拨乱反正工作的当务之急。

根据 1979 年初全国侨务工作会议精神，关于“文化大革命”期间发生的冤假错案尚未平反者，“都要坚决彻底给予平反昭雪，实事求是地作出正确的结论，不留尾巴，向所有受害人和家属赔礼道歉，并按政策予以退赔”[②]。侨务领域平反冤假错案的工作，主要从两方面展开：一是复查纠正归侨侨眷的冤假错案，即在“文化大革命”期间，凡是根据公安机关掌握的涉及华侨、归侨、港澳同胞和外籍华人及其眷属中被定性为特务、反革命和特务、反革命嫌疑问题而遭到逮捕、拘留的，无论其本人申诉与否，都认真进行清理复查。确属冤假错案的，要坚决予以平反纠正，全错的全纠，部分错了的部分纠正，不允许拖延不纠，不错的要

① 国务院侨务办公室、中共中央文献研究室编：《邓小平论侨务》，第 5—6 页。

② 《廖承志文集》下卷，人民出版社 1990 年版，第 552 页。

坚持。平反纠正后，对他们及其家属在政治上不得歧视。对“文化大革命”以前的案件，本人或亲属提出申诉的，也抓紧进行复查，实事求是，有错必纠。二是认真做好归侨侨眷档案的清理工作。属于人事档案材料的清理，根据中央组织部的有关规定，由公安、人事、组织等部门，根据受害者的实际情况进行处理；如涉及历史问题或其他重要问题，需要查清而未查清的材料，由所在单位单独或会同公安等部门研究处理；对于因所谓“海外关系”而填写了《海外关系调查表》《反革命社会基础登记表》等表格的取出销毁；对人事档案中写有不实之词的，也要进行处理；对于归侨、侨眷、港澳同胞眷属职工因接受从海外亲友寄来金钱、物品等被当作问题写了检查并装入人事档案的应清除退还本人。凡由公安部门审理的案件材料的处理，则由公安部门负责妥善处理，有关照片、信件等，除个别外，均应退还本人。

据不完全统计，经过大量复查和清理工作，“文化大革命”时期发生涉侨冤假错案共 34539 件，到党的十三大召开之前，已经平反纠正 33056 件，占总数的 96%。对“文化大革命”前历史遗留问题，共复查了 10155 件，占应复查案件的 96%。经过政法部门审理的案件，复查改判的近 2000 件。从 648161 宗归侨、侨眷的档案中，剔除各种歧视性材料，共 322987 件。①

4. 退还被侵占的侨房

在“文化大革命”的黑白颠倒的年代，受到打击的归侨、侨眷不但政治上遭到迫害、毫无人身保障，房屋等财产更是遭到肆意侵占。据有关方面统计，“文化大革命”中被侵占或挤占的华侨私房有 300 多万平方米，需要清退的农村侨房有 2200 多万平方米；在社会主义改造中被错误改造的华侨私房应发还产权的有 280 多万平方米，应退还使用权的

① 毛起雄、林晓东：《中国侨务政策概述》，中国华侨出版社 1993 年版，第 138 页。

约190万平方米。可见其数量大，时间长，涉及面广。粉碎“四人帮”后，邓小平明确指示：“华侨的房子，要承认他们的所有权，然后分期交还。”[①]中央和政府有关部门制定了关于落实历史遗留的侨房问题的政策。1978年初，中共中央在转发外交部党组《关于全国侨务预备会议的情况报告》中指出：“保护华侨、归侨、侨眷和有外籍亲属的中国公民房屋的所有权。任何单位和个人，不得以任何借口占住他们房屋；已占住的，应予退还。”[②]1978年12月召开的第二次全国归侨代表大会，针对侵占侨房问题强调指出：“重申国家保护华侨房屋的所有权，任何单位或个人，不得以任何借口占住他们的房屋；已占的均应在一九七九年内退还；凡党政军干部强占华侨房屋的，应立即退还，请有关部门负责查处，对其中典型案件，在严肃处理后予以通报，并在报上发表；一般群众强占华侨房屋的，也应坚决搬出，拒不搬迁的，应严肃处理；对原由房管部门或机关、企业安排占住华侨房屋的，应视为无房户，请各地将他们纳入一九七九年安排无房户住房计划，优先分给新建住房，将占住的住房退归房主；任何单位或个人，在退还华侨房屋时，对有关问题不得刁难。”[③]可见，会议对于落实侨房问题是十分坚决的。随后，有关部门相继出台了《关于落实“文革”期间被挤占的华侨私房政策的若干规定》《关于落实华侨私房政策座谈会纪要》《关于加快落实华侨私房政策的意见》《关于落实华侨私房政策的补充意见》等落实解决侨房问题的文件。经过中央和地方有关部门的共同努力，落实侨房政策取得了突出成绩。截至1991年底，各地在“文化大革命”期间被侵占的310万平方米

① 国务院侨务办公室、中共中央文献研究室编：《邓小平论侨务》，第11页。

② 转引自毛起雄、林晓东：《中国侨务政策概述》，第142页。

③《中共中央转发李先念、廖承志同志在全国侨务会议、第二次全国归侨代表大会上的致词和报告》（1979年2月3日），转引自任贵祥主编《海外华侨华人与中国改革开放》，中共党史出版社2009年版，第154页。

的侨房已全部落实。土改和历次运动中被错收、错征的农村侨房，已落实 2200 万平方米，占要落实总面积的 95.6%。社会主义改造时期被错改的私人侨房，已落实应退还产权 124.1 万平方米，占应退还产权总面积的 40% 左右；应退还使用权的已落实 44.7 万平方米，占应退还使用面积的 20%。[①]

5. 落实归侨、侨眷知识分子政策

新中国建立后，有一批学有造诣的归侨知识分子和留学生，放弃国外的优厚待遇回国参加社会主义建设；在当时热火朝天的建设年代，侨眷中也涌现出一批学有建树的知识分子。但“文化大革命”期间，他们当中一大批人遭到打击甚至惨遭迫害，身心受到极大伤害。随着改革开放初期的拨乱反正，平反冤假错案，这些人也得到平反。

1979 年 9 月 2 日，邓小平阅读水利部部长钱正英转交的李恒德（时任清华大学材料研究所所长）、钱宁（时任清华大学泥沙研究室主任）等反映 28 位 50 年代从国外归国的科学家在“文化大革命”中遭受打击迫害情况的来信和钱正英的报告，批示给方毅、蒋南翔说：请你们“一块接见他们一次，对他们的困难要认真加以解决。我认为对有真才实学的知识分子，不管老中青，都要提高精神的特别是物质的待遇，请你们提出具体的意见和方案”。[②]9 月 8 日上午，方毅和蒋南翔等召开有这些科学家出席的座谈会，代表中共中央、国务院向早年归国的科学家致以亲切的慰问，勉励他们在新的长征中，继续担当起科学技术工作带头人的光荣职责。

1983 年 4 月，国务院侨办在北京召开了全国归侨侨眷知识分子工作座谈会。会议指出：归侨侨眷知识分子是一支有强烈爱国心和事业心、

① 毛起雄、林晓东：《中国侨务政策概述》，第 150 页。

② 中共中央文献研究室编：《邓小平年谱（1975—1997）》（上），第 550—551 页。

有较高知识水平的队伍。“在加强知识分子工作中，不仅不能忽略归侨、侨眷知识分子，而且应当给予他们更多的尊重和照顾。”要“优先解决归侨、侨眷知识分子的实际困难，给予他们更多的照顾”。1985 年有关部门又提出了《关于抓紧落实归侨、侨眷知识分子政策工作的意见》，其中提出要彻底平反归侨、侨眷知识分子的冤假错案。20 世纪 80 年代以来，从中央到地方对于落实归侨、侨眷知识分子政策，各地做了大量工作。归侨、侨眷知识分子中的冤假错案，基本上得到平反纠正。有一大批归侨、侨眷知识分子加入了中国共产党，许多人晋升了职称，一批优秀归侨、侨眷人才被提拔到各级领导岗位上来。截至 1987 年 10 月党的十三大，全国共有 17781 名优秀的归侨、侨眷被提拔到县级以上工作部门的领导岗位。[①] 许多地方归侨、侨眷知识分子住房困难、子女升学就业和夫妻两地分居问题，也得到解决。例如，到 1984 年，广东省撤销对归侨、侨眷知识分子错误历史结论的有 200 名，对用非所学进行合理调整的有 1927 名，选拔到各级领导岗位的有 1184 名，晋升评定业务技术职称的有 4795 名，解决有住房困难和夫妻两地分居的有 6997 名。此外，还妥善解决了 20 世纪 60 年代上山下乡的归侨知青问题。

总之，改革开放初期，在邓小平的大力推动及其侨务思想指导下，侨务领域大规模拨乱反正、落实政策的任务基本完成。这使广大侨胞在“十年浩劫”中留下的创伤逐渐愈合，他们被压抑的爱国热情又重新焕发出来，进而积极投身于祖国的社会主义现代化建设和改革开放事业，侨务工作呈现出新的局面。

（五）着力吸收海外华商资本发展经济

邓小平自酝酿和推动改革开放事业伊始，就十分重视引进海外华商资本开展经济建设。他十分重视发挥华侨华人在祖籍国改革开放中的带

① 毛起雄、林晓东：《中国侨务法律法规概述》，第 138 页。

头作用和桥梁作用，以此带动和吸引更多的外国投资者。1977 年 11 月 17 日，邓小平从北京来到广州，当天下午，他听取了中共中央政治局委员、广东省委第一书记韦国清和广东省委书记王首道等汇报。在谈到外汇问题时，邓小平说：“文化大革命”前，全国侨汇才三亿美元，现在广东就有四亿多。所以我们搞外汇有很多门路，多搞点外汇，争取进口些大设备。要找几个省来共同出力解决香港供应问题，光靠一个广东省解决不了。又说：有位华侨对旅游事业提了很多意见，其中说到广州，说我们的建筑大而无当，还说住房里不能放痰盂、不要设蚊帐，外国人不搞这一套。他说中国把旅游事业搞好，随便就能挣二三十亿外汇。用这些外汇进口大中型设备有什么不好？“四人帮”搞的“洋奴哲学”帽子满天飞，把我们国家赚钱的路子都堵死了。广东、福建还有个侨务政策问题，中侨委建立后还要研究。[①] 在同广东省委领导人交谈中，邓小平则明确提出吸收外资包括侨资的思想。

1978 年 11 月 10 日至 12 月 15 日，中央召开工作会议。会议期间，邓小平听取广东省委书记习仲勋及林乎加等小组召集人汇报时，明确指出：“广东、福建实行特殊政策，利用华侨资金、技术，包括投资设厂，这样搞不会变成资本主义。”“我们是全民所有制，如果广东、福建八千万人先富裕起来，没有什么坏处。”[②]

1979 年 1 月，邓小平邀请工商界知名人士胡厥文、胡子昂、荣毅仁等人谈话说：“现在搞建设，门路要多一点，可以利用外国的资金和技术，华侨、华裔也可以回来办工厂。”[③] 这些说明，邓小平主张利用属于

---

① 中共广东省委党史研究室编：《情系广东：老一辈革命家南粤纪行》，广东人民出版社 2006 年版，第 107、108 页。

② 中共中央党史研究室、国家新闻出版广电总局、中国中央电视台联合摄制六集电视文献纪录片《习仲勋》第四集“主政南粤”。

③ 《邓小平文选》第二卷，人民出版社 1994 年版，第 156 页。

外资的华商资本进行经济建设的思想，在改革开放伊始就非常明确。

不但如此，邓小平还对海外华侨华人的投资性质作了透彻的分析："我们国内还是全民所有制，或者集体所有制。也还可能包括一部分华侨的投资，这部分也可能是资本主义经济的形式，但是绝大多数华侨都是带着爱护和发展社会主义祖国这个愿望来的，与纯粹的外国投资不同。"[①] 邓小平将海外华商来华投资的性质与其本身的特质联系起来，将吸引海外华商资本与我国对外开放有机地联系起来。可以说，打好"侨牌"，充分利用海外华商资本为我国经济建设服务，是邓小平率先为我国对外开放打开的一个重要突破口，为以后大规模利用外资开启了闸门，也对我国逐步确立社会主义市场经济起到了有益作用。

为了吸引外资，引进国外先进管理方式和人才，邓小平提出了以办特区为窗口，逐步扩大对外开放的战略部署和新思路。1979 年 4 月，中共中央在北京召开工作会议，主要讨论调整国民经济问题。会议提出，为了调动爱国华侨、港澳同胞参加社会主义建设的积极性，更有效地利用他们的资金、技术和设备，发展我国出口商品生产，要在沿海少数有条件的省市划出一定地区单独进行管理，作为华侨港澳商人的投资场所。

当时，搞经济特区还是个探索，既没有经验，还有待考察效果。这当然需要勇气和智慧。据广东省委书记习仲勋生前回忆，参加中央经济工作会议后，在叶剑英的支持下，他又到中南海直接向邓小平汇报广东的设想，听完汇报后，"邓小平同志鼓励我们，要大胆实践，并将广东准备在深圳、珠海、汕头办的贸易合作区，定名为特区，让广东省委杀出一条血路来"。另据谷牧说："我从深圳回来，向邓小平汇报对外开放、特区建设发展情况。最后我提个问题，我说现在他们叫了各种各样的名字，恐怕中央要统一定个名。邓小平连一分钟都不到，说就叫特区嘛！

① 《邓小平文选》第二卷，第 235 页。

下午在中南海，我去散步，又碰到他了。他说：谷牧，上午给你讲的，记清楚了吧，就叫特区，不要改了。”①

1979年7月15日，中央颁发了〔1979〕50号文件《中共中央、国务院批转广东省委、福建省委关于对外经济活动中实行特殊政策和灵活措施的两个报告》，明确指出：粤闽靠近港澳，海外华侨众多，资源比较丰富，具有加快经济发展的许多条件。因此，中央决定，对两省实行特殊政策和灵活措施，给地方以更多的主动权，使之发挥优越条件，抓紧当前有利的国际形势，先走一步把经济尽快搞上去。中央确定在深圳、珠海、汕头、厦门设置“出口特区”。特区内允许华侨、港澳商人直接投资办厂，也允许某些外商投资设厂，或者由地方同他们兴办合资企业，并由当地利用外汇进行市政建设。这就是经济特区的缘起。

邓小平对经济特区非常重视，对其发展予以指导。1984年，邓小平在东南视察时指出：“厦门特区地方划得太小，要把整个厦门岛搞成特区。这样就能吸收大批华侨资金、港台资金，许多外国人也会来投资，而且可以把周围地区带动起来，使整个福建省的经济活跃起来。”②同年2月7日至10日，邓小平和中央政治局委员王震，视察了福建省厦门市和正在建设的厦门经济特区。9日上午，邓小平在听取了厦门经济特区负责人汇报后高兴地挥笔题词：“把经济特区办得更快些更好些”。随即他和王震视察了陈嘉庚先生生前创办的集美学村及其故居。邓小平赞扬广大华侨积极支持祖国四化建设的爱国爱乡精神，要求进一步贯彻好侨务政策。③在厦门期间，邓小平、王震还视察了厦门大学，游览了鼓浪

---

① 中共广东省委、中共中央文献研究室监制：《永远的春天——邓小平与广东改革开放》（DVD光盘）第一集“春暖潮流涌”，太平洋影音公司2004年8月版。

② 《邓小平文选》第三卷，第52页。

③ 林群英：《邓小平同志视察厦门经济特区时挥笔题词 把经济特区办得更快些更好些》，《人民日报》1984年2月11日，第1版。

屿，接见了居住在厦门的台湾同胞和归国华侨代表，与原台湾成功大学教授、1981 年回到大陆定居的厦门大学物理系教授沈持衡进行交谈。在考察深圳特区时，邓小平提出要吸引华侨投资办大学。华侨在那里办大学，由他们聘请国外水平高的教授，从国外购买教学设备，这样可以给我们培养一批人才。同年 4 月，国务院又确定浙江省宁波市为沿海开放城市。邓小平立即作了“把全世界的‘宁波帮’都动员起来建设宁波”的重要指示[①]，对全世界“宁波帮”积极开展与宁波市各个领域的合作交流起了重要的推动作用。1991 年，邓小平回忆说：“对那一年确定四个经济特区，主要是从地理条件考虑的。深圳毗邻香港，珠海靠近澳门，汕头是因为东南亚国家潮州人多，厦门是因为闽南人在国外经商的很多。”[②]中央的决定和邓小平的讲话，说明了当年建立的四个经济特区，主要是立足于引进华侨华人和港澳同胞及外商资金的战略思想出发的。这反映出邓小平在特区发展问题上的魄力和远见卓识。

新中国建立后的一个较长时期里，我国实行的是计划经济体制，强调公有制经济。在“文化大革命”结束后的改革开放初期，仍然如此加以强调。在当时的环境下，邓小平大胆地提出利用外资包括海外华商资本的主张，挑战传统的经济体制，犹如平静的湖面激起层层波澜，引起争议和震动。而且引进外资的实践也遭到非议、攻击甚至阻挠。每当遇到这种情况，都是邓小平亲自决策、拍板，力挽狂澜。

1979 年 1 月，我国第一批引进外资确定了三家试点项目，即中国航空食品公司、建国饭店、长城饭店。翌年 4 月 2 日，国务院外国投资管理委员会正式批准这三家合资企业，这是中国大陆首批合资企业，其批

---

① 国务院侨务办公室：《邓小平同志的侨务思想是邓小平理论的组成部分》，见中共中央文献研究室编《回忆邓小平》中，中央文献出版社 1998 年版，第 368 页。“宁波帮”是对改革开放后大批出国的宁波人的统称。

② 《邓小平文选》第三卷，第 366 页。

文号分别是 001 号、002 号、003 号，这三个最初引进外资的号码，看起来是比较神秘的。为什么首先引进外资的是饭店和食品业，其中重要原因是中国封闭多年的大门初开，众多外国旅游者蜂拥而来，都想看看这个古老而神秘的国度。但猝然而至的旅游人群，令旅游部门应接不暇、狼狈不堪。邓小平便率先提出积极利用侨资、外资建一批饭店。据此，中央先是指定谷牧、廖承志等在京西宾馆主持召开有关省区市负责人会议，传达了邓小平的指示精神，研究搞一个以发展旅游为中心的综合方案。为加强领导，国务院成立以谷牧、陈慕华、廖承志为首的利用侨资外资建设旅游饭店小组，小组下设办公室简称“侨外资办”，由国家旅游总局局长卢绪章兼任主任，副局长庄炎林兼常务副主任，并由庄具体筹建 002 号、003 号两个饭店。

庄炎林有深厚的“侨”的背景，其父亲庄希泉是参加过辛亥革命的南洋侨界元老，后来和著名侨领陈嘉庚一道从事华侨爱国民主运动，并受周恩来委托迎接并伴随陈嘉庚一起回国参加第一届中国人民政治协商会议，随后一直在国内侨界任职。其子庄炎林出生于南洋，早年从事华侨爱国民主运动，回国后始终在侨界任职。由他引进侨资建饭店，可谓“以侨引侨”“以侨搭桥”了。庄炎林接受任务后，在一年之中就和纷至沓来的 120 多家侨外商接洽商谈，但这些洽谈犹如“剃头挑子一头热”，一家都未谈成。原因是十分糟糕的投资环境和满城风雨的非议——和外国资本家合建饭店，是阶级立场问题，是搞资本主义，甚至是卖国主义。最终还是由“侨景”深远的廖承志为庄炎林引荐建筑师兼饭店经营者于一身的美籍华人陈宣远。双方经过“拉锯”谈判最终达成协议：双方各投资 1000 万美元建饭店，外方占 49% 股权，中方占 51% 股权；双方合作 10 年，10 年后外方所有股权奉送中方——陈宣远诚心为祖籍国作贡献，想在合作结束后把饭店送给中国，但随行的美国律师提醒他，按美国的法律在国外投资白送是违法的，但可以转让，转让价格由业主自定，陈当即决定以一美元的价格转让。谈判协议达成后，庄炎林签发了旅游总局呈送国务院关于中外合资营建建国饭店（即国务院批文的 002 号，因饭店拟建在建国门内，故称“建国饭店”）。庄炎林原以为近乎天上掉馅饼的好事一定会获批，但没想到遭到多方的反对：国家计委某负责人说这是赔钱的事，国务院高层也有不同意见。经时任国务院副总理谷牧提议，合营建国饭店的报告提交到国务院办公会议上讨论，结果还是争论不休，议而不决；谷牧再次决定：将报告呈送中央高层决定。邓小平态度鲜明地在报告上画了圈，最终党中央主席兼国务院总理华国锋拍板决定。就这样，合资营建建国饭店的报告由 17 位中央和国务院最高领导画圈或批示。而饭店建设过程也是一波未平，一波又起，闹事不断，最后庄炎林通过廖承志直接打报告给邓小平，邓小平作了严厉批示，才平息了闹事和捣乱者。

建国饭店建成后，利润逐年翻番：第二年赚 400 多万美元，第三年赚 800 多万美元，第四年赚 1500 多万美元，仅用四年还清本息。10 年后，中方用一美元取得了饭店所有股份，而此时它所创利税等于赚回七八个建国饭店。[①]

改革开放初期，在邓小平利用外资的决策和亲自支持下，在谷牧、廖承志的领导下，庄炎林负责筹建了第一批中外合资的旅游饭店，除北京建国饭店外，还有北京长城饭店、丽都饭店、兆龙饭店，上海虹桥饭店、华亭饭店，南京金陵饭店，广东中山温泉宾馆、广州白天鹅宾馆、花园酒店、中国大酒店等。其中兆龙饭店是由香港船王包玉刚捐赠 1000 万美元、以其父包兆龙的名字命名建立的。饭店虽然由包玉刚出资捐赠而建，但当时也充满波折：有人指责这不是为资本家树碑立传吗？有人

---

① 关于建国饭店谈判建设情况，参见王耀成：《庄炎林与改革开放初期的合资饭店建设》，《人物》2009 年第 2 期。

责问这是社会主义，还是资本主义？有人指问这是爱国主义还是卖国主义？有人直接斥责庄炎林。于是包玉刚捐赠的1000万美元支票没有人敢接。庄炎林、廖承志只好再次直接打报告给邓小平。看到廖承志送来的报告，邓小平说：人家无偿捐资1000万美元给我们建旅游饭店，对我们社会主义建设有利嘛，何乐而不为？要求命名“兆龙饭店”，为什么不可以呢？人家讲孝心，也是好事嘛，我们共产党人要讲人情啊。何况人家对我们有贡献，纪念纪念也应该！邓小平表示：别人不同意，那就由我出面接受这笔捐赠，替饭店题个名。1981年7月4日，国家旅游总局在北京举行兆龙饭店工程奠基典礼，包玉刚与父亲包兆龙等九人参加了典礼仪式。7月6日，邓小平在人民大会堂会见包玉刚等一行，包玉刚当面向邓小平呈上1000万美元建造兆龙饭店的支票。邓小平接过支票感慨地说：“你们要知道，我们现在刚刚改革开放，国内现在办事的效率就是这样。就说这个饭店吧，定个名字，找个地方就那么难，拖了一年半。今后一定得想办法改进。”会见结束后，邓小平把庄炎林叫住，把支票交给他，并交代：“现在这两个问题总算解决了，可以抓紧建设了。”①

1983年2月13日，兆龙饭店终于破土动工。9月5日，邓小平亲笔题写了“兆龙饭店”的店名。两年后饭店落成开业，邓小平破例出席饭店剪彩仪式。这是他生平仅有的一次为外资饭店题写店名并出席开业剪彩仪式，既表示了他对利用侨资、外资的支持，也显示了他的智慧和胆魄。

邓小平在会见海外华人企业家时，积极争取他们对华投资。1986年10月8日，邓小平在人民大会堂会见美国王安电脑公司董事长兼总裁王安博士。会谈时他主张，多吸收一些外资来加快国家建设步伐。至于偿还能力，中国人不担心，外国投资者也不必担心。外国企业家在中国投

---

① 王耀成：《庄炎林与改革开放初期的合资饭店建设》，《人物》2009年第2期，第48页。

资最没有风险。他对王安说，“你在美国很出名，国际上也很出名。你现在是家大业大。这是你自己奋斗出来的。中国这个市场大得很，现在还没有开发出来，希望你能为中国的建设作出贡献”。王安表示，自己将尽力而为，并说，王安电脑中国有限公司和上海市电子计算机工业公司已经合资兴办了上海王安电脑发展公司，马上将去上海参加定于10月11日举行的公司开业仪式。邓小平建议王安博士到中国各地看看，以便有一个比较。他在谈到国内形势时说，我们讲不能有穷的社会主义。穷不能体现社会主义的优越性。搞社会主义就是要使国家和人民一步一步富起来。①

改革开放的实践证明，邓小平提出的引进外资包括引进海外华商资本与技术，推动中国社会主义现代化建设的主张，是一个非常具有战略意义的英明决策。仅就改革开放前期的80年代至90年代初而言，海外华侨华人、港澳同胞在大陆的投资企业占当时（1987年）外商投资企业总数的80%，投资额占外商总额的70%；目前仍分别维持在70%和60%的比例。华商投资企业成为我国国民经济的重要组成部分。再如后来列入沿海开放城市的宁波，截至1993年底，全市累计批准外商投资企业2088家，投资总额46.3亿美元，注册资本24.7亿美元，合同利用外资30.5亿美元。改革开放前期我国社会经济发展的实践，充分证明了邓小平利用侨资为中国现代化建设服务的理论是真知灼见的真理；后来的实践继续证明邓小平这一思想的正确和远大。

利用外资发展我国经济，是邓小平对外开放思想的核心内容之一。事实说明，海外华商资本是外资的有机组成部分，又是改革开放后外资

① 虞家复：《邓小平主张多吸收外资 会见王安时指出外国企业家在华投资最没有风险》，《人民日报》1986年10月9日，第1版。王安1940年毕业于上海交通大学，后移居美国。由于他在计算机科学和事业上的成就，被列入世界名人录。他创办的王安电脑公司是美国最大的华人企业，有雇员三万多人。

进入中国的“排头兵”，并且始终是我国吸收利用外资的主体部分，也是我国新时期、新世纪可持续发展的宝贵资源。可以说，邓小平利用海外华商资本为中国经济建设服务的主张，在其对外开放思想中占有突出的地位。

（六）利用海外华人科学家才智推动科技改革

邓小平作为中国改革开放的总设计师，所设计的改革开放犹如一个庞大复杂的系统工程，而改革、重振新时期我国科技事业是其中的一个分工程，积极利用发达国家尤其是美国华人科学家的才智推动我国科技事业的改革发展，则是其中的重要内容。邓小平之所以高度重视利用海外华人科学家的才智推动科技改革，是因为他在新中国建立后参与领导社会主义革命和建设实践中，亲身经历了海外华人科学家和留学归国人员对发展新中国科技事业作出重大贡献的历史。20 世纪 50 年代，从海外归国的华人科学家和留学人员达 2500 多人。① 其中有 20 多人为发展“两弹一星”国防科技事业作出突出贡献。因而邓小平复出后擘画科技改革大业时，首先把海外华人科学家纳入视野自在情理之中。

邓小平复出后，主动请缨抓教育和科学，自然表明他对这两项工作的高度重视。然而，邓小平对奋斗在世界各个领域、取得显著成就的数十万华侨华人科技人才高度重视，并利用他们振兴我国科技事业、推开对外开放的大门，这在党的领袖人物中却是少见。

1. 迎接拥抱科学的春天

邓小平非常重视我国科技事业的发展，对于受到“左”倾思想影响尤其是“文化大革命”对科技事业的严重破坏，使我国科技发展与西方发达国家的差距拉大，十分痛心，并产生强烈的紧迫感和忧患意识。在“文革”后期，即 1975 年，周恩来总理病重，邓小平主持国务院工作，

---

① 张应龙主编:《华侨华人与新中国》，暨南大学出版社 2009 年版，第 3 页。

进行大刀阔斧的整顿，其中包括科技方面的整顿。1975 年 9 月 26 日，他听取中国科学院负责人胡耀邦、李昌、王光伟等汇报中科院工作和讨论《科学院工作汇报提纲》时指出：如果我们的科学研究工作不走在前面，就要拖整个国家建设的后腿。① 遗憾的是，邓小平的科技整顿尚未见效，他就再次被打倒。如他回忆说：1975 年我曾讲过，同日本相比我国落后了 50 年。那时我老想抓科研，结果不仅没有抓上去，反而我自己被抓下去了。② 但他并未死心，一旦有机会则将重振旗鼓。

“文化大革命”结束、粉碎“四人帮”后不久，邓小平多次把科技部门的负责人方毅等找到自己家里谈话，谈话的中心思想是，粉碎“四人帮”以后中国向何处去？对此，邓小平作了深入思考，认为中国要发展起来，首先要从科学教育入手。他不无忧虑地表示：“我们同国外的科技水平相比，在很多方面差距拉大了，要赶上很费劲。我们要努力赶，你不赶，距离就更大了，人家是一日千里。世界发达国家都注意最新的科学成果。据说他们政府头头每天办公桌上都放一张每日科技新闻。”所以他得出结论：“整个国家赶超世界先进水平，科学研究是先行官。”③ 邓小平的焦虑当然是有道理的，下面的一组数字可以为证：“文化大革命”前，中科院共有 106 个研究所，24714 名科技人员，基本形成了比较齐全的综合研究中心。但是“文革”期间，研究机构或下放地方，或被撤销，到了 1973 年，除了 43 个双重领导的研究所外，直属研究所仅剩下 13 个。广大科技人员或被打成“臭老九”，或被关进“牛棚”，或下放劳动，或被迫害致死。仅北京地区各研究所的 170 名高级研究人员中，就有 130 人被列为“资产阶级反动学术权威”，一些领导干部和科学家

① 中共中央文献研究室编：《邓小平年谱（1975—1997）》（上），中央文献出版社 2004 年版，第 104 页。

② 中共中央文献研究室编：《邓小平年谱（1975—1997）》（上），第 210 页。

③ 顾迈男著：《报国：回忆我所采访的科学大家》，中共党史出版社 2011 年版，第 30 页。

被迫害致死。在这种情况下，科研人员人心涣散，科研工作陷入停顿，中国科学院乃至中国科学领域一片凋零，灾难深重。难怪身处逆境的邓小平仍然担心科技事业。

1977年7月，中共十届三中全会通过了《关于恢复邓小平同志职务的决议》，邓小平再次复出。复出后，他自告奋勇地向主持中央工作的华国锋提出主管教育和科学两个关键部门。他暗下决心，要不遗余力地把科技工作抓上去。这一年，他曾对一位来华访问的美籍华人科学家表示，只要“马克思不召见”，他打算在科技领域干十年，期望五年小见成效，十年中见成效，十五年大见成效。[①] 上任伊始，即7月29日，他就听取方毅、刘西尧等汇报教育工作，并表示：最近准备召开一个座谈会，找一些敢说话，有见解的，不是行政人员，在自然科学方面有才学的，与“四人帮”没有牵连的人参加。8月4日，为期五天的科教座谈会在人民大会堂召开，已进入耄耋之年的邓小平不顾炎热，每天八点半准时到会，中午稍事休息，下午准时来到会场，夜色朦胧时离开会场，天天如此。第一天会议开始时，方毅首先一一介绍到会的科学家、教育家。听完介绍后，邓小平高兴地说，很好嘛，四五十岁的占多数，比我岁数大的只有两三位，我看很有希望。接着，他反复强调，请大家来，没有别的意思，就是想听听大家的意见。问题就从一句话说起，这个世纪还有二十三年，要实现四个现代化，实现赶超世界先进水平的任务，究竟从何着手？前一段，我没有工作，一个人“胡思乱想”，也找了少数人，其中有方毅、李昌同志等，吹了一下。我的想法是，从科研、教育着手。不从科研、教育着手，赶超是句空话。今天刚看到杨振宁有一个意见，他说要注意中学教育。我也是这个意见。教育只抓大学，不抓中小学不

---

① ［美］傅高义著、冯克利译：《邓小平时代》，生活·读书·新知三联书店2013年版，第204页。

行。[①] 邓小平简短的几句话，就抓住并点出座谈会的中心议题。此后在每一天的会议上，他都认真仔细地倾听科学家和教授们对“四人帮”的控诉，畅谈重建中国科学和教育事业的意见和建议。他也多次发言或插话表达自己的意见。8 月 8 日，邓小平亲自主持座谈会，并在会议结束时作了重要的总结讲话，讲了六点意见。其中第五点讲道：有一批华裔学者要求回国，我们要创造条件，盖些房子，做好安置他们回国的准备工作。接受华裔学者回国是我们发展科学技术的一项措施，派人出国留学也是一项具体措施。我们还要请外国著名学者来我国讲学。[②] 这次科教座谈会开得气氛热烈，其热烈的程度不亚于盛夏炎热的天气。

8 月 17 日，邓小平在京会见了美国麻省理工学院著名华人物理学家丁肇中教授及其家人，并进行了会谈。谈到科学时，邓小平说，科学是老老实实的事，一点不能弄虚作假。我们一定要搞好科学研究。“四人帮”最蠢，胡说什么知识越多越反动，把知识分子说成是“臭老九”。邓小平还指出，科学技术是人类共同创造的财富。学会先进的东西才能超过先进。[③] 邓小平阐明了科学的特征及对待科学应抱的态度。

一个多月后，即 1977 年 9 月 18 日，中共中央发出《关于召开全国科学大会的通知》，当天还发出《关于成立国家科学技术委员会的决定》，任命方毅为主任。国家科委的职责有八项。其中第七项为：组织争取尚在国外的专家回国和安排他们的工作，聘请外籍科学家短期来华工作或讲学；第八项为：组织协调对外科学技术交流活动。1977 年冬，恢复了中断十多年的高考制度。这些体现了邓小平雷厉风行的作风。

1978 年 3 月 18 日，中共中央召开全国科学大会。来自全国各地的代表 5586 人，连同各有关方面负责人共 7000 多人参加会议。这是一个

① 参见《方毅传》编写组著：《方毅传》，人民出版社 2008 年版，第 542 页。

② 中共中央文献研究室编：《邓小平年谱（1975—1997）》（上），第 179 页。

③ 《邓副主席会见并宴请丁肇中教授》，《人民日报》1977 年 8 月 18 日，第 1 版。

规模空前的科技盛会。华国锋、叶剑英、邓小平、李先念、汪东兴和方毅等党和国家领导人出席开幕式。有许多代表是第一次来到人民大会堂，更是第一次见到深深爱戴的邓小平。因此，当邓小平等党和国家领导人一走上主席台，大家心情格外激动，掌声经久不息。方毅主持大会，邓小平代表党中央作重要讲话，他强调：四个现代化，关键是科学技术的现代化。没有现代科学技术，就不可能建设现代农业、现代工业、现代国防。没有科学技术的高速度发展，也就不可能有国民经济的高速度发展。讲话着重谈了三个问题。第一个问题是对科学技术是生产力的认识问题。指出：科学技术是生产力，这是马克思主义历来的观点。现代科学技术的发展，使科学与生产的关系越来越密切了。科学技术作为生产力，越来越显示出巨大的作用。现代科学技术正在经历着一场伟大的革命。①1978 年春，以全国科学大会召开为标志，被科学家们誉为科学的春天。时任中国科学院院长的郭沫若在《科学的春天》一文中写道：“春分刚刚过去，清明即将到来。‘日出江花红胜火，春来江水绿如蓝’。这是革命的春天，这是人民的春天，这是科学的春天！让我们张开双臂，热烈地拥抱这个春天吧！”②压抑多年的科学家们心花怒放。郭老这几句抒情，代表了他们的心声。从此，科学技术是生产力的著名论断深入人心，并贯彻到科技工作的实践中。邓小平抓科教一年多的时间即初见成效，如中科院所属机构从 1977 年的 65 个增加到 110 个，并在各地成立 12 个分院，职工人数从 5.4 万人增加到 8 万多人。邓小平在科技大会上的讲话受到海外华人学者的关注，美国宾夕法尼亚大学荣誉教授顾毓琇（新中国成立前，顾曾在国民政府教育部和清华大学等高校任职）对此给予很高的评价：邓小平在科学大会上的讲话，是科技现代化的宣言，

① 中共中央文献研究室编：《邓小平年谱（1975—1997）》（上），第 281 页。

② 转引自顾迈男著：《报国：回忆我所采访的科学大家》，第 39 页。

可以和马克思的《共产党宣言》相比。[①]

如邓小平所说，科学技术是生产力，这是马克思主义的观点。但邓小平对马克思主义的科技思想又有进一步的发展。1988 年在论述科技问题时，邓小平指出："从长远看，要注意教育和科学技术。""马克思说过，科学技术是生产力，事实证明这话讲得很对。依我看，科学技术是第一生产力。""对科学技术的重要性要充分认识。"[②] 邓小平对科学技术是生产力的强调程度，比马克思更进了一步。

2. 积极推动人才交流"请进来""走出去"

邓小平复出伊始，就明确主张并积极推动人才交流"请进来""走出去"，改革开放首先是对人的改革开放。

1977 年 7 月 17 日，中央通过邓小平复出的决议。7 月 23 日，他与长沙工学院负责人谈话时指出，要学习外国的先进技术，可以派留学生去学，还可以请外国技术专家来教。[③]7 月 27 日，邓小平与方毅（时任中国科学院副院长）、李昌专门谈科研工作，具体谈了九个问题的要点，其中第六个是："国外专家要求回来的，可以接收。"[④]8 月 1 日，他同方毅及教育部部长刘西尧谈教育问题时再次表示，要派留学生出去，请人来讲学，把愿意回国的科学家请回来；杨振宁、李政道提的意见是正确的；他们是真正爱国的，想把祖国搞好；他们不可能回来，但可以请他们回来讲学。[⑤]8 月 4 日，为期五天的科教座谈会在人民大会堂召开。8 日，邓小平主持座谈会，并在会议结束时作了总结讲话，讲了六点意见，

---

① 中共中央文献研究室编：《邓小平年谱（1975—1997）》（下），第 933 页。

② 邓小平：《科学技术是生产力》，《邓小平文选》第三卷，人民出版社 1993 年版，第 274、275 页。

③ 中共中央文献研究室编：《邓小平思想年编（1975—1997）》，中央文献出版社 2011 年版，第 54 页。

④ 中共中央文献研究室编：《邓小平年谱（1975—1997）》（上），第 166 页。

⑤ 中共中央文献研究室编：《邓小平年谱（1975—1997）》（上），第 169 页。

其中第五点为："外交部反映，有一批华裔学者要求回国。周恩来同志过去就考虑过这个问题。我们要创造条件，盖些房子，做好安置他们回国的准备工作。他们回国总要有个家，总要有必要的工作条件吧！接受华裔学者回国是我们发展科学技术的一项具体措施，派人出国留学也是一项具体措施。我们还要请外国著名学者来我国讲学。"[①] 这即是邓小平阐述的"请进来""走出去"两个"具体措施"。

1977 年 8 月 17 日，邓小平先是同方毅、吴有训（物理学家）、刘华清（时任中科院负责人）、张文裕（时任中科院高能物理研究所所长）等谈话说：我们先派几个人去丁肇中领导的实验室学习。要用外国的条件，来培养我们的科研人员。以后，可以根据他们的接纳能力，再多派人去。对派出去的人要选好。[②] 随后，邓小平会见了著名美籍华人物理学家丁肇中教授和夫人。在丁肇中谈到参观高能物理研究所的情况时，邓小平说：科研设施的建设要从最先进的着手，高能加速器就是个重点。对科技工作，要想得远一些，看得宽一些。一是要派人出去学习，二是要请人来讲学。不但科研机构要这样，企业也要这样。[③] 在会谈中，丁肇中建议中国派科学家参与国际合作，邓小平当即表态：我派 100 个人到你那里去。丁肇中解释说，科学研究和打仗不一样，要少而精。邓小平说：那就派 20 人吧。当天晚上，丁肇中和他设在德国汉堡的马克・杰试验组联系协商，第二天答复邓小平，每年接收十名中国科学家到马克・杰试验组工作。1978 年 1 月，由中科院高能物理研究所唐孝威率领的十名科学家抵达汉堡，丁肇中亲自到火车站迎接。新时期中国科学家在世界科技尖端领域参与国际合作的历程由此开始。当时，改革开放还在酝酿

① 这个讲话即是收入《邓小平文选》第二卷中的《关于教育与科学的几点意见》一文。见《邓小平文选》第二卷，人民出版社 1994 年第 2 版，第 57 页。

② 中共中央文献研究室编：《邓小平年谱（1975—1997）》（上），第 183 页。

③ 中共中央文献研究室编：《邓小平年谱（1975—1997）》（上），第 184 页。

之中，科技改革先行一步。这是邓小平刚复出抓科技打响的第一炮。

1977 年 9 月 29 日，邓小平接见参加国庆活动的华侨华人、台港澳同胞旅行团部分成员讲话时说：“周总理曾计划在三年内把有些科学家请回来。有些科学家愿意回来吃苦，不是回来享福，因为我们的条件比外国差。周总理的计划被‘四人帮’的干扰破坏掉了。周总理是他们反对的一个主要目标嘛。现在我们可以说，周总理的计划正在实现。我们要创造条件，要盖房子。凡是愿意回来的，国内容纳得下的，可以请回来。现成的我们急需的人才，不请回来怎么行呢？”[①] 邓小平“请进来”的思想可以说是完成周恩来未完成的遗愿。当然，邓小平不仅仅是继承，更有发展，大规模“走出去”就是发展。同年 10 月 8 日，邓小平会见美籍华人物理学家吴健雄、袁家骝夫妇时，再次表示：从 20 世纪 60 年代后期到 70 年代，世界科学发展一日千里，我们的差距越来越大。现在我们正在创造条件，从各方面着手。一是请在国外的一些科学家回来，再就是派人出去。[②] 10 月 10 日，邓小平会见美籍华人高能加速器专家邓昌黎教授夫妇。会见前，同方毅、吴有训、钱三强等谈话。在谈到派科研人员到邓昌黎那里学习时说：可以尽快派人去，学习回来后搞我们的建设。去过一次的，以后还可以去。去的人不在年龄大小，而是要有点水平有点基础的，这样容易把先进的科学技术成果拿回来。在会见邓昌黎夫妇时，邓小平说：我们认为，在高能加速器领域要花时间，应该早动手。我是一个外行，只是当吹鼓手，帮助他们解决后勤问题。如果后勤方面有了问题，要打我的屁股，如果科学研究搞不出成果，要打他们两位副院长（指方毅、吴有训）的屁股。这也是岗位责任制。我们可以派几个人到你那里去学习一年，时间不够可以学一年半到二年。他们学习回来

① 国务院侨务办公室、中共中央文献研究室编：《邓小平论侨务》（2010 年），第 13—14 页。

② 中共中央文献研究室编：《邓小平思想年编（1975—1997）》，第 83 页。

马上可以参加加速器的建设。如果有什么问题，再出去学。可以带着问题去学。开始去可以学得广一些，再去时间可以短一些，学得专一些。建造加速器很花钱，又费时间，但是从长远来看，很有意义，应及早着手。可以通过加速器的研究带动其他方面的研究和工业生产。①

从上可见，仅 1977 年下半年邓小平刚复出即就发展科技问题曾经六次提出“请进来”“走出去”的意见，其中 8 月底到 10 月上旬不到两个月时间里就五次重申这个问题，可谓不厌其烦、反复强调。可以说，邓小平酝酿的科技改革是从“请进来”“走出去”起步的。

当然，此后邓小平仍不断重申这一问题，如 1977 年 12 月 20 日，邓小平在一封申请去美国探亲的来信上指示：“这类事今后会多起来，特别是华侨，要求家属出国，我倾向放宽政策，利多弊少。”②1978 年 6 月 23 日他视察清华大学时，和陪同的教育部几位负责同志谈话说：“我赞成增大派遣留学生的数量，派出去主要学习自然科学。要成千上万的派，不是只派十个八个。请教育部研究一下，在这方面多花些钱是值得的。这是五年内快见成效、提高我国科教水平的重要方法之一。现在我们迈的步子太小，要千方百计加快步伐，路子要越走越宽。我们一方面要努力提高自己的大学水平，一方面派人出去学习，这样可以有一个比较，看看我们自己的大学究竟办得如何。”③ 1988 年 9 月，他再次重申：“我们的留学生有几万人，如何创造他们回来工作的条件，很重要。有些留学生，回来以后没有工作条件，也没有接纳他们的机构，有些学科我们还没有。可以搞个综合的科研中心，设立若干专业，或者在现有的一些科研机构和大学里增设一些专业，把这些人放在里面，攻一个方面，总

① 中共中央文献研究室编：《邓小平年谱（1975—1997）》（上），第 219—220 页。

② 中共中央文献研究室编：《邓小平思想年编（1975—1997）》，第 97 页。

③ 国务院侨务办公室、中共中央文献研究室编：《邓小平论侨务》（2010 年），第 14 页。

会有些人作出重大贡献。否则，这些人不回来，实在可惜啊。”[①]可见，邓小平对“请进来”“走出去”的思想始终如一，从未动摇。

1978 年 12 月召开的中共十一届三中全会，标志着改革开放新时期的开始。因此，1978 年是邓小平酝酿、准备和启动改革开放关键的一年，为大力推动对外开放，邓小平继续反复重申“请进来”“走出去”的问题，并进一步在工作中大力推动其付诸实践。如 1978 年 1 月中旬，邓小平签批同意教育部、国防工业办公室、外交部《关于拟邀请美国周以苍教授短期来华讲学的请示》报告。同年 5 月至 7 月，周以苍（美籍华人金属和材料学专家）应上海交通大学邀请前来中国讲学。如果说派人到丁肇中在德国的实验室学习是“走出去”的起步，那么邀请周以苍来华讲学则是“请进来”的开始。

1978 年 3 月初，邓小平批示同意中国科学院、外交部等《关于邀请美籍物理教授李政道来华短期工作的请示》。在听取王诤、赵东宛（时任国家科委副主任）等关于计算机发展问题汇报后，又强调要派人出去学习，到丁肇中、邓昌黎那里去深造。同年 8 月中旬，邓小平审阅了复旦大学校长苏步青关于该校拟与美国纽约州立大学石溪分校建立长期合作交流关系，拟聘杨振宁博士为复旦大学名誉教授的报告和蒋南翔的批复，并批送华国锋、叶剑英、李先念、汪东兴。[②]9 月下旬，邓小平批复同意教育部、外交部《关于杨振宁博士邀请谷超豪和忻元龙赴美从事科研、讲学的报告》。翌年 2 月，谷超豪（数学家，时任全国政协委员、复旦大学数学系主任）、忻元龙（时任复旦大学数学系讲师）应邀赴美从事科研和讲学。这些批示说明，邓小平倡导的“请进来”“走出去”的科技改革已经实际展开，体现了他抓科技改革雷厉风行的作风。

---

① 国务院侨务办公室、中共中央文献研究室编：《邓小平论侨务》（2010 年），第 20 页。

② 1980 年 1 月，杨振宁被聘为复旦大学名誉教授；1985 年 11 月，复旦大学与纽约州立大学石溪分校建立校际合作关系。

随着“请进来”“走出去”的展开，科技事业对外开放不断扩大。1983 年 6 月，我国邀请美国、加拿大聂华桐、田炳耕、葛守仁、韦潜光等各个领域的 20 多位华人科学家齐聚北京，参加科技政策讨论会。在改革开放初，邀请如此之多海外华人科学家专门讨论科技政策是少有的现象。6 月 18 日，邓小平会见这批科学家并进行了亲切的座谈。邓小平说，这么多专家坐在一起，对我们的科技政策提出意见和建议，益处很大。讨论会是一个新的方式。这次开了个头，以后可以继续下去。邓小平还向客人介绍了国内形势，他说，我们现在的路子走对了，我们的政策是不会变的。要变的话，只会变得更好。对外开放政策只会变得更加开放。路子不会越走越窄，只会越走越宽。路子走窄的苦头，我们是吃得太多了。如果我们走回头路，只能回到落后、贫困的状态。他强调，我们搞的现代化，是中国式的现代化。我们建设的是中国式的社会主义，主要是根据自己的实际情况和自己的条件，以自力更生为主。当有的专家提出，中国现在缺乏既有管理能力又有科技水平的人才。邓小平表示，我们有人，但要经过训练，大有希望的是 40 岁左右的人。对青年人、中年人的培养是我们目前最大的课题。①

邓小平推动科技改革“走出去”“请进来”的大门主要是面向西方开放，特别是向科技事业最发达的美国开放。而在这方面美国华人科学家作出了突出的贡献。除了前述的丁肇中外，另一著名美籍华人物理学家李政道也做了一些卓有成效的工作。其中通过中美物理联合考试录取中国赴美国留学的研究生（China-United States Physics Examination and Application Program，简称 CUSPEA），就是一个事例。1978 年中国决定大规模派留学生到国外去深造，费用均由国家负担，这即是公派留学

① 《邓小平在会见参加北京科技政策讨论会的外籍专家时说 搞四个现代化的关键是知识问题 智力开发是我们投资的重点之一》，《人民日报》1983 年 6 月 19 日，第 4 版。

生。[①]但当时美国所有的一流大学物理系均不接受中国留学生作为正式研究生。李政道得知这个情况后，利用他个人的关系给美国 40 多所大学的教授写了上百封信，请他们同意按照美国研究生的条件和待遇招收中国研究生。李政道还回到大陆，亲自从大学生中面试了五人，并委托中科大研究生院举办小型考试，选中 11 人，作为首批赴美的正式研究生。他回到美国后，考虑到美国申请读研究生的手续繁琐，中国学生难以做到，随即改良招生方式，发明了一个新制度，即 CUSPEA，此为后来美国 60 多所大学广泛采用。1979 年春，李政道到北京讲课时，倡议发动美国物理学界招收中国研究生，使他们进入美国一流的研究院，与美国学生一样受到训练，费用全部由美国民间负担。经过两次小规模试验后，证明可行。1980 年，李政道正式向主管科技的方毅提出有关计划方案，并得到科学院和教育部的支持。CUSPEA 学生随即较大规模批量招生。[②]当时 CUSPEA 学生已有两届共 362 人，按计划再招两届共 700 多人。在 362 人中，除 77 人尚未选专业外，285 人都选了专业，其中 231 人的专业与国家建设有密切关系，如固体、半导体、材料、激光等，占到 4/5。[③]可见这项工作在李政道的努力下取得了显著成效。但在实施中也有曲折，即外方资助的费用没有全部用于培养留学生，而是被外交部截留了相当一部分。1979 年 9 月 30 日，李政道给方毅写信，指出："奖学金并非奖金，给奖学金是有固定的目的的，并不是得奖学金的人可以任意支配的。

① 1978 年 6 月 23 日，邓小平听取清华大学校长刘达汇报，当谈到派遣留学生问题时，邓小平指出："我赞成增大派遣留学生的数量，派出去主要学习自然科学。要成千上万地派，不是只派十个八个。请教育部研究一下，在这方面多花钱是值得的。"以此为标志作为改革开放时期中国公派留学生的起点。见中共中央文献研究室编：《邓小平年谱（1975—1997）》（上），第 331 页；李滔：《出国留学是造就人才的重要渠道》，《人民日报》1985 年 7 月 7 日，第 5 版。

② 刘金田：《"你是我们最好的朋友"——邓小平和李政道》，载于俊道、邹洋编《邓小平交往录》，四川人民出版社、新疆人民出版社 1996 年版，第 434—435 页。

③ 刘金田：《"你是我们最好的朋友"——邓小平和李政道》，载于俊道、邹洋编《邓小平交往录》，第 434—435 页。

我们系里的奖学金的数目是在使学生安心研究学习的原则下，依据适当生活的最低要求，经慎重考虑后才确定的，是不能再减少的。”信中提出疑问：“最近听说，国内有文件，要学生将部分经费上缴，假使这消息是真的话，这必然使将来派学生出国的这条路受极大的打击。以后每一学者出国，中国将全部负担他们的一切费用，您一定知道，这是有害无益，因小失大，对四个现代化是很不利的事情。”“希望这消息并非正确，亟盼您能在百忙中予以过问。”方毅感到事情如此严重，事关国家重要部门的有关规定，遂于10月14日在李政道的信上批道：“请邓副主席批示。第四页李政道先生所说的问题，请特别批示一下，因为我批了不顶事。但这确是很重要的一件事，政道先生的意见是对的。”①10月20日，邓小平在信的末尾处批示：“李政道的意见是正确的。请方毅同志召集有关部门讨论，改变现在的不妥的办法。”②有了尚方宝剑，在后来召开的一次会议上，方毅当着外交部领导的面传达了邓小平的口信：外交人员是我国政府所派出的官员，拿的是中国政府的工资，怎能同留学生的奖学金相比呢？随即在有关文件中强调“通令各使馆，坚决执行中央的决定”。10月下旬，外交部、教育部、中国科学院、财政部、国务院科技干部局、国家科委联合提出《关于拟改变对出国人员、访问学者所得奖学金和资助费的处理办法的请示报告》；11月初，邓小平批准了报告。报告规定，今后留学生的助学金、奖学金一律全部归己。这个问题得以解决。但不久，又发生了相关问题。方毅收到一名新疆的自费留学生的来信，诉说自己因不是公派留学生而受到许多不公平的待遇，并为此而苦恼。方毅为此再报邓小平说，像这样不拿国家的钱，争取了留学的机会，应当鼓励和支持，不应歧视。邓小平又提笔指示：“公费自

---

① 《方毅传》编写组著：《方毅传》，第590页。

② 中共中央文献研究室编：《邓小平年谱（1975—1997）》（上），第566页。

费，一视同仁。”[①]

在邓小平的正确决策、大力支持、全面推动下，“请进来”“走出去”很快得以打开局面。据中科院外事局统计，1977 年至 1979 年三年间，我国与国外学术交流规模增长了 3.4 倍；先后与世界许多国家的政府和科研机构签订了科技合作协议和备忘录；派出 50 多人赴德国欧洲核子研究中心工作；华罗庚、周光召、吴文俊、黄昆、葛庭燧、陈景润等著名科学家应邀到国外讲学或短期工作；邀请了国外著名科学家杨振宁、李政道、丁肇中、沈元壤、牛满江、冯元桢、波特・莱曼等来华讲学；聘请了 23 位造诣很深的华裔科学家担任研究所和中科大的名誉教授。[②]

另据统计，从 1978 年到 1985 年我国选派留学生 2.9 万余人，已经学成回国的有 1.5 万余人，占国家选派总数的 51.7%；自费留学生 7800 余人，留学生总共为 3.68 万余人，分布在世界 63 个国家和地区。六年来，我出国留学人员数量超过了此前 28 年总和的两倍以上（此前共派出留学人员 11915 人）。通过派人出国留学，在学习和借鉴国外先进科学技术方面收到了良好效果，为我国教育、科技战线培养了大批专门人才。[③]

3. 建立博士后流动站培养科技人才

当今世界的竞争，说到底是人才的竞争；发展科技事业尤其是高科技，科技人才是关键。美国之所以是世界上科技最发达的国家，就是其汇聚了一大批世界顶尖的科技人才。中国自 50 年代后期至 70 年代前期长达 20 年“左”的失误，特别是“文化大革命”十年浩劫，使大批中高级知识分子包括科技人才惨遭迫害摧残，造成人才断层，青黄不接，教训深刻。

邓小平启动科技改革最大的难题就是科技人才的严重短缺。他从战

---

① 《方毅传》编写组著:《方毅传》，第 591 页。

② 《方毅传》编写组著:《方毅传》，人民出版社 2008 年版，第 686 页。

③ 李滔:《出国留学是造就人才的重要渠道》，《人民日报》1985 年 7 月 7 日，第 5 版。

略的高度、国际化的视野来审视科技人才在我国现代化建设中的地位和作用。1977 年 11 月 3 日，邓小平会见美籍华人数理逻辑学家、洛克菲勒大学王浩教授。在谈话中，邓小平首先肯定王浩提出的《关于促进教育科技发展的几点意见》，并指出：一定要保证科研人员六分之五的业务工作时间。政治学习的内容要精简，特别要反对一些形式主义的东西。然后谈到人才问题时说：科学领域总是后来居上，否则人类不能进步。过去我们有些方法有缺陷，不容易发现有特殊才能的人。有的人才甚至是外国发现了我们才注意到，有的是国内同行知道了，其他方面还不知道，没有给他创造条件。要善于发现和选拔人才，发现有前途的，要有比较好的方法帮助他们早出成果。不仅是自然科学，还包括社会科学，要大力提倡学术讨论和交流。各种学报和刊物，都是交流的场所，还要召开学术讨论会。① 邓小平一针见血地指出了过去我们在科技政策上埋没人才的问题。

邓小平重视培养科技人才，虚心听取海外华裔科学家关于培养人才的建议。1984 年 5 月 21 日，他会见美籍华人李政道教授和夫人秦惠君，就发展科学、培养人才问题交换意见。李政道有针对性地就我国留学生博士后的工作与邓小平进行了交谈，他向邓小平建议，为了给中国在国外的科研人员回国后的工作创造一个有利条件，可先建立十几个博士后流动站做试点。如果有几百个流动站、几千个站员，可以使全国年轻的科技人员流动起来。

邓小平对“博士后”这个名词感到陌生，便当即问李政道：“博士”这个名称恐怕在汉朝时就有了，博士的知识显然已经很博了，为什么还要有博士后呢？李政道解释说：在大学期间，大学生是老师给他出已经有解的题目，然后老师指导他解题。大学生按照在学校学习的课程，解

① 中共中央文献研究室编：《邓小平年谱（1975—1997）》（上），第 235 页。

了老师给他的题目，如果这个解是和老师知道的正确的解相吻合的话，这个学生就能完成大学学业得到学士学位。在研究生期间，导师给研究生出题目，可是导师并不知道怎么去解，研究生按照所学的知识来解导师的题目，而这个解由老师本人及同行来评判，认为是对的，就可以从研究生院毕业，获得博士学位。可是真正的研究是要自己出题目，独立进行研究。这个培养独立工作的阶段，就是博士后的过程。也就是说，博士后才是真正做研究，方向、题目都要自己定，这是独立工作能力的锻炼和判断。从研究院出来的博士后，就能成为独立的研究人员，可以使优秀的博士生成为杰出的年轻学者，这样科学才有希望。博士后制度在国外并不是很新的，从第二次世界大战后出现到现在已有 40 多年。中国要建设现代化，必须要有一支能独立研究的精锐队伍，人数不一定要多，但要精。必须能够独立进行创造，才可以有所发展，才能够跟人家竞争。只有这样，国家才有希望，才能够面向全世界。[①]

邓小平听了李政道深入浅出的解释，表示赞成，指出："'博士后'对我来说是新事物、新名词，我第一次听到。成千上万的人回来是很大的问题，我们现在对回来的人不晓得怎样使用。设立博士后流动站，是一个新的方法，这个方法很好。培养和使用相结合，在使用中培养，在培养和使用中发现更高级的人才。十个博士后流动站太少，要建立成百成千的流动站，要成为制度。主要是先定点，定了点后拨款，盖房子，买些必要的设备。看准了就要行动。"[②]

李政道设立博士后流动站的建议，得到邓小平的赞赏。邓小平勇于

---

① 参见刘金田：《"你是我们最好的朋友"——邓小平和李政道》，载于俊道、邹洋编《邓小平交往录》，第 436—437 页；另见蒋东明著：《李政道传》，长春出版社 2003 年版，第 166—167 页。

② 《会见美籍华人李政道教授时的谈话》（1984 年 5 月 31 日）。国务院侨务办公室、中共中央文献研究室编：《邓小平论侨务》，第 16 页；中共中央文献研究室编：《邓小平年谱（1975—1997）》（下），第 976 页。

接受新生事物及敢做敢为的领导作风，又极大地鼓舞了李政道，他随即向中国国家领导人写信，具体陈述了自己关于设立博士后流动站的设想。他建议，在国内选择十个左右单位，创造条件并拨专款试办一批“博士后”科研流动站，试行后再逐步推广到其他单位。流动站要选择在水平高而学术气氛活跃的实验室或大学里。他还注意结合中国国内的具体情况阐述了一些设想，如拨款的规模，博士后人员的户口、工资、编制、人事制度、住房等问题。他还建议可到国外从事“博士后”工作，作为国内“博士后”制度的补充，鼓励从国外回来的博士后在国内工作一年后允许其再次到国外做“博士后”，以保持与科学前沿的接触。此外，他还认为博士后流动站不宜全部集中在北京、上海，对东北、西北、西南地区也应精选一些点，鼓励各省市竞争，基金由多方筹集。[①] 总之，李政道设立博士后流动站的计划细密周全，费尽了心思。

在邓小平与李政道这次会谈中，确定了设立博士后流动站的决策，可以说是对这项政策拍了板。随即由国家科委、国家教委和中国科学院制订了在我国建立“博士后科研流动站”的试点方案，并于 1985 年 7 月 5 日由国务院批准颁发实行。李政道还被博士后科研流动站管理协调委员会聘请为顾问。与其他顾问不同，他这个顾问不只是挂个头衔，而是既“顾”又“问”。为了使流动站的科研经费、仪器、设备的购置和工作助手等能得到保证，他又四处奔走。有一次他回国，亲自找到荣毅仁，建议把国内拨给的有关经费向他领导的公司投资，为的是投资后生钱，使博士后的流动站经费更充裕些。荣毅仁听了李政道的建议后非常感动，痛快地说：“你这样做也是为了给国家培养人才，我们应该帮助，你们搞博士后只要有需要我们出力的地方，请尽管通知。”就这样，仅仅一年的工夫，一个新生事物在中国落地生根，很快便硕果累累。几年间我国

---

① 参见蒋东明著：《李政道传》，第 167—168 页。

已试办了100多个博士后科研流动站，包括了数学、物理、力学、化学、天文学、地学、生物学和技术科学等学科领域，并已开始接纳在国内外获得博士学位的青年学者申请进站。由于邓小平大胆接受李政道的建议并果敢决策、大力推动，有关部门全力贯彻落实，我国博士后流动站上马快、效果好、成就大。到1992年，即邓小平发表南方谈话这一年，七年间我国已在156所高等学校和科研机构建立了278个博士后科研流动站，已有952名博士进站工作。

作为中国“新生儿”的催生者，李政道本人认为，中国博士后流动站非常成功，国家在这方面并不需要太多的投资，但收效很大。[①] 美国科学家对中国试行博士后制度评价说：“中国开始了具有战略眼光的世界竞争”；“中国作为世界大国，应该培养一部分带头的高层次科研人员”。美国的中国问题专家奥·澳林斯通过调查认为，中国设立博士后流动站是为在国外的留学生创造回国工作的“科学殿堂”。[②]

1985年7月16日，邓小平会见美籍华人李政道教授。在谈到人才问题时指出：这是非常重要的事情。办什么事情都要有人。我们现在就是缺乏人才，在好多事情上缺乏本领，各个领域都如此。现有人才不合拢来，丧失了可惜。为了建立激励人才脱颖而出的机制，为培养人才并多出成果尤其是高水平的成果创造条件，李政道又建言中国应建立国家科学基金委员会并由一流科学家负责。邓小平表示：这是一个新方法，我们没有经验。但只要是新的事物，管它对不对，管它成功不成功，试验一下。会见李政道后，邓小平又听取胡启立、方毅、宋健、严东生、周光召等人汇报。在听取汇报中插话说：“人是最宝贵的财富。我们有几万

---

① 《“中国是可以打赢的”——李政道教授谈中国科技发展捷径》，《人民日报》1991年12月15日，第6版。

② 刘军：《具有战略眼光的竞争——我国博士后流动站的成功之路》，《人民日报》1992年10月5日，第3版。

名留学生在国外，这是财富，要争取他们回来。我们要加强同他们的联系。一个是搞博士后的方法，一个是特区、开放城市招聘留学生的方法。把他们吸引回来，还要想更多的方法。博士后只是一小部分人，要从更多的方面来考虑。有许多框框束缚我们，要改革。招聘要有对象，有名单，要赶快搞规划。尤其是科学研究机构，现在就要去招聘。把最优秀的先招聘回来。所谓少讲空话，多做实事，这就是实事，要落实到单位，落实到人。最优秀的，招聘的条件要提高。"①邓小平对于华裔科学家有关科学的高明见解，只要是可行的，就立即抓落实。根据邓小平和李政道的会谈，1986 年 2 月，国务院成立国家自然科学基金委员会，由原吉林大学校长唐敖庆任主任。新时期开始不久，推动中国科技改革发展、激励人才生成机制的又一个新生事物诞生了。

1986 年 4 月 19 日，邓小平会见香港著名实业家包玉刚等人，在会谈时说道，现在世界上科学技术发展得很快，对于高科技，人家有的我们也要有。"搞这些要利用现有人才，将来香港人才也应该容纳在内，还有海外留学生、华人学者，希望他们出力。华人中有很多人才，如李政道、杨振宁，多几个这样的人才就好了。"②当国内人才青黄不接之时，邓小平积极吸收利用国外智力特别是海外华人科学家的智力，并把它转换成培育国内人才的载体，作为我国高科技改革发展的重要举措，这为我国实施的科教兴国、人才强国战略找到了一把钥匙。

邓小平在多种场合探讨人才问题。1986 年 11 月 3 日，邓小平会见著名美籍华人科学家陈省身（数学家，曾任美国国家数学研究所所

---

① 《会见美籍华人李政道教授前和会见后听取有关方面负责人汇报时的谈话》（1985 年 7 月 16 日）。国务院侨务办公室、中共中央文献研究室编：《邓小平论侨务》，第 18 页；中共中央文献研究室编：《邓小平年谱（1975—1997）》（下），第 1061 页。

② 国务院侨务办公室、中共中央文献研究室编：《邓小平论侨务》，中央文献出版社 2000 年版，第 19 页。

长，当时任南开大学数学研究所所长），赞扬陈省身说：你一直在南开数学所工作，辛苦了。你立足国内培养人才，这个方法好。用这个方法可以培养更多的人。最好的人才不用才是真正的损失。要努力争取在国外学习的人回国，并为他们创造较好的工作条件，使他们回国后能发挥专长。国内办高科技中心的目的之一也是为了吸引人才回国。对少数尖子人才的待遇可以高一些，应该向尖子人才提供较优厚的待遇。对有才能的人应该破格评级提升，对成名的学者为何不可以破格提升？中国目前人才往往从五六十岁的人中挑选，这样就不能体现活力。中国只有出现三四十岁的政治家、科学家、经济管理家和企业家，并由这批人担负重任，国家才有活力，政策才能保持长久。我们建国时一些领导人都是四十多岁。当然，我们那时已经历了二三十年的革命斗争。现在选拔的四十多岁的人缺乏这个锻炼，三十多岁就应该注意从基层培养锻炼，逐步提到领导岗位。学术界也是一样，有才干的年轻人要上去，学术界才能活跃，光靠老同志还不行。论资排辈的状况一定要改变。学术界、教育界应该在年轻化方面带个头。学术上的本领是不能弄虚作假的，当教授为什么一定要等到上了年纪？二三十岁当教授也可以嘛。当在场陪同会见的宋健、何东昌建议每年选拔、重用几十个年轻的科技教育方面的专家，用财政部拨的经费奖励特别优秀的人才时，邓小平说：我拥护你们的建议。经费不够可以多拨一些。[①] 从中可见邓小平主张破格使用人才，尤其是重视培养青年人才。

在重视人才、培养人才的同时，还要爱惜人才，保护人才，做到人尽其才。这在邓小平抓科技工作中得到充分体现，下面两个事例则能说明问题。1983 年 11 月 16 日，邓小平阅读《情况汇编》刊载的《一位获博士学位的留法学生回国一年半后还未分配工作》一文，文中反映我国

① 中共中央文献研究室编：《邓小平年谱（1975—1997）》（下），第 1150—1151 页。

某公费留学生于1982年获法国巴黎大学物理学博士学位，同年5月回国后一直没有被分配适当的工作，一年半后又被派回原来工作的陕西省富县广播站做普通工人。邓小平阅后作出批示："请国务院检查。天天讲缺人，有人不能用、不会用，为什么？是谁的责任？如何纠正？需要弄清楚。"针对这一问题，12月20日，中央组织部、宣传部、统战部联合发出通知，要求县级以上党委的组织、宣传、统战部门在1984年上半年对落实知识分子政策的情况再进行一次认真检查，边检查边解决问题，真正做到对待知识分子政治上一视同仁，工作上放手使用，生活上关心照顾。[①]1984年3月5日，邓小平在阅读《国内动态清样》时，看到《著名科学家谈镐生[②]在科学院受到种种非难》一文，文中说：谈镐生从美国回国后，政治上得不到信任，甚至受到歧视，工作上受到非难，应补发的工资至今未给补发。谈镐生的遭遇对近几年回国的青年科学工作者产生了不良影响。阅读此文后，邓小平当即作出批示："方毅同志：为什么这种情况，现在还不能改正。科学院是些什么人在管事，请查一下。"3月6日，方毅批示："嘉锡（即卢嘉锡，当时任中国科学院院长）、东生（即严东生，当时任中国科学院副院长）同志：请重视小平同志的批示，并将情况写一报告上报小平同志。"[③]这两个事例，前者是改革开放后回国的留学人员未尽其用，造成人才浪费的现象；后者是改革开放前归国的科学家受到歧视，改革开放后未能及时落实政策。其共同的问题都是轻视人才、浪费人才问题。这当然是邓小平所不能容忍的问题，发现这类问题就立即予以纠正。这是他爱护利用人才的实例。

邓小平重视和珍惜人才的思想是一贯的，对20世纪五六十年代，一

---

① 中共中央文献研究室编：《邓小平年谱（1975—1997）》（下），第945页。

② 谈镐生：著名物理学家，曾任美国高等热工研究所所长，1965年回国后任中国科学院学部委员、中国科学院力学研究所副所长。

③ 中共中央文献研究室编：《邓小平年谱（1975—1997）》（下），第965—966页。

批从海外归国的世界上的一流科技人才，奋斗在我国科技战线上并对科技事业尤其是国防科技作出的突出贡献始终历历在目，留恋不忘。1992年1月，邓小平在视察南方的谈话中说：“高科技领域，中国也要在世界占有一席之地”，“我要感谢科技工作者为国家作出的贡献和争得的荣誉。大家要记住那个年代，钱学森、李四光、钱三强那一批老科学家，在那么困难的条件下，把两弹一星和好多高科技搞起来”。接着他又说：“老科学家、中年科学家很重要，青年科学家也很重要。希望所有出国学习的人回来。不管他们过去的政治态度怎么样，都可以回来，回来后妥善安排。这个政策不能变。告诉他们，要做出贡献，还是回国好。”①

正是在邓小平推动科技改革事业中重视人才、发现人才、培养人才、爱护人才、重用人才的战略思想指导下，伴随改革开放大潮，我国涌现出大批人才，可谓人才辈出。据统计，改革开放前我国知识分子总数只有430万人，1985年科技人员数达到780多万人，到1995年科技队伍已壮大到1860多万人，形成科技领域人才济济、硕果累累的大好局面。②

4. 以高能物理为发展中国高科技的突破口

中国改革开放初期，面对百废待举的局面，落后发达国家几十年的中国科技事业要恢复元气获得发展显然不可能全面开花，必须有重点地突破，而突破口在哪里？作为主管科技事业的中央高层决策者，邓小平审时度势，决定利用海外华人尤其是美籍华人科学家的特长和优势，选择以发展高能物理为科技改革发展的突破口。

邓小平复出月余，即1977年8月17日，他在会见丁肇中夫妇谈话时说：科研设施的建设要从最先进的着手，高能加速器就是个重点。我们需要有这样一个研究中心。没有这样一个中心，不仅使高能物理的研

① 《邓小平文选》第三卷，第378页。

② 温红彦：《人才之树常青——改革开放后中国科技人才发展状况扫描》，《人民日报》1995年5月28日，第1版。

究受影响，半导体、电子学的研究也上不去。这件事现在不要再拖了。① 这是目前见到的资料中，邓小平比较早地和丁肇中交流建立高能加速器的问题。

此后，邓小平会见杨振宁再次谈到建立高能加速器。1978 年 8 月 18 日，邓小平和方毅会见杨振宁。会谈中，杨振宁提议希望中国的人工合成胰岛素申请诺贝尔化学奖。邓小平冷静地表示：关于争取诺贝尔奖问题，我倾向可以，需要研究一下，因为时间很短（到明年三月之前提名），这是一个新问题。提名获奖人要选主要的人，要选得准，不能看职位，主要看科学成果。不能弄虚作假，不能闹笑话。将来出去作学术报告、发表演讲，讲外行话不行。我们要参加国际上的专利组织，有了发明创造先要登记，才能获得专利权。随后，杨振宁提议中国要花很大力量造加速器，而建造大加速器实验室有三个关口：第一关是加速器要有足够的流强，如达不到流强就是失败；第二关是要有足够的实验物理工作者能够利用这个加速器，这比第一关的难度还大，苏联、日本都还没有过这一关；第三关是要有理论物理工作者和实验物理工作者在大加速器上完成重要的实验。听了杨振宁的建议后，邓小平又表示：你的意见很好。我们要多方面听取意见。当日，送走杨振宁后，邓小平同方毅等谈话，指出：建造加速器问题应再和杨振宁谈谈，加速器的三关究竟能不能过，要讲清楚。即使我们自己有了加速器，也要不断派人出去实习，出去总会提高一些。②

1979 年初，邓小平访问美国期间，随行的方毅和美国能源部部长施莱辛格签订了中美在高能物理领域进行合作的执行协议，并成立中美高能物理联合委员会，李政道即是委员之一。这是邓小平推动科技改革并

① 中共中央文献研究室编:《邓小平思想年编（1975—1997）》，第 66 页。

② 中共中央文献研究室编:《邓小平年谱（1975—1997）》（上），第 358、359 页。

选择高能物理为突破口的关键一步棋，并为利用美籍华人科学家发展我国高能物理创造了重要条件。

在此期间，邓小平会见美国华人科学家多次提出和探讨建立高能加速器问题。1979 年 9 月 24 日，邓小平再次会见丁肇中一行。在会谈中，邓小平询问丁领导的高能物理实验小组的工作情况，并表示同意在其领导下工作的原定期限为一年的部分中国科研人员再多工作一个时期的意见。指出：这个意见有道理，他们中的一部分人可以过一段时间再次去，使有培养前途的人对高能物理的了解有进一步的加深、提高。①

1980 年 1 月上旬，粒子物理理论国际研讨会在广州召开，来自世界各国和地区的 100 多位科学家参加。会后李政道、杨振宁等 40 多位科学家来到北京。14 日晚，邓小平会见了他们，指出：这次讨论会之所以成功，是和海外学者的努力分不开的。李政道、杨振宁教授为筹备这次会议做了不少工作，对于你们的努力和贡献表示真诚的感谢。邓小平还说：中国粒子物理理论研究在 60 年代做过一些工作，提出了层子模型理论，由于“四人帮”的干扰破坏，中断了好多年。现在看，不论在深度和广度方面同国际先进水平相比，都有相当差距。为了不断提高研究水平，一方面要抓紧研究工作，同时要经常吸取外国的先进经验，学习海外学者的先进经验。②

然而，在建立高能加速器问题上，当时科学界内部有赞成和反对两种不同意见，在中央高层思想也有分歧，在美籍华人物理学专家中也有两种明显不同的意见。在中央最高领导层中，有中央重要领导对此提出异议，主张从我国的情况出发，科技界（包括科学院系统）应该把更多的人力、物力、财力集中到技术开发和产品研究上来，而不应该在基础

① 中共中央文献研究室编：《邓小平年谱（1975—1997）》（上），第 558—559 页。

② 中共中央文献研究室编：《邓小平年谱（1975—1997）》（上），第 591—592 页。

方面花很多力量。在一次中央召开的政治局会议上，讨论正负电子对撞机问题。方毅在会上从理论到实践对其重大意义作了说明，但仍有中央领导持反对态度。后在邓小平的力主之下，建设北京正负电子对撞机的方案获得通过。

1981 年 1 月 10 日，聂华桐等 14 位美籍华人科学家关于中国决定建造高能加速器问题来信，对决定建造高能加速器持保留意见，希望中国领导人在科技政策的轻重取舍上有所调整，并建议国内科技界对建造高能加速器问题进行深入的论证。邓小平阅信后作出批示："这个问题值得重视，我过去是积极分子，看来需要重新考虑，请方毅同志召集一个专家会议进行论证。"同年 2 月 5 日，著名美籍华人物理学家吴健雄、袁家骝来信建议，中国在国民经济调整期间，不应停止发展高能物理研究和电子加速器建造。邓小平阅信后再次作出批示："此事请财经小组审定，宜早作抉择。"[①] 4 月 15 日，邓小平又看到李政道同其他一些外国专家就中国建造高能物理加速器的非正式讨论的材料，再次将其批转方毅考虑研究。可见，在对待建造高能加速器的决策问题上，邓小平虽然已经初步下定决心，但还是比较谨慎地对待不同意见，体现了科技改革决策者对待科学发展的科学态度。此项工作酝酿提出、决心下定已久，直到 1984 年 10 月才正式建造高能加速器，也说明了这一点。

尽管国内外对中国建造高能加速器存在不同意见，但邓小平的决心并未动摇，始终积极而又谨慎地推动这项工作。1980 年 5 月 25 日，当中科院副院长周光召、高能物理所所长张文裕关于高能加速器问题的报告递到邓小平手上时，他指示："此事影响太大，不能下马，应坚决按原计划进行。"[②]1981 年 12 月 25 日，邓小平会见并宴请李政道。会见前，

---

① 中共中央文献研究室编：《邓小平年谱（1975—1997）》（下），第 704、711 页。

② 中共中央文献研究室编：《邓小平思想年编（1975—1997）》，第 313 页。

就建设正负电子对撞机问题，对将陪同会见的万里、姚依林表示：要坚持，下决心，不要再犹豫了。工程进度按五年为期限，经费要放宽一些。这个益处是很大的。这些表明，邓小平没有动摇决心，并在统一其他人的思想。1984 年 5 月 21 日，邓小平会见李政道夫妇，当李政道提出中国要快点确定正负电子对撞机工程的建设时，邓小平表示：要解决具体问题，不要拖，拖是最大的官僚主义。同年 8 月 16 日，邓小平会见丁肇中，又谈到建设正负电子对撞机问题，表示：台湾在和我们竞赛。要快一点。比台湾还慢不行，速度要加快。在赶速度方面我们有些办法。[①] 为正负电子对撞机上马与否，邓小平反复与专家学者交换意见，多次会见海外华人科学家讨论这一问题，最终作出了上马的决定。

此间在会见丁肇中、邓昌黎时，邓小平阐述了决心建造高能加速器的原因："本来可以投资到尽快见效的工业上去，但从长远来看这样还不够，不搞加速器、不搞高能物理不行。""如果从近期看，眼光就短了一点。加速器、高能物理从长远来看非搞不行，所以我们把这作为一个重点。现代化就是要从基础着手。"[②]

由于邓小平决心坚定、大力推动，李政道、杨振宁、丁肇中等美籍华人物理学家鼎力支持，以及中国高能物理界的努力，电子对撞机的设计建造最终上马。1984 年 10 月 7 日上午，中国科学院高能物理研究所北京正负电子对撞机国家实验室举行奠基典礼，邓小平与李政道等人参加典礼，并为奠基石培上第一锹土。基石上镌刻着邓小平书写的铭文："中国科学院高能物理研究所北京正负电子对撞机国家实验室奠基。"奠基时刻，邓小平与李政道亲切握手，感谢他对祖国科学和教育事业特别是高能物理方面的帮助，希望他继续尽力。李政道兴奋地说：相信在邓小

① 中共中央文献研究室编：《邓小平年谱（1975—1997）》（下），第 793、976、990 页。

② 转引自国家科委副主任赵东宛：《为什么要研究高能物理和建造高能加速器》，《人民日报》1979 年 6 月 12 日，第 3 版。

平先生的领导下，中国必定能建设成功对撞机，并表示今后将继续为此尽力。邓小平在热烈的掌声中说："我相信这件事不会错！"[①] 在开工典礼现场，一向热心这项事业、白发苍苍的老一辈物理学家张文裕眼里含着泪花紧紧握住邓小平的手说："我多年的愿望终于实现了！"典礼结束后，邓小平在工地现场接见参加中美高能物理第五次联合委员会会议的全体成员、中国科学院的一些专家和各有关单位代表，并合影留念。[②]

1988 年 10 月 16 日，经过四年的建设，中国第一台高能粒子加速器——北京正负电子对撞机首次对撞成功。这是中国在高科技领域取得的一项重大突破性成就。这里凝聚着邓小平的心血和睿智，也包含了美国华人科学家的重大贡献。10 月 24 日，邓小平与有关党和国家领导人视察北京正负电子对撞机国家实验室。在听取汇报后，邓小平讲话说："世界上一些国家都在制订高科技发展计划，中国也制订了高科技发展计划。下一个世纪是高科技发展的世纪。""过去也好，今天也好，将来也好，中国必须发展自己的高科技，在世界高科技领域占有一席之地。如果六十年代以来中国没有原子弹、氢弹，没有发射卫星，中国就不能叫有重要影响的大国，就没有现在这样的国际地位。这些东西反映一个民族的能力，也是一个民族、一个国家兴旺发达的标志。""现代世界的发展，特别是高科技领域的发展一日千里，中国不能安于落后，必须一开始就参与这个领域的发展。搞这个工程就是这个意思。"[③] 该讲话高瞻远瞩，体现了邓小平作为战略家对未来科技发展的长远眼光和广阔视野。

10 月 20 日，《人民日报》报道了中国高能加速器建造成功："这是

① 《方毅传》编写组著：《方毅传》，第 599 页。

② 中共中央文献研究室编：《邓小平年谱（1975—1997）》（下），第 1002、1003 页。

③ 《邓小平文选》第三卷，人民出版社 1993 年版，第 279 页；另见《人民日报》1988 年 10 月 25 日，第 1 版。

我国继原子弹、氢弹爆炸成功、人造卫星上天之后，在高科技领域又一重大突破性成就。”“它的建成和对撞成功，为我国粒子物理和同步辐射应用研究开辟了广阔的前景，揭开了我国高能物理研究的新篇章。”①

“来京参加中美高能合作会议的李政道教授说，北京正负电子对撞机对撞成功，是国际高能物理界的一件大事。仅用四年时间就完成了如此复杂的高技术工程，这样快的速度在国际上是不多的。它能一次对撞成功，表明对撞机的各种设备、部件的质量、安装调试的水平在世界上也属一流。”② 对于建立北京电子对撞机，美国科学家们评论说：西方人士非常高兴地看到中国政府大力支持高能物理科学的发展，对邓小平的魄力十分钦佩。③

不但如此，邓小平还重视通过华人科学家与台湾学术界联合发展高能物理科学。1984 年 10 月 3 日，邓小平阅读李政道提出的解决大陆、台湾的物理学会共同加入国际物理学会的建议的来信后，立即决定同意按李政道的意见办，并批转方毅处理。5 日，时任中共中央候补委员、中国科学院副院长兼理论物理研究所所长的周光召和李政道在北京签署备忘录，解决了中国物理学会和中国台北物理学会共同加入国际物理学会的问题。

1990 年 8 月，第 25 届国际高能物理会议在新加坡举行。来自 36 个国家和地区的近千名物理学家出席盛会。会议安排中国科学院高能物理研究所副所长郑志鹏在大会上作报告，详细介绍了中国开展高能物理研

① 《我国高科技领域又取得重大突破：北京正负电子对撞机对撞成功，为粒子物理和同步辐射应用研究开辟广阔前景》，《人民日报》1988 年 10 月 20 日，第 1 版；另见《方毅传》编写组著：《方毅传》，第 599—600 页。

② 《我国高科技领域又取得重大突破：北京正负电子对撞机对撞成功，为粒子物理和同步辐射应用研究开辟广阔前景》，《人民日报》1988 年 10 月 20 日，第 1 版；另见《方毅传》编写组著：《方毅传》，第 599—600 页。

③ 《美国科学家谈中美在高能物理领域的合作》，《人民日报》1984 年 10 月 11 日，第 3 版。

究取得的成果。众多与会者对中国仅仅用六年时间研制的北京正负电子对撞机取得这么多的重要实验数据，给予高度的评价。大会执行主席、诺贝尔物理学奖获得者、美国斯坦福直线加速器中心主任里克特评论说："这是一个新高能物理实验室——北京正负电子对撞机国家实验室第一次向世界宣布他们的实验数据，我代表大会表示热烈的祝贺。北京正负电子对撞机是目前世界上这一能区运动的唯一加速器，而且亮度高于以往的同类机器。我期望它获得更出色的物理结果。"许多海外华人学者自豪地表示：中国对撞机的建造成功，为中华民族争了光。①

至 1994 年 10 月，北京正负电子对撞机已连续稳定运行六年 2.5 万小时，有 100 多名中国物理学家和 40 多名美国物理学家一道参加北京正负电子对撞机上的实验，②采集了数以千万计的有关自然界基本特性的新数据。李政道评价说：北京的正负电子对撞机，1984 年在邓小平支持下上马，1988 年建成，并被全世界公认为是这个能量区里最先进的。这个对撞机完全是由中国制造的，它带动了基础科学研究和工业水平的提高，赚取了外汇。现在，不少西欧、美国的科学家都到北京去做这方面的试验，而且还有不少国家开始从中国进口此类设备和技术。③1994 年 10 月 18 日，反映对撞机运行的大型画册《北京正负电子对撞机工程画册》出版，邓小平欣然为画册题名。

北京正负电子对撞机的建造成功并取得重大成果，是中国高能物理发展史上的一个重大突破。这里需要探讨的一个问题是，发展科技特别是高科技事业，包括航天、生物技术、信息、能源、新材料等诸多方面，

① 《方毅传》编写组著：《方毅传》，第 592 页。

② 《北京正负电子对撞机稳定运行 2.5 万小时〈北京正负电子对撞机工程画册〉发行》，《人民日报》1994 年 10 月 19 日，第 4 版。

③ 《"中国是可以打赢的"——李政道教授谈中国科技发展捷径》，《人民日报》1991 年 12 月 15 日，第 6 版。

为什么邓小平首先选择以发展高能物理为突破口？笔者以为有以下几方面原因。

首先，优先发展高能物理是新中国建立后发展科技事业的既定决策。新中国建立后，毛泽东、周恩来等高度重视发展高能物理并作为发展科技事业首选。1956 年中共中央制订十二年科学发展规划纲要时，正式决定利用加速器开展高能物理研究，并派有关科技人员到苏联实习建造高能加速器、联合建立核子研究所等。但 60 年代初中苏关系日益恶化，与苏联合作取得苏联帮助发展高能物理的计划搁浅。周恩来指出："看来在国内我们自己也必须搞高能物理这一门科学。" 1977 年 3 月，华国锋在接见李政道时说："毛主席很早就对高能物理有兴趣、很关心。周总理执行了毛主席的思想，亲自抓，亲自批。我们发展高能物理是非常要紧的。"[①] 1965 年我国决定研制一台 32 亿电子伏特加速器，进行高能加速器研究，由于不久后爆发"文化大革命"而中断。但致力于中国四个现代化建设事业的周恩来仍很重视这项事业，甚至在"文革"后期仍然想抓高能物理。1972 年秋天，中科院高能物理研究所张文裕等 18 名科学家联名致信周恩来，提出进一步发展我国高能物理事业的意见。周恩来把信批转给中科院说："这件事不能再延迟了……高能物理和高能加速器的预制研究应该成为科学院要抓的主要项目之一。" 1975 年 3 月，国家计委向中央提交了《关于高能加速器预制研究和建造问题的报告》，当时主持国务院工作抓治理整顿的邓小平批示同意，并转呈身患重病正在住院的周恩来，周抱病审阅并批准了这项报告。当时中科院领导向科技人员传达周恩来的批示时，很多人流下泪水，感慨地说："总理病得那么重，却念念不忘加速器，就是有天大的困难，我们也得干！"[②] 另外，20

① 转引自国家科委副主任赵东宛：《为什么要研究高能物理和建造高能加速器》，《人民日报》1979 年 6 月 12 日，第 3 版。

② 《方毅传》编写组著：《方毅传》，第 594 页。

世纪60年代我国在没有外援的情况下在国防尖端科学方面研制出“两弹一星”，也是和重视发展核物理及高能物理研究密切相关。作为第一代中央领导集体主要成员并在“文革”期间协助周恩来主持国务院工作的邓小平对此印象深刻。这是他在改革开放初期推动科技改革以发展高能物理为突破口的历史原因。

其次，西方发达国家尤其是美国已经取得发展高能物理的成功经验。高能物理作为一门前沿的基础科学，在20世纪上半叶世界高科技发展中取得了突出的成绩并广泛应用于国民经济各个部门。19世纪末20世纪初，由于原子科学的创立，推动了高能物理的发展并应用于科技和经济发展中。20世纪30年代原子核科学的创立，给人类带来了一个生产力发展的新时代——原子能时代。美国抓住了这个机遇，于40年代爆炸第一颗原子弹，使原子能成为巨大能源，建立了原子能反应堆、核电站、放射性同位素等重大应用项目，对国民经济各部门产生了深远影响。同时，美国加强与欧洲科技先进国家的交流，推动了美国物理学的发展。其间，美国最高决策层接受有关科学家的建议，从基础科学研究特别是当时的前沿学科核物理研究着手，培养科学技术人才，随即美国各个大学的研究生院雨后春笋般地发展起来。随后，美国又把培养人才的主要领域转向了更有基础性的高能物理研究。一大批著名的科学家都是在这个时期培养出来的。著名华人物理学家杨振宁、李政道、丁肇中、吴健雄等脱颖而出。这是美国发展高能物理的成功经验。在推动中国改革开放、启动科技改革时，邓小平十分重视并大胆借鉴外国经验尤其是美国发展高能物理的成功经验。1979年1月，邓小平率团访问美国期间，授权方毅代表中国科学技术委员会与美国能源部签订了中美高能物理合作协议，其最主要内容是：美国的科研机构、各大加速器中心，将帮助中国建造第一台高能加速器——北京正负电子对撞机。[①] 这台耗资 2.4 亿元人民币的大型科研设备的建成运转，是邓小平借鉴利用美国经验决策的结果。这是其首先选择发展高能物理推动科技改革的外部原因。

再次，美国一批卓有建树的华人物理学家积极建言献策、甘愿为“桥”，邓小平虚心纳谏、果断决策。党中央已有既定的发展高能物理的政策，并有美国等发达国家的成功经验，这只是外部条件，而更重要的还是取决于最高决策者主观因素。如前所述，美国荟萃了一批世界一流的华人科学家尤其是物理学家。冷战多年的中美关系解冻后，杨振宁、李政道、丁肇中、吴健雄等人，抱着振兴发展中国科技事业的夙愿，积极向中国高层领导人献计献策，力主发展中国高能物理，并且志愿为这项事业出力献技。他们既是中国发展高能物理的“桥梁”，又是可资利用、得天独厚的重要人力资源。邓小平非常重视和利用这个有利条件，如 1977 年 8 月 17 日他会见丁肇中夫妇时表示，“希望丁肇中多回来指导高能加速器的建设”[②]；并在建造高能加速器的过程中倚重李政道的帮助。邓小平虽然不是科学家，但作为战略家、推动科技改革的最高决策者，他虚心听取并接受美籍华人物理学家的有关建议，并果断决策实施，这是他推动科技改革以首先发展高能物理为突破口的主观决定性因素。

5. 科技改革与对外开放互相驱动

邓小平重视利用海外华人科学家发展中国科技事业的思想，受到海外新老华人学者的拥护和欢迎。为新时期我国科技事业作出杰出贡献的美籍华人科学家杨振宁评价说：“邓小平自执政以来，扭转了乾坤，改变了中华民族的精神面貌，解放了十二亿人民的生产力，创造了崭新的中

---

① 顾迈男著：《报国——回忆我所采访的科学大家》，中共党史出版社 2011 年版，第 52 页。

② 中共中央文献研究室编：《邓小平年谱（1975—1997）》（上），第 184 页。

华民族的未来。他是二十世纪各国数一数二的真正伟人。”[①] 这是老一代海外华人学者对邓小平的高度赞誉。法国北京协会是中国新移民的社团，该组织表示：我们作为在新中国生长的一代，正是由于邓小平倡导的改革开放政策，才有可能来到海外求学、奋斗。在海外，我们深深地感受到邓小平等老一代领导人历史使命的意义。[②] 此言道出了新一代海外华人学者的心声。

作为新时期中国改革开放的总设计师，邓小平所设计的中国改革开放是中国和世界上前所未有的最艰难、最复杂、最高深的系统工程，科学技术只是其中的一个子课题、子项目，仅此就花费了他的大量心血。那么，人们可能会问，邓小平为什么要下这么大决心、花费这么大心血来抓科技呢？发展中国科学技术与人才包括海外华人科学家有什么关系？要回答清楚这些问题需要用许多笔墨，这里还是用邓小平自己言简意赅的语言来解释：

现在世界上科学技术发展得很快，美国搞“星球大战”，欧洲搞“尤里卡”计划。不管成功的可能性多大，它代表了科学知识的飞跃前进。不只是在军事方面的作用，还可以带动整个社会工业和其他各个方面的发展。看到这一点，我们不能不搞。在高科技领域里要投点资，投资不能太少，起码要做到在若干领域里，人家有的我们也有，不一定比人家更好，但要有。如激光、生物工程、粒子束、计算机等。搞这些要利用现有人才，将来香港人才也应该容纳在内，还有海外留学生、华人学者，希望他们出力。华人中有很多人才，如李政道、杨振宁，多几个这样的

① 参见中国华侨华人历史研究所、中国华侨历史学会资料室编印《华侨华人资料报刊剪辑》1997 年第 2 期，第 12 页。

② 参见中国华侨华人历史研究所、中国华侨历史学会资料室编印《华侨华人资料报刊剪辑》1997 年第 2 期，第 19 页。

人才就好了。[①]

众所周知，发展科技尤其是高科技事业，需要培养大批掌握自然科学专门知识的高级人才，需要高精尖的科研设备，需要创造培养人才脱颖而出的环境、氛围和机制等综合要素，而这些需要很长时间。但本来就贫穷落后的中国，又经历了一场长达十年“文革”的严重浩劫，百业凋零。如果恢复发展科技事业一切从头做起并欲达到快速发展和重新振兴，简直是天方夜谭。否则，又要严重拖发展国民经济的后腿。因此，邓小平主张积极吸收利用消化当时世界科技最发达国家并有报国之志的一流华人科学家的才智，“借风行船”，推动科技改革，恢复发展中国科技事业，无疑是找到了一条有效的捷径。实践证明，邓小平这一决策取得了事半功倍的效果。一把对锁的“钥匙”，一条有效的“捷径”，充分体现了邓小平的睿智。

邓小平设计推动的改革开放，是涉及我国经济社会各方面的系统复杂的庞大工程。仅就改革开放的启动而言，农村家庭承包责任制是国内改革的先声。而对外开放则涉及经济、文化、科技、外交，沿海、内地、城市、乡村等全方位、多层次、宽领域的开放，在一定意义上说首先是对海外华侨华人的开放，引进吸收海外华商来国内投资，以其示范效应带动外商资本登陆。其中邓小平利用海外华人科学家才智推动科技改革本身就是对外开放的重要内容，其大力倡导的科技人才“请进来”“走出去”、建立博士后流动站等，都是对外开放的基本内容。因此，邓小平的科技改革思想和实践与对外开放是有机的统一体。特别是邓小平在利用海外华人科学家才智推动科技改革的同时，以他们作为中外科技交流的纽带和桥梁，又打开了对外开放的大门，兼具双重效应，显示了邓

① 《邓小平同志会见香港知名人士包玉刚、王宽诚、霍英东、李兆基时的谈话》（1986 年 4 月 19 日），国务院侨务办公室、中共中央文献研究室编：《邓小平论侨务》，第 19 页。

小平推动科技改革的智慧。对此，美国华人社会活动家陈香梅评价说，邓小平视野开阔，他鼓励中国领导人走出国门，也敞开大门请进外国人，带领封闭的中国走向世界。①

科学技术是第一生产力——人才资源是第一资源——华人科学家是发展我国科学技术的“宝贝”——要积极创造条件吸引海外人才为中国科技事业服务。这是邓小平引进海外人才和智力发展我国科技事业的思想逻辑。世上无难事，只怕有心人。科技事业特别是高科技的发展是一项难度大、投入大、耗力大、见效慢的事业，由于邓小平的重视、推动以及真抓实干，为改革开放新时期我国科技事业的突破性发展奠定了坚实的基础。

邓小平对我国科技改革发展作出的重要贡献，也产生了世界性的影响。1987 年 9 月 14 日，第三世界科学院第二次大会在北京召开，50 多个国家的著名科学家和科学院长、科学部长近 400 人参加会议。第三世界科学院院长萨拉姆致开幕词说，中国科学在近年来发生了很大变化，我们要花主要时间听取这些变化是如何实现的。为表彰中国对第三世界科学发展作出的杰出贡献，第三世界科学院向中共中央顾问委员会主任邓小平颁发了特别荣誉勋章。国家主席李先念兴奋地代表邓小平接受了勋章，并致辞答谢。他希望，在第三世界科学院的组织推动下，第三世界的科学家们加强团结合作，并且同发达国家建立良好的合作关系，共同为第三世界国家经济、社会的迅速发展，彻底摆脱贫困落后而发挥科学技术的重要作用。② 邓小平获此殊荣当之无愧。

（七）开展新时期华侨华人统一战线工作

无论是民主革命时期，还是社会主义革命和建设时期，中国共产党

---

① 中国华侨华人历史研究所、中国华侨历史学会资料室编:《华侨华人资料报刊剪辑》1997 年第 2 期，第 13 页。

② 《人民日报》1987 年 9 月 15 日，第 1 版。

始终把广大海外侨胞作为统一战线的一支重要进步力量。进入改革开放的新时期，尽管统一战线的内涵、性质、任务等都发生了变化，但是广大海外侨胞作为爱国统一战线的重要组成部分始终没有变。邓小平对此有诸多论述。

新中国建立28周年国庆节前夕，邓小平在为参加国庆活动的华侨华人、港澳台同胞举办的招待会上致祝酒词说：我们一定要加强全国各族人民的大团结，进一步发展工人阶级领导的，以工农联盟为基础的，包括爱国民主党派、爱国人士和台湾同胞、港澳同胞、海外侨胞的统一战线，调动一切积极因素，为社会主义革命和社会主义建设事业服务。这是“文化大革命”结束后，邓小平首次对统一战线的完整表述，也是对当时党和国家的统一战线方针政策的阐释。他接着指出：广大海外侨胞长期以来同侨居国人民一道，对发展当地的经济和文化事业作出了贡献，对祖国的革命和建设事业给予了热情的支持，我们希望他们继续同侨居国人民友好相处，遵守侨居国的法律。我国政府保护他们的正当权利和利益。我们赞成华侨自愿选择居住国的国籍，已经自愿加入和取得了所在国国籍的朋友，他们是中国人民的亲戚，我们希望他们为所在国家的发展作出贡献，为促进中国人民和各国人民的友谊而努力。近几年来，有不少侨胞和朋友来华参观访问，对增进我国人民和世界各国人民的友谊和相互了解，起了积极的作用。我们欢迎更多的侨胞、朋友回来看一看，为增进各国人民之间的友谊作出更大的贡献。[①] 邓小平代表党和政府全面阐述了我国的侨务政策。这些论述反映出新时期对于海外侨胞的统一战线政策与侨务政策是密切关联的。

此后，邓小平又对新时期统一战线进行过多次阐述。他认为：“新时期统一战线，可以称为社会主义劳动者和爱国者的联盟。”关于统一战

---

① 中共中央文献研究室编：《邓小平年谱（1975—1997）》（上），第212页。

线的任务，“现阶段的统一战线可以提革命的爱国的统一战线。现在最大的统一战线问题，是台湾回归祖国、实现祖国统一问题。包括旅居在国外的侨胞也有爱国的问题。他们热爱祖国，不等于热爱社会主义”。“统一战线的对象，清楚得很，顾名思义，是把一切能够联合的都联合起来，范围以宽为宜，宽有利，不是窄有利”。“统一战线的性质，叫革命的爱国的统一战线，就是社会主义劳动者和爱国者的联盟”。① 这是邓小平对新时期统一战线更为完整系统的表述和定性，其中明确了海外侨胞在新时期统一战线中的角色。这是邓小平对我国新时期统一战线的理论贡献，也是对毛泽东、周恩来等第一代中央领导人统一战线思想的继承和发展。

世界上大多数华侨华人希望中国和平统一，他们当中有些人和台湾有着各种关系，并通过各种渠道和海峡两岸保持密切联系，是推动中国统一的重要力量。邓小平十分重视海外华侨华人在中国统一大业中的作用，希望他们在促进台湾与大陆统一中贡献力量。1979 年 2 月 5 日，邓小平为《美洲华侨日报》题词道：“愿你们为祖国的社会主义建设，为台湾回归祖国、实现统一祖国大业，作出更多的贡献。”② 同年 6 月 15 日下午，中国人民政治协商会议第五届全国委员会第二次会议开幕，邓小平在会上致开幕词，其中指出：“台湾同胞、港澳同胞和国外侨胞心向祖国，爱国主义觉悟不断提高，他们在实现统一祖国大业、支援祖国现代化建设和加强国际反霸斗争方面，日益发挥着重要的积极作用。”③ 邓小平的论述反映出，新时期对海外侨胞的统一战线与台湾回归祖国、实现祖国统一大业也有密切关系。

邓小平不但对新时期统一战线从理论上进行了新的阐述，而且积极带头推动新时期统一战线的实践。1979 年 7 月 2 日上午，邓小平会见缪

---

① 国务院侨务办公室、中共中央文献研究室编：《邓小平论侨务》，第 31 页。

② 国务院侨务办公室、中共中央文献研究室编：《邓小平论侨务》，第 26 页。

③ 中共中央文献研究室编：《邓小平年谱（1975—1997）》（上），第 524 页。

云台和夫人赵佩玱。缪云台是原国民党行政院政务委员。1979 年 6 月 10 日离开美国，放弃美国国籍回大陆定居。6 月 15 日抵达北京，7 月 2 日被增补为全国政协常委。在谈话中，邓小平表示欢迎他们回大陆定居，希望他们回来后，同台湾的关系不要断了，可以通过另外渠道与台湾保持联系。还指出：社会主义也会经过曲折。社会主义究竟如何搞，还要积累经验。社会主义要显示它的优越性，它的优越性是发展生产力，提高人民生活水平，不然还要社会主义干什么。①

1980 年 9 月 9 日，邓小平会见美籍华人陈树柏教授和夫人。陈树柏，当时任美国圣克拉拉大学电机工程和计算机工程系主任。其父亲陈济棠曾任国民党中央常委、国民党广东省政府主席、国民党陆军一级上将。当与陈树柏谈到中国统一问题时，邓小平指出：统一是大势所趋。80 年代，我们每一天都把统一摆在议事日程上。凡是在海外的朋友愿意回国来参观、讲学，我们都热情欢迎。在台湾的朋友愿意回来看看，我们也同样欢迎。希望在海外的人士为祖国的统一大业作出贡献。还说：统一后，台湾能拥有广泛的自主权，包括拥有军队，不降低生活水平，不改变社会制度，外国投资也不动。统一后，台湾当局，不仅蒋经国本人，其他人也可以作出政治安排。我们岁数大了，可能急一些，统一越早越好。不统一，我交不了账，蒋经国也交不了账。能在我们这一代交账，历史上写我们一笔比较好。当谈到陈济棠时，邓小平说：你父亲和蒋介石唱对台戏，起的作用不错。②

应廖承志邀请，1982 年 5 月，曾任国民党广东省政府主席、国民党军第三战区副司令长官、总统府参军长，1949 年后定居美国的李汉魂携夫人吴菊芳回国。31 日上午，邓小平会见了李汉魂夫妇，他对客人说：

---

① 中共中央文献研究室编：《邓小平年谱（1975—1997）》（上），第 672 页。

② 中共中央文献研究室编：《邓小平年谱（1975—1997）》（上），第 531 页。

“我们这一代人七十多岁、八十多岁了。你这样高龄还回国来看看，我们表示热烈欢迎，也欢迎你们全家成员都回来看一看。”会见结束后，邓小平设午宴招待客人。

1983 年 9 月 13 日，邓小平会见美国宾夕法尼亚大学荣誉教授顾毓琇（**清华大学工学院创始人，曾任国民党政府教育部政务次长、中央大学校长、交通大学校长**）和夫人王婉靖。顾毓琇请邓小平在一本《邓小平文选》上签名。会谈要结束时，邓小平对顾毓琇说：“立夫（即国民党元老陈立夫）先生能见到吗？希望在我们有生之年完成祖国统一。请你在方便的时候，代我向他问好。我们这些老人很多观点是不同的，也打过仗，但有一个心愿是一样的，都希望祖国统一。”①

高理文，原名高衡，1925 年到莫斯科中山大学学习，和蒋经国是同班同学；1972 年离开台湾到美国定居。1983 年 10 月，高理文携夫人罗亚南到大陆访问。21 日上午，邓小平会见了他们。宾主回忆早年在莫斯科中山大学学习的情景，接着谈起台湾问题。在询问蒋经国的近况后，邓小平说：“你看我们有希望联合起来吗？我是讲和蒋经国联合起来。如果能办成这件事，蒋氏父子的历史可以写好一些。我带信给台湾的老人，我说我们老一辈来解决这个问题，至少我们有一个共同点就是都是炎黄子孙，这个观念比年轻人更明白，这是我们共同的语言。什么‘三民主义统一中国’，我们不拿社会主义去统一台湾，你也不拿资本主义统一大陆。”②

1984 年 10 月 4 日，邓小平会见美籍华人丁肇中教授和他的父亲、台湾大学丁观海教授。他对丁观海说：“你离开大陆三十五年了，回来看看好，百闻不如一见。中国人站起来了，中国发生了翻天覆地的变化。你

① 中共中央文献研究室编：《邓小平年谱（1975—1997）》（下），第 933 页。

② 中共中央文献研究室编：《邓小平年谱（1975—1997）》（下），第 941 页。

的家乡日照，发展得不错，整个山东都不错。这几年农村搞得好的，按省的范围讲，第一是江苏，第二是山东。老先生如果愿意回来定居，我们欢迎，只要你自己觉得方便，没有什么问题。”会见结束后，邓小平设午宴招待客人。在午宴中谈到“一国两制”问题时说：“一国两制”对台湾更宽一点，他们还可以有军队。在经济、文化、民间交流等问题上也和香港一样。我们不用社会主义统一台湾，台湾也不要用三民主义统一大陆。当丁肇中提出希望能在台湾见到邓小平时，邓小平说：好啊，我很愿意。①

会见定居国外的原国民党军政人员及其后代，以及有此类背景的海外华人，这是邓小平对特殊的华侨华人进行的特殊的统战工作。他们和邓小平是同时代、同龄人，直接做他们的统战工作，效果更佳。

邓小平会见其他海外华人有时也阐述统一台湾的思想。1990 年 9 月 15 日，邓小平会见马来西亚著名华商郭氏兄弟集团董事长郭鹤年，就曾谈到祖国统一问题。他说：现在对台湾是个机会，对整个民族是个机会，需要大家努力，推动台湾走向统一。如果没有真正的国家统一，还是不能从根本上解决问题。大陆、香港、台湾，加上海外华人联合起来，发挥中国人的智慧和才干，首先一定要实现国家的统一，这样，事情就好办了。大陆同胞，台湾、香港、澳门的同胞，还有海外华侨，大家都是中华民族子孙。我们要共同奋斗，实现祖国统一和民族振兴。②

另外，邓小平在会见海外西藏宗教人士时也做了一些维护祖国统一的团结争取工作。1979 年 3 月 12 日，邓小平接见达赖喇嘛·丹增嘉措的哥哥嘉乐顿珠，指出：欢迎达赖回来，欢迎更多的人回来看看，请达赖好好考虑。如果不愿回国，只回来看看，欢迎；回来后出去，欢送。如

---

① 中共中央文献研究室编：《邓小平年谱（1975—1997）》（下），第 1000 页。

② 中共中央文献研究室编：《邓小平思想年编（1975—1997）》，第 695—696 页。

果他们回国，政治上会作很恰当的安排。我可以保证一条：来去自由。二十年隔离，不看看怎么行？在外边的藏族同胞总要落叶归根。现在华侨和华人都是一片爱国心。美国有很多华人科学家，但心是在中国的，愿意帮助中国实现四个现代化。还说：一九五九年达赖的行动是不好的。根本问题是，西藏是否是中国的一部分？对与不对，要用这个标准来判断。现在，各民族要好好团结，利用国内外大好形势，搞四个现代化。①邓小平的谈话既坚持原则性，又体现了灵活性，犹如和风细雨，滋润人心。

荣毅仁家族是近代中国著名的民族资本家。上海解放时，作为荣家的掌门人荣毅仁坚持留下而没有撤退港台，并以自己的企业支持国民经济的恢复，还捐献飞机支援抗美援朝战争；在对工商业的社会主义改造中，作为民族资本家的首户荣毅仁表现积极，把全部企业拿出来和国家合营，在工商业改造中起到了表率作用。当时作为中央重要领导人的邓小平对荣毅仁的表现当然心中有数。因此，50 年代中期，毛泽东要选择几位党外人士当部长，让时任党中央总书记的邓小平选择推荐。邓小平推荐了两个人，其中即有荣毅仁。果然，1958 年荣毅仁担任纺织工业部副部长。这可以说是邓小平对荣毅仁的第一次点将。然而，政治风云复杂变幻，“文化大革命”中邓小平被打倒，作为资本家之首荣毅仁岂能幸免？“文化大革命”结束，邓小平复出擘画改革开放大业，自然要请荣毅仁出山；荣毅仁不计个人荣辱得失，毅然听从召唤，1978 年出任全国政协副主席。随后，他放弃可以当部长的机会，利用自身在海外的资源优势，亲自创办中国国际信托投资公司，勇当对外开放的排头兵。“中信”越做越大，至 80 年代末，公司由最初十多个人发展到拥有三万多人 800 多亿元总资产的旗舰公司。当然“吃第一只螃蟹”，必然遇到诸

① 中共中央文献研究室编：《邓小平年谱（1975—1997）》（上），第 492 页。

多困难，每当关键时刻都得到邓小平的撑腰，邓表示：“为了便于广泛接触，中国国际信托投资公司可以作为中国实行对外开放的一个窗口。”这无疑是向世界推荐中信公司。1984 年“中信”创办五周年时，邓小平挥笔题词：“勇于创新，多作贡献。”1989 年，邓又题词：“中国国际信托投资公司成立十周年。”有关情况，多有介绍，此不赘述。这里想说明，荣毅仁不就高官而操起国际金融业，是因为他有丰厚的“海外关系”资源——荣家有 400 多位亲属分散在世界各地，其中许多人在工商界、科技界，如核能、电子、机械、纺织、面粉、医学、文教等方面均有一定知名度。他们身上流淌着中华民族的血脉，与自己的先辈一样心怀故国情节。身居海外，不忘故国。有些人从中美关系解冻后，便与国内有业务往来。中国改革开放大门打开后，他们更是各显身手，尽力为祖籍国做些有益的事情。因此，时事变迁，荣毅仁想变个人“罪源”为国家“福源”，理所当然。

1986 年 6 月，对于荣毅仁家族是一个不平凡的月份——荣家众多海外亲属分别从美国、加拿大、巴西、联邦德国、瑞士、澳大利亚等国家和中国港澳地区回到大陆大团圆。荣家这次大团圆，既是一次荣氏家庭史上空前的盛会，也是家族凝聚力的象征，又是中国改革开放深具魅力的一种体现。初夏 6 月，北京阳光明媚。荣氏家人下榻的香山饭店草木葱茏，鸟语花香，令人心旷神怡。18 日上午，荣家团聚的气氛达到高潮——邓小平在人民大会堂亲切会见海外荣氏家族代表。见面时，邓小平和荣氏亲属一一握手。荣毅仁二哥荣尔仁，是荣氏亲属观光团中的年长者，居住巴西。邓小平和他交谈时说：“你今年 79 岁，比我小 3 岁。”荣尔仁说：“可你的精神好得很。”邓小平说：“你的精神也不错嘛。”会谈中，邓小平意味深长地说了如下一大段话：

从历史上讲，你们荣家在发展我国民族工业上是有功的，对中华民族做出了贡献。民族工业的发展是推动历史前进的，至于资本主义的消极因素那是另外一回事。这次你们亲属团聚是一件喜事，是我们民族大团结的一个体现，一个演习。我们要争取整个中华民族的大团结。

你们有本领、有知识，是能够为我们国家做出重要贡献的。你们联系的人多，朋友多，希望你们跟他们讲讲我们国家的事情。让他们回来看看，看一次不够，看几次就比较了解了，就可以看到我们国家是怎样前进的。现在我们有些条件还不怎么好，这不要紧，以后会逐步改善。

我们国家是有希望的。我们的目标，第一步是到二〇〇〇年建立一个小康社会，就是虽不富裕，但日子好过。我们是社会主义国家，国民收入分配要使所有的人都得益，没有太富的人，也没有太穷的人，所以日子普遍好过。更重要的是，那时我们可以进入国民生产总值达到一万亿美元以上的国家的行列，这样的国家不多。国家总的力量大了，那时办事情就不像现在这样困难了。比如，拿出国民生产总值的百分之五办教育，就是五百亿美元，现在才七八十亿美元。如果拿出百分之五去搞国防，军费就可观了，但是我们不打算这样搞，因为我们不参加军备竞赛，总收入要更多地用来改善人民生活，用来办学。有了本世纪末的基础，再花三十年到五十年时间，人均国民生产总值再翻两番，我可以肯定地说，中国将更加强大，对世界和平就更加有利。我们欢迎在海外的华侨、华人参与这个具有前景的事业。

我们坚持独立自主的和平外交政策，不参加任何集团。同谁都来往，同谁都交朋友，谁搞霸权主义我们就反对谁，谁侵略别人我们就反对谁。我们讲公道话，办公道事。这样，我们国家的政治分量就更加重了。这个政策很见效，我们要坚持到底。

我们欢迎海外的华侨、华人都回来走走。一是了解我们的国家，二是看看有什么事情可以参与，可以尽力。我相信在国外的华侨、华人是会热心支持我国的建设事业的。[①]

邓小平的话语，像春风吹拂，像春雨滋润，使荣氏亲属沐浴在无限的春光中。邓小平还和大家一起合影留念。当天下午，全国人大常委会委员长彭真也会见了他们并一起合影。荣氏亲属，有不少人在国外社会地位较高，见多识广，但这次回来团聚受到党和国家重要领导人如此隆重的礼遇，如此亲切的接待，可以说是他们一生中难忘的激动时刻。事后多年，他们还能清楚记得邓小平当年会见时的情景和话语，引以为荣。

（八）与华侨华人畅谈“一国两制”科学构想

“一国两制”科学构想的提出及其在中国香港、澳门的成功实践，是邓小平对马克思主义国家学说的继承和创造性发展。而“一国两制”科学构想的酝酿和提出与海外华侨华人有着十分密切的关系，华侨华人推动了“一国两制”在港澳的成功实践并积极致力于以这一思想和平统一台湾。

众所周知，邓小平关于“一国两制、和平统一”的科学构想的提出，首先是针对统一台湾的。1984 年 10 月 1 日，邓小平在中华人民共和国成立 35 周年庆祝典礼上讲话说：“我们主张对我国神圣领土台湾实行和平统一，有关的政策，也是众所周知和不会改变的，并且正在深入中华民族的心坎。大势所趋，祖国迟早总是要和平统一的。希望全国各族同胞，包括港澳同胞、台湾同胞和海外侨胞，共同促进这一天早日到来。”[②]

邓小平在许多讲话中，都提到了对台湾实行和平统一的问题，反复重申“希望全国各族同胞，包括港澳同胞、台湾同胞和海外侨胞，共同促进这一天早日到来”。邓小平还从不同的角度论述了华侨华人在推动祖国统一中的作用。1982 年 1 月 11 日，邓小平会见美国华人协会主席李

① 《邓小平文选》第三卷，人民出版社 1993 年版，第 161—162 页；另见中共中央文献研究室编：《邓小平年谱（1975—1997）》（下），第 1123—1124 页。

② 《邓小平文选》第三卷，人民出版社 1994 年版，第 70 页。

耀滋。在谈到祖国统一问题时指出：九条方针是以叶副主席的名义提出来的，实际上就是一个国家两种制度。两种制度是可以允许的。他们不要破坏大陆的制度，我们也不破坏他们那个制度。国家的统一是我们整个中华民族的愿望。这不仅有利于子孙后代，在中国五千年的历史上也是一件大事。我们是从这样的角度着想和对待这个问题的。说什么“统战手法”，我们不搞。我们讲大政方针，没有这样的气度不行。①

1983 年 6 月 26 日，邓小平会见美国新泽西州西东大学教授杨力宇，进一步阐明了实现中国大陆和台湾和平统一的一些设想。邓小平说，问题的核心是祖国统一。和平统一已成为国共两党的共同语言。但不是我吃掉你，也不是你吃掉我。我们希望国共两党共同完成民族统一，大家都对中华民族作出贡献。邓不赞成台湾“完全自治”的提法，指出：自治不能没有限度，既有限度就不能“完全”。“完全自治”就是“两个中国”，而不是一个中国。制度可以不同，但在国际上代表中国的，只能是中华人民共和国。我们承认台湾地方政府在对内政策上可以搞自己的一套。台湾作为特别行政区，虽是地方政府，但同其他省市的地方政府以至自治区不同，可以有其他省、市、自治区所没有而为自己所独有的某些权力，条件是不能损害统一的国家的利益。祖国统一后，台湾特别行政区可以有自己的独立性，可以实行同大陆不同的制度。司法独立，终审权不须到北京。台湾还可以有自己的军队，只是不能构成对大陆的威胁。大陆不派人驻台，不仅军队不去，行政人员也不去。台湾的党、政、军等系统，都由台湾自己来管。中央政府还要给台湾留出名额。和平统一不是大陆把台湾吃掉，当然也不能是台湾把大陆吃掉。所谓“三民主义统一中国”，这不现实。邓还说，要实现统一，就要有个适当方式，所以我们建议举行两党平等会谈，实行第三次合作，而不提中央与

---

① 中共中央文献研究室编：《邓小平年谱（1975—1997）》（下），第 797 页。

地方谈判。双方达成协议后，可以正式宣布。但万万不可让外国插手，那样只能意味着中国还未独立，后患无穷。

邓小平希望台湾方面仔细研究一下叶剑英提出的“九条”内容和邓颖超在政协六届一次会议上致的开幕词，消除误解。他对杨力宇表示：我们是要完成前人没有完成的事业的。如果他们能完成这件事，蒋氏父子以及一切致力于中国统一事业的人，历史都会写得好一些。当然，实现和平统一需要一定时间。如果说不急，那是假话，我们上了年纪的人，总希望早日实现。要多接触，增进了解。我们随时可以派人去台湾，可以只看不谈。也欢迎他们派人来，保证安全、保密，我们讲话算数，不搞小动作。

邓小平对杨力宇教授 1983 年 3 月在美国旧金山举办的“中国统一之展望”讨论会表示称赞，说：你们做了一件很好的事。他还谈道，中美关系最近略有好转，但是，美国的当权人士从未放弃搞“两个中国”或“一个半中国”。美国把它的制度吹得那么好，可是总统竞选时一个说法，刚上任一个说法，中期选举一个说法，临近下一届大选时又是一个说法。美国还说我们的政策不稳定，同美国比起来，我们的政策稳定得多。①

邓小平在会见美籍华人李耀滋、杨力宇时，系统地阐述了统一祖国中的“一国两制”的著名创新思想。特别是邓小平同杨力宇会谈全面系统阐述的“一国两制”思想（后来被概括为“邓六条”），引起香港媒体的积极反响。一些报纸发表社论或文章认为，邓小平的这次谈话更加具体地阐明了中共对实现中国大陆和台湾和平统一这个重大问题的一些设想，希望国共两党共同创造接触的机会和对等会谈的条件，争取早日实现祖国统一。《明报》7 月 31 日发表的社评说：“今年 6 月 6 日邓颖超

① 《邓小平谈中国大陆和台湾和平统一的思想》，《人民日报》1983 年 7 月 30 日，第 1 版；另见中共中央文献研究室编：《邓小平年谱（1975—1997）》（下），第 917—918 页。

在政协开幕词中说：‘在统一的大前提下，一切都好商量，总会求得合情合理的解决。’这已经笼统地表现出比以前更有弹性的态度；而邓小平的这次谈话，则更加具体地表示中共当局对若干重大问题的设想。”《东方日报》8 月 2 日发表的文章认为，“邓小平的这席谈话，不论从什么观点看，绝无宣传味或招降味，而是平稳踏实，就事论事”。《天天日报》7 月 31 日发表文章说：“关于台湾和中国大陆的统一，邓小平又有新设想。说是新设想，是因为邓小平说得比以前更具体；是对叶剑英的九条、邓颖超的讲话等又有所解释、发展。因而估计会引起人们广泛的注意。”文章表示：“我们希望国共两党共同创造接触的机会，创造对等会谈的条件，早日实现祖国统一。”[①] 可见，香港媒体对于邓小平的“一国两制”思想总体上予以好评。

邓小平在不同场合反复重申、充实和完善“一国两制”构想。1984 年 10 月 2 日，邓小平会见参加国庆活动的杨振宁、李政道、丁肇中、吴健雄等 60 多位外籍华人科学家。在谈到“一国两制”问题时指出：“一国两制”，马克思没说过，世界历史上没有过。这是我们从实际遇到的问题即香港问题、台湾问题提出来的。大陆十亿人口坚定不移地走社会主义道路，同时允许部分地区实行特殊政策，继续搞资本主义。这个政策不会变。[②] 确如邓小平所说，“一国两制”的理论与实践，马克思没说过，世界历史上没有过，这是邓小平对马克思主义有关国家统一理论与实践的非凡创造。1987 年 5 月 16 日，邓小平在人民大会堂会见美国加州大学伯克利分校化学系教授李远哲、哥伦比亚大学教授李政道夫妇。在会谈时，邓小平系统阐述了对台湾问题的态度，他说，我们都是立足于振兴中华民族，口号是振兴中华。不管怎样，我们都是一个根，但如果

① 《创造对等会谈条件 早日实现祖国统一 香港舆论重视邓小平对杨力宇的谈话》，《人民日报》1983 年 8 月 5 日，第 4 版。

② 中共中央文献研究室编：《邓小平年谱（1975—1997）》（下），第 997 页。

光是根深蒂固，不发扬光大，我们都是没有什么光彩的。我们人口这么多，地方这么大，要急起直追。关于祖国统一问题，我们寄希望于台湾当局，寄希望于台湾人民。台湾是中国领土的一部分。中国不实现统一，台湾的地位是不稳定的。不知哪一天，就会被人拿走。看来，只有按“一国两制”的办法才能实现祖国的统一。邓小平强调说，统一祖国是几千年来中华民族的共同愿望。台湾现在尽管在经济上比大陆好，但差距在缩小。差距缩小在下个世纪50年代会表现得更明显。那时，中国将达到中等发达国家的水平，大陆的实力将大大超过台湾。如果国民生产总值达到人均4000美元的话，按十四五亿人口计算，就意味着国民生产总值将达到六万亿美元。那时大陆的科学肯定比现在强，人才也会比现在多得多。邓小平说，中国人脸上开始有光彩是什么时候？是新中国成立以后。祖国统一后，所有中华民族的子孙就不仅是站起来了，而且飞起来了。李远哲和李政道表示，台湾人民都希望祖国早日统一。邓小平接着说，按照“一国两制”方针解决统一问题后，香港、澳门、台湾的制度50年不变。50年以后，香港、澳门、台湾在整个国家经济上的比重更小了，这就更没有变的必要。[①] 这是邓小平对海外华人科学家阐明和平解决台湾问题的科学构想。

邓小平在向海外华人阐释“一国两制”构想的同时，还批驳“台独”分子炮制的“一国两府”的谬论。1990年9月15日，邓小平会见马来西亚郭氏兄弟集团董事长郭鹤年，指出：中国人长期受歧视。中国人真正站起来是从1949年开始。在那以前，中国人在国际上没有地位。少数人虽有地位，但所有黄皮肤的面孔吃不开，就是现在也被人歧视。我对香港客人说，要改变这种历史，关键是中华民族要发展，首先作为华人

① 虞家复、冯秀菊：《邓小平会见李远哲李政道指出 祖国统一寄希望于台湾当局台湾人民》，《人民日报》1987年5月17日，第1版。

主体的中国大陆要发展起来。“现在台湾有人想搞‘一国两府’，连联合国的局面都想改变，实际上还是搞‘两个中国’。”“怎么能把台湾当局称为中国政府呢？这不行。再没有比‘一国两制’的办法更合理的了。”“大陆是中国的主体，有十一亿人口。其中汉族占百分之九十二，少数民族占百分之八。我们的民族政策是正确的，是真正的民族平等。我们十分注意照顾少数民族的利益。中国一个很重要的特点就是没有大的民族纠纷。”①

1990 年 4 月 7 日，邓小平会见泰国正大集团董事长谢国民等。会谈中，邓小平首先阐述了中国进行四个现代化建设与民族振兴的关系，指出：我们集中力量搞四个现代化，着眼于振兴中华民族。没有四个现代化，中国在世界上就没有应有的地位。在谈到中国的统一问题时指出：“中国的形象如何还是要看大陆，中国的发展趋势和前途也在大陆。台湾跟大陆争正统，自不量力。我们已经想开了，提出‘一国两制’。我们相信，最终将靠‘一国两制’把我们国家统一起来。中华人民共和国在不长的时间内将会成为一个经济大国，现在已经是一个政治大国了。”邓小平还强调：中国是很有希望的。九十年代这十年非常重要，这是一个机会。“中国人要振作起来。大陆已经有相当的基础。我们还有几千万爱国同胞在海外，他们希望中国兴旺发达，这在世界上是独一无二的。我们要利用机遇，把中国发展起来，少管别人的事，也不怕制裁。中国反对霸权主义，自己也永远不称霸。下个世纪中国是很有希望的。”② 邓小平对用“一国两制”和平统一中国充满了信心，对 21 世纪中国大发展充满了信心，这是一代中国共产党领袖的抱负和胸怀。

邓小平阐述祖国统一的一个重要视角，即是从大家都是中华民族的

① 邓小平：《共同努力，实现祖国统一》，《邓小平文选》第三卷，第 362 页。

② 邓小平：《振兴中华民族》，《邓小平文选》第三卷，第 358 页。

子孙、都有爱国心。他曾说道："台湾同胞、港澳同胞和国外侨胞心向祖国，爱国主义觉悟不断提高，他们在实现统一祖国大业、支援祖国现代化建设和加强国际反霸斗争方面，日益发挥着重要的积极作用。"[①] 1990年9月，邓小平在谈到祖国统一时，号召："大陆同胞，台湾、香港、澳门的同胞，还有海外华侨，大家都是中华民族子孙。我们要共同奋斗，实现祖国统一和民族振兴。"[②] 这是从大家都是中华民族子孙的角度谈祖国统一的。邓小平还从另一个角度，即主张超越社会制度、意识形态和生活方式谈统一。邓小平的"一国两制、和平统一"方针，即"大陆搞社会主义，台湾搞它的资本主义"，"台湾的社会制度和生活方式不会改变"。实质上就是超越社会制度、从国家民族大局利益出发的统一方式。因此，邓小平主张，对"港澳、台湾、海外的爱国同胞，不能要求他们都拥护社会主义"。基于此，邓小平提出中华民族大团结的思想。"凡是中华儿女，不管穿什么服装，不管是什么立场，起码都有中华民族的自豪感。"[③] 他重申，在国家统一的问题上，"只要站在民族的立场上，维护民族的大局，不管抱什么政治观点，包括骂共产党的人，都要大团结"[④]。这体现了邓小平在国家统一问题上立意高远，胸怀宽广，立足现实。

随着邓小平"一国两制"的科学构想转变为成功的实践，这一思想也逐渐深入港澳台同胞及海外侨胞的心里，受到海外华侨华人的普遍接受和赞扬。他们普遍认为，邓小平提出以"一国两制"的方式解决祖国统一问题，是一个英明的决策。原先敌对的双方通过沟通协商达成共识，

---

① 《邓小平文选》第二卷，第186页。

② 《邓小平文选》第三卷，第362页。

③ 《邓小平文选》第三卷，第60页。

④ 《邓小平文选》第三卷，第76页。

彼此求得国家之“同”、存制度之“异”，这是非常了不起的构想。[①]曾在香港回归前任香港政府行政局首席议员、太古集团主席邓莲如女士赞扬说：邓小平关于香港前途提出的“一国两制”构想十分有远见，九七问题的解决也是邓小平对香港的最大贡献。[②]这样的人物、这样的评价，应该说是很有说服力的。

（九）以华侨华人作为改善中美关系之桥

在邓小平看来，海外华侨华人“既可以为中国的四化作贡献，又可成为帮助改善中国与所在国关系的好公民”[③]。因此，他很看重华侨华人在中国改善与所在国关系中所发挥的特殊作用。

美国华侨华人领略邓小平的风采、邓小平首次与美国华侨华人接触，是1974年4月邓小平作为团长率领中国代表团出席联合国第六届特别大会。4月7日，当飞机徐徐降落纽约肯尼迪国际机场时，中国代表团受到当地华侨华人的热烈欢迎。热情的握手、兴奋的笑脸贯穿着欢迎过程的始终。不少老华侨向邓小平团长问好，年轻的欢迎者则表达着衷心祝愿，连小朋友们都挥舞着小手表示欢迎，场面热烈。邓小平在联大发言的那天，观众席上坐满了来自美国各州的侨胞，许多来联合国参观的人也耐心等待大会的开始。邓小平身着黑色中山装，精神饱满。当他健步走上讲台时，全场肃静，随即他的发言响彻会议大厅，并多次被热烈的掌声所打断，受到与会华侨华人的好评。

1978年12月16日，中美两国政府分别在北京和华盛顿同时发表联合公报，宣布1979年元旦起互相承认并建立外交关系。联合公报重

① 参见中国华侨华人历史研究所、中国华侨历史学会资料室编印《华侨华人资料报刊剪辑》1997年第2期，第3页。

② 参见中国华侨华人历史研究所、中国华侨历史学会资料室编印《华侨华人资料报刊剪辑》1997年第2期，第20页。

③ ［美］傅高义著、冯克利译：《邓小平时代》，第288页。

申 1972 年上海公报中双方一致同意的各项原则，再次强调，美国承认中华人民共和国政府是中国唯一合法政府，台湾是中国的一部分。中美两国建交，是当时国际关系上的一件大事，是两国人民包括旅美华侨华人长期期待和盼望的结果。中美建交公报发表，受到美国华侨华人的热烈欢迎。

时任全美华人协会会长的杨振宁教授表示，美国和中国是两个大国，中美建交是几十年来世界上最重要的事情之一，对整个亚洲的局势有稳定性的影响。所以他很高兴。他说，他知道中美建交是要发生的，但是想不到来得这么快。杨振宁教授希望所有在台湾的人，无论他过去怎样，今天能了解到世界大势所趋，做出对台湾、整个中国、亚洲以及全世界局势有好处的事情来。

由香港移居美国的国民党要人、美籍华人缪云台先生说："自从一九七二年美中两国共同发表有关的公报以来，美国一直在拖，中国也十分有耐心。这次，美国国会和政府经过通盘检讨，终于作出决定，……我认为这个决定是明智的。"

旧金山爱国华侨谢侨远说："我们盼望了几十年，终于等到了这一天来临！大家心情非常兴奋，因此在建交的消息公布后，平日一班爱国的朋友马上便聚集起来，不但互相举杯庆祝，并且不约而同地建议要举行盛大庆祝。"他说，"我们还希望台湾方面能以国家民族为前提，早日回归中国，这才是中国人的光荣，也是海外华侨的心愿。"

前任中华公所主席梅子强说："这件喜事，有关两国人民友谊的需要，有关全国共同利益的需要，是任何人都阻止不了的。今后，我们华侨更要扩大团结，加强爱国，多做有利于美中两国人民友谊的工作。"

崇正会会长黎法兴说："我当然很兴奋，这已不在话下，值得一提的是，在卡特总统讲话之后，马上就有几位平日表示中立的侨界朋友先后打电话把消息告诉我，并且向我祝贺，认为我们爱国华侨对美中关系正常化的看法够有眼光。”

美国商界知名华人应行久先生在接受电话采访时，首先一连串地说了几句“很高兴！”然后告诉记者，他晚上十时左右经过大街时，就听到有人在放鞭炮。美东福建同乡会主席任积龙接受电话采访时兴奋地说：“这是我们华侨盼望的一天，对华侨意义重大，个人感到非常光荣，是一个很好的消息。”文艺工作者于梨华在电话采访中告诉记者，昨天晚上他们夫妇与王浩夫妇等饮酒庆祝至深夜，对中美建交无比兴奋。麻省理工学院华人教授林家翘在电话访问中表示，中国人非常高兴，卡特的做法是明智之举，对世界和平有重大的贡献。[①]

1979 年 1 月 28 日，应美国总统卡特邀请，邓小平夫妇离开北京前往美国进行正式访问，这是中华人民共和国成立后中国领导人第一次对美国进行正式访问。邓小平访美，受到美国各界的欢迎，同时受到美国华侨华人的热烈欢迎，杨振宁等在《纽约时报》刊登大幅广告，表示全美华人欢迎邓小平访美。

1 月 29 日，纽约《美洲华侨日报》发表社论指出：华侨期待这一天已久。华侨们看见美国朝野以 20 年来仅见的隆重、盛大欢迎外宾的场面欢迎中国领导人，更加亲身体会到祖国的强盛与华侨的关系。华侨们感到自豪和光彩！社论强调：“中国政府及领导过去一个多月来发表的有关台湾问题的声明和谈话，既是合情，又是合理，得到美国绝大多数华侨的支持和赞许。我们深信，邓小平副总理访问美国，将促使台湾问题早日和平解决！祖国政府光明磊落、言出必行的政策，定会赢得台湾人民的欢呼！”[②]社论反映了美国华侨华人对邓小平访美的喜悦心情，并预见

① 以上美国各界华侨华人对中美建交的反应，参见《旅美华侨和华裔美国人士热烈欢迎中美建交 希望台湾方面以国家为重早日回归祖国》，《人民日报》1978 年 12 月 19 日，第 5 版。

② 《美〈号角〉周刊和华侨报纸发表社论 美国人民热烈欢迎邓副总理访美》，《人民日报》1979 年 1 月 30 日，第 4 版。

了邓小平访美的成果。

1月30日晚，全美华人协会、全美各界华人和美中友好协会在华盛顿隆重举办欢迎邓小平副总理的宴会。宴会大厅里悬挂着用中文和英文书写的横幅："热烈欢迎邓副总理"，"美中两国人民之间的友谊万岁"。杨振宁作为代表在宴会上致辞，题为《建造友谊桥梁的责任》，全文如下：

邓副总理，邓夫人，各位来宾：

我代表全美华人协会和全美各界华人热烈欢迎你们光临这个宴会！

为了写今天这个短短的讲词，我花了很长时间，稿纸一张一张地被送到字纸篓里面去。这使我想起四十年前的一个类似的经验。那时候我在北平崇德中学初中念书。为了参加中山公园里面的初中生演讲竞赛，记得我非常紧张。好几个晚上不能睡觉。我的讲题是《初中生的责任》——那是一二·九、一二·一六的时代。

中美建交和邓副总理的访问是近代史上的分水岭性的发展。国际关系从今天开始了新纪元。美中两国的学术、文化和商业旅游等一切交流都将大大扩展。我们全美华人家庭团聚的机会也将大大增加。

为了庆祝中美建交，为庆祝邓副总理和各位来宾的访问，我们和美中友好协会合办了今天的宴会。我们特别要感谢邓副总理接受了我们的邀请。邓副总理，你的光临使得在座的500位主人每人都感到他自己也在中美建交这个划时代的历史事件中出了少许的力量，也在美中两大民族间的友谊桥梁的建筑工程中放上了几块小小的基石。

美中建交是符合两国人民的利益，符合亚洲人民和世界人民的利益，符合历史潮流的发展的。所有中国人都同意只有一个中国，而台湾省是中国的一部分。这是四千年中国历史所孕育出来的观念。台湾和中国大陆有共同的语言，共同的文化。在未来的极度竞争性的世局里面，台湾不可能不和大陆有共同的命运。我们呼吁台湾省的每一个人，为了他们自己和他们子孙的长远利益，都能掌握住历史的动态和他们对历史的责任而为统一工作做出贡献。

中美两国领导人自1971年以来为两国建交做了许多工作。全世界人民都要感谢他们。他们的报酬将是历史所必然给予他们的卓见和勇气的正面评价。

我们在美华人有一百五十多年的历史，这一百五十多年间曾经经过血泪的、沉痛的经验，也曾对美国社会的发展作出巨大的贡献。横断美洲大陆的铁路干线的修建就同时是我们血泪史和巨大贡献的例子。今天美华人士继续我们对美国社会发展的贡献。我们散居全国各地。这些年我有机会和各地华人社会做了广泛的接触。我知道的很清楚，绝大多数美华人民都是热烈的支持美中建交的，像《纽约时报》上月所报道的那样。

我们深自知道因为我们同时扎根于中美两大民族的文化，我们对增进两国间的友好和了解肩负着特别的责任。在今天这个场合，全美华人协会和全美各界华人重申我们将继续为建造两大民族间的友谊桥梁尽我们每一个人的责任。我们知道没有这座桥梁，世界不可能有真正的和平与安定。①

邓小平在宴会上发表讲话，向多年来为增进中美友谊和实现中美关系正常化而努力的美国朋友和华侨表示衷心感谢。邓小平说："诸位侨胞和华裔美国人当中，可能有许多人还有亲属居住在中国大陆，希望他们出国来同你们团聚，有的希望回去探望亲属。这是人之常情。中国政府是以同情的积极态度对待这种合理愿望的，并且将采取有效措施来满足

---

① 杨振宁：《建造友谊桥梁的责任——在华盛顿举行的全美华人协会、全美各界华人和美中友协合办的欢迎邓小平副总理宴会上的演讲》（1979年1月30日），载张劲夫主编：《海外学者论中国》，华夏出版社1994年版，第42—43页；另见徐胜蓝、孟东明编著《杨振宁传》，复旦大学出版社1997年版，第128—129页（两者略有文字差别）。

这一意愿，对于这一点，大家可以放心。”[①]在提到台湾问题时，邓小平指出：中国政府在解决台湾问题的时候，一定考虑到台湾的现实，重视台湾人民的意见，实行合情合理的政策。统一祖国是全体中国人民包括台湾同胞在内的共同愿望。我们关怀台湾同胞，寄希望于台湾广大同胞；我们也寄希望于台湾当局，希望台湾当局以民族大义为重，正视现实。这样，台湾回归祖国就比较顺利地实现。[②]

邓小平在中国驻美国大使馆接见了美国华侨总商会顾问应行久，由前驻联合国副秘书长、时任中国驻美大使馆公使衔参赞冀朝铸担任邓小平的翻译。两人相谈甚欢，并合影留念，照片上的邓小平满面笑容，目光炯炯有神。应行久很珍惜这张难忘的合影，为了让更多的华人看到，特意把照片精心地挂在包厘街华侨总商会里。通过会谈，应行久深信中国今后在邓小平的领导下，会迅速发展，面貌将会日新月异。通过这次会谈，应行久与邓家的关系传到第二代——1995 年 2 月，邓小平女儿邓榕在纽约宣传她的著作《我的父亲邓小平》英文版发行时，应行久亲自安排她在美国华人社区的华埠金丰酒楼与各界华人见面。当地华人争相与邓榕相见，并合影留念，引起不小的轰动。[③]

2 月 4 日，邓小平在西雅图访问时，接见了当地华侨代表。2 月 5 日，为在纽约出版的《美洲华侨日报》题词：“愿你们为增进中美两国人民的友谊作出更大的努力。愿你们为祖国的社会主义建设，为台湾回归祖国、实现统一祖国大业，作出更多的贡献。”[④]

美籍华人陈香梅女士是一位颇富传奇色彩的人物。她 1925 年出生于

---

① 《邓副总理出席美国友好团体和华侨的招待会 向多年来为中美关系正常化而努力的美国朋友和华侨表示感谢》，《人民日报》1979 年 2 月 1 日，第 4 版。

② 中共中央文献研究室编：《邓小平年谱（1975—1997）》（上），第 479 页。

③ 参见中国华侨华人历史研究所、中国华侨历史学会资料室编印：《华侨华人资料报刊剪辑》，1997 年第 2 期，第 21 页。

④ 中共中央文献研究室编：《邓小平年谱（1975—1997）》（上），第 485 页。

北平。1944 年她以中国中央通讯社战地记者身份第一次采访美国援华抗日的第十四航空队司令陈纳德将军。1947 年 12 月 21 日，23 岁的陈香梅嫁给了 54 岁的陈纳德，婚礼引起世界的关注。后随夫定居美国。1958 年陈纳德不幸病逝，她带着两个年幼的孩子，于 1960 年移居华盛顿，出任白宫难民救济总署主席。她作为华裔女性曾先后五次参与美国总统大选助选。1972 年，她被评选为全美 70 位最有影响力的人物之一。她曾在多位美国总统麾下任过要职。在她丰富的人生阅历中，特别难忘的是 1980 年她作为美国总统里根特使访问北京，受到邓小平接见的一幕——

1980 年 11 月，美国总统大选，共和党竞选人里根击败卡特而获胜。陈香梅时任里根总统竞选委员会主任委员。邓小平知道陈在美国政坛颇有声誉，希望她访问中国。11 月下旬某日，中华人民共和国第一任驻美大使柴泽民亲自到水门大厦顶楼陈香梅私人寓所拜访了陈香梅，在与陈香梅见面时，首先祝贺里根获胜，然后表示，受邓小平的委托，邀请陈香梅尽快到中国访问。随即他郑重递交给陈香梅中国领导人邓小平的请柬，并且当场商定：陈香梅一行将于 12 月 30 日到达北京访问。① 这时，陈香梅又接到了舅舅廖承志的来信。她把这些情况向里根总统作了汇报，里根听后很高兴，遂派她作为第一任特使到中国，里根还写了一封亲笔信让她转交邓小平。里根于 1980 年 11 月当选总统，正式就职要到 1981 年元月，所以他委任陈香梅为总统特使访华事是保密操作的，未向外界透露一点风声。1980 年 12 月 30 日中午，陈香梅和随行的美国参议员史蒂芬斯及其新婚夫人葛德莲娜一行抵达北京。当日下午，邓小平即接见陈香梅等一行，陪同接见的有廖承志和夫人经普椿，还有外交部的官员章文晋、冀朝铸、邓小平办公室人员，以及新闻记者和摄影记者等。

① 孟红：《柴泽民与陈香梅的“中美”情缘》，《福建党史月刊》2011 年 11 月第 21 期（总第 379 期），第 29—30 页。

陈香梅回忆当时会见的情景：这次会见是比较官方式的，大家都比较严肃。但邓小平却非常风趣。刚见面握手时，摄影记者的闪光灯几乎把人们的眼睛闪得睁不开了。邓小平说："够了吧？够了吧？"侍从人员随即请记者们退出，于是宾主入座。座位是邓小平亲自安排的，并有他的道理。邓小平操着浓重的四川话对陈香梅说："你坐第一位。"然后对史蒂芬斯说："你坐第二位。"其他陪同会见的人员都按预先安排的座次落坐。待大家坐好后，邓小平风趣地对史蒂芬斯解释："贵国有一百位参议员，可是全世界只有一个陈香梅，而且她也一半是属于我们中国的，你懂不懂？你同意吗？"史蒂芬斯回答说："安娜（指陈香梅——笔者注）是我的老板娘，我在第二次大战末期，曾在飞虎将军陈纳德的十四航空队服务。陈纳德是我的顶头上司，安娜当然是我的师母，她有事随时都可以吩咐我的。我很有幸能和她一同来访中国。"邓小平朝着史蒂芬斯夫人葛德莲娜说："听说你还是不到三天的新婚娘子，你们好好地在中国度个快乐的蜜月。"葛德莲娜听后，脸有点红了。在座的章文晋、冀朝铸和礼宾司及翻译人员随即哈哈地笑了起来。史蒂芬斯连忙接着介绍，他们婚后原准备到美国其他地方度蜜月，但应安娜的安排，他说服新娘子一起来到了中国。

一阵客套话及邓小平的风趣幽默，使严肃的气氛变得轻松起来，邓小平转入会见的正题，他对陈香梅说："陈女士，你回娘家了，听说你是北京人，你生在北京，对不对？"陈香梅说："报告邓主任，我出生在北京的协和医院，小时候在东华门大街的孔德小学上学，读到三年级因卢沟桥事变才和家人逃难到香港去的。"廖承志接着插话，回忆起陈香梅在香港时经常到廖家串门、大家在一起的热闹情景。随即邓小平请大家吃点心、喝茶。这时陈香梅把里根总统的亲笔信呈递给邓小平，邓把信从信封里取了出来，后面的翻译为他翻译："尊敬的邓小平先生，我很高兴让陈香梅代表我去中国，我向您保证我当选总统后对华政策保持不变……”[①]邓小平边听边说：“很好，很好，我们很佩服里根先生的远见，实在了不起。”陈香梅对邓小平解释说：“里根总统希望台湾和其他中国领导人知道他的宗旨，他会遵守上海公报的精神和中国合作，一切没有什么改变，他希望中美两国能为和平努力。我离开华盛顿前里根总统亲自召见两次，吩咐我要向贵国保证他会为中美两国关系的进展努力。但他也强调他对台湾的成就也很欣赏，因此，我们离开北京后还得到台湾去一次，要和蒋经国先生见面。”

邓小平沉默一会儿，严肃而坚定地说：“台湾是中国的领土，这是不能否认的，不过我们暂时不谈这个问题，因为这是中国自己的事，我们自己日后解决，希望美国不要多插手。”

随后，邓小平又深入浅出地谈了中苏关系问题、越南问题，并郑重地对陈香梅和史蒂芬斯说：“请你们两位告诉美国政府，我们中国人是不会侵略其他国家的，这有历史为证，你们是很清楚的。”陈香梅转换话题问道：“邓主任何时再访问美国，我代表里根总统表示欢迎。”邓回答说：“谢谢你们的邀请，你记得我在卡特总统时代去过华盛顿，但卡特总统不太了解中国的国情。今后即使我自己不去美国访问，我们也会有领导去拜访里根总统的。请你告诉里根总统，我们中国欢迎他和他的夫人来中国访问。我想他的到来会对中美关系有大帮助。”[②]陈香梅表示回美国一定向里根总统转告。

会谈持续两个多小时，临别时，廖承志悄悄地与陈香梅耳语：“明天邓老请你单独吃饭，只有我和你舅妈作陪，我们还有些私人话要谈谈。

---

① 杨昱：《万里赴美 寻找中国抗战史迹》（华盛顿“第30街1049号陈纳德楼”记陈香梅），重庆《红岩春秋》2013年第1期（总第139期）第9页，谓陈香梅翻译给邓小平听。

② 陈香梅著：《我与中国》，中国青年出版社1999年版，第141—144页；另见陈香梅：《里根托我把亲笔信交给邓小平》，《参考消息》驻华盛顿记者李学军专访美籍华人陈香梅，载《参考消息》2004年8月12日，第11版，“特别策划”栏目《世界视野中的百年小平 / 华人篇》。

你不用和别人多说，我会到钓鱼台接你。”陈点头答应。

第二天，史蒂芬斯夫妇由美国驻华大使陪同游览长城。廖承志夫妇安排接陈香梅到人民大会堂一间小会客室，由邓小平宴请。席间，邓小平不停地吸烟，在旁边的廖承志也忍不住伸手向邓小平要烟。邓小平笑着对陈香梅说：“你的舅舅有气管炎，你知道吗？”看着廖承志，陈香梅不解地问：“他很好嘛，什么时候有了气管炎？”邓小平大笑说：“不是气管炎，是妻管严。你看他又抽我的香烟。你舅妈每天只给他三根香烟，他常常偷我的香烟，我不怕太太，我就是喜欢香烟。”听完邓小平的解释，陈香梅才恍然大悟。而在旁边的经普椿说：“邓老你也过言了，我真管不着承志，他不听话。”廖承志苦笑说：“我是左右做人难，自从心脏搭桥后医生要我少抽烟，但江山易改，本性难移啊。”[①]宾主边吃边聊，非常轻松愉快。

据陈香梅回忆，她后来又见过几次邓小平，最后一次是1992年邓小平视察南方期间在深圳见面的，她陪同邓小平一起参观了深圳锦绣中华旅游区。而且她对南方谈话印象深刻，认为这对中国推进改革开放起到举足轻重的作用。她从总体印象中，认为中国领导人都比较严肃，但邓小平既随和又幽默，除爱讲笑话外，讲话中肯实在，朴实中透露真知灼见。因此，邓小平是她最尊敬的中国领导人之一。

（十）邓小平侨务思想的重要价值

以上全面系统介绍了邓小平一生尤其是改革开放新时期的侨务思想与实践。邓小平侨务思想与实践，具有重要的价值。

1. 是邓小平理论的组成部分

作为我们党的指导思想，邓小平理论是一个系统完整的思想体系，

---

① 陈香梅著：《我与中国》，第145、146页。据中共中央文献研究室编《邓小平年谱（1975—1997）》（下）第703—704页记载，有关邓小平会见陈香梅及史蒂芬斯的时间为1981年1月4日，会谈中邓小平批驳了有关中美关系的四种不正确观点，与陈香梅多年后的回忆有些不同。

它是改革开放中形成和发展的，是对改革开放的科学总结。邓小平理论内容丰富，侨务思想是其中的重要组成部分。如钱其琛所说：邓小平同志的侨务思想是邓小平理论科学体系的重要组成部分，是新时期侨务工作的理论依据和行动指南。[①]邓小平的侨务思想，是他关于侨务问题的一系列论述，与其对当代中国发展的一系列基本问题的深刻思考，诸如发展道路、发展阶段、根本任务、发展动力、外部条件、依靠力量、祖国统一等许多问题密切相关。

解放思想、实事求是，是邓小平侨务思想的灵魂。当“文化大革命”刚结束、我国处于徘徊时期，邓小平就旗帜鲜明地为敏感的“海外关系”正名，表现出勇于修正错误、敢于坚持真理、忠于实践标准的实事求是精神。他的有关国内侨务政策的新论述，恢复20世纪50年代制定的正确的侨务政策，即是解放思想、实事求是的体现；立足于经济建设和对外开放，是邓小平侨务思想的核心。十一届三中全会后，党和国家由过去的以阶级斗争为纲转变为以经济建设为中心的方针，标志着我国进入新的历史时期。大力发展生产力，增强我国的综合国力，不断提高人民的生活水平，是新时期党和国家的根本任务，也是侨务工作的中心任务。

邓小平的“独特机遇论”，吸收华侨华人资金发展经济，是邓小平以经济建设为中心思想的重要组成部分；引进海外华人科技人才的才智发展我国科技事业，是邓小平推动科技改革和对外开放的“钥匙”；邓小平从国家统一的高度，把广大华侨华人看作推动祖国统一大业的重要力量，是邓小平“一国两制、和平统一”及新时期统一战线思想的重要内容；将侨务工作提升到对外开放的战略高度，是邓小平制定侨务政策的一个重要着眼点，他关于华侨华人加强中外交流、侨务工作要配合我

① 武侠：《邓小平侨务思想座谈会在京举行 钱其琛强调做好面向新世纪的侨务工作》，《人民日报》1998年6月20日，第2版。

国对外关系工作的大局等论述，就是这方面的体现。邓小平侨务思想与其对外开放的理论及实践有着密切联系，从某种意义上说，这一思想是对外开放的先声和突破口。如此等等，都是邓小平理论不可或缺的思想要素。

邓小平是我国改革开放和现代化建设事业的总设计师，也是我国新时期侨务工作的开拓者，邓小平侨务思想是新时期我国侨务工作的根本指导思想。

2. 继承并发展了毛泽东的侨务思想

从本质上说，新中国成立 70 多年都是党领导的社会主义建设道路的探索与实践，其中分为改革开放前后两个阶段。指导这一伟大探索和实践的毛泽东思想和邓小平理论是继承创新、与时俱进的关系；同理，毛泽东侨务思想与邓小平侨务思想也是继承创新、与时俱进的关系。对此，邓小平本人曾几次说过："我们说的重申侨务政策，就是重申和恢复过去毛主席、周总理在世时制定的侨务政策。""过去侨务工作的政策是毛主席、周总理定的，绝大部分要恢复起来，有些需要改正，有些不完善的要完善起来，不妥当的要改进。"侨务政策"过去正确的要把它拣回来，有些不完备要完备起来，不妥当的、不对的要改过来"。[①]这里的"恢复起来""拣过来"可以理解为继承，"完善起来""改进""改过来"可以理解为改革和创新。

通过比较可以看出，邓小平侨务思想在以下几个方面继承了毛泽东、周恩来等第一代中共中央领导集体的侨务思想：

一是继续重申保护华侨正当权益和利益的思想。如前所述，中华人民共和国成立时，在中国人民政治协商会议第一届全体会议通过的具有临时宪法性质的《共同纲领》中规定"尽力保护国外华侨的正当权益"

---

① 国务院侨务办公室、中共中央文献研究室编:《邓小平论侨务》，第 1、2 页。

并贯彻落实到侨务工作中。二十世纪五六十年代，中国党和政府切实履行了尽力保护华侨正当权益和利益的承诺。但是，随着党的指导思想出现“左”的错误，特别是“文化大革命”十年内乱，未能执行保护华侨正当权益的政策，甚至严重侵犯了他们的正当权益，特别是十年内乱期间侨务领域成为“重灾区”。邓小平复出推动改革开放初期，多次重申改革开放前正确的侨务政策。1977 年 9 月 29 日晚，国务院办公室举行招待会，欢迎参加国庆 28 周年的台湾同胞、港澳同胞及华侨华人，时任中共中央副主席、国务院副总理的邓小平代表中共中央、国务院致祝酒词，他说：“广大海外侨胞长期以来同侨居国人民一道，对发展当地的经济和文化事业作出了贡献，对祖国的革命和建设事业给予了热情的支持，我们希望他们继续同侨居国人民友好相处，遵守侨居国的政策法律。我国政府保护他们的正当权利和利益。近几年来，有不少侨胞和朋友们来华参观访问，对增进我国人民和世界各国人民的友谊和相互了解，起了积极的作用，我们欢迎更多的侨胞们、朋友们回来看一看，为增进各国人民之间的友谊作出更大的贡献。”① 几个月后，即 1978 年 1 月 30 日，邓小平在缅甸接见仰光华侨代表讲话时又重申：“我们政策的另一面，就是保护侨胞的正当权利，鼓励华侨与住在国人民搞好关系，这是我国发展与住在国友好关系的重要一环。”同年 11 月 9 日，邓小平在泰国曼谷接见华侨华人代表时说，我们的侨务政策，“就是重申和恢复过去毛主席、周总理在世时制定的侨务政策”，“鼓励华侨加入居住国国籍”，对于没有加入居住国国籍的华侨，“理所当然地按国际惯例，保护他们的合法权利”。② 这些阐述基本上是新中国成立后毛泽东、周恩来确立的侨务思想

---

① 中共中央文献研究室编：《邓小平思想年编（1975—1997）》，第 80 页；另见《国务院办公室举行招待会　欢迎参加国庆的台湾港澳同胞华侨和外籍人士　中共中央副主席、国务院副总理邓小平在招待会上致词祝酒》，《人民日报》1977 年 9 月 30 日，第 1 版。

② 国务院侨务办公室、中共中央文献研究室编：《邓小平论侨务》，第 37、38 页。

和理念。

二是鼓励华侨自愿选择住在国的国籍。众所周知，20 世纪 50 年代中期，中国和印度尼西亚签订了关于双重国籍问题的条约，解决了长期遗留的华侨双重国籍问题，随后和东南亚其他国家相继解决了这一问题。这是毛泽东、周恩来侨务政策的重大举措。邓小平对这一思想加以继承并反复重申。1974 年 6 月 3 日，邓小平会见日本记者友好访华代表团并谈话，在谈及与东南亚国家发展友好关系时表示："中国和马来西亚建立外交关系是一件好事。多年来我们一直想同东南亚国家建立关系或改善关系。东南亚五国也都存在这样的强烈愿望。它们过去怕我们，有两大问题：第一，华侨问题；第二，我们支持被压迫民族和被压迫人民的革命斗争问题。""华侨问题，在谈判过程中我们阐明了一贯的立场。我们在十多年前就确定了对华侨的方针，就是不赞成双重国籍，鼓励华侨加入所在国国籍。马来西亚三百多万华人，未加入马来西亚国籍的只有二十多万人。这二十万人如果愿意加入马来西亚国籍，我们赞成。愿意保留中国国籍的华侨，我们要保护他们的正当权益，同时劝告他们遵守所在国家的法律。这个问题谈清楚了。东南亚几个国家都有这个问题。"① 这是笔者目前见到的邓小平最早重申坚持不赞成双重国籍问题的论述。

邓小平对于华侨双重国籍问题阐述最多的是在 1978 年，目前所见到的资料至少有四次重申这一问题。

前述 1978 年 1 月 30 日，邓小平在中国驻缅大使馆会见仰光华侨代表的谈话中，除重申中国政府保护华侨的正当权益和利益外，又提出华侨事务的重要政策是鼓励侨胞自愿加入住在国国籍。考虑到亚洲国家，尤其是东南亚国家华侨比较多，住在国比较注意这个问题，鼓励华侨自

① 中共中央文献研究室编：《邓小平文集（1949—1997）》下卷，人民出版社 2014 年版，第 362—363 页。东南亚五国指泰国、菲律宾、新加坡、马来西亚、印度尼西亚。

愿加入住在国国籍，这对我们国家与住在国的关系有好处。但也总有人不愿意加入住在国国籍，愿意保留中国国籍，我们不能强迫。[①] 这是从我国发展与东南亚各国友好关系的角度阐述华侨双重国籍问题的。

1978 年 3 月 30 日，邓小平与泰国总理江萨・差玛南，举行两次集体会谈和一次单独会谈。会谈中，邓小平再次重申了我国处理双重国籍问题的原则：我们侨务政策的要点，第一条，就是鼓励华侨自愿选择住在国的国籍。华侨多的国家对华侨很有戒心，我们了解这一点，所以把鼓励华侨选择当地国籍作为重要的侨务政策。加入了住在国国籍的人，就是住在国的人，应该对所在国尽到他们自己的责任。第二条，我们也不能强迫愿意保留中国国籍的人加入住在国国籍。我们要求保留中国国籍的人要为住在国的发展和两国友谊作出贡献，遵守住在国的法律。理所当然的，中国要保护他们的合法权利，这也是国际惯例。第三条，我们历来不赞成双重国籍。这是中华人民共和国成立以来的一贯政策。[②]

1978 年 11 月 11 日晚，在马来西亚访问的邓小平于吉隆坡出席告别宴会，发表祝酒词，阐述了中国政府一如既往地坚持和平共处五项原则的外交政策，当阐明中国政府的侨务政策、国籍法原则时继续重申："中国政府一向赞成和鼓励华侨按照自愿原则选择居住国国籍，自愿选择了马来西亚国籍的中国血统的人，即成为马来西亚公民，他们应当遵守马来西亚政府的法令和法律，他们应当同其他民族的马来西亚公民一样，对马来西亚国家尽同样的义务，同时也享受平等的权利。取得了马来西亚公民权的中国血统的人，即自动丧失其中国国籍。对于保留中国国籍的华侨，希望他们遵守居住国法令，尊重当地风俗习惯，同当地人民友好相处，为发展居住国的经济、为促进中马两国的友谊而努力，当然他

① 中共中央文献研究室编:《邓小平年谱（1975—1997）》（上），第 260—261 页。

② 中共中央文献研究室编:《邓小平年谱（1975—1997）》（上），第 290 页。

们的正当权益应该得到保护和保障。”①

11月13日，邓小平同新加坡总理李光耀举行会谈，又重申了对华侨华人的政策，主要是三条：（1）我们赞成和鼓励华侨加入居住国的国籍。入籍后，他们就自动失去中国国籍。他们就要完全遵守居住国的法律法令，享受和履行同其他公民同等的权利和义务；没有入籍的，我们继续鼓励他们自愿地加入居住国国籍。（2）总有一些人不愿加入居住国国籍，要保留中国国籍。对这部分人，我们要求他们遵守居住国的法律，同当地的人民和睦相处，尊重当地的风俗习惯。当然，他们的合法权益应受到保护，这是个国际惯例。（3）我们不承认双重国籍。还说：华侨是长期历史所形成的。中国人到世界各地，特别是到东南亚，是历史形成的。历史形成了这样的问题，我们只能采取这三条原则来处理，不可能有别的办法。②

可见，在华侨双重国籍问题上，邓小平不但继承了毛泽东、周恩来的相关思想，而且反复重申、着重强调，后来又载入《中华人民共和国国籍法》，现在仍然是我们继续坚持执行的基本侨务政策。

邓小平侨务思想对毛泽东侨务思想的发展，主要有这样几个方面：把广大华侨华人作为中国发展的独特机遇；吸引利用侨资为中国经济发展和现代化建设服务；在发展我国科技事业中“华裔专家是活的宝贝”；把华侨华人由一般的作为统一战线的组成部分发展成为“一国两制、和平统一”的重要力量等。

邓小平理论是毛泽东思想的继承和发展，这是就理论体系和总体而言。具体到某些内容，有些是继承所占的比重大，有些则是发展创新的比重大。笔者认为，邓小平与毛泽东的侨务思想比较，则属于后者。考

---

① 《邓副总理说中马会谈富有成效 希望华侨同当地人民友好相处》，《人民日报》1978年11月12日，第1版。

② 中共中央文献研究室编：《邓小平年谱（1975—1997）》（上），第428页。

察毛泽东的侨务思想，在民主革命时期，他将华侨当作统一战线的组成部分，而且是其中的进步力量，逐渐赢得了越来越多华侨的支持。但在20世纪50年代末至六七十年代，在我国的社会主义建设道路的探索过程中，随着“左”倾错误的不断发展和泛滥，毛泽东的侨务思想出现了严重的失误，使我国的现代化建设丧失了宝贵的侨务资源，教训十分深刻。改革开放后，邓小平力挽狂澜，纠正了侨务领域的严重错误，成功地解决了华侨华人与中国现代化建设和对外开放的关系问题，极大地调动了华侨华人支援中国现代化建设的积极性，将党和国家的侨务思想提升到一个新的高度。这是邓小平对新时期侨务工作的重大贡献。

3. 具有划时代意义

对于邓小平侨务思想的特点，钱其琛有一段精确的概括：邓小平侨务思想具有鲜明的时代性和极大的开创性。他不仅恢复、继承了毛泽东、周恩来制定的各项侨务政策，保护华侨和归侨、侨眷的合法权益，强调恢复和加强侨务机构建设，而且，把侨务工作提高到我国经济建设、对外开放总体战略重要组成部分的高度，把我们与华侨、华人和港澳同胞的关系，视为通向世界的桥梁，打开与国际各方面交往的重要渠道。[①] 邓小平的侨务思想显示出与邓小平理论一样言简意赅的特点，通俗易懂，实践性很强，是被实践检验证明是正确的并将进一步指导实践的真理。

改革开放前20年“左”的时期，特别是“文化大革命”十年动乱，侨务领域成为“重灾区”，不但白白丢掉了宝贵的侨务资源，严重地耽误了经济建设、科技的发展，而且严重损害了中国在海外的形象，严重挫伤了广大华侨华人和归侨侨眷的心灵，其教训十分深刻；改革开放后，在邓小平侨务思想的指导下，我国充分利用并发挥了侨务资源为现代化

---

① 武侠：《邓小平侨务思想座谈会在京举行 钱其琛强调做好面向新世纪的侨务工作》，《人民日报》1998年6月20日，第2版；另见谭天星《邓小平侨务思想的精髓及其时代意义》，《华侨华人历史研究》2005年第1期，第37页。

建设服务，取得了举世瞩目的成就，其经验弥足珍贵，应倍加珍惜。

邓小平开辟了中国改革开放的新时期，同时，也开创了我国侨务工作的新局面。继邓小平之后，以江泽民为核心的第三代中央领导集体和以胡锦涛为总书记的党中央，继续不断地沿着邓小平开辟的侨务工作的道路奋勇前进。20 世纪 90 年代末，江泽民在会见全国侨务工作会议代表时明确表示："我们要坚持贯彻邓小平同志关于侨务工作的重要思想和中央的有关方针政策，不断提高侨务工作的水平。"① 党的十八大以来，以习近平同志为核心的党中央，继续高举中国特色社会主义理论的伟大旗帜，继承、发展并创新前几代党的领导人的侨务思想，在率领全党和全国人民奋力推进全面建成小康社会的奋斗目标中，再创侨务工作的辉煌业绩。

（十一）高度赞誉改革开放的"总设计师"

1992 年初春，邓小平发表著名的南方谈话，伴随春回大地，推动中国掀起新一轮的改革开放浪潮，书写邓小平晚年对中国改革开放更加辉煌的一页历史。同年 6 月，杨振宁对采访他的《人民日报》记者表示：我个人认为，过去十几年在邓小平的改革开放政策下，中国已经取得了了不起的成就。你可以想想看，这十几年无论城市农村，生活水平的提高、经济的发展，对这么大个国家来说，都是了不起的进步。这个了不起的进步，再延长 20 年，整个中国在世界上的地位，以及中国人对自己的看法都会有一个整体的改变。② 改革开放 30 多年中国取得的伟大成就，验证了杨振宁对邓小平改革开放决策的高度评价。历史雄辩地证明：不改革，中国就没有出路；不坚定推进改革，中国改革只能半途而废。

---

① 《江泽民同志在接见全国侨务工作会议代表时的讲话》（1999 年 1 月 18 日），转引自任贵祥、朱昌裕著：《华侨华人与中国改革开放 40 年》，广东教育出版社 2019 年版，第 161 页。

② 《科技要以经济发展为第一要义——杨振宁教授访谈录》，《人民日报》1992 年 6 月 22 日，第 3 版。

1997年春天，邓小平走完自己近一个世纪的人生旅程。2月19日，中国改革开放的“总设计师”与世长辞。邓小平确立的改革开放政策，使中国经济社会得到快速发展，取得了举世公认的巨大成就，得到亿万中国人民的广泛赞誉和深情怀念；邓小平开创新时期侨务工作的新局面，制定新时期的侨务政策，深得侨心，海外炎黄子孙对“总设计师”有口皆碑，无限敬仰。他们高度赞扬邓小平是中国历史上的伟人，是“二十世纪的伟人”，“他拯救了中国”。他们认为，新时期中国经济走向繁荣，从“文化大革命”后濒于经济崩溃的边缘，到今天取得举世瞩目的巨大成就，都是邓小平推动改革开放的结果。中国的稳定和繁荣是对世界和平的巨大贡献。邓小平不仅功在中国，而且功在世界。海外侨胞们永远铭记在心。①

邓小平逝世后，海外华侨华人同国内亲人一样，无限悲痛，深情怀念，纷纷举行各种悼念活动——

1997年3月9日，中国致公党十届中常会第十四次会议在北京召开。会议的主要议题为学习中共中央对于邓小平逝世发布的《告全党全军全国各族人民书》和江泽民在邓小平同志追悼大会上致的悼词。全国政协副主席、致公党中央主席董寅初主持会议并讲话。他说：邓小平同志是我国各族人民公认的享有崇高威望的世纪伟人。他对新时期爱国统一战线工作作出了一系列科学的、深刻的论述。在他的倡导下，形成了独具特色的中国共产党领导的多党合作和政治协商制度。今天，我们民主党派能在国家政治生活中发挥日益积极的作用，是同邓小平同志的科学思想和杰出贡献分不开的。邓小平同志十分重视和关心侨务工作，他对“海外关系”的拨乱反正，使许多因“海外关系”在“文革”中受到无辜打

① 参见中国华侨华人历史研究所、中国华侨历史学会资料室编印：《华侨华人资料报刊剪辑》，1997年第2期，第18、19页。

击和迫害的归侨侨眷，获得政治上的又一次解放。他对海外侨胞在祖国现代化建设中的作用给予高度评价，极大地激发了广大海外侨胞的爱国爱乡热情。广大归侨侨眷、海外侨胞永远怀念敬爱的邓小平同志。①

致公党十届中常会第十四次会议是专门缅怀悼念邓小平的会议；致公党中央主席董寅初代表致公党所作的讲话，是代表联系海外华侨党派对邓小平的评价。在此前后，海外各地华侨华人亦对邓小平作出高度的评价。

菲律宾菲华联谊会赞扬邓小平是中国伟大的政治家、军事家和建设有中国特色的社会主义现代化的倡导人，也是为香港、澳门回归和海峡两岸和平统一提出“一国两制”的倡导人。菲律宾中华总商会、菲华商联总会、善举公所等华商社团认为：邓小平是中国改革开放的总设计师，他把毕生精力都献给国家、民族和人民。②

印度尼西亚雅加达广肇会馆秘书长周伯达赞扬说：邓小平的改革开放路线不仅改变了中国的面貌，而且对世界产生了重大影响。印华论坛总主席余麦风通过自身经历说，自己从 1969 年以后经常访问中国，亲眼目睹了改革开放前后中国人民生活的巨大变化，对邓小平的非凡魄力和崇高思想非常敬佩。其他一些华侨华人表示：现在我们缅怀邓小平，就是要把自己的工作做好，发挥华侨华人在印尼和中国之间的桥梁作用，推动两国关系继续深入发展。③

泰国中华总商会主席郑明如认为，邓小平是中国一位杰出的总设计师，他推行的改革开放政策，使得中国人民生活水平提高，同时国家经济亦繁荣起来；他还高度评价邓小平“一国两制”的科学构想，表示实现两岸和平统一大业是每个华夏子孙的天职。越南华侨黎某以朴实的语

① 秦春：《致公党召开十届中常会十四次会议》，《人民日报》1997 年 3 月 10 日，第 4 版。

② 《人民日报》1997 年 2 月 24 日，第 6 版。

③ 管克江：《印尼华侨华人纪念邓小平》，《人民日报》2004 年 8 月 25 日，第 3 版。

言称赞邓小平是中国很有威望的大人物，特别是他搞改革开放令国家面貌改了模样，实在令人万世感激。他通过回到祖国内地目睹改革开放的成果，觉得这位伟人实在值得人们去敬佩。① 缅甸华侨评价说："邓小平给中国带来了新的希望，使中国走向现代化、走向富强。"

新加坡总理吴作栋在当地华文报《星洲日报》上评价邓小平说：邓小平是本世纪下半部，世界上最伟大的领导人之一，他肯定是中国最伟大的人物；邓小平使中国开放和现代化，带来了历史上巨大的经济改革，这不只涉及 10 亿中国人，同时也影响到亚洲国家的人民。② 马来西亚最大的华人政党——马华公会总会长兼交通部长林良实评价说，邓小平是一位坚韧不拔和睿智的政治领袖。

纽约华人社团联合会总会主席黄启成对邓小平的一生尤其是改革开放的功绩作了系统的高度评价，他说：邓小平先生是中国改革开放和现代化建设的总设计师。他为中国的改革开放开辟了一条前人没有走过的路，缔造了中国历史的新纪元。"在半个多世纪的革命生涯中，邓小平先生以一个伟人特有的气魄和韬略深得全国亿万人民和海外 3000 万炎黄子孙的拥戴；他推行的和平外交政策深受全世界人民的崇敬和信赖；他坚持的富国强兵策略，扬我国威，振我军威；他构思的'一国两制'政策促成了香港和澳门的回归；台湾回归祖国，实现祖国和平统一大业为时不远了。"③ 著名美籍华人历史学家、纽约市立大学历史系教授唐德刚高度评价邓小平"是中国共产党历史上的千古功臣"。美籍华人社会活动家陈香梅女士评价说，邓小平的最大贡献在于：带领封闭的中国走向

① 参见中国华侨华人历史研究所、中国华侨历史学会资料室编印：《华侨华人资料报刊剪辑》，1997 年第 2 期，第 5 页。

② 参见中国华侨华人历史研究所、中国华侨历史学会资料室编印：《华侨华人资料报刊剪辑》，1997 年第 2 期，第 14、15 页。

③ 张良华、朱振国：《纽约华侨华人举行追悼大会》，《人民日报》1997 年 2 月 26 日。

世界，留下安定的政局给下一个世纪。邓小平了解世界，很能听人意见，因此他圈子大，视野开阔。他鼓励领导人外出，也敞开大门请进外国人。中国因此融入了世界，赢得了机遇。[①]陈香梅从中国对外开放的角度，对邓小平给予了很高评价。纽约中国和平统一促进会会长花俊雄认为，评价邓小平可以从三个方面来进行：其一，作为个人，他意志坚强，超级乐观，三上三下，百折不挠，再次复出之后，引导中国走上不同的道路，即富强道路；其二，作为中共领袖，他是有着创造性贡献的，其历史地位仅次于毛泽东；其三，在国际共运史上，东欧和苏联解体后，唯有中国不倒，这是邓小平的功劳。从事金融工作的美籍华人刘冠华说：邓小平是当今世界上最杰出伟大的领袖。邓小平从 20 世纪 70 年代末 80 年代初以来致力于中国的改革开放事业，使庞大的中国经济从计划经济转向市场经济，大大提高了 12 亿中国人民的生活水平。这在当今世界上没有任何一个国家的领导与之比拟，值得后人的敬佩。[②]墨西哥华侨华人认为，没有邓小平的改革开放政策，就没有祖国的繁荣昌盛，而只有中华民族强盛，海外华人华侨才会有地位。

英国苏格兰华人社团联合总会会长曾庆如赞扬道：邓公的对外开放改革政策，实为民心所向，更令我国的国际地位不断提高，华侨华人亦因此在海外受到敬重。英国中华饮食业总商会会长、华人李志章表示，邓公是中国出色的国家领导人，最大贡献是推动国家改革开放，人民生活逐步改善。英国共和协会、华人张树兴认为邓小平制定的中国经济特区政策，相当成功，将国家带入富强之道。

法国的著名华人企业家陈克威、陈克光兄弟，是 1975 年由局势动乱

① 参见中国华侨华人历史研究所、中国华侨历史学会资料室编印：《华侨华人资料报刊剪辑》，1997 年第 2 期，第 18、19 页。

② 参见中国华侨华人历史研究所、中国华侨历史学会资料室编印：《华侨华人资料报刊剪辑》，1997 年第 2 期，第 10 页。

的老挝移居到法国谋生的，经过拼搏发展成为拥有八家超级市场、三万多平方米，经营三千多种商品、营业额超过三亿欧元的大企业家。回顾自身的发展历程，陈克威表示："陈氏兄弟公司的壮大与祖国的改革开放和经济发展是分不开的。想到这些，我们都会从内心感谢邓小平的改革开放政策。为此，我们于 1993 年特别请来中国雕塑家张充仁先生塑造了一尊邓小平半身铜像，以表达海外华人对他的无限崇敬。" 1995 年邓小平铜像运到北京，邓小平家人赞扬雕像"非常传神"。对此，陈克威动情地说："我们这样做完全是为了表达内心对邓公的崇敬和感激。我们觉得这是所有海外华人的共同感情。"

法国各界华侨华人也盛赞邓小平致力于改革开放对中国、对世界的重大贡献。法国潮州会馆会长陈顺源说，邓小平是中国历史上的伟人，他功在中国，功在世界。中国经济走向繁荣，归功于他制定的改革开放政策。陈氏兄弟公司总经理陈克光认为，邓小平高瞻远瞩，带领中国走向改革开放，为中华民族的腾飞作出了历史性的贡献。旅法华侨俱乐部主席杨明称邓小平的改革开放政策和"一国两制"的伟大理论，使中国走上了强国富民的新路。以新侨民为主的法国华侨社团北京协会秘书长庄丹泽表示，自己也要像邓小平当年留法勤工俭学时那样，用聪明才智创造中华民族灿烂的明天。①

时光荏苒，2004 年邓小平诞辰 100 周年之际，一些海外华侨华人举行各种形式的纪念和缅怀活动。2004 年 8 月 2 日，墨西哥下加州中国和平统一促进会等华侨华人组织联名给《人民日报》驻墨西哥记者站发来题为《独特的历史伟人　独有的历史地位》的纪念文章，纪念邓小平诞辰 100 周年。文章说：中国人民的儿子邓小平以政治家的胆识和务实精

① 李学江、徐宝康、邹德浩、尹树广、张仓吉、王芳、吕全成：《海外华人华侨留学生痛悼邓小平》，《人民日报》1997 年 2 月 25 日，第 8 版。

神亲自倡导和推动了“解放思想”的浪潮，确立了党的十一届三中全会的路线、方针和政策，成为名垂千古的中国改革开放总设计师。上世纪90年代初，邓小平以伟人独有的政治敏锐和领袖魅力，及时地发表了决定中国命运的南方谈话，掀起了又一个“解放思想”的新高潮。文章说，伟大的中国人民在中华民族崛起的道路上，正沿着邓小平指出的改革开放的道路勇往直前。今天的中国，每个领域都在翻天覆地的变革中，而“与时俱进”更是邓小平理论生命力的体现。中国正以中国的特色、中国的风格、中国的气派迈向世界强国之列。文章表示，在邓小平诞辰100周年之际，旅居墨西哥的华侨华人像千千万万的海外中华儿女一样，共同缅怀伟人的业绩和风采，为中华民族的富强奉献着我们的爱国热情和添砖加瓦的努力。墨西哥华侨华人称邓小平为“名垂千古的中国改革开放总设计师”。

2004年8月2日，捷克中国和平统一促进会、旅捷华人联谊会和旅捷妇女联合会联合举行座谈会，纪念邓小平诞辰100周年。捷克中国和平统一促进会会长倪健在发言中说，中国20多年改革开放所取得的成就充分验证了邓小平作为总设计师的英明，他制定的一系列国家政治外交政策也使中国在国际舞台上发挥越来越重要的作用，特别是他高瞻远瞩提出的“一国两制”方针，不仅使中国圆满地解决了香港和澳门的回归问题，还将同样适用于解决台湾问题。倪健呼吁所有海外华人，在纪念邓小平诞辰100周年之际，重新强调“一国两制”的现实意义，精诚团结，凝成一体，为祖国和平统一大业作出应有的贡献。[①]

邓小平诞辰100周年之际，法国华侨华人纷纷举行纪念活动。法国华侨华人会主席林加者由衷地表示：“在纪念邓小平诞辰100周年的时

---

① 许宏治、王义：《墨捷华侨华人纪念邓小平诞辰100周年》，《人民日报》2004年8月4日，第3版。

候，我们不能不想到祖国改革开放给旅法华侨华人的社会地位带来的巨大变化。是祖国的改革开放、经济发展和国力增强提升了我们的社会地位。是邓小平提出的改革开放政策，是邓公的南方谈话，坚定了中国人民发展经济的决心，才使中国有了今天，才使海外华侨华人有了扬眉吐气的今天。”欧洲有影响的华文报《欧洲时报》社长杨咏桔女士对记者表示，海外华人纪念邓小平，的确是把他看作具有博大胸怀的改革家和改革开放的设计师，把他看作具有大智慧的思想家。法国华社知名诗人、法国龙吟诗社社长叶星球，珍藏了一幅气势磅礴的“共庆邓小平百年寿辰”的配诗国画，这是由留法青年女画家刘玉馨作画，著名画家、书法家罗尔纯手书的诗画。它是旅居法国的三代华人为纪念邓小平百年诞辰而共同创作的诗画珍品，画中题诗道：

百年华诞忆邓公，
一国两制有谁同。
乾坤扭转神州富，
开放擎旗中华雄。
科技兴邦孚众望，
与时俱进攀高峰。
青松耸立茂千载，
风范长存映日红。[①]

---

① 《参考消息》驻巴黎记者王敬诚：《“小平，我们都爱你”——法国华人华侨纪念邓小平百年诞辰》，载《参考消息》2004年8月12日，第11版，“特别策划”栏目《世界视野中的百年小平/华人篇》。

六、江泽民把侨务工作推进新世纪

江泽民是中共第三代中央领导集体的核心。他从1989年6月党的十三届四中全会的特殊时期担任中共中央总书记、国家主席，直到党的十五大、十六大。有关江泽民与华侨华人的直接交往所见到的资料较少，但这一时期他有关侨务问题的论述较多，这里作一系统阐述。

（一）有关研究状况

学界有关江泽民侨务思想的研究比较薄弱，成果很少。没有专门著作，有的侨史作者有所涉及，如任贵祥主编的《海外华侨华人与中国改革开放》（中共党史出版社2009年版），在论述党和国家侨务政策时，介绍了江泽民侨务思想和实践，主要是“优势论”和“资源论”。任贵祥、赵红英著《华侨华人与国共关系》（武汉出版社1999年版）一书也涉及江泽民的侨务思想。专题论文有任贵祥:《江泽民侨务思想探析》（《当代中国史研究》2007年第4期）；路阳:《改革开放以来中国特色侨务理论新发展——邓小平、江泽民、胡锦涛侨务思想比较研究》（《福建社会主义学报》2013年第6期），文章对三位领导人各方面的侨务思想作了比较，总结侨务工作的经验和成绩，考察未来发展趋势；张梅:《论中国特色社会主义侨务理论》（《马克思主义研究》2012年第6期）；陈云云:《中国特色社会主义侨务理论研究》（《扬州大学学报》2013年第2期）；路阳:《中国特色社会主义侨务理论浅析》（《宁夏社会主义学院学报》2014年第1期）等文章，均涉及江泽民侨务思想。

专题资料有国务院侨务干部学校编辑的《江泽民论侨务》（2002年编印），收集了江泽民有关侨务论述的语录若干条，篇幅很小。1997年秋江泽民访问美国，中国侨联编辑的《华侨华人资料》1997年第6期汇集了一组有关江泽民访美活动资料，以及《人民日报》等报刊刊登的江泽民有关侨务问题的讲话和活动报道等。由此可见，有关江泽民侨务理论及实践的研究非常薄弱，有待深入。

（二）继承发展邓小平的侨务思想

邓小平的侨务思想，主要是20世纪70年代末到90年代初邓小平关于侨务问题的一系列论述，对新时期侨务理论和实践具有开创性和奠基性的意义。90年代中后期及世纪之交，随着时代的发展，随着改革开放的深入，党和国家领导人的侨务理论和实践也与时俱进。江泽民的侨务思想顺应时代的发展和新形势的需要，发展了邓小平的侨务思想，总结出“资源论”和“优势论”，从而进一步把党的侨务工作推向一个新的阶段。

就目前笔者所见到的资料，江泽民比较早论述华侨问题是20世纪80年代初。1980年江泽民在任国家进出口管理委员会、国家外国投资管理委员会副主任兼秘书长时，曾提出过吸收侨资的问题。1980年8月21日，江泽民在第五届全国人大常委会第十五次会议上所作的关于在广东、福建两省设置经济特区和《广东省经济特区条例》的说明中指出：“广东、福建两省毗邻香港、澳门和台湾，港澳台同胞和华侨很多，对外资、侨资具有特殊的吸引力，在两省的特定地区设置经济特区，有其独特的有利条件。”在阐述“对经济特区企业的优惠政策”时，他又指出：“这些规定既考虑了我国的利益，又注意到外国投资者和港澳台同胞、华侨投资者的利益，总的目的是更有效地吸收外来资金、先进技术和管理经验为我所用，加快四化建设。”[①] 由此可以看出，我国启动改革开放之初，除邓小平外，江泽民是比较早地认识到吸收侨资的重要性的。

自1989年党的十三届四中全会被确立为中共第三代领导集体的核心

① 《江泽民文选》第一卷，人民出版社2006年版，第1—2、3页。

以来，江泽民有关党和国家侨务工作和侨务问题的一系列重要论述，是我国改革开放新时期继邓小平侨务思想之后，党的侨务思想发展的一个新阶段，也是“三个代表”重要思想的有机组成部分。

改革开放以来的实践证明，侨务工作不但重要，而且大有可为。它与我国正在进行的现代化建设关系密切。因此，同邓小平一样，以江泽民同志为核心的第三代中央领导集体十分重视做好侨务工作，把它摆在了党和国家工作的重要位置上。江泽民曾多次参加有关侨务会议，多次接见海外华侨华人、留学生代表和侨务工作者，多次与出访国家和地区的华侨华人交流、座谈，对涉及侨务问题的各个方面都有一系列重要论述和指示。

江泽民从中共历史和改革开放现实的角度表达了党和国家对侨务工作的重视。1989 年 12 月 18 日，江泽民刚刚走上中央主要领导岗位不久，就在第四次全国归侨代表大会上指出：

党和政府历来非常重视华侨和归侨、侨眷在中国革命和建设中的作用。早在延安时代，党中央就成立了以朱德同志为书记的中共中央海外工作委员会，领导和开展侨务工作。一九四六年，毛泽东同志为陈嘉庚先生写了“华侨旗帜，民族光辉”的题词，表达了党对爱国华侨的崇高评价。建国以后，周恩来同志亲自过问和处理了大量侨务工作，为我们树立了榜样。……邓小平同志在一九七七年指出，林彪、“四人帮”说什么“海外关系”复杂，不可信任，这种说法是反动的；这种错误政策一定要纠正过来。他还说：海外关系是个好东西，可以打开各方面的关系。这就对侨务工作进行了拨乱反正，给侨务工作赋予了新的意义，也为归侨、侨眷和海外侨胞在祖国现代化事业中充分发挥作用提供了新的用武之地。八十年代我们取得的成就已经充分证明，十一届三中全会以来党的基本路线是正确的，对外开放的基本国策是正确的，我们的侨务工作各项方针、政策也是正确的。[①]

江泽民的讲话，概括了民主革命时期、新中国建立初期及改革开放新时期党对侨务工作重要性的认识。

江泽民着重阐明了新时期侨务工作的重要性。他从中国与国际关系及华侨华人作为沟通中国和世界桥梁的大视角指出："侨务工作历来是党和国家的一项长期、重要的工作。随着我国国际地位的提高，社会主义现代化事业的向前推进，中国需要更加了解世界，世界也需要更加了解中国。广大侨胞遍布世界五大洲，他们对于帮助世界人民了解中国，树立社会主义中国的形象，可以起到积极的作用。应当说，在新的历史时期，侨务工作显得越来越重要了。"[②]在此基础上，他指出新的历史时期做好侨务工作的重要性："在 90 年代，我国加快改革开放和经济建设的新时期，做好侨务工作，对于加快我国改革开放和现代化建设，增进同各国人民的友好交往，促进和平统一祖国，有着更加重要的作用。"因此，他强调，侨务工作"是一项政策性很强的工作"，"我们要坚持贯彻有关方针政策，不断提高侨务工作的水平"。[③]

在阐述侨务工作重要性的同时，江泽民高度评价了邓小平的侨务思想。

首先，江泽民对于邓小平的"海外关系论"在拨乱反正中的作用给予充分肯定。他说：十年"文革"动乱中，海外关系成了归侨和侨眷的一种罪名，严重地挫伤了归侨、侨眷和海外侨胞的爱国热情。针对林彪、"四人帮"这种倒行逆施的行为，邓小平在 1977 年指出，林彪、"四人

① 《在第四次全国归侨代表大会上江泽民同志的讲话》，《人民日报》1989 年 12 月 19 日，第 1版。

② 《在第四次全国归侨代表大会上江泽民同志的讲话》，《人民日报》1989 年 12 月 19 日，第 1版。

③ 《江泽民同志在与国务院侨务工作会议部分代表座谈时的讲话》（1993 年 2 月 26 日），转引自任贵祥：《江泽民侨务思想探析》，《当代中国史研究》2007 年第 4 期。

帮”说什么“海外关系”复杂、不可信任，这种说法是反动的，这种错误政策一定要纠正过来。海外关系是个好东西，可以打开各方面的关系。江泽民评价说：“这就对侨务工作进行了拨乱反正，给侨务工作赋予了新的意义，也为归侨、侨眷和海外侨胞在祖国现代化事业中充分发挥作用提供了新的用武之地。”①

其次，江泽民进一步强调并阐发了邓小平的“机遇论”思想。江泽民指出：“小平同志把发挥华侨、华人的作用，作为我们国家一个独特机遇，并且把它同我国大发展的机遇，紧密联系起来，这对于全党同志在新形势下，加深对侨务工作重要性的认识，具有极其重要、深远的意义。”他重申：要“紧紧抓住这个机遇，大力加强同华侨、华人的经贸合作和科技交流，并借助他们吸引更多的外商来华投资和开展多领域的合作交流，增进同各国人民的友好往来”。为此，“我们在形势和机遇问题上，应当有这样的态度：要有时代的紧迫感，抓住机遇；要有历史的责任感，珍惜机遇；要有科学态度，用好机遇。”②

再次，江泽民还重申了邓小平其他侨务思想。如结合邓小平的海外留学人员“要作贡献，还是回国好”的主张，江泽民重申继续坚持贯彻“支持留学，鼓励回国，来去自由”的方针，把有关留学工作做得更好；重申了邓小平的华侨华人专家是“活的宝贝”，我国经济建设需要一大批这样的人才；华侨华人和港澳台同胞是我国对外开放、发展经贸合作和科技交流的推动者，他们是外商来华投资的带动者和桥梁等。

与此同时，江泽民系统地总结了党的十一届三中全会以来，在邓小平侨务思想指导下我国侨务工作取得的显著成绩。他指出：“党的十一届

① 《在第四次全国归侨代表大会上江泽民同志的讲话》，《人民日报》1989年12月19日，第1版。

② 《江泽民同志在与国务院侨务工作会议部分代表座谈时的讲话》（1993年2月26日），转引自任贵祥主编：《海外华侨华人与中国改革开放》，中共党史出版社2009年版，第183页。

三中全会以来，党中央、国务院对侨务工作有许多重要的决定。各级侨务部门在当地党委和政府的领导以及有关部门的支持配合下，取得了很大的成绩。在加快改革开放和现代化建设的过程中，侨务工作担负着更加繁重和光荣的历史使命。”[①]他要求“各级侨务部门要继续坚决贯彻党的十一届三中全会以来制定的一系列侨务工作方针和政策，努力保护华侨和归侨、侨眷的正当合法权益，广泛团结海外侨胞和归侨、侨眷，增进同外籍华人的情谊，为振兴中华、统一祖国、发展同各国人民的友好合作而努力”。[②]

江泽民上述有关侨务问题的一系列论述，从历史和现实的高度表达了党和国家对侨务问题的重视，强调了要继续贯彻执行党的十一届三中全会以来形成的邓小平的侨务思想，这无疑是对邓小平侨务思想的继承。江泽民曾经明确表示：“我们要坚持贯彻邓小平同志关于侨务工作的重要思想和中央的有关方针政策，不断提高侨务工作的水平。”[③]江泽民对邓小平侨务思想的继承既有理论上的重申和阐发，又有实践上的贯彻运用和经验总结。更为重要的是，他在继承邓小平侨务思想的同时又有所发展。

（三）发展邓小平的侨务思想

在重申并继承邓小平侨务思想的同时，江泽民根据新的历史时期侨务工作的实际，作出了一系列新的论述，发展了邓小平侨务思想，其中最突出的是关于华侨华人是中国现代化建设的“独特优势”和“宝贵资源”的思想，简称“优势论”和“资源论”。

---

① 《江泽民同志在与国务院侨务工作会议部分代表座谈时的讲话》（1993年2月26日），转引自任贵祥、朱昌裕著：《华侨华人与中国改革开放40年》，广东教育出版社2019年版，第161页。

② 《在第四次全国归侨代表大会上江泽民同志的讲话》，《人民日报》1989年12月19日，第1版。

③ 《江泽民同志在接见全国侨务工作会议代表时的讲话》（1999年1月18日），参见任贵祥：《江泽民侨务思想探析》，《当代中国史研究》2007年第4期。

1. 华侨华人是我国现代化建设的独特优势

江泽民担任中共中央总书记后，注意总结改革开放以来侨务工作的实践经验，充分肯定海外同胞及国内归侨侨眷为中国经济社会发展所作出的重大贡献。在第四次全国归侨代表大会上，他指出：十一届三中全会以来，“广大归侨、侨眷活跃在各条战线，为祖国贡献聪明才智；海外侨胞或捐资赠物，兴办公益事业，或投资合作，促进经济繁荣，或穿针引线，致力于中外交流，或推动海峡两岸同胞的接触和交往，起了积极作用”[①]。江泽民认为，我国吸收利用外资有诸多有利条件，其中“在世界许多地方，华侨、华人都很有成就，我看这也是我们的一个优势”[②]。他进一步指出：“海外侨胞作为促进我国改革开放和现代化建设、促进祖国统一的积极力量，有着独特优势，在振兴中华的伟大事业中发挥着重要作用。”[③]这就是江泽民的“优势论”，即华侨华人是我国现代化建设的独特优势。

随着我国社会主义市场经济的逐步确立，引用外资的内容和形式也发生了新的变化。江泽民审时度势，对此作了符合实际的论述。他说：“目前，我国的基础产业、基础设施和高新技术产业还比较薄弱，我们特别欢迎外商在这些领域扩大投资，进行长期合作。”他还说：“中国正在深化改革，扩大开放，加快建立社会主义市场经济体制，这必然为外商来华投资提供日益完善的环境。我们始终欢迎和鼓励外国客商、港澳台同胞、海外华商前来投资。实践已经证明并将继续证明，外商在中国投资企业，是大有可为的，是双方互利的事业。”[④]改善环境是引用外资

---

① 《在第四次全国归侨代表大会上江泽民同志的讲话》，《人民日报》1989 年 12 月 19 日，第1版。

② 《江泽民文选》第二卷，人民出版社 2006 年版，第 93 页。

③ 《江泽民文选》第三卷，第 153 页。

④ 《江泽民会见中国外商投资企业协会会员代表》，《经济参考报》1994 年 12 月 1 日。

的重要条件，“双方互利”是引用外资的动力，提高利用外资的质量和水平是吸引外资的关键。这些是江泽民利用外资包括利用侨资的新论述。

随着我国改革向纵深发展，对外开放步伐加快，吸收外资的方式、领域更加多样化，如积极引导外资投向农业、高新技术产业、基础设施建设、兴办产品出口型项目等。1993 年江泽民在接见国务院侨务工作会议部分代表时指出：“侨务部门要积极配合有关部门，通过重点做好华人大企业家、专门人才和行业协会的工作，以及以侨引台、以侨引外、侨台结合、侨外结合的方式，引进资金、技术、人才，办几件大事的想法。”“就全国而言，如果能够在为大中型企业技术改造、上海浦东开发、第三产业的发展及三峡工程海外筹资方面作出成效，我看就是很大的成绩。”① 这既是对侨务部门提出的新要求，也表明江泽民洞察并把握 20 世纪 90 年代引用侨资的变化和方向；既是对改进改革开放初期简单粗放地引用侨资做法所作出的新部署，又是在总结经验的基础上对邓小平相关思想的发展。

2. 华裔科学家是发展我国科技事业的宝贵资源

江泽民高度赞扬海外华侨华人在科技领域里取得的成就，认为这是中华民族为世界科学文化发展作出的贡献，是中华民族的光荣和骄傲，并把他们作为中国现代化建设及发展科技事业的重要人才资源。

1993 年 2 月，江泽民与国务院侨务工作会议部分代表座谈时发表讲话，其中指出：“一个国家的科学技术发展水平，对其综合国力具有决定性的作用；而科学技术的进步，起决定作用的是人才。可以说，各国之间的经济竞争和科技竞争，说到底还是人才的竞争。在这场激烈的国际人才竞争当中，我国有自己特有的优势，这就是，在海外有数十万的华

① 《江泽民同志在与国务院侨务工作会议部分代表座谈时的讲话》（1993 年 2 月 26 日），转引自任贵祥：《江泽民侨务思想探析》，《当代中国史研究》2007 年第 4 期。

侨、华人科技专家、教授、工程师和企业管理人才，其中包括一批世界第一流的科学家。比如说杨振宁啦、李政道啦、丁肇中啦，这些是诺贝尔奖获得者。”[①]可见，在引进智力发展科技方面，我们有海外华侨华人科技人才的独特优势。

1999 年 1 月全国侨务工作会议召开，江泽民在接见代表时讲话，进一步指出：“分布于世界各地的广大华侨华人，是中华民族一个重要的人才资源宝库，其中科技人才就有几十万，既有享誉世界的科学家，也有成绩显著的中青年科技人才，他们在当今一些重要的高科技领域取得了卓越的成就，我们一定要十分珍惜。”[②]这即是江泽民的“资源论”思想。

在当今世界，经济全球化不断向前推进，知识经济日益凸显，世界经济结构和国际产业分工正在加速调整和重组，科学技术、科技创新能力与产业化正成为一个国家竞争力的关键因素，而竞争的焦点则是科技与人才。谁能掌控先进的科学技术与人才资源，谁就可能在竞争与合作中把握主动权并占据优势地位。因此，江泽民强调要“制定吸引人才的政策，鼓励留学人员和海外科技人才回国工作或以适当方式为祖国服务”[③]。1997 年秋，江泽民访问美国期间对旅美华侨华人和留学生多次强调这一点。如 10 月 31 日在纽约接见中国旅美科技、文化界代表的讲话中，再三强调科学技术对中国现代化建设的重要性，期望中国在不久的将来在许多领域能赶超美国，并希望广大海外专业人士能为这一目标的实现作出贡献。再如 11 月 1 日，江泽民在会见波士顿华侨华人和留学生代表时说：波士顿有多所世界著名的大学，是中国赴美留学人员和华

① 转引自任贵祥、朱昌裕著：《华侨华人与中国改革开放 40 年》，广东教育出版社 2019 年版，第 163 页。

② 转引自任贵祥、朱昌裕著：《华侨华人与中国改革开放 40 年》，广东教育出版社 2019 年版，第 163 页。

③ 《江泽民文选》第二卷，第 439 页。

人学者比较集中的城市之一。你们始终关心祖国的建设和发展，支持祖国的统一大业，并努力促进中美人民的友谊，带动各项交流与合作。

在 1999 年 8 月 23 日全国技术创新大会上的讲话中，江泽民再次指出："要在全社会进一步树立和发扬尊重知识、尊重人才、崇尚创新的良好风尚。要积极创造条件，鼓励和吸引留学人员特别是留居海外的科技人才回来创办科技产业。"[①]"特别"二字反映出江泽民对海外科技人才的重视和强调的程度。江泽民以世界的眼光，准确地把握住时代特征，把利用华侨华人的智力和人才资源与实现中华民族的复兴联系起来，这一战略思想把利用侨务资源的认识提升到一个新的高度。

江泽民还把利用侨务资源与"科教兴国"战略和"走出去"战略结合起来。他指出："就是要通过 3000 万华侨华人，特别是他们中的科教工作者，促进我们科教兴国战略的实施。"他看到了华侨华人"拥有的不仅是巨大的资本，还有相当的智力、人才"，希望侨务部门"把引进华侨、华人人才的工作，摆到更加重要的位置上来"。"要根据国家经济、科技发展战略，会同有关部门制定引进人才、智力的规划，完善有关政策，采取切实的措施更充分地开发好这部分智力、人才资源。我相信，这项工作的深入开展，将会对我国的现代化建设起到不可估量的作用。"[②]江泽民在中共十六大报告中指出：实施"走出去"战略是对外开放新阶段的重大举措。

我们面对的世界是开放的世界，经济是开放的经济。要实现我国经济社会的高速持续全面发展，需要取长补短，要请进来，也要走出去，这既是对外开放的扩大，也是经济社会发展的趋势。鼓励和支持有比较优势的各种所有制企业对外投资，带动商品和劳务出口，形成一批有实力的

---

① 《江泽民文选》第二卷，第 400 页。

② 参见任贵祥主编：《海外华侨华人与中国改革开放》，中共党史出版社 2009 年版，第 186页。

跨国企业和著名品牌，这就是“走出去”的战略。实施这一战略，华侨华人及其创办的企业可以发挥重要桥梁和纽带作用。以上这些是对邓小平有关华裔科学家是发展我国科技事业“活的宝贝”思想的继承和深化。

3. 重申海外侨胞是中国统一大业的重要推动力量

与邓小平侨务思想相同，江泽民也多次论述了华侨华人在中国统一大业中的重要作用，提出了和平统一祖国的八项主张，在国内外引起很大反响。江泽民指出，台湾是中国不可分割的一部分。从 1895 年开始台湾为日本所侵占，殖民统治达 50 年之久。中国人民包括台湾同胞、港澳同胞、海外侨胞，决不会允许这种屈辱历史再现。“十几年来，在‘和平统一、一国两制’的基本方针指引下，经过海峡两岸同胞、港澳同胞和海外侨胞的共同努力，两岸人员往来以及科技、文化、学术、体育等各领域的交流蓬勃发展。”“港澳同胞、海外侨胞为促进两岸关系、祖国统一和中华民族振兴，作出了许多努力，功不可没。我们希望广大港澳同胞、海外侨胞进一步为发展两岸关系、统一祖国和振兴中华作出新的贡献。”[①] 他充满信心地表示：“完成祖国统一大业，是包括广大海外同胞在内的全体中国人民的共同愿望。这个愿望必定能够完满实现。”[②] 江泽民的重要讲话从历史、现实乃至未来的角度，系统地阐述了祖国统一与海外侨胞的密切关系。在纪念建党 80 周年的讲话中，江泽民再次呼吁：“海峡两岸同胞和海外侨胞团结起来，反对分裂，为推动两岸关系发展和祖国和平统一进程而继续奋斗。”[③] 江泽民有关华侨华人是中国统一大业推动力量的论述充满了时代特色，既有历史意义，更有长远的现实意义。

江泽民还从“一国两制”的角度阐述了在解决台湾问题中的有关涉

① 《江泽民文选》第一卷，第 420、423 页。

② 《江泽民在南加州侨学界晚宴上的讲话》，《人民日报》1997 年 11 月 4 日，第 6 版。

③ 《江泽民文选》第三卷，第 296 页。

侨政策。1998 年 6 月，他在同美国总统克林顿会谈时说：“我们解决台湾问题的基本方针是‘和平统一、一国两制’。实现统一后，海峡两岸两种制度长期共存、共同发展，谁也不吃掉谁。台湾现行的社会制度、生活方式、同外国的经济文化关系都不会改变。诸如私人财产、房屋、土地、企业所有权、合法继承权、华侨和外国人投资等，一律受法律保护。”[①]“一国两制”的科学构想是邓小平提出的，将这一科学构想付诸实践并成功地解决港澳回归祖国，是以江泽民同志为核心的第三代中央领导集体完成的，在实践中践行了邓小平的科学构想。

4. 论述海外侨胞与新时期爱国统一战线的关系

海外侨胞是统一战线的重要组成部分。在不同时期，毛泽东、周恩来、邓小平等领导人对此分别作过系统的阐发。进入新世纪，江泽民对海外侨胞在统一战线中的地位和作用又作了新的论述。

2000 年 12 月 4 日，江泽民在全国统战工作会议上的讲话中，对统一战线的范围作了界定：“现在，统一战线的工作范围包括：各民主党派成员，无党派人士，党外知识分子，少数民族人士，宗教界人士，非公有制经济人士，香港特别行政区同胞、澳门特别行政区同胞，台湾同胞、去台湾人员留在大陆的亲属和回大陆定居的台胞，出国和归国留学人员，海外侨胞和归侨侨眷，原工商业者，起义和投诚的原国民党军政人员等。”[②]这是进入新世纪，江泽民对统一战线范围作出的新的完整界定，其对统一战线中“侨”的外延有所扩大。

江泽民还就新时期统一战线中“关于香港、澳门同胞和台湾同胞、海外侨胞的工作”作了专门的论述：“要充分调动和发挥统一战线各阶层、各党派、各团体和各界人士的爱国热情，广泛团结和联合大陆同胞、

① 《江泽民文选》第二卷，第 152 页。

② 《江泽民文选》第三卷，第 142—143 页。

港澳同胞、台湾同胞和海外侨胞，共同反对‘台独’、反对分裂，促进祖国早日完成统一。台湾同胞和海外侨胞，只要坚持一个中国原则，拥护祖国统一，不论什么阶层、什么党派、什么团体、什么人，我们都要同他们加强联系，广泛团结，努力形成全体中华儿女共同致力于实现祖国的完全统一的政治局面。海外侨胞作为促进我国改革开放和现代化建设、促进祖国统一的积极力量，有着独特优势，在振兴中华的伟大事业中发挥着重要作用，要加强同他们的联系，尽力做好工作。”① 他还指出：“进入新世纪，我国将进入全面建设小康社会、加快推进社会主义现代化的新的发展阶段。到下个世纪中叶基本实现我国的现代化，任务仍十分艰巨繁重。这就需要我们继续巩固和发展最广泛的爱国统一战线，最大限度地加强广大工人、农民、知识分子的团结，加强各民主党派、各人民团体、各民族和各界爱国力量的团结，加强与港澳同胞、台湾同胞和海外侨胞的团结，把各方面的智慧和力量都凝聚起来，把大家的积极性和创造性都发挥出来。”“使海内外中华儿女为实现中国的现代化和中华民族的伟大复兴而达到新的团结和联合。”② 江泽民结合党和国家的工作大局和未来的目标，对海外侨胞在统一战线和民族振兴中的地位作了全面系统深入的论述。

以上介绍的是江泽民侨务思想的主要内容。此外，江泽民也非常重视海外同胞在我国对外交往、开展文化交流中的作用，认为广大海外同胞是我们了解外部的重要渠道和发展国际民间友好事业的重要促进力量。

（四）江泽民在党的十六大报告中论述侨务

进入新世纪，中国的改革开放既面临着发展机遇，又将迎接新的挑战。2002 年 10 月，中共十六大召开，江泽民作了题为《全面建设小康社

① 《江泽民文选》第三卷，第 153 页。

② 《江泽民文选》第三卷，第 140、143 页。

会，开创中国特色社会主义事业新局面》的报告，向全党和全国人民提出了我国在21世纪全面建设小康社会、实现中华民族伟大复兴的奋斗目标。值得注意的是，江泽民在十六大报告中，有四处直接论及侨务工作，有多处间接涉及侨务问题。这是新世纪江泽民对侨务问题的新论述。

十六大报告第一部分总结“过去五年的工作和十三年的基本经验”中，在介绍“社会主义民主政治和精神文明建设成效显著”时说：“爱国统一战线发展壮大，民族、宗教和侨务工作取得新进展。”这是对过去五年间，即从党的十五大到十六大期间我国侨务工作取得成绩的肯定。江泽民在回顾过去取得的成就后，代表中共中央“向全国各族人民，向各民主党派、各人民团体和各界爱国人士，向香港特别行政区同胞、澳门特别行政区同胞以及广大侨胞……表示衷心的感谢！”在总结十三年的实践经验中的第八条“坚持团结一切可以团结的力量，不断增强中华民族的凝聚力”中指出：“加强同民主党派和无党派人士的团结，做好民族工作、宗教工作和侨务工作，坚持‘一国两制’方针，调动一切积极因素，为完成祖国统一大业和实现中华民族的伟大复兴而共同奋斗。”这是从爱国统一战线、完成祖国统一的角度总结的经验，重申了在这一事业中侨务工作所处的重要地位。十六大报告的第五部分“政治建设和政治体制改革”的第一个问题“坚持和完善社会主义民主制度”中强调“认真贯彻党的侨务政策”。① 这是对新世纪侨务工作提出的任务和要求。

以上列举的是江泽民十六大报告直接提到侨务问题的内容，报告中间接涉及侨务问题的有以下几处：

第四部分“经济建设和经济体制改革”的第三个问题“积极推进西部大开发，促进区域经济协调发展”中，要求西部地区“着力改善投资

① 《中国共产党第十六次全国代表大会文件汇编》，人民出版社2002年版，第2—37页。

环境，引导外资和国内资本参与西部开发”。其中的外资当然包括海外华商资本。

第七个问题“坚持‘引进来’和‘走出去’相结合，全面提高对外开放水平”中指出：“进一步吸引外商直接投资，提高利用外资的质量和水平。”“大力引进海外各类专业人才和智力。”“实施‘走出去’战略是对外开放新阶段的重大举措。鼓励和支持有比较优势的各种所有制企业对外投资，带动商品和劳务出口，形成一批有实力的跨国企业和著名品牌。”这里的吸引外商投资、引进海外人才和智力以及实施“走出去”战略均与侨务有关，而且是对新世纪引资、引智提出的新举措、新标准。

报告第八部分“‘一国两制’和实现祖国的完全统一”，开宗明义地表示：“实现祖国的完全统一，是海内外中华儿女的共同心愿。我们成功解决了香港问题和澳门问题，正在为早日解决台湾问题、完成祖国统一大业而继续奋斗。”这部分的结尾充满信心地表示：“我们坚信，通过全体中华儿女共同努力，祖国的完全统一就一定能够早日实现。”报告对祖国实现完全统一充满了信心，对海外同胞推动祖国完全统一寄予了殷切的希望。

报告的第九部分“国际形势和对外工作”，阐述了“我们将继续广泛开展民间外交，扩大对外文化交流，增进人民之间的友谊，推动国家关系的发展”。① 开展民间外交，扩大对外文化交流，一直是海外同胞的优势和长处，他们是中外友好的天然使者。十六大报告对此作了充分的肯定并予以重申，表明这仍是新世纪我国外交工作的形式之一，并将继续发挥海外同胞在这方面的潜在优势。

众所周知，十六大是进入21世纪中共召开的第一次代表大会，大会

① 《中国共产党第十六次全国代表大会文件汇编》，第3页。

将江泽民的“三个代表”重要思想确定为全党的指导思想并载入党章。这次代表大会也是标志着新世纪党和国家走向的一次继往开来、具有里程碑意义的重要会议。比较而言，中共十六大政治报告中直接或间接涉及侨务问题之多，是以往历次党的代表大会的政治报告所不及的，这并非简单的数字问题，它充分说明在新的世纪里党对侨务问题的高度重视，更表明在充满机遇和挑战的 21 世纪里，海外华侨华人对于我国完成全面建设小康社会奋斗目标、实现中华民族伟大复兴所占据的重要地位。

江泽民关于侨务问题的一系列论述，将侨务工作、华侨华人在新世纪我国全面建设小康社会、实现中华民族伟大复兴的地位提到了前所未有的高度，给予前所未有的重视，阐明了新世纪党和国家侨务工作所遵循的指导思想，具有重要的时代意义。

江泽民的侨务思想在海外华侨华人中产生了较大的影响。1995 年初，江泽民《为促进祖国统一大业的完成而继续奋斗》的重要讲话发表后，在海外华侨华人中产生了广泛的反响，其后几乎年年在海外都有纪念和座谈活动。如讲话发表一周年之际，美国、法国、泰国等国家的华侨华人纷纷举行座谈会予以纪念。其中美国纽约的座谈会由当地 50 多个华人社团联合主办，与会者认为，江泽民的八项主张对祖国和平统一有重要意义，表示坚决支持；同时揭露并谴责了台湾当局大搞“两个中国”“一中一台”的分裂行径。讲话发表五周年和七周年之际，亚洲、欧洲、美洲、非洲、澳洲各地的华侨华人纷纷集会纪念。海外华侨华人称赞江泽民“是中华民族走向二十一世纪的理想带头人”。[①] 这是海外华侨华人对江泽民的很高评价，同时也体现了江泽民侨务思想已为广大海外华侨华人所接受。

---

① 中国华侨华人历史研究所、中国华侨历史学会资料室编印:《华侨华人资料报刊剪辑》1997 年第 6 期，总第 68 期。

（五）世纪之交侨务工作承前启后

改革开放20多年来，我国的侨务工作取得了很大成就。进入世纪之交，国内外侨情出现了一些新变化，侨务工作面临一些新情况、新问题。在以江泽民同志为核心的第三代中央领导集体的领导下，侨务部门以邓小平、江泽民侨务思想为指导，分析新情况，解决新问题，使世纪之交的侨务工作呈现新的面貌。

经过20多年的改革开放，传统的海外华侨社会逐渐发生巨大变化。1978年以来，中国政府放宽了出入境的限制，有正当出境理由者大多可以放行，所以向海外移居的中国人逐年增多。可以说，这是在中国改革开放、经济全球化、世界人口流动加快等背景下产生的必然结果。到90年代，海外华侨华人已达四五千万人，[①]其中90%以上的华侨加入居住国国籍，成为外籍华人，并融入当地主流社会，成为当地一个民族，在政治上、经济上出现了一些新的动向和特点。

第一，新移民数量增加。改革开放以来，向海外移居的中国人逐年增加。据估计，从70年代末以来，约有500万华人向海外移民，移入外国定居并参与当地建设。[②]这些新移民经过几年的拼搏后，不少人步入发达国家中产阶级行列。在北美等地，新移民在政治、经济、文化等方面的作用已在当地华侨华人社会中日益显现出来。他们不仅在促进中外友好合作交流方面是一支积极的力量，而且其中掌握高科技的众多人才也是我们实施科教兴国战略的宝贵财富。

第二，华侨华人的政治、经济、科技力量迅速成长。到20世纪90年代，很多海外华侨华人已拥有雄厚的经济实力，拥有一大批掌握现代科技、管理知识的专业人才，并拥有遍布世界的商业销售网络。据世

① 《七届全国人大华侨委员会关于五年来工作回顾和几点建议》，《中华人民共和国第八届全国人民代表大会第一次会议文件汇编》（二），1993年4月。

② 《环球时报》2008年2月26日。

界银行估计，海外华人企业的产值由 1991 年的 4000 亿美元迅速上升到 1996 年的 6000 亿美元。[①] 尤其是在东南亚的泰国、马来西亚和印度尼西亚等国家，华人华侨经济实力快速增长，出现了数百个颇具实力的华人或由华人控股的大企业。在美国等国家和地区也出现了一批相当有实力的华人经济集团。他们在同我国发展经济合作方面，发挥越来越大的作用。同时，华侨华人科学家、教授、工程技术人员等大量增加，许多人取得卓越成就，在国际上享有很高声誉。仅在美国华人科技人才就有 15 万人，几乎遍及各个领域，其中不少在高新科技、产业部门担任重要职务。同时，还有一系列华人科技团体活跃在美国高科技领域，成为美国近年来经济繁荣的动力之一。

第三，华侨华人同祖籍国的联系日益扩大。20 世纪 90 年代以来，在海外华侨华人中，热心支持中国的友好力量迅速发展，特别是在西方发达国家，对我友好力量的规模日益扩大，层次日益提高，活力日益增强。在我国重大活动中，也随处可以看到海外侨胞为祖籍国奔忙的身影：香港回归，匈牙利华侨华人租用飞机挂着庆祝彩带在欧洲的天空荡气回肠地飞行；在支持北京申办奥运会的日子里，华侨华人义务赶制旗帜，印制宣传品，组织义演，向住在国的居民热情宣传“新北京，新奥运”理念。他们开展的一系列颇具声势和影响的政治性活动，有力支持了我国的对外工作。

海外侨情的新变化对侨务工作提出了新要求。为了与时俱进，开拓涉侨工作新局面，以江泽民同志为核心的中央领导集体对侨务工作予以进一步加强。

---

① 参见赵红英：《新时期党对侨务资源的认识及思考》，《中共党史研究》2005 年第 3 期。

1. 加强侨务工作的联系和领导，注重国外侨务工作

从 1998 年起，经党中央批准，全国人大华侨委员会、国务院侨办、全国政协港澳台侨委会、中国侨联、致公党中央这五个涉侨工作机构每年不定期召开联席工作会议，通报各自工作，协调工作中的重大问题，以发挥侨务系统的整体功能。之后，全国省级侨务部门也采用“五侨”联席会议制度，随即中央和全国 27 个省份普遍建立了这种联系机制。此外，北京、上海、贵州等省市“五侨”联席会议还吸收了党委统战部参加，称为“5+1”机制。“五侨”联席会议制度的建立，密切了涉侨部门之间的联系，加强了工作的配合协调。各涉侨部门从联合开展侨情调查，共同举办涉侨活动，到联合组团出访，合力督促处理侵犯海外侨胞和归侨侨眷在国内投资创业合法权益的典型案件等，形成了侨界前所未有的团结协作的局面，大大推动了侨务工作的开展。

侨务工作分国内与国外两个方面，前者是基础工作，后者处主导地位，两者紧密相连、互相促进，共同服务于以经济建设为中心的三大任务。新时期以来，由于国内形势需要，我国侨务工作的重点长期放在国内，集中落实侨务政策，解决历史遗留问题，制定各项侨务政策，这是当时客观情况的要求。20 世纪 90 年代以来，国外侨情发生了深刻变化，侨务部门的主要工作对象在海外，侨务工作的主要优势主要蕴藏在华侨华人之中。在做好国内侨务工作的同时，必须把面向华侨华人的工作放在主导地位。因此，1999 年 1 月全国侨务工作会议积极贯彻江泽民的讲话精神，提出“努力增强国外侨务工作的主导地位”。

1992 年，邓小平发表南方谈话后，海外华侨华人反应热烈，与我国合作交流的势头日趋强劲。为了更有效地开展侨务工作，1992 年 8 月，国务院侨办下发《关于进一步加强侨务工作为加快改革开放和经济建设服务的意见》的通知，指出要“大力加强与华侨、华人重点人物的联谊工

作”，“推动其中较多的人士发展与我国多领域的合作交流”[①]。1993 年国务院侨务工作会议又指出，要大力加强对重点地区和重点人物的工作。

东南亚是华人大企业家的主要聚居地，是华侨华人重点人物与我国开展合作交流最具潜力的一个地区；北美汇聚了一大批杰出的华侨华人专家；西欧则是我国拓展贸易多元化的重要地区。以这些地区为重点，侨务部门会同驻外使领馆，各有侧重地展开工作，逐步形成了与华侨华人广泛联系的工作网络，并通过他们促进所在国大企业与我国的合作交流。

以事业有成的工商企业家、专业人士、社团领袖人物和其他知名人士为主体的华侨华人重点人物，是华侨华人社会的中坚力量，在广大华侨华人中具有影响力。20 世纪 90 年代以来，侨务部门通过有关重要活动加强了对这些重点人物的工作。如 1997 年在香港举行中英香港政权交接仪式时，国务院侨办邀请了 300 名海外侨领和华人代表参加了仪式，进一步拓展和深化重点人物工作；1999 年澳门回归祖国的庆典活动中，同样邀请了海外华侨华人精英人物参加活动。经过努力，各级侨办结交了数十万有成就、有影响的重点人物和上千个重点社团，积极增进与广大新移民和华侨华人第二、三代的往来，有力地扩大了经济界、科技界、文化界、政界华人与我国的交往与合作。

2. 加强对华侨华人的宣传工作，扶持海外华文教育

对海外华侨华人的宣传工作，历来是我国对外宣传工作的重要组成部分，受到党和国家领导人的高度重视。1993 年 2 月，江泽民在国务院侨务工作会议上指出：“对华侨、华人的宣传工作，是党和国家对外宣传工作的重要组成部分。这是一项增进广大华侨、华人对中国的了解和感情、争取人心的工作，也是一项深层次的、基础性的工作，具有深远的

① 任贵祥、朱昌裕著：《华侨华人与中国改革开放 40 年》，第 172 页。

战略意义。”[①]1996 年 3 月，国务院侨办召开外宣工作会议，对侨务外宣工作的地位和作用、根本任务、方针和原则进行了详细的阐述，部署了世纪之交开展侨务外宣工作的任务。在东南亚，主要是向当地新闻传播媒体供稿、供片，加强对当地人士的联谊工作；在美欧，扩展向当地新闻传播媒体的覆盖，以及与当地报刊、影视同业的联谊交友；同时，在对华侨华人的宣传工作中，充分发挥香港的特殊地位和作用。经过努力，建立和拓展了海内外侨务外宣阵地，形成以新闻通讯、报刊、影视、文化机构为重点的外宣网络。这些对增进华侨华人乃至外国友人了解中国，改善中国的国际舆论环境，起到了重要作用。

华文华语是我国开展国际交往、联系华侨华人和开展对外宣传的重要媒介。对海外华文教育加大扶持力度，也是根据海外侨情变化采取的一项重要举措。改革开放以来，侨务部门不断加强这方面的工作，80 年代以来海外华文教育进入复兴期。90 年代以来，涌入亚洲以外的四大洲的华人新移民日渐增多。为了拓展海外华文教育事业，努力帮助华侨和华人子弟提高中文和中国文化的水平，国内面向华侨的暨南大学、华侨大学以及北京、广州、集美的几所华侨学生补习学校，利用每年的寒暑假为华人子弟开办中文和中国文化讲座，并接收海外中文学校的中文教师进修。到 90 年代末，国务院侨办为海外的中文学校组织编写华文教材 20 套，向海外华文学校寄赠教材 100 多万册，被 78 个国家的部分华文学校采用。同时，向 20 个国家选派了教师 150 人，培训了数千名华文教师，与海外 400 所华文学校开展了教学交流。侨务部门还加强了同十多个国家政府教育官员的交往，促进他们对华文教育的支持和合作。此外，各级侨办广泛举办夏（冬）令营活动，参加活动的华裔青少年近十万人。

① 《江泽民、李鹏、吴学谦同志与国务院侨务工作会议部分代表座谈时的讲话》（1993 年 2 月 26 日），转引自任贵祥主编：《海外华侨华人与中国改革开放》，中共党史出版社 2009 年版，第 196 页。

海外华文教育不断扩大和推进。

3. 加强新移民工作，制定并规范留学生政策

如前所述，所谓新移民，是指改革开放后从中国大陆及香港、澳门移居其他国家地区的中国人。就新移民的类型考察，大致有留学生移民、专业技术移民与投资移民、涉外婚姻移民与家庭团聚移民、非法移民等四种类型。留学生是新移民的重要方式之一。据教育部门统计，从 1978 年到 2007 年底，各类出国留学人员总数达 121.17 万人，留学回国人员总数 31.97 万人（仅 2007 年度各类出国留学人员总数为 14.4 万人）。[①] 约有 2/3 留学人员留居当地，成为新移民的重要组成部分。技术移民和投资移民，也是大陆新移民的类型之一，还有一小部分涉外婚姻移民和非法移民。对于非法移民我国采取禁止和打击政策。

新移民长期在国内接受教育，受惠于改革开放政策，对中国、对家乡怀有深厚的感情。他们中有一大批优秀人才在各领域已崭露头角，成为海外华侨华人社会的生力军；特别是留居当地的原各类留学人员，是一批颇具潜力的跨世纪人才，他们拥有的实力、影响和作用将更加显示出来。新移民有很多亲属、友人仍在中国，他们与中国保持着紧密的联系，非常关心中国的发展和变化。据此，外交部于 1995 年 11 月下发了《关于加强新移民工作的意见》。该意见分析了改革开放以来新移民的诸多特点，提出在做好老华侨华人工作的同时，要把新移民纳入华侨华人范围并做好他们的工作。要发挥他们的知识优势，为我国的经济建设服务。1996 年 1 月 22 日，国务院侨办又下发《关于开展新移民工作的意见》，对新移民的身份作了明确界定，提出要加强对新移民基本情况的调查研究工作、积极拓展与新移民的广泛交往、加强新移民社团工作、鼓励扶持新移民兴办中文学校、加强新移民在国内眷属的工作等要求，

---

① 《侨情简报》第 2008 卷第 3 期。

为世纪之交开展新移民工作指明了路径。

早在 1977 年、1978 年启动改革开放时，邓小平就提出要派遣并不断扩大派遣留学人员。1979 年教育部、国家科委、外交部联合发出通知，试行《出国留学人员管理教育工作的暂行规定》和《出国留学人员守则》。80 年代，派遣留学出国人员的步伐逐渐加快。国家有关部门又制定派遣留学生的规定、细则等多种文件。对于很多留学生出国留学不归的现象，党和国家逐步确定了“鼓励留学、欢迎回国、来去自由”的出国留学工作方针。1992 年，国务院办公厅发出《关于在外留学人员有关问题的通知》，指出：所有在外学习的人员，不论他们过去的政治态度如何，都欢迎他们回来。1993 年，“支持留学，鼓励回国，来去自由”的出国留学方针被写进中共十三届四中全会文件并在全党加以贯彻落实。随着我国科教兴国和人才战略的实施，我国相继制定了一系列关于鼓励海外留学人员回国工作的政策和措施，以吸引大批留学人员以多种方式为祖国服务。如对留学生创业园区采取优惠政策、对留学生回国采取各种鼓励政策、召开交易会或组团出国招揽人才等，在这一系列政策的鼓励和各级部门的努力下，中国对海外华人的吸引力和凝聚力进一步加强，回国留学人员数量以年均 13% 的速度增长，部分地区高达 28%[①]，海外华人归国工作已经成为当今社会的主流。

4. 从大规模“引进来”到成规模地“走出去”

在我国经济发展中，如果说“引进来”的实质是以市场换投资、换技术，是我国经济与世界经济的单向融合，“走出去”的实质则是以投资换资源、换市场。“走出去”战略，可以更好地利用两个市场、两种资源，是我国国民经济和对外开放发展到一定阶段的必然选择。新时期以来，海外华侨华人在我国“引进来”的过程中发挥了巨大作用；在“走

① 孙权：《回归祖国连通世界开启第三次海外华人归国潮》，《中国科技产业》2001 年第 9 期。

出去”的战略中，海外华侨华人同样发挥了重要的桥梁和纽带作用。

为了加速推进我国的现代化建设事业，90 年代中期，以江泽民同志为核心的党的第三代中央领导集体提出了科教兴国战略，并作为国家未来发展的重大战略加以规划和实施。至于侨务工作在科教兴国战略中的地位和作用，江泽民作了具体分析。他指出，华侨华人拥有的不仅是巨大的资本，还有相当的智力、人才，侨务部门要把引进华侨华人人才的工作，摆到更加重要的位置上来。他指出，就是要通过 3000 万华侨华人，特别是他们中的科教工作者，促进我们科教兴国战略的实施。根据这一战略思想，侨务部门把为科教兴国战略服务摆到更加重要的位置，广泛开展了“兴国利侨”活动，作为推进侨务部门引资引智工作的一项重要举措，更加积极地为改革开放、经济发展服务。

实施“科教兴国”战略，人才是关键。在中国庞大的科技队伍中，除了国内 1800 万各类科技人才外，还有一批知识新、造诣深、对祖籍国怀有深厚情谊的海外华侨华人科技专家。加强与他们的合作交流，充分发挥他们的作用，对于中国尽快实现科学技术现代化，具有重要的意义。1999 年，国务院侨办组织了海外华侨华人百名博士回国（来华）考察交流，是兴国利侨的举措之一。

为进一步推动海外华侨华人来华投资创业，1999 年侨务系统在全国开展“为侨资企业服务行动年”活动，保护侨资企业的合法利益。“为侨资企业服务行动年”的主要内容是：依法查处侵害华侨华人和港澳同胞投资者合法权益的案件，重点是金额较大、情节恶劣、对外造成不良影响的典型案件；妥善协调解决各类经济纠纷；积极为侨资企业排忧解难，提供优质服务，努力改善投资软环境。这一活动取得了显著的效果。

继 1999 年开展“兴国利侨——为侨资企业服务行动年”活动之后，国务院侨办从 2000 年起在全国侨办系统继续开展“兴国利侨——牵手西部”系列活动。其主要内容包括：积极引进华侨华人智力和人才，以海外智力服务“大西部”，重点是促进西部地区基础设施建设，植树种草、退耕还林等生态环境建设，科学教育事业以及特色经济和优势产业的发展；以邀请海外客商为重点，协助西部各地开好“昆交会”、“乌交会”和“重交会”。同时，利用网络技术，向海外传递西部地区投资环境、优惠政策及经济、科技合作项目信息，并以西部地区为重点举办网上经贸洽谈会，加强对西部地区侨务工作的指导和重点支持。

20 多年来，大量华侨华人资本涌入中国东南侨乡及沿海城市，对中国大陆，尤其是侨乡的经济发展起了巨大的推动作用。正如朱镕基在第六届世界华商大会上所说的那样，中国经济取得的辉煌成就，海外华侨华人功不可没，他们的创业精神已经载入中国经济发展的辉煌史册。

进入世纪之交，随着世界经济全球化的发展，中共中央提出要抓紧实施“走出去”的开放战略，把“引进来”和“走出去”紧密地结合起来，这是中央根据国内外经济发展的新形势，在总结改革开放 20 多年经验基础上作出的进一步扩大开放、提高开放水平的战略决策。2000 年《中共中央关于制定国民经济和社会发展第十个五年计划的建议》明确提出，实施“走出去”战略，鼓励和支持有优势的企业对外投资和跨国经营，主动参与国际经济技术合作与交流，优化资源配置，拓展国际市场，增强国际竞争力，为经济发展开辟新的空间。

在实施“走出去”战略中，华侨华人以及创办的企业可以发挥重要桥梁和纽带作用。正如江泽民所指出的：“广东还有一个独有的优势，就是广东籍的侨胞和港澳台胞近 3000 万，世界五大洲都有广东乡亲。你们要善于利用这些优势实施好‘走出去’的战略。进一步提高对外开放水平。能不能抓住机遇，把‘走出去’这篇文章做好，也是直接关系广东的经济发展能否‘增创新优势，更上一层楼’的又一个重要前提。”[①]

① 任贵祥、朱昌裕著：《华侨华人与中国改革开放 40 年》，第 182 页。

海外的华商熟悉所在国国情，融入了当地主流社会，事业有成，是当地经济不可忽视的力量，在海外建立了良好的人脉关系、商业网络和金融网络。在遍布全球的华商之间，存在着一个以宗亲关系、乡籍关系和行业关系串联而成的商际网络。美国未来学家约翰·奈斯比曾把它比作互联网："那是很隐形的、复杂微妙的网络，华人家族企业其实就是宗亲和同乡之网，许许多多小网交织成一大面铺盖全球的网络。"[①] 随着华人居住地向世界的扩散，华商业务国际化的趋势增强，海外华人金融网络也就随之延伸和扩大，成为促进各国、各地区贸易投资的桥梁。

华侨华人是中华民族在海外的延伸和有机组成部分，是我国经济社会发展的独特力量，是我国同世界各国友好交往与合作交流的重要"桥梁"。海外华商为支持国内企业实施"走出去"战略提供了条件，将成为一支启发中国内地企业更快、更大程度地融入全球商业经济的"催化剂"。随着华侨华人数量的不断增加，国际地位的不断提高和国际影响的扩大，对我国经济社会的促进作用也不断增强，在我国"走出去"的战略中继续发挥巨大的作用。

各地侨务部门引导海外华侨华人帮助国内企业"走出去"进行了一些有益的尝试。如 2004 年，上海市侨办举办"相聚上海，共谋发展"活动就是以帮助国内企业"走出去"为主题的。在活动开幕式上，有六家海外华侨华人社团与上海数家行业协会签订了合作协议，通过这些社团的牵线搭桥，帮助国内企业更好地"走出去"。2005 年，上海医疗器械行业协会组团到加拿大进行商务考察，在海外华侨华人专业社团的帮助下，拜访了多家医疗器械行业的著名机构和公司，取得了良好的效果。

总之，20 世纪 90 年代以来，以江泽民同志为核心的党的第三代中央领导集体高举邓小平理论伟大旗帜，继承并发展邓小平侨务思想，在

① 转引自王琳：《海外华侨华人与实施"走出去"战略》，《侨务工作研究》2006 年第 4 期。

新形势下不断研究新情况、解决新问题，使世纪之交我国的侨务工作承前启后，以崭新的姿态迈入 21 世纪。

七、胡锦涛关于侨务工作的新理念

胡锦涛曾长期担任党和国家重要领导人，2002 年中共十六大上当选为中共中央总书记一直到党的十七大。胡锦涛担任中央总书记的十年间，对侨务工作有一系列论述和实践，提出一些新的侨务理念，继承和发展了邓小平、江泽民的侨务思想，是科学发展观有机组成部分。

（一）相关研究概述

党史界及侨史界关于胡锦涛侨务理论与实践有一定的研究，主要成果如下：著作方面，《海外华侨华人与中国改革开放》（任贵祥主编，中共党史出版社 2009 年版）一书第三章《新时期党的侨务思想和侨务工作的发展》，系统阐述改革开放新时期党的侨务思想和侨务工作，其中第三节《以胡锦涛为总书记的党中央关于侨务工作的新理念新举措》，全面系统介绍了胡锦涛侨务思想与实践。《华侨华人与新中国》（张应龙主编，暨南大学出版社 2009 年版），零散地介绍了胡锦涛的侨务思想和工作。文章方面，路阳：《中国特色社会主义侨务理论的新发展——胡锦涛侨务思想探析》（《上海社会主义学院学报》2014 年第 1 期），是专门阐述胡锦涛侨务思想的文章。文章概述了胡锦涛侨务思想的基本特征、主要内容、理论价值与实践意义；胡锦涛侨务思想具有时代性、开创性和与时俱进的理论品质；胡锦涛侨务思想是中国特色社会主义侨务理论的重要组成部分，是对邓小平、江泽民侨务思想的继承和发展；胡锦涛侨务思想是改革开放新时期我国侨务工作的理论依据和行动指南，在党和国家工作中占有重要地位。路阳：《改革开放以来中国特色侨务理论新发展——邓小平、江泽民、胡锦涛侨务思想比较研究》（《福建社会主义学报》2013 年第 6 期），文章对三位领导人各方面的侨务思想作了比较，总结侨务工作的经验和成绩，考察未来发展趋势。张梅:《论中国特色社会主义侨务理论》（《马克思主义研究》2012 年第 6 期）、陈云云:《中国特色社会主义侨务理论研究》（《扬州大学学报》2013 年第 2 期）、路阳:《中国特色社会主义侨务理论浅析》（《宁夏社会主义学院学报》2014 年第 1 期）等文章均涉及胡锦涛侨务思想。资料方面，国务院侨办干部学校编辑的《论中国侨务》（内部资料），收录了小部分胡锦涛有关侨务的讲话语录。

从以上介绍可以看出，学术界对胡锦涛侨务思想的研究比较薄弱，成果不多，有待进一步展开研究。

（二）对华侨华人贡献和地位的再认识

进入 21 世纪，世情、国情、党情、侨情发生诸多变化，以胡锦涛为总书记的党中央适应新形势，承前启后，在进一步推进改革开放向纵深发展的同时，推动侨务工作向前迈进。

继续推进现代化建设，完成祖国统一大业，维护世界和平与促进共同发展，是中国共产党提出的新世纪中国的三大主要任务。侨务工作与这三大任务密切相关，肩负繁重使命。党的十六大新当选为中共中央总书记的胡锦涛，对侨务工作高度重视，以新的侨务理念和实践，以科学发展观和构建社会主义和谐社会的战略思想为指导，在继承邓小平、江泽民侨务思想的基础上，结合侨务工作实践，提出了“两个服务”的思想和“统一论”等侨务理念，将新世纪的侨务工作提高到了一个新的水平。

我国改革开放 30 年来，广大华侨华人为中国的现代化建设事业作出了重要贡献。对此，早在 2000 年，时任国家副主席的胡锦涛就给予了高度评价。9 月 22 日，胡锦涛在北京会见出席“2000 年世界华人论坛”的部分代表，指出：“改革开放以来国内改革和发展所取得的成就，与广大海外同胞的关心、支持是分不开的。”[①] 党的十六大之后，胡锦涛在多种场合，从各个方面积极肯定了新时期以来广大华侨华人为中国改革开放事业所作出的贡献。如 2004 年 1 月 28 日，胡锦涛在法国进行国事访问会见华侨华人代表时讲话指出：旅法华侨华人是联系中法两国人民的桥梁，长期以来，你们弘扬中华民族勤劳善良的传统美德，为当地经济的发展繁荣，为中法两国人民的友谊，作出了重要的贡献。旅法华侨华人虽然远离祖（籍）国，但大家的心是和祖（籍）国、和我们整个民族联系在一起的。胡锦涛勉励侨胞们再接再厉，进一步加强和国内的联系，继续为祖国的发展、统一，为中法友好合作关系的进一步发展作出新的贡献。[②] 胡锦涛从中外文化交流和中外友好交往方面赞扬了华侨华人的贡献。

2005 年 2 月，胡锦涛在接见全国侨务工作会议代表时指出：“在中国革命、建设、改革的各个历史时期，广大海外侨胞和归侨侨眷为中华民族的独立和解放、为国家的繁荣和发展作出了重要贡献，在中华民族史册上写下了光辉的篇章。历史已经证明并将继续证明，广大海外侨胞和归侨侨眷是推进我国现代化建设、实现祖国完全统一和中华民族伟大复兴的重要力量。”[③] 比较而言，胡锦涛对华侨华人贡献的评价更为全面，既肯定现在的贡献，也预见了未来的作用。

2007 年 6 月第四届世界华侨华人社团联谊大会期间，胡锦涛于 6 月 20 日在人民大会堂会见全体代表并发表重要讲话，指出：广大华侨华人是“中国现代化建设的积极参与者”，“中国统一大业的积极促进者”，

① 《胡锦涛会见出席“2000 年世界华人论坛”部分代表》，《人民日报》2000 年 9 月 23 日，第 1 版。

② 《胡锦涛向旅法华人拜年，赞其是连系中法桥梁》，http://news.21cn.com/world/guojisaomiao/2004/01/29/1426368.shtml。

③ 《胡锦涛会见全国侨务工作会议代表时强调：把海内外中华儿女的力量凝聚起来，为实现中华民族伟大复兴共同奋斗》，《人民日报》2005 年 3 月 1 日，第 1 版。

“中华文明的积极传播者”，“中国人民和世界各国人民友好交往的积极推动者”，从四个方面概括了华侨华人对中国改革开放事业作出的重要贡献。

2008 年 3 月 7 日，胡锦涛在中国致公党、中国侨联界全国政协委员联组会上发言，对华侨华人的贡献和作用又作出了类似总结：“充分发挥归侨侨眷和海外侨胞在推动中国现代化建设方面的重要作用，在推进祖国和平统一大业方面的积极作用，在传播中华文化方面的独特作用，在增进中国人民同各国人民相互了解和友谊方面的桥梁作用，进一步汇聚起全民族为实现中华民族伟大复兴而共同奋斗的强大合力。”

经过改革开放近 30 年的实践，历史已经有了较厚重的积淀，华侨华人对中国改革开放的贡献已经充分显现出来。因此，胡锦涛全面深刻地总结海外华侨华人对改革开放和中国现代化建设事业的重大贡献，是准确到位的，也为实践所充分证明。

（三）侨务工作三个“大有作为”

正因为海外侨胞在不同历史时期，为祖国各项事业作出了不可磨灭的重要贡献，党和政府历来十分重视侨务工作。党的十六大以来，胡锦涛对做好新形势下的侨务工作高度重视，从政治和战略的高度多次对侨务工作作出重要指示，对侨务工作的重要地位作出新的界定。2005 年 1 月 20 日，胡锦涛主持中央政治局常委会议，审议国务院侨办起草的《关于加强新形势下侨务工作的意见》，并决定由中共中央办公厅和国务院办公厅联合下发执行。2005 年 2 月 27 日至 28 日，全国侨务工作会议召开。这次会议规格之高、范围之广、影响之大在侨务工作史上都是少有的。胡锦涛、温家宝、贾庆林、曾庆红等九位党和国家领导人亲切接见全体代表，胡锦涛发表重要讲话，国务委员唐家璇代表国务院作主题报告，并全天参加会议。中共中央、全国人大、国务院、全国政协有关部门及致公党中央、中国侨联的负责人，各省、自治区、直辖市人民政府分管侨务工作的负责人自始至终出席会议，我国25个驻外使领馆的负责同志专程回国参加会议。这在历次全国侨务工作会议中还是第一次，充分体现了中共中央、国务院，地方党委、政府和有关部门对侨务工作的重视、关心和支持。

2005年2月27日至28日召开的全国侨务工作会议，是进入新世纪后召开的第一次全国侨务工作会议。正是在这次会议上，胡锦涛三个“大有作为”论断对新世纪侨务工作的重要性作出了新的概括。他指出：“在凝聚侨心、发挥侨力，为实现全面建设小康社会的宏伟目标作贡献方面，侨务工作大有作为；在反对和遏制‘台独’分裂势力，推动祖国和平统一进程方面，侨务工作大有作为；在开展民间外交，传播中华优秀文化、扩大中国人民与世界各国人民友好交往方面，侨务工作大有作为。”①胡锦涛的这一论断，总揽全局，高屋建瓴，从政治和战略的高度指明了侨务工作在党和国家事业发展大局中的独特作用和肩负的历史使命，为新时期侨务工作的开展指明了方向。

（四）提升侨务工作的指导思想

按照中共十六大、十七大提出的奋斗目标，21世纪是我国实现全面建设小康社会、实现中华民族伟大复兴的关键时期。随着我国加入世界贸易组织，我国的对外开放将进入一个新的发展阶段，广大华侨华人与祖籍国合作交流的领域和范围将进一步扩大，在中国现代化建设中的作用将更加显著。实现祖国的完全统一，是新世纪我国三大任务之一。广大华侨华人是促进中国和平统一不可忽视的力量。这些表明，新世纪将是华侨华人在振兴中华、促进中国统一大业中发挥更大作用的时期，也是侨务工作肩负繁重使命的时期。

① 《把海内外中华儿女的力量凝聚起来 为实现中华民族伟大复兴共同奋斗——胡锦涛总书记会见全国侨务工作代表》，《侨务工作研究》2005年第1期。

因此，新世纪的侨务工作以什么样的指导思想展开至关重要，胡锦涛对此进行了战略性思考。2005 年 2 月，胡锦涛接见全国侨务工作会议代表时指出："各级党委和政府要深刻认识新形势下侨务工作的重要性，把侨务工作摆上重要议事日程，及时研究解决涉侨工作的重大问题；要坚决贯彻中央关于侨务工作的方针政策，坚持以人为本，始终把维护海外侨胞和归侨侨眷的根本利益作为侨务工作的出发点和落脚点，努力做到为国家大局服务和为侨服务的统一；要建立和完善必要的侨务工作协调机制，加大侨务工作的投入，为开展侨务工作提供必要的保障。"[①] 这就初步提出了侨务工作"两个服务统一论"的指导思想。

同年 2 月 7 日，中共中央办公厅、国务院办公厅印发《关于加强新形势下侨务工作的意见》，对新世纪侨务工作的指导思想作了明确的概括，即："以邓小平理论和'三个代表'重要思想为指导，坚持以人为本、为侨服务的宗旨；坚持以国内侨务工作为基础，以国外侨务工作为主导；坚持为国家大局服务和为侨服务的统一，与时俱进、开拓创新，努力在海外发展一支宏大的对我友好的力量，促进侨务资源的可持续发展，充分发挥海外侨胞和归侨侨眷的独特作用，为全面建设小康社会、促进祖国统一和发展同各国人民的友好合作而奋斗。"[②]

邓小平理论和"三个代表"重要思想是党的各项事业的指导思想，邓小平侨务思想和江泽民等中央领导同志关于侨务工作的论述也是邓小平理论和"三个代表"重要思想的重要组成部分，是党的解放思想、实事求是和与时俱进的思想路线在侨务工作中的具体运用和体现，是新形

---

① 《把海内外中华儿女的力量凝聚起来 为实现中华民族伟大复兴共同奋斗——胡锦涛总书记会见全国侨务工作代表》,《侨务工作研究》2005 年第 1 期。

② 《中共中央办公厅、国务院办公厅印发〈关于加强新形势下侨务工作的意见〉》（2005 年 2 月 7 日），转引自任贵祥主编:《海外华侨华人与中国改革开放》，中共党史出版社 2009 年版，第 216 页。

势下做好侨务工作的根本指针。坚持以科学理论为指导，全面落实科学发展观，立足于新的实践和新的发展，不断强化对侨务工作战略地位的认识，深入探索侨务工作的发展规律，进一步解放思想、开拓创新，这是开创侨务工作新局面的根本保证。

“坚持以人为本、为侨服务的宗旨；坚持以国内侨务工作为基础，以国外侨务工作为主导；坚持为国家大局服务和为侨服务的统一”，这三个“坚持”，是对改革开放以来尤其是进入新世纪以来侨务工作基本经验的科学概括和总结，是对侨务工作规律的正确认识和把握，体现了科学发展观的要求，成为新世纪侨务工作的根本指导方针。

“坚持以人为本，为侨服务”，这是新世纪侨务工作的宗旨。党的十六大以来，以胡锦涛为总书记的新一届党中央领导集体，提出了科学发展观的思想，并在党的十七大上将其和邓小平理论、“三个代表”重要思想一起纳入中国特色社会主义理论体系之中。科学发展观的核心是“以人为本”。用科学发展观统领侨务工作，就是“以人为本，为侨服务”。胡锦涛强调：要坚决贯彻中央关于侨务工作的方针政策，“坚持以人为本，始终把维护海外侨胞和归侨侨眷的根本利益作为侨务工作的出发点和落脚点”①。2006 年 4 月 18 日，所罗门发生骚乱，殃及数百名华人华侨。刚刚抵达美国访问的胡锦涛主席立即指示保护侨民，中国外交部第一时间启动了紧急机制。第二天，中国外交官探视难民的身影就出现在所罗门群岛；随后的三天内中国大陆已包租四架次飞机，撤侨近 400 人。这次护侨行动，中国不但没有计较所罗门是台湾的“邦交国”，而且撤侨对象包括台胞和持有所罗门护照的华人，这种超越海峡两岸对峙的宽阔胸襟，反映了中国政府“以人为本”的执政理念和“外交为民”的新

① 《把海内外中华儿女的力量凝聚起来 为实现中华民族伟大复兴共同奋斗——胡锦涛总书记会见全国侨务工作代表》，《侨务工作研究》2005 年第 1 期。

风，得到了广大华侨华人和海内外舆论的好评。被救侨胞非常感激中国政府，他们说："祖国是我们的救命恩人"，"身为华人，祖国这样出手帮我们，我们好感激亦感到好荣幸、骄傲"。[①] 为更好地维护海外中国公民和法人的合法权益，2006 年 5 月 29 日，外交部在领事司设立领事保护处，专门协调处理涉及海外中国公民和法人合法权益保障的工作。2007 年 8 月 23 日，外交部在原领事保护处的基础上组建领事保护中心，是为了进一步整合资源，提升预警、处置、宣传和立法等方面的协调行动能力，也是深入贯彻"以人为本"、"执政为民"理念的又一重要举措。

"坚持以国内侨务工作为基础，以国外侨务工作为主导"，这是我们长期以来对侨务工作规律性探索的结果，也是新世纪侨务工作的基本原则。侨务工作分国内工作与国外工作，前者是基础工作，后者处主导地位，两者紧密相连、互相促进，共同服务于以经济建设为中心的三大任务。新时期以来，由于国内形势需要，我国侨务工作的重点长期放在国内，集中落实侨务政策，解决历史遗留问题，制定各项侨务政策，这是当时客观形势的需要。进入新世纪，侨务工作的优势蕴藏在海外华侨华人之中。第一，人才优势。海外华侨华人中，拥有一大批掌握现代化科学技术和管理知识的专业人才。第二，资金优势。海外华人，特别是东南亚地区，华侨华人拥有雄厚的经济实力，许多已组成跨国集团，走向国际化经营，在金融、运输、工商、财贸等方面占有重要地位。第三，信息优势。广大华侨华人了解当地社会的动态，既有广度又有深度，既拥有遍布世界的商业销售网络，又掌握各国科技发展的最新信息。第四，纽带优势。海外华侨华人既与中国有着千丝万缕的联系，又与居住国社会休戚相关，多数人已融入当地主流社会。所以在中国与国外的联谊、交流和合作中，他们自然而然地起着桥梁作用。因此，在积极推进世纪

---

① 暨南大学图书馆彭磷基华侨华人文献信息中心编：《侨情简报》第 2006 卷第 5 期。

之交的侨务工作中，必须在继续做好国内侨务工作的同时，努力增强国外侨务工作的主导地位，这是一个战略性的考虑。只有充分发挥国外侨务工作的主导作用，才能把海外侨胞这一潜在的优势转化为现实的机遇，才能把对我友好的力量，凝聚到全面建设小康社会的宏伟目标中来，这是增强侨务工作优势和活力的关键。

“坚持为国家大局服务和为侨服务的统一”，这是侨务工作的两个基本点。这一新的战略性理念，具有深刻的现实意义和长远的历史意义。其一，这是“以国为重”和“以侨为本”双重思维的统一。侨众利益寓于国家利益之中，而国家利益又以民众（含侨众）利益为基础。在坚持国家大局的前提下，维护好侨众利益，做好为侨服务，充分体现“国以民为本”的思维。“两个服务”的统一，就是坚持维护国家大局利益与维护侨众利益的统一性，坚持做好侨务工作与实现广大侨众根本利益的统一性。这也是胡锦涛重侨、亲侨、爱侨和护侨理念的体现。其二，“两个服务”统一的理念，有助于纠正和防止某些片面认识。“两个服务”统一的理念，体现了马克思主义的世界观和方法论，并具有时代精神和实践要求，对于防止涉侨领域某些偏颇观念，纠正片面的认识和行为，大有裨益。为国家大局服务是事关国家盛衰强弱的关键，凡事必须维护大局、顾全大局、服务大局、服从大局，这是国家最高利益的要求。但是，在涉侨领域，近年来也出现一些片面的“大局论”。例如，有的地方领导借口改革、开放、发展的大局，企图对一些侨场、侨厂、侨镇、侨校实施“全盘端式”的大迁大拆，对华侨农林场、工厂的土地无偿划拨或低价、压价转让，或美其名以政策照顾而削价卖给开发商。这样，既伤害了侨众的切身利益，也损害了党和政府在海内外广大侨众中的形象和声誉。另外，在某些地方又存在狭隘的“侨本位”的思想和现象。本来“为侨服务”的本质是为广大侨众的根本利益服务，但如果缺乏国家大局观念和全局意识，单纯地从一种片面的“利侨”角度出发来认识和处理涉侨问题，必将导致损害国家的最高利益，最终损害侨众的根本利益。这种“侨本位”思维也是错误的，需要防止和纠正。“两个服务”统一的理念，体现着“国以民为本”和“民以国为重”的辩证统一关系，是侨务工作与时俱进，保持鲜明时代特征和蓬勃活力的必然要求。

此外，胡锦涛还提出了“促进侨务资源可持续发展”等崭新的论断，体现了科学发展观的要求。根据中央关于构建和谐社会、推进和谐世界建设的战略思想，侨务部门还提出了倡导构建和睦相融、合作共赢、团结友爱、充满活力的和谐华侨华人社会的主张。这些新的侨务新理念，对于新世纪侨务工作都是极大的推动和鞭策。

（五）推动新世纪侨务工作持续发展

进入 21 世纪以来，海外侨情正在发生一系列变化。主要表现在：

第一，我国综合国力和国际地位的不断提升，大大激发了海外侨胞的民族自豪感和文化认同感。侨胞骄傲地说：“中国的航天飞船飞得有多高，海外侨胞的头就能抬得有多高。”2005 年美国《洛杉矶时报》就刊载文章指出：中国让海外华人感到骄傲。[①]

第二，新华侨华人的数量剧增、分布更广。改革开放以来出国的新华侨华人同华裔新生代一起，逐步成为华侨华人社会的主体，拓展了侨务工作领域。除东南亚等传统的侨胞聚居地外，北美、西欧及巴西、澳大利亚、日本、南非等地区和国家，已日益成为海外侨胞新的聚居地，给当地华侨华人社会增添了大量新鲜血液。

第三，海外侨胞的经济、政治实力进一步增强。据中国新闻社课题组发表的《2007 年世界华商发展报告》，2007 年全球华商群体继续壮大，华商经济蓬勃发展。据推算，全球华商总资产约为 3.7 万亿美元。[②] 而且

---

① 暨南大学图书馆彭磷基华侨华人文献信息中心编：《侨情简报》第 2005 卷第 5 期。

② 暨南大学图书馆彭磷基华侨华人文献信息中心编：《侨情简报》第 2008 卷第 1 期。

华侨华人中知识型、创业型群体不断壮大，并逐渐摆脱“不问政治国事”的思维模式，参政意识进一步提高，陆续融入所在国主流社会。如2006年10月31日，40多名英国华人在英国上议院启动参政计划，正式拉开了华人参与英国政治、融入英国社会的序幕。[①]2007年6月8日，加拿大第一个由华人筹组及主导的政党——民族联盟党（NAP）在温哥华正式宣布建党，主要核心人物都是近年来自中国大陆的新移民。民族联盟党表示鼓励少数族裔人士参政，将在适当的时机推荐优秀的候选人，以“集体参政”的形式，参与加拿大的市、省政治选举。海外侨胞是住在国经济社会发展的一支重要力量，也是我国全面建设小康社会、努力拓展民间外交可以借重的宝贵资源。

第四，实现祖国的完全统一是海内外中华儿女的共同意愿，海外华侨华人“反独促统”组织如雨后春笋纷纷建立，“反独促统”活动此起彼伏。海外侨胞在反对和遏制“台独”分裂势力方面，进一步发挥重要的作用。

新世纪的侨务工作面临着重要发展机遇，也面对新的挑战。胡锦涛对侨务工作给予高度重视，悉心指导侨务工作的开展。2005年1月20日，胡锦涛主持中央政治局常委会议，审议国务院侨办起草的《关于加强新形势下侨务工作的意见》，2月7日中共中央办公厅和国务院办公厅联合下发该意见。该意见进一步明确了侨务工作的指导思想、基本方针和基本原则，提出了当前和今后一个时期侨务工作的主要任务，成为新世纪开展侨务工作的指导性文件。2005年2月27日至28日，全国侨务工作会议在北京召开，这是进入新世纪以来国务院召开的第一次侨务工作会议，对新世纪侨务工作进行了全面而具体的部署。2007年10月，胡锦涛在党的十七大报告中再次强调指出：“认真贯彻党的侨务政策，支

① 暨南大学图书馆彭磷基华侨华人文献信息中心编：《侨情简报》第2006卷第9期。

持海外侨胞、归侨侨眷关心和参与祖国现代化建设与和平统一大业。”①在以胡锦涛为总书记的新一届中央领导集体的侨务思想指导下，根据党和国家的部署，各级侨务部门重点开展了以下工作。

1. 部署开展对归侨侨眷权益保护法执法检查

为进一步加强新形势下的侨务工作，维护归侨侨眷和海外侨胞的合法权益，2006 年全国人大常委会决定对《中华人民共和国归侨侨眷权益保护法》的实施情况进行检查。这是自该法颁布实施 16 年来，由全国人大常委会组织进行的第一次执法检查。检查组先后两次听取国务院 10 个部门、最高人民法院、最高人民检察院及中国侨联关于法律实施、维护侨益的情况汇报，并研究改进的措施。4 月 9 日至 5 月 22 日，检查组分成三个小组，分赴广东和上海、广西和陕西、福建和山东六个省（区、市）进行检查。

从这次执法检查的情况看，侨务法律实施和侨务政策落实总体情况是好的。归侨侨眷权益保护法全面贯彻了党和国家对归侨侨眷“一视同仁、不得歧视，根据特点、适当照顾”的原则，使侨务工作走上规范化、法制化的轨道。一是归侨侨眷的政治权益得到保护。1991 年以来，当选历届全国和省级人大代表的归侨侨眷达 640 多人次，担任全国和省级政协委员的归侨侨眷达 900 多人次。二是归侨侨眷和海外侨胞在国内的财产权益得到保护。各地为落实侨房政策做了大量工作，全国共清退了近 4000 万平方米的华侨私房，非法占用侨房的问题都按政策规定得到较好的解决。这是一项凝聚侨心、维护侨益的重要举措。三是各级政府支持归侨侨眷和海外侨胞在国内捐赠兴办公益事业。对海外侨胞捐赠的物资依法减征或者免征关税和进口环节增值税。海外侨胞在国内捐赠兴办公益事业的总价值近 600 亿元人民币。四是归侨侨眷的生活与就业得到了

① 《中国共产党第十七次全国代表大会文件汇编》，人民出版社 2007 年版，第 31 页。

适当照顾。28 个省、自治区、直辖市先后出台政策，提高退休归侨职工的生活待遇和困难归侨侨眷的补助标准。所有这些都受到了归侨侨眷和海外侨胞的好评和赞扬，为大批海外侨胞回国定居和创业创造了条件，对于培育好、保护好、发挥好他们的积极性，具有重要意义。

当然，通过检查，也发现了侨务领域仍然存在的薄弱环节，如华侨农林场发展面临一系列问题，亏损面大，拖欠职工工资、退休金、医药费和社保资金问题突出，职工人均纯收入低于当地农民；大量危房亟待改造，交通、饮水、供电等基础设施欠账较多。海外侨胞在国内投资创业也遇到一些困难，投资权益受到侵害的事情时有发生。针对这些问题，各级侨务部门按照中央有关部署，认真贯彻中央关于侨务工作的方针、政策，遵照“以人为本、为侨服务”的宗旨，始终把实现好、维护好、发展好海外侨胞和归侨侨眷的根本利益作为侨务工作的出发点和落脚点，制定了相关改进措施。

2. 继续推进华侨农场改革

新中国成立至 20 世纪 80 年代初，某些东南亚国家掀起排华运动，大肆迫害华侨，致使约百万华侨在当地无法生活被迫归国，国家为集中接待安置这些归国难侨，在主要侨乡及个别非侨乡创办和改建了 80 多个华侨农场，接待安置归国难侨 20 多万人。国家和各级政府为归国难侨在农场生产生活提供大量人力、财力、物力，使他们安顿下来，能够正常生产生活。

进入改革开放新时期以后，随着国家各项事业的改革发展，改革开放前在旧体制下，即公有制和计划经济基础上创办或改建的华侨农场的发展面临诸多困境，绝大多数农场受到体制的束缚，自身造血功能不足，除少数经营较好有一定盈利外，大部分亏损，生存发展艰难，改革势在必行。八九十年代进行了初步改革，仍然没有改变状况、走出困境。进入新的世纪，华侨农场既面临着发展的新机遇，也存在着复杂的挑战和困难。党中央、国务院十分关心这部分归国难侨的生产生活，将推进华侨农场的改革发展、改善归国难侨职工的生产生活，作为当时解决民生问题、构建和谐社会的一项重要工作来抓。2004 年 3 月，胡锦涛在全国政协十届二次会议联组会上指出，中央中央下决心帮助解决华侨农场职工基本养老保险问题，还要帮助华侨农场发展，只有华侨农场的经济等各方面有了明显的发展，有困难的华侨农场的状况才能得到不断的改善，中央还要相应地采取进一步措施促进华侨农场的发展。[①] 为贯彻胡锦涛的指示精神，2005 年国务院减免华侨农场金融债务 16.41 亿元，减免额占金融机构总债务额的 66.76%。2006 年国务院决定加大资金扶持力度，切实解决好华侨农场面临的危房改造、安全饮水、土地维权、社会保障等突出问题，进一步深化华侨农场领导体制和经营机制的改革，彻底剥离社会职能，使华侨农场“体制融入地方、管理融入社会、经济融入市场”，不断增强内在活力，努力扶持归国难侨走上勤劳致富之路。

为进一步推进农场改革，2006 年，国务院成立由发展改革委员会牵头，18 个部门和广东、广西两省（区）政府参加的华侨农场发展改革工作小组，在大量调查研究的基础上，提出了推进华侨农场改革和发展的意见。2007 年 1 月，国务院召开常务会议，专题研究并原则通过了关于推进华侨农场改革和发展的意见，就如何深化华侨农场体制改革、大力促进华侨农场发展、解决好历史遗留问题等作出具体规定。2007 年 2 月 13 日，国务院召开广东、广西、福建、云南、海南、江西、吉林七省（区）华侨农场改革和发展工作会议，全面部署华侨农场改革和发展工作。新世纪推进华侨农场的改革和发展，其基本原则是：因地制宜、分类指导，立足当前、着眼长远，一视同仁、适当照顾，中央支持、地方

① 参见李海峰：《在全国华侨农场改革与发展经验交流会上的讲话》（2004 年 7 月 8 日），转引自任贵祥主编：《海外华侨华人与中国改革开放》，中共党史出版社 2009 年版，第 221 页。

负责。基本思路是：通过清还债务、改造危房、土地确权、完善社会保障等，解决好华侨农场的历史遗留问题，通过深化改革，理顺体制、机制，推动华侨农场体制融入地方、管理融入社会、经济融入市场，增强自身造血功能，实现又好又快发展。根据上述原则，进一步深化华侨农场体制改革，积极促进华侨农场发展。

2007年成为华侨农场深化改革、加快发展的启动年。具体采取这样一些改革措施：一是为落实政策，国务院华侨农场发展改革工作小组多次派出督查组，指导地方编制计划和实施方案，研究协调解决问题。有关省（区）认真贯彻国务院文件精神，迅速成立领导小组，积极进行专题调研和数据核实，研究制定实施方案。华侨农场改革和发展取得初步成效。除个别华侨农场外，绝大多数华侨农场已全部下放至所在市县，实行属地管理，同时按照“三融入”的要求，结合当地实际情况，对华侨农场的管理体制进行改革。二是将华侨农场基础设施建设纳入当地发展规划，有的省已在农村水利设施、安全饮水、公路、电网、沼气、卫生、中小学等建设项目上，对华侨农场给予倾斜支持。三是华侨农场职工已全部纳入养老保险社会统筹，参加医疗保险有了较大进展。农场扶贫、救灾和低保工作纳入当地扶贫规划。四是土地确权发证工作进展较快，已确权发证土地面积350万亩，占总面积的72%。农场金融债务处置工作取得阶段性成果。此外，各省区在华侨农场分离办社会职能、经营体制改革、产业结构调整、就业培训、配备农场领导班子等方面做了大量工作。

从总体上看，华侨农场改革和发展、解决历史遗留问题取得了较大进展，使华侨农场社会安定，职工和归国难侨情绪稳定，华侨农场发展势头向好。

3. 维护海外华人、“海归”在国内的权益

各级侨务部门还遵循互利共赢的原则，努力为海外华侨华人回祖籍

国开展经济、科技等领域的合作交流搭建平台、提供服务，帮助海外侨胞抓住中国大发展的机遇，不断拓展自身事业。从2003年以来，国务院侨办开展了全国百家明星侨资企业评选表彰活动，对侨资企业所作贡献给予高度评价。北京、上海、福建、浙江、江苏、辽宁等省（市）侨办也开展了评选表彰省内明星侨资企业的活动，进一步激励了海外侨胞来华投资的热情。

采取措施鼓励吸引海外侨胞和留学人员回国创业。2004年3月7日，胡锦涛在全国政协致公党和中国侨联组委员的联组讨论会上强调：要按照经济社会发展的需要，制定切实可行的措施，进一步做好新形势下吸引海外人才和智力的工作，为现代化建设提供人才和智力支持。要建立符合留学人员特点的引才机制，制定和实施吸引留学人员回国创业的政策措施，重点吸引高层次人才和紧缺人才。要为留学人员回国服务营造良好的环境，健全招聘使用制度，改善管理和配套服务，落实优惠鼓励政策，积极解决他们在创业资金、知识产权、医疗保险、子女入学、家属就业等方面的实际问题。胡锦涛的讲话站在时代和历史的高度，进一步提出了新时期侨智引进工作的新任务、新要求。

党的十六大以来，在党中央、国务院的重视支持下，各地区、各部门结合各自职能优势和实际情况出台了一系列政策措施鼓励和支持留学人员回国工作或以多种形式为国服务。人事部、教育部、科技部、财政部等有关部门相继出台了《关于鼓励海外高层次留学人才回国工作的意见》《关于鼓励海外留学人员以多种形式为国服务的若干意见》等近40个文件，内容涉及留学人员回国安置调整和任职、高层次留学人才吸引、海外留学人员为国服务、回国创办企业、知识产权保护、出入境和居留便利等十几个方面。在各地区各部门的共同努力下，留学人员回国工作政策体系不断完善，有效指导了各地留学人员回国工作开展。

回国工作的高层次留学人才为提高我国自主创新能力，建设创新型国家作出了突出贡献。据统计，2006 年国家自然科学奖获奖项目的第一完成人中有 66% 为留学回国人员，国家技术发明奖第一完成人中 40% 以上为留学回国人员。21 世纪前几年，全国已建成各级各类留学人员创业园 110 家。据不完全统计，进入创业园的留学人员企业超过 6000 家，15000 余位留学人员在园内创业，涌现出一批像中星微电子、UT 斯达康、百度搜索引擎、无锡尚德等拥有自主知识产权、在各自领域内位居全国甚至国际前列的高新技术企业。留学人员创业园逐渐成为各地高科技产业化和经济增长新的亮点，在引领和推动企业自主创新进程中发挥着越来越重要的作用。

为使侨务部门更好地为“科教兴国”、“人才强国”战略服务，国务院侨办从 2005 年起又实施了“海外人才为国服务计划”，在更大范围、更广领域帮助华侨华人专家和高层次人才实现为国服务的抱负。此外，每年还组织多批“海外人才为国服务博士团”赴地方开展交流合作活动，并召开“首届华侨华人专业人士杰出创业奖表彰大会”，鼓舞了华侨华人专业人士回国创业的热情。截至 2006 年底，回国工作、创业的留学人员已达 25 万人。①

4. 积极开拓海外华文教育工作

进入 21 世纪，随着中国经济社会的不断发展，以及世界其他地区众多华裔精英在经济领域的卓越表现，中华文化对于现代工商社会的诸多意义凸现，华文的国际地位大大提高，世界范围内出现的“华文热”既升温又升值。近 20 年来，海外华文学校在传播中华文化、帮助当地民众了解中国、增进民族友好、促进中外经济文化交流等方面，发挥着越来越大的作用。2004 年 3 月，胡锦涛在全国政协十届二次会议期间就进一

① 唐家璇：《国务院关于侨务工作的报告——2007 年 6 月 28 日在第十届全国人民代表大会常务委员会第二十八次会议上》，《全国人民代表大会常务委员会公报》2007 年第 5 期。

步做好新世纪新阶段的海外华文教育发表了讲话，对进一步做好新时期海外华文教育工作作了重要指示。他指出："华侨希望祖国能够在华文教育问题上，给予帮助、给予支持，这是我们义不容辞的责任。""中华民族之所以几千年始终不衰，尽管遇到各种磨难，其中文化的凝聚力应该说是很重要的因素。在华文教育这个问题上，从政府来讲要加大投入，还需要动员各方面的力量来支持这件事情。"[①] 为贯彻落实胡锦涛的讲话精神，国务院组织召开由国务院侨办牵头、15 个部委参加的国家海外华文教育工作联席会议。2004 年 9 月，国务院侨办注册成立了中国华文教育基金会，以弘扬中华文化，发展华文教育事业，促进中外文化交流为宗旨。这些举措为海外华文教育事业的发展奠定了坚实的基础，提供了有力的保障。

在各有关方面的共同努力下，形成了协力推进海外华文教育工作的大好局面，主要体现在以下几个方面：（1）加强华文教材的编写和发行工作。国务院侨务办公室根据欧美和东南亚地区华侨华人不同的特点，编写了两套海外华文教材，适用于亚洲的叫《汉语》，全套 50 册；适用于欧美的叫《中文》，全套 48 册。每年向海外赠送各类中文教材 160 多万册。（2）积极开展师资培训工作。在华文师资培训方面，国务院侨办一方面组织国内专家培训团走出国门，到海外培训华文教师；另一方面又邀请海外的华文教师到中国进行汉语教学培训。与此同时，他们还选派中国的优秀教师前往海外近百所华文学校任教。近两年共组派了 35 个培训团组赴海外培训华文教师 8000 多人，邀请了 3000 多位骨干教师和华校负责人来华培训。这些举措缓解了海外各地华文师资缺乏的燃眉之急，收到了十分显著的效果。（3）举办形式多样的夏（冬）令营活动。

---

① 转引自卓高鸿：《海外华文教育：海外统战工作的一项重大任务和一个新的增长点》，《福建省社会主义学院学报》2008 年第 1 期。

作为中国政府拓展海外华文教育的一项重要举措，“中国寻根之旅”品牌活动在华侨华人社会中的影响越来越大。2006 年，来自世界各地的 5000 余名华裔青少年参加了“中国寻根之旅”主题夏令营活动。丰富多彩的参观考察活动，增强了广大华裔青少年的民族自豪感和对中华文化的兴趣。（4）从 2004 年起，“国家汉办”在全世界推广孔子学院，这是一种在海外推广汉语教育的模式，由中国政府提供开办经费和派遣志愿教师，截至 2008 年 2 月，已在全世界 68 个国家建立起 231 所孔子学院，在美国就有 40 所遍及 30 个州。仅洛杉矶中领馆辖区内就有五所。[①] 孔子学院已成为海外中文教育的重要平台。

2008 年 5 月 9 日，正在日本进行国事访问的胡锦涛参观了日本横滨山手中华学校。在海外华文教育百年发展史上，中国国家领导人的首次造访，引起海外华人社会的关注。胡锦涛此次访问，无疑展现了中国领导人关心海外华人社会与华文教育的姿态，也将鼓励有关方面的人士进一步推进海外华文教育的发展。

5. 加强侨务对台工作，促进祖国和平统一进程

2000 年陈水扁上台以来，顽固坚持“台独”分裂立场，不断推动“去中国化”“正名”“终统”“制宪”“入联公投”等一系列“台独”分裂活动。海外侨界关于台湾问题的统独之争上升为主要矛盾，传统的意识形态和社会制度之争下降为次要矛盾。期盼祖国统一、反对“台独”分裂，成为海外各界侨胞的共同语言和团结合作的政治基础。2000 年 8 月，在德国柏林召开了“全球华侨华人推动中国和平统一大会”。这是全球华侨华人向“台独”分裂势力发出的第一声反对“呐喊”。此后，广大华侨华人在全球不断广泛掀起“反独促统”运动，声势一浪高过一浪。

对海外侨胞举办的“反独促统”活动，中国政府一直大力支持，支

① 《侨情简报》第 2008 卷第 1 期。

持他们以多种方式积极促进两岸的合作与交流。根据对台工作形势发展需要，2000 年 4 月成立了中共中央台办、国务院台办港澳涉台事务局，专门负责港澳、海外涉台事务的组织、指导、管理、协调。2005 年 2 月中共中央办公厅、国务院办公厅印发的《关于加强新形势下侨务工作的意见》明确指出：加强侨务对台工作，把反对和遏制“台独”分裂势力作为对台工作的首要任务，深入扎实地推动和支持海外侨胞举办的各种形式的“反独促统”活动，形成强大声势，坚决遏制“台独”分裂势力在海外的影响。2005 年 3 月，第十届全国人民代表大会第三次会议审议并高票通过了《反分裂国家法》，赢得了海外华侨华人的坚决拥护，促进了海外“反独促统”活动的发展。

海外华侨华人“反独促统”运动发展至今大致经历了三个阶段：第一阶段，从 2000 年至 2003 年，是形成规模、突出声势的阶段。到 2003 年初，海外“反独促统”组织发展到近百个，遍布五大洲 58 个国家和地区，规模和声势初步形成。第二阶段，从 2003 年至 2004 年，以反对“台独”“公投”活动为主，突出向国际社会共同发声。第三阶段，2005 年以来，高举一个中国旗帜，广泛团结海外台胞，有意识地将影响扩散到住在国主流社会。事实证明，蓬勃发展的海外华侨华人“反独促统”运动在国际社会产生了积极影响，成为遏制“台独”分裂势力的一支重要力量，在推进祖国和平统一进程中发挥着不可替代的作用。

（六）大规模开展护侨撤侨行动

进入 21 世纪，中国改革开放历经 30 年，中国的面貌发生了翻天覆地的变化，取得了举世瞩目的成就，但中国面临的国际环境并不安定，一些地区、某些国家动荡不安，为我国的对外开放带来困难，也为住在国的华侨华人生存带来压力，为海外中资机构工作带来威胁。在这种背景下，以胡锦涛为总书记的党中央果断作出决策，部署国家有关部门开展了大规模的救侨护侨活动。

1. 从吉尔吉斯斯坦撤侨

2010 年 6 月，中亚地区吉尔吉斯斯坦南方城市奥什发生骚乱，严重威胁中国驻外工作人员和当地华侨华人的生命财产安全。党和国家领导人十分关心在吉华侨华人和我驻外人员的人身安全，胡锦涛作出重要批示，要求外交部等有关部门协调做好撤侨工作，确保我人员安全回国。为落实胡锦涛的指示，外交部牵头协调国内其他部委和地方政府组织实施撤离行动。当地时间 6 月 14 日下午，中国政府派遣的工作组从比什凯克飞赴奥什。同时，中国南方航空公司接到执行国家紧急包机的任务通知，连夜派出两架波音 737—700 型客机，飞抵吉尔吉斯斯坦，接回当地的华人华商和留学生。至 6 月 16 日深夜，中国政府在很短的时间内派到吉尔吉斯斯坦奥什机场九架撤侨包机，撤回至新疆乌鲁木齐机场的华侨华人和留学生 1317 人。至此，在骚乱地区的绝大部分中国同胞得以撤回。撤侨活动紧张有序，快捷利落，使撤回国内的同胞深受感动。飞机刚刚着陆，从廊桥上出来的买买提衣明・玉山，马上拨通家人电话报平安："没有祖国的强大，我们不可能这么快就回来。作为中国人，我感到自豪。"① 这句报平安的话，代表了被撤回同胞的心声。类似的感言还有不少，不再列举。

2. 利比亚战乱大撤离

自 2011 年 2 月下旬以来，利比亚局势急剧动荡，武装分子袭击我驻当地机构和人员的事件时有发生；2 月底，利比亚形势瞬息万变，十分混乱，暴力横行，随时都有被劫被伤乃至生命危险。而我在利比亚公民人数众多、人员分散。沙漠气候如同冰火两重天，沿途气候变化很大，我国气候初春乍寒。党和国家最高领导人胡锦涛、温家宝一直牵挂着在

---

① 沙达提、陈志新：《中国政府派出工作组确保我人员安全撤离吉尔吉斯斯坦》，《人民日报》2010 年 6 月 15 日第 2 版；人民日报记者戴岚、李刚、白天亮、赵戈：《中国政府九架撤侨包机赴吉尔吉斯斯坦 千余同胞顺利回家（热点解读）》，《人民日报》2010 年 6 月 17 日，第 9 版。

利比亚同胞的安危，在第一时间作出重要指示和批示，要求有关方面迅即采取切实有效措施，全力保障我人员生命财产安全。国务院迅速成立应急指挥部，负责组织协调我驻利人员撤离及有关安全保障工作，由张德江副总理担任总指挥，戴秉国国务委员协助。外交部、商务部、国资委、民航局、公安部等相关部门全面动员，有关地方政府、航运公司、在利中资企业和驻外使领馆广泛参与。中央军委决定，派遣正在亚丁湾索马里海域执行护航任务的中国海军第七批护航编队负责撤退的保护任务。自接到组织撤离任务以来，我驻利比亚使馆全体馆员紧急动员，不顾安危，夜以继日坚守，24 小时连轴转。外交部领事保护中心安排 38 人的应急队伍分两班 24 小时值守。利比亚当地华侨华人组成了 60 多人的志愿者服务队，积极参与后勤保障工作。

这是一次海陆空立体撤离：从海路撤离集结点——利比亚米苏拉塔港，到中转地——希腊克里特岛、苏丹喀土穆，再到撤离协调机构——外交部领事保护中心。空中有国航、东航、南航、海航四大航空公司均派出包机，在多条航空线执行撤离任务，从 2 月 28 日至 3 月 10 日，中国民航大约每日派出 15 架飞机接运中国同胞回国，包机飞行一般约 30 小时，往返航程两万多公里，飞越万水千山。在国务院应急领导小组、利比亚使馆党委的统一领导下，我在利比亚大部分工作人员和华侨华人多从陆路、海上和空中分别安全转移到周边国家，如埃及、突尼斯和欧洲国家。

从 2 月 27 日 10 时，撤离行动开展五天来，我已从利比亚共撤出逾两万人。其中约 1400 人已回国，约 15200 人已安置在第三国，约 3400 人正在赶赴第三国途中。暂时安置在第三国的约 15200 人中，在希腊克里特岛 7200 人，在马耳他 2100 人，在突尼斯杰尔巴岛 5900 人。[①] 至 3

① 人民日报记者黄培昭等：《因为有祖国的关怀——回家的路不再遥远》，《人民日报》2011 年 2 月 28 日，第 8 版。

月2日23时10分的近十天时间里，需要从利比亚撤退的中国公民和华侨华人全部安全撤出，共计35860人。此次撤出中国公民的行动规模之大、情况之严峻、动用方式之多，都是空前的。这是新中国成立以来中国政府最大规模的有组织撤离海外中国公民行动，堪称奇迹。中国在利比亚人员的撤离行动无论是速度、效率还是成果，都令世界惊叹不已，赞叹不绝。舆论普遍认为，各国撤离在利比亚人员的行动中，中国政府是反应最快的，成绩十分显著。帮助自己，也帮助他人。在撤离行动中，中方履行国际人道主义义务，在力所能及的情况下撤出了约2100名外籍公民，赢得良好的国际声誉。①

利比亚战乱中国大撤离，得到国际社会广泛的赞誉，更是得到华侨华人的高度评价。一位网友的留言引起很多人的共鸣："35860人，在9000公里外的异国他乡利比亚，240个小时全部撤离，这是怎样的难度？这是多么动人心魄的壮举！这个壮举，再次证明了中国共产党领导的伟大，证明了社会主义制度的无比优越，证明了中华民族不可比拟的凝聚力和向心力，证明了改革开放的中国日益增强的国力！"加拿大《大华商报》社长、华人社团联席会共同主席马在新自豪地说，一个曾经是国土被践踏、人民被蹂躏的贫弱之国，如今不但能以魁伟的身躯保障国内民众的富庶平安，更能以强大的羽翼庇护在海外生活工作的公民。②

3. 其他撤离护侨行动

偌大世界经常会发生各种事件和变故。华侨华人居住在世界各地，随着对外开放的扩大中资机构遍布海外各地，而世界各地发生的事件事故不时波及海外中华同胞。2011年3月11日下午2时46分，日本发生

① 人民日报记者：《珍惜每一位同胞的生命——在党中央国务院坚强领导下我在利比亚公民撤离行动纪实》，《人民日报》2011年3月3日，第1版。

② 《来信来电网上留言 各界赞赏撤离壮举 中国撤离行动激发强烈爱国热情》，《人民日报》2011年3月5日第3版；《人民日报》2011年3月8日，第17版。

特大地震海啸灾害。中国驻日本大使馆立即启动应急机制，迅速向灾区派遣四个工作组，了解中国同胞受灾情况，给他们带去问候并开展救助工作。中国外交人员是最早赶赴灾区的外交官。根据日方的安排，3 月 15 日我使馆人员协助自愿回国的中国公民撤离重灾区回国。中国使馆工作组在仙台市政府前广场和国际酒店设立了集合点，截至 18 日连续四天，在仙台共调集 38 辆大巴，撤离 1800 多人，包括中国留学生和日本华侨华人。很多得到救助的中国公民激动得泪流满面，激动地高呼“祖国万岁！”①

2012 年 3 月下旬，非洲西部国家马里首都巴马科发生军人政变并实行宵禁，局势一度失控，散落城市各处的士兵和不法之徒到处抢掠，华人酒吧、商铺 20 多家遭劫。我驻马里大使馆立即采取护侨措施，将处于危险地段的 50 多名华侨华人紧急安排到马里中国海外工程有限责任公司（以下简称“中海外”）总部驻地。巴马科市各处受到威胁的华侨华人也纷纷在使馆人员的引导下躲进“中海外”。巴马科机场是军人政变后高度敏感的地区，通过周密安排，马里中国水电建设集团公司将正在进行机场项目建设的 212 名中国工人及时疏散到安全地点。由于中国驻马里使馆及时妥善安排，“政变发生五天来，中国在巴马科的华侨华人无一人受到人身伤害”。②

由于历史和现实、宗教和种族、政治和经济、国内和国际等诸多原因，非洲各国经常动荡不安，不断发生内乱和战乱。2012 年 12 月，政局长期动荡的中非再次发生战乱，反政府武装联盟“塞雷卡”连连攻陷数座重镇，占领半数以上国土后直逼距离首都班吉不到 70 公里的重要城市

---

① 人民日报驻日本记者于青：《危难之际见真情——中国驻日本外交官在特大地震海啸发生后救助同胞侧记》，《人民日报》2011 年 4 月 2 日，第 3 版。

② 人民日报驻马里特派记者蒋安全、张建波：《领保无小事 患难见真情——我驻马里大使馆协调华侨华人相互救助纪实》，《人民日报》2012 年 3 月 27 日，第 2 版。

达马拉，并向班吉步步进逼。“塞雷卡”与中部非洲国家经济共同体多国部队形成对峙，并要求总统下台。鉴于局势堪忧，我驻中非使馆经请示国内同意，12 月下旬，迅速启动应急机制，率先有序组织华侨华人从中非首都班吉安全撤离，前往周边国家或回国。当时，法国、埃塞俄比亚等航空公司均已取消航班，只有肯尼亚航空公司还偶尔不定期派出飞机。300 多名同胞，如何安全迅速地撤离？使馆果断决定：全力争取安排同胞乘坐肯航班机，同时尽快租用包机，务必以“最短时间安全撤离同胞”。连日战乱，中非政府各部门已陷入瘫痪，首都班吉社会秩序十分混乱。使馆人员在最短的时间内联系航班、购买机票、租用包机，为我同胞加急办理证照、第三国签证等必要手续。经过七天的连续奋战，截至 12 月 27 日，共撤出华侨华人及中资企业员工 317 人，我在中非同胞绝大部分安全返回祖国。

2013 年初，中非局势有所缓和，一些中方人员又陆续返回中非。但 3 月 17 日起，“塞雷卡”武装再度向首都进发，并向当局发出 72 小时最后通牒。我使馆综合判断，中非政局必将发生重大逆转，经请示国内同意再次紧急撤离。使馆人员随即冒着枪林弹雨撤离。由于“塞雷卡”武装野蛮凶残，我使馆同志护送撤离人员反复迂回，最终冒死突破围堵，撤离人员被送到机场后，使馆人员却被困在机场，后辗转脱离险境。[①] 中非撤离虽然规模不大，但艰险困难却不少。

当居住国发生政变、动荡，华侨华人生命财产遭遇危险、没有保障时，中国政府果断决策大规模撤侨，这是保护华侨利益的体现，是进入新世纪后以胡锦涛为总书记的党中央侨务工作的新亮点，受到国内外舆论的广泛好评。

---

① 人民日报记者李琰：《战火中铸魂 奉献中逐梦——我驻中非共和国大使馆撤侨纪实》，《人民日报》2013 年 5 月 22 日，第 22 版。

八、习近平侨务工作的重要实践及丰富理论内涵

改革开放以来，习近平长期在福建、浙江、上海等新老侨乡担任党政主要领导职务，有领导侨务工作的丰富经验和大量有关侨务问题的论述，到中央担任主要领导职务后，继续重视侨务工作，由此形成系统的侨务理论。

（一）习近平关于侨务工作的重要论述概况

习近平长期在我国东南侨乡福建、浙江、上海担任主要领导职务，其中既有老侨乡，也有新侨乡，对侨情有全面的了解把握。他耳闻目睹并亲身感受到新老华侨华人与祖籍国及家乡的革命、建设和改革的密切关系及其重要贡献，因此，很重视侨务工作并注重争取利用侨务资源为侨乡及国家建设服务。习近平在福建工作 17 年，先后任中共福州市委书记，中共福建省委副书记、代省长、省长，其间参加诸多侨务或与侨务有关的活动，留下的文字资料主要有：《在黄乃裳开垦“新福州”九十年纪念会上的讲话》（1991 年 11 月 5 日），高度赞扬闽籍南洋华侨黄乃裳开拓沙捞越诗巫“新福州”的功劳、积极追随孙中山领导辛亥革命的贡献；《“大侨务”观的确立》（1995 年 4 月），首次提出由“小侨务”转变到“大侨务”的理念；《在第三届世界福建同乡恳亲大会上的致词》（1999 年 9 月 5 日），介绍了福建侨乡的发展；2000 年 5 月和 10 月两次接受《人民日报》（海外版）的采访等；他还为三本华侨问题著作撰写序言，这三本著作是：《华侨历史论丛》第八辑（杨学潾、梁康生、蔡仁龙、李国梁主编，福建省华侨历史学会编），《改革开放与福建华侨华人》（杨学潾主编，东南亚与华人华侨研究丛书、福建省华侨历史学会研究专辑之一，1999 年），《浓浓赤子情》（杨学主编，福建省归国华

侨联合会、福建省华侨历史学会研究专辑之二）。

习近平担任中共浙江省委书记和上海市委书记期间，发表专门论述侨务的讲话有三次：2005 年 9 月 27 日，在浙江省侨务工作会议上的讲话，重申坚持“以人为本、为侨服务”的宗旨；2006 年 5 月 7 日，在美国大纽约地区江浙沪及部分国籍侨团欢迎宴会上发表讲话，介绍浙江省的侨情及侨务工作；2007 年 6 月 10 日，发表“致上海市侨商会第二届会员大会召开的贺信”，赞扬上海市侨商会成立以来的贡献，并对新一届侨商会提出希望。

党的十七大习近平当选为中央政治局常委及在不久后召开的十一届全国人大一次会议上当选为国家副主席，他集中论述侨务问题的讲话有以下几次：2007 年 12 月 18 日，中国致公党第十三次全国代表大会召开，习近平代表中共中央向致公党十三大致贺词，赞扬致公党联系海外华侨华人所发挥的独特作用；2009 年 12 月 15 日，习近平在日本出席日中友好七团体及侨界四团体举行的欢迎招待会并发表讲话，评价旅居日本的华侨华人是中日交流的桥梁和纽带，是中日友好事业的重要使者；2010 年 7 月 25 日，习近平出席海外华裔及港澳台地区青少年“中国寻根之旅”夏令营开营式并发表讲话，精辟地概括了中华民族和海内外中华儿女的密切关系；2011 年 6 月 17 日，习近平接见中国侨商投资企业协会第二届会员代表大会全体代表并发表讲话，称赞中国改革开放 30 多年侨资发挥了重大作用，并向海外华商提出四点希望；2011 年 12 月 23 日，习近平出席泰国各界华侨华人举行的欢迎晚宴并致辞，赞扬他们对于中泰友好发展的贡献；2012 年 2 月 16 日，习近平在洛杉矶华侨华人举行的欢迎晚宴上致辞，赞扬美国华侨华人致力于中美友好发展的功绩，并提出三点希望。

2012 年 11 月，习近平在党的十八大上当选为中共中央总书记，在其后不久召开的十二届全国人大一次会议上当选为国家主席，他集中论述侨务的讲话有以下几次：2013 年 9 月 25 日，习近平向在成都召开的第十二届世界华商大会致贺信，对大会的成功召开表示祝贺；2013 年 10 月 4 日，在马来西亚进行国事访问的习近平和夫人彭丽媛于吉隆坡出席马来西亚各界华侨华人欢迎午宴并致辞，评价马来西亚华侨华人是中马友谊和合作的亲历者、见证者、推动者；2013 年 10 月 21 日，习近平在欧美同学会成立 100 周年庆祝大会上讲话，高度评价海外归国的科学家为发展祖国科技事业作出的重大贡献；2014 年 6 月 6 日，习近平在北京接见第七届世界华侨华人社团联谊大会代表并发表重要讲话，集中论述侨务问题（简称“六六讲话”）；2015 年 9 月 23 日，在美国访问的习近平出席西雅图华侨华人举行的欢迎招待会并发表讲话，是系统阐述其侨务理论的一次重要讲话。

2017 年 2 月 17 日至 18 日，全国侨务工作会议在京召开。习近平对侨务工作作出重要指示，李克强作出批示。习近平指出：实现中华民族伟大复兴，需要海内外中华儿女共同努力。把广大海外侨胞和归侨侨眷紧密团结起来，发挥他们在中华民族伟大复兴中的积极作用，是党和国家的一项重要工作。习近平肯定了党的十八大以来侨务工作发挥的重要作用，希望侨务战线的同志们继续作出新的更大贡献。[①] 2017 年 10 月 18 日，党的十九大召开，习近平在大会报告中，对党的十八大以来在党中央坚强领导下、全党全国各族人民共同奋斗取得的成就，代表党中央向“全国各族人民，向各民主党派、各人民团体和各界爱国人士，向香港特别行政区同胞、澳门特别行政区同胞和台湾同胞以及广大侨胞，向关心和支持中国现代化建设的各国朋友，表示衷心的感谢！”报告强调要“巩固和发展爱国统一战线”，“广泛团结联系海外侨胞和归侨侨眷，

① 《习近平对侨务工作作出重要指示 李克强作出批示》，新华网 2017 年 2 月 17 日；另见《侨务工作研究》2017 年第 1 期。

共同致力于中华民族伟大复兴”。[①] 进入新时代，习近平对侨务工作寄予新的期望、提出了更高的要求。

党的十九大以后，习近平继续重视和关心侨务工作。2018 年 10 月，习近平到广东考察。24 日，习近平来到暨南大学，考察了图书馆华侨华人文献馆的馆藏文献和实物，并同部分港澳台同胞和海外侨胞学生交流，鼓励他们好好学习，将来为社会作出贡献。习近平指出，我国有 5000 多万海外侨胞，这是我国发展的一个独特优势。改革开放有海外侨胞的一份功劳。他希望暨南大学认真贯彻全国教育大会精神，坚持自己的办学特色，把学校办得更好，为海外侨胞回祖国学习、传承中华文化创造更好条件。[②] 2020 年 10 月 13 日下午，在广东潮汕地区调研的习近平来到汕头市小公园开埠区，先是参观了汕头开埠文化陈列馆，了解汕头开埠历史、设立经济特区以来的建设发展情况。随后参观了具有潮汕特色的侨批文物馆，在听取侨批历史和潮汕华侨文化介绍后，习近平强调："侨批"记载了老一辈海外侨胞艰难的创业史和浓厚的家国情怀，也是中华民族讲信誉、守承诺的重要体现。要保护好这些"侨批"文物，加强研究，教育引导人们不忘近代我国经历的屈辱史和老一辈侨胞艰难的创业史，并推动全社会加强诚信建设。潮汕地区是我国著名侨乡。汕头经济特区要根据新的实际做好"侨"的文章，加强海外华侨工作，引导和激励他们在支持和参与祖国现代化建设、弘扬中华文化、促进祖国和平统一、密切中外交流合作等方面发挥更大作用。[③]

从上述讲话可见习近平在新老侨乡工作时间长，积累了丰富的侨务

---

① 习近平：《决胜全面建成小康社会，夺取新时代中国特色社会主义伟大胜利》，中共中央党史和文献研究院编：《十九大以来重要文献选编》（上），中央文献出版社 2019 年版，第 7、28 页。

② 《习近平在广东考察时强调高举新时代改革开放旗帜 把改革开放不断推向深入》，《人民日报》2018 年 10 月 26 日，第 1 版。

③ 《习近平在广东考察时强调 以更大魄力在更高起点上推进改革开放 在全面建设社会主义现代化国家新征程中走在全国前列创造新的辉煌》，《人民日报》2020 年 10 月 16 日，第 1 版。

工作经验，对侨务问题论述次数多、内容全面深入，由此奠定了他系统侨务理论的基础。

（二）关于习近平侨务理论与实践研究情况

中国侨联及其下属中国华侨华人研究所，举办了学习研究习近平侨务问题重要论述的一系列活动，引导和推动了相关研究；学术界对习近平的侨务理论和实践进行了一定的研究。

2018 年，中共中国侨联党组在《求是》杂志发表《新时代侨联工作改革创新的根本遵循——深入学习贯彻习近平总书记关于侨务工作的重要论述》一文，指出：“习近平总书记站在坚持和发展中国特色社会主义、实现中华民族伟大复兴的中国梦的高度，对侨务、侨联工作作出一系列深刻论述和重要指示，成为习近平新时代中国特色社会主义思想的重要组成部分。”“习近平总书记关于侨务工作的重要论述顺应时代潮流，把握世界发展大势，内涵丰富、系统完整、逻辑严密，是对党的侨务理论的最新发展，是侨联组织团结联系广大海外侨胞和归侨侨眷为实现中华民族伟大复兴的中国梦共同奋斗的根本遵循和行动指南。”[①]

关于习近平侨务工作的重要论述的资料收集整理，由中国侨联中国华侨华人历史研究所于 2014 年编辑了《习近平同志侨务工作论述摘编》。在此基础上，后来又不断补充内容和完善，改版为《习近平论侨务》（2018 年版）。该书分为三个部分：“重要论述编”、“学习参考编”和“附录”。“重要论述编”主要内容为党的十八大以来至 2018 年 10 月期间，习近平关于侨务工作的重要论述、指示，共 113 篇；“学习参考编”主要内容为 1991 年 11 月至 2012 年习近平担任地方领导和担任中央政治局常委、国家副主席期间涉侨方面的论述，共计 26 篇；“附录”部分收

① 中国侨联党组：《新时代侨联工作改革创新的根本遵循——深入学习贯彻习近平总书记侨务工作的重要论述》，《求是》2018 年第 16 期。

录《为新时代凝聚侨的力量 谱写民族复兴的新篇章——在第十次全国归侨侨眷代表大会上的致词》《中共中央关于加强和改进党的群团工作的意见》《中国共产党统一战线工作条例（试行）》。[①] 目前，这是关于习近平侨务问题重要论述最全最新的资料。但这是内部资料，期待能够公开出版，便于广泛深入学习研究。

由中国华侨华人研究所、五邑大学等单位连续举办五届习近平总书记侨务重要论述研讨会。2019 年 6 月，由中国侨联主办的习近平总书记关于侨务重要论述研讨会在厦门大学召开，中国侨联主席、党组书记万立骏出席会议并讲话，他指出：从理论产生来看，习近平总书记关于侨务工作的重要论述萌发于侨乡、探索于侨乡、发展于新时代。从理论内容来看，习近平总书记关于侨务工作的重要论述内涵丰富、深中肯綮、系统完整、逻辑严密。从理论贡献来看，习近平总书记关于侨务工作的重要论述深刻阐明了党的侨务工作的地位作用、目标任务、职责使命、实践要求，科学回答了侨务工作的一系列根本性、方向性重大问题，凝结着习近平总书记对党的侨务工作的深邃理论思考，体现了党和国家对新时代侨务工作的战略部署，是党的侨务理论的最新成果，是习近平新时代中国特色社会主义思想的侨务篇。从理论特色来看，习近平总书记关于侨务工作的重要论述是放眼世界、把握大势、扎根中国大地、具有中国气派的科学理论，与实现中华民族伟大复兴中国梦的时代主题紧密结合，发扬了我们党重视侨务工作、重视发挥华侨华人作用的传统，回应了华侨华人在海外如何发展、如何为祖（籍）国作贡献等新情况新问题，体现了以侨胞为中心的发展思想，对新时代侨务工作具有十分重要的指导意义，体现了其鲜明的时代性、继承性、创造性、人民性、实践

① 中国华侨华人研究所：《习近平论侨务（2018 年版）》，《编辑说明》第 1—2 页。

性。[①] 这次会议将习近平关于侨务工作重要论述的研究推向高潮。

关于习近平侨务论述的丰富性、系统性和逻辑性方面的研究，近年来，一些学者发表了相关文章，如张国雄的《习近平“大侨观”的继承与发展》（《五邑大学学报·社会科学版》2015 年第 1 期），李其荣的《习近平侨务论述的主要内容和构成体系》（《八桂侨刊》2017 年第 1 期），任贵祥的《习近平关于侨务问题的重要论述及丰富内涵》（《中国浦东干部学院学报》2018 年第 2 期），李夕菲的《习近平侨务思想及对新时代侨务工作的引领》（《广东第二师范学院学报》2018 年第 2 期）、《从地方实践到国家战略：习近平“大侨务”观再认识》（《福建师范大学学报·哲学社会科学版》2019 年第 2 期）。其中李夕菲的后一篇文章着重论述了习近平在福建担任领导职务期间，对于侨务工作的探索和实践，认为：习近平侨务论述是党的侨务理论的最新发展。特别是他在 20 世纪 90 年代提出的“对投资者有利、对所在国有利、对中国有利”的“三有利”原则和“大侨务”观念，把握侨乡经济动态，顺应中国和世界发展大势，并经历了从地方实践上升为国家战略、从谋地方到谋全局的发展过程，是习近平对我党侨务理论的创新性贡献。

（三）习近平侨务理论的丰富内涵

习近平关于侨务工作的论述，是改革开放时期党的侨务理论与实践的最新成果，其主要内容和基本内涵有以下几个方面。

1. 率先提出“大侨务”观的理论

“大侨务”观相对“小侨务”观而言，是指对侨务问题认识的内涵和外延扩大，观察侨务问题的视野开阔。1995 年 4 月，习近平任福州市委书记时发表了《“大侨务”观念的确立》一文，指出：在新时期，侨务工作要有新观念、新思路。主张在“对投资者有利、对所在国有利、对

① 中国侨联网 2019 年 6 月 16 日。

中国有利”“三有利”的前提下，充分发挥“侨”的优势，深层次、宽领域、全方位开展经济、科技、文化等方面的交流与合作，为现代化服务，为社会主义市场经济同国际经济接轨铺路，为世界和平和发展作出贡献，进而提出了“大侨务”的理论。其具体内涵为：在工作力量上，要从侨务部门唱“独角戏”，向各级各部门共同参与转变；在工作内容上，要从服务经济建设的大局出发，鼓励海外乡亲进行全方位的合作交流，通过引资兴业健全“造血”功能，增强发展后劲；在工作对象上，要由主要做老一代华侨的工作，转向同时重视新一代侨裔和华侨新移民的工作，尽快弥合部分年轻华侨对故土亲谊的感情上断层；在工作范围上，要打破本土的亲缘、地缘关系，在更广的范围中找新合作伙伴；在工作方式上，要由主要做国内归侨、侨眷、侨属的工作转向国内外兼顾，从送上门转向主动上门工作。文章认为，从“小侨务”到“大侨务”，体现了新时期侨务工作的重大发展和必然趋势。① 后来，习近平担任福建省省长期间，在接受《人民日报》（海外版）记者采访时再次强调：“我们要认真研究新时期、新任务和新的侨务工作，要有大侨务观念，凝聚侨心。”②

习近平通过在侨乡工作的实践探索，为使侨务工作适应加快改革开放形势的需要，适时提出“大侨务”观，推动了侨务工作理念的转变，为党和国家制定侨务政策提供了依据，并为各级侨务部门所采纳。

2. 坚持发展侨务工作“以人为本、为侨服务”的宗旨

“以人为本、为侨服务”的宗旨，是党的十六大以来以胡锦涛为总书记的党中央提出的侨务理念。2005 年 2 月 7 日，经中央批准，中共中央办公厅、国务院办公厅印发的《关于加强新形势下侨务工作的意见》指出：“以邓小平理论和‘三个代表’重要思想为指导，坚持以人为本、为

---

① 习近平：《“大侨务”观念的确立》，《战略与管理》1995 年第 2 期。

② 《凝聚侨胞爱国心抓好侨务促发展——访福建省长习近平》，《人民日报》（海外版）2000 年 10 月 11 日，第 12 版。

侨服务的宗旨。”这是科学发展观中体现的侨务思想，也是新世纪侨务工作的指导思想。当时在地方担任领导职务的习近平坚持和发展了这一宗旨。

2005 年 9 月 27 日，习近平在浙江省侨务工作会议上的讲话中强调：浙江要认真贯彻胡锦涛总书记对侨务工作“三个大有作为”的重要指示精神，全面落实中央关于加强新形势下侨务工作的总体部署，进一步明确方向，抓住机遇，开拓进取，努力开创浙江省侨务工作的新局面。习近平指出，根据中央关于加强新形势下侨务工作的决策和部署，要紧密结合浙江侨情和侨务工作实际，正确认识和妥善处理涉侨工作方面的五个关系，即侨务工作为浙江发展大局服务与为侨服务的关系；国内侨务工作与国外侨务工作的关系；立足浙江籍侨胞与面向全世界华侨华人的关系；侨务工作的原则性与灵活性的关系；调动涉侨部门积极性与发挥侨务部门职能作用的关系。这就是说，全省要坚持“以人为本、为侨服务”的宗旨，积极促进侨务资源的可持续发展，充分发挥海外侨胞和归侨侨眷的独特作用，为浙江省全面建设小康社会和现代化建设服务。侨务工作的出发点和落脚点是为侨服务，加强广大归侨侨眷的联谊服务工作，是侨务工作的基础。①

2006 年 5 月 8 日，习近平在美国大纽约地区江浙沪及部分闽籍侨团欢迎宴会上的讲话中再次重申：浙江省将一如既往地秉承“以人为本、为侨服务”的宗旨，继续关心和支持海外华人华侨在当地的创业与发展，切实维护华侨和归侨侨眷在国内的合法权益，努力为广大侨胞提供优质服务。

习近平重申“以人为本、为侨服务”的宗旨，反映了侨务工作立足局部、兼顾全局的现实，体现了继承和发展的关系。尤其是妥善处理侨

① 《浙江省对侨务工作作出新部署》，人民网 2005 年 9 月 27 日。

务工作“五个关系”的论述逻辑严密，全面丰富，是对“以人为本、为侨服务”宗旨的深化和发展。

3. 精准地概括海外中华儿女与中华民族的关系

有关海外华侨华人乃至港澳台同胞与中华民族的关系，有不少党和国家领导人作过论述，习近平对此又作了富有新意的阐述。在2010年海外华裔及港澳台地区青少年“中国寻根之旅”夏令营开营式的讲话中，习近平精辟地概括了中华民族和海内外中华儿女的关系，即人们熟悉的“根”“魂”“梦”三个字。习近平说：团结统一的中华民族是海内外中华儿女共同的“根”。多元一体的中华民族的形成，不仅仅是共同的地缘和生活环境，更重要的是共同的历史命运把我们密不可分地联结在一起。认清了这一点，就能加深理解华夏大地自开创幅员广阔的统一国家以来，民族团结、国家统一始终成为中华民族发展主流的原因，就会更加自觉地珍惜中华民族的团结统一。博大精深的中华文化是海内外中华儿女共同的“魂”。中华文明是世界古代文明中唯一始终没有中断、连续5000多年发展至今的文明，中华民族在漫长历史发展中形成的独具特色的文化传统，是海内外中华儿女共同的宝贵财富。特别是中华民族在漫长的历史进程中锻造的伟大民族精神，是海内外中华儿女世世代代自强不息、团结奋斗的强大精神支撑。认清了这一点，就能牢牢把握中华民族得以薪火相传、绵延不绝的民族之魂。实现中华民族伟大复兴是海内外中华儿女共同的“梦”。鸦片战争以后西方列强的侵略蹂躏，封建统治的腐败给中国人民带来了深重苦难，无数仁人志士奋起寻求救国救民、振兴中华的道路。孙中山先生领导的辛亥革命，结束了在中国延续几千年的君主专制制度，为中国的进步打开了闸门。新中国的成立，开启了中华民族伟大复兴的历史新纪元。新中国成立以来特别是改革开放以来，中国取得了举世瞩目的发展成就，中国国际地位和国际影响力显著上升，极大振奋了海内外中华儿女的民族自信心和自豪感，中华民族伟大复兴已经展现出灿烂的前景。习近平强调，在实现中华民族伟大复兴的光辉历程中，中国将始终高举和平、发展、合作旗帜，同各国人民一道推动建设持久和平共同繁荣的和谐世界，中华民族将为人类文明进步作出更大贡献。[①]

习近平在2014年6月6日接见第七届世界华侨华人社团联谊大会代表时发表的讲话，再次重申了“根”“魂”“梦”的观点，并进一步指出：共同的根让我们情深意长，共同的魂让我们心心相印，共同的梦让我们同心同德，我们一定能够共同书写中华民族发展的时代新篇章。[②]

习近平将海外华侨华人与中华民族千百年的渊源关系，高度凝练为“根”“魂”“梦”三个字，堪称经典概括，精准地道出了海外华侨华人的心声和心愿。习近平还阐明了这三个字的内在逻辑：只有牢记中华民族的“根”，铭记中华民族的“魂”，才能实现中华儿女共同的“梦”，使之成为不可分割的统一体。

4. 高度赞扬华侨华人对中国革命和建设作出的重大贡献

海外华侨华人为祖籍国革命和建设作出了重大贡献，被广为认同，有口皆碑。习近平对此也予以充分肯定。20世纪90年代末，习近平在福建省担任领导工作时指出：“海外华侨华人是中华民族的一部分。无论处于什么时代，全世界华侨华人的命运始终与祖国的命运连在一起，始终与祖国同步发展，始终是祖国革命、建设的重要力量。凡有海水的地方就有华侨华人。但广大华侨华人无论身在何处，总丢不掉深深的中国情，忘不了生养自己的那片热土，即使几代人在海外，还是忘不了他们黑头发黄皮肤的中国缘。新中国成立伊始，全世界华侨华人为之欢呼雀跃；

① 孙立极、李章军：《海外华裔及港澳台地区青少年“中国寻根之旅”夏令营开营　习近平出席并讲话》，《人民日报》2010年7月26日，第1版。

② 刘维涛、王尧、兰红光：《习近平在会见第七届世界华侨华人社团联谊大会代表时强调　共同的根共同的魂共同的梦　共同书写中华民族发展新篇章》，《人民日报》2014年6月7日，第1版。

改革开放以来祖国发生了巨大变化，全世界华侨华人倍感荣耀；建设现代化强国需要引进大量资金和先进的科学技术、管理经验，全世界华侨华人主动参与、积极支持。”[①]这段论述全面系统深刻地阐述了华侨华人与祖籍国的密切关系及其对新中国建设的贡献。他还说：“海外侨胞历来是我国社会主义革命、建设的重要力量和优势，是中华民族共同财富和资源。”“海外侨胞身居海外，心系故土，时刻牵挂着生于斯长于斯家园的一草一木，一山一水，真可谓‘浮云游子意，落日故人情’。”“海外侨胞素有爱国爱乡的优良传统。他们捐赠社会公益事业，回馈社会；他们引资引智，造福桑梓；他们促进各国人民友好往来，为着祖国的繁荣富强，不遗余力。”“我省不少侨胞捐赠、引资引智正是这种崇高精神的表现。”[②]

2006 年 5 月，习近平在美国纽约江浙沪闽侨团欢迎宴会上讲话表示：长期以来，勤劳聪明的旅美浙江乡亲，继承和发扬中华民族的优秀传统，吃苦耐劳、顽强拼搏、敢为人先、团结互助，在经济、科技、文化、教育、政治等领域，事业有成，卓有建树，在维护华人华侨的正当权益、传播中华传统文化、反对“台独”促进中国的和平统一、促进居住地的经济发展和社会进步、开展与家乡多种形式的合作与交流等方面，做了许多卓有成效的工作，作出了积极贡献，受到人们的尊重和赞誉。

2007 年 12 月 17 日，习近平代表中共中央向中国致公党十三大致贺词说：“长期以来，致公党同中国共产党风雨同舟、荣辱与共，高举爱国主义和社会主义旗帜，广泛动员全体成员和所联系的归侨侨眷与海外侨胞，积极投身中国革命、建设、改革事业，为民族独立和人民解放，为

① 杨学潾主编：《改革开放与福建华侨华人》，厦门大学出版社 1999 年版，《序》第 1—2 页。

② 杨学潾主编：《浓浓赤子情》，海潮摄影艺术出版社 2002 年版，《序》第 1—2 页。

国家发展和社会进步，为促进祖国统一大业，发挥了重要作用。”[①]致辞直接赞扬致公党的贡献，间接赞扬海外侨胞对祖国的贡献。

习近平在“六六讲话”中指出：“长期以来，一代又一代海外侨胞，秉承中华民族优秀传统，不忘祖国，不忘祖籍，不忘身上流淌的中华民族血液，热情支持中国革命、建设、改革事业，为中华民族发展壮大、促进祖国和平统一大业、增进中国人民同各国人民的友好合作作出了重要贡献。祖国人民将永远铭记广大海外侨胞的功绩。”[②]

在 2015 年 9 月美国西雅图侨界举行的招待酒会上的讲话中，习近平继续重申：“旅美侨胞有着勤奋敬业的优秀品质，也有着爱国爱乡的优良传统，你们情系桑梓，关心祖国前途命运。70 多年前，旅美侨胞通过捐款捐物等多种方式，积极支援祖国抗击日本军国主义侵略的斗争，在中华民族争取独立解放的历史上留下浓墨重彩的一笔。新中国成立以来特别是改革开放以来，旅美侨胞踊跃支持祖国建设，积极推动两岸关系和平发展，为祖国发展、统一和民族复兴作出了重要贡献。”[③]

无论是在地方任职，还是担任中央领导，习近平有关侨务工作的论述，强调和重申最多的内容，都是充分肯定华侨华人对中国革命和建设的突出贡献，始终关注华侨华人与祖籍国关系的主线和主流。

5. 充分肯定华侨华人在中国改革开放中的重要地位

地处东南沿海的闽浙沪三省市，是我国经济发展的龙头，是改革开放的前沿，是新时期华侨华人支持祖籍国改革开放的捷足先登之地。习近平在这些省市任职期间，对华侨华人为改革开放作出的贡献感受最

① 柳晓森：《致公党第十三次全国代表大会在京开幕 习近平代表中共中央致贺词》，《人民日报》2007 年 12 月 18 日，第 1 版。

② 刘维涛、王尧、兰红光：《习近平在会见第七届世界华侨华人社团联谊大会代表时强调 共同的根共同的魂共同的梦 共同书写中华民族发展新篇章》，《人民日报》2014 年 6 月 7 日，第 1 版。

③ 《习近平在西雅图出席侨界举行的欢迎招待会时的讲话》，《人民日报》2015 年 9 月 25 日，第 2 版。

深也最直接。

1999年，习近平对福建省改革开放20年经济社会发展作了总结：“近观20年改革开放，福建人均国民生产总值之所以跃居全国前列，实际利用外资能始终排名全国第三、四位，公益事业保持十分强劲发展势头，是与我省广大海外侨胞、港澳同胞对我省改革开放、经济繁荣、社会稳定作出的重大贡献分不开的。到1998年底，福建实际利用外资累计达270亿美元，其中70%源于海外侨胞和港澳同胞，闽籍乡亲在家乡办公益事业捐赠近70亿元人民币，极大地推动了福建经济社会的发展进步。”①这段论述实事求是地评价了华侨华人在福建改革开放中的贡献和地位。

习近平在致第十二届世界华商大会的贺信中赞扬说：“中国改革开放事业取得伟大成就，广大华侨华人功不可没。30多年来，华侨华人发挥在资金技术、管理、商业网络等方面的优势，在中国各地投资兴业，用自己的智慧和汗水，有力促进了中国经济社会发展，有力推动了中国同世界的交流合作。”②

在接见中国侨商投资企业协会第二届会员代表大会全体代表时的讲话中，习近平说：特别是改革开放以来，广大海外侨胞纷纷到祖国内地投资兴业，侨商投资企业和广大侨胞积极捐赠兴办公益事业和扶贫济困，惠及了包括教育、医疗卫生、文化体育、社会福利等众多领域；在支持办好北京奥运会、上海世博会、广州亚运会，参与抗击四川汶川特大地震等严重自然灾害和灾后恢复重建等方面，作出了真情奉献。③

这两段论述阐明了改革开放30年来海外华商与中国大陆经济上的密

① 杨学潾主编：《改革开放与福建华侨华人》，厦门大学出版社1999年版，《序》第2页。

② 《习近平致第十二届世界华商大会的贺信》，《人民日报》2013年9月26日，第1版。

③ 刘维涛：《习近平会见中国侨商投资企业协会第二届会员代表大会全体代表》，《人民日报》2011年6月19日，第1版。

切关系。

2020 年 10 月，习近平在广东汕头侨批文物馆考察时再次肯定华侨对改革开放的贡献：中国的改革开放，中国的发展建设跟我们有这么一大批心系桑梓、心系祖国的华侨是分不开的。①

改革开放以来中国经济社会发展取得了举世瞩目的成就，使中国跻身世界大国强国的行列，海外华侨华人对此功不可没。习近平通过领导侨乡工作的实践，论述了华侨华人对改革开放的贡献，反映了客观实际。

6. 华侨华人在实现中华民族伟大复兴中国梦中发挥不可替代的作用

习近平对实现中华民族伟大复兴的中国梦有诸多论述，其中包括华侨华人与实现中国梦关系的论述。2014 年 6 月 6 日，习近平在北京接见第七届世界华侨华人社团联谊大会代表并发表重要讲话，其中指出："当前，中国人民正在为实现'两个一百年'奋斗目标、实现中华民族伟大复兴的中国梦而奋斗。在这个伟大进程中，广大海外侨胞一定能够发挥不可替代的重要作用。中国梦是国家梦、民族梦，也是每个中华儿女的梦。广大海外侨胞有着赤忱的爱国情怀、雄厚的经济实力、丰富的智力资源、广泛的商业人脉，是实现中国梦的重要力量。只要海内外中华儿女紧密团结起来，有力出力，有智出智，团结一心奋斗，一定能够汇聚起实现梦想的强大力量。"②

习近平在访问美国西雅图时向侨界表示："近代以来，实现中华民族伟大复兴是海内外中华儿女的共同梦想。今天，我们比历史上任何时期都更加接近实现中华民族伟大复兴的目标。我相信，作为中华民族大家庭的重要成员，广大旅美侨胞一定能够在这一伟大进程中作出独特

① 转引自冉文娟、马秀秀等：《习近平汕头讲话在海内外侨界引起强烈反响》，《侨务工作研究》2020 年第 5 期。

② 刘维涛、王尧、兰红光：《习近平在会见第七届世界华侨华人社团联谊大会代表时强调 共同的根共同的魂共同的梦 共同书写中华民族发展新篇章》，《人民日报》2014 年 6 月 7 日，第 1 版。

贡献。”①

在党的十九大报告中，习近平从巩固和发展爱国统一战线的角度，强调要高举爱国主义、社会主义旗帜，牢牢把握大团结大联合的主题，找到最大公约数，画出最大同心圆。“广泛团结联系海外侨胞和归侨侨眷，共同致力于中华民族伟大复兴。”②

不但如此，习近平还要求侨务工作部门要凝聚侨心、汇集侨力共圆共享中国梦。“希望侨务战线的同志们坚持胸怀全局、坚持为侨服务、坚持改革创新，以凝聚侨心侨力同圆共享中国梦为主题，当好海外侨胞和归侨侨眷的贴心人，成为侨务工作的实干家，最大限度把海外侨胞和归侨侨眷中蕴藏的巨大能量凝聚起来、发挥出来，为实现‘两个一百年’奋斗目标、实现中华民族伟大复兴的中国梦不断作出新的更大的贡献。”③

中华民族伟大复兴的中国梦，是亿万中国人民包括港澳台同胞、海外炎黄子孙实现中华民族复兴的心声和愿望的形象表达。它既是一个发展过程，也是一个宏伟目标；既是进行时，也是未来时。习近平认为，中国梦与华侨的梦是共同的梦。在实现“两个一百年”奋斗目标的过程中，广大华侨华人已经为中国革命和建设作出了重大贡献，在继续向这个目标前进征途中，更需要华侨华人的参与。

7. 华侨华人是推动中外友好、传播中外文化的桥梁

中华文明历史悠久、经久不衰，中华文化源远流长、博大精深。文化是人类共同的精神财富。习近平十分重视发掘中华传统文化瑰宝及其

① 《习近平在西雅图出席侨界举行的欢迎招待会时的讲话》，《人民日报》2015年9月25日，第2版。

② 《中国共产党第十九次全国代表大会文件汇编》，人民出版社2017年版，第32页。

③ 《习近平对侨务工作作出重要指示强调凝聚侨心侨力同圆共享中国梦》，新华网，http:/www.xinhuanet.com/politics/2017-02/17/c_1120486778htm。

传播交流，重视吸收世界各民族的先进文化，尤其重视华侨华人在中外文化交流中的桥梁作用。习近平指出：中华文明有着5000多年的悠久历史，是中华民族自强不息、发展壮大的强大精神力量。我们的同胞无论生活在哪里，身上都有鲜明的中华文化的烙印，中华文化是中华儿女共同的精神基因。希望大家继续弘扬中华文化，不仅自己要从中汲取精神力量，而且要积极推动中外文明交流互鉴，讲述好中国故事、传播好中国声音，促进中外民众相互了解和理解，为实现中国梦营造良好环境。广大海外侨胞要运用自身优势和条件，积极为住在国同中国各领域交流合作牵线搭桥，更好融入和回馈当地社会，为促进世界和平与发展不断作出新贡献。①

习近平在出席海外华裔及港澳台地区青少年“中国寻根之旅”夏令营开营式的讲话中，衷心希望海外华裔青少年继承和弘扬祖辈的光荣传统，从中华民族的历史和文化宝库中汲取精神营养，成为中华文化的热情传播者；广泛学习借鉴世界各国优秀文明成果，博采各种文化之长，成为中华民族文化同世界各国文化交流互鉴的积极促进者；积极参与各种形式的文化交流活动，让更多国家和人民了解丰富多彩的中华文化，成为住在国人民同中国人民友好交往的民间使者，为中华文化发扬光大和世界文明共同进步发挥积极作用。②讲话对海外华裔及港澳台地区青少年开展中外文化交流寄予希望。

中国和美国，一个是世界最大的发展中国家，一个是世界最大的发达国家，两国经过长期对立后终于打破坚冰建立正常关系。习近平赞扬美国华侨华人为中美关系的发展所作的努力，他说：中美建交30多

① 刘维涛、王尧、兰红光：《习近平在会见第七届世界华侨华人社团联谊大会代表时强调 共同的根共同的魂共同的梦 共同书写中华民族发展新篇章》，《人民日报》2014年6月7日，第1版。

② 孙立极、李章军：《海外华裔及港澳台地区青少年“中国寻根之旅”夏令营开营 习近平出席并讲话》，《人民日报》2010年7月26日，第1版。

年来的双边关系特别是互利共赢的经贸关系的快速发展，同广大旅美侨胞的贡献密不可分。广大旅美侨胞既为美国经济、社会和科技发展作出重要贡献，也为促进中美经济、科技、人文交流，推动中美关系发展作出宝贵贡献。希望广大旅美侨胞积极主动地向当地主流社会宣传介绍中华文化，让美国人民真实客观地了解当代中国的发展进步，了解中国的和平发展理念。同时不断加深住在国同中国文化、教育等各领域的交流与合作。①

习近平还指出：旅美侨胞是中美关系的参与者建设者推动者。在中美关系发展历程中，旅美侨胞发挥自己独特优势，奔走于太平洋两岸，积极促进中美经济、科技、人文等各领域交流合作，在中美两国和两国人民间架起友谊和合作的桥梁。可以说，中美关系 30 多年发展所取得的成绩，同广大旅美侨胞不懈努力密不可分。“每一位旅美侨胞都是中华文化的使者，希望你们身体力行展示中华文化魅力，介绍一个真实的中国，增进美国人民对中国的了解，促进中美两国人民友谊，夯实中美关系民意基础。”②

长期在福建担任领导职务的习近平，熟悉福建的一山一水、一草一木。他对著名爱国侨领陈嘉庚造福桑梓、捐献巨资创办厦门大学的那段历史了然于心。2013 年 10 月上旬，习近平访问马来西亚得知厦门大学马来西亚分校开始筹建，厦门大学成为第一所去海外办学的中国高校，感到高兴。在当地华侨华人举行的盛大欢迎午宴上，他在致辞中说：华侨华人回到故园，造福桑梓，功不可没。马来西亚华侨华人是中马友谊和合作的亲历者、见证者、推动者。你们到中国投资兴业，捐资助学，推

① 《习近平希望旅美华人华侨继续推进中美友好事业》，国际在线，http://news.cri.cn/gb/27824/2012/02/17/3245s3562623.htm。

② 《习近平在西雅图出席侨界举行的欢迎招待会时的讲话》，《人民日报》2015 年 9 月 25 日，第 2 版。

动两国文化交流，为中马关系发展牵线搭桥。没有华侨华人的努力就没有中马关系今天的大好局面。“希望马来西亚广大华侨华人朋友抓住机遇，继续发挥优势，促进中马合作，实现自身事业更大发展，为中马共同发展多作贡献，为中马友好大业再立新功。”[①]致辞盛赞华侨华人对家乡、对中外文化交流及中外友好关系所作出的努力和贡献。

广大华侨华人是中国和世界各国民间交往的使者，是国家间交流的桥梁，是中外文化传播交融的纽带。习近平深谙华侨华人这种特殊性，注重发挥他们这种独特优势，为中外交往增添助力。

8. 赞扬鼓励华侨华人为居住国作贡献

华侨华人不但为祖籍国的革命建设和改革作出了重大贡献，而且在居住国艰苦创业，为当地经济社会发展也作出了重大贡献，为世所公认。习近平对此持赞赏和鼓励的态度。在 20 世纪 90 年代初，习近平担任福州市委书记期间，在黄乃裳开垦“新福州”90 周年纪念会暨学术研讨会上的讲话中，曾赞扬南洋侨领黄乃裳第一个率领福建移民，创建了蜚声海外的沙捞越“新福州”垦殖场，对当地的经济开发作出了卓越的贡献，成为中国在异邦土地垦殖事业有成的第一人，至今还备受东南亚华侨华人的尊崇。讲话称赞“黄乃裳先生不愧为华侨的楷模，他代表着华侨的大多数，他的品德是华侨中最宝贵的财富。黄乃裳先生是华侨的骄傲，也是整个中华民族的骄傲”。[②]

习近平访问泰国时，对当地华侨华人表示：中国的繁荣发展，海外华人华侨功不可没，中国与世界各国友好合作不断深化，海外华人华侨贡献很大。泰国是海外华人华侨聚居最多的国家之一。长期以来广大在泰华侨同当地人民和睦相处，为泰国经济繁荣、社会进步作出重要贡献，

---

① 杜尚泽、暨佩娟、马占成：《习近平出席马来西亚各界华侨华人欢迎午宴 希望华侨华人为促进中马友好合作再立新功》，《人民日报》2013 年 10 月 5 日，第 2 版。

② 习近平：《“大侨务”观念的确立》，《战略与管理》1995 年第 2 期。

也为中泰友好事业发挥了不可替代的桥梁和纽带作用。他们既是中泰友好合作的亲历者，也是见证者、推动者。希望大家继承和弘扬优良传统，继续为中泰两国繁荣昌盛、为中泰友好事业代代相传作出新的更大贡献。① 习近平对吉隆坡华侨华人说：马来西亚是海外华侨华人聚居最多的国家之一。几百年来，一批又一批中国人漂洋过海，在这片土地上落地生根，艰苦创业，繁衍发展，为马来西亚经济繁荣、社会进步、社会和谐、种族和睦作出了重要贡献。②

习近平还高度赞扬旅美华侨华人对美国开发建设的重要贡献。他说："长期以来，广大旅美侨胞秉承中华民族传统美德，顽强拼搏、艰苦创业，在实现人生梦想的同时，也为美国发展繁荣作出了贡献，赢得了美国人民的尊重。""今年是美国太平洋铁路修建 150 周年。150 年前，数以万计的华工漂洋过海来到美国，参与建设这条横跨美国东西部的铁路。他们拿着简陋的工具，在崇山峻岭和绝壁深谷中逢山开路、遇水搭桥，以血肉之躯铺就了通往美国西部的战略大通道，创造了当时的工程奇迹，带动了美国西部大开发，成为旅美侨胞奋斗、进取、奉献精神的一座丰碑。"③ 习近平高度评价华工对修筑美国太平洋铁路的巨大贡献，是对逝者的慰藉，对生者的鼓励。

习近平鼓励华人华侨积极主动融入当地社会，遵守居住国法律，积极回馈当地社会。他在美国洛杉矶侨团举行的宴会上致辞说：希望旅美侨胞继续发扬中华民族优秀品质和传统美德，积极融入当地主流社会，尊重住在国法律，尊重当地社会和民族习俗，关注环境保护，尊重雇员

① 杜尚泽、孙广勇：《习近平出席泰国华人华侨各界举行的欢迎晚宴并致辞》，《人民日报》2011 年 12 月 24 日。

② 杜尚泽、暨佩娟、马占成：《习近平出席马来西亚各界华侨华人欢迎午宴 希望华侨华人为促进中马友好合作再立新功》，《人民日报》2013 年 10 月 5 日，第 2 版。

③ 《习近平在西雅图出席侨界举行的欢迎招待会时的讲话》，《人民日报》2015 年 9 月 25 日，第 2 版。

权益，在维护自身合法权益的同时，注重回馈当地社会，努力在海外树立守法诚信、举止文明、关爱社会、团结和谐的良好形象。[1]他在西雅图出席侨界举行的欢迎招待会时也提出了同样的希望。

以上八个方面，是习近平侨务理论的主要内涵。当然还有其他一些内容，诸如海外华侨华人是中国和平统一的重要力量，重申中国不主张双重国籍，积极做好国内侨务工作等，不再赘述。

（四）对习近平侨务理论的几点认识

通过归纳总结习近平关于侨务工作的论述，可以看出其侨务理论内容全面、系统丰富，并且体现了独自特色，从中可以得出以下几点认识。

其一，继承发展了新时期邓小平等党的主要领导人的侨务思想。习近平的侨务理论，与改革开放以来邓小平、江泽民、胡锦涛的侨务思想是一脉相承、继承发展、与时俱进的关系。其中，华侨华人为中国革命、建设和改革作出了重要贡献，他们是中华文明的传播者，是中国与各国友好交往的桥梁，侨务工作一如既往地秉承“以人为本、为侨服务”的宗旨等论述，是继承。习近平率先提出侨务工作由“小侨务”向“大侨务”观念的转变，是他对领导侨务工作的实践进行总结得出的新观点；中华民族是海内外中华儿女的“根”“魂”“梦”，则是习近平对海外华侨华人与中华民族关系的新概括；华侨华人是我国实现“两个一百年目标”、实现中华民族伟大复兴中国梦的重要力量，习近平的这一论述则具有新的时代内涵。继承与发展是辩证的相对的，你中有我，我中有你；继承中有发展，发展中有继承。

其二，党的十八大以来的侨务论述是习近平新时代中国特色社会主义思想的组成部分。如前所述，习近平关于侨务问题的一系列重要论述，

① 《习近平希望旅美华人华侨继续推进中美友好事业》，国际在线，http://news.cri.cn/gb/27824/2012/02/17/3245s3562623.htm。

大体可分为两个时期：一个时期是在闽浙沪担任地方主要领导时的有关论述；另一个时期是党的十七大以后担任中央重要领导职务的相关论述，其中一部分是党的十八大担任中共中央总书记以来的相关论述。客观地说，这两个时期的论述，既有时代的差异和特点，也有观察问题的不同角度，前者是侧重从侨乡发展的视角论述侨务问题的，后者则是站在国家和全局的视野论述侨务问题的，两者是不可分割的辩证统一的关系，构成了习近平侨务理论完整、系统的理论体系。笔者把这些论述分为两个时期，并非有意割裂习近平侨务理论的完整性，而在于说明，党的十八大以来有关侨务工作的论述具有特定的含义，构成了习近平系列重要讲话的有机部分，成为习近平新时代中国特色社会主义思想的重要内容和元素。

其三，为中国特色社会主义侨务理论宝库增添了新的财富。中国特色社会主义侨务理论是中国特色社会主义理论体系的组成部分，它是改革开放以来由邓小平开创，江泽民、胡锦涛、习近平不断发展推进的。如果以精练的语言来概括他们侨务思想的精髓要义，那么邓小平的侨务思想可以概括为“海外关系是个好东西”、华侨华人是中国发展的独特机遇，即“机遇论”思想；江泽民的侨务思想可以概括为海外华侨华人是促进和发展我国对外交往的优势和资源，即“优势论”和“资源论”思想；胡锦涛的侨务思想可以概括为“以人为本、为侨服务”；习近平的侨务理论可以概括为“大侨务观”、中华民族与海外华侨华人是“根”“魂”“梦”的关系。同中国特色社会主义理论体系的时代性、开放性和包容性相同，中国特色社会主义侨务理论也不是封闭的，而是开放包容的，它将随着全面建成小康社会奋斗目标的实践发展而不断丰富和发展。习近平关于侨务工作的理论和实践，既是中国特色社会主义侨务理论体系的重要内容，也是对这一理论体系的丰富，而且还在发展前进。

其四，习近平侨务理论体现了鲜明的实践特色。在我们党和国家的几代主要领导人中，在党的第十八届、十九届中央委员会最高领导层中，习近平是在侨乡历练时间最长、实践探索最透彻、实践经验最丰富者，也是对侨务工作论述最全面、最深入者。如他自己所说："我到福建 16 年，工作中都有一个侨字，可以说从事了侨务工作 16 年。"[①] 在领导福建侨务工作时，他率先确定了福建对外开放首先是对华侨华人开放的战略。在领导侨务工作实践中，逐步形成了"以侨为桥、以侨引外、以侨引台、侨港澳台相结合"的局面；及时抓住机遇，充分发挥海外侨胞多的优势，闯出了一条以市场为导向、外向型经济为主、多种经济成分共同发展的具有侨乡特色的经济建设路子，综合经济实力显著增强。[②] 使福建省经济社会发展由过去的国防前线和海防前线的经济落后省份，跃升为全国先进发达省份。实践出真知，实践检验真理。长期丰富的侨务工作实践使得习近平关于侨务工作的论述和侨务理论上通侨理、下接地气，外化侨情、内入侨心，前顾老侨乡、后瞻新侨乡，体现了理论和实践紧密结合的特点，取得了理论指导实践并推动侨乡实现跨越式发展的显著效果。

其五，为侨务工作和华侨华人研究提供了基本遵循。习近平关于侨务工作的一系列重要论述，作为新时代中国特色社会主义思想的组成部分，具有全面的指导作用。对于侨务部门和涉侨工作，应该认真学习和领会习近平有关侨务重要论述的思想精髓，广泛团结联系海外侨胞和归侨侨眷，共同致力于中华民族伟大复兴；统战部门应深刻理解习近平新

① 《凝聚侨胞爱国心抓好侨务促发展——访福建省长习近平》，《人民日报》（海外版）2000 年 10 月 11 日，第 12 版。

② 《凝聚侨胞爱国心抓好侨务促发展——访福建省长习近平》，《人民日报》（海外版）2000 年 10 月 11 日，第 12 版；《八闽扬帆正当时——访福建省省长习近平》，《人民日报》（海外版）2000 年 5 月 15 日，第 5 版。

时代统一战线理论，找到最大公约数，画出最大同心圆，凝聚侨心、汇集侨智、发挥侨力、维护侨益，共圆共享中国梦；外交部门在致力于习近平提出倡导的构建人类命运共同体的实践、“一带一路”建设及开展国际交往中，发挥侨力，以侨为桥，扩大中国的国际影响，提升中国的国际地位。从学理上说，华侨华人问题研究是社会科学研究范畴之一，与各门类社会科学学科的研究一样，既要坚持正确的理论指导，也要坚持基本的科学性和规律性。习近平的相关论述也为开展侨务研究开辟了新课题、拓展了新内容、提供了新方法。我们所从事的侨务问题研究，必须要以习近平关于侨务工作的论述作为指导。

九、孙中山奉“华侨为革命之母”

孙中山是中国近代资产阶级民主革命的“先行者”，是伟大的资产阶级革命领袖，从某种意义上说，也可以说是华侨革命领袖。近代海外华侨的民族民主革命觉醒，掀起以支援辛亥革命为中心的第一次爱国高潮，是以孙中山为首的革命党人发动的结果。华侨与孙中山的关系十分密切，有生死情谊。学术界有关华侨与孙中山关系的研究成果很多，这里在介绍孙中山发动华侨支持革命这一主线的同时，兼顾他与有代表性华侨人物的交往。

（一）孙中山与华侨关系研究回顾

在中国近现代史和侨史学界，对于孙中山与华侨交往、孙中山的侨务思想及实践有比较深入的研究，有关资料整理收集及研究成果较为丰富。

1. 有关研究资料

有关孙中山与华侨关系的资料见之于各种著作中，如《孙中山全集》（中华书局 1981 年版），中国社科院近代史研究所编著的《中华民国史资料丛刊·孙中山年谱》（上中下卷，中华书局 1976 年版），陈锡祺著《孙中山年谱长编》（中华书局 1991 年版），桑兵著《孙中山史事编年》（1—12 卷，中华书局 2017 年版），《各方致孙中山函电汇编》（1—10 卷，社会科学文献出版社 2012 年版），《孙中山先生书信手札集》（文海出版社 1987 年版），以及公开出版的各种版本的孙中山传记、评传、图传等资料，都涉及孙中山与华侨交往联系和侨务思想实践等方面的内容。

广东省政协委员会文史资料研究委员会编的《孙中山与辛亥革命史

料专辑》（广东人民出版社 1981 年版）一书，其中梁烈亚《镇南关起义回忆录》，陈灿章、李励文《孙中山革命活动与旅日华侨的关系》，刘汉翘《孙中山对越南华侨进行革命宣传忆述》，陈良口述的《在西贡堤岸三次会见孙中山的回忆》，张蔼蕴《辛亥前美洲华侨革命运动纪事》等，分别记述了辛亥革命前孙中山领导的推翻清政府武装起义和在华侨中进行革命宣传、建立同盟会组织及筹款活动等情况。中国社科院近代史研究所编的《近代史资料专刊·华侨与辛亥革命》（中国社会科学出版社 1981 年版，知识产权出版社 2013 年再版）是一本资料价值较高的专题资料集，记述和反映了辛亥革命时期海外华侨的革命活动，收录了新中国成立前国内或者华侨侨居地的有关珍贵资料，其内容多是当事人亲身经历或提供资料编纂而成，其中收录了冯自由《华侨革命开国史》，张永福《南洋与创立民国（节录）》，徐市隐《缅甸中国同盟会开国革命史（节录）》，温雄飞《回忆辛亥革命前中国同盟会在美成立的过程》等当事人的亲身经历口述或著述，具有较高的史料价值。

20 世纪 50 年代至 80 年代，台湾学者并有个别辛亥革命华侨当事人，对孙中山领导辛亥革命及其与华侨的关系有全面深入的研究，主要有以下一些著述。

1954 年冯自由撰写出版了《华侨革命组织史话》一书（台湾正中书局 1954 年初版，1974 年 3 月再版）。该书分两编：上编“兴中会时期”，介绍了孙中山发起在海外华侨中建立兴中会的情况；下编“同盟会时期”，介绍了孙中山在海外各地发动华侨建立同盟会组织等内容。

冯自由著《华侨革命开国史》（台湾商务印书馆 1975 年版），是作者在以前撰写出版的几本著作的基础上集中阐述孙中山发动领导华侨支援辛亥革命的著作。全书共分十部分，虽与以前著述多有重复，但仍有重要资料价值。台湾国民党军人黄珍吾撰写的《华侨与中国革命》（“国防研究院”1963 年版），是这一阶段台湾方面研究华侨与中国革命关系的代表著作。全书共八章，其中前四章系统地介绍了华侨与孙中山领导辛亥革命的关系。

由中国国民党中央委员会党史史料编纂委员会编辑的大型史料丛刊《革命文献》，其中第64辑“兴中会革命史料”（台北中央文物供应社1963年版）；第65、66辑“中国同盟会革命史料”（一）、（二）（台北中央文物供应社1974年版），收录了华侨参加兴中会、同盟会及其与孙中山关系的资料。

由台湾学者蒋永敬编辑的《华侨开国革命史料》（台湾正中书局1977年版）一书，是华侨支援辛亥革命的专题资料汇编。全书共九编，以国别和地区为编排序列，全景式地反映了世界各地华侨支援辛亥革命情况，各编依次为概述、檀香山、美国、加拿大、南美诸国、香港、横滨、南洋、其他地区。该书将原始文件，如同盟会的章程、权威的当事人文稿，与回忆录等汇集在一起，是研究华侨与辛亥革命及孙中山关系十分重要的资料，内容丰富，资料价值很高。

2. 相关研究著作和文章

任贵祥著《孙中山与华侨》（黑龙江人民出版社1998年版）一书，系统阐述了19世纪后期至20世纪前期孙中山在海外华侨中广泛发动革命、广大华侨对辛亥革命多方支持以及跟随孙中山讨伐袁世凯、响应孙中山改组国民党等内容，是一本全面阐述华侨与孙中山一生的革命活动密切关系的著作。

张应龙主编《海外华侨与辛亥革命》（暨南大学出版社2011年版）一书，从六个方面，即海外华侨与近代中国、创建组织、舆论宣传、经济援助、武装支持及其与辛亥革命的关系等方面，论述了海外华侨在辛亥革命中所起的重大作用，具有较高的学术价值。

沈渭滨著《孙中山与辛亥革命》（上海人民出版社1993年版，2011年、2016年再版）一书，以孙中山的思想和活动为脉络，研究了孙中山领导辛亥革命的历程，其中“行其所志”“流亡革命家”“东京掀起革命潮”“‘联络学界，开导华侨’”等章节，均涉及孙中山与华侨之间的交往和紧密联系。

邱思妮著、陈耀宗译《孙中山在槟榔屿》一书主要记述了孙中山在马来亚槟榔屿的活动，并还原孙中山的革命事业。桑兵著《孙中山的活动与思想》（中山大学出版社 2001 年版）中“孙中山与留日学界”“孙中山与新加坡华侨”等章节，对孙中山与华侨的联系交往及革命活动进行了阐述和研究。

王杰等著《孙中山革命与华侨精英》（暨南大学出版社 2018 年版）一书以诸多人物成篇，以华侨精英与孙中山的革命交谊为中心，结合典型事例和典型人物，展现了孙中山与华侨精英之间的紧密关系。

有关孙中山与华侨的关系、侨务思想与实践的学术论文，主要有以下几个方面的研究成果：

一是以国别为中心，研究孙中山与各国华侨交往关系的论文。如：张维持《孙中山与美国华侨》（《中山大学学报·哲学社会科学版》1979 年第 4 期），黄铮《孙中山与越南华侨》（《华侨华人历史研究》1986 年第 4 期），段云章《孙中山的革命斗争与日本华侨》（《华侨华人历史研究》1989 年第 2 期），马兖生《夏威夷华侨对孙中山早期革命活动的支持》（《华侨华人历史研究》1996 年第 4 期），周兴樑《孙中山的革命活动与越南华侨》（《贵州社会科学》1996 年第 5 期），武尚清《孙中山与越南华侨》（《民国档案》1998 年第 3 期），肖飞《孙中山与美国华侨》（《求索》2003 年第 3 期），王金香《孙中山与新加坡华侨》（《山西师大学报·社会科学版》1987 年第 1 期）等论文，分别研究了孙中山与各相关国家地区华侨之间的交往联系。如周兴樑《孙中山的革命活动与越南华侨》一文，从孙中山在越南华侨中进行革命宣传活动、建立革命组织，华侨在资财上支持孙中山和参加孙中山的革命斗争四个方面，论述了孙中山与越南华侨的交往关系，论证了越南华侨在孙中山民主革命思想的影响下，积极支持和参加革命斗争的情况。其他几篇相关论文，结构和内容大同小异。

二是以时间为中心，研究孙中山在不同时期与华侨交往关系的论文。如：郭绪印《论兴中会、同盟会期间孙中山与海外洪门》（《民国档案》1996 年第 2 期），任贵祥《民前孙中山对海外洪门会党的争取与改造》（《史学月刊》1998 年第 2 期）等；段云章《第一次国共合作时期的孙中山与华侨》（《中山大学学报·社会科学版》1996 年第 6 期）一文，论述了第一次国共合作时期面临新的状况，不同华侨对国共合作的态度，以及孙中山与华侨关系的亲疏变化。

三是以地区为中心，研究孙中山与各祖籍地华侨交往的论文。如詹冠群《孙中山与福建华侨》（《福建师范大学学报·哲学社会科学版》2000 年第 4 期），唐若玲《海南华侨与孙中山》（《湖北社会科学》2012 年第 7 期）。另外，在国内各地编撰的地方志特别是侨务志中，多有记述当地华侨与孙中山的交往或参加孙中山领导的革命活动。

四是以人物为中心，研究孙中山与华侨个人的交往，华侨追随孙中山从事革命事业。如詹冠群《黄乃裳与孙中山》（《华侨华人历史研究》1986 年第 4 期），李天锡《试述孙中山对黄乃裳的影响》（《华侨大学学报·哲学社会科学版》1993 年第 1 期），赵立人《孙中山与许雪秋》（《近代史研究》1995 年第 1 期），秦素菡《越南华侨黄景南与孙中山革命》（《东南亚研究》2009 年第 2 期）等。其中秦文研究了越南华侨黄景南在组织上积极支持和参加孙中山领导的革命组织，在经济上为革命筹集经费，辛亥革命后仍然追随孙中山从事革命救国活动的人生经历，指出黄景南为孙中山领导的民主革命作出了重要贡献。

五是孙中山的侨务思想与实践。如李树权《略论孙中山的侨务主张和侨务工作》（《华侨大学学报·哲学社会科学版》1988 年第 1 期），谭天星《试论孙中山的华侨观》（《华侨华人历史研究》1996 年第 4 期），毛起雄《孙中山先生侨务立法思想与实践》（《华侨华人历史研究》1990 年第 2 期），罗福惠《孙中山时代华侨的祖国认同》（《近代史研究》1996 年第 6 期），吴前进《孙中山与海外华侨民族主义》（《华侨华人历史研究》2011 年第 3 期），任贵祥《孙中山、袁世凯及其代表的南北政府侨务政策比较研究》（《江汉论坛》2005 年第 7 期）等。谭天星《试论孙中山的华侨观》一文，从“孙中山华侨观的主要内涵”“孙中山华侨观的形成与发展”“孙中山华侨观的作用和地位”三个方面对孙中山的华侨观进行了考察，指出，孙中山的华侨观基本上是进步的、积极的，是其革命思想的有机组成部分，对其领导的革命事业和华侨社会的觉醒起到了积极作用。

同时，孙中山逢十逢五诞辰周年之际，国内外都会举行系列纪念活动，其中孙中山和华侨关系的研究是一个重要方面，对于深化相关研究起到促进作用。比如，孙中山诞辰 150 周年时举办的“孙中山与华侨华人”国际学术研讨会，收录出版《孙中山和华侨华人学术研讨会论文集》，从孙中山与海外华社的关系、华侨与孙中山的革命活动、孙中山精神的现代意涵、华侨与民国政治等方面进行了专题研究。

以上是对孙中山和华侨关系研究的基本情况，还有一些论著也涉及孙中山与华侨的关系，不再展开介绍。

（二）孙中山与华侨关系的缘起

孙中山是伟大的民族英雄、伟大的爱国主义者、中国民主革命的伟大先驱，一生以革命为己任，立志救国救民，为中华民族作出了彪炳史册的贡献，为民族独立、社会进步、人民幸福建立了不朽功勋。

时代造就伟大人物，伟大人物又影响时代。孙中山出生时，外国侵略者发动两次鸦片战争的炮火硝烟，已逐渐把中国推向半殖民地半封建社会的深渊，中国正遭受着帝国主义列强的野蛮侵略和封建专制的腐朽统治，神州大地战乱频仍，亿万黎庶民生凋敝，中华民族内忧外患，中国人民水深火热。即使在那个风雨如晦的年代，坚忍不拔的中华民族从未屈服，坚韧不屈的仁人志士们前仆后继，努力探求救国救民的道路，进行了可歌可泣的英勇抗争。而孙中山就是他们当中的杰出代表。

青年时代的孙中山目睹山河破碎、生灵涂炭，誓言“亟拯斯民于水火，切扶大厦之将倾”，高扬反对封建专制统治的旗帜，毅然投身民主革命事业。他创立兴中会、同盟会，提出民族、民权、民生的三民主义，积极传播革命思想，广泛联合革命力量，连续发动武装起义，为推进民主革命四处奔走、大声疾呼，终于创立中华民国，推翻两千多年的专制帝制，实现了中华民族历史上翻天覆地的变化。孙中山“致力于国民革命凡四十年”，在他的早期革命生涯中与海外华侨建立了亲密的关系。

从 19 世纪 50 年代到 20 世纪初，海外有 630 多万华侨分布在世界各地，尤以南洋和美洲地区华侨人数最多、最为集中，是一支不容忽视的重要爱国力量。同时，由于外国侵略势力及黑暗落后反动封建专制统治势力互相勾结，联合镇压绞杀中国反帝反封建统治的爱国力量，使爱国救国运动及革命势力，在国内难以立足，只得到海外华侨中进行革命活动，以便获取相对安全的斗争环境，侨居地遂成为革命活动的主要基地，华侨成为革命的重要依靠对象。孙中山在策动和领导辛亥革命期间，即把海外侨居地作为开展革命活动的策源地，把华侨作为重要的依靠力量之一，领导中国人民包括海外华侨经过不屈不挠的艰苦斗争，最终推翻了清政府封建专制统治，取得了革命的胜利。

宋庆龄在纪念孙中山诞辰 90 周年时曾经说道：“由于中山先生在革命实践中一再遭到失败，不得不在国外策动革命，他的革命事业是与华侨同胞的努力分不开的，他不仅重视华侨，且以华侨为忠诚的战友，在爱国主义的基础上和他们紧密地团结起来……中山先生反帝国主义反封建主义革命斗争中，华侨曾作出很多贡献，很多华侨同胞是他忠诚可靠的朋友。”[①] 孙中山在回顾自己的革命生涯时，曾这样评价华侨在他的事业中的重要地位和作用：“我海外同志，昔与文艰苦相共，或输财以充军实，或奋袂而杀国贼，其对革命之奋斗，历十年如一日。故革命史上，无不有‘华侨’二字。”[②]

华侨是孙中山领导辛亥革命的重要动力之一，是孙中山策动革命、开展革命的依靠力量之一；孙中山与华侨关系十分密切，他们是生死患难、亲密无间的朋友。阐述孙中山与华侨的关系，需要追溯孙中山家庭出身、生活经历及其所从事的革命事业之始……

1866 年 11 月 12 日，孙中山出生在我国著名的侨乡——广东省香山县翠亨村。香山县位于珠江三角洲南部，翠亨村在该县之东南，离澳门仅有 37 公里。鸦片战争后，随着西方资本主义势力的侵入，这里逐步发生变化，得天独厚的地理条件使得这里风气渐开，与海外接触频繁，此地又多沙碛，土地贫瘠，居民从事种植水稻及杂粮等业，产量却很低，迫于生计困难，乡人多有外出谋生者，很多到海外做苦工，香山逐渐发展成为重要的侨乡。

孙中山的两个叔父早年随华工的人流前往美国，一去不复返，葬身在加利福尼亚的淘金坑里。1871 年，他的哥哥孙眉随舅父到美国檀香山谋生，据记载：“孙眉随程名桂去檀香山，同行的还有同邑青年郑强等。临行前，因苦于家贫乏款，由孙学成妻程氏将租给孙达成耕种的土地，押出其中的两亩余作旅费。孙眉到檀香山后，最初和郑强同在一个华侨办的菜园里当工人，月薪十五元，他每月汇寄十元回家，这样工作了十一个月。接着转到一个夏威夷人开设的农牧场当长工，又做了几年。后来孙眉跑到茂宜岛去垦荒耕种，开始进行少量的雇工剥削，慢慢地积

① 宋庆龄：《让我们以实际行动来纪念孙中山先生》，《侨务报》1956 年第 2 期。

② 《美利滨分部党所成立并开恳亲大会训词》（1921 年 12 月），《孙中山全集》第六卷，中华书局 1985 年版，第 52 页。

累起资本，开设了商店和牧场。”[1]孙眉依靠着辛勤劳作，在檀香山垦荒侥幸致富，逐渐积累一些资财，经营规模日益扩大。到1885年前后，他“自有大牧场，领地六千英亩（合华亩约二万）。其中畜牛、马、猪、鸡、火鸡等牲口数万头。场地有山林，有平原。工人逾千，华人土人各半”[2]。在孙中山从事革命的岁月中，孙眉为了孙中山的革命斗争作出重要贡献，他贡献了自己的全部家产，成为孙中山革命事业的坚定支持者。

在国内，孙中山开始了求学生涯，生活中发生的事情逐步引起他的思索。1876年，孙中山在村塾读书时，一伙水盗入村抢劫一个从美国归来的华侨。侨商被劫后泣诉：“我完结了，水盗把我所有的都抢去了。许多年来我冒了生命的危险，在洋人的地方做苦工积聚了许多金钱为我家族和乡村的利益的，现在都被强盗抢去了。我倘使留在洋人的地方，那边有真实的首领，有法律的保护；而此地在中国只有禁令而没有保护的。”孙中山听后思索道：“为什么中国没有洋人这样的法律？为什么这个华侨，冒了生命的危险挣到诚实的金钱，洋人允许他带回来的，在中国竟得不到法律的保护？”[3]正是在生活中与华侨的接触，孙中山对海外有了一定的了解，对华侨有了一定的认识，也让他对国内外的现状有了更多的思考。

1879年，13岁的孙中山随母来到檀香山投奔其兄，并在这里学习生活了五年。他到孙眉在茂宜岛开设的商店当店员，学会记账、珠算，还学会了当地楷奈楷人的方言，不久，又进入盘罗河学校补习算术等科。此后，孙中山进入当地的英国基督教圣公会主办的意奥兰尼学校（男子中学）读书，教材内容包括西方社会政治学说和自然科学的基础知识，也有英语、圣经等科目，而他自己也常爱读华盛顿、林肯等人的传记。

---

① 陈锡祺：《孙中山年谱长编》上册，中华书局1991年版，第10页。

② 郑照：《孙中山先生逸事》，《逸经》第4期，1936年4月。

③ 陈锡祺编：《孙中山年谱长编》上册，中华书局1991年版，第20页。

第一次离开家乡到国外去，大大打开了孙中山的眼界，早年的出国经历，在檀香山的求学、生活，对他的一生产生了深刻的影响，他后来忆述道：“始见轮舟之奇，沧海之阔，自是有慕西学之心，穷天地之想。”[①] 在国外读书和生活期间，对比国内外的不同情景，更让他产生了改良祖国的愿望，他曾经回忆自己的童年生活道：“忆吾幼年，从学村塾，仅识之无。不数年得至檀香山，就傅西校，见其教法之善，远胜吾乡。故每课暇，辄与同国同学诸人，相谈衷曲，而改良祖国，拯救同群之愿，于是乎生。当时所怀，一若必使我国人皆免苦难，皆享福乐而后快者。”[②] 而他在檀香山生活和学习的费用，当然全部都由哥哥孙眉供给。

1883 年夏，在海外生活学习五年的孙中山从檀香山启程归国，回到广东家乡，将自己贫穷衰败落后的祖国与先进发达的外国相比，使他产生了改变祖国落后面貌的愿望和决心。孙中山在檀香山的五年间，“天天所见所闻，都是关于政治方面的事”。正是由于亲身接触到欧美的科学文化知识和资产阶级民主主义思想，他逐渐滋长了民族主义和民主主义的意识。

回国后，孙中山帮助家庭做些农活，自修中西学，并在余暇时从事体育锻炼。他在村民中宣传政治改革，抨击中国政治的腐败和社会风俗的不良，还着手进行若干改良乡政的实践：“如教育、防盗、街灯、清道、防病，皆为筹办。”有一次，孙中山和陆皓东在村里庙宇中游玩时打破了庙里的神像，受到乡里的指责，为豪绅地主所不容，被迫离乡避往香港，先后在中央书院、西医书院学习。在此期间，他常和尤列、陈少白、陆皓东等人谈论革命问题，他们四人后来被称为“四大寇”。

---

① 《复翟理斯函》（1896 年 11 月），《孙中山全集》第一卷，中华书局 1981 年版，第 47 页。

② 《在广州岭南学堂的演说》（1912 年 5 月 7 日），《孙中山全集》第二卷，中华书局 1982 年版，第 359 页。

1884年，孙中山接到孙眉的函召，在香港辍学，再赴檀香山。1892年夏，26岁的孙中山毕业，结束了学习时代的生活。他毕业后，先后在澳门、广州行医。他医术良好，来求医者颇多，但他不满足于当一名医生，而是更关心国家民族的“痼疾”，认为“医国”比“医人”更重要。所以他一边行医，一边结交革命志士，寻找救国道路，开始进行挽救民族危亡的政治活动。1893年冬，他邀集陆皓东、郑士良等人秘密聚议，曾酝酿成立一个革命组织，但因人少未有成形的计划，未能付诸实施。这时的孙中山虽然有了一些革命思想，但还不坚定，世界观正在形成中，其思想中还有改良的成分。

1894年，孙中山同陆皓东同赴上海，走访郑观应，并结识改良主义者王韬，探寻投见李鸿章的门径，王韬为他写介绍信给李鸿章的幕僚罗丰禄。6月，抵达天津通过罗丰禄等人投书李鸿章，向李鸿章系统地阐述自己的思想，这就是孙中山早期具有改良主义思想的主要作品——《上李鸿章书》，书中提出，以西方国家为楷模，发展工农业生产，使工商业摆脱封建束缚，根本改革教育制度和选拔人才制度，达到国家独立富强的目的；提出“人能尽其才，地能尽其利，物能尽其用，货能畅其流”，认为“此四事者，富强之大经，治国之大本”；主张优先发展农业，指出“农牧之兴尤为今日之急务”，建议开设农师学堂、举办农艺博览会、派人出洋考察、开垦荒地、集商经营等，以促进农牧业生产。但他的上书遭到漠视，并未被李鸿章理睬。他后来对这一失败的教训回忆道：“于是怃然长叹，知和平之法无可复施。然望治之心愈坚，要求之念愈切，积渐而知和平之手段不得不稍易以强迫。”[①] 而他此次北方之行，使他得以充分观察社会状况，亲眼目睹清政府的腐朽，意识到必须用根本改造来代替局部改良。从此，孙中山逐步成为一名职业革命家，

① 《伦敦被难记》（1897年初），《孙中山全集》第一卷，中华书局1981年版，第52页。

开始走上了革命的道路。

孙中山出生于侨乡，生活于一个华侨之家，又在海外侨居地学习，他本人也可以说是一名华侨。他的生活学习环境，使得他自幼就有很多接触和了解华侨的机会，和华侨结下不解之缘，对他产生了非常重要的影响，这与他此后在华侨中宣传发动革命有着密切联系。

（三）孙中山与胞兄孙眉及归侨革命先驱邓荫南

孙中山早期与华侨的交往中，对他帮助最大、影响最大者，当属其胞兄孙眉。孙眉不但为孙中山提供学习条件、学习经费，甚至不惜倾家荡产资助孙中山革命，而且作为农牧业资产阶级的代表人物，对孙中山思想也产生潜移默化的影响。

如前所述，孙眉作为孙中山的胞兄，在孙中山的成长道路上给予很多帮助与指导，孙中山留学海外，接受系统的西方教育，主要是依靠孙眉的资助。孙中山的革命事业更是得到孙眉无私的支持。孙眉是兴中会最早的一批会员之一，也是孙中山革命事业最重要的资助者，为了孙中山的革命事业，他变卖家产，捐助款项 70 余次，以致最终破产。

1894 年 11 月，孙中山在檀香山发起成立资产阶级革命团体兴中会，孙眉和当地几名华侨首先入会，成为最早的一批会员。兴中会成立不久，孙中山即准备回国策划广州起义，孙眉以远低于市场的价格，贱价卖掉自己牧场中的一批牛畜，得款 2000 美金，捐助起义。1909 年，孙中山在给吴稚晖的信中写道：从事革命期间“缓急皆赖家兄之接济”，“若为图利计，我亦何乐于革命而致失我谋生之地位，去我固有之资财，折我兄已立之桓〔恒〕产耶”。“两年前家兄在檀已报穷破产，其原因皆以资助革命运动之用。浮钱已尽，则以桓〔恒〕产作按，借贷到期无偿，为债主拍买其业，今迁居香港，寄人篱下，以耕种为活。而近因租价未完，又将为地主所逐”[1]。可以说，孙眉在孙中山的革命事业中具有特殊而难以替代的重要地位。

1911 年 11 月广州光复后，一部分同盟会员及华侨对先后担任广东都督的胡汉民、陈炯明不满，有恢复兴中会的想法，并推举孙眉为首领，孙眉忠厚性成，颇为所用。而陈炯明多次提出要辞去粤都督之职，孙中山身边许多人及广东各界团体主张推举孙眉担任广东都督，然而孙中山断然拒绝了这一请求，并公诸报端：

广东各界团体并送各报馆公鉴：连接各界议举家兄为粤督之电，文未作答，非避嫌也。家兄质直过人，而素不娴于政治，一登舞台，人易欺以其方。粤督任重，才浅肆应，决非所宜。若为事择人，则安置民军、办理实业，家兄当能为之。与其强以所难，将来不免覆竦，何如慎之于始。知兄者莫若弟，文爱吾粤，即以爱兄也。[2]

孙中山还亲自给孙眉写信，解释其原因：

孙寿屏大哥鉴：粤中有人议举兄为都督，弟以为政治非兄所熟习。兄质直过人，一入政界，将有相欺以其方者。未登舞台，则众人属望，稍有失策，怨亦随生。为大局计，兄宜专就所长，专任一事，如安置民军、办理实业之类，而不必当此大任。且闻有欲用强力胁迫他人以举兄者，以此造因，必无良果，尤不可不避也。[3]

孙眉最终坦荡地接受弟弟的意见，不为各界的推荐所动，先后在家乡从事商业，直至 1915 年因病去世。孙氏兄弟之所以为人敬重，不仅是因为他们革命事业的成功，更因为他们为大多数人的事业而奋斗的精神，秉持“天下为公”的崇高追求，他们心底无私天地宽的坦荡境界，更为

① 《致吴稚晖函》（1909 年 10 月下旬），《孙中山全集》第一卷，第 420—421 页。

② 《复广东各团体并各报馆电》（1912 年 2 月 21 日），《孙中山全集》第二卷，中华书局 1982 年版，第 113 页。

③ 《致孙眉电》（1912 年 2 月 21 日），《孙中山全集》第二卷，第 114 页。

人所敬仰。

孙中山从事革命之初，还得到檀香山另一位侨商邓荫南的鼎力支持。邓荫南出生于清道光二十六年（1846 年），其父邓善昆在乡务农，喜爱习武，曾是天地会会员，为人颇有见识。常勉励其子要做有志气之人，尽管家庭不富裕，仍千方百计供儿子读书。1871 年，邓荫南 25 岁时，随伯父、长兄赴檀香山，经苦心经营成为檀香山一名富有的糖商，有工人数千人，邓荫南“性慷慨，好施与，乡人多敬之”[①]。

1871 年邓荫南乘船赴檀香山时，与孙中山的兄长孙眉同时登船，在旅途中结成好友。随后在檀香山打拼事业期间，两人交往颇多，成为知已。经孙眉介绍，邓荫南结识了孙中山，共同的革命志趣和救国志向让他们结下深厚情谊。1894 年 11 月，孙中山在檀香山创立兴中会，邓荫南是第一批入会者，并当选为值理之一。邓荫南比孙中山大 20 多岁，但是他却甘愿奉孙中山为首领，从此一直跟随孙中山，始终不渝支持孙中山的革命活动。

兴中会成立不久，孙中山决定归国发动起义，但是筹措经费遇到很大困难，在艰难时刻，邓荫南毅然变卖家产资助革命，“不图风气未开，人心锢塞，在檀鼓吹数月，应者寥寥，仅得邓荫南与胞兄德彰二人愿倾家相助，及其他亲友数十人之赞同而已”[②]。邓荫南变卖商店及农场作为起义经费，并跟随孙中山回国发动广州起义。广州起义失败后，邓荫南继续坚持不懈地斗争，在匿居港澳期间，他和陈少白、李纪堂等人创办了革命党的第一份报纸《中国日报》。1900 年，他与香港富商李纪堂接济郑士良发动惠州起义，并与史坚如进入广州以谋响应；起义不成后，又出资参与暗杀两广总督德寿未果。其后，邓荫南退居香港英界青山，

① 冯自由著:《革命逸史》（上），新星出版社 2016 年版，第 42 页。

② 《建国方略》,《孙中山全集》第六卷，中华书局 1985 年版，第 229—230 页。

以经营农场名义，掩护革命党人进行活动。1903 年 1 月，邓荫南又参加谢瓒泰等人组织的广州起义，"其功虽不成，其事已轰动全国"。1905 年 8 月，中国同盟会成立后，邓荫南筹款支援同盟会举行的各次武装起义，其农场也成为革命党人在香港的重要革命据点。作为保皇派领袖康有为、梁启超两人的"对手"，梁在给康的信中提及邓荫南时说："此人倾家数万以助中山，至今不名一钱，而心终不悔，日日死心为彼办事，阖闾皆推其才。"

1911 年 4 月，邓荫南又为攻打广州两广总督府的革命党人筹款购买手枪，积极支援黄花岗起义。10 月，武昌起义爆发之后，邓荫南率人克复广东新安。民国成立后，他出任新安民军总督，继任开平民团总长，此后又任孙中山总统府咨议，内政部农务局局长。袁世凯篡夺辛亥革命胜利果实后，邓荫南又跟随孙中山参加讨伐袁世凯复辟帝制、护国护法等军事活动。1922 年 6 月，陈炯明叛变孙中山时，孙中山被困于永丰舰，邓荫南当即筹款一万多元接济孙中山，以近 80 岁高龄在开平起兵平叛，声援北伐军回师讨陈。8 月，邓荫南等赴上海晋谒孙中山，孙中山指示邓荫南回澳门组织讨陈军事行动。邓荫南在澳门召集华侨，成立华侨炸弹决死队，筹划谋杀叛变将领。1923 年春，邓荫南病逝于澳门，在其生命弥留之际，仍牵挂革命，教诲子女努力革命，在遗嘱中没有一句谈及自己的家事，而是希望"死后当与兴中会同志共葬一处"。

孙中山得知邓荫南去世的消息后，心情极为悲痛，他为邓荫南遗像题词："爱国以命，爱党以诚。家不遑顾，老而弥贞。载瞻遗像，犹怀友声"[①]，并追赠邓荫南为陆军上将，以国礼安葬邓荫南及其他同志，"邓荫南为国尽瘁，老而弥坚；今忽溘逝，殊深震悼。邓荫南着授陆军上将，

① 《为邓荫南遗像题词》（1923 年 2 月），《孙中山全集》第七卷，中华书局 1985 年版，第 152 页。

并给银一千元治丧。所有应行议恤事宜，大局底定，即由陆军部从优拟议”[①]，并亲题“陆军上将邓荫南之墓”。这是孙中山对邓荫南的高度评价，也是对这位革命战友的深切怀念。1929年6月，檀香山华侨捐款为邓荫南墓重修墓园，并在墓后树立一座10米高的纪念碑，上书“邓上将荫南纪念碑”，以此来纪念这位毁家纾难、不屈不挠的华侨革命先驱。

（四）在华侨中建立革命团体

1894年，是中国近代历史上具有重大转折意义的一年。中日甲午战争爆发，清政府屡战屡败，最后北洋舰队全军覆没，与日本签订丧权辱国的《马关条约》，中国割让台湾给日本并赔款两亿余两白银。中华民族遭遇空前危机，救亡图存成为社会的主流声音。

一些关心国事的海外华侨高度关注着这场决定命运的战争，迫切希望中国取胜，然而清政府在战争中一败涂地，最后以签订丧权辱国的条约而告终，中华民族遭此奇耻大辱，使得广大华侨悲愤至极。同时，伴随着屈辱而来的是渴望励志图强，洗刷耻辱，海外华侨希望中国实行改革、革除旧弊、学习西方、实行新政、重振国威的愿望日益强烈。

中国民主革命的“先行者”孙中山，耳闻目睹了清政府极端腐朽无能，北京之行上书也以碰壁失败告终，他最终放弃了改良救国思想，毅然走上了革命的道路。1894年10月，孙中山再次来到檀香山。他在华侨中宣传反清革命，得到了部分进步华侨的积极响应。11月24日，孙中山在檀香山创立了中国近代历史上第一个资产阶级革命团体——兴中会，这是孙中山走上革命道路的起点，从此他把海外侨居地作为革命的根据地。兴中会最初的20余名会员，全部为进步华侨，他们是：何宽、李昌、邓荫南、郑金、黄亮、黄华恢、钟木贤、刘祥、刘寿、程蔚南、郑照、许直臣、李多马、李禄、卓海、林鉴泉、钟宇、刘卓、夏百子、侯

① 《追赠邓荫南令》（1923年2月），《孙中山全集》第七卷，第152—153页。

艾泉、李杞、伍来等。邓荫南、夏百子等人一直是孙中山革命不屈不挠的追随者。

在兴中会成立的大会上，通过了孙中山起草的《兴中会章程》，在《章程》中孙中山分析了中国面临的严峻形势，指出了中国面临的深重的民族危机，猛烈抨击了清政府的专制腐朽统治：

中国积弱，非一日矣！上则因循苟且，粉饰虚张；下则蒙昧无知，鲜能远虑。近之辱国丧师，剪藩压境，堂堂华夏不齿于邻邦，文物冠裳被轻于异族。有志之士，能无抚膺！夫以四百兆苍生之众，数万里土地之饶，固可发奋为雄，无敌于天下。乃以庸奴误国，涂〔荼〕毒苍生，一蹶不兴，如斯之极。方今强邻环列，虎视鹰瞵，久垂涎于中华五金之富、物产之饶。蚕食鲸吞，已效尤于接踵；瓜分豆剖，实堪虑于目前。有心人不禁大声疾呼，亟拯斯民于水火，切扶大厦之将倾。用特集会众以兴中，协贤豪而共济，抒此时艰，奠我中夏。

《章程》明确提出了兴中会成立的目的——“专为振兴中华、维持国体”“以申民志而扶国宗”，首次喊出了“振兴中华”的口号：

是会之设，专为振兴中华、维持国体起见。盖我中华受外国欺凌，已非一日。皆由内外隔绝，上下之情罔通，国体抑损而不知，子民受制而无告。苦厄日深，为害何极！兹特联络中外华人，创兴是会，以申民志而扶国宗。①

同时，兴中会把“驱除鞑虏，恢复中国，创立合众政府”作为入会的盟书和誓言，体现出鲜明的反清革命立场，反映出华侨跟随孙中山挽救危亡的坚定决心。

兴中会是最早的中国资产阶级革命团体，它的成立标志着中国资产阶级民主革命运动的开始。从此时起，直到 1912 年中华民国成立将近 20

① 《檀香山兴中会章程》，《孙中山全集》第一卷，第 19 页。

年的时间里，孙中山奔走于海外各地，向华侨宣传革命思想，募集革命资金，建立革命组织，成为一名职业的资产阶级民主革命家。而檀香山也成为中国近代资产阶级民主革命的发源地，檀香山华侨是孙中山革命的最早追随者。

檀香山兴中会成立后，孙中山等人在当地华侨中积极吸收会员，募集行动经费，扩大组织力量，随后逐步向其他各地发展组织扩大会员。1895 年 2 月 21 日，孙中山联合革命志士陈少白、陆皓东、郑士良及辅仁文社的杨衢云、谢缵泰等在香港成立兴中会总会。随后，在孙中山等人的努力下，兴中会又在广州、台湾、日本横滨、美国旧金山、南非约翰内斯堡、越南河内等地成立分会。孙中山是各地兴中会的主要创办者和发起人，是领导兴中会的革命领袖，而绝大部分兴中会组织都位于海外，海外华侨是兴中会的主要成员，华侨是孙中山革命事业最初的主要追随者，海外侨居地是孙中山革命事业最初的主要根据地。

兴中会的成立，开启了中国资产阶级民主革命的浪潮，点燃了中国资产阶级民主革命的火种。但是随着革命形势的发展，以海外华侨为主体的分散的革命小团体已经不能适应革命的需要，迫切需要建立团结的统一的强有力的革命组织加以领导。

1905 年春，孙中山到达欧洲，当地留学生受革命思潮影响，已多数赞成革命，孙中山以三民主义、五权宪法相号召，组织革命团体，“开第一会于比京，加盟者三十余人；开第二会于柏林，加盟者二十余人；开第三会于巴黎，加盟者亦十余人”①。是年 7 月，孙中山抵达日本，7 月下旬，经日本友人宫崎寅藏介绍，孙中山与黄兴在东京凤乐园会晤，畅谈革命形势，并建议兴中会和黄兴领导的华兴会等联合，共同致力于革命。黄兴表示赞同。7 月 28 日，孙中山与宋教仁、陈天华等在《二十世

---

① 《建国方略》，《孙中山全集》第六卷，中华书局 1985 年版，第 237 页。

纪之支那》杂志社会晤，提出革命必须要有统一的组织和统一的领导，强调“现今之主义，总以互相联络为要”，他指出：

现今大势及革命方法，大概不外联络人才一义。中国现在不必忧各国之瓜分，但忧自己之内讧，此一省欲起事，彼一省亦欲起事，不相联络，各自号召，终必成秦末二十余国之争，元末朱、陈、张、明之乱，此时各国乘而干涉之，则中国必亡无疑矣。故现今之主义，总以互相联络为要。

方今两粤之间，民气强悍，会党充斥，与清政府为难者已十余年，而清兵不能平之，此其破坏之能力已有余矣。但其间人才太少，无一稍可有为之人以主持之。去岁柳州之役，彼等间关至香港招纳人才，时余在美国而无以应之也。若现在有数十百人者出而联络之、主张之，一切破坏之前之建设、破坏之后之建设种种方面、件件事情皆有人以任之，一旦发难，立文明之政府，天下事从此定矣。[①]

7 月 30 日，孙中山邀集各省有志革命的留学生和旅日华侨 70 余人，在东京召开中国同盟会筹备会议。与会者包括兴中会、华兴会、光复会、科学补习所的部分成员，并有留学生中其他团体的成员和个人参加者，除甘肃未有留日学生外，全国 17 省均有人到会。会上，孙中山首先作了关于革命理由、形势和实行方法的演说，强调散布全国各地的革命组织应组成新团体，协力从事革命工作。

8 月 20 日，中国同盟会在东京赤坂区灵南日人阪本金弥宅召开正式成立大会，到会者百余人。黄兴宣读章程草案 30 条，经大会讨论通过。章程中确定孙中山提出的“驱除鞑虏，恢复中华，创立民国，平均地权”十六字纲领为同盟会宗旨。规定以日本东京为同盟会本部所在地，总理之下分设执行、议事、司法三部；于国内外分设九个支部（国内有东、

---

① 《与陈天华等的谈话》（1905 年 7 月 28 日），《孙中山全集》第一卷，第 276 页。

西、南、北、中五个支部，国外有南洋、欧洲、美洲、檀香山四个支部），下面又在各省区成立分会。会议推举孙中山为总理，黄兴为执行部庶务长协助总理主持本部工作，章炳麟、宋教仁、陈天华、汪精卫等为本部各机构的主要职员。各省区主盟人亦经分别推定。会议通过《二十世纪之支那》杂志作为同盟会的机关报，后改名为《民报》。孙中山从同盟会成立之日起，“始信革命大业可及身而成”。孙中山在给友人的信中这样分析同盟会成立后的形势：

近日吾党在学界中已联络成就一极有精彩之团体，以实力行革命之事。现舍身任事者已有三四百人矣，皆学问充实、志气坚锐、魄力雄厚之辈，文武才技俱有之。现已各人分门认担一事，有立即起程赴内地各省者，以联络同志及考察各情者。现时同志已有十七省之人，惟甘肃省无之，盖该省无人在此留学也……此团体为秘密之团，所知者尚少，然如来投者陆续加多，将来总可得学界之大半；有此等饱学人才，中国前途诚为有望矣。①

中国同盟会以孙中山提出的“驱除鞑虏，恢复中华，创立民国，平均地权”为革命纲领，同盟会的建立标志着孙中山领导的中国近代第一个资产阶级革命政党的诞生，也标志着中国近代资产阶级民主革命开始走向高潮。

同盟会创立后，孙中山在各侨居地华侨中亲自建立同盟会分会，如同盟会新加坡分会，吉隆坡分会，越南西贡、河内分会，暹罗分会，美国的美东、美中、美西、檀香山分会等；其他革命党人及华侨同盟会会员，在海外侨居地广泛建立分会、发展会员，海外同盟会如雨后春笋般纷纷建立。

---

①《复陈楚楠函》（1905年9月30日），《孙中山全集》第一卷，中华书局1981年版，第286—287页。

兴中会时期孙中山革命活动的中心主要在横滨，以华侨中的中小商人为基础；而同盟会时期其革命重心已经转移到东京，以中国留学生、流亡知识分子、职业革命者和华侨为基础。兴中会时期设立的分会多是分布在檀香山、香港、横滨、越南、旧金山、南非等几个点，人数也比较少；同盟会时期则在日本、新加坡、马来亚、印尼、越南、暹罗、缅甸、菲律宾、檀香山、美国、加拿大、古巴、秘鲁、墨西哥、比利时、法国、德国、澳大利亚、新西兰以及港澳台等地，凡有华侨处，同盟会均有设置，到处都有同盟会组织和通讯处。

同盟会的成立标志着孙中山从事的资产阶级革命活动的基础更加扩大，把更广大的华侨华人引领到资产阶级革命的道路上。华侨从参与创立兴中会到踊跃参加同盟会，从资产阶级革命团体的重要骨干发展到资产阶级革命政党的重要基础之一，是华侨从组织上支援和参加辛亥革命发展到一个新的阶段，即从不觉悟到自觉地参加革命的进步和新飞跃。1917 年，孙中山在为《同盟演义》作序时充分肯定了华侨在同盟会中的重要地位和发挥的独特作用，文中这样写道：

自余始创同盟会，暨于清政府之覆，中间不过七年耳。至诚所至，金石为开，况乎人乎！然同盟会之誓约曰：“驱除鞑虏，恢复中华，创立民国，平均地权。”仅去清政府，安能以为止境？此吾人所以于元、二之间，力谋团结民党，组织政党内阁，以固民国之基，而为平均地权政策之准备也。盖同盟会之四纲，有一不具，吾人不敢告劳。其后虽有所迁就，改用国民党之称，吾人目的，固未尝变也。同盟会之成，多赖海外华侨之力，军饷胥出焉。及清政府既覆，人人皆自以为有不世之功，而华侨类不自伐，惟吾深知同盟会中非有华侨一部分者，清室无由而覆，民国无由而建也。华侨不自言功者，盖知救国真为天职，不事矜举，抑亦知夫四纲之未具，责有未尽而然者乎？五六年来，始于义而终于利者，亦数见矣。而华侨与之者独希，此亦殆由其经历熏习与诸政客有异欤！[①]

毛泽东也指出："同盟会的组织，一部分是海外华侨工人，一部分是内地的会党，另一部分则为小地主子弟出身的留学生、小地主子弟出身的内地学生及自耕农子弟出身的内地学生，总之同盟会的成分，乃无产阶级（会党）、半无产阶级（侨工）、小资产阶级（一部分内地学生）、中产阶级（留学生及一部分内地学生）这四个阶级的集合体。"[②]毛泽东将华侨工人列为同盟会组成的首位，亦可见华侨在同盟会中的重要地位。

同盟会的成立，标志着孙中山领导的中国近代第一个资产阶级革命政党的正式成立，中国革命进入一个新的发展阶段，中国近代资产阶级民主革命运动走上了一条新的道路。

（五）冯自由父子支持孙中山创立兴中会

在孙中山领导创立海外革命组织的过程中，各地面临的情况不同，而横滨兴中会的成立颇具传奇色彩，其兴衰也与当地的著名侨商冯镜如密切相关。冯镜如祖籍广东南海，出生于香港，早年即加入英国国籍。其父冯展扬在香港经商，后因响应天平天国起义而被捕入狱并死于狱中，冯镜如也被迫逃亡日本横滨谋生。甲午战争中国惨败，他愤恨清政府的腐败无能，家恨国仇使他毅然剪去发辫，以示与清政府决裂，成为旅日华侨中剪辫最早的人。冯自由在《革命逸史》中写道："旅日侨商之解除辫发者，实以余父为嚆矢。"[③]意为其父亲冯镜如为日本华侨中最早剪辫反对清政府者。

1895 年 1 月，孙中山为回国策划发动广州起义，由檀香山乘轮船赶

① 《〈同盟演义〉序》（1917 年 4 月 30 日），《孙中山全集》第四卷，中华书局 1985 年版，第 26—27 页。

② 《国民党右派分离的原因及其对于革命前途的影响》（1925 年冬），《毛泽东文集》第一卷，人民出版社 1993 年版，第 26 页。

③ 冯自由著：《革命逸史》（上），新星出版社 2016 年版，第 13 页。

赴香港。在经过日本横滨时，孙中山在船上对华侨，发表演讲宣传反满救国，其中有位华侨小商贩陈清，听到孙中山演说后，非常惊奇并禀告冯镜如、冯紫珊（冯镜如之弟）、谭有发等人。冯镜如“大为倾倒，立使陈清邀请中山先生登陆，共商国是。中山先生答谓该轮启碇在即，未便登陆，嘱陈清携兴中会章程及讨虏檄文一大束，交余父代为派送，借广宣传”[①]。孙中山请冯镜如等按照章程设立兴中会分会，并取名为义兴会，以作后援。冯镜如虽未与孙中山会面，但已经知道孙中山是一位志同道合的反清者。冯镜如还派遣陈清回国参与孙中山领导的广州起义，其归国旅费也由冯镜如赠予。

10月，孙中山策划发动广州起义，由于谋事不密，事先被清政府察觉，香港英国当局也将兴中会活动情况暗中电告两广总督，广州清军乃大举出动，封闭革命机关，搜捕起义人员。孙中山领导的第一次武装起义未及发难即遭流产。孙中山遂逃离广州，偕郑士良、陈少白等逃亡日本。11月13日，孙中山等人抵达横滨，登岸找到当地华侨谭发，并由谭发为孙中山租得一楼面。一二日后，经谭发介绍，孙中山在文经印刷店第一次见到了冯镜如，并商讨组织创立兴中会事宜，冯镜如欣然赞成。冯镜如召集当地华侨冯紫珊、谭有发、黎炳垣、温遇贯、陈才、黎简卿、赵明乐、赵峄琴、温炳臣等十余人开会，决定成立兴中会，并推举冯镜如为会长。半月后，又有郑晓初、黄焯文、陈植云、冯自由等十余人入会。横滨兴中会分会成立一个月后，孙中山向各会员筹措旅费，“是时旅日华侨尚多目革命排满为大逆不道，故会员多有戒心”，众人皆以无力承担为由推辞，而冯镜如兄弟二人合力筹措500元赠予孙中山。

横滨兴中会成立时，冯自由年仅14岁，为年龄最小之会员，后有“革命童子”之称，冯亦自诩为“马前一小童”。冯自由曾回忆加入兴

① 冯自由著:《革命逸史》（下），新星出版社2016年版，第1003页。

中会的情景："嗣兴中会成立后约一星期，某日中山、少白、士良三先生在余家午膳，余侍末座。中山先生询余好读何书。余曰，好读小说。中山先生曰，好读那部小说？余曰，《三国演义》。中山先生曰，《三国演义》人物汝最喜欢何人？余曰，孔明。中山先生曰，汝知喜欢孔明，即是明白古今顺逆之理。我等之兴中会便是汉朝之刘备、诸葛亮。今之满洲皇帝，便是曹操、司马懿。我等之起兵驱逐满洲，即如孔明之六出祁山也。因谓余父曰，令郎能熟读《三国演义》，何不令其入会？余父遂命余填写誓约，此余以童年加盟革命党之原因也。"① 由于日本华侨尚未觉醒，将革命排满视为大逆不道之举，会员活动多有戒心，每次开会都由年少的冯自由通知。冯自由的革命之路由孙中山亲自开启、铺垫，一生追随孙中山，被誉为"最年轻的党内元老"，但遗憾的是他后来未坚持到底，与孙中山分道扬镳。

冯自由原名冯懋龙，更名为"自由"，是革命自由思想发展的结果，有着有趣的故事。冯自由加入兴中会后，受孙中山等革命思想影响，思想逐渐趋于革命和自由，救国报国意气风发。1899 年，冯自由因品学兼优被推荐为康有为的海外随行翻译，但是维新派保守的思想与冯自由的革命思想显然不能融合，被冯自由拒绝。1900 年夏初，康有为指示所控制的《清议报》等不许再提"自由"二字，"独立"二字也被禁止。冯自由对这种保守行为极为不满，称"汝不敢言自由，我即更名自由，看谁人可以侵犯我之自由"，并书写"冯懋龙即日改名自由"字样，以示与康有为等保皇派割裂。②

1905 年 8 月，孙中山在日本组织成立同盟会，冯自由为发起人之一，并担任评议部议员。9 月，孙中山委派冯自由、李自重前往香港、广州、

① 冯自由著：《革命逸史》（下），新星出版社 2016 年版，第 1004 页。

② 冯自由著：《革命逸史》（中），新星出版社 2016 年版，第 706 页。

澳门联络同志，扩大组织。冯自由在《中华民国开国前革命史》中记载：“八月十日（指农历），中山以广东为革命策源地，特派冯自由、李自重二人赴香港，组织香港、澳门、广州等处同盟会分部，以扩张革命势力，并令冯主持香港《中国日报》编辑事务。是为同盟会派员回国之始。”1906年《中国日报》改组后，冯自由担任社长，广泛宣介三民主义和革命思想，南方各省之党务军务也多由冯主持，或直接指挥或间接参与反清斗争十数次。

1910年夏，冯自由又奔赴加拿大，主办当地侨报《大汉日报》宣传革命，团结当地华侨支持革命，扩充革命队伍，筹措革命经费。1911年，武昌起义成功后，冯自由被推举为旅美华侨革命党总代表回国，协助组建南京临时政府，先后担任临时大总统机要秘书、外交部商务司长。袁世凯窃取革命成果后，冯自由被任命为北京政府临时稽勋局局长，负责汇集革命史料，并选派宋子文、杨杏佛等25人留学欧美。此后，国内局势不断恶化，在二次革命、护法运动中，冯自由始终坚持与孙中山一道开展革命斗争，特别是在日本、美洲等华侨中有很大影响力，但是这些努力最终失败。

时代潮流在发展，人的思想在变化；有人能够顺应时代潮流而前进，有人则不能适应潮流而落伍，革命元老冯自由即属于后者。1923年，孙中山决定改组国民党，走“以俄为师”的道路，坚定主张同中国共产党合作，实行联俄、联共、扶助农工三大政策。但此时长期追随孙中山的冯自由，思想却无法跟上孙中山的步伐，对国民党政策的转变持消极对抗态度。1924年1月召开的国民党第一次全国代表大会上，张继、居正、李石曾、邓泽如、邹鲁等人都反对改组国民党，冯自由也是反对改组的顽固派之一。冯自由虽然作为大会宣言审查委员会委员，但是对国民党改组持怀疑对抗态度，对孙中山的新三大政策始终难以认同，甚至在会上公开诋毁共产党。孙中山狠狠教训了他一顿，并且告诫全党以冯为戒，若有“再无端挑起是非，我们就将采取对冯自由一样的方法来对待他们”。抱残守缺的冯自由，思想仍然停留在旧民主主义革命阶段，并先后在上海、北京等地的国民党内组织宗派活动，发表宣言公开反对“三大政策”，最终于1925年3月被开除国民党党籍。当年参加革命的青春少年如今蜕变成阻挠革命的国民党老右派，颇有讽刺意味。

此后，冯自由曾通电公开批评蒋介石、汪精卫，对蒋介石发动反革命政变极为反感，不与蒋介石合作，亦不参加反蒋的政治活动。1935年，经孙科提议，冯自由得以恢复国民党党籍。1958年4月，冯自由病逝于台湾。

冯自由“年逾舞勺，即加入兴中会，亲炙总理，从事革命，于总理创业垂统之伟绩丰功，嘉谟嘉猷，以及诸先烈先进经邦纬国之精神，致命遂志之奇节，莫不亲见亲闻，参与其事”①。自20世纪二三十年代起，冯自由根据对民国成立前重要人物和事件的认知，致力于撰写辛亥革命前的革命党史，当然也包括孙中山与华侨之间交往的历史，如《中华民国开国前革命史》《华侨革命开国史》《中国革命运动二十六年组织史》《华侨革命组织史话》《革命逸史》等著作，以革命的亲历者身份和较为严谨的史学视角，提供了许多珍贵的历史资料，对于研究孙中山与华侨的历史有很大帮助，其对早期民国史研究功不可没。

（六）艰难改造海外洪门会党

在海外华侨社群中，共同的出身、经历和生活很容易让广大华侨抱团取暖，结成一定的社会组织共同应对外界的复杂情况，而帮会是其中势力和影响最大的秘密组织，是海外华侨社会中一股很大的潜在力量。该组织有着浓厚的侠义爱国与封建保守的两重性。孙中山争取帮会组织及会员支持革命，是其海外革命活动的一项重要而艰难的工作。

---

① 冯自由著:《革命逸史》（上），新星出版社2016年版，第1页。

1886年，孙中山在广州博济医院学习时就结识了与会党关系密切的郑士良、尤列二人。郑士良是广东归善人，孙中山曾回忆与郑士良的交往：“当予肄业于广州博济医学校也，于同学中物识有郑士良号弼臣者，其为人豪侠尚义，广交游，所接纳皆江湖之士，同学中无有类之者。予一见则奇之，稍与相习，则与之谈革命。士良一闻而悦服，并告以彼曾投入会党，如他日有事，彼可为我罗致会党以听指挥云。”[①] 孙中山在以后的许多革命活动中，曾通过郑士良得到洪门会党的大力支持。尤列是广东顺德人，少年时肄业于广州算学馆，曾担任广东舆图局测绘生、香港华民政务司署书记等职，自幼即与洪门会党交游，青年时代曾游历日本、朝鲜及国内各地。1886年，尤列与族人尤裕堂至博济医院访友，与孙中山相识，使孙中山逐步了解了会党的基本情况。

1895年，孙中山发动广州起义失败后，经日本返回檀香山，计划重新开展革命斗争，但是因起义失败，风气未开，遂决定到华侨人数更多的美国开展革命活动，“复集合同志以推广兴中会，然已有旧同志以失败而灰心者，亦有新闻道而赴义者，惟卒以风气未开，进行迟滞。以久留檀岛无大可为，遂决计赴美，以联络彼地华侨，盖其众比檀岛多数倍也”。但是，到美国后所面临的情况比孙中山预料的要复杂得多。“美洲华侨之风气蔽塞，较檀岛尤甚。故予由太平洋东岸之三藩市登陆，横过美洲大陆，至大西洋西岸之纽约市，沿途所过多处，或留数日，或十数日。所至皆说以祖国危亡，清政腐败，非从民族根本改革无以救亡，而改革之任人人有责。然而劝者谆谆，听者终归藐藐，其欢迎革命主义者，每埠不过数人或十余人而已。”[②] 但是在美国，孙中山看到各地华侨洪门会馆林立，会员众多，这是他美国之行的意外发现。

① 《建国方略》，《孙中山全集》第六卷，中华书局1985年版，第229页。

② 《建国方略》，《孙中山全集》第六卷，第230—231页。

洪门帮会，主要是清朝康熙年间由明朝遗老创立，以“反清复明”为宗旨，是一种秘密反清组织，“潜滋暗长于异族专制政府之下”。但洪门帮会的反清活动，遭到清政府残酷镇压，在国内难以立足，纷纷逃亡海外各地。由于受制于国内外环境，国外的洪门会党所继承的主要是团结互助和反抗强暴的斗争精神，而“反清复明”的政治色彩已经非常淡薄，“国内之会党常有与官吏冲突，故犹不忘其与清政府居于反对之地位，而反清复明之口头语尚多了解其义者；而海外之会党多处于他国自由政府之下，其结会之需要，不过为手足患难之联络而已，政治之意味殆全失矣，故反清复明之口语亦多有不知其义者”，以致“当予之在美洲鼓吹革命也，洪门之人初亦不明吾旨，予乃反而叩之反清复明为何者，彼众多不能答也”①。孙中山后来说道：“后由在美之革命同志鼓吹数年，而洪门之众乃始知彼等原为民族老革命党也。”“然当时予之游美洲也，不过为初期之播种，实无大影响于革命前途也。”可见，孙中山第一次在美国对华侨的动员和对洪门的改造收效甚微，但是洪门中的“反清复明”宗旨与孙中山倡导的民族主义有某些契合之处，会党在华侨社会中所占据的重要地位，则引起孙中山的足够重视。

孙中山在东南亚进行革命活动时，就对华侨会党进行过积极的争取工作，并经过孙中山的说服教育和调解，有效地解决了当地会党内斗频仍的现象，不少会党开始团结起来，并转而支持革命。越南三合会首领王和顺、黄明堂、关仁甫，暹罗华侨会党成员郑智勇等都成为孙中山革命事业的支持者。

与东南亚华侨社会比较，美洲华侨中会党势力更加强大，辛亥革命前洪门会党在美国华侨有很大的影响力，孙中山曾无奈地指出：“美国华侨十居八九为洪门之徒，致公总堂一反对筹饷，则虽热心革命者亦不敢

① 《建国方略》，《孙中山全集》第六卷，第232页。

前。”[①] 在美洲的洪门组织中，会党较大的堂号有六个，其中总部设在旧金山的致公堂成员最多，实力雄厚，影响最大，其对革命的态度直接影响到整个美洲华侨会党对于革命的态度。

1903 年，孙中山母舅、洪门人士杨文纳鉴于孙中山 1896 年争取会党未果，力劝他在檀香山加入洪门会党，以加强革命党之势力。1904 年 1 月 11 日，孙中山在檀香山致公堂国安会馆，由洪门前辈钟永养亲自介绍，正式加入洪门，任“洪棍”之职。孙中山在檀香山加入洪门会党，实际上是他对洪门会党的一种特殊改造，他要在美国华侨中开展革命活动，需要有致公堂的支持。孙中山加入洪门不久，赴美国旧金山，由于檀香山保皇会会员事先串通清政府领事，勾结美国海关官员将孙中山扣留码头木屋多日，后在致公堂大佬黄三德等人的帮助下才脱险上岸。

孙中山加入致公堂时，康有为、梁启超所领导的保皇会势力在美国华侨社会中已有相当大的影响，而且已深入到洪门致公堂组织内部。孙中山在檀香山由洪门前辈钟永养介绍入会时，便曾遭到渗入洪门帮会内部的保皇会势力的反对。孙中山意识到，要在美国华侨社会进行革命活动，得到洪门致公堂的支持，必须同时清除保皇会势力的影响，而且必须从整顿致公堂的组织做起。

为了把海外致公堂的首领和会众的侠义爱国热情引上支援祖国革命的道路上来，孙中山采取了如下三项措施：

一是撤换为保皇会效力的《大同日报》主编，使该报成为宣传革命的重要阵地。1904 年，孙中山抵达美国并在旧金山脱险后，受到了致公堂华侨的热情接待，但是主持致公堂机关报《大同日报》笔政的保皇会骨干欧榘甲攻击洪门接待孙中山为不智，引起黄三德、唐琼昌等致公堂首领的不快。黄、唐等人努力劝说欧榘甲同孙中山合作，欧固执不从，

---

① 《复邓泽如等函》（1911 年 7 月 18 日），《孙中山全集》第一卷，第 526 页。

反而在报纸上变本加厉地攻击孙中山，激起黄三德等人的愤怒，遂革除欧榘甲的职务。孙中山趁机推荐革命派留日学生刘成禺主持笔政，并将《大同日报》改组为革命报纸。该报改组后，“革命横议，鼓荡全美。华侨受其感化者日众，计总理是次游美之成绩，实以改组《大同日报》为最著”①。

二是重订洪门致公堂总章程，规定：“本堂以驱除鞑虏，恢复中华，创立民国，平均地权为宗旨”，以此代替原有的“反清复明”的口号。致公堂原来的章程烦琐复杂，秘密社会的色彩极为浓厚。孙中山在为致公堂起草的《致公堂重订新章要义》中指出了致公堂设立的原因和影响：“致公堂之设，由来已久。本爱国保种之心，立兴汉复仇之志，联盟结义，声应气求，民族主义赖之而昌，秘密社会因之日盛。早已遍布于十八行省与及五洲各国，凡华人所到之地，莫不有之，而尤以美国为隆盛。盖居于平等自由之域，共和民政之邦，结会联盟，皆无所禁，此洪门之发达，固其宜也。”同时，孙中山指出了此次修订章程的必要性和紧迫性，一要维持洪门致公堂原有要义：“惟是向章太旧，每多不合时宜；维持乏人，简有未惬众意。故有散漫四方，未能联络一气，以成一极强极大之团体，诚为憾事。近且有背盟负义，赴入歧途、倒戈相向者，则更为痛恨也。若不亟图振作，发奋有为，则洪门大义必将沦隳矣。”二要维持同堂之人的交往联络：“我堂同人之在美国者不下数万余人，向以散居各埠，人自为谋，无所统一，故平时则消息少通，有事则呼应不灵。以此之故，为外人所轻藐、所欺凌者所在多有，此改良章程、维持堂务所宜急也。”改组后的章程指出：“今幸遇爱国志士孙逸仙先生来游美洲，本堂请同黄三德大佬往游各埠，演说洪门宗旨，发挥中国时事；各埠同人始如大梦初觉，因知中国前途，吾党实有其责。”“当此

---

① 冯自由著:《革命逸史》（上），新星出版社 2016 年版，第 268 页。

清运已终之时，正汉人光复之候，近来各省革命风潮日涨，革命志士日多，则天意人心之所向。吾党以顺天行道为念，今日当应时而作，不可失此千载一时之机也。此联合大群，团集大力，以图光复祖国、拯救同胞，实为本堂义务之不可缺者二也。”经孙中山重新修订的章程共有八章八十条，在第一章“纲领”中明确提出：“本堂以驱除鞑虏、恢复中华、创立民国、平均地权为宗旨”，“以协力助成祖国同志施行宗旨为目的”①。这是对致公堂一次根本性的改变，使致公堂的宗旨与兴中会的政治纲领取得一致，冯自由指出：“洪门宗旨曰反清复明，为单纯的民族主义，总理乃代添入民权主义之创立民国，及民生主义之平均地权二项，意义高深，殊非思想简单之致公堂人士所能了解。”②

三是倡议各洪门组织进行一次总注册，以加强联系沟通，用这一办法整顿各地洪门组织。为了改变致公堂内部复杂、会员鱼龙混杂的状况，孙中山除在新修订的致公堂章程中对会员管理作了一定的要求外，还向致公堂首领大力倡议实行全美会员总注册，以加强联系，并整顿美洲各洪门组织。大家均极赞成此项提议，并推举孙中山和黄三德二人，亲赴全美各地劝导各分堂会员实行注册，并借机宣传洪门反清复明的宗旨，凡注册者发给证章一枚。从 1904 年 5 月至年底，孙中山利用大半年时间奔赴美国各地进行会员注册和革命宣传活动，为改造致公堂作出了很大的努力，也取得了一定的成效，美洲华侨有了初步的觉醒和革命觉悟，为此后的改造工作打下了基础。

1905 年同盟会成立后，多次试图在美国建立分会未果。1909 年 11 月，孙中山到达美国后才逐步打开局面，先后成立美东同盟会（在纽约）、芝加哥同盟会、三藩市同盟会（在旧金山，后改名为美洲同盟会

① 《致公堂重订新章要义》（1905 年 2 月 4 日），《孙中山全集》第一卷，第 259—262 页。

② 冯自由：《中华民国开国前革命史续编》上卷，中国文化服务社 1946 年版，第 107—108 页。

总会）等分会。

美洲同盟会虽然得到了较大发展，但大多数致公堂成员还未入会，双方并不能进行很好的合作。为改变这种局面，努力争取致公堂成为革命动力，孙中山决定全体同盟会员一律加入致公堂。孙中山一面安抚同盟会内部，允诺简化致公堂入闱手续；另一方面与致公堂首领积极磋商，同意对同盟会会员简化入闱程序，最终得到双方认可，美洲同盟会和致公堂分别在各自的机关报《少年中国晨报》和《大同日报》上发布公告，正式宣告同盟会会员加入致公堂，这也标志着孙中山对致公堂改造的完成。同盟会与致公堂在共同致力于反对封建专制、挽救祖国危亡的基础上走到一起，壮大了革命力量，扩大了革命影响，减少了革命阻力，推动了革命发展，此后“南北美洲二十余国华侨，纷纷投向革命阵营，加入同盟会者将达万人，成立同盟会机关者，计有四十九埠”[①]。

孙中山对致公堂的改造促进了革命力量的汇聚，对实际工作也产生了良好成效，1911 年洪门筹饷局的成立，对于孙中山筹措革命经费，以及孙中山在武昌起义前的致公堂巡美演讲，对于宣传革命思想，均起到了重要的推动作用。

（七）对海外华侨社会的启蒙宣传

孙中山从事的革命事业，一开始无论是国内民众还是海外华侨，都普遍地不理解，受制于传统观念的影响，大多认为“革命”、“造反”，反对皇帝是大逆不道的。因此，孙中山最初的革命宣传在海外华侨中的反应十分冷淡，最初的革命工作举步维艰，宣传效果甚微，有限的响应者多为同乡或亲友。但是孙中山并未气馁，而是继续进行耐心的启蒙宣传工作。他认为，必须通过舆论宣传启蒙动员，扩大革命的影响，壮大革命的队伍。

---

① 黄季陆:《孙中山先生与辛亥革命》下册，台湾中华民国史研究中心 1981 年出版，第 1433 页。

孙中山认为，为了使自己的革命事业得到大多数人的理解和支持，必须首先从认识上使人们明确革命的道理和意义，进而接受自己的革命思想并转变为革命行动。而要改变人们固有的传统思想观念，这是很不容易的，必须做大量的深入的启蒙宣传工作。因此孙中山在海外华侨中进行革命活动，首先是从启蒙宣传开始，而且始终把宣传工作放在重要位置，同时兼顾其他革命活动。孙中山主要是采取创办革命报刊、建立阅书报社、进行启蒙教育、巡回演讲等方式进行革命的宣传鼓动工作。

演讲宣传是孙中山从事革命活动的一种重要的宣传形式，孙中山既是职业的革命实干家，又是卓越的宣传鼓动家。在他的带动下，华侨革命党人也掀起了广泛的演讲宣传活动。

1903 年 12 月 13 日，孙中山在檀香山荷梯厘街戏院发表演说：

革命为唯一法门，可以拯救中国出于国际交涉之现时危惨地位。甚望华侨赞助革命党。

首事革命者，如汤武之伐罪吊民，故今人称之为圣人。今日之中国何以必须革命？因中国之积弱已见之于义和团一役，二万洋兵攻破北京。若吾辈四万万人一齐奋起，其将奈我何！我们必要倾覆满洲政府，建设民国。革命成功之日，效法美国选举总统，废除专制，实行共和。[①]

同年 12 月中旬，孙中山在檀香山发表演说：

我们一定要在非满族的中国人中间发扬民族主义精神；这是我毕生的职责。这种精神一经唤起，中华民族必将使其四亿人民的力量奋起并永远推翻清政府王朝。然后将建立共和政体，因为中国各大行省有如美利坚合众国诸州，我们所需要的是一位治理众人之事的总统……

我们许多人都担心列强要瓜分中国。可是，我们如不帮助他们，他

---

① 《在檀香山正埠荷梯厘街戏院的演说》（1903 年 12 月 13 日），《孙中山全集》第一卷，第 226 页。

们将无法实现瓜分。有人说我们需要君主立宪政体，这是不可能的。没有理由说我们不能建立共和制度。中国已经具备了共和政体的雏形。①

孙中山这两场演说颇有吸引力，听众甚多，“座为之满，无容足地”。在听众不断的掌声中，孙中山每次演讲达三四小时之久。当地新闻报道孙中山是“有吸引力的一位演说家”。

1911 年 6 月，孙中山在美国中国同盟会葛仑分会成立大会上发表演说，从中可见其出色的演讲能力与演讲技巧。孙中山首先指出同盟会的创立与遍布全美的致公堂并无冲突之处，鲜明地提出同盟会的创立是为了推翻清政府：“金山堂号林立，皆以保护本堂手足为宗旨；然同盟之设，非与堂号比，非与同胞作敌，实与满洲作敌，愿同胞勿误会之。同盟会组织一大团体与满洲对敌，非与同胞争意气也。”接着，孙中山指出救国是每个人的责任，与每个人的利益息息相关，“须知救国即是救破舟一样，当舟沉之时，不图共力而补救，徒顾个人铺盖行李，俄而舟已沉矣，生命亦具〔俱〕亡，又何有于铺盖行李？吾国人之思想何莫不然。各自营其私，无顾大局之观念，卒之自身亦不能保。”接着，孙中山又指出清政府的腐朽黑暗统治，从民族主义的角度设身处地地介绍中国民众在清政府统治下被迫背井离乡，远赴异邦而谋生计的艰难：“中国生计维艰，民不聊生，故别父母，离妻子，远渡重洋，无非为仰事俯蓄之资耳。然而外人迭生苛例，闭门拒我！以吾人为亡国人，亡国人世界无位置也。美国生计虽好，非吾人久住之区，况中国地大物博，优于万国实万万。煤铁之矿遍地皆是，宁拱手让于外人，不与民间开采；满政府立心之狠毒，无一不欲绝汉民之生计。”然后，孙中山阐释自己的看法，民众所受的苦难都是在清政府统治下遭受的恶果：“但吾无怪其然：凡非我族类，其心必异；况以满洲少数之民族，不能不设种种之苛法，以断

① 《在檀香山正埠的演说》（1903 年 12 月中旬），《孙中山全集》第一卷，第 227 页。

绝吾人之生计。至糊口既无，又何暇思及其他，更何暇思及于国事？是满洲政府愚民之政策也。所以吾人今日出外，受种种之困苦、之苛辱，无非清政府为之！”最后，孙中山再次指出，救国与每个人息息相关，每个人都应该为国出力：“但我国人多不知国与己身之关系，每顾个人之私事而不为国出力，不知国与己身之关系如身体之于发肤，刻不可无。曷不观于日俄之战争，日之胜俄，只以国之存亡与己身之关系激动民心，背城藉一以胜之而已。”①

美国华侨参与的一次最大规模的演讲，是1911年夏孙中山在美国改组致公堂，指示全体同盟会员加入致公堂，并成立洪门筹饷局，为国内武装起义筹款而进行的一次大规模的巡回演讲。这次演讲持续近三个月，是辛亥革命期间在海外华侨中举行的最大规模的演讲宣传，其足迹踏遍美国南北大小一百多个城镇。这次演讲是有组织有计划的，美国致公堂行前发布《致公总堂派员游埠演说布告》：

本总堂首次提倡筹饷，为空前之伟举。我洪门人士，虽羁身海外，而二百六十余年亡国之惨痛，刻不去怀。今者风云急矣，时机熟矣。筹饷之议，全体赞成，同肩责任矣。现经印就捐册寄呈各埠，复派演说员两队，孙文大哥、黄芸苏君为一队，周流美国之北；张蔼蕴君、赵昱君为一队，周流美国之南。分途遍游全美，演说劝捐，发挥本党宗旨，务达实行目的。该员等，所到各埠，凡我同志，务祈优礼欢迎。并望各埠职员叔父，鼓励同胞，慷慨捐助，巨资麕集，大举义旗，十代之仇，指日可复。不特我洪门之光，抑亦汉族之幸也。②

布告中提到的黄芸苏、张蔼蕴、赵昱三人，系美洲洪门筹饷局的专

① 《在中国同盟会葛仑分会成立大会的演说》（1911年6月25日），《孙中山全集》第一卷，第522—523页。

② 廖平子：《孙总理三度游美事略》，中国社会科学院近代史研究所近代史资料编辑组编：《华侨与辛亥革命》，中国社会科学出版社1981年版，第305页。

职演说人员，同时也是同盟会的领导人。布告将南北两路起程的时间和大致路线一并公布。北路拟经过40多个大中小城镇，南路拟经过60多个城镇。8月25日，南北两路按公布的时间准时出发。南路的张蔼蕴、赵昱游历南方，在多个城镇发表演说，讲解洪门的反清历史，历数清政府统治的黑暗腐朽，用朴素的语言宣讲革命的大道理，取得很好的效果。在些路马张蔼蕴和赵昱各演讲一个小时，当地侨胞听完演讲后踊跃捐款，一些华侨妇女争先恐后订购军债票。在巴士杰，张、赵二人演讲洪门反清革命宗旨，演讲至深夜，听者却毫无倦意，演讲后侨胞当场踊跃捐款，同时议决将当地致公堂的存款全部捐出。

游历美国北部的孙中山和黄芸苏每到一地，都进行广泛的宣传演讲。当他们到达砵仑埠时，多数侨胞已经外出到渔业场工作，留埠者仅千人，而来聆听演讲者过半。在舍路，他们连续两次演说，使华侨倾向革命，如水就下，连平时最不愿谈革命者也大谈革命。现摘录1911年9月孙中山在美国的部分筹款演说：

在士得顿埠洪门萃胜堂成立周月纪念暨欢迎大会上：堂号有合群之性质，有保护同群、抵抗外侮之勇敢，更宜本其爱群之心，以爱四万万之同胞；本其抵抗外侮之心，以抵抗异族专制政府。

在葛仑埠会宴楼欢迎会上：革命流血之少，而〈较之〉不革命遭清政府有形或无形之杀戳〔戮〕流血之多，〈相差〉何止百数十倍！

在砵仑埠亚伦可跳舞堂欢迎大会上：美国之如此富豪，亦革命之良好结果，而华人且受其赐。以美国之革命尚可以惠及华人，吾国地内之蕴蓄、地皮之生产皆胜于美，倘吾中国能革命，开浚财源，到其时美人且往中国觅食，吾人尚何须作外人篱下之寄耶！①

这次美国巡回演讲是一次大规模的筹款筹饷活动，同时，又是一次

① 在美国各埠的筹款演说（1911年9月），《孙中山全集》第一卷，第540—541页。

大规模的深入华侨社会的革命宣传活动，对于争取美国华侨理解、同情和支持革命运动起到了重要的促进作用。

创办革命报纸是孙中山发动宣传的另一重要手段。清末民初是中国社会转型的重要时期，国内外华人中掀起了一股创办报刊的热潮。据不完全统计，从1895年兴中会创立到讨伐袁世凯结束期间，海外华侨报刊至少有100多种，约占同期国内报刊的七八分之一。这是一支不可忽视的数量众多、规模庞大、分布广泛的报刊队伍。这其中有的是孙中山等革命党人亲自或者在其支持下创办的，有的是华侨革命党人创办的，有的是原来华侨自发创办、后经革命党人加以改造而成为革命报纸的。这些革命侨报对于激发华侨民族意识，增强华侨团结和凝聚力，尤其是唤醒和推动华侨参加和支援革命起了重要作用。

受制于传统观念的影响，在风气闭塞的环境中，许多侨众将革命视为大逆不道的行为，孙中山领导的革命活动并不为人们所理解。同时，戊戌变法失败以后，康有为、梁启超等被迫流亡国外，资产阶级改良运动虽然走向低潮，但是康、梁在海外并没有停止政治活动，仍然大肆从事保皇活动，与革命派争夺舆论阵地。另外，在海外从事革命活动极易受制于各国各地当局的影响，甚至遭到取缔的命运。孙中山曾谈到在南洋和美国筹饷的不同，他指出“南洋筹饷，多为地方政府所限制，秘密而行。美国是自由之邦，筹饷公开，做事较为容易”①，而宣传办报与筹饷同样面临这样的处境。革命党骨干居正回忆在南洋等地办报的经过时，曾讲到办报存在的四个困难：一是殖民地政府执行雷霆万钧的高压政策；二是各地保皇党勾结清领事对革命侨报的破坏陷害；三是办报经费困难，设备落后，新闻素材缺乏；四是读者散处各地，文化水平低，文盲居多，

① 《与梅乔林等的谈话》（1911年5月5日），《孙中山全集》第一卷，第517页。

不识中文。①

1904年春创办的《图南日报》是南洋第一份鼓吹革命思想的报纸，也是新加坡革命侨报的先驱。这是进步华侨陈楚楠、张永福等人受革命党人的影响而创办的。陈楚楠、张永福产生反满革命思想，随即开始了革命活动，但由于风气闭塞，其活动并不为侨众所理解。通过革命活动的实践，陈楚楠等人“觉得欲成大事，非先唤醒民众不可”，陈和张永福两人“各出一些资本，来组织一间《图南日报》”②。

《图南日报》聘请原香港《中国日报》记者陈诗仲主持编务，兴中会会员尤列为名誉编辑，以黄伯耀、何德如、康阴田、胡伯镶、邱焕文等分任撰述译务工作。当时南洋华侨社会思想封闭，一般侨众对宣传革命言论，多不能接受，视为大逆不道，群起反对，有些甚至告诫家人亲友不许购读。报纸出版多日，销路不畅，鲜有订阅。张永福回忆当时办报之艰难时说：“《图南报》出世第一天，入了社会人士的眼帘，他们就紧张起来，不约而同大呼小叫，说是无君无父，谋反大逆的报纸。不要说叫他们出钱来买一份看看是无望，就是你十二分诚意的不要钱送给他们一份看，请他们赏识，他们老实不客气地随手就撕掉。”③

报纸初期每日印1000份，可订阅者只不过30多份，所以只好偷偷地把报纸塞到各商店里或住户家门口，免费赠阅，故经费开支巨大，出版不到两年就花费三万多元，虽然这时销路已超过2000份，但收入微乎其微，终因经济困难，1906年秋，办报同人虽竭尽全力支撑，仍被迫停刊。

陈楚楠等并未因办《图南日报》的挫折而灰心，在报纸停刊两个月

---

① 居正：《参加南洋办报之经过》，见《中华民国史事纪要（初稿）》1908年7—12月，第373—374页。

② 丘权政、杜春和：《辛亥革命史料选辑》，湖南人民出版社1983年版，第31页。

③ 张永福：《南洋与创立民国》，中华书局1933年版，第87页。

后，他再度联合张永福将该报设备作价入股，并邀集侨商许子麟、沈联芳、陈云秋、朱子佩等集资，于同年秋冬又创办了《南洋总汇报》。但不久因办报思想的不同，陈楚楠、张永福与陈云秋、朱子佩等人分道扬镳，该报也被保皇派篡夺。

《南洋总汇报》被保皇派篡夺后，陈楚楠等人耿耿于怀，此时孙中山重返新加坡，组织同盟会新加坡分会，陈楚楠当选为会长。在孙中山的支持下，陈楚楠等人重整旗鼓。1907 年 8 月，陈楚楠、张永福、许子麟、陈先进、邓子瑜、沈联芳等人合股集资，再次筹办同盟会的机关报——《中兴日报》。

《中兴日报》创刊于 1907 年 8 月 20 日。与以前各报不同，该报得到了孙中山为首的革命党人的直接关怀和参与，部分经费由孙中山等人筹措而来，编辑和主要撰稿人也集中了革命党人的精英。孙中山曾说，该报的创刊使“星坡又多一文明导线，企予望之”。该报名誉主席由张永福担任，陈楚楠为监督，林义顺为司理，同盟会的骨干胡汉民、居正、陶成章、汪精卫、张绍轩、周杜鹃、林希侠、方瑞麟等实际上均参加了编辑工作。

《中兴日报》力量雄厚，阵容庞大，是革命党的喉舌。胡汉民在该报的发刊词中指出本报的宗旨是，“开发民智，而使数百万华侨生其爱中爱国之思想也”，使每个人都能爱其民族和国家，以恢复中国人统治的中国。该报的中心议题主要有两个，即旗帜鲜明地反对清政府的专制统治和与保皇党开展大论战。与以前办报不同的是，该报刚出版，便“很受到华侨大众的欢迎，大队群众排列在报社大门口等候创刊号的发行，以便先睹为快”①。“南洋华侨从前对于革命党的报纸是从来不愿看的，在

① ［澳］颜清湟著、李恩涵译：《星马华人与辛亥革命》，台北联络出版事业公司 1982 年版，第 124 页。

这次激烈的辩论中，无论是赞成革命的，反对革命的，或是中立的，对于当时主持革命言论的中兴报，都争相传阅，有形无形中，增加他们认识革命的宗旨不少，南洋华侨的革命风气，也逐渐的开展。”[①]

《中兴日报》在当时的影响和销路非常不错，最多时每日销售可达四万余份，但它并不是商业报纸，只注重宣传，而不重视经营，因此报纸销路越广，纸张和印刷费用就越多，资金越周转不开。司理林义顺等组织中兴日报报业有限公司，胡汉民、汪精卫、许子麟等到各地招股募款；孙中山也致函黄甲元等筹款维持，但仍难以摆脱困境。陈楚楠历年为革命耗资，发生兄弟争产诉讼；张永福亦因致力革命影响商务，几致破产。报纸负债累累，勉强维持到1910年被迫停刊。《中兴日报》虽然只维持了三年时间，但它实际是同盟会南洋支部的机关报，对于宣传资产阶级革命思想，唤起南洋华侨的觉醒起到了重要作用。

像陈楚楠、张永福一样为了宣传革命思想，动员侨众参加革命而多次创办报纸，致力于唤醒民众的华侨还有很多。缅甸华侨革命党人前赴后继坚守革命舆论阵地，先后创办《仰光新报》《商务调查月报》《光华日报》《进化报》《缅甸公报》等报纸，“四次办报，所耗经费，约为缅币六万余盾，其经历之艰难险阻，殊非笔墨所能形容。而吾华侨同志为主义，为革命奋斗之精诚，诚属难能可贵也”[②]。

1905年创办的《民报》是广为人知的一份同盟会重要报纸。1905年8月20日，在同盟会成立会议上，黄兴指出：《二十世纪之支那》杂志社同人半数皆加入同盟会，提议将该杂志作为机关报，得到与会多数人的同意。11月26日，《二十世纪之支那》更名为《民报》并在东京发刊，公开提出“民族”“民权”“民生”三大主义，革命党领袖也纷纷在该

① 黄福銮著：《华侨与中国革命》，亚洲出版有限公司1954年版，第85—86页。

② 黄珍吾著：《华侨与中国革命》，台湾“国防研究院”1963年版，第77页。

报上发表文章，阐释三民主义，抨击清政府，驳斥改良言论，倡导革命起义。《民报》出版后，大受欢迎，远销南洋欧美等地，发行量最多时达到 1.2 万份，在海外华侨和留学生中产生很大影响。孙中山后来讲：“同盟会成立未久，发刊《民报》鼓吹三民主义，遂使革命思潮弥漫全国，自有杂志以来可谓成功最著者。”[①]

以孙中山为首的流亡在海外的革命党人、部分留学生及当地华侨革命党人共同掀起的办报热潮，其范围之广、数量之多、影响之深远颇令人瞩目。这些报纸多宣传资产阶级革命思想，主张建立资产阶级共和国，揭露清政府的黑暗统治，批判清政府的腐朽没落，鼓吹民族主义思想，宣扬振兴中华的民族大义，与保皇党等顽固势力展开激烈论战，抨击了黑暗的封建专制统治，扩大了资产阶级民主革命的影响，在思想上壮大了革命的战线，在海外掀起了强大的革命舆论潮流，推动了革命的发展。

（八）孙中山与新加坡华侨陈楚楠、张永福

南洋是孙中山革命事业的重要中心之一，也是华侨革命者辈出之地。新加坡侨商陈楚楠、张永福二人“本属近邻，竹马之交，长大就成为知己”[②]，在支持孙中山革命事业中两人互相配合，作出了很大贡献，而在晚年两人却作出了截然不同的选择。

陈楚楠 1884 年出生于新加坡，父亲陈泰是当地有名的资本家，陈楚楠亦曾闯荡南洋，在商业上取得很大成功，但面对祖国危局，他非常忧虑祖国的前途命运。张永福 1872 年出生于新加坡，他已经是这个家族在新加坡的第三代传人。张永福年轻时即帮助家族打理生意，父亲去世后正式接手家族生意，自小家境富裕，受过良好教育。张永福自认为“新加坡之子”，又是华人后裔，对祖国政治非常关心。

---

① 《建国方略》，《孙中山全集》第六卷，第 238 页。

② 陈楚楠：《总理与晚晴园》，尚明轩等编：《孙中山生平事业追忆录》，人民出版社 1986 年版，第 734 页。

陈楚楠、张永福等人最初的政治思想倾向改良救国，均曾参加新加坡富有侨商邱菽园等人组织的“好学会”，接触维新改良思想，并与新加坡本地华侨联名上书清政府，反对慈禧罢黜光绪帝，支持康有为的维新变法运动。义和团运动后，张永福、陈楚楠对清政府的腐朽专制极为失望，康有为等又爆出侵吞海外华侨捐款的丑闻，在结识孙中山指派的兴中会会员尤列后，遂接受孙中山的革命思想，逐渐脱离改良派阵营，创办“小桃园俱乐部”新团体。1903年，“《苏报》案”发生后，张永福、陈楚楠等人致电上海英国领事馆，希望英方不要将章炳麟、邹容二人引渡给清廷，这是南洋有识之士第一次公开反对清廷的行动。“欲成大事，非先唤醒民众不可”，1904年陈、张合作在新加坡创办南洋华侨中最早宣传反清革命的报纸《图南日报》，聘请尤列为名誉编辑，并与倾向改良思想的《天南新报》展开论战，他们顶住重重压力，坚持办报宣传革命，被誉为“南洋华侨革命党机关报之鼻祖”。

1905年，孙中山得知陈、张等人创办《图南日报》的消息甚为高兴，并在7月初赴日本途经新加坡时，与尤列、陈楚楠、张永福等人在轮船上相见。陈楚楠报告与张永福合资创办《图南日报》的种种困苦，孙中山连说：“不要紧，不要紧，革命党总要苦斗，将来自然有好结果。”并告以欧美和日本各处的留学生，大多数已经参加革命工作，革命声势已日益膨胀，不久便可大举推倒清政府，建立民国。并嘱陈楚楠等觅一能说各种方言，熟悉各方面情形之人，以俾再来新加坡时协助往各处工作。又告诉陈楚楠、张永福等人赴日创立同盟会之事，“此行到日本即组织革命党总部，南洋各埠可设分会，不日当由日本寄来章程及办法，嘱各人预为筹备”①。经尤列、陈楚楠、张永福等人交涉，孙中山登岸后住张永福私人别墅“晚晴园”畅谈革命时局，讨论革命形势发展。

---

① 陈锡祺：《孙中山年谱长编》上册，中华书局1991年版，第337—338页。

1906 年 4 月，孙中山再次抵达新加坡入住晚晴园，组织同盟会新加坡分会，陈楚楠、张永福等宣誓入盟，陈楚楠为分会会长，张永福为副会长。张永福并将晚晴园作为分会会址，使之成为南洋革命党人的重要据点。孙中山曾严肃而悲壮地对陈楚楠、张永福等道：“我这同盟会的组织，是希望发展得很大很大的。我们的责任，当然是牺牲，但是牺牲到什么程度，我们总不能预说。即使牺牲到剩二个人存在，亦算是同盟会存在的一日。”①

在《图南日报》《南洋总汇报》相继停刊或遭遇挫折后，在孙中山等支持下，陈楚楠、张永福等人又于 1907 年 8 月出资创办《中兴日报》，并与保皇派所控制的《南洋总汇报》展开论战，胡汉民、汪精卫、居正等革命党骨干纷纷为其撰稿，孙中山亦以“南洋小学生”的笔名发表文章，这些都受到当地华侨的关注和欢迎，扩大了革命势力的影响。但是由于报纸重政治宣传，轻经济效益，又产生家庭纠纷，以及陈楚楠、张永福都把主要精力放在革命上，导致办报严重亏损，最后濒临破产。

陈楚楠、张永福等人多次承担孙中山交代的筹款任务，努力奔走于华侨之中，并带头捐款，为武装起义购买枪械，筹措军费。民国成立后，陈楚楠曾担任上海华侨联合会代理副会长，1915 年又被任命为中华革命党新加坡支部副支部长，此后曾担任广州军政府咨议。1913 年 7 月，张永福被委任为国民党在新加坡成立的海外支部名誉支部长，负责国民党在南洋的部分党务工作，同时也把一部分精力放在经营生意，事业重新兴隆昌盛。

在早年的革命活动中，陈楚楠和张永福并肩作战，是生死与共的兄弟和战友，但最后的人生选择却注定了他们的两种命运。在抗日战争期间，汪精卫成立汉奸政权，陈楚楠严词拒绝日本人和汪精卫的拉拢，断

---

① 陈锡祺：《孙中山年谱长编》上册，第 368 页。

然拒绝高官厚禄的诱惑，坚守民族大义，保持了晚节。然而张永福这位曾经支持革命事业、为民主共和奋斗过的侨商，在抗战中却成为海外华侨首先响应汪精卫投敌“艳电”者，并出任汪伪政权的“国府委员”和“监察委员”。这固然与他经营生意失败、家庭经济状况恶化以及与汪精卫交情深厚等有关，但毕竟是丧失晚节、背上汉奸的骂名，曾经为民国创建奔走的华侨功勋，晚年的选择令人不胜唏嘘。哀哉！悲哉！

（九）在海外华侨中为革命筹措军饷

孙中山在海外华侨中开展革命活动的一项重要内容就是筹措革命经费。在国内没有强大经济基础支撑的情况下，孙中山所领导的革命斗争绝大多数经费都是由海外华侨提供的。孙中山筹集革命经费的方式主要是通过会员会费缴纳、个人捐助以及发行债券等，这是使其能够勉强维持革命艰难进行的重要原因。

1894 年创立的兴中会，1905 年创立的同盟会，在创设之初的章程中都明文规定了会费缴纳和管理的内容。如 1894 年 11 月 24 日通过的檀香山兴中会章程规定缴纳会费是每名会员的义务：“凡入会之人，每名捐会底银五元。另有义捐以助经费，随人惟力是视，务宜踊跃赴义。”同时，为保障经费的管理，还规定：“凡会中所收会底各银，必要由管库存贮妥当，或贮银行以备有事调用。惟管库须有殷商二名担保，以昭郑重”，“凡会中捐助各银，皆为帮助国家之用，在此不得动支，以省浮费。如或会中偶遇别事要用小费者，可由会友集议妥允，然后支给”[①]。

1895 年 2 月 21 日，香港兴中会章程中也规定了同样的内容，兴中会接收会员，本人“必要当众自承其甘愿入会，一心一德，矢信矢忠，共挽中国危局；亲填名册，并即缴会底银五元，由总会发给凭照收执，以昭信守，是为会友。若各处支会，则由该处会员暂发收条，俟将会底

---

① 《檀香山兴中会章程》（1894 年 11 月 24 日），《孙中山全集》第一卷，第 19—20 页。

银缴报总会，取到凭照，然后换交”。同时，章程还规定了筹集经费的事项：

本会所办各事，事体重大，需款浩繁，故特设银会以资巨集。用济公家之急，兼为股友生财捷径，一举两得，诚善举也。各会友好义急公，自能惟力是视，集腋成裘，以助一臂。兹将办法节略于后：每股科银十元，认一股至万股，皆随各便。所科股银，由各处总办、管库代收，发给收条为据。将银暂存银行，待总会收股时，即彙寄至总会收入，给发银会股票，由各处总办换交各友收存。开会之日，每股可收本利百元。此于公私皆有裨益，各友咸具爱国之诚，当踊跃从事，比之捐顶子、买翎枝，有去无还，洵隔天壤。且十可报百，万可图亿，利莫大焉，机不可失也。①

1905年8月成立的中国同盟会同样延续了兴中会的有关规定，其总章规定：“凡愿入本会者，须遵守本会定章，立盟书，缴入会捐一元，发给会员凭据”；“凡国人所立各会党，其宗旨与本会相同、愿联为一体者，概认为同盟会会员。但各缴入会捐一元，一律发给会员凭据”；“各支部当地会员有担任该支部经费之责”，“各支部及其所属分会会员盟书及入会捐一元，皆由支部长缴交本部，换给会员凭据，转交本人收执”。②

同时，中国同盟会在吸收会员时，也注意到家庭富裕者的情况，孙中山在给陈楚楠的信中谈到了这一问题，如会员为富家子弟者“请出大资财以助革命”，向大商富商“商办举行债券筹款”，动员“富商之子弟认股”③。

檀香山兴中会成立之时，孙中山还以发行“中国商务公会”股券方

---

① 《香港兴中会章程》（1895年2月21日），《孙中山全集》第一卷，第22—23页。

② 《中国同盟会总章》（1905年8月20日），《孙中山全集》第一卷，第284—285页。

③ 《复陈楚楠函》（1905年9月30日），《孙中山全集》第一卷，第287页。

式募集革命经费，每股100美元。1895年1月22日，发行了中国商务公会第一号股券，司库刘祥为檀香山兴中会主席，股券购买人李多马为兴中会会员。格式如下：

中国商务公会第一号 壹股

兹证明李多马持有已付清的中国商务公会股款壹份。凭于此背书并转让此股券，可过户列入公司总账。

司库　刘祥（签名）

总理　孙逸仙（签名）[①]

中国同盟会成立后，孙中山于1905年10月离开日本赴越南募集革命基金，行前在横滨印制千元票面的债券2000张，到达西贡堤岸后，建立同盟会分会并发行了该种债券。

1906年，孙中山还在西贡印刷了百元票面的革命债券多箱，债券一面为英文，一面为法文，名为中国革命政府债券：

中国革命政府约定付给持券人一百元。

本政府在中国成立后一年，由广东政府官库或其海外代理机构支付。

一九〇六年一月一日

总理孙文（签名）[②]

同时，在不同的地区，由于受制于当地政治环境的影响，孙中山认识到了这种差异，"筹饷办法，各处不同"，采取不同的措施加以应对。1911年5月5日，芝加哥同盟会分会举行会议，孙中山应会长梅乔林等的询问，就筹饷再举问题发表了意见：

孙中山：筹饷办法，各处不同。南洋筹饷，多为地方政府所限制，秘密而行。美国是自由之邦，筹饷公开，做事较为容易。最好想出一个

① 《中国商务公会股券》（1895年1月22日），《孙中山全集》第一卷，第20—21页。

② 《中国革命政府债券》（1906年1月1日），《孙中山全集》第一卷，第292页。

统筹办法，集合巨款，分途举义，一方得手，就地因粮筹饷，革命事业便可成功。请同志各抒己见。

梅乔林：分途举义，约须款若干?

孙：须款多少，似难预定，暂以一百万美元为目标，想一可行方法进行。

梅：设立革命公司，股份一万股，每股收美金一百元，待革命成功后加倍还之。似此一举而义利兼收，应无不乐为者。欧美、南洋华侨众多，想不难达到目标也。

孙：可。惟股份须认定半数以上，方可收款，以免流弊。①

两天后，即5月7日，孙中山给谢秋的信函中写到在美国芝加哥筹款的情况：“此埠发起一中华实业公司，欲筹资本百万元，专以供充革命军费，而收成功后之利权。刻已订立章程，不日可以印就发布，望兄回经各埠，顺以此事通告同志。此公司每股百元，以一万股为限，将来革命成功后，专承办开矿，专利十年，此一为侨民求利之一大法门也。”②

但是在海外筹款并不是一件轻松的事情，而外界的流言蜚语也极易造成误解，“世人之所见疑人者，多以用钱一事着眼”。1908年陶成章在南洋募款受到同盟会阻止后，采用光复会的名义进行活动，在斗争策略上也同孙中山存在分歧。1909年9月陶成章在槟榔屿印制一份题为《孙文罪状》的所谓七省同盟会员致同盟总会书，寄发各地。在这期间，光复会还恢复单独活动，与同盟会南洋支部分庭抗礼，不久在东京选出章太炎、陶成章为正副会长。这种在组织上的宗派活动，从内部分裂革命党，行为恶劣，影响很坏。10月，孙中山致信王子匡，就其中的污蔑之词进行了反驳：

① 《与梅乔林等的谈话》（1911年5月5日），《孙中山全集》第一卷，第517—518页。

② 《复谢秋函》（1911年5月7日），《孙中山全集》第一卷，第519页。

近接美洲来信，谓有人托同盟会之名致书各埠，大加诋毁于弟，不留余地，该处人心颇为所惑云。此事于联络华侨一方面，大有阻碍矣。为此事者乃陶成章。陶去年到南洋，责弟为他筹款五万元，回浙办事。弟推以近日南洋经济恐慌，自顾不暇，断难办到。彼失望而归，故今大肆攻击也。东京留学界之不满意于弟者，亦有为之推波。故从外人视之，吾党已成内乱之势。人心如此，真革命前途之大不幸也，可为浩叹！①

孙中山等革命党人所发动领导的武装起义，其经费来源主要是海外华侨的捐款捐资。1895 年第一次广州起义，邓荫南“变卖所经营之商店及农场”作为起义捐款，孙眉则贱卖掉自己牧场中的牛畜捐助起义；潮州黄冈起义发动时，新加坡马来亚潮州籍华侨捐款踊跃，并积极认购惠州七女湖起义发行的革命债券，此两次起义是“纯粹由南洋华侨供给大部分人力、财力而发动的革命起义”。在中越边境发动的武装起义，华侨也捐助了大部分财款。1907 年 10 月，孙中山在给张永福等人信中指出：“此处与西贡商人甚踊跃提倡捐助义军军需，大约可得十余万。”孙中山还指出，筹集军饷是为了发动武装起义，完成推翻清政府专制的事业，也是每一个国民应尽之义务，须努力完成之，“今日之事，无论会内会外，皆当尽力，以完国民之义务也”。越南华侨的捐款热情超乎孙中山的意料，虽然华侨人数不多，动员工作并不充分，但是依然取得很好的效果，许多华侨纷纷解囊，争先恐后赞助革命：“海防一埠华侨工商不过三千人，一晚捐资得万余元；河内一埠华侨不满千人，所捐亦八千余元。此二埠之富万不及星洲，且弟到此以来皆隐居，并未与各人一交接，彼等一闻义师之起，则争先恐后，从军者有人，出钱者有人。”孙中山感慨地表示：“若南洋各埠有如此踊跃，则革命军之进步不知若何矣。”②

① 《致王子匡函》（1909 年 10 月 22 日），《孙中山全集》第一卷，第 418 页。

② 《复张永福等函》（1907 年 10 月 15 日），《孙中山全集》第一卷，第 348 页。

冯自由也曾这样评价越南华侨商界捐款义举：“西贡堤岸两埠同志对于粤桂滇三省革命军事，均先后醵助巨款，为他处侨商所不及。”①

黄花岗起义作为孙中山领导的革命党发动的一次悲壮的反清起义，其主要经费也是来自华侨捐款。1910 年 11 月，孙中山召开槟榔屿会议，总结此前各次起义失败的原因主要是准备不够充分，“曩者多未有充分之筹备，每于仓卒起事所致”。会议决定以新军为骨干，发动广州起义。为筹措款项，以“中国教育义捐”为名，发捐册，募集十万元。英荷各属各五万元，暹罗安南三万元。将全党人力物力投入准备。11 月 15 日，孙中山还在同盟会槟城分会会议上作了筹款的演说，指出“光复大业，在此一举，固将尽倾吾党人材物力以赴之”。孙中山动情地说：“海外同志捐款，国内同志捐命，共肩救国之责任。”② 与会同志极受感动，当场筹得 8000 多元。

为使筹款活动有切实保证，会议期间及会后，安排了各地筹款负责人：英属新加坡马来亚筹饷总部由邓泽如负总责，负责人有李孝章、李梦生，总部设在马来亚的瓜劳卑那；荷属印尼筹饷团负责人有谢良牧、刘芷芬、李天麟，总部设在泗水和巴达维亚；加拿大洪门筹饷局由冯自由、马延远、陈文锡负责，地点设在温哥华；美国同盟会筹饷局由李是男、黄芸苏、黄伯耀负责，地点设在旧金山。

南洋、美洲各地华侨为黄花岗起义踊跃捐款，南洋英属新马、荷属印尼以及加拿大、美国华侨的捐款总数达 15.9 万多元。而起义购运武器的费用也均由南洋各国华侨承担，费用虽然无法具体统计，但无疑也是一笔不小的数目。在黄花岗起义中华侨捐款的范围和规模也有了进一步扩大，捐款的数额有了很大的提高，美洲致公堂华侨成为后起之秀，加

① 冯自由：《华侨革命开国史》，台湾商务印书馆 1975 年版，第 50 页。

② 《在槟榔屿筹款会议的演说》（1910 年 11 月中旬），《孙中山全集》第一卷，第 494、495 页。

拿大致公堂典押会所捐出大笔款项，发挥了重要作用，捐款行动感人。

1911 年黄花岗起义虽然以悲壮地失败而告终，但是却产生了很大的影响，包括海外保守的会党在内都逐渐转变了对革命的态度。1911 年 7 月，孙中山在给邓泽如的信中写到致公堂会员对革命多不热心，对革命事业非常冷淡：“金山致公总堂，虽系洪门，以反清复明为宗旨，然向多老朽顽锢，向无进取之气，故尝与吾党之少年永进之辈积不相宁，数月之前犹大反对同盟会之筹饷。美国华侨十居八九为洪门之徒，致公总堂一反对筹饷，则虽热心革命者亦不敢前；故以美国华侨之数，所集不过万余港银，远不及加拿大少数华侨之捐款。”但是，黄花岗起义中革命志士的英勇献身得到了致公堂的充分认可：“乃至羊城一役之后，见吾党志士舍身负义，英勇绝伦，则顽锢老朽之辈亦因而奋感。今致公总堂已发起筹饷，现已设立筹饷局以专责成，想不日必能大收效果也。”①

1911 年 7 月 21 日，孙中山在旧金山发起成立美洲洪门筹饷局（又称中华革命军筹饷局，对外界称“国民救济局”），并起草了《洪门筹饷局缘起》，公布了《革命军筹饷约章》。“缘起”总结历次起义失败教训：“实财力不足、布置未周之故也”，指出“内地同胞舍命，海外同胞出财，各尽所长，互相为用，则革命大业之成可指日而定也”。拟定章程中规定：“凡事前曾捐助军饷至少十元者，皆得列名为优先国民。他日革命成功，概免军政府条件之约束，而入国籍；凡事前未曾捐过军饷之人，他日革命成功，须照军政府条件之约束，而入国籍；凡捐过军饷五元以上者，当照《革命军筹饷约章》奖励条件办理。”同时，对捐款管理也作了规定：“议在金山大埠致公总堂设立一筹饷局，由众公举人员办理，由孙大哥委人监督。各埠曾捐助军饷者，皆可派一查数员，随时到

---

① 《复邓泽如等函》（1911 年 7 月 18 日），《孙中山全集》第一卷，中华书局 1981 年版，第 526 页。

来查数”，“所收捐款多少，除经费外，一概存入银行，以备孙大哥有事随时调用，他事不得提支”[1]，“所有筹饷局经费，须要监督批准，方能动支”。《革命军筹饷约章》共有四款：

第一款 凡认任军饷至美金五元以上者，发回中华民国金币票双倍之数收执。民国成立之日，作为国宝通用，交纳税课，兑换实银。

第二款 认任军饷至百元以上者，除照第一款办法之外，另行每百元记功一次，每千元记大功一次。民国成立之日，照为国立功之例，与军士一体论功行赏。

第三款 凡得记大功者，于民国成立之日，可向民国政府请领一切实业优先利权。

第四款 以上约章，只行于革命军未起事之前。至革命军起事之后，所有报效军饷者，悉照因粮章程办理。

中华革命军发起人孙文立[2]

同时，还一并发行了“中华民国金币票”：

中华民国金币□壹拾元□中华民国成立之日，此票作为国宝通用，交纳税课，并随时如数向国库交换实银。

中华革命党本部总理　孙　文

中华革命军筹饷局会计　李公使发[3]

广大海外华侨的捐款是革命党人发动武装起义的主要经费来源，约占到起义经费总数的80%以上。广大华侨特别是中下层华侨、中小商人态度积极，捐款踊跃，他们对于反清武装革命有着正确的认识，这表明孙中山所领导的革命是顺乎侨心的。

① 《洪门筹饷局缘起》（1911年7月21日），《孙中山全集》第一卷，第527—528页。

② 《革命军筹饷约章》（1911年7月21日），《孙中山全集》第一卷，第529页。

③ 《附：中华民国金币票》（1911年7月下旬），《孙中山全集》第一卷，第529—530页。

（十）孙中山与黄景南、邓泽如

一些为革命捐款的华侨虽然出身低微，收入微薄，但是仍然无私地捐款助饷，其中，越南堤岸华侨黄景南是支援革命的典范。黄景南生于广东新会的一个贫苦家庭，因生活困难来到越南堤岸谋生，先是以卖馄饨为业，后开设“黄祥记”芽菜店，人们习惯称他为“芽菜祥”。

1902年12月，孙中山到河内、西堤等地宣传革命，并成立兴中会分会。黄景南受到影响，在堤岸加入兴中会，并成为会中骨干。1905年兴中会改组为同盟会后，黄景南负责当地同盟会分会的财务工作，并兼主会务。他勤奋工作，努力筹款，带头捐款1000元作为革命经费。1907年10月，孙中山为镇南关起义筹款，黄景南倾其半生积蓄的数千元，全部捐献作为起义经费，占堤岸全部捐银的四分之一。孙中山称赞道：“其出资勇而挚者，安南堤岸之黄景南也，倾其一生之蓄积数千元，尽献之军用，诚难能可贵也。”①

其后，黄景南仍将每日卖芽菜所得，一分一毫皆投入反清斗争中，继续为未来贮存革命军饷。黄花岗起义前夕，黄景南与李竹痴等为起义购得一批军火，并动员堤岸华侨青年组成30余人的敢死队，准备回国参与起义。起义指挥部急需武器弹药，黄景南筹款购得武器后，派遣自己的儿子黄恒押运到香港。武昌起义胜利，黄景南广为宣传，再次发动当地华侨筹得20多万元款项，汇到香港接济革命军需，并派遣次子黄俊生归国报效。

中华民国成立以后，经南北议和，达成清帝退位、孙中山辞临时大总统职而由袁世凯接任的协议，黄景南义愤填膺，以组织的兴仁社名义致电孙中山“慎勿退位”。在孙中山此后领导的讨袁“二次革命”、护法战争等斗争中，黄景南也都积极出力，是孙中山革命事业坚定的、不

① 《建国方略》，《孙中山全集》第六卷，第241页。

屈不挠的跟随者，为革命事业作出了很大贡献。广州军政府期间，胡汉民曾邀请黄景南担任新会县长，黄景南婉言谢绝，展现出天下为公的高尚境界。

广大华侨为革命事业慷慨解囊并不是为了一己之私，而是追求孙中山所领导的革命事业，革命成功后功成身退，对孙中山提名和推荐坚辞不就，表现出革命者的浩然正气，华侨革命党骨干邓泽如即是其中的代表之一。

邓泽如 1869 年出生于广东新会，早年随父习商，18 岁前往南洋谋生，逐步发展成为南洋知名的实业家，是马来亚芙蓉埠的富商，拥有许多店铺，并购置大量橡胶园，是当地华侨中举足轻重的人物。但是邓泽如自身的富足生活，改善不了广大华侨的前途和祖国的命运，他认识到只有推翻清廷，实行民主革命，实现国家富强，才能根本改善华侨的地位。

如前所述，孙中山领导的革命事业需要筹集大量经费，作为组织活动和武装反清的费用，在华侨中筹款是孙中山募集经费的主要途径之一。邓泽如参与到孙中山的革命事业也是从筹款工作开始的。孙中山了解到邓泽如的情况后，特派汪精卫带一封专函赴南洋找邓泽如筹款。汪精卫远赴南洋找到邓泽如住处，时值邓泽如有事远出未归。汪见不到邓，只好留下信函离开。几天后，邓泽如回家，见到孙中山专函，随即追寻汪精卫数百里，二人相见大喜。邓泽如表示支持革命，并将款近万元交给汪精卫，以暂行应付急需军饷，容后再行设法筹措。1907 年底邓泽如加入同盟会，并担任芙蓉埠同盟会分会会长。1908 年，邓泽如第一次和孙中山相见，两人“纵谈救国主义，深夜而别”。此后邓泽如更加坚定地跟随支持孙中山的革命事业。辛亥革命前期邓泽如与孙中山之间的来往信函，大多数都是与邓泽如筹款事宜有关。

同盟会南洋支部由新加坡迁至马来亚槟榔屿后，支部负责人胡汉民奉命返回香港，孙中山将南洋支部工作委托给邓泽如、吴世荣等人主持。特别是在孙中山策划领导的数次武装反清起义中，邓泽如都不辞辛苦，奔走各地，联络同志，为筹措革命经费做了大量工作。在中越边境发动的几次武装起义中，邓泽如奔走筹饷，不遗余力。在为黄花岗起义筹款时，邓泽如已 40 多岁了，尚未有子，适黄兴到他家第二天，邓妻生一男孩，黄兴为孩子取名“光夏”。邓妻分娩后患病，他却无暇照顾病妻幼儿，只是做些安慰，便又与黄兴等出发筹款。黄兴称赞他“尽力国事，急公忘家”；胡汉民赞扬他筹款“过门不入，国而忘家”；孙中山赞誉他“筹饷之功，必与身临前敌者共垂千古而不朽矣”。孙中山等交付的筹款任务，邓泽如从不推诿，而是任劳任怨，全力以赴，奔走在新加坡、马六甲、芙蓉埠等南洋各埠，发动华侨踊跃捐款，并取得良好成绩。

1911 年，武昌起义胜利后，孙中山自海外返国，途经新加坡时即提前致电邓泽如约定见面，12 月 16 日，孙中山与邓泽如在船上商谈借款之事，孙中山告知邓泽如：“因迟迟而归国者，要在欧洲破坏清政府之借外债，又谋新政府之借入。此次直返上海，解释借洋债之有万利，而无一害。中国今日非五万万不能建设裕如。船行匆匆，限于时刻，尚未得图快晤，俟抵沪后，当再为详知云云。”孙中山还邀请邓泽如回国，准备委以要职，被邓泽如婉拒。邓泽如这样一位为革命事业无私奉献的元勋，在革命成功后选择急流勇退。1912 年中华民国建立以后，广东都督陈炯明辞职，孙中山推荐邓泽如接任。3 月 24 日，邓泽如护送孙中山的眷属回到南京，受到孙中山的接见，并由胡汉民向邓转达孙中山之意说：“现广东民军甚难处置，都督陈竞存辞职，孙先生推荐阁下代之。因民军各统领与阁下感情最深，此因事择人，请勉为其难。”邓泽如婉言谢绝说：“泽本为商人，素无政治军事之学识，广东都督一席，自度才力不胜，决不敢担任。”邓泽如把重心放在考察矿务、实业救国方面，力图发展经济，达到国富民强的目的。胡汉民就任广东都督后，邀请邓泽如担任实业司司长，邓泽如婉言谢绝，而是关注于矿藏开发，并经过实地考察写下《调查北江煤矿之意见书》，号召南洋华侨，在广东投资致力于实业发展。

孙中山发动“二次革命”失败后，邓泽如重返南洋经营旧业，并担任南洋各埠筹款局委员长，为反袁斗争积极筹款，往返奔走于南洋各地，先后筹款数十万元。黄兴曾称赞道：“以言南洋爱国之士，吾必以邓君泽如为巨擘。”1918年，邓泽如五十寿辰时，孙中山亲笔题写“仁者寿”匾额。1920年11月，邓泽如应孙中山之邀回国，出任广东军政府内政部矿务局局长兼广东矿物处处长，并于1921年组织“驻越南同侨实业俱乐部”，通过组织团结爱国华侨，激发实业救国热情，集资兴办实业。陈炯明叛变孙中山，炮轰总统府后，孙中山任命邓泽如为理财员，致函海外华侨及驻港办事处筹款伐陈，几个月内，筹得40余万元经费。1923年5月，邓泽如又任两广盐运使，盐税收入成为当时军政府的主要财源之一。

然而，当孙中山于1923年准备改组国民党、推动第一次国共合作时，遭到邓泽如的公开反对，此时邓泽如成了国民党右派、时代的落伍者。1924年1月，邓泽如在国民党一大上当选为中央监察委员，6月却与张继、谢持提出弹劾共产党的决议案，1925年又提出对中央改组会议弹劾案要求延期改组，并对某些反对派别提供财政支持。1926年，邓泽如在国民党二大上继续当选为监察委员，随后邓泽如开始支持蒋介石，大肆攻击共产党和国民党左派，也是1927年4月南京国民党“清党”委员会的七名委员之一。随后又曾参加反蒋活动，实际上在政治上逐渐失势。在晚年，邓泽如始终无法理解孙中山的新三大政策，并在行动上极力反对三大政策，这是他个人的悲剧。但功是功、过为过，对历史人物功过评说应该全面客观，邓泽如对孙中山领导旧民主主义革命作出的重要贡献应予肯定，后来成为时代的落伍者也不能讳过。

（十一）发动华侨投身反清武装起义

孙中山领导的资产阶级革命，最终目标是要推翻清王朝的封建专制统治，建立民主共和国，为达到这一目标，必须通过武装斗争的形式来实现。而海外侨居地为孙中山等革命党人筹划、发动武装起义提供了有利的条件，海外华侨社会为革命逃亡者供给安全可靠的避难地，海外华侨为发动武装起义予以财力上的鼎力支持，海外华侨又是革命武装起义的重要人力资源。华侨对孙中山领导革命的支持是全方位的。

自兴中会成立后，孙中山领导的革命派先后发动了多次武装起义，而他直接领导的几次反清起义的策划均是在侨居地进行的，并得到一些华侨的大力支持。1894 年兴中会建立不久，孙中山立即着手发动推翻清王朝的武装起义，将暴力革命提到日程上来。在檀香山酝酿策划的第一次广州起义，是孙中山发动的第一次反清武装起义，也是海外华侨第一次回国直接参加的推翻清政府的斗争。孙中山曾回忆道，创立兴中会“欲纠合海外华侨以收臂助”，但是开展情况却并不顺利：“不图风气未开，人心锢塞，在檀鼓吹数月，应者寥寥……时适清兵屡败，高丽既失，旅、威继陷，京津亦岌岌可危，清廷之腐败尽露，人心愤激。”孙中山的好友宋耀如（宋庆龄父亲）见有机可乘，建议孙中山回国，发动广州起义：“上海同志宋跃如乃函促归国，美洲之行因而中止。遂与邓荫南及三五同志返国，以策进行，欲袭取广州以为根据。”因此，1895 年初，孙中山于香港创立兴中会，以“乾亨行”名义作掩护；复在广州建立兴中会分会，设“农学会”作为掩护起义的机关，积极联络会党、绿林等，“遂开乾亨行于香港为干部，设农学会于羊城为机关”。孙中山回忆广州起义时说：“当时赞襄干部事务者，有邓荫南、杨衢云、黄咏商、陈少白等；而助运筹于羊城机关者，则陆皓东、郑士良并欧美技师及将校数人也。予则常往来广州、香港之间。惨淡经营，已过半载，筹备甚周，声势颇众，本可一击而生绝大之影响。乃以运械不慎，致海关搜获手枪六百余杆，事机乃泄，而吾党健将陆皓东殉焉。此为中国有史以来为共和革命而牺牲者之第一人也。同时被株连而死者，则有丘四、朱贵全二人。被捕者七十余人，而广东水师统带程奎光与焉，后竟病死狱中。其余之人或囚或释。”①

在革命党的发动领导下，1900年10月爆发惠州三洲田起义，南洋华侨革命党人邓子瑜“为主谋尽力之人”；华侨黄福、黄耀廷等参与领导起义，黄耀廷任革命军先锋。不久起义失败，他们逃回南洋。1902年底，革命党发动第二次广州起义，澳大利亚归侨谢缵泰是起义主要策划者之一，日本华侨梁慕光、檀香山归侨宋居仁等参加起义活动。因谋划不周，加之叛徒告密，起义未发动起来即遭流产。1905年同盟会成立后，在资产阶级革命思想启迪和影响下，南洋华侨同盟会先后发起和领导潮州黄冈起义和惠州七女湖起义，“负责、联络、发动、财力与一切供应，均为华侨”，这是在孙中山影响和指导下，由南洋华侨革命党人亲自领导的两次反清武装起义。

以孙中山为首的革命党人频繁发动反清起义，引起清政府的极大恐慌与仇视，多次向日本政府提出交涉，把孙中山等人驱逐出境，“予乃离日本，而与汉民、精卫二人同行而之安南，设机关部于河内，以筹划进行”，遂将起义进攻方向从华南转向西南，随即策划发动中越边境上的武装起义。孙中山在越南河内建立起义指挥部，起义的酝酿、发动、部署均在河内进行，越南华侨成为起义重要力量，并得到南洋其他各地华侨的支持。孙中山利用当地发生的抗捐斗争欲举事起义：“时适钦、廉两府有抗捐之事发生，清吏派郭人漳、赵伯先二人各带新军三四千人往平之。予乃命黄克强随郭人漳营，命胡毅生随赵伯先营，而游说之以赞成革命。二人皆首肯，许以若有堂堂正正之革命军起，彼等必反戈相应。”

① 《建国方略》，《孙中山全集》第六卷，第229—230页。

孙中山派人积极活动，并制定了浩大的起义计划："于是一面派人往约钦廉各属绅士乡团为一致行动，一面派萱野长知带款回日本购械，并在安南招集同志，并聘就法国退伍军官多人，拟器械一到，则占据防城至东兴一带沿海之地，为组织军队之用。东兴与法属之芒街，仅隔一河，有桥可达，交通甚为利便也。满拟武器一到，则吾党可成正式军队二千余人，然后集合钦州各乡团勇六七千人，而后要约郭人漳、赵伯先二人所带之新军约六千余人，便可成一声势甚大之军队。再加以训练，当成精锐，则两广可收入掌握之中。而后出长江以合南京、武昌之新军，则破竹之势可成，而革命可收完全之效果矣。"但是，最终因内外诸多因素导致起义失败，"乃不期东京本部之党员忽起风潮，而武器购买运输之计划为之破坏。至时防城已破，武器不来，予不特失信于接收军火之同志，并失信于团绅矣。而攻防城之同志至时不见武器之来，乃转而逼钦州，冀郭军之响应。郭见我军之薄弱，加以他军为之制，故不敢来。我军遂进围灵山，冀赵军之响应。赵见郭尚未来，彼亦不敢来。我军以力薄难进，遂退入十万大山"①。

而孙中山在钦廉起义失败后再次发动的镇南关起义取得了出人意料的效果，扩大了革命影响，"钦廉计划不成之后，予乃亲率黄克强、胡汉民并法国军官与安南同志百数十人，袭取镇南关，占领三要塞，收其降卒。拟由此集合十万大山之众，而会攻龙州。不图十万大山之众以道远不能至，遂以百余众握据三炮台，而与龙济光、陆荣廷等数千之众连战七昼夜，乃退入安南"。②起义军攻克镇南关炮台，在当时引起不小震动。越南法文报纸多方报道，12 月 5 日法文《东京日报》报道说："号称第二旅顺之镇南关要塞，忽为中国革命党所袭据。双方猛烈攻击之后，

① 《建国方略》，《孙中山全集》第六卷，第 239 页。

② 《建国方略》，《孙中山全集》第六卷，第 239—240 页。

第一台先破，第二台继之。红蓝白三色之革命军旗飘飘然招展其上，第三台抵抗稍久，旋亦屈伏，下午二时亦已高悬革命旗，闻镇南关大营守兵亦有预备倒戈之势云。”但是，起义仍然因弹尽粮绝而最终失败。

河口是滇南门户，为中越两国交通要冲，地势险要，滇越铁路由此通过，北可直达昆明，是兵家必争之地。革命党为便于华侨接济起见，在筹划起义的同时，将河内兴中会改组为同盟会，作为革命机关部，由胡汉民坐镇主持。军事方面由华侨黄明堂、王和顺、关仁甫负责；后勤方面由机关部派谭人凤、黎仲实、高德亮等八人驻老街负责。孙中山记录了河口起义的经过：“予抵星洲数月之后，黄明堂乃以百数十人袭得河口，诛边防督办，收其降众千有余人，守之以待干部人员前往指挥。时予远在南洋，又不能再过法境，故难以亲临前敌以指挥之，乃电令黄克强前往指挥。不期克强行至半途，被法官疑为日本人，遂截留之而送之回河内；为清吏所悉，与法政府交涉，乃解之出境。而河口之众，以指挥无人，失机进取，否则，蒙自必为我有，而云南府亦必无抵抗之力。观当时云贵总督锡良求救之电，其仓皇失措可知也。黄明堂守候月余，人自为战，散漫无纪；而虏四集，其数约十倍于我新集之众，河口遂不守。而明堂率众六百余人退入安南。”①

河口起义的失败标志着孙中山在西南中越边境筹划的反清武装起义没有达到预期目的，最终也以失败而告终。这些起义尽管失败了，但是在起义中越南华侨或参与领导指挥起义，或是作为起义主力，或是运送接济粮饷武器，为起义作出重要贡献。冯自由评价道：“钦廉、镇南关、河口各地先后大举，旅越侨工各界或募集饷糈，或入伍从军，舍身捐产，以参加实地工作者，大不乏人，实为全球各地华侨所不及。”②

① 《建国方略》，《孙中山全集》第六卷，第240页。

② 冯自由：《华侨革命开国史》，中国社会科学院近代史研究所《近代史资料》编辑室主编：《华侨与辛亥革命》，知识产权出版社2013年版，第34页。

黄花岗起义是孙中山等革命党人所领导的反清武装起义中最悲壮、最感人、影响最大的起义，而爱国华侨在黄花岗起义中也用鲜血和生命铸就了不朽丰碑。

1911 年 4 月，孙中山等革命党领导人在马来亚的槟榔屿策划起义。孙中山“过日本时，曾潜行登陆，随为警察探悉，不准留居。遂由横滨渡槟榔屿，约伯先、克强、汉民等来会，以商卷土重来之计划”。由于多次起义均以失败告终，革命党内外流露出悲观失望的情绪，“时各同志以新败之余，破坏最精锐之机关，失却最利便之地盘；加之新军同志亡命南来者实繁有徒，招待安插，为力已穷；而吾人住食行动之资，将虞不继。举目前途，众有忧色。询及将来计划，莫不唏嘘太息，相视无言”。孙中山积极动员，再次鼓起革命勇气，坚持革命到底，并承诺筹款再次发动革命：“予乃慰以：‘一败何足馁？吾曩之失败，几为举世所弃，比之今日，其困难实百倍。今日吾辈虽穷，而革命之风潮已盛，华侨之思想已开，从今而后，只虑吾人之无计划、无勇气耳！如果众志不衰，则财用一层，予当力任设法。’时各人亲见槟城同志之穷，吾等亡命境地之困，日常之费每有不给，顾安得余资以为活动。予再三言必可设法。伯先乃言：‘如果欲再举，必当立速遣人携资数千金回国，以接济某处之同志，免彼散去。然后图集合，而再设机关以谋进行。吾等亦当继续回香港与各方接洽。如是日内即需川资五千元；如事有可为，则又非数十万大款不可。’”孙中山在当地积极筹款，得到华侨的大力支持，“予乃招集当地华侨同志会议，勗以大义，一夕之间，则醵资八千有奇。再令各同志担任到各埠分头劝募，数日之内，已达五六万元，而远地更所不计。既有头批的款，已可分头进行。”“到美之日，遍游各地，劝华侨捐资以助革命，则多有乐从者矣。”黄花岗起义乃告举行，“于是乃有辛亥三月二十九广州之举。是役也，集各省革命党之精英，与彼虏为最后之一搏。事虽不成，而黄花岗七十二烈士轰轰烈烈之概已震动全球，而国内革命之时势实以之造成矣”[①]。

孙中山在南洋和美洲为黄花岗起义筹集了大量资金，广大华侨为此次起义募捐了大量款饷，并积极购办武器，为起义提供后勤保证，很多华侨踊跃回国效力，“争先恐后效力，甚至因人数过多，由抽签以决定回国参加者”[②]。但是黄花岗起义因计划部署被打乱，参加起义的人数被迫大幅减少，只有 120 多人参加了实际的起义行动，终因寡不敌众而失败。后收殓烈士遗骸 72 具葬于广州城郊黄花岗，因而此次起义被称为黄花岗起义，葬在黄花岗的烈士被称为黄花岗七十二烈士。后经数次审核，又查得烈士 14 位，实际上牺牲的烈士共有 86 位，而这其中经查证在册的华侨烈士有 31 人[③]。可以说，华侨是黄花岗起义的主力之一，而其革命牺牲精神也令人肃然起敬。黄兴曾高度评价黄花岗起义：“死义诸烈士，皆吾党之翘楚，民国之栋梁，其品格之高尚，行谊之磊落，爱国之血诚，殉难之慷慨，兴亦不克其万一。”[④]

孙中山发动领导的多次武装起义中，都非常注重动员华侨的参与。第一次广州起义，孙中山即直接从檀香山带了几名华侨回国参与策划起义；1905 年爆发的由华侨许雪秋、黄乃裳领导的潮州黄冈起义，是在孙中山的直接影响和指导下发动的；惠州七女湖起义，起义领导人华侨邓子瑜也是由孙中山派回国主持起义的；滇越边境的几次反清起义，在孙中山的发动下，越南华侨或参与起义，或为起义部队的主力；参与黄花岗起义的许多华侨，也是直接或间接地受到孙中山影响和感召而回国的。

中华民国成立后，以孙中山为首的革命党人没有忘却为了革命事业

① 《建国方略》，《孙中山全集》第六卷，第 241—242 页。

② 黄珍吾：《华侨与中国革命》，台湾“国防研究院”1963 年版，第 168 页。

③ 任贵祥：《孙中山与华侨》，黑龙江人民出版社 1998 年版，第 153 页。

④ 中国史学会主编：中国近代史资料丛刊《辛亥革命》（四），上海人民出版社 1957 年版，第 171 页。

而牺牲的烈士。1912 年 3 月 5 日，孙中山等人发布《追悼粤中倡义死事诸烈士通告》，沉痛追忆为中国革命事业献身的诸位先烈，通告中提到的许多烈士都是海外华侨，他们是为建立民国而英勇献身诸多先烈中的杰出代表：

鸣呼！今而后我神州大国民其长饮共和之幸乐乎？抑亦思其构是幸乐之代价为何物质耶？夫非我最可亲爱、可崇敬、可鸣悒的一般有名无名之鼎鼎济济诸先烈之头、之血、之心腑、肤肉所交易而得。而默然肃其灵魂，以拱授于我生存之同胞者邪？抑思乎百粤山川，风雪［云］滃然而起革命之初潮也。潮音怒兴，烈魂随泪。……甘白刃而成仁者，固匪限于粤峤之钟灵，如葛谦诸烈士之就义于前，倪暎［映］典、谢明星诸烈士之被祸于后；温生财［才］烈士起，黄花冈［岗］之七十二贤，及殿以陈敬嶽、林冠慈二公，起衅一身、衽席两道之诚，固皆内外合符，后先同揆矣。今者民国殆大定矣，追维既往，天道未张、人事参迕之时，我诸烈士或奔而踶，或植而蹶，心苦而功高。《记》曰“君子听磬声而思死封疆之臣”，仲尼以“能执干戈卫社稷”且勿殇童，古人故恒有刻木而祭、结蒲而葬者。旅人等爰奔古礼，掬群诚，订于中华民国元年三月五日下午一时，在南京中正街开会。为粤中后先诸义烈追悼其在天之灵，用敢传告全国，敬乞各界同胞，届时惠临襄礼，并望锡以悼辞挽章，以彰盛烈，不胜公纫之至。[1]

这里提到的温生财、陈敬嶽及黄花岗七十二烈士中的部分人，均为华侨烈士。通过这种方式慎终追远，追悼先烈，也是对为创建民国而牺牲者的最好纪念。

（十二）参与孙中山领导的创建民国大业

1911 年武昌起义的炮声敲响了清政府覆亡的丧钟，孙中山为之奋斗

---

① 《追悼粤中倡义死事诸烈士通告》，《孙中山全集》第二卷，中华书局 1982 年版，第 176 页。

多年的革命事业终于看到一线成功的曙光，广大华侨也对中华民国的成立感到欢欣鼓舞。

武昌起义取得胜利的消息传到海外，广大华侨非常兴奋，并开展各种声援活动，派人回国到沿海沿边地区活动，开展光复各地的斗争，并组织建立军政府。同时，广大华侨致电清廷，施加压力，促其结束封建专制帝制，配合了革命党人的斗争，推动了革命胜利的进程。

辛亥革命推翻了清政府专制统治及中国2000多年的封建制度，建立了资产阶级民主共和国——中华民国，广大华侨扬眉吐气，热烈欢呼，举行了一系列热烈庆祝辛亥革命胜利和中华民国创立的活动。

1911年12月25日，长期在海外侨居地开展革命活动的孙中山回国，南洋归侨黄乃裳得知孙中山回到上海时，非常高兴，希望孙中山能成为"中国的华盛顿"。27日，他致电孙中山："老友黄乃裳欢迎我君，欢祝我君，并勉励我君，勉为泰东第一华盛顿。"当晚，孙中山复电："接电如亲旧雨，第奖饰逾量，文何敢当，谨复。"29日，黄乃裳得知孙中山当选为临时大总统时，又致电孙中山："老友黄乃裳顷得宁电，十七省代表全体举君主中华民国，喜极欲狂，叩贺！叩贺！更愿君勉为泰东第一华盛顿，裳无任盼示。"次日，孙中山百忙中复电："电来厚誉，公仆任重，文惟有勉从国民服务，以无负老友之望，谨复，孙文。"①

加拿大广大华侨得知中华民国成立，孙中山当选为临时大总统后，各地"竖旗恭祝"，"皆齐声欢欣鼓舞"，"人心万众合一庆祝大典"。维多利亚及温哥华华侨向孙中山致贺电："本埠及呍埠华侨闻足下被举总统，人心大慰，皆信足下所持三民主义当必次第举行。本埠已于正月一号举行新总统升任之大庆典，合群游街。"维多利亚同盟会在当地中华会馆召开庆祝大会，各界侨胞踊跃参加会议，热烈欢庆。

① 詹冠群：《黄乃裳与孙中山》，《华侨历史》1986年第4期。

1912年1月1日，中华民国宣布成立，在旧金山由美洲同盟会发起组织，中华会馆出面主持举行了规模盛大的庆祝游行活动。参加游行的同盟会员和华侨有数万人之多，许多住在偏远地区的侨胞闻讯后也赶来参加游行。参加游行的彩车有20多辆，有马拉的，也有汽车改装的，彩车上写着“君主专制政体灭亡”“共和国万岁”“少年中国的胜利”等英文标语。游行队伍中还有传统的舞龙舞狮和其他富有民族色彩的活动，洋鼓洋号齐鸣，唢呐笙箫悠扬，锣鼓震天动地，充满着喜庆欢乐的色彩。当晚，还举行了盛大的庆祝演出，节目有京戏和粤剧等。

广大华侨对革命的胜利热烈欢呼，对中华民国的成立欢欣鼓舞，对孙中山当选为临时大总统衷心拥护。

1912年1月1日，中华民国临时政府在南京正式成立，孙中山当选为中华民国第一任临时大总统。孙中山宣誓曰：

倾覆满洲专制政府，巩固中华民国，图谋民生幸福，此国民之公意，文实遵之，以忠于国，为众服务。至专制政府既倒，国内无变乱，民国卓立于世界，为列邦公认，斯时文当解临时大总统之职。谨以此誓于国民。①

孙中山就任临时大总统后，财政上遇到很大困难，广大华侨纷纷捐助。缅甸华侨电告孙中山“款筹便，要汇何处，请电复”；新加坡侨商陈嘉庚致电孙中山说：“客南洋，心怀祖国希图报效，已非一日”，并以个人名义向孙中山捐款五万元。②孙中山、黄兴为解决临时政府的财政困难，委派美国归侨梁少文为南洋群岛劝募公债特派员，奔走各地募款50多万元。陈宗山在《南洋华侨革命史略》中指出：“临时政府初立于南京，库藏如洗，得南洋经济之助殊非浅显。辛亥一岁中，南洋华侨所输

---

① 中国史学会主编：中国近代史资料丛刊《辛亥革命》（八），上海人民出版社1957年版，第14—15页。

② 陈碧琳：《廖鈜文集》，中国华侨出版社1992年版，第37页。

于革命之资，可五六百万元。”对于华侨的大力资助，孙中山曾感慨地指出：“辱承海外各同志赐电贺劳，且感且惭；捐助军饷者，络绎不绝，共和前途，实嘉赖之。”[①]

辛亥革命的成功，中华民国临时政府的成立，推翻了清王朝的封建专制统治，结束了统治中国两千多年的封建君主专制制度，开创了完全意义上的近代民族民主革命，打开了中国进步闸门，传播了民主共和理念，极大地推动了中华民族思想解放，以巨大的震撼力和影响力推动了中国社会变革。

辛亥革命取得胜利，是包括海外华侨在内的所有中华儿女共同奋斗的结果，海外华侨作出了特殊的贡献。中华民国的成立使广大华侨欢欣鼓舞，开展了各种形式的庆祝活动，积极参与国家创立与治理。而孙中山领导的南京临时政府颁布了一系列条例和法规，制定了侨务立法，顺应了侨胞的意愿。

南京临时政府虽然存在的时间并不长，但是仍然高度重视侨务立法和侨务工作，临时大总统孙中山十分重视华侨问题，在比较短的时间内就保护华侨等问题作出规定、制定法令。被贩卖到美洲、南洋及非洲等地从事奴役劳动的华工，在我国早期文献中被诬称“猪仔”，这是外国列强勾结中国封建势力大肆掠夺我国廉价劳动力所从事的罪恶交易，很多中国人就是以这样的方式被迫流落到异国他乡成为华侨的，他们从事最繁重、最低级的体力劳动，却毫无人身保障。孙中山在海外多年，深知“猪仔”贩卖的罪恶，对这种丑恶行径十分愤恨。1912 年 3 月，孙中山接到荷属侨民曹运郎等禁止贩卖“猪仔”及保护华侨的呈请，他随即批复外交部要求妥善筹划禁绝贩卖“猪仔”及保护华侨的办法：

兹据荷属侨民曹运郎等呈请禁止贩卖“猪仔”及保护华侨各节。查

① 王耿雄：《孙中山史事详录（1911—1913）》，天津人民出版社 1986 年版，第 147 页。

海疆各省，奸人拐贩“猪仔”，陷人涂炭，曩在清朝，熟视无睹，致使被难同胞穷而无告。今民国既成，亟应拯救，以尊重人权，保全国体。又侨民散居各岛，工商自给者，亦实繁有徒，屡被外人陵虐，然含辛茹苦，挚爱宗邦。今民国人民同享自由幸福，何忍侨民向隅，不为援手。除令广东都督严行禁止“猪仔”出口外，合亟令行该部妥筹杜绝贩卖及保护侨民办法，务使博爱平等之义，实力推行。[①]

同时，孙中山命令全国最大的侨乡广东都督严禁贩卖“猪仔”：

兹据荷属侨民曹运郎等呈请禁止贩卖“猪仔”各节，查奸徒拐贩同胞，陷人沟壑，曩在前清，草菅人命，漠不关心，致使被难人民穷而无告，岂惟有亏国体，亦本总统痛心疾首，殷念不忘，庶惨绝人道。前曾令内务部编定禁卖人口暂行条例，冀使自由博爱平等之义，实力推行。惟禁止“猪仔”出口，尤为刻不容缓之事。民国既成，岂忍视同胞失所，不为拯救？除令外交部妥筹办法外，合亟令行该都督严行禁止，务使奸人绝迹，以重人道而崇国体。[②]

另外，他还亲自批复曹运郎等人的呈请：

奸人贩卖“猪仔”，惨无人道，本总统痛心疾首，殷念不忘。前曾令内务部编定禁止贩卖人口暂行条例，以重人权。查侨民散居各岛，工商自给，实繁有徒。而屡被外人横加虐辱，含辛茹苦，不背宗邦，可怜可矜，亟应援手。今民国既成，断不忍使海外侨民不同享自由平等之福。所陈各节，已分别令行外交部及广东都督酌核办理。[③]

从上述三件批文可以看出，孙中山严厉谴责了清政府对贩卖“猪仔”

---

① 《令外交部妥筹禁绝贩卖“猪仔”及保护华侨办法文》，《孙中山全集》第二卷，中华书局1982年版，第251—252页。

② 《令广东都督严禁贩卖“猪仔”文》（1912年3月19日），《孙中山全集》第二卷，第252页。

③ 《批曹运郎等呈》（1912年3月19日），《孙中山全集》第二卷，第256页。

漠不关心，并将禁止贩卖“猪仔”提高到“尊重人权，保护国体”的高度加以重视。孙中山还曾表示，在今天全体国民共享民权、民生之际，民国政府应尽快制定保护侨民法，务使海外中国人共享“博爱平等之义”。

中华民国临时政府刚刚成立后，不但制定严禁贩卖“猪仔”的法令规定，而且坚定实行保护华侨人身权益的政策，民初抗议荷兰殖民当局镇压印度尼西亚华侨庆祝民国成立事件即是例证。

1912 年 2 月 19 日，印尼爪哇泗水等地华侨因燃放鞭炮，悬挂中华民国新国旗，庆祝中华民国南京临时政府的成立，遭到荷兰殖民当局的野蛮干涉，华侨与警察发生争执，荷兰当局动用武力，当场打死华侨三人，受重伤者十多人，被捕监禁者一百多人，当地华侨书报社被查封，国旗被撕碎。随后，荷兰当局变本加厉，“荷兵日肆掳掠，致全体罢市，抵制荷兵，又以武力威吓，今荷官复加调马步兵团，掳男女老少四百余人，死伤不计”。孙中山得知消息后，立即与外交总长王宠惠协商，决定严厉诘责荷兰殖民政府当局，要求赔偿损失，取消对华侨的特别警律；召见荷兰官员，限一星期内答复，否则以外交途径照会荷兰政府，禁止通商，不建立外交关系。同时，南京临时政府数次致电北京已当选的大总统袁世凯，要求“冀由尊处就近向荷国代表交涉，以期迅速解决”。袁世凯在南京方面的催逼下，虽有推脱，借口“现政府尚缺统一，交涉各事，每令人轻视，棘手极多”，但仍不得不表示“华侨遭厄，自必竭力援拯”，并于 23 日“由外交部电知驻荷刘使向荷政府交涉并派员往诘驻京荷使”。26 日，南京临时政府召开内阁会议，议定对荷交涉条件如下：（1）限三日内释放被捕者；（2）赔偿财产损失；（3）被害者之赔偿；（4）恢复人权，与欧侨、日侨一律看待。前述条件如无满意答复，民国政府将采取严厉措施。通过外交途径的多次交涉，虽未达到令人满意的结果，但也迫使荷兰当局作出让步，释放被捕的华侨，表示“嗣后升旗事可通融，不禁止”。双方交涉结果如下：（1）枪毙华侨之荷人，由荷政府惩办；（2）已死之华侨，荷政府除优礼埋葬外，并优给其家属抚恤费；（3）被伤之华侨，除由荷兰政府医治外，并给调养费；（4）华侨财产损失，须照数赔偿；（5）旅居荷属华侨，荷政府须与荷人一律看待；（6）条约定后，均须逐条实行。[①] 这与清政府对华侨遭受迫害毫不关心甚至漠视敌视华侨的态度和政策有本质的不同。

广大华侨积极参加中华民国南京临时政府的组建，万里迢迢回国参政。而孙中山身边也有不少华侨任职，孙中山对他们充分支持和信任。中华民国临时政府成立后，因临时政府组织大纲并无海外华侨参加选举和被选举的规定，所以，临时政府的中枢较少有华侨任职，但孙中山临时大总统府以及广东、福建等地方革命政府中有不少华侨任职参政。在南京临时政府及下属各级政府中任职的华侨，多为各侨居地的革命党骨干，是孙中山的坚定支持者和追随者。由孙中山直接委任或由其批准在大总统府任职的华侨如下表所示。

职务	姓名	华侨国籍
司法总长	伍廷芳	马来西亚归侨
总统府秘书	冯自由	日本华侨
总统府秘书	余森狼、梅乔林、刘鞠可、张蔼蕴、温雄飞	美国华侨
总统府庶务处长	朱卓文	美国华侨
总统府庶务处一科主任	黄俊三	美国华侨
总统府庶务处三科主任	林朝汉	美国华侨
总统府庶务处庶务员	王棠	美国华侨
大总统卫队长	夏百子	美国华侨
总统府副官	雷祝三、李达贤、伍横贯、朱本夫、邝灼、邝桓	美国华侨

① 任贵祥著：《孙中山与华侨》，黑龙江人民出版社 1998 年版，第 340—341 页。

续表

职务	姓名	华侨国籍
全国铁路督办公署顾问	黄三德	美国华侨
内务部卫生司司长	林文庆	新加坡华侨
外交部商务司司长	冯自由	日本华侨
陆军部飞机队队长	李绮庵	美国华侨

除上述在大总统府任职的华侨外，还有不少华侨在地方革命政府、各地革命军和基层政府部门任职，不再列举。

同时，广大华侨还积极争取在参议院中任职参与国家政治建设。1911 年 12 月中旬，各省都督代表齐聚南京商讨未来的建国方案，日本和南洋的华侨即派出两名代表前来南京，他们被邀请列席会议。华侨代表谢碧田随即呈递要求华侨有代议权的请愿书，但因事关重大，并未作最后决定。

1912 年 1 月 28 日，南京临时参议院正式成立，这是中国资产阶级代议制度的最初开端。因华侨代表一再请愿，参议院将华侨请愿代议权案交参议会讨论审查，但是经过辩论并没有通过设置华侨参议员议案，因此后来制订通过的《临时约法》和《参议院法》中，并没有专门涉及华侨参议员问题的条款。然而，华侨要求参议员代议权的请愿并未因此而停息。1912 年 4 月，南洋荷属五埠华侨公推丘心容为华侨参议员，并由荷属五埠华侨、巴达维亚书报社黎公耀电告大总统、参议院呈请接纳。经过多次讨论之后，1912 年 5 月 17 日，在北京临时参议院第八次会议上，通过了《审议华侨要求议权案报告》，并在 8 月 11 日公布的《中华民国国会组织法》中正式通过了在参议院中设置华侨参议员，并规定参议员名额为六名，这样就从法律上正式确立了华侨的参政权。遵照参议院参议员选举日期规定，1913 年 2 月 10 日在北京进行选举，由工商部长担任选举监督，华侨选举会选出参议院议员当选人与候补当选人各六名。当选的六名华侨参议员是：唐琼昌（美国《大同日报》社社长）、吴湘（南洋英属侨商）、朱兆莘（留美学生）、蒋报和（印尼泗水侨商）、谢良牧（槟榔屿同盟会负责人）、卢信（檀香山《自由新报》社主笔）。这六名华侨参议员中，谢良牧年仅 29 岁，而按照国会选举法规定，华侨参议员代表年龄应在 35 岁以上，因此，他被破格选为参议员。

南京临时政府虽然存在时间不长，但是广大华侨对民主共和制度的拥护，以及临时政府所制定和实施的保护华侨的政策，华侨积极参政的热情与实践，都产生了积极而深远的影响。

（十三）孙中山与留学生之父容闳

容闳是近代中国杰出的教育家、外交家和社会活动家，是第一个毕业于美国耶鲁大学的中国留学生，中国留学事业的先驱，被誉为“中国留学生之父”。他出生于广东香山，早年在亲友资助下在教会学校学习，并立志寻找救国救民之路。在耶鲁大学毕业后，他放弃在美国就业机会，返回故国，以实现他为祖国培养人才的使命和愿望。1872 年，清政府任命容闳为驻美副公使，兼理留学生学习与生活事宜。但由于对清政府腐朽的痛恨，加上自己政治上和事业上不如意等，容闳思想逐渐发生变化，并在晚年接受了孙中山的革命思想，实现从维新到革命的重大飞跃。

1896 年，孙中山在伦敦蒙难之后，专门拜会容闳，“孙逸仙自伦敦释回，访予谈数日”。此后，容闳与孙中山交往日益密切，特别是通过容开与孙中山建立了比较紧密的联络。容开是容闳族弟，是容闳组织领导的第三批赴美留学幼童之一，1881 年被遣归后进入海军，曾参加中国和法国的马尾海战，因痛恨清廷昏庸卖国，毅然辞去军职投身商场。1891 年，容开在香港结识孙中山，两人一见如故，畅谈国事。后容开经孙中山介绍加入同盟会，并以经商的合法身份，为革命筹集经费，暗中支持孙中山的革命活动。而作为孙中山和容闳之间沟通的桥梁，容开发挥了关键作用。在长期的联系沟通中，受孙中山、容开等人的影响，容闳的思想也逐渐发生转变。1900 年容闳参与筹划自立军起义失败逃亡香港后，与香港革命党人联系日益紧密，在思想上逐渐倾向革命。特别是 1900 年孙中山逃亡日本途中，与容闳同乘一船，两人相逢分外惊喜。孙中山和容闳纵论时局，畅谈国家未来。孙中山指出，只有推翻清朝封建专制统治，“铲除封建尘土”，才能建设富强独立国家。容闳回顾本人大半生经历，认识到清廷的封建专制制度是阻碍国家振兴发展的根本障碍，认识到维新改良道路行不通，只有走孙中山所开辟的革命道路，推翻封建专制王朝，才能挽救中国。日本外务省档案中曾记载孙中山和容闳等抵达日本后的情况：“前日与孙逸仙同乘‘神户丸’的清国人秦西（即容荣，七十五岁。按即容闳）在本地上岸后赴南山手町库利夫旅馆处投宿。因该人系与孙逸仙同行之平田晋的叔父，故侦察平田及秦西来日的理由。平田系汉口逮捕事件中逃出虎口之一名改革派成员。……孙与平田晋昨晚五时到旅店访秦西，一直密议到晚上 9 时半左右方才归宿。又孙等出发前与平田、中岛、岛田等一起到库利夫旅馆访问秦西，进行短时间面谈，然后归寓。谈话时从里面将屋门关闭，禁止他人出入。”[①]可见，孙中山和容闳二人在赴日途中和抵达日本后进行了深入的交流。孙、容同船相遇，加深了彼此之间的了解。1902 年 4 月，容闳在与刘成禺等交谈时指出：“孙逸仙自伦敦释回，访余谈数日，予即以此义告之。其人宽广诚明有大志，予勖以华盛顿、弗兰克林之心志。他日见面，汝当助其成功。”[②]

1909 年 1 月至 4 月，孙中山旅居新加坡，并与容闳频繁通信，随后接受容闳邀请赴纽约，并通过容闳与美国军事家咸马里、财政界人物布

---

① 陈锡祺：《孙中山年谱长编》上册，第 239 页。

② 容闳：《容闳自述》，安徽文艺出版社 2014 年版，第 184 页。

思等各方联系，商量借款资助武装起义事宜。3 月中旬，孙中山与咸马里、布思会谈，商议筹款等计划。“先是，先生通过容闳，要求咸马里与布思立即借到一百五十万美元，随后再借二百万美元以作计划中的在华作战之用。咸马里与布思决定予以积极支持。”[①] 容闳在其中担当了“牵线人”的角色，对达成协议发挥了重要作用。虽然，孙中山与咸马里等达成的协议由于种种原因未能执行，但是容闳所发挥的作用和对革命的支持是不容质疑的。

1911 年 10 月，武昌起义爆发并取得胜利，各省纷纷响应宣布“独立”，而此时 82 岁高龄的容闳已经身患中风之疾，但他终于听到了革命成功的消息，按捺不住心中的无限喜悦，在十天中连写三信欢呼革命的胜利，祝贺这“了不起的大革命”，赞美革命党人“给自己和子孙后代开辟了一番多么壮丽的事业”，特别向孙中山就任临时大总统“致以衷心的祝贺”！容闳在信中善意地提醒革命党人保持清醒头脑，不要被君主立宪等口号所蒙蔽，防范袁世凯等投机革命的阴谋家，同时要注意内部团结，不要产生分裂。而这些忠言均被随后的事实证明，可见容闳是多么的富有政治智慧和远见卓识。

1912 年 2 月，民国初创，孙中山致函容闳，诚邀太平洋对岸的这一位年高德劭的老同志归国，共同参加民国共和的创建，函曰：

容闳老先生伟鉴：

丁此革命垂成，战争将终，及仆生平所抱之目的将达之际，遂闻太平洋对岸有老同志大发欢悦之声，斯诚令人闻之起舞。然揆先生其所以羁留至此之源，想亦因谋覆清政府之专制而建伟大之事业，以还吾人自由平等之幸福，致有此逃亡异域。同病相怜，非仅为先生已也，即仆等亦尝饱受此苦。乃今差幸天心眷汉，胡运将终，汉族之锦绣河山，得重

① 陈锡祺：《孙中山年谱长编》上册，第 492 页。

见于光天化日之下，仆何幸如之！虽然，吾人蜷伏于专制政体之下，迄兹已二百六十余年，而教育之颓败，人民之蒙蔽，恐一旦闻此自由平等之说，得毋惊愕咋舌耶！以是之故，况当此破坏后，民国建设，在在需才。素仰盛名，播震环宇，加以才智学识，达练过人，用敢备极欢迎，恳请先生归国，而在此中华民国创立一完全之政府，以巩固我幼稚之共和。倘俯允所请，则他日吾人得安享自由平等之幸福，悉自先生所赐矣。

先生久离乡井，祖国萦怀，量亦不致掉头而我弃也。临风濡颖，不胜鹄盼之至。仅此，并请

道安！

弟孙逸仙上言[①]

中华民国成立的消息令容闳异常振奋，孙中山也诚挚邀请他归国参与国家建设。但令人遗憾的是，上天没有再给容闳留下报效祖国的时间，1912年4月，容闳病情加重，经抢救无效，病逝于美国。这位一生顺应历史潮流，始终与时俱进，牵念祖国事业，为中国近代化作出重大贡献的一代华侨精英，在生命最后的时刻仍然叮嘱子女学成归国，为国服务，投身效力于新生的民主共和国，其爱国精神确实难能可贵。

（十四）孙中山与资深归侨伍廷芳

在创立民国的艰辛历程中，无数革命先烈冲锋陷阵，浴血战斗在武装起义的第一线，挥洒鲜血在争取创建共和的征途上，而在南北议和这场事关辛亥革命前途和中华民国命运的谈判桌上，虽然没有战场上的血雨腥风，但也上演着激烈的唇枪舌剑。作为南方议和代表的伍廷芳曾是前清的二品大员，也是一位资深的爱国华侨，其晚年的诸多活动与孙中山的革命事业交织在一起。

伍廷芳1842年7月出生于新加坡，祖籍广东新会。其父伍荣彰早年

① 《致容闳函》（1912年2月），《孙中山全集》第二卷，第143—144页。

赴新加坡经商，并在此结婚生子。1845 年，伍廷芳跟随父母回国，定居广州受教于当地私塾，是一名归国侨童。后因时局不稳，伍廷芳曾因富家子弟出身而被绑架，脱逃后于 1856 年赴已沦为英属殖民地的香港求学，接受系统的西方近代文化教育。1861 年，伍廷芳与黄胜等人共同创办中国较早的报纸《中外新报》，同年从香港圣保罗书院毕业，先后在港中高等审判厅、港府巡理署工作。1874 年赴英国留学，于 1877 年结业后经考试获得律师证书，成为第一个取得英国律师资格的中国人。1878 年伍廷芳又被英国香港总督任命为第一个华人“太平绅士”。1880 年，伍廷芳出任香港立法局议员，成为第一个出任此职位的华人。

1882 年 10 月，伍廷芳离港北上，入李鸿章幕府，开始 14 年的幕僚生涯。在此期间，他翻译外国法律规章，参与处理涉外事务，为洋务派经办实业。1896 年至 1902 年，他出使美国、西班牙、秘鲁，“使事所重，首在保护华工”。他就保护华侨问题同各国长期进行交涉，坚决抗议排华行径，并奏请清廷在檀香山设立领事以保护华侨。1898 年戊戌变法期间，他支持维新变法主张，曾上《奏请变通成法折》，表达出强烈的改革维新图强愿望。

1907 年，伍廷芳再次出使美国、墨西哥、秘鲁、古巴，主张维护华侨权益，同各国交涉侨务问题，巡视中南美各国华侨社会，并曾建议清廷派军舰巡游南美，震慑各国，保护华侨。此时，美洲华侨革命风气渐开，华侨中参加同盟会者甚多，并参与资助孙中山领导的武装起义。伍廷芳主张维新改良救国，面对迅速高涨的革命潮流，很难理解并持不赞成态度。1909 年，他任满回国，途经欧洲，广泛接触海外华侨，思考中国社会现实。当孙中山领导的革命运动日趋增长，清廷故步自封维护皇权专制，促使伍廷芳原有思想逐步发生转变，1910 年，上《奏请剪发不易服折》，批评朝廷抱残守缺，已经有较为鲜明的政治倾向。伍廷芳两次出使各国期间，孙中山在海外领导的革命活动也逐渐发展并日益高涨。

此时的伍廷芳与孙中山分处不同阵营，伍廷芳"尝竭力运动美国外交部力阻其登岸"①。

历史潮流，浩浩荡荡，顺之者昌，逆之者亡。1911 年 10 月武昌起义爆发，各地纷纷起义响应。曾经官居清朝二品大员的伍廷芳顺应历史潮流，接受革命党人陈其美等邀请，以古稀之龄投身到资产阶级民主革命大潮。拥有长期外事经验的伍廷芳在军政府中担任外交工作，出任沪军都督署外交长。他同张謇、唐文治等人曾致电摄政王，要求清帝退位，亦曾单独致书摄政王，指出只有废除帝制、改易民主共和政体才是满洲皇室的生路。这两封信在当时产生了很大的影响，对于瓦解旧阵营起到了促进作用。

1911 年 12 月 25 日，辛亥革命领袖孙中山抵达上海，受到各界的热烈欢迎。抵达当日午餐后，下午二时三十分，孙中山即接受伍廷芳邀请，至爱文义路 100 号的伍廷芳寓宅会谈两个小时，交流革命形势和对策。通过会谈，孙中山对伍廷芳委以重任，自 12 月中旬始，伍廷芳即代表革命军政府与清政府代表开始谈判，成为孙中山、黄兴等人的重要助手。他克服议和的各种困难和曲折，捍卫共和立宪原则，反对以权代法、以权专制，体现出支持建立民主共和国的坚定立场，并最终达成了南北停战、清帝退位、民国建成的目标。在此过程中，孙中山与伍廷芳多次协商，来往电文切磋时局和对策。孙中山曾高度评价伍廷芳等参与南北议和人员的工作："公等为民国议和事，鞠躬尽瘁，不避嫌怨，卒能于樽俎之间，使清帝退位，南北统一，不流血而贯彻共和之目的，厥功甚懋。……谨代民国伸谢。"②

当然，作为封建阵营出身的旧官僚，伍廷芳虽然成为革命党人的同

① 伍廷芳：《与字林报记者吉伯特的谈话》，《近代史资料》总第 88 号，中国社会科学出版社 1996 年版，第 207 页。

② 《复伍廷芳等电》（1912 年 2 月 17 日），《孙中山全集》第二卷，第 104 页。

盟者，但是与革命党人之间仍然存在着不小的分歧，甚至有着很难调和的矛盾。1912 年 1 月 1 日，南京临时政府成立，孙中山任命伍廷芳担任司法总长。广东籍的工商界人士因伍廷芳未被委任为外交总长颇有不满，孙中山曾向记者公开作了解释，伍廷芳也致函粤籍人士，申明大义，希望他们以革命大局为重，不要在清廷没有推翻之际，萦怀于地位官职，损坏革命事业，以维护南京临时政府内部的团结和安定，展现出坦荡无私的胸怀。3 月，伍廷芳围绕“姚荣泽案”“宋汉章案”与革命党要员陈其美展开“权法之辩”，就三权界限和维护公民权等问题，曾多次与陈其美书信反复争论。变幻动荡的政治局面，法制权力观念的不同，原有政治势力界别的嫌隙，导致伍廷芳与革命党人的关系逐渐疏远，在民初政局中与同盟会、国民党等渐行渐远。4 月，袁世凯窃取辛亥革命成果，伍廷芳隐退，寓居上海达五年之久，继续其实业救国的梦想。

民国成立近十年，各种政治势力轮番登场，中华民国徒有共和之名，这与伍廷芳最初以为民国建立大功告成的理想相差甚远，特别是袁世凯、张勋等窃国者不断上演复辟封建帝制的丑剧，让伍廷芳感到愤怒，并最终在晚年选择继续与孙中山重新合作，参与到维护民主共和制度的斗争中。1916 年袁世凯冒天下之大不韪悍然称帝，伍廷芳坚决反对，主张维护民主共和制度。6 月，洪宪帝制覆灭，伍廷芳受邀出任北京政府外交总长。1917 年，在黎、段府院之争中，他坚持捍卫约法，抵制张勋复辟闹剧。1920 年 4 月，伍廷芳离粤赴沪，与操纵广州军政府的军阀和旧官僚彻底决裂，决心辅佐护法到底，受到孙中山等革命党人热烈欢迎。他与孙中山联名发表宣言，宣布西南军政府为非法政府，揭露西南军政府的罪状。11 月，伍廷芳同孙中山抵达广州后，重组护法军政府。1921 年 5 月，就任广州护法军政府外交部长兼财政部长。他在答记者问时，诚挚地表示：“余观孙大总统，确是爱国之人。余前数年未与他共事，因当时未知其人也。今时知之矣。其人宁牺牲性命而救祖国。其人又非自私自利者。”[①] 在中国革命乘风破浪却也险象环生的历史关头，1922 年 6 月 16 日，陈炯明叛乱，17 日，伍廷芳亲登“永丰舰”，面见孙中山，商议征讨事宜，并叮嘱孙中山保重，然而这次见面竟成为两人的诀别。在复杂的政治局势中，18 日，年迈的伍廷芳忧愤成疾，23 日病逝于广东。孙中山闻讯后悲痛不已，为伍廷芳题写挽额“人亡国粹”，在追悼大会上敬献祭文：“国本之摧，梁栋先折；徒法不行，矧今法绝！缔造艰难，英俊弗少；曰有典型，皤皤元老。大勋未集，继以来兹；公为国死，痛乃无期。”[②] 简短文字，饱含深情；“公为国死”，盖棺评赞。

伍廷芳与孙中山从对手到伙伴，从不即不离再到重新合作，这是两位爱国者的人生交集，也是对民主共和理想的追求让他们走到一起，更是伍廷芳这位爱国者思想转变与时俱进的结果，是一位智者愈老弥坚的人生抉择。

（十五）华侨跟随孙中山继续革命

辛亥革命取得胜利，推翻了清王朝封建统治，结束了统治中国几千年的君主专制制度，成立了亚洲第一个资产阶级民主共和国。但如毛泽东所说，辛亥革命“有它胜利的地方，也有它失败的地方”，胜利的是“把皇帝赶跑”，失败的是“中国仍旧在帝国主义和封建主义压迫之下，反帝反封建的革命任务并没有完成”[③]。辛亥革命没有改变中国半殖民地半封建的社会性质，没有改变中国人民的悲惨命运，没有完全实现民族独立、人民解放的历史任务，而且革命胜利的果实最终也很快被封建守旧势力代表者袁世凯所篡夺，孙中山也无奈地承认：“辛亥革命所得，仅一共和之空名耳；按诸实际，民之无权，尚未革命时相等也。”[④]

---

① 伍廷芳：《忠告香港政府》，《近代史资料》总第 88 号，第 187 页。

② 《祭伍廷芳文》（1922 年 12 月 17 日），《孙中山全集》第六卷，第 641 页。

③ 《毛泽东选集》第二卷，人民出版社 1991 年版，第 564 页。

④ 《孙中山先生〈国民党恳亲大会纪念册〉序》，《民国日报》1921 年 3 月 19 日，第 2 版。

受制于国内外各种势力的掣肘，由于中国资产阶级的软弱性和革命的不彻底性，由于孙中山等革命党人对国内外敌对势力尚缺乏清醒认识，尤其是没有认清袁世凯的本质，孙中山在清帝宣布退位后，即把大权让于封建旧势力的代表者袁世凯。孙中山在就任民国临时大总统宣誓时表示："至专制政府既倒，国内无变乱，民国卓立于世界，为列邦公认，斯时文当解临时大总统之职。"①

对于孙中山虚位以待的态度，以及随后迁就袁世凯步步逼迫迁都北京等政治大事的决策，很多华侨都很不理解，持怀疑和反对态度。布衣出身的革命派华侨黄景南致电孙中山，指出："袁世凯权奸让国，恳孙大总统慎勿退位。"冯自由在给汪精卫的电报中也提到了海外华侨对此的反应："中山前推举项城，已大为各处华侨反对……近因都北京事，各处华侨又纷纷电争。美洲来电且多责备中山之隔［语］，辞甚激烈。"②面对海内外的众多反对意见，特别是海外华侨同志的反对，孙中山不得不复电五大洲华侨，解释让位于袁世凯的原因，说明他并没有看清袁世凯的本来面目：

旅居五洲同志、华侨诸君同鉴：因推举袁君为第二临时总统，纷接来电相争，其词颇多误会，恕不能缕缕〔屡屡〕见复，谨括举其要以相答曰：诸君尽其心力，与内地同志左右挈提，仆清政府而建民国，今目的已达，以此完全民国，归诸全体四百兆人之手，我辈之义务告尽，而权利则享自由人权而已，其他非所问也。至于服务之行政团，若总统类者，皆我自由国民所举用之公仆，当其才者则选焉。袁君之性情不苟于然诺，当其未以废君为可也，则持之；及其既以共和为当也，则坚之。其诺甚濡，其言弥信。彼之布告天下万世，有云：不使君主政体再发生于民国。大哉

① 《临时大总统誓词》（1912 年 1 月 1 日），《孙中山全集》第二卷，中华书局 1985 年版，第 1 页。

② 黄彦、李伯新编著：《孙中山藏档选编》（辛亥革命前后），中华书局 1986 年版，第 438 页。

言矣！复何瑕疵？至彼之委曲求全，予亡清以优待，亦隐消同气之战争。功罪弗居，心迹自显。前日之袁君，为世界之一人；今日之袁君，为民国之分子。量才而选，彼独贤劳。正我国民所当慰勉道歉，责之以尽瘁，爱之以热诚者也。总统既非酬庸之具，袁君即为任劳之人。宜敬观其从容敷施，以行国民之意，使民国之根基，由临时尽力维持而完固焉。①

孙中山等革命党人受制于国内外的复杂局势，“只缘身在此山中”，看不清袁世凯的本质和真面目，甚至对袁世凯抱有很大幻想，放弃了革命的领导权，致使辛亥革命的胜利果实最终落到袁世凯为首的北洋军阀手中。袁世凯上台后，一步步破坏民主共和，逐步废弃《临时约法》，派人暗杀致力于政党政治的民国元勋宋教仁，解散国会，接受日本提出的“二十一条”，组织筹安会，最终公开复辟封建帝制。

袁世凯的倒行逆施，在国内外引起强烈反对，广大华侨维护民主共和、反对封建帝制，强烈谴责袁世凯的罪恶行径，支持孙中山的革命活动，华侨在响应孙中山改组中华革命党、发动讨袁捐款等方面，均给予孙中山以有力支持。

袁世凯派人刺杀宋教仁后，广大华侨纷纷要求严惩凶手，当宋案真相大白、袁世凯本质暴露后，海外华侨纷纷致电讨袁。袁世凯的反动面目彻底暴露后，孙中山再次举起讨伐袁世凯大旗，得到革命派华侨响应。孙中山多次派人到海外筹款募捐，多次与海外华侨通信联络，筹划募款事项，并先后制定颁发《筹饷局章程》《筹饷奖励章程》《债券章程》等文件，各地纷纷成立筹饷局筹款捐助孙中山的讨袁活动，如日本华侨王敬祥为筹款和购买武器四处奔走，缅甸华侨成立“中华革命党缅甸筹饷局”，共募集讨袁经费港币20万元，其他各地华侨也纷纷为讨袁捐款。

① 《复五大洲华侨电》（1912年2月21日），《孙中山全集》第二卷，第111—112页。

对于袁世凯刺杀宋教仁、组织筹安会复辟帝制等闹剧，广大华侨先后发起声讨，与袁世凯的倒行逆施作斗争。日本华侨和留学生在得知袁世凯欲复辟帝制的荒唐行径后，发表《通告全国书》，指责袁世凯为“天上恶星，人间孽种”，窃取民国大权，“神圣之国会，任意取消”；“政党则以次诛夷”，“今则送礼外人，以图皇帝”，“欲书其罪，恨南山之竹无多；欲涤其瑕，恨东海之波有限”，表达了对袁世凯的痛恨，表示“庶妖徒早殄，还我共和，桑梓为安”[①]。

孙中山领导的“二次革命”失败后，继续开展讨袁斗争，再次得到海外华侨的支持。1915 年 4 月，加拿大华侨组织华侨敢死先锋队，革命派华侨数百人参加。1916 年 4 月，300 多名队员途经日本时受到孙中山接见，5 月底全队 360 余人回国，改名为“中华革命军东北军华侨义勇团”，归中华革命军东北军总司令居正指挥。1914 年春，美国旧金山华侨成立讨袁组织“救国社”，专为开展航空救国活动，招募华侨子弟，资助其进入美国航空学校受训，然后回国参加讨袁活动。华侨追随孙中山领导的“二次革命”及讨袁斗争坚持不懈，表现出不屈不挠的爱国精神。

1916 年 6 月，在全国一片声讨声中，袁世凯暴病死亡，讨袁斗争取得胜利，但中国仍旧处在北洋军阀黑暗统治下，此后相继发生“府院之争”、张勋复辟、段祺瑞拒绝恢复《临时约法》等倒行逆施行径。1917 年 7 月，孙中山从上海南下广州，开展护法斗争，努力实现护法大业，这一斗争再次得到华侨的响应，护法军政府的经费和军饷“几大部分出自侨胞接济”。据统计，1917 年 6 月至 1918 年 6 月，护法使用的经费总计 139.27 万元，其中财政部收入为 49.42 万元，其余 89.8 万元由孙中山和廖仲恺筹措，这些均由海外华侨捐献和供给，其中无偿捐献的为 30 多万

① 华侨革命史编纂委员会:《华侨革命史》下册，台北正中书局 1983 年版，第 521—522 页。

元。[1]同时，许多华侨还直接回国参加斗争，支持孙中山的护法运动。美洲华侨蔡鹤朋、吴泽理，南洋华侨张民达、罗立志等人，回国到北伐前线冲锋陷阵。然而，由于西南军阀的阻挠破坏，第一次护法运动宣告失败。

随后，孙中山发动第二次护法斗争，1919 年 10 月将原中华革命党改组为中国国民党，以“巩固共和，实行三民主义”为政纲。在改组的过程中，孙中山对海外的党务工作也进行了整顿，国民党一大以后，又对海外支部进行了改组，在孙中山领导下制定了《海外党务方案》，成立了海外部，加强对海外支部的指导。第二次护法运动也得到华侨支持，各地华侨拥护孙中山，抨击北洋政府，积极为护法和北伐捐款。但是 1922 年 6 月陈炯明发动叛乱，第二次护法失败。直到 1923 年，经过长期的斗争，孙中山才最终收复广东，重新组织建立了革命根据地。

孙中山领导的革命斗争屡次遭遇挫折，使他深刻地总结以往的经验教训，下定决心对国民党进行改组，并确立了联俄、联共、扶助农工的新三民主义。1924 年 1 月，中国国民党第一次全国代表大会的召开，标志着第一次国共合作的正式建立，并掀起了国民革命的高潮。孙中山身边国民党左派和归侨人士在三大政策酝酿、确立和实施过程中做了大量工作。

护法期间追随孙中山的陈友仁（美洲牙买加归侨），对当时的国际形势经过分析后，向孙中山建议，“国民党应该向俄国人寻求军事上和政治上的援助”，认为这对国民党和苏俄来说是一种双赢的选择。陈友仁作为孙中山的联络员和代言人，为促成孙中山与苏俄及共产国际的合作做了大量工作。1923 年 1 月 18 日傍晚，苏俄专使越飞登门拜访孙中山，陈友仁作为孙中山的助手参加了会见。20 日，陈友仁代表孙中山到越飞下榻处礼节性回访，并就双方谈判中的一些具体问题作了进一步的磋商。

---

① 黄庆云：《爱国华侨对护法运动的支持和贡献》，《孙中山研究》第一辑，第 102—104 页。

26日，《孙文越飞联合宣言》公开发表，标志着孙中山“联俄”政策的正式确立。随即陈友仁发表谈话，向外界宣布了孙中山对于国际问题的最新的政治取向。

（十六）廖仲恺助力孙中山建立国共合作

中华民国成立后，中国政坛一片混乱，各种势力轮番登场，孙中山领导辛亥革命创立中华民国后，所追求的民主共和没有实现，实际上并没有改变中国半殖民地半封建社会的性质，没有解决中国社会内在的根本矛盾。孙中山领导革命势力与反对势力的斗争始终持续，孙中山晚年顺应历史和时代发展潮流，对国民党进行改组，重新阐释三民主义，确立三大政策，推动国共合作的形成。而华侨中一部分坚定的革命者，积极支持、拥护孙中山捍卫辛亥革命成果，捍卫民主共和政体，推动国共合作，是孙中山革命的坚定追随者。

1924年1月，国民党一大在广州召开，确立了联俄、联共、扶助农工的三大政策，标志着国共合作的正式形成，也是国民党历史上的一个重大转折。会议代表共196人，其中华侨、归侨代表共有40多人，约占代表总数的1/5，占与会代表的1/4，占有较大的比重。一些左派华侨代表如廖仲恺等人，在国民党一大上发挥了重要作用，与共产党人进行协作和配合，挫败了国民党右派的阻挠，通过了《中国国民党第一次代表大会宣言》，重新阐释三民主义，确立了国共合作的共同政治纲领。

国民党一大后，1924年2月6日，孙中山主持召开国民党中央执行委员会第三次会议，通过《海外党务方案》，决定增设海外部，主管海外党务工作。随后，海外国民党组织进行了整顿和改组，贯彻和执行国民党一大确定的各项政策。南洋、日本、美洲、欧洲等地的国民党海外组织，发展留学生、中小商人加入国民党，吸收新鲜血液，执行国共合作的政策，同国民党右派进行斗争，促进自身发展，扩大自身影响。

国民党左派、归侨廖仲恺是孙中山新三民主义的坚定支持者和实践者，是国民党左派的杰出代表，更是孙中山毕生革命事业的亲密战友。廖仲恺 1877 年 4 月出生于美国旧金山，其父廖竹宾早年赴美国当华工，后成为商人，曾任职于旧金山汇丰银行。廖仲恺少年在美国就读，1893 年随母亲返回祖国。其后甲午战争爆发，清政府惨败签订丧权辱国的《马关条约》，民族危机空前加深。廖仲恺放弃读私塾应科举的想法，于 1896 年赴香港，寻求学习西方以救中国之道。1897 年 10 月，廖仲恺与何香凝在广州结婚。1902 年，在何香凝的支持下，廖仲恺赴日本留学，入日本早稻田大学、中央大学等学校学习，成为众多中国留日学生中的一员。

廖仲恺留学日本期间，正是孙中山等革命党人把日本作为革命活动重要场所和据点的时期。革命党人开展革命活动，宣传革命思想，成立革命组织，联络革命同志，并在华侨中开展各种活动。正是在此过程中，廖仲恺结识了朱执信、苏曼殊、胡汉民等革命者，并受其影响，思想也逐渐发生转变，萌发了反清革命思想。特别是 1903 年，廖仲恺和何香凝专程拜访结识抵达日本的孙中山后，对孙中山更为敬仰，从此他们成为孙中山革命事业的坚定追随者和支持者。1905 年 9 月，廖仲恺经何香凝介绍加入同盟会，在留学生群体中从事联合革命同志等活动，并多次潜回国内进行筹建革命机关等秘密活动。

1909 年，廖仲恺在日本中央大学毕业后返回祖国，认为“入清廷握其政权以成革命之工作，更属易易”，遂参加留学生科举考试，中法政科举人，后赴东北，参与办理延吉归回祖国交涉事宜。此后，廖仲恺入吉林巡抚陈昭常幕府。

武昌起义爆发并取得胜利建立中华民国后，廖仲恺曾参与南北议和。1913 年“二次革命”失败后，廖仲恺随孙中山再度流亡日本。1914 年中华革命党成立，廖仲恺当选为财政部副部长。1916 年 4 月，他随孙中山返回国内，协助孙中山从事反袁、护法斗争，努力筹措革命经费，组织革命力量，对孙中山和国民党的各项工作忠心耿耿，成为孙中山的得力助手之一。1921 年孙中山任中华民国政府非常大总统，廖仲恺任财政部次长、广东省财政厅长，大力整顿财务筹措军费。1922 年 6 月，陈炯明叛变革命，事变前廖仲恺被陈炯明阴谋诱骗囚禁，长达 60 余天，经何香凝等竭力营救，廖仲恺于 8 月脱险，随即赴上海与孙中山会合。

陈炯明从革命党内部发动叛变，对孙中山及其领导的革命事业是一次沉重的打击。革命事业的屡次失败受挫，使孙中山和廖仲恺一致认识到只有对国民党进行改组，整顿清理革命队伍，才能跟上时代的步伐，继续领导中国革命；只有改弦更张，确立并施行新的政策，才能促进国民党自身的发展。特别是俄国十月革命和中国共产党的成立，打开了孙中山认识世界和中国的新视野，重新考虑中国革命策略问题。廖仲恺与孙中山在思想上产生了同样的清醒认识，因而成为孙中山改组国民党推进国共合作最坚定的支持者之一。1923 年 1 月底，孙中山派廖仲恺赴日本与苏俄特使越飞进行会谈，磋商《孙文越飞宣言》的细节问题，为孙中山确定“联俄”等政策发挥了重要作用，也是国民党改组过程中的关键一步。10 月中旬，廖仲恺和李大钊等五人被任命为改组委员，统筹改组事宜。10 月 25 日，又担任国民党临时中央执行委员会委员，并代表孙中山主持临时中央执委会第一次会议。11 月，临时中央执委会发表《中国国民党改组宣言》。在廖仲恺主持或参与下，执委会审议处理了大量议案，为国民党改组做了大量实际工作。廖仲恺还先后主持广州、上海两市党部的改组工作，为各地国民党组织改组作出示范。

1924 年 1 月，廖仲恺在国民党一大上担任党务审查委员会委员，并多次演讲和发言，对一些重大原则问题阐明意见，积极协助孙中山，参与大会领导工作，确保大会沿着正确方向进行。廖仲恺在革命的实践中逐步认识到：“民国成立已经十余年，孙先生的三民主义还不能够实现，这明是党的组织的问题。我可怜孙先生奋斗一生还未能够实现他的主义，所以非把国民党改组不可。”[①] 正是基于这种认识，所以廖仲恺能够坚定地同反对改组国民党的顽固派作斗争，确保改组的成功。1 月 28 日，一些国民党员提案反对共产党员加入国民党，廖仲恺与共产党代表一起予以反驳，对于否定反对“跨党案”、通过“联共案”起到重要作用。

国民党一大后，廖仲恺担任中央执行委员会委员、常委，并任中央党部工人部部长兼农民部部长，还担任黄埔军校筹备委员会代理委员长和军校党代表等职。他非常重视同中国共产党的合作，积极支持工农运动，真诚地促进国共合作发展。他将原本拟由自己兼任的国民党中央组织部部长一职让给共产党人谭平山，推荐周恩来出任黄埔军校政治部主任，让澎湃担任国民党中央农民讲习所主任，并与李大钊、毛泽东、苏兆征、邓中夏等共产党人也保持着良好关系。

廖仲恺积极贯彻孙中山的三大政策，积极支持工农运动，发布关于农民运动的第一次、第二次宣言，制定农民协会和农民自卫军组织法，制定工会组织条例，坚决站在工农群众立场，同反动势力作坚决斗争，并曾担任省港大罢工委员会顾问，为国民党工农政策和组织方式转变作出了贡献。

国民党一大后，关于联共与反共、拥护与反对国共合作的斗争日益激烈，廖仲恺等人在孙中山的支持下，与国民党右派破坏国共合作的活动进行了坚决的斗争，坚定地执行孙中山的新三民主义。特别是在孙中山逝世后复杂的政治环境中，廖仲恺与国民党右派的分裂行径进行坚决的斗争，继续孙中山未竟的革命事业，实际上成为国民党左派的核心，“是中国资产阶级民主革命真正的雅各宾党人”。但也引起了国民党右派的极端仇视，并对他痛下杀手。1925 年 8 月，廖仲恺被右派分子刺杀

① 《宋庆龄何香凝的讲话》（1926 年 1 月 8 日），中共广东省党史研究委员会、中共广东省委党史资料征集委员会编：《第一次国共合作研究资料》，1984 年版，第 257 页。

身亡，时年 48 岁，真正践行了他为国民党改组事业不惜牺牲一切的决心，“我为国民党，无论任何人反对，我都不怕，就是杀死我，亦所不及”。廖仲恺毕生忠实于孙中山的革命事业和国共合作的大局，并为了实现革命目标和理想贡献一切，直至生命的最后一刻。

（十七）浩然正气长存侨心

1924 年中国政坛上发生了一系列大事：1924 年 1 月，国民党一大的召开标志着第一次国共合作的正式形成，中国革命进入了一个新的发展阶段；9 月，孙中山以中国国民党名义发表《北伐宣言》；10 月，冯玉祥发动北京政变；11 月，孙中山发表《北上宣言》，12 月 31 日，北上抵达北京，主张召开国民会议。中国革命的发展又到了关键的十字路口，而此时的孙中山已重病缠身，这位毕生致力于中国革命事业、挽救中华民族危亡的革命领袖，令人惋惜地走到了生命的尽头，于 1925 年 3 月 12 日在北京病逝，并留下了这样不朽的遗训：

余致力国民革命凡四十年，其目的在求中国之自由平等。积四十年之经验，深知欲达到此目的，必须唤起民众及联合世界上以平等待我之民族，共同奋斗……①

一代伟人溘然长逝，举国哀悼，海外华侨惊闻噩耗，沉浸在无限悲痛之中，举行了各种形式的悼念活动。

海外华侨给国内发回大量唁电、挽联，30 多个国家和地区的华侨纷纷举行追悼活动。国民党美国圣路分部、墨西哥加兰分部等纷纷向国民党中央执委会及宋庆龄等致唁电。墨西哥的国民党组织及党员在致宋庆龄的唁电中指出：“总理手创民国，名流千古”，高度赞扬孙中山为推翻封建帝制、建立中华民国而立下的伟大功绩。美国纽约华侨、留学生和

① 《国事遗嘱》（1925 年 3 月 11 日），《孙中山全集》第十一卷，中华书局 1986 年版，第 639 页。

当地各界名流及友人，于3月22日召开哀悼孙中山的国际大会，大会由36人组成筹备处，参加追悼会的中外人士有1000多人，他们臂缠黑纱，行祭礼，宣读祭文，追悼大会庄严而隆重。4月13日，加拿大多伦多、维多利亚等地华侨以游行的方式举行追悼活动。4月5日，旅法华侨举行有千余人参加的追悼大会，法国众议院议长及阁员等派代表参加。英国华侨也参加了中国驻英使馆举行的追悼会。

国民党东京、横滨等支部除致唁电外，还通过制作遗像明信片和纪念徽章、召开哀悼大会等方式表达哀悼之情。日本东京、名古屋等地各界华侨也都举行沉痛的追悼活动。旅日华侨联合会举行隆重的纪念活动，颇为引人瞩目。会场大门口悬挂“追悼国父”四个大字，二门悬挂“孙中山主义万岁”的横幅，还挂有“先生不死”“天下为公”的字幅；大礼堂二层楼悬挂着“华侨追悼孙中山先生大会”的匾额，左右各插着青天白日满地红的旗帜。会场前方正中摆放着绕以鲜花的孙中山遗像，陈设香案果品；两侧悬挂着老华侨杨草仙手书的挽联：“革命先生万古，中华民国一人”，会场四周还悬挂摆放着数以百计的挽联和数十个花圈。下午二时，追悼会开始，会议主席郝兆先致辞，宣读孙中山遗嘱并逐条解释；随后全体起立并对遗像行三鞠躬礼，默哀三分钟；华侨江洪杰、王杰三分别致悼词和宣读祭文；不少侨胞作了演讲和发言，尤其是87岁高龄的老华侨杨草仙刚开口说话即失声痛哭，全体与会者皆受感动而放声大哭，杨呜咽地说：“余非国民党员，余信服孙公，实如国民党员。盖孙公所创之党，实为国家为民众谋幸福之团体。吾人虽非党员，受赐不浅，应较党员更努力以实现孙公之主义。不有孙公，何有民国。吾人在海外何能得到今日之自由？诸君，孙公虽死，主义不死。吾人能实现其主义，孙公虽死犹生。”[①]演讲结束后，由大会主持者致闭会词，摄影留

① 《旅日华侨举行追悼孙中山大会》，葛培林：《中山文史》第39辑《永留浩气在人间——1925年海内外悼念孙中山先生活动纪实》，1996年，第283—285页。

念后闭会。

东南亚各地华侨悼念孙中山的活动也非常隆重，新加坡华侨得知孙中山不幸逝世的消息后，华埠连日降半旗，“妇孺辈亦莫不痛惜”，“甚至各小童手执一国旗，沿街大唱国父逝世之悲歌”[①]，工商多辍业一天，侨校一致停课。4 月 12 日，新加坡各界华侨举行追悼大会，“到者逾十万人，秩序肃穆”[②]。马来亚、菲律宾、越南等地华侨也纷纷举行追悼活动。

广大华侨对孙中山的热爱是真挚的，对他的风范是敬重的，对他为民族独立、国家进步所作出的卓越贡献是永远铭记的。

孙中山是伟大的“革命先行者”，他一生热爱祖国，坚定追求实现民族独立和发展振兴的梦想；他一生坚持“天下为公”的崇高理想，始终保持为民情怀；他一生追求真理，始终保持与时俱进的优秀品质；他为中国人民和中华民族作出了杰出贡献，在中国人民心中享有崇高威望，受到全体中华儿女景仰。中国共产党人对孙中山始终怀着真诚的敬仰之心，给予孙中山高度评价，是孙中山伟大事业的继承者与发展者。新中国成立后，每逢重大节日，天安门广场都会摆放孙中山先生的画像，与天安门城楼上的毛泽东画像相对而立。

1956 年 11 月 13 日，毛泽东在孙中山先生诞辰 90 周年之际撰文《纪念孙中山先生》，代表中国共产党对孙中山作出了高度评价：

纪念伟大的革命先行者孙中山先生！

纪念他在中国民主革命准备时期，以鲜明的中国革命民主派立场，同中国改良派作了尖锐的斗争。他在这一场斗争中是中国革命民主派的旗帜。

① 《国民日报》1925 年 3 月 31 日。

② 《国民日报》1925 年 4 月 15 日。

纪念他在辛亥革命时期，领导人民推翻帝制、建立共和国的丰功伟绩。

纪念他在第一次国共合作时期，把旧三民主义发展为新三民主义的丰功伟绩。

他在政治思想方面留给我们许多有益的东西。

现代中国人，除了一小撮反动分子以外，都是孙先生革命事业的继承者。

我们完成了孙先生没有完成的民主革命，并且把这个革命发展为社会主义革命。我们正在完成这个革命。①

孙中山先生毕生奋斗的目标，就是期盼中国成为“世界上顶富强的国家”“世界上顶安乐的国家”，中国人民成为“世界上顶享幸福的人民”。2016 年 11 月 11 日，习近平在纪念孙中山先生诞辰 150 周年大会上发表讲话指出：

中国共产党人是孙中山先生革命事业最坚定的支持者、最忠诚的合作者、最忠实的继承者。

今天，我们可以告慰孙中山先生的是，我们比历史上任何时期都更接近中华民族伟大复兴的目标，比历史上任何时期都更有信心、有能力实现这个目标。②

每当孙中山逢十逢百诞辰纪念日，海内外中华同胞都举行各种纪念活动，纪念这位为了民族独立、社会进步而奋斗终身的伟大先驱。孙中山永远是值得包括广大华人华侨在内的所有炎黄子孙怀念的一代伟人。

---

① 毛泽东：《纪念孙中山先生》（1956 年 11 月 12 日），中共中央文献研究室编：《建国以来重要文献选编》（第九册），中央文献出版社 2011 年版，第 348 页。

② 习近平：《在纪念孙中山先生诞辰 150 周年大会上的讲话》，《人民日报》2016 年 11 月 12 日，第 2 版。

十、黄兴率华侨为反清革命冲锋陷阵

黄兴是辛亥革命时期与孙中山并称的民主革命家，一生经历了辛亥革命的酝酿准备、胜利和失败等全过程，在资产阶级民主革命斗争中立下了不可磨灭的历史功勋。黄兴参与领导辛亥革命的伟大斗争，率领华侨爱国志士在反清武装斗争中冲锋陷阵，并与之结下了生死情谊，在辛亥革命的史册上留下了辉煌篇章。

（一）研究综述

以往学术界对孙中山与华侨的关系研究较多，如孙中山与越南华侨、闽籍华侨、美国华侨的关系，孙中山的华侨观，孙中山与华侨代表的联系合作，等等，但论述黄兴与华侨关系的研究成果则相对较少。或因黄兴逝世较早、史料保存不完整，或因黄兴与华侨的互动不够系统全面，目前学术界关于黄兴与华侨关系的研究成果、史料散见于黄兴与华侨的个人著述及文集中，尚无研究专著，专文也仅有萧致治《黄兴与南洋华侨》和黄邵敏《辛亥革命时黄兴与华侨的爱国革命活动》两篇。《黄兴与南洋华侨》[①]以黄兴与南洋华侨的互动为主题，分三部分论述了两者的联系：黄兴为革命四下南洋、南洋华侨为革命所作的贡献及黄兴对南洋华侨的评价。《辛亥革命时期黄兴与华侨的爱国革命活动》[②]除了南洋华侨外，还将黄兴后期赴美与在美华侨联系也列入其中，从黄兴的革命活动出发，联系华侨的爱国革命活动，分四部分将同盟会成立前后黄兴协助孙中山为动员、组织华侨支持和参加革命所做的工作作了系统的概括和

① 萧致治：《黄兴与南洋华侨》，《湖南师范大学社会科学学报》，2003 年 3 月第 32 卷第 2 期。

② 黄邵敏：《辛亥革命时期黄兴与华侨的爱国革命活动》，《华侨华人历史研究》，1991 年第3期。

论述。

以上两篇文章发表时间较早，关于黄兴与华侨的主要联系均有论述，是目前可参考的主要研究成果之一。但文章中关于黄兴与华侨的关系，也多以常见内容和角度加以概括和总结，分类和叙述仍可进一步充实。

关于黄兴的研究文章，主要集中于创建华兴会和同盟会、领导革命、护国运动、其与孙中山的关系等方面，此在萧致治《黄兴的历史地位与黄兴研究的回顾》一文[①]中可见。而关于黄兴与华侨关系的资料较零散，分布于黄兴年谱、传记、评传、著作集及华侨相关著作和研究中，以下作一梳理和介绍。

湖南省社会科学院编《黄兴集》[②]，收录了1899年至1916年间黄兴的论文、讲稿、函电、公牍、诗词、联语等近600篇，书后还附录黄兴的译文及黄兴生平重要活动年表、逝世通告等，汇集了黄兴与华侨往来书函，是研究黄兴史料中准确性高、相对完整的资料。在此基础上，2008年出版的刘泱泱编的《黄兴集》[③]，全书共收录黄兴论文、序跋、题词、演讲、谈话、书信、电稿、文告、命令、呈文、批札、启事、法规、章程、合同及译文等1083篇，书末还附有黄兴与他人交谈、未能单独成篇的作品，或他人转述介绍黄兴谈话内容的作品六篇，相当于原《黄兴集》篇数的1.8倍。关于黄兴作品集还有《黄克强先生全集》[④]和《黄克强先生书翰墨迹》[⑤]。《黄克强先生全集》共收录文件508篇，分别为黄兴的译著、演讲、函电、公牍、杂著（诗、词、文、联、题字等）；《黄克强先生书翰墨迹》为纪念黄兴逝世四十周年编纂，包括插图，影

① 萧致治：《黄兴的历史地位与黄兴研究的回顾》，《益阳师专学报》，2000年7月第21卷第4期。

② 湖南省社会科学院编：《黄兴集》（中国近代人物文集丛书），中华书局1981年版。

③ 刘泱泱编：《黄兴集》，湖南人民出版社2008年版。

④ 罗家伦主编：《黄克强先生全集》，台北：中央党史会出版，1968年。

⑤ 罗家伦主编：《黄克强先生书翰墨迹》，台北：中央党史会出版，1956年10月。

印1906年至1916年间书翰、手书诗词、释文考订及纪念文章五篇。

《黄兴年谱长编》[①]以1980年出版的《黄兴年谱》为基础，在陆续搜集到的关于黄兴的著作、函电、民国初年报章杂志、政协文史资料等史料上作了订正和补充完善，丰富了年谱中事件、人物的考证和对照材料，更为详细地论述了黄兴一生的革命轨迹，堪称研究黄兴的基础史料。

朱传誉主编《黄兴传记资料》[②]共六册，汇总了众多关于黄兴的研究文章，包括较完整且一直流传的刘揆一写的《黄兴评传》。其中主要以台湾出版文章为主，重点论述黄兴在辛亥革命前后的作为、贡献及对黄兴的评价，涉及与华侨的交往并不多。且因其中回忆文章较多，因此在史实的准确度上尚须谨慎把握。

左舜生的《黄兴评传》[③]对黄兴的人物生平、革命活动作了较为完整的论述，其中论多于述。这本书更大的价值，在卷首的两通墨迹和卷末的五篇附录。两通墨迹提供了有关1907年同盟会本部风潮，即陶成章、章炳麟诽谤孙中山事件的珍贵史料，也为研究孙黄关系提供了佐证。五篇附录，分别是章士钊《与黄克强相交始末》、李书城《辛亥前后黄克强先生的革命活动》、黄一欧《回忆先君克强先生》、周震鳞《关于黄兴、华兴会和辛亥革命后的孙黄关系》及刘揆一《黄兴传记》。除了刘揆一的评传外，其余都是在台湾不常见到的，对黄兴早年的活动作了进一步的补充论述。

萧致治的《黄兴评传》[④]在左舜生评传基础上完善了黄兴的生平。第三章“创建同盟会 推进大革命”和第六章“逃亡日本 远走美国”中有关于黄兴率领华侨进行革命、赴南洋筹款、赴美反袁疗养等内容的详细

---

① 毛注青编著:《黄兴年谱长编》，中华书局1991年版。

② 朱传誉主编:《黄兴传记资料》（1—6册），台北：天一出版社，1979年11月。

③ 左舜生著:《黄兴评传》，台北：传记文学出版社1981年7月。

④ 萧致治著:《黄兴评传》，南京大学出版社2001年版。

论述。

薛君度（黄兴女婿）著 *Huang Hsing and the Chinese Revolution*（即《黄兴与中国革命》，已有中译本）[①]，为薛君度在哥伦比亚大学完成的博士论文，由斯坦福大学 1961 年出版。本书在美国研究中国现代人物著作中，算开风气之先，感情充沛。内容除了前言外，共 11 章，后附注释、引用书目、中英人名对照表及索引。书中强调孙黄“双元领导”（dual leadership），曾在学术界引起不小的争议。

陈维纶著《黄兴》，应台湾正中书局之请而写，编入《民族英雄及革命先烈传记》（1966 年 5 月，台北）下册。陈教授是黄兴长女黄振华的丈夫，其以黄兴家属身份依据其家族所存资料而写。全文共七节，分论黄兴革命的社会背景、早年的生活、民族复兴的革命基础、革命的军事功绩、革命的政事功绩、革命的文艺表现及晚年贡献。特点是兼及黄兴事业功绩的各方面，认为黄兴“集英雄、烈士、诗人、开国元勋于一身”。此外，毕万闻著《黄兴》[②]，文后附《黄兴生平大事年表》，简列黄兴生平大事；谭本龙著《黄兴》[③]，以传记体故事叙述黄兴的一生，内容丰富、可读性强，但史实上须严谨把握。

《华侨与辛亥革命》[④]，汇集 11 篇关于华侨与辛亥革命的回忆录、口述资料，论述了南洋华侨、美洲华侨等在辛亥革命前后的革命运动、筹款、创办书报社等活动，以及华侨为辛亥革命的扩散和推动所作出的贡献。其中日本华侨冯自由的《华侨革命开国史》中有关于黄兴的部分论述。

---

① [美]薛君度著，杨慎之译：《黄兴与中国革命》，湖南人民出版社 1980 年版。

② 毕万闻著：《黄兴》，江苏人民出版社 1982 年版。

③ 谭本龙著：《黄兴》，长江文艺出版社 1980 年版。

④ 中国社会科学院近代史研究所《近代史资料》编译室主编：《华侨与辛亥革命》，知识产权出版社 2013 年版。

蒋永敬编《华侨开国革命史料》[①]，以华侨活动为主，系统搜集、选择华侨与开国革命的关系及作出贡献的相关著述和翔实文献，除第一编为概述外，后按照地域分列檀香山、美国、加拿大、南美诸国、香港、横滨、南洋（新加坡、马来亚、荷印、越南、暹罗、缅甸、菲律宾）及澳洲、非洲等地的华侨活动。其中有部分论及黄兴与南洋华侨间联系。

《中国国民党七十年大事年表》[②]以年表形式，简单列述了黄兴的革命活动及其与华侨的部分往来。因其为国民党中央委员会主编，在史实上有一定保证，可与其他史料相互映照。

HUANG HSING[③]，主要是关于黄兴的活动传记简史，对黄兴的地位和贡献，看法较为独特；其中关于黄兴的革命生涯尤其是领导的几次起义叙述较多，关于黄兴与华侨的关系未见专门叙述。

此外，在相关学术论文中也有部分涉及黄兴与华侨关系内容，如南京大学 2011 年博士论文《越南华侨与辛亥革命研究》[④]第三章“越南华侨配合孙中山在中越边境武装起义”论述了黄兴领导起义情况；如《辛亥“三二九”广州起义与海外华侨》[⑤]中论述华侨对黄花岗起义的贡献等。

综上，在关于黄兴的现有研究成果中，论述黄兴与华侨关系的角度和层面并不丰富。但在黄兴多样却短暂的一生中，其与海外华侨的交往和联系，是构成辛亥革命时期跌宕时局的重要部分。随着关于黄兴研究

---

① 蒋永敬编:《华侨开国革命史料》（中国现代史史料选辑），台北正中书局印行，1977 年 11月。

② 中国国民党中央委员会党史史料编纂委员会编:《中国国民党七十年大事年表》，1964 年 11 月 24 日。

③ HUANG HSING，Biographical dictionary of Republican China（I）， 56.columbia university.

④ 曾氏清香:《越南华侨与辛亥革命研究》，南京大学博士学位论文 2011 年 5 月。

⑤ 钟珍维、丁身尊:《辛亥“三二九”广州起义与海外华侨》，《华南师院学报（社会科学版）》，1981 年第 4 期。

的史料的不断完善和补充，论述黄兴与华侨关系的成果将会越来越多、越来越深入。本文立足现有史料，在已有成果的基础上，对辛亥革命时期黄兴与华侨间的多样互动作进一步的阐释。

（二）华侨定义及本文时间段

华侨是侨居国外而仍然保持中国国籍的华人。侨居，一般以谋生为目的，出国旅游、短期出国留学、讲学、考察和因公驻外等情况的华人，并不能算作华侨。早期留学日本、创办同盟会时，黄兴就与留日学生交集较多，他的很多同窗也曾先后加入华兴会和同盟会，但并不属于本文所指的华侨范畴。因此本文论及的华侨，不包括因公或因私出国的留学生，如一般的留日学生。

同盟会成立前，黄兴的活动主要在日本和国内，与华侨联系不多，当然此时的黄兴也没有更多海外人脉和接触渠道。这一时期，黄兴的活动以国内外起义为参照，因起义准备和发动时间、地域的限制，与黄兴有直接或间接联系的华侨，以南洋华侨和美洲华侨为主。最初建立联系，是在同盟会成立尤其是海外分会成立前后，即 1906 年；双方保持联系直到 1914 黄兴赴美后。因此本文探讨的黄兴与华侨的互动时间段为 1906—1914 年。

早在同盟会成立前，孙中山便在美洲、南洋等地活动。黄兴与孙中山合作建立同盟会后，孙中山的身份人脉，无疑扩充了黄兴的活动和交际范围，扩大了革命的影响力，也为后期黄兴与华侨建立联系、赴海外筹款等提供了基础和借鉴。1905 年同盟会成立后，海外分会、书报社等机构设立，黄兴随孙中山赴南洋与相关华侨有了初次直接接触。后期的海外演说筹款、催款、领导起义、赴美等活动均在此基础上建立。

（三）黄兴与华侨直接互动

孙中山曾经说过：“华侨是革命之母。”在孙中山领导的推翻清朝统治、建立中华民国的资产阶级民主革命过程中，华侨和港澳同胞都作出了巨大贡献：他们在海外响应孙中山号召，建立革命团体，创办革命报刊，进行革命宣传，筹募革命活动经费，参加革命起义，功不可没。参加过辛亥革命的董必武在辛亥革命 50 周年纪念大会上曾说："海外华侨是辛亥革命的强有力的支持者。"作为辛亥革命时期的主要将领，黄兴的活动虽然主要集中于国内，但他同样重视发挥海外华侨的作用，在同盟会成立前后，偕同孙中山为动员、组织华侨支持和参加革命做了大量工作。黄兴与华侨的互动，始于同盟会海外分会创建，后贯穿其一生。按照双方联系方式和内容，可分为有接触的直接互动和无接触的间接互动，直接互动如亲赴当地进行演说、筹款，组建起义队伍、领导华侨起义等；间接互动则包括致函催款、汇报起义情况、维护海外分会稳定[①]等。下面针对以上两类互动分别进行论述。

黄兴与华侨的直接互动是现有关于黄兴的研究成果中的重要部分，也是黄兴与华侨联系最为紧密的内容。其中虽然或多或少带有孙中山活动的痕迹（特别是赴海外建立同盟会分会），但也充分体现了黄兴对于广泛联络海外侨胞、组织动员华侨参与革命的积极心态。

1. 协助孙中山建立同盟会分会

1905 年 8 月 20 日，中国同盟会成立，本部设于日本东京，孙中山任总理，黄兴为执行部庶务。孙中山年岁较长，有较早的反清革命经历，游学欧美，见识丰富，在国际上有一定声望，能有效团结各类知识分子；而黄兴长期生活在国内，受过传统教育、中过秀才，留学日本以及在湖北求学的经历，使他与留日学生及两湖学生关系密切，在留日学生的革命分子中威望颇高。两人一外一内，皆是当时形势下革命最急需的人物，因此中国同盟会以孙中山和黄兴二人为主。

---

① 黄兴与华侨的间接互动中，还有购运军械一项。如黄兴 1908 年指挥进攻钦州的弹药由香港冯自由购办，托河内轮船买办秘密运送到海防；黄花岗之役中从日本、越南西贡、中国香港等地购买的枪支都是海外同盟会会员和侨胞共同置办运送的。

由黄兴、陈天华等起草的《中国同盟会总章》规定，同盟会支部分国内东、西、南、北、中五支部和国外南洋、欧洲、美洲、檀岛四支部。这项规定，体现了孙中山、黄兴等人对在华侨聚居地组建革命组织的重视，也从制度上为孙中山、黄兴赴海外联合华侨、争取支持提供了保障。

1906 年 2 月和 6 月，孙中山先后两次到新加坡。6 月，孙中山到吉隆坡、槟榔屿，组织建立同盟会分会。黄兴早于 1905 年 12 月化名潜入桂林郭人漳营中，策划起事。因郭人漳和蔡锷意见不合，阻碍了军事行动，到 1906 年 6 月，桂林起事无果，黄兴便返回香港，随后赴新加坡，“协助孙中山建立南洋各埠同盟会分会”。同年 9 月上旬，黄兴“自南洋北返，经香港抵上海”。[①] 在海外活动的革命经费全是华侨志士们捐助，黄兴赴新加坡后，得到了当地负责同志的接待，寓居同盟会新加坡分会会长张永福的别墅“晚晴园”。张永福曾回忆，黄兴有威武、少言笑，起居镇静。

这次海外活动，是黄兴与南洋华侨的初次接触，同盟分会的建立和革命事宜的协商，也成为联系彼此的纽带，为后期黄兴赴南洋演说筹款、组织起义奠定了基础。同盟会海外分会的建立工作，以孙中山为主；黄兴在此行中最大的收获，是与海外华侨志士有了直接接触。但这次行动未能成功筹集国内鄂分会计划举义的款数。等黄兴从南洋返港面见请求接济粮饷的分会代表吴昆时，他叮嘱吴忍耐，谓“候华侨方面筹得巨饷乃可发动”[②]。而此项，也直接点明了华侨在资助国内起义上作用的不可替代。

① 毛注青编著:《黄兴年谱长编》，中华书局 1991 年版，第 101—102 页。

② 冯自由:《革命逸史》第二集，中华书局 1981 年版，第 57 页。

2. 领导或参与有华侨参加的起义

（1）参与镇南关之役

1907 年 9 月攻占钦州的计划失败后，黄兴返回河内。是年 12 月，镇南关之役爆发。

镇南关位于广西西南部，靠近安南边界，是一个战略要地。12 月 3 日，孙中山与黄兴等人奔赴前线，登上起义军占领的炮台，亲自调度领导。4 日清晨，在与清军的作战中，黄兴也投入了战斗，持枪射击。但因枪械缺乏，无法进取，孙中山和黄兴等人决定下山回河内筹款购买械弹进行接济。孙中山后来说："钦廉计划不成之后，予乃亲率黄克强、胡汉民并法国军官与安南同志百数十人，袭取镇南关，占领三要塞，收其降卒。拟由此集合十万大山之众，而会攻龙州。不图十万大山之众，以道远不能至，遂以百余众握据三炮台，而与龙济光、陆荣廷等数千之众，连战七昼夜，乃退入安南。"①

孙中山将此次起义列为他的第六次革命，这也是他革命生涯中的一次亲历战斗。虽然孙中山回忆说其与黄兴亲率队伍参加起义，但次役，袭取镇南关的主要领导者是活动在镇南关一带的游勇首领黄明堂、滇南会党首领关仁甫，黄兴并未过多参战，仅随孙中山上炮台后做调度工作。攻占炮台的力量中除了广西边境游勇、越南等地革命志士外，还有越南华侨；孙中山黄兴等人登上炮台，也有越南华侨的陪伴护送，因此，也可算是黄兴与华侨的一次直接接触。

（2）领导钦、廉、上思起义

1908 年 3 月，法国殖民当局应清政府要求，驱逐孙中山出越南，孙中山离开河内经西贡往新加坡筹款，临行，将经营粤、桂、滇三省军事

---

① 蒋永敬编：《华侨开国革命史料》（中国现代史史料选辑），台北正中书局印行，1977 年 11 月，第 15 页。参见《孙中山选集》上卷，第 178 页。

托付黄兴、胡汉民二人代理。1908 年 3 月 27 日，黄兴组成中华国民军南军，绕道越南，进攻钦州，揭开了了钦、廉、上思之役的序幕。

镇南关一役既败，孙总理、黄克强仍再定合谋滇粤之策，以钦廉会党之勇气可用，决由克强统领镇南关及十万大山余众亲入钦州，并函约驻钦州统领郭人漳接济弹药，相机响应，先向河内法商购得盒子炮百数十杆，并由冯自由在香港购取子弹，托河内西安两轮船买办同志彭俊生、黎量余等私运至海防，交刘岐山等设法送至中越边界，筹备既竣，克强乃率黎仲实、黄有明、詹岐山、刘梅卿、梁建葵、梁少庭、唐浦珠、杨子贞、李文光、黄世钦及越南华侨等二百余人，于戊申（民前四年）二月二十五日绕道越南，进攻钦州，法国守兵咸鼓掌欢送，绝不干涉。众遂揭青天白日旗，高吹洋号，列队过东兴附近之大路村，四处张贴中华国民军南军总司令黄告示，乡民纷燃爆竹迎之。①

此役主要力量，是以华侨为主力的短枪队 200 多人。黄兴带领队伍转战于钦、廉、上思一带，所向无敌，清军闻而生畏，黄兴威名大著。后因弹尽援绝，他率余部退回了安南。当时新加坡《中兴日报》对此有报道："钦州革命党自西［历］三月下旬至四月上旬，半月之内，已与清国军开仗七次，均获全胜。马笃山一役，清军死伤最剧，仅阵亡者已有二百余人，伤者不计；其管带及哨官亦伤毙数名，亦有数名为革命军擒获者。"②

在同盟会发动的历次起义中，这次战斗是打得最有声色、坚持时间最长的一次。黄兴虽然率领的是一支将属不齐心的军民队伍，没有经过严格训练，无法用军法约束，后勤也无保障；但在与操练有素、装备精良、人数众多的正规军作战中，黄兴指挥若定、以少胜多、以弱克强，

---

① 冯自由:《革命逸史》（下），新星出版社 2009 年版，第 903—904 页。

② 新加坡《中兴日报》1908 年 5 月 7 日，参见毛注青:《黄兴年谱长编》，第 129 页。

充分显示了他英勇善战的军事素养和指挥才能。孙中山曾赞许黄兴此役，说："自安南入钦廉起义，当时到钦廉来抵抗革命党的清兵，有两万多人，黄克强带的革命军不过两百人，所有的武器不过两百支枪；用那样少的人和那样多的清兵，打两个多月仗，到后来弹尽而援不至，还可安全退出。照这一次战事说，革命军就是用一个人去打一百个人。像这样的战斗，是非常的战斗，不可以常理论。"①

（3）领导黄花岗起义

1961 年，无产阶级革命家董必武曾撰文表彰辛亥革命中的爱国华侨和黄花岗七十二烈士中的华侨烈士，指出："这些革命的华侨，有工商业资本家，也有更多的工人和商业者。他们在海外受尽了帝国主义反动派的肮脏气，迫切希望有一个繁荣富强的祖国。他们对孙中山先生的革命活动不但在经济上给予帮助，而且积极参加，黄花岗七十二烈士，差不多三分之一是华侨。他们是中国人民的优秀儿女，是全体爱国华侨的光荣。"②1911 年初为筹集革命经费赴南洋时，黄兴等人即注意"选锋"，征集海内外革命志士，为广州起义作准备。当时选锋之人，多数以华侨充任，"是时外省之选锋，到者十九。……克则有川省同志数人，闽省同志数人，皆留学生之最有程度者。闽同志并招其乡死士三十余人来，南洋、安南之同志来者悉愿从克"③。

按照前期部署，原本计划"挑选 800 个革命志士组成敢死队，其中多数是南洋华侨和留学日本的学生"④。但由于情况临时有变，联络工作未做到位，队伍并未到齐，真正发难时，只有一部分先锋的敢死队在黄

① 孙中山：《救国救民之责任在革命军》，载《孙中山选集》下卷，第 546 页。

② 朱育友：《愿将热血造世界——黄花岗华侨烈士遗诗、绝命书简介》，《东南亚研究》1991 年第 3 期，第 113 页。

③ 湖南省社会科学院编：《黄兴集》（中国近代人物文集丛书），中华书局 1981 年版，第 49 页。

④ 洪丝丝：《华侨对辛亥革命的巨大贡献》，郑民、梁初鸣编：《华侨华人史研究集》，海洋出版社 1989 年版，第 153 页。

兴指挥下冲锋。

1911 年 4 月 27 日（农历三月二十九），广州起义爆发。黄兴亲率敢死队，由小东营出发，向两广总督署进攻。队员均臂缠白巾，一路疾行，途遇警察，即举枪杀之。近督署，见到卫队严阵以待，黄兴命人喊话：“我辈为中国人吐气，汝等亦中国人，若赞成，请举手！”[①] 卫队听到亦无悔悟，敢死队即举枪冲锋，击毙卫队数十人，攻破督署大门。此时总督张鸣岐已逃走，黄兴、林时爽、朱执信、李文甫等分头搜索张鸣岐不获，乃出东辕门，遇李准调卫队亲兵冲来，林时爽中弹牺牲，黄兴右手手指亦受伤。双方对攻，黄兴自知寡不敌众，于是将队伍分成三队，分途进攻。黄兴率领残部十余人转行，在途中又与巡防营相遇。经短兵相接，浴血奋战后，终因实力悬殊而失败。黄兴亦避走珠江南岸秘密机关，并在这里结识了自 1908 年以来就在同盟会中积极工作的女同志徐宗汉。

此役中，英勇牺牲或被逮捕后从容就义者 80 余人。事后，潘达微等收殓烈士遗骸 72 具，合葬于城郊黄花岗，因此此役也称黄花岗之役。这场起义中经查证有名在册的华侨烈士有 31 人，名单如下：[②]

黄花岗起义殉难华侨烈士名录							
序号	姓名	曾用名 / 字	原籍	年龄（岁）	侨居国	职业	牺牲情况
1	陈文褒	—	广东大埔	约 30	马来亚	商人	战死
2	林修明	字德昭	广东蕉岭	26	马来亚	教员	战死
3	罗忠霍	名坚，字则君	广东惠阳	30	马来亚 越南	教师	被俘就义

① 曹亚伯著：《武昌革命真史》前编，上海中华书局 1930 年版，第 307 页。

② 关于黄花岗起义中牺牲的华侨烈士人数说法不一，本文以任贵祥著《孙中山与华侨》中考证之 31 人为准。详参任贵祥著：《孙中山与华侨》，黑龙江人民出版社 1998 年版，第 153—154 页。

续表

序号	姓名	曾用名 / 字	原籍	年龄（岁）	侨居国	职业	牺牲情况
4	李雁南	群	广东开平	—	缅甸	商人	被俘就义
5	李炳辉	祖奎（号络得士）	广东肇庆	约 19	马来亚	教徒	战死
6	郭继牧	寄梅	广东增城	19	马来亚	学生	战死
7	余东雄	—	广东南海	18	马来亚	学生	战死
8	李晚	晚发，字晚君	广东云浮	38	马来亚	工人	战死
9	黄鹤鸣	觚	广东南海	—	新加坡	工人	战死
10	杜玉兴	字凤书	广东南海	27	新加坡	工人	战死
11	劳培	伴光，字肇明	广东开平	26	新加坡	记者	战死
12	罗干	—	广东南海	42	新加坡	工人	被俘就义
13	陈文友	字甫仁	广东兴宁	—	新加坡	商人	被俘就义
14	李文楷	芬	广东清远	25	新加坡	工人	战死
15	罗坤	—	广东南海	28	越南 马来亚	商人	被俘就义
16	罗联	—	广东南海	52	越南	工人	被俘就义
17	罗进	—	广东南海	27	越南	工人	被俘就义
18	罗遇坤	又称裕坤	广东南海	26	越南	工人	被俘就义
19	徐培添	—	广东花县	39	越南	工人	被烧死
20	徐礼明	—	广东花县	23	越南	工人	战死
21	徐廉辉	—	广东花县	31	越南	工人	被俘就义
22	徐松根	—	广东花县	28	越南	工人	被俘就义
23	徐昭良	—	广东花县	24	越南	工人	被俘就义
24	周华	号铁梅	广东南海	29	越南 暹罗	商人	战死

续表

序号	姓名	曾用名 / 字	原籍	年龄（岁）	侨居国	职业	牺牲情况
25	陈春	—	广东南海	34	越南	工人	被俘就义
26	陈才	—	广东南海	30	越南	商人	战死
27	陈福	—	广东南海	36	越南	工人	战死
28	马侣	—	广东番禺	—	越南	商人	战死
29	游寿	寿昌	广东南海	18	越南	工人	战死
30	李德山	号泽三	广西罗城	42	越南	清军	被俘就义
31	韦云卿	—	广西南宁	38	暹罗 越南	—	被俘就义

广州起义[①]是一次极其英勇的壮举，牺牲的烈士中有三分之一以上是海外华侨，他们的职业囊括了教师、商人、工人、记者、店员、教徒等，其中尤以工人和商人最多。海外侨胞与国内志士并肩战斗，在黄兴的率领下冲锋陷阵，“舍其性命以报祖国”，尤其让国人动容。

如李炳辉早年信奉基督教，后加入同盟会，以传教的方式宣传革命，在广州起义前回国参加“选锋”。回香港后，母亲得知儿子回国，想让他回家看看，但李炳辉认为革命事业更重要。即使想念母亲，他仍仅挥泪写信，秉明不能回家看望她的情由，并附诗“回头二十年前事，次日呱呱坠地时，惭愧劬劳思未报，只缘报国误为私”[②]。如越南华侨游寿，被人誉为“英武壮士”。加入同盟会后，对民族和国家的感情强烈，凡遇到反对革命的人，他都当面予以驳斥，有时为争论革命问题，面红耳赤，甚至与人动武。孙中山在中越边界发动反清起义时，他积极参加，失败后毫不灰心。广州起义前，游寿从越南返国，参加“选锋”，后随黄兴进攻总督署时牺牲，年仅 18 岁，成为广州起义华侨烈士中年龄最小

① 1911 年武昌起义中也有黄兴与华侨的互动。武汉军情紧急时，有一批归国华侨工人组成敢死队，由上海赶往武汉去参加黄兴指挥的部队。

② 黄季陆主编：《革命人物志》第一集，台北中央文物供应社出版，1969 年，第 460 页。

的一个。如越南华侨罗联，是广州起义牺牲的华侨烈士中年龄最大的一位。他原是越南广隆杂货店的店员，加入同盟会后，辞职回国投身军界，想在军中从事革命活动，不得手而返回家乡。起义前夕，香港统筹部招募“选锋”，陈春将他招入。起义爆发后，罗联从总督署转战至小南门，因寡不敌众被俘，并囚禁于番禺监狱。弟弟来探视，他对其弟说：“吾必舍身取义，望诸弟能继吾志。”① 后被押至水师行台李准处，严刑审讯，宁死不屈，于 5 月 6 日同罗坤一起就义，临刑前仍奋力高呼：“中国非革命无以救亡，望后起者努力前进，勿中馁云。”②

再如生于霹雳侨商家庭的郭继枚和余东雄。郭继枚 1909 年参加同盟会，1911 年春到香港参加广州起义；4 月受派遣潜入广州，4 月 27 日在进攻两广总督衙门的激战中阵亡。余东雄与郭继枚出身相同、年纪相若，15 岁加入同盟会。广州起义中奋勇争先，连发三枚炸弹，炸死清兵二十余人，随黄兴冲入总督衙门，意欲活捉总督张鸣岐。不得遂退出，刚到东辕门，就与李准派来增援的卫队遭遇，发生激战，余东雄中弹牺牲。郭继枚、余东雄起事前，于寓所联名写信给南洋友人郑螺生、李孝章，与他们诀别。书云：“弟等既属克强君指挥，无论如何猛进，一往向前，誓不遐（暇）顾，倘目的能达，与公等羊垣握手，或有其时，否则敌众我寡，万一失败，虽战剩东雄、继枚二人，或受千枪百剑，手无寸铁，犹必奋臂杀贼，死而后已……弟等素志，但求马革裹尸以为荣耳。从此或与先生长别。此函请作最后之永诀观可也。”③ 他们虽然年岁轻，但从绝命书可看出其爱国意志坚强及决心成仁取义之志。

毫无疑问，广州起义是黄兴领导的起义中，与华侨共同战斗、生死

① 黄季陆主编：《革命人物志》第八集，第 475 页。

② 范宝俊、朱建华主编：《中华英烈大辞典》下册，黑龙江人民出版社 1993 年版，第 1646 页。

③ 朱育友：《愿将热血造世界——黄花岗华侨烈士遗诗、绝命书简介》，《东南亚研究》1991 年第 3 期，第 116 页。

相依最壮丽的篇章，也为之后的武昌起义奠定了基础。正如多年后，胡汉民对广州起义的评价："然为义而动，有进无退，诸烈士甘死如饴，至不复有成败利钝之见，以表示革命党牺牲伟大之精神于天下，时移代异，犹足使人感念不忘，顽廉懦立，而况于当时？由是而满廷上下震恐失措，民众万万愈有'曷丧偕亡'之志。至武昌振臂一呼，而天下皆应，则正以三月廿九之役，为之先声！故从革命总体为之衡量，此役虽失败，而其功乃较战胜得地者百倍过之，今日已可定论矣。"①

3. 赴南洋演说筹款

1910 年 3 月 28 日，黄兴偕胡汉民、赵声赴新加坡筹款善后。此时，因广州新军之役②"除死事者外，其素为党人入军中运动之干部，大率亡命香港、南洋，乃分别设法为收容之"。③但当时的南方支部经费奇绌，难以为继。于是黄兴便与胡汉民、赵声同赴新加坡，"欲运动小款以接济港中目前之危困"④，并谋再度举事。1910 年秋，黄兴偕赵声赴仰光，与滇籍同盟会员吕志伊等商量办法，赴腊戍筹募起义经费。⑤然而筹款效果不佳。

1910 年 11 月 13 日，黄兴赴槟榔屿参加孙中山召集的秘密会议，决定倾全力组织广州起义。

（孙中山）力主再谋广州大举之议，……遂约各埠党员于十月十二

---

① 胡汉民著：《胡汉民自传》，《胡汉民回忆录》，东方出版社 2013 年版，第 34 页。

② 1909 年，黄兴在香港设立领导机关，准备在广州发动起义，派赵声、朱执信、倪映典等在广东新军中发展革命组织。年底，各项工作逐渐准备就绪，预定于次年 2 月 24 日（元宵节）前后发动。临时因情况有变，倪映典仓促率新军千余人在广州城郊起义。后因倪中弹牺牲，义军群龙无首，终因子弹缺乏（每人不过七颗）而失败。

③ 胡汉民著：《胡汉民自传》，载《胡汉民回忆录》第 29 页。

④ 黄兴：《复孙中山书》（1910 年 5 月 13 日），刘泱泱编：《黄兴集》（一），湖南人民出版社 2008 年版，第 36 页。

⑤ 据吕志伊自述，见《中国国民党史稿》第四册，第 1421—1426 页。

日[1]到庇能开会商议筹款方法，与议者有孙眉、黄克强、谢逸桥、胡汉民、谢良牧、何克夫、熊越珊、赵声，庇能党员吴世荣、林世安、黄金庆，芙蓉代表邓泽如，怡保代表李孝章诸人。总理发言谓现在国内时机已熟，吾人决意在广州起义，以顺人心，请各同志刻即担任筹款，众咸赞成，议定募足十万元，便可著手大举。预计英属、荷属各筹十万元，暹罗、越南三万元，美洲在外。即席捐得八千余元，其余由各党员分头募集，并拟分发捐册，概以中国教育义捐为名，免居留政府之干涉。议既定，黄克强、谢良牧、邓泽如、胡汉民等遂分赴各埠从事募款。[2]

起义计划确定后，当务之急便是运动军队和筹款，其中尤以筹款最为迫切。之前数次起义失败，都与无钱购买武器弹药、后援不济有关。槟榔屿会议后，黄兴返回仰光，将云南运动新军响应之事，委托给吕志伊独立筹划。之后他到新加坡会见胡汉民，见筹得款项仅万元，与预计相差甚远，颇感沮丧。后打听到邓泽如消息，便奔赴坝罗与其会见。之后两个月，黄兴为了筹足款项，与邓泽如奔波于南洋各地，呕心沥血。

邓泽如（1869—1934），名文秋，字远秋，号愚翁，广东新会人。早年赴南洋经营工商业，以种植橡胶致富。1907 年加入同盟会，任桂罗庇能分会会长，积极为同盟会历次武装起义筹集款项。1909 年主持同盟会南洋支部工作，与黄兴一道奔走各埠筹款，颇著成绩。辛亥革命后，又为讨袁筹款。

1911 年 1 月 1 日，黄兴在芙蓉筹款会上发表演说，联系当时形势，反复申述急需款项之事。是日到会者三十余人，黄兴力言时机已逼，需款孔急。苟非英属各州府集得五万元，则事不可行。同志闻之，极为踊跃。谭德栋前已捐 1000 元，至是又捐 5000 元货物。1 月 2 日，黄兴偕邓

---

① 农历十月十二，即阳历 11 月 13 日。

② 冯自由：《革命逸史》第六集，中华书局 1981 年版，第 189—190 页。

泽如到吉隆坡筹款，3 日抵怡保，在李源水、李孝章等组织的欢迎宴会上演说：

此次筹饷大举，英属各埠，以五万元为预算额。现筹得之款，相差甚远。我与赵声等，身命何足惜，为大局计，不能不筹划稍备，冀以不败。方今瓜分之局，将见实行，若冒险以为，徒苦民耳，心何忍也！望各同志有以救之。①

听者甚为感动，当场踊跃认捐。4 日到霹雳，邀集各分会负责人在华成楼开会，到会同志，不下百人。黄兴以近日各处同志认捐极为踊跃，筹得之款，相差不远，尚望会中同志，竭力鼓吹，以符原算。（到会者）均愿任提倡之责。此后 5 日到 7 日，相继到文明阁、金宝、吉隆坡筹款，均无大效，8 日返芙蓉，9 日离芙蓉返新加坡。行前黄兴函谢邓泽如：

此次巨款之集，虽由谭、王、郑、黄、陆、朱、郭诸君及各同志之热心国事而来，实由我兄一人之至诚所感。黄帝有灵，锡以哲嗣，其报不爽！弟虽不言因果，而天理自在，孰不信之？弟等惟有奋励厥志，慎小其心，力求有成，勉尽公义，更有所以酬知己，则私心方安耳。②

经多方筹集，到 1911 年 3 月 29 日，共筹得款项总数，据黄兴、胡汉民报告为 187600.36 元。其中：

英属南洋（新加坡、马来［西］亚）	47660.67 元（港元，下同）
荷属南洋	32550 元
美洲	77000 元
越南（西贡堤岸、海防、河内）	24000 余元
暹罗（泰国）	7000 铢以上

① 曹亚伯：《武昌革命真史》前编，第 265—266 页。

② 黄兴：《致邓泽如书》，湖南省社会科学院编：《黄兴集》（中国近代人物文集丛书），中华书局 1981 年版，第 25 页。谭、王、郑、黄、陆、朱、郭，指谭德栋、王镜波、郑螺生、黄怡益、陆秋露、朱赤霓、郭应章，均为爱国侨商。

另外，荷属文岛黄甲元等捐7000余元，由李柱中等携带到港交付的并未计在内。起义失败后，荷属南洋巴达维亚书报社的同志，又募集1500元寄往香港，作为善后费用。因此，总数超过19万元。

南洋的巡回筹款，在南洋侨领的帮助下完成，是黄兴与南洋华侨距离最近、联系最密切的时段。这次赴南洋行动，目的在募集款项物资，但黄兴和南洋当地华侨的互动也广泛宣传了革命宗旨，增强了彼此间的感情和信任。

4. 赴美疗养宣传

“二次革命”失败后，黄兴与孙中山在继续领导革命及反对袁世凯的方向上产生了分歧。为顾全大局，调养身心，黄兴决定赴美疗养。1914年6月30日，黄兴由日本横滨乘轮赴美国，随行者有秘书李书城、石陶钧。1914年7月9日，抵檀香山，并发表演说和谈话，宣传讨袁主张。同日，黄兴接见美国新闻记者，称此行目的不是筹款，而是要让世人了解中国目前的真实情况。

美国华侨仰慕黄兴，知道黄兴抵美，纷纷至埠相迎，汇成一个大行列。《旧金山纪事报》（*San Francisco Chronicte*）对欢迎盛况，曾作详细报道，其中有云：

黄将军是中国革命党的首领，是中华民国临时政府的首任陆军总长兼参谋总长。……黄将军的到来，激起本埠华侨社会中一股欢迎的热潮与强烈的反对袁世凯的情绪。一个由青年华侨组织的庞大代表团排列在码头上，来欢迎这位声名赫赫的将军及其同伴们。[①]

黄兴在美国得到了华侨的欢迎。“檀埠侨胞对先生之来，予以盛大而热烈之欢迎，在自由戏院的欢迎会上，先生发表演说，强调讨袁之意义，

① 蒋君章：《百战功高黄克强》，《中外杂志》第19期，见朱传誉主编：《黄兴传记资料》（第二册），台北：天一出版社，1979年11月，第197—198页。

讨袁非私人之争，而系政治之争。与会侨胞均报以热烈之掌声。”[①]黄兴在旧金山停歇静居，学习美国政治时，旅美侨胞知道后，也纷纷主动招待、请他演讲，黄兴都一一同意，辗转于洛杉矶、芝加哥、纽约等地。

黄兴在美期间，以宣布袁世凯罪状、发动讨袁运动为主，同时也兼募集经费，发动在美同志和华侨阻止袁世凯向美国借款，最终“改变美国政府的政策，由美总统下令财政部与陈锦涛停止借款谈判，先生终于达到赴美最主要的目的”[②]。

关于黄兴在美两年的情况，其秘书李书城有回忆如下：

从美国西部到东部，凡有华侨聚居的地方，黄先生都被邀去作了访问。各地华侨同胞除开会欢迎外，并拟筹集款项送给黄先生作革命活动的经费。黄先生每到一处，除了说明旅外侨胞历来帮助革命，贡献很大，向他们表示感谢之外，并详述袁世凯背叛民国的事实，鼓励华侨继续奋斗，共同打倒袁世凯。他并嘱华侨同胞将筹集的款项直接汇寄东京交孙先生支配，声明他自己这次是来美暂居，不需要侨胞资助。他每与侨胞谈及孙先生时，都表示很尊敬孙先生，从未讲及他自己与孙先生在党的改组问题上的意见分歧，因为他唯恐因此使侨胞热爱祖国的情绪受到影响。[③]

不可否认，黄兴与孙中山间亲密的关系在后期出现了问题，但主要在于领导革命的方法和途径上：讨袁失败，孙中山认为党人意见分歧，行动不一，主张组织新党，重振旗鼓；黄兴认为失败后人心涣散，应主

① 蒋君章：《百战功高黄克强》，《中外杂志》第19期，见朱传誉主编：《黄兴传记资料》（第二册），1979年11月，第197页。

② 蒋君章：《百战功高黄克强》，《中外杂志》第19期，见朱传誉主编：《黄兴传记资料》（第二册），1979年11月，第198页。

③ 李书城：《辛亥前后黄克强先生的革命活动》，中国人民政治协商会议全国委员会文史资料研究委员会编：《辛亥革命回忆录》第一集，文史资料出版社1961年版，第213页。

要培植新力量，相机讨袁。[①]关于孙中山与黄兴在革命党中的地位，毋庸置疑，孙中山是中国民主革命的先行者和阐释者，其长期在海外活动，在争取国际友人援助和筹款支持国内革命方面，作出了无与伦比的贡献。但因各种原因，孙中山在相当长的时间内，与祖国本土的联系很少，自1895年10月广州起义失败后逃亡海外起，至1911年10月武昌起义胜利止，16年间仅回国二次，居留时间仅九天。而这16年间，却是辛亥革命从酝酿、发动到高潮的时期。黄兴以及其他在国内奋斗、组织领导革命的同志正好弥补了孙中山这一历史局限。如果说孙中山是革命先行者、革命旗帜和思想指导者，黄兴则是国内实际革命运动的主要组织者和领导者。二人互相成全、互不可分，在团结协作中共同成就了辛亥革命、创立民国的伟业。[②]而在两人一直坚持救国救民目标的前提下，无论是最初相识、并肩战斗，还是后期赴海外活动、疗养，黄兴对外一直维护孙中山的地位和权威，并未公开声明反对孙中山。此次赴美，虽有缓和两者关系之故，但也为黄兴与美国华侨建立直接联系、了解国外政治和宣传革命主义提供了机会，成为黄兴与华侨互动最后的乐章。

（四）黄兴与华侨间接互动

在与华侨的交往中，因国内形势复杂、同盟会事务繁多，加上起义计划的不断调整，黄兴与海外华侨的互动更多的是以书函往来为主。致函原因很多，包括向海外催款、致谢、问候、汇报起义情况、告知会内大事等。这种间接的书函联系，既有当下的时代特征，又是辛亥革命前后黄兴与海外广大侨胞保持联系的主要方式。

1. 与筹款相关的催款、致谢

国内起义从准备到实施需要做大量的工作，其中最不能少的就是经

---

① 蒋君章:《百战功高黄克强》,《中外杂志》第19期，见朱传誉主编:《黄兴传记资料》（第二册），台北：天一出版社，1979年11月，第197页。

② 刘泱泱编:《黄兴集》（一），湖南人民出版社2008年版，前言第15—16页。

费。无论是征集队伍、计划路线、购买器械、获取信息、安顿人员，都需要不少的财力支持。黄花岗起义前，为筹集起义款项，黄兴亲赴南洋辗转演说、动员华侨，总算完成预定经费的筹措。自归国着手安排起义事项后，为了保证起义计划按时推进，黄兴经常致函海外，请汇款并致谢。主要函书如下：

1911 年 1 月 10 日，函谢李源水、郑螺生、李孝章，并催汇款。

1911 年 1 月 11 日，致函暹罗（今泰国）同志，揭露清政府罪恶，促汇发难经费。函云：

预计发难费用十万金，向南洋、欧、美各分会筹措。前月中山先生已启程西去。今英属之地，得邓泽如兄等起而提倡，已大有眉目。汉民兄则由安南而至贵埠，望各同志尽情商榷，竭力捐助，少毁其家，以纾国难，则大款易集，而大业亦可成矣。顾内地同志既破其家，又牺牲其身者，所在多有。海外同志为地所限，不能亲入身冒其锋，今能掷金钱以偿其热血，亦义之至正。诸君慷慨豪侠，多不让人，弟知必有以集巨资以成斯举者。……其一切详情，汉民兄当为面陈。乞各同志赞成，于各尽力捐助外，将储款尽数提出，以助公用，俾能多得一分之财，即能多得一分之预备。①

同日，致函谢逸桥，催筹款归港。

1911 年 1 月 12 日，自新加坡乘日本邮船回港。行前，致函谢良牧、邓泽如，催践约汇款。

1911 年 2 月 2 日，与赵声致邓泽如函，言“各方面均开始运动，需款尤急，望赶速电来，以济要用”。②

1911 年 3 月 6 日，与赵声、胡汉民联名致函加拿大域多利埠致公堂，

① 黄兴：《致暹罗同志书》（1911 年 1 月 11 日），刘泱泱编：《黄兴集》（一），第 46—47 页。

② 湖南省社会科学院编：《黄兴集》（中国近代人物文集丛书），中华书局 1981 年版，第 32 页。

谢汇军费三万元。函曰：

前日收到尊处汇来军事费三万元，当即电复由温哥华转达，想已收悉。……经济问题自得尊处巨款后，亦已解决过半。若美洲如金山大埠等皆能实力相助，则成功必矣。尊处同志闻系先变产业，以急应军需，热度之高，洵为海外所未有，同人等不胜感服。内足以作战士之气，而他埠同志闻风而起者，当亦踊跃倍于寻常矣。①

1911年3月14日，致函邓泽如，催速筹款，并述赴义决心。

1911年6月17日，与胡汉民联名致函加拿大各埠同盟会分会，望继续筹款，支援再次起义。

1911年10月7日，复函美洲致公总堂，请设法筹款接济。同日，致函美洲华侨伍平一、黄芸苏、李是男等，请竭力筹款。

1911年10月16日，致书巴达维亚华侨书报社同人，汇报黄花岗起义失败后专事暗杀情况，望筹款以应急需。

1911年10月7日、17日，两次致函美洲筹饷局，请念内地经营艰苦，从速筹款救援。

1912年4月3日，复电华侨联合会，说明是时财政困难及外债情况，赞黄文荣捐银、拟回原籍鼓吹提倡的爱国热忱，期“最亲爱之同胞努力进行，共挽大局”。②

海外筹款是国内起义和相关活动的主要经济来源和支持。从黄花岗起义前到武昌起义，甚至到中华民国成立后，黄兴一直坚持用函书方式联络海外同志，请求筹款支持。这也是黄兴与华侨互动函书中的主要内容。

---

① 冯自由：《革命逸史》初集，中华书局1981年版，第237—238页。

② 湖南省社会科学院编：《黄兴集》（中国近代人物文集丛书），中华书局1981年版，第154页。

2. 告知会内分歧，维护内部稳定

（1）1907 年 7 月，黄兴就章炳麟等攻击孙中山事，严正表示反对。此次事件也是同盟会内部的第一次倒孙风潮。

1907 年初，孙中山离日前，日本外务省政务局长山座园次郎赠款 7000 元，证券商铃木久五郎赠款 10000 元，共计赠款 17000 元。孙中山以其中的 1000 元用作告别宴会，2000 元留作《民报》经费，其他悉充潮、惠起义军费。

时《民报》经营困难，主编章炳麟要求孙中山将 10000 元全部留下，遭到了孙的拒绝。孙中山的这种做法，引起了同盟会内部分同志的不满。章炳麟径自说孙中山出卖《民报》，将贴在《民报》社墙头的孙中山照片扯下，写上“卖《民报》之孙文应即撤去”等字，寄往香港。是年 5 月和 6 月，粤东起义连遭失败。恰逢章炳麟知晓替革命军赴日购买器械的萱野长知所购为旧式枪支，立即指责孙中山供应同志们陈旧武器，把同志们的生命置于危险中。因此，章炳麟、张继、陶成章、宋教仁、谭人凤、田桐等就潮、惠起义失败及孙中山分配馈款事，发起攻击，催逼以庶务代行总理职权的刘揆一召开大会，罢免孙中山的总理职务，改选黄兴继任。

当时黄兴已由香港潜入广西钦州策动郭人漳起义，刘揆一反对章炳麟等人的提议，并急函香港之彭邦栋转告黄兴。后来刘揆一回忆这件事，表示：“揆一以孙总理受此款时，留给《民报》社维持费二千元，余悉以供潮惠党军急需，诚非得已。又深知公（笔者注：即黄兴）素以实行革命为务，绝不居此空虚总理之名。且方与孙总理共谋粤东首义，万一因‘总理’二字而有误会，使党军前途顿生阻力，非独陷害孙、黄二公，实不啻全体党员之自杀。故力排众议。”[1] 刘揆一为缓和东京会员情绪，

① 刘揆一著：《黄兴传记》，台北出版，1952 年，第 16 页。

一面给黄兴去函告知此事、请求指导，一面写信给胡汉民，建议他劝请孙中山写信向东京的同志引咎道歉。但最终孙中山拒绝道歉，事态并无转折。

黄兴知晓此事后，为团结党内，特别是使党的高层干部与孙中山关系得以调和融洽，于当月复函刘揆一，表达自己的立场："革命为党众生死问题，而非个人名位问题。孙总理德高望重，诸君如求革命得有成功，乞勿误会，而倾心拥护，且免陷兴于不义。"[①]

由于黄兴维护孙中山的威信，坚决拒绝出任同盟会总理，加上他在党人中威望较高，此次倒孙风潮，遂告平息。而此次黄兴对孙中山的拥护，也直接维护了东京同盟会总部和香港同盟会支部内部的团结。

（2）1909 年陶成章、章炳麟对孙中山的攻击，即第二次倒孙风潮，黄兴给予了坚决的抵制。此次事件涉及南洋及海外分会，造成的影响更大。

自 1907 年公开反对孙中山后，陶成章[②]、章炳麟等人一直伺机活动，企图在南洋、日本及更多的场合对孙中山进行攻击。

1909 年下半年，陶成章等人反对续办《民报》，认为《民报》专为孙中山造势，要求革除孙中山总理之职。9 月在南洋纠合李燮和、柳聘农、陈方度、胡国梁等人，以川、广、湘、鄂、江、浙、闽七省同志名义，起草了一份《孙文罪状》，指责孙中山犯有"残贼同志""蒙蔽同志""败坏全体名誉"之罪状三种十四条，并要求东京总会"开除孙文

---

① 毛注青编著：《黄兴年谱长编》，中华书局 1991 年版，第 121—122 页。另参见湖南省社会科学院编：《黄兴集》（中国近代人物文集丛书），第 7 页。

② 陶成章（1878—1912），字焕卿，浙江绍兴人。1902 年赴日本留学，入成城学校习陆军，为清吏所阻，不久返国，谋联络会党起义。1904 年在上海与蔡元培等组织光复会。次年与徐锡麟在绍兴创办大通学堂。1906 年在日本加入同盟会，任《民报》编辑。1910 年又在东京成立光复会总会，自任副会长，与同盟会分裂。武昌起义后，发动沪、苏、浙各地光复军响应。

总理之名，发表罪状，遍告海内外”。[1] 黄兴极力抵制，并劝阻陶、章等人，以防止纠纷扩大后妨碍革命事业的进行。

1909 年 9 月 24 日，陶成章致信胡国梁，告以“到东京后，即将公函交付克公，迄今并不发布，专为中山调停”，并严明自己的立场，表示“弟及兄等与中山已不两立，看来非自己发表不行矣”。此外，陶成章还在致胡国梁、李燮和信中谓“公函已交克强兄，惟彼一力袒护孙文，真不可解”，并预告“章太炎已刊报告，不久当分布南洋各埠也”，“克强函责太炎以晚节不终”。此后，陶成章等人以恢复光复会名义，由章炳麟、陶成章分任正、副会长，在南洋一带展开活动，与同盟会形成公开分裂局面。

为了维护孙中山在同盟会内部的权威，团结海内外革命力量，澄清事实并稳定海外分会同志的情绪，黄兴于 1909 年 11 月 7 日复函孙中山，说明事件缘由并表明自己立场：

昨接读由伦敦发来之函，得悉有人冒名致函美洲各埠，妄造黑白，诬谤我公，以冀毁坏我公之名誉，而阻前途之运动。其居心险毒，殊为可恨！再四调查东京团体，无有人昧心为此者。但只陶焕卿一人由南洋来东时，痛加诋毁于公，并携有在南洋充当教习诸人之公函（呈公罪状十四条），要求本部开会。弟拒绝之，将公函详细解释，以促南洋诸人之反省。是函乃由弟与谭人凤、刘霖生三人出名，因当时公函中有湖南数人另致函弟与谭、刘也。本拟俟其回复，再作理处，不料陶焕卿来东时，一面嘱南洋诸人将前公函即在当地发表（即印刷分布于南洋各埠者），一面在东京运动多人要求开会。在东京与陶表同情者，不过与江浙少数人与章太炎而已。及为弟以大义所阻止，又无理欲攻击于弟，在携来之附函中，即有弟与公朋比为奸之语，弟一概置之不理。彼现亦如

① 李燮和所撰写《孙文罪状》全文，见《神州日报》1912 年 11 月 2 日。

何，只专待南洋之消息，想将来必大为一番之吵闹而后已。彼不但此也，且反对将续出之《民报》，谓此《民报》专为公一人虚张声势，非先革除公之总理，不能办《民报》。见弟不理，即运动章太炎在《日华新报》登一《伪〈民报〉之检举状》，其卑劣无耻之手段，令人见之羞愤欲死。现在东京之即非同盟会员者亦痛骂之。[①]

黄兴将陶、章等人攻击孙中山、登伪《民报》、致美埠函电等行为作了说明，表明自己对此事的态度，表示“东京事，陶等虽悍，弟当以身力拒之”。同时黄兴还以中国同盟会庶务名义，致函美洲各埠中文报社，为孙中山的赴美活动扫除障碍。函云：

同盟会总理孙君今春由南洋启程赴欧，将由欧来美，想各位同志已有所闻。本处风闻于孙君抵美以前，有人自东京发函美洲各埠华字日报，对于孙君为种种排挤之词，用心险毒，殊为可愤，故特飞函奉白：

（一）按本会章程，如总理他适，所有事务由庶务代理。故凡公函必须有庶务签名及盖用同盟会之印章，方可认为公函。

（二）如非公函，而函中有多数会员签名者，则作为会员之函件。请将其姓名及所陈之事实，抄录一通寄来敝处，俾得调查考核，以明是非曲直之所在。

（三）如系匿名之函，则其为清政侦探奸细之所为毫无疑义。近日奸细充斥，极力欲摇撼本党，造谣离间之事陆续不觉，同人可置之不理。

以上三条，尚祈各位同志留意。

再者，南洋近二三同志对于孙君抱恶感情，不审事实，遽出于排击之举动，敝处及南洋分会已解释一切。望我各位同志，乘孙君此次来美，相与同心协力，以谋团体之进步，致大业于成功，是所盼祷。[②]

---

① 毛注青编著：《黄兴年谱长编》，中华书局 1991 年版，第 141—142 页。另参见刘泱泱编：《黄兴集》（一），第 21—22 页。

② 刘泱泱编：《黄兴集》（一），第 23 页。

由以上函书和活动可见，在对外声明和态度上，黄兴一直坚持维护孙中山的领导地位，对企图反对孙中山、分裂同盟会的陶成章、章炳麟等人的行动予以批驳。此一态度，维护了同盟会内部的稳定，作为传递给海外分会的定心丸，让侨胞能看清是非，继续支持孙中山在国内外的革命活动。

3. 汇报起义情况，请予支持

1911 年 4 月 23 日，黄兴致绝笔书于孙中山及南洋同志，晚间即赴广州部署起义军事。

同日，黄兴作绝笔书寄邓泽如："所有此次出入款项清册，虽细数亦有登记，当先寄呈公埠宣布，次荷属，次南北美洲各埠。无论成败，俾共晓然此次之款涓滴归公。"又作绝笔书寄梅培臣、李源水、郑螺生、李孝章、郭应章等。[①]

1911 年 5 月初，黄兴以左手执笔作书致海外同志，将黄花岗起义经过告知海外，其中对胡毅生、姚雨平颇多指责。[②]

1911 年 5 月下旬，黄兴与胡汉民联名致书南洋各埠华侨同志，报告广州之役经过。联名报告书由胡汉民执笔，作于赵声病故后，未署日期。全文近万字，叙及统筹部分课办事之情形，破坏粤城之计划，预算支出之大略，展缓时期之原因，选锋之召集，器械之运送接收，黄兴入省之独攻督署之情形，以后巷战及党人死事之勇烈，失败之原因与担负者之不力，善后事宜，等等。后附储备课、选锋课用款略表。[③]

1911 年五六月间，黄兴在香港九龙治疗右指伤。他特意左手执笔，

---

① 毛注青编著：《黄兴年谱长编》，中华书局 1991 年版，第 141—142 页。见《黄兴集》第 182页。

② 因胡、姚有不同意见。5 月下旬黄兴、胡汉民致南洋华侨的联名信与此书有出入。

③ 湖南省社会科学院编：《黄兴集》（中国近代人物文集丛书），中华书局 1981 年版，第 44—59 页。

致信新加坡、庇能、芙蓉、怡保等地同志，介绍莫宇非[①]，希望南洋同志予以接纳：

兹特介绍者，有莫君宇非，东莞人，此次与花县徐维扬君同任选锋，二十九日之役，同攻督署后，战于龙王庙一带，指挥悉中机宜，卒以他部不出，士卒相继陷敌，仅以身免。莫君盖文而能武者，兹来游各埠，望推情招待，或能于学堂教员及报馆主笔分割一席，知必有以发挥民族精神克尽厥职者。余不多及，手此，即请公安。[②]

1912 年 4 月 20 日，复书伍平一[③]，说明自己在留守府遇刺一事详情，回复其责备黄兴辞陆军总长、孙中山让位等函。

1914 年 9 月 3 日，复书李根源，说明抵美后情况及安排，同意其将自己列为欧事研究会会员。

1916 年 10 月初，与李根源谈话，述国内外形势，谓“拿全国不起，则统一无望，内政无从言，对外更无从言”。[④]

广州起义是集海内外众多力量、试图毕其功于一役的活动，无论是前期筹款的艰辛、坎坷，后期汇报、计划，还是请求安排同志避走南洋，都与海外侨胞有莫大的关系。起义前，黄兴便向相关同志函送绝笔书；起义失败后，他详陈起义经过，说明经费使用情况，既是有始有终的表现，同时也表明了他对侨胞继续支持国内革命的期望。

---

① 黄花岗之役后，莫宇非曾与洪承点在香港将破坏此役的清探陈镜波秘密处死。黄兴考虑到他难以在省港附近居留，故作书介绍，以期避走南洋。信封书：“宇非兄持交南洋各分会同志公启。弟兴托。”

② 湖南省社会科学院编：《黄兴集》（中国近代人物文集丛书），中华书局 1981 年版，第 59—60 页。

③ 伍平一：美洲华侨，同盟会会员。

④ 湖南省社会科学院编：《黄兴集》（中国近代人物文集丛书），中华书局 1981 年版，第 459页。

（五）黄兴与华侨革命党人的关系

辛亥革命前后，黄兴与华侨革命党人的接触，无论是直接还是间接，主要都围绕着革命、起义、款项等主题。双方因着同样的愿景和目标，共同奋斗在为了祖国强盛而不断抗争、争取独立的一线。因此，虽然存在距离上的客观限制，但彼此都在不断的联系中坚定了甘为革命抛家弃业的战友情意，以及惺惺相惜、相互关照的朋友情谊。

1. 同甘共苦、相互扶持的伴侣

在述及黄兴与华侨革命党人的关系前，有必要介绍同盟会会员徐宗汉在广州起义后与黄兴结下的革命姻缘。

徐宗汉，原名徐佩萱，广东香山县人。其出生于茶商家庭，幼年随父在上海读私塾，18 岁嫁广东海丰县人李晋一，后夫死寡居。1907 年，徐宗汉应在南洋槟榔屿华侨某学校任教的二姊徐佩瑶邀请，赴南洋游历。当时，槟榔屿等地已成立同盟会，革命党人的宣传和组织活动日益活跃。徐宗汉在槟榔屿加入同盟会后，帮助吴世荣、黄金庆、陈新政等人在华侨中进行宣传组织活动。1908 年归国，途经香港时，特意到《中国日报》社访问冯自由，因此与香港同盟会取得联系，并受命回广州与高剑文、潘达微组织同盟会分机关。

1911 年 3 月，广州起义前夕，徐宗汉被派赴香港，负责秘密从香港运输枪械弹药到广州，并先后在香港、广州溪峡两地设置机关，制造弹药。及发难期近，担任分发弹械予选锋同志，其办公门外贴大红对联，伪饰喜事。广州起义失败后，指挥者黄兴脱险避入溪峡机关部，徐宗汉为他包裹指伤并精心护理。4 月 29 日，徐宗汉护送黄兴乘夜轮赴港，翌日抵达后将黄兴安排住进香港雅丽氏医院治疗。按照医院规定，病人动手术前必须有亲属签字负责，徐宗汉便从权以妻子名义签字。待黄兴出院后，两人便结成了革命伴侣，可谓患难奇缘。

此后，徐宗汉长随黄兴，协助黄兴从事革命等活动：武昌起义成

功后，为使黄兴顺利抵达汉口，徐宗汉向在上海行医的张竹君求助，后者以红十字会救伤队名义，帮黄兴改装易服，护送黄兴到达武昌江岸；1912年南北议和后，黄兴筹集款项创立贫儿教养院，由徐宗汉负责，二次革命后被迫随黄兴流亡日本，从事反袁活动；1914年7月，因孙中山与黄兴政见不同，黄兴决意赴美疗养，徐宗汉携子黄一美随行。1916年回国后黄兴病逝，徐宗汉便寓居上海住所，专心抚育烈士遗孤，从事贫儿教育。抗战后移居重庆，1944年3月病逝。[①]

徐宗汉不是华侨，但她早年参加同盟会，在南洋为华侨的革命事业奔波努力，后又回国襄助华侨、协助国内革命，甚至多次为掩护革命者尤其是黄兴冒着生命危险活动，可谓是名副其实的女革命家。她与黄兴结成夫妻后，一直伴随黄兴，出生入死，继续为革命出谋划策，既甘当勇士又愿作后盾，确实是辛亥革命的女杰。

2. 并肩合作、志同道合的同伴

1910年冬，黄兴在新加坡为张永福五弟张华丹题词，表白自己为国奋斗的决心，勉励张华丹为国作为：

夏完淳者，朱明遗臣允彝之子也。十五从父起义，磨盾草檄，夜阑不休，满贼读之，魂褫气夺。十七就义时，赋绝命词遗母及妇云：

“孤儿哭无泪，山鬼日为邻。古道麻衣客，空堂白发亲。循陔犹有梦，负米竟何人。忠孝家门事，何须问此身。

忆昔结缡日，正当擐甲时。门楣齐阀阅，花烛爽旌旗。问寝谈忠孝，同袍学唱随。九原应待汝，珍重腹中儿。”

绝衾裯以赴矢石，谭笑殉国，诚以无国则民族无自而寄。民族无自而寄，则为奴隶，为戮民，被宰杀压制于异种独夫民贼。其寄生于国外

---

① 参见冯自由著：《革命逸史》第三集，中华书局1981年版，第319—322页。另参见郭汉民、徐彻主编，清史委员会编：《清代人物传稿》下编第八卷，辽宁人民出版社1993年版，第218—220页。

者，设为特别法律以遇之，光天化日，窜身无所。夫惟军神与国为生死荣悴，献其身于国家而不私，其斯为大汉魂哉！[①]

黄兴以中国明末诗人夏完淳抗清复国的故事为例，说明“诚以无国则民族无自而寄”的道理，向张华丹表明自己以及革命党人的奋斗是为了民族大义，强调“献其身于国家而不私”的大爱和民族魂。

此时，黄兴为广州起义筹款奔波于南洋各处，与华侨革命者陈楚楠、邓泽如、李源水、郑螺生等人亦多有联系和接触，为筹集更多款项，做好万全之策。而华侨革命者亦不负所托，邓泽如等人亲自陪着黄兴到南洋各地演说、劝募，征集款项。当1911年从南洋筹款结束，黄兴对南洋华侨邓泽如、李源水、郑螺生等侨领的支持十分感动，致书大力赞扬众侨胞对革命的支持，“此次大款之集，全赖兄等慷慨毁家，以纾急难”[②]，表示“将此次列兄筹款苦状及毁家纾难之义举，尽情宣告”给参加起义的同志后，大家都深受感动，纷纷表示“奋励激发，勇气百倍”。[③]

在广州起义前后，无论是向华侨革命者催、筹款，汇报起义准备和安排，题写诀别书，还是事后汇报起义情况、检视失败原因，函请侨胞继续支持国内事业，黄兴与华侨革命者一直保持着不间断的联系和接触。海外援助是支撑国内活动的最主要的资金来源，而华侨革命者通过支援以黄兴为领导的国内革命，也实现了为救国作贡献的愿望。无论是本人亲自参与起义，还是捐钱捐物贡献人脉，黄兴与华侨革命者因志同道合，建立起了并肩战斗的革命情谊，这种情谊在面对战友牺牲时尤为强烈。

1911年5月初，右手拇指受伤的黄兴，以左手拈笔作《致海外同志

① 刘泱泱编：《黄兴集》（一），湖南人民出版社2008年版，第40—41页。

② 湖南省社会科学院编：《黄兴集》（中国近代人物文集丛书），中华书局1981年版，第26页。

③ 湖南省社会科学院编：《黄兴集》（中国近代人物文集丛书），中华书局1981年版，第30页。

书》[①]，将广州起义经过告知海外同志尤其是华侨革命者。同年5月下旬，黄兴与胡汉民致函孙中山等报告了“三二九”之役的始末，其中具体描述了“党人死事之勇烈”：

克同攻督署者百三十人左右，内有徐维扬四十余人，刘古香十四人，徐、刘部稍弱；余虽以朱执信、李文甫、陈与新之温文，而临阵敢先当敌，无丝毫之怯懦，盖勇［义］理之勇为之也。林时爽本同陈与新、林觉民在日本筹得经济，将归闽起事，既来港，则同致［效］死于粤。闽省同志多在东毕业专门学校者，年少俊才，伤心俱烬！喻纪云［云纪］学药学毕业，能制炸弹、炸药。精卫北京事件，喻实同谋，炸弹发现，喻再往日本合药，而精卫、黄理君被捕。此次举事，喻最先决心，盖已置死生于度外。罗则军本有十人担任毁电局，至廿七令其退返；李文甫有五十人欲攻石马槽，亦于是日受令退返；而二人再知定期廿九之说，只身赴难，殉义而死，俱为难能。王［黄］鹤明［鸣］、杜□□（笔者注：此应为凤书）、李文楷事事勤慎，不辞劳瘁，仓猝战死，可惜可哀！[②]

黄兴为广州起义战死的革命者尤其是华侨革命者哀叹，也为他们为国捐躯的英勇壮举感动赞赏。1912年5月，在黄花岗之役周年纪念会上，黄兴赞扬在起义中牺牲的杜凤书等南洋华侨，认为他们“虽系工人，然皆抛弃数百元之月俸，从事于革命事业，捐躯殉国，尤足钦佩”。[③]黄兴提到的杜凤书，是在新加坡做工的工人。在黄花岗之役中，他随黄兴进攻督署，不幸中弹身亡，时年28岁。黄兴盛赞此役中牺牲的烈士，认为“此次死义诸烈士，皆吾党之翘楚，民国之栋梁。其品格之高尚，行谊

---

① 刘泱泱编：《黄兴集》（一），湖南人民出版社2008年版，第68—71页。

② 刘泱泱编：《黄兴集》（一），湖南人民出版社2008年版，第82—83页。

③ 湖南省社会科学院编：《黄兴集》（中国近代人物文集丛书），中华书局1981年版，第184页。

之磊落，爱国之血诚，殉难之慷慨，兴亦不克言其万一。他日革命战史告成，必能表彰诸先烈之志事”[①]，表现出黄兴与华侨革命者并肩战斗以及为他们的牺牲扼腕叹息的真挚情谊。

3. 惺惺相惜、彼此鼓励的朋友

1910年12月25日，黄兴致书南洋华侨陈楚楠问疾，望能与其相见，以商要事。函云：

两日不见，相思如年。贵恙奚似，念念。少间能出门一见乎？要事均待酌定。生死关键，在此一着，苟有迟误，负国实甚，千金一刻，至宝贵也。鹄候驾临不宣。若贵恙不可以风，弟当趋尊处一谈。即祈示复为感。顺候痊可。[②]

黄兴此时正按孙中山安排，为广州起义倾尽全力，到南洋筹集款项。而陈楚楠居新加坡，适逢患病，黄兴为得到陈相助，约陈再叙。陈楚楠，别号思明州之少年，福建同安人，南洋华侨资本家，居新加坡，同盟会会员。曾与张永福等合作于1904年创立《图南日报》，宣传革命思想。同盟会成立后，任新加坡分会会长，大力支持粤、桂、滇发动的多次起义。陈楚楠历年坚持筹捐款项，为国内革命和起义倾力贡献，几致破产。虽然黄兴与陈楚楠联系主要是为筹款，但他仍挂念着陈的身体，特意去函问疾，并表示若陈不方便，他愿亲自到陈处慰问商谈，表达了对陈楚楠的敬重和关怀。

此外，同年12月，黄兴还为陈楚楠题了一首岳飞的词：

怒发冲冠，凭栏处，潇潇雨歇。抬望眼，仰天长啸，壮怀激烈。三十功名尘与土，八千里路云和月。莫等闲，白了少年头，空悲切。靖康耻，犹未雪。臣子恨，何时灭！驾长车，踏破贺兰山缺。壮志饥餐胡

① 湖南省社会科学院编：《黄兴集》（中国近代人物文集丛书），中华书局1981年版，第184页。

② 刘泱泱编：《黄兴集》（一），湖南人民出版社2008年版，第38页。

虏肉，笑谈渴饮匈奴血。待从头收拾旧山河，朝天阙。

右岳忠武词。书为思明州旧主诵而行之。[①]

黄兴题这首词送陈楚楠，既是表达自己为国为民献身立功的志愿，借此劝勉陈楚楠，希望他能一如既往地支持革命，又是对陈楚楠的敬重。毕竟对一个远离故土、身有家财的商人来说，能一直秉持对祖国的热爱，散财支持祖国振兴甚至亲自从事革命事业，实属难能可贵。这首赠词，是黄兴与陈楚楠的惺惺相惜，亦是他对华侨革命者的期望。

庇能会议后，邓泽如由庇能往太平、坝罗、金保、龙邦、吉隆坡、芙蓉、麻六甲、新加坡各埠劝募革命经费。此时，黄兴赴南洋筹款，偕邓寿如寻访邓泽如，于 1910 年 12 月 31 日抵坝罗。恰逢邓泽如得一子，黄兴知晓后很开心，题贺词称赞邓泽如并为其子命名“光夏”，其辞谓：

泽如盟兄素尽力国事，急公忘家，年四十二，尚未抱子。昨游说各埠，历四十余日，十一月二十九日抵家，三十日举一男，适弟踵至，数语后相与俱出，真有大禹治国，虽闻呱呱之声而不遑宁处之概。其子之能肖贤，又可卜也。爰秉斯义，用撰“光夏”二字以名之。颂曰：明德之后，必有达人；光复大业，夏声厥灵。[②]

黄兴赞赏邓泽如为国事尽力奔波，更为邓终于得子而高兴。为邓泽如之子取名，不仅体现出黄兴的豪爽和大气，同时也说明其与邓泽如在相互合作的革命事业中结成的朋友情谊。

虽然因革命而相识，相互往来也主要以款项为纽带，但黄兴与陈楚楠、邓泽如等华侨革命者一直保持联络，就起义大事、个人前途等不时交流，直到黄兴逝世。由此可见，黄兴在赞赏华侨对革命所作贡献的同时，确也结交了一批志同道合的海外同志，共同为救国救民出谋划策。

---

① 刘泱泱编：《黄兴集》（一），湖南人民出版社 2008 年版，第 40 页。

② 湖南省社会科学院编：《黄兴集》（中国近代人物文集丛书），中华书局 1981 年版，第 23 页。

（六）黄兴对华侨的评价

“顾内地同志既破其家，又牺牲其身者，所在多有。海外同志为地所限，不能亲入身冒其锋，今能掷金钱以偿其热血，亦义之至正。”[①]辛亥革命时期，黄兴与华侨的互动穿插于国内外各种活动。无论是四下南洋、演说筹款、领导起义、购运军械、善后，还是函书催筹款、汇报起义情况、宣传讨袁，双方的联系逐渐加强。而黄兴对华侨在革命中的巨大作用，也予以充分的肯定；对那些毁家纾难、支援革命，在起义中英勇战斗、牺牲生命的人，更是表现了衷心的敬佩和感动。

在国内无法提供更多人、财、物的情况下，黄兴把寻求资金援助的希望都寄托在了海外华侨上。而华侨长期寓居海外，对祖国有着深厚的感情和执念，他们希望祖国摆脱屈辱贫困走向富强，有一个良好的政府能真正关心他们的疾苦，保护他们的正当权利和利益，让自己能在祖国的荫庇或影响下生活得更自由、更有尊严；加上在国外接触西方资产阶级文化较多，比较容易接受民主思想。因此，有了孙中山的前期工作，当黄兴主动向华侨伸出橄榄枝请求合作和援助时，他们便积极支持并参与到国内革命中。

“综计诸役，革命党人以一往直前之气，忘身殉国，其慷慨助饷，多为华侨；热心宣传，多为学界；冲锋破敌，则在军队与会党。”[②]“他们或参列戎行，或输饷械，或参预筹划，其奋斗精神，勇敢行为，极为国父所称许。”[③]因此，可以说，在辛亥革命前后这个特殊时期，黄兴和华侨均有一腔热血救国救民，但因受政治、经济、地域、生活环境等因素

① 湖南省社会科学院编：《黄兴集》（中国近代人物文集丛书），中华书局 1981 年版，第 27 页。

② 蒋永敬：《辛亥革命前十次起义经费之研究》，蒋永敬编：《华侨开国革命史料》（中国现代史史料选辑），台北：正中书局印行，1977 年 11 月 1 日，第 41 页。

③ 蒋永敬编：《华侨开国革命史料》（中国现代史史料选辑），台北：正中书局印行，1977 年 11 月 1 日，第 389 页。

的影响，各自在支持革命的表现方式和努力程度上有所区别——黄兴擅长领导军事斗争，主要负责国内外起义活动，华侨则在人力、财力、物力上给予起义支持，双方取长补短、通力合作，这是当时大环境下最好的选择。正是由于华侨出钱出力，与革命志士同心协力、奋起救亡，黄兴等仁人志士舍生忘死、亲赴战场，才取得了辛亥革命的胜利。而黄兴在借用侨胞力量和资金支持推动革命的同时也带给华侨希望和动力，提高了同盟会在海外的公信力。两者相互信任，相互依赖，构成了当时革命最鲜明的特色。

十一、深受华侨华人爱戴的宋庆龄

宋庆龄是孙中山的理想与事业的坚定捍卫者和继承者，是中国共产党忠贞不渝的亲密战友。在她近70年的革命生涯中，始终坚定地和中国人民、中国共产党站在一起，为中国人民的解放事业和社会主义建设事业作出了不可磨灭的贡献，受到中国人民、海外华人华侨的景仰和爱戴。

（一）相关研究综述

有关宋庆龄与华侨华人交往的研究，目前尚未有专著或专文探讨，相关历史事实散见于宋庆龄从事救济活动的论著和回忆资料中。例如，较早发表的论文《宋庆龄与抗日战争》①，指出宋庆龄在抗战时期“十分重视海外华侨的工作”，主要介绍她发起华侨团体，争取华侨援助的历史事实，但并未展开讨论；《呕心沥血为抗战——宋庆龄与保盟在香港》②和《宋庆龄在香港倡导的“一碗饭”运动》③两篇文章，都叙述了宋庆龄在香港争取海外华侨援助中国抗战的事迹；《宋庆龄与广州抗战》④和《宋庆龄坚决支持广东抗日斗争》⑤论述了抗战时期宋庆龄前往广州参加华侨抗日动员总会的情形。一些硕博论文如《抗日战争时期宋庆龄的慈善思想研究》⑥《身份、组织与政治：1938—1958年的宋庆

① 尚明轩：《宋庆龄与抗日战争》，《史学月刊》1988年第3期。

② 董汉昀：《呕心沥血为抗战——宋庆龄与保盟在香港》，《党史纵横》1997年第4期。

③ 杜松竹：《宋庆龄在香港倡导的“一碗饭运动”》，《贵州文史天地》1996年第4期。

④ 张晓辉：《宋庆龄与广州抗战》，《海南师范大学学报（社会科学版）》2014年第5期。

⑤ 何锦洲：《宋庆龄坚决支持广东抗日斗争》，《广东党史》1995年第2期。

⑥ 李蓬勃：《抗日战争时期宋庆龄的慈善思想研究》，硕士学位论文，华东师范大学2015年。

龄和保盟—中福会》[①]《宋庆龄与中美民间外交的展开（1937—1949）——以保盟—中福会的民间救济活动为视角》[②]，以宋庆龄所领导的救济工作为切入点，有部分章节内容述及宋庆龄争取侨胞援助的活动情况。还有关于宋庆龄研究的著作如《宋庆龄与延安时期的中国共产党》[③]《宋庆龄——二十世纪的伟大女性》[④]《宋氏三姐妹》[⑤]，回忆文集如《回忆宋庆龄》[⑥]和《永不飘逝的记忆——我家与宋庆龄事业的情缘》[⑦]，华侨研究著作如《华夏向心力——华侨对祖国抗战的支援》[⑧]《华侨抗战影像实录——历史的诠释》[⑨]、中华民国专题史第十四卷《华侨与国家建设》[⑩]等，都有部分内容涉及抗战时期宋庆龄与华侨往来的相关史实。

有关宋庆龄与华侨华人交往的资料，则分散在宋庆龄书信、年谱、文集等资料汇编中。例如《宋庆龄书信集》（上、下册）[⑪]、《宋庆龄选集》（上、下卷）[⑫]、《宋庆龄年谱长编》（上、下册）[⑬]、《宋庆龄来

---

① 徐锋华：《身份、组织与政治：1938—1958 年的宋庆龄和保盟—中福会》，博士学位论文，复旦大学 2009 年。

② 叶维维：《宋庆龄与中美民间外交的展开（1937—1949）——以保盟—中福会的民间救济活动为视角》，硕士学位论文，北京师范大学 2014 年。

③ 徐万发：《宋庆龄与延安时期的中国共产党》，光明日报出版社 2013 年版。

④ 伊斯雷尔·爱泼斯坦著：《宋庆龄——二十世纪的伟大女性》，人民出版社 2008 年版。

⑤ 陈廷一：《宋氏三姐妹》，台海出版社 2014 年版。

⑥ 《回忆宋庆龄》，东方出版中心 2013 年版。

⑦ 上海宋庆龄故居纪念馆编：《永不飘逝的记忆——我家与宋庆龄事业的情缘》，东方出版中心 2013 年版。

⑧ 任贵祥：《华夏向心力——华侨对祖国抗战的支援》，广西师范大学出版社 2015 年第二版。

⑨ 黄晓坚：《华侨抗战影像实录——历史的诠释》，中国华侨出版社 2015 年版。

⑩ 任贵祥、李盈慧著：《华侨与国家建设》（张宪文、张玉法主编《中华民国专题史》第十四卷），南京大学出版社 2015 年版。

⑪ 宋庆龄基金会、中国福利会编：《宋庆龄书信集》（上、下册），人民出版社 1999 年版。

⑫ 宋庆龄基金会编：《宋庆龄选集》（上、下卷），人民出版社 1992 年版。

⑬ 尚明轩主编：《宋庆龄年谱长编》（上、下册），社科文献出版社 2009 年版。

往书信选集》[①]、《宋庆龄等为向中福会捐赠事与旅美华侨等往来函》[②]等。这些书籍收录了宋庆龄与华侨华人交往的信函、讲话等，为本文的研究提供了重要的史料依据。

从已有关于宋庆龄与华侨华人交往的研究来看，学界主要集中探讨抗战时期的宋庆龄与侨胞交往情况，这说明：首先，对宋庆龄与华侨华人交往的探讨，在宋庆龄研究和中国华侨史研究中都是一项不可忽视的重要课题；其次，现有研究成果侧重关注宋庆龄在抗战时期与侨胞交往情况，对国民革命时期、解放战争时期、社会主义建设时期等其他历史阶段的交往内容关注较少；再次，现有研究成果以叙述和回忆为主，对宋庆龄一生与侨胞交往的情况尚无较为系统的探讨，对她的侨务思想及其与侨胞建立深厚情谊的历史渊源尚需进一步研究。因此，本文将系统梳理宋庆龄从抗战以来与华侨华人建立联系的历史过程，深入分析宋庆龄的华侨动员思想，探讨其思想形成的背景，以此呈现宋庆龄与广大侨胞的深厚情谊以及宋庆龄为华侨事业所作出的重要历史贡献。

（二）宋庆龄与华侨交往的缘起

1913年，孙中山发动武装讨袁的“二次革命”失败以后，袁世凯下令通缉孙中山、黄兴、廖仲恺等人，大肆搜捕革命党人。孙中山被迫于1913年8月初东走日本。当时，孙中山的革命伙伴、宋庆龄的父亲宋嘉树带着大女儿宋霭龄随同孙中山流亡到日本，协助孙中山进行革命活动，并由宋霭龄担任其英文秘书。1914年春天，21岁的宋庆龄在美国威斯里安女子学院毕业，在回国途中路过日本，探望家人并拜访孙中山。在日本停留期间，宋庆龄开始协助父亲处理孙中山的英文信件。1914年9月宋霭龄回国结婚，经孙中山同意，便由宋庆龄接替姐姐担任孙中山的英

---

① 上海宋庆龄故居纪念馆编译：《宋庆龄来往书信选集》，上海人民出版社1995年版。

② 瞿丽珍翻译，李雪云校对：《宋庆龄等为向中福会捐赠事与旅美华侨等往来函》，《上海档案工作》，1993年第1期。

文秘书，开始了她的革命生涯。

在流亡日本的危难时刻，孙中山得到了宋庆龄的巨大支持和鼓舞，宋庆龄也深深地受到这位革命导师的影响。她积极地帮助孙中山处理繁重的日常工作并出色完成，逐步成为孙中山革命事业上离不开的得力助手。他们二人在革命运动的共同目标下互相吸引，在患难中建立了深厚的革命情谊，于 1915 年 10 月 24 日在日本东京登记结婚。

与孙中山结合后，宋庆龄全身心地投入到丈夫的革命事业中，开始接触到孙中山的革命伙伴和忠实追随者，其中，便有多年支持孙中山革命的华侨华人。

廖仲恺夫妇一家与孙中山夫妇的情谊持续长达数十年之久，弥足珍贵。廖仲恺（1877—1925），祖籍广东惠阳。廖仲恺生于美国旧金山华侨商人之家，17 岁时陪送患病的母亲到了香港，他在那里和何香凝结婚。1902 年，何家资助这一对青年夫妇到日本继续求学。在日本，他们夫妇遇见了孙中山，并成为了他事业的积极支持者。1905 年，廖仲恺夫妇都加入了同盟会，何香凝成为中国最早的女会员之一，又于 1913 年加入了孙中山筹组的中华革命党。他们夫妇无条件地追随孙中山进行革命斗争，是其最忠诚、最亲密、发挥作用最大的革命助手。

1915 年，孙中山和宋庆龄在历经波折之后走到了一起。但孙、宋的婚事，同时遭到了家庭、朋友、战友等各方的阻挠和反对，甚至中华革命党中的同志们都曾派代表或发出书信，力图说服孙中山不要与宋庆龄结合。孙、宋在孤立无援的情形下，是廖仲恺夫妇给予他们热诚的支持和衷心的祝福，婚礼当日廖氏夫妇不仅全家一起登门贺喜，何香凝还专门绘制了一幅《万派朝宗》的国画作为贺礼。他们的女儿和儿子廖梦醒和廖承志就是在那时第一次见到了宋庆龄。廖梦醒后来在上海担任过宋庆龄的秘书；廖承志晚年悼念宋庆龄时，写下了“童年初识风姿美”[①]的诗句；孙中山、宋庆龄在有生之年，对待廖仲恺的一对儿女一直亲如子侄。

1924年孙中山在北上之前，特任廖仲恺为国民党党军及各个军官学校和讲武堂的党代表、大元帅大本营参议、国民党中央农民部部长。1925年2月孙中山在北京病重时，廖仲恺要求入京照料，被孙中山致电阻止。廖仲恺只得专门托何香凝代为北上侍疾。在3月11日孙中山病情危殆之际，何香凝在孙中山病床前含泪允诺：今后将永远遵守先生的主张，对孙夫人宋庆龄亦当尽全力照顾。3月12日孙中山逝世后，廖仲恺悲痛万分，立即与胡汉民等联名发表通电，声明要遵循孙中山的遗志，继续他未竟的事业。4月12日，何香凝在上海悼念孙中山的大会上发言称“今先生死矣，夫人尚在。我辈当念先生之言，随夫人之后，共同奋斗”[②]，公开表明其与宋庆龄站在一起的坚定立场。

1925年8月，廖仲恺因国民党右派嫉恨而遭刺杀，宋庆龄听闻后悲愤不已，当即给何香凝发去唁电：

廖夫人鉴：惊闻仲恺先生哀耗，元良遽丧，吾党损失甚巨，实深痛切。家母亦深哀悼。但先生为党牺牲，精神尚在，吾辈宜勉承先志，竭力进行。本拟赴粤亲致祭奠，惟因事所羁，不克如愿。务希各同志扶助本党，积极进行，万勿因此挫折。南望涕零，特电驰唁。[③]

此后，宋庆龄与何香凝化悲痛为力量，并肩开始了更为艰苦的奋斗与抗争，始终保持着极其深厚的友谊。1955年8月20日，宋庆龄出席了廖仲恺逝世30周年纪念大会。她在大会上再次评价廖仲恺是“中山先生

---

① 廖承志文集、传记编辑办公室编:《廖承志文集》下卷，人民出版社1990年版，第832页。

② 尚明轩、余炎光编:《双清文集》下卷，人民出版社1985年版，第8页。

③ 《为廖仲恺遇刺逝世致廖夫人的唁电》（1925年8月），宋庆龄基金会编:《宋庆龄选集》上卷，人民出版社1992年版，第32页。

的战友”；“品格高尚，赤诚爱国”。[①]1981 年 5 月宋庆龄病危之际，其时间最长的一段重要谈话是与廖承志之间进行的。她把孙中山与廖仲恺夫妇之间的信任与友谊，延续到了他们的下一代。

陈友仁与宋庆龄的交往历经曲折，但革命战友情谊笃深。陈友仁（1889—1944），祖籍广东顺德，出生于美洲牙买加岛的华侨家庭。自幼受英式教育，毕业于西班牙港的圣玛丽学院。早年任职律师，辛亥革命后毅然回国，在北京创办英文《京报》，痛砭时弊，反对袁世凯称帝和段祺瑞卖国，曾因此而身陷囹圄。1917 年，陈友仁南下参加孙中山领导的护法运动，由此开始与孙中山、宋庆龄交往。孙中山非常信任陈友仁，委任他为自己的英文秘书、外事顾问等，让他参与了许多重要的外事活动。孙中山逝世后，陈友仁参加广州、武汉国民政府，任外交部部长。他与国民党左派人士一道，坚持孙中山的三大政策，积极贯彻反帝反殖的外交方针。

1927 年 1 月，汉口、九江英租界相继发生英兵打死打伤中国群众的严重事件，陈友仁代表武汉政府强烈抗议英国军队暴行，迫使英军撤离，武汉国民政府先后接管了两地的英租界。此时出任国民党党政临时最高权力机关“中国国民党中央执行委员及国民政府委员临时联席会议”委员的宋庆龄，主张采取迅速的、战术性的行动。她指出：

革命将取得全国性的军事胜利，这一点不仅中国人民，世界各国也都已看到，因此列强将避免同中国直接冲突，这样的冲突对它们有百害而无一利。而且列强之间也有意见不一和利益矛盾的地方。虽然它们都不喜欢武汉政府，它们对武汉政府的态度、对其前途的看法以及当前各自利益受到直接威胁的程度却不相同，因而中国对它们的态度也应有所

① 《在政协全国委员会纪念廖仲恺先生逝世三十周年大会上的讲话》（1955 年 8 月 20 日），宋庆龄基金会编：《宋庆龄选集》下卷，第 126—128 页。

区别。……我们的行动越快，英国人就越是来不及同其他国家协调政策。这样做，武汉革命基地和北伐都不会有迫在眉睫的危险。[①]

宋庆龄的看法为大家所接受并迅速付诸实践。在陈友仁的主持下，武汉国民政府于同年 3 月 15 日正式收回了汉口、九江英租界。这是自鸦片战争以来，中国政府第一次从外国列强手中收回的租界，开启了民国外交的新纪元。

此后，陈友仁与宋庆龄在国民革命时期的政治舞台上多次合作。1927 年“四一二”反革命政变后，宋庆龄和陈友仁、彭泽民等许多国民党左派人士以及共产党人毛泽东、董必武、恽代英等于 1927 年 4 月 22 日发表《讨蒋通电》，声讨蒋介石的反共罪行。7 月 14 日晚，宋庆龄又特委托陈友仁代表她在汪精卫召开的“分共”会议上发言，表明自己坚决反对“分共”的立场。陈友仁在会上坚定地指出：“孙夫人反对分共，因为联俄、联共、扶助农工的三大政策是总理手定的。有了三大政策，革命才能够发展成今天的局面，抛弃三大政策，就必然要向帝国主义和蒋介石屈服。”[②] 汪精卫叛变革命后，宋庆龄和陈友仁决定暂时撤离武汉，出访苏联。在苏联期间，他们同邓演达一起联名，以国民党临时行动委员会名义发表《对中国及世界革命民众的宣言》，直指蒋介石、汪精卫等已成为“旧势力之化身，军阀之工具，民众之仇敌”。而后宋庆龄与陈友仁、邓演达经常通过函电商议继续革命的问题，足见其志同道合、患难与共的情谊。

孙中山身边的警卫人员归侨姚观顺、马湘、黄惠龙等也对孙中山夫妇忠心耿耿，誓死追随。姚观顺是美籍华侨，由于钦佩孙中山从事推翻清朝、建立民主共和国体以救国救民的伟大事业，他从美国军校毕业后，

① 伊斯雷尔·爱泼斯坦著，沈苏儒译：《宋庆龄：20 世纪的伟大女性》（上），新星出版社 2015 年版，第 169 页。

② 《第一次大革命的回忆》，吴玉章：《吴玉章回忆录》，中国青年出版社 1978 年版，第 150 页。

于1914年回国，开始追随孙中山从事革命事业。1921年孙中山就任非常大总统后，姚观顺被委任为总统府少将参军、卫士队队长，担负贴身保卫孙中山和宋庆龄安全的重责。黄惠龙和马湘都是美洲华侨，黄惠龙早年侨居加拿大时，恰逢孙中山前来宣传革命，他即参加同盟会并捐助革命经费；马湘则是在孙中山到美国巴素地区宣传革命时，当即要求参加革命并加入同盟会的；两人随后都加入了以讨袁为目的的华侨义勇团。后在一次慰劳会上，孙中山认出二人，收作侍从。此后他们俩历任孙中山的侍从副官、卫士队长和副队长，侍卫周到，深得孙中山信任。

1922年6月16日，陈炯明在广东发动军事叛乱，炮轰大总统府。在危难之中，宋庆龄请求孙中山先行撤离，自己坚持留下来吸引叛军的火力以助孙中山安全脱险。后由卫队长姚观顺和两位卫士黄惠龙、马湘护送宋庆龄撤离。当时的情形险象环生，三人在通过通往大总统府的栈桥时被叛军察觉并用枪弹扫射，姚观顺不幸被击中腿部。宋庆龄在事后写下的著名回忆文章《广州脱险》中提到："我们把姚副官长抬进一屋，而把他的伤痕随便绑起来，我不敢看他剧痛之苦，但是他反安慰我说：'将来总有我们胜利的一天'。"①显示出姚观顺对革命事业充满胜利的信心。而宋庆龄最终能够脱险，也离不开马湘和黄惠龙的拼死护卫。

孙中山逝世后，黄惠龙和马湘都曾任中山陵警卫处处长。他们对孙中山、宋庆龄忠心誓死相随，对背叛孙中山革命事业的人，从不肯同流合污。宋庆龄一直很关照护卫过孙中山和她的英勇卫士。20世纪30年代初，宋庆龄把赋闲的姚观顺介绍到弟弟宋子文任部长的财政部下属税警总团任事，成就了他下半生的功业；1949年后，宋庆龄致电马湘，邀请他从香港回来参加祖国社会主义建设和安度晚年。

早年追随孙中山从事革命事业的华侨华人，在孙、宋结合后看到了

① 《广州脱险》（1922年6月），《宋庆龄选集》上卷，第17页。

宋庆龄对孙中山事业的忠诚与矢志不渝，逐渐接受她、认可她，甚至在孙中山逝世后愿意和她一同为继承孙中山的遗志而奋斗，这成为宋庆龄与华侨华人交往的缘起。在以后的革命岁月中，宋庆龄与华侨华人群体并肩为中华民族的解放事业而奋斗，她对侨胞充分信任与尊重，赢得了侨胞对她的景仰与厚爱。

（三）抗日战争时期与华侨建立直接联系

抗日战争时期，华侨华人在政治上声援抗战，在经济上支援祖国，对争取抗战胜利起到了重要作用。

全面抗战爆发后不久，汪精卫及国民政府中的投降派官员，一直谋求停止抗日，并于1938年春不断与日方暗中接触，全然不顾国家领土沦陷，不断试探对日妥协的途径与条件。鉴于此，宋庆龄再次与国民党左派归侨陈友仁、彭泽民等人，于1938年10月28日致函国民政府谴责汪精卫的投降言论："当广州弃守之日，汪精卫先生忽对路透社记者发表公开谈话，举国惶惑。今我政府既宣布抗战政策，则对于淆乱人心，影响抗战之言论，必当明令制止，并向国际否认；而主和分子，必当摒弃"，并提出四项抗战方针："一、加强中枢政治机构。二、遵守总理所定外交政策。三、发动全国民众力量。四、迅速起用知兵宿将，保卫广东。"[①]1941年1月7日震惊中外的皖南事变发生后，宋庆龄即联合何香凝、彭泽民、陈友仁等人发表宣言和声明，痛斥蒋介石和国民党当局违背孙中山遗训。在1月14日致蒋介石及国民党中央的宣言中，宋庆龄与何香凝、柳亚子、彭泽民四人联名表示，"最近则有讨伐共军之声竟甚嚣尘上，中外视听为之一变。国人既惶惶深忧兄弟阋墙之重见今日，友邦亦窃窃私议中国（抗日）之势难保持。倘不幸而构成剿共之事实，岂仅过去所历惨痛又将重演，实足使抗建已成之基础隳于一旦……引起国

① 《致林森、蒋介石等》（1938年10月28日），《宋庆龄选集》上卷，第259—260页。

人惶惑，招致友邦疑虑”[1]，在尚未得知皖南事变已发生的消息时要求蒋介石撤销“剿共”部署，实行联共抗日；在1月18日的电函中，宋庆龄和何香凝、陈友仁直接发表声明，指出“弹压共产党则中国有发生内战之危险，今后必须绝对停止以武力攻击共产党，必须停止弹压共产党的行动”[2]。这些声明、宣言的发出，表明了宋庆龄与何香凝、陈友仁、彭泽民等人在多年政治合作中所形成的共同政治立场。

争取华侨华人的经济援助，是宋庆龄在抗战时期从事救济工作的重点之一。宋庆龄最早与海外华侨建立直接联系，是在1932年1月28日淞沪会战爆发后，她和何香凝、杨杏佛等人发起设立国民伤兵医院，得到新加坡华侨胡文虎的大力支持。当时国民政府的不抵抗主义导致对伤兵的急救和治疗不予支持。上海的租界内有几家医院可以腾出床位来救治，但却因租界与战区隔离、床位有限难以大量容纳等问题导致伤兵得不到及时治疗。对此，宋庆龄认为“应有持久集中之组织”[3]，倡议建立一个具有一定规模和医疗力量，能给受伤官兵以高水平治疗的国民伤兵医院。取名为“国民”，就是为了表明“它不是政府办的，是民众自筹资金兴办的伤兵医院”[4]。此倡议一经提出便得到各方力量的积极响应：上海交通大学校长黎照寰借出校舍，东南医学院院长捐出大批医疗器械和药品，申报馆史量才、广东企业家如先施，还有其他工商实业家均踊跃捐输财物。除了上海各界人士的热烈支持外，新加坡华侨胡文虎通过

① 《要求撤销剿共部署，坚持实行联共抗日》（1941年1月14日），《宋庆龄选集》上卷，第319页。

② 《为“皖南事变”电斥蒋介石》（1941年1月18日），《宋庆龄选集》上卷，第323页。

③ 宋庆龄：《在国民伤兵医院答记者问》（1932年），《宋庆龄选集》上卷，人民出版社1992年版，第87页。

④ 杨小佛：《宋庆龄和国民伤兵医院》，上海市孙中山宋庆龄文物管理委员会、上海宋庆龄研究会编：《回忆宋庆龄》，东方出版中心2013年版，第386页。

何香凝捐出一万元救护经费，在当时是一笔巨额捐款[①]。由此胡文虎和宋庆龄通过救济活动建立起联系。1937 年全面抗战爆发后，胡文虎及时将储存在香港永安堂的一批价值 8000 多元的纱布急运上海，支持宋庆龄、何香凝组织的抗日救护队；同时还组织香港红十字救护科毕业生 500 余人回国抗战，以拳拳赤子之心倾囊捐助祖国的抗战大业，以最大的热情支援全民族的抗战。[②]

抗战时期，由于受国民政府“统筹统汇”政策的影响，华侨在援助特定对象时受到诸多限制，如对新四军、八路军援助的款项不能直接汇寄。对此，宋庆龄于 1938 年 6 月在香港组建保卫中国同盟（以下简称“保盟”），旨在“鼓励全世界所有爱好和平民主的人士进一步努力以医药、救济物资供应中国”[③]，实际上为海外华侨提供支援抗战的重要通道。一方面，海外华侨出于对宋庆龄的信任，将物资、捐款通过她领导的保盟以及中国工业合作社代为转交，例如司徒美堂与旅美进步人士所组织的纽约华侨抗日救国筹饷总会，与保卫中国同盟密切联系，从各方面支持和援助在华北、华中敌后抗战的八路军和新四军[④]；印度尼西亚苏门答腊棉兰市的华侨，多次募集捐款送交吧城《新报》总经理洪渊源先生，寄香港保盟再转寄国内，以资救护抗日受伤将士[⑤]；美国纽约的华昌贸易公司董事长李国钦积极援救战争孤儿，通过宋庆龄向中国的两个战

① 《胡文虎捐助一万元》，《申报》1932 年 3 月 5 日第 1 版。

② 苏文菁总主编：《闽商发展史 · 龙岩卷》，厦门大学出版社 2016 年版，第 69 页。

③ 《保卫中国同盟成立宣言》（1938 年 6 月），中国福利会：《永远和党在一起》，上海人民出版社 1983 年版，第 2 页。

④ 广东省地方史志编纂委员会编：《广东省志 · 华侨志》，广东人民出版社 1996 年版，第 289页。

⑤ 卓寿谦：《苏岛抗日反法西斯殉难志士陈季华》，中国人民政治协商会议浙江省苍南县委员会文史资料研究委员会编：《苍南文史资料》（第八辑），1993 年 1 月，第 65 页。

争孤儿院寄来支票①。

另一方面，宋庆龄也通过保盟所开展的救济工作，主动同海外华侨建立联系。美籍华人李兆焕在“七七事变”后，发动爱国侨胞上街宣传抗日，反对日军侵略中国，抵制日货，要求美国政府对日禁运汽车等战争物资。宋庆龄与他建立联系后，得到其热烈的回应，积极捐助保盟的事业，“捐款通过保卫中国同盟转给八路军、新四军”②。在美国纽约开办陈李公司的李德予，慷慨捐助500元作为八路军的寒衣款，还“屡次汇款援助抗战将士”③。宋庆龄领导保盟在美发起义卖会，向美国友人推荐懂得中国古玩的在美华侨李国钦，并通过他发动“许多富有的收藏者来参观展览”④。

在争取华侨华人经济支援的同时，宋庆龄对不同华侨团体组织的抗日救亡运动也极为关切。1937年12月，驻粤各华侨团体发起成立“华侨抗敌动员总会”，宋庆龄被选为名誉会长。该会以“联合各地华侨团体及同胞，统一意志，集中力量，协助政府抗战到底，复兴民族”为宗旨，在华侨生活中心居留地星洲、槟城、暹罗等地设立分会。1938年8月，华侨抗敌动员总会第二次代表大会在广州开幕，有南洋各地华侨代表120人、来宾上千人参加。宋庆龄为筹备这次会议做了大量的工作，她专门从香港到广州出席大会，并发表了著名的演说《华侨总动员》，高度评价华侨为抗日救亡作出的贡献，提出“华侨总动员”的口号：

我首先热烈的庆祝华侨第二届会员代表大会的开幕，并寄以无限的希望！同时，向热心爱国由海外各地跋涉重洋奔劳赴会的诸位代表，致

---

① 《致李国钦》（1939年4月14日），宋庆龄基金会、中国福利会主编：《宋庆龄书信集》上册，第136页。

② 尚明轩主编：《宋庆龄年谱长编1893—1948》（上），社科文献出版社2009年版，第393页。

③ 《致陈其瑗、赵建生》（1939年3月15日），宋庆龄基金会、中国福利会主编：《宋庆龄书信集》上册，第131页。

④ 《致哈斯克尔》（1939年1月18日），《宋庆龄书信集》上册，第129页。

以敬意！向远离祖国，漂泊海外各地，曾深受被压迫民族痛苦之千万侨胞，致以诚挚的慰问！更预祝代表大会的顺利进行和成功！

……

在海外千万的侨胞，对于中华民族解放的伟大事业之援助与参加，非在今日始。远在总理倡导革命之始，数十年来，未曾间断，尽其国民天职，将其财力物力人力，效忠革命，贡献祖国，给国内同胞以极大的鼓舞奋慰。记得总理在世时，说过："中国革命，多依靠于华侨的帮助，甚至以血汗换得仅能维持温饱工资的侨工，都肯出钱帮助。"这是如何令人感动！最近香港侨胞小贩牺牲血本，义卖献金，继以各行商贩的继续义卖运动，堪称先后比美的壮举！

抗战以还，年余于兹，华侨之救国运动，应广泛迅速的开展起来。在欧美，在新嘉（加）坡、菲律宾、南洋，在安南、暹罗，在印度、荷属，在香港等地的华侨，积极筹募捐款，侨工更是节衣缩食，省下血汗钱，是以捐款成绩，达数千万元，更尽兴抵制日货，组织救国团体，扩大国际宣传工作，成立战时服务团体，回国参加抗战，支持抗战，给予抗战以极大的帮助，这是值得大大赞扬和效法的。

为了适应抗战的需要，争取抗战的胜利，自不应满足于现状与已得之初步成绩，为了更使侨胞得充分发挥爱国热忱，必须在已有的工作成绩基础上，求得高度的更大发展，能使华侨总动员，以配合国内抗战建国的急需。华侨总动员之成绩优良与否，是测验华侨代表大会之收获成绩，是华侨救国团体之领导能力强弱之尺度。如何能使华侨总动员，开展华侨中的救国运动？必须实现下述最主要的中心工作：

保证华侨能够动员，最重要迫切的是加紧华侨中的团结，充实与扩大华侨救国的组织，统一华侨运动的领导，以及发扬应有的民主精神。……动员华侨抗战救国的各种团体，应该是有包括广大数量华侨的组织，其内部的工作实施与会员的生活，应实行民主的精神，发展关于抗战建国事业之自由讨论，以提高侨胞抗敌救国的热情与积极性，养成负责的精神，以加强与侨胞间之组织与联系，这样才能获得华侨的爱戴与拥护，成为有威信真能动员的团体；再加以正确的统一领导，必能激动其“自发情绪，以从事于同仇敌忾”，自易收动员之效。盖抗战建国之伟业，必须合我全民族四万万五千万人之巨力去争取完成，绝非少数人所克胜任，所能完成。……只有团结合作发扬应有的民主精神，保障与帮助华侨的各救国团体，是更加能顺利的动员华侨的先决条件，亦是代表大会能有收获与胜利成功的前提基础。

保证华侨能够动员，还需依靠和经过各种的实际工作，组织侨胞到实际工作中，才是真实的动员。如果今天仅仅限于纸上的计划，口头的空谈，是万分不够的。……

在海外各地的华侨，在其居留地政府统治之下，久已深切体验到被压迫民族所受之待遇与苦痛，所以，更加能够了解祖国之兴衰存亡，关系与侨胞之福利至大，俱有国家观念，勇于抗战救国。一年以来，先后回国服务，请缨杀敌者，时有所闻。但惜我政府对回国服务侨胞，未能妥予招待，亲切接洽，予以指导，致使久离祖国之侨胞，深感人地生疏之苦，请缨无由，进退两难，彷徨歧路，有挫华侨之壮志热忱。深望我政府今后对回国服务之侨胞，对国内华侨团体，予以亲切的扶植，给以工作的机会。对海外侨胞、救国团体，应加强联络，经常给以政治上精神上的帮助，尽量为华侨解除痛苦与困难，更多为华侨谋福利，以提高政府在华侨中之威信。总理曾谓：“政府与人民结合起来”之遗教，能同样运用施之于华侨方面，则华侨当更能效忠国家也。

在出席华侨抗敌动员总会代表大会期间，宋庆龄还在下榻的迎宾馆会见大会主席团负责人邢森洲、谭信，秘书长陈光润及华侨代表，勉励侨胞“参加抗战建国华侨代表会议，其义勇精神，殊深钦佩，尤望加强努力，重蹈征途，继续奋斗，以达抗战必胜，建国必成之目的”[①]。这次代表大会，对于扩大华侨的抗日救亡运动具有重要的指导意义。此后，各地华侨的救国热情更加高涨，真正做到有钱出钱，有力出力，团结一致。许多华侨飞行员、汽车司机、熟练工人和青年学生组成华侨服务团，通过宋庆龄的安排或者其他渠道回国参加抗战。

宋庆龄还在琼崖华侨联合总会和工合国际促进委员会分别担任名誉会长和名誉理事。1939年初，宋子文等人发起召集英、荷、暹各属琼商团体代表组成琼崖华侨联合总会，宋庆龄被选为名誉会长。琼崖华侨联合总会由海外琼侨、港澳同胞组成，旨在集中海外各地琼侨力量，筹谋救济琼崖，建设及发展琼崖。由祖籍为琼地的宋庆龄、宋子文担任名誉会长和发起人，有助于号召琼侨支持家乡抗日活动。1939年春，工合国际促进委员会在香港成立，宋庆龄任名誉主席。她配合工合国际委员会在英美人士和南洋华侨中开展广泛宣传的工作，委托斯诺夫妇前往菲律宾马尼拉筹组菲律宾工合促进委员会。一年多的时间里，菲律宾各地侨胞就通过该委员会捐款数十万元。[②]在宋庆龄的大力号召下，海外侨胞积极响应，“在欧美、新加坡、菲律宾、越南、暹罗、印度相继成立华侨救国团体，踊跃支援祖国抗战”[③]。

除此以外，为适应港澳同胞和华侨抗日的需要，宋庆龄还大力支持并协助中国共产党在香港创办宣传刊物。根据周恩来的指示，廖承志在与宋庆龄商量后，经宋庆龄同意由保盟拨款资助创办《华商报》，并由保盟执行委员会的金仲华、邹韬奋、邓文钊及夏衍、范长江等负责编辑。1941年4月8日，《华商报》创刊号以中文出版，宋庆龄为其题词：“为

① 原载香港《星岛日报》1938年9月20日，参见刘家泉：《宋庆龄在香港》，中共中央党校出版社1997年版，第85—86页。

② 中国福利会编：《宋庆龄与中国福利会》，第65页。

③ 蒋洪斌：《宋庆龄传》，江苏人民出版社1987年版，第394页。

坚持抗战作有力之后盾，为保持团结作有效之喉舌，为实现民主作正义之呼号，为人民幸福作公正之申诉，给予侵略者以严重之打击。”[①]她还多次为《华商报》撰稿，宣传抗日活动和主张，并团结许多重要人物支持该报，使该报在华侨中享有很大的威望，为团结侨胞抗战作出了重要贡献。

在宋庆龄领导的救济工作中，当收到华侨汇来的救助款项时，她总是第一时期告知汇款去向，同时表达谢意与争取进一步的援助。1939 年 3 月，保盟收到美国华侨陈其瑗、赵建生等人的捐款。不久宋庆龄便亲笔复信告知收到捐款并致谢意，“先生等及侨美同胞为祖国努力，屡次汇款援助抗战将士，具见爱国热忱，不胜钦佩。现在抗战尚未达到最后胜利目的，端赖先生等继续努力，经常赐助，务求早日获得光荣胜利，是为至盼”。[②]华侨李国钦在美国读到宋庆龄发表的《救济战灾儿童》一文后汇来了 25 美元，宋庆龄致函代表战争孤儿们表示感谢，并介绍了当地战争孤儿院开办情况和捐款去向。[③]在和美籍华人李兆焕联络上之后，宋庆龄亲自致函感谢他对抗战救济工作的支持，“感谢你对我们事业的慷慨捐助。款已交给我盟的代表们，我相信这对我们的事业将有很大好处……希望在我们的下期《保盟通讯》中有你的好消息。对你忠诚地支持我们的救济工作，深表谢意”[④]。由此，宋庆龄在中国抗战与海外华侨之间搭起一座桥梁，使海外侨胞真切感受到为支援祖国抗战所发挥的热量。

（四）解放战争时期与华侨保持密切联系

抗日战争胜利后，宋庆龄于 1945 年 11 月离开重庆回到上海，将保盟改组为中国福利基金会，继续从事战后的救济工作。中国福利基金会

① 尚明轩主编：《宋庆龄年谱长编》（上），社会科学文献出版社 2009 年版，第 430 页。
② 《致陈其瑗、赵建生》（1939 年 3 月 15 日），《宋庆龄书信集》上册，第 131 页。
③ 《致李国钦》（1939 年 4 月 14 日），《宋庆龄书信集》上册，第 136 页。
④ 《致李兆焕》（1941 年 2 月 7 日），《宋庆龄书信集》上册，第 192 页。

的核心任务在于“中国需要外国朋友们更多的帮助。继续吁请道义、物质和技术方面的援助，以渡过战后的困难时期”[①]。1946年1月14日，宋庆龄发表谈话，进一步吁请国际友人和海外侨胞支持中国福利基金会，她指出：“广大中国人民的福利，需要全世界的友人和同情者宽仁善意的帮助。……中国现在万分需要精神、物质和技术的支援，以渡过战后这一段困苦的时期。……国际上各救济机关虽然曾作过种种可敬和最大的努力，但还不够……还需要外国友人进一步的援助。”[②]在这一时期的救济工作中，宋庆龄与华侨团体和侨胞保持密切联系，建立起长期良好的合作关系。

悉尼“响应孙夫人呼吁筹赈会”（Madam Sun Yat-Sen’s Appeal Committee，以下简称“筹赈会”）本是抗战期中为了响应孙夫人宋庆龄向海外中西人士呼吁，请求援助西北、华中一带抗日游击战士及国际和平医院而成立的华侨组织，主席为澳洲华侨黄家权。黄家权（1903—1948），原籍广东香山县小赤坎（今属珠海市斗门区斗门镇小赤坎村）人士，生于澳大利亚悉尼，幼时回国读书，后重返悉尼工作，在抗战时期领导澳洲侨青社的工作。[③]抗战胜利后，澳大利亚的华侨团体在收到宋庆龄鼓励继续支援祖国的来信后，决定将澳洲侨青社、中华海员工会澳洲总分会及悉尼中华体育协进会三个团体联合，更名为“悉尼响应孙夫人呼吁筹赈会”，继续支援祖国建设和援助难胞。筹赈会在1945年12月30日发表的工作报告，表示致力于在宋庆龄的指导下救济战后中国，“我们捐给孙夫人的款，是确确实实地，由孙夫人底能干主持之下，用来救了不少的伤兵、难民——这，至少，是比较其他不知下落的和给贪

---

① 《保卫中国同盟声明》（1945年12月），宋庆龄基金会编：《宋庆龄选集》上卷，第394页。

② 中国福利会编：《宋庆龄与中国福利会》，第109页。

③ 黎细玲编，珠海市档案局（馆）：《珠海人物》，中国文史出版社2016年版，第153页。

官污吏放入私囊去的捐款好得多了！”① 宋庆龄在领导中国福利基金会的救济工作期间，同筹赈会主席黄家权多次往来信函，保持着十分密切的友好关系。

其一，了解筹赈会的活动情况。宋庆龄在收到筹赈会发来的电报后，立即函复黄家权，希望了解该会的活动情况。1946 年 2 月下旬，黄家权在回函中介绍了该会参加悉尼商业劳工会组织的游行、成立“中国友人协会”以增进中澳两国人民的友谊、改善中国海员的条件等活动。② 宋庆龄也多次在和黄家权的书信往来中向其介绍中国福利基金会和解放区救济总会的救济工作，希望通过了解彼此的工作计划，进一步争取悉尼华侨通过中国福利基金会提供各种援助。

其二，指导筹赈会的捐助工作。1946 年 2 月 16 日，宋庆龄致函该会表示，最有利的汇款途径不是通过英国联合援华会分配，而是“通过伦敦汇丰银行的英国教会与救济机构联合账户”，从而避免经官方银行汇给导致的捐款金额折损问题③；在同年 9 月，她再次致函黄家权告知外汇款项转到中国的最佳方式④。1946 年 8 月 2 日，宋庆龄根据黄家权的来函询问，建议筹赈会在广州开展救济工作，并表示“只要我们力所能及，任何另外的援助都受欢迎”⑤。1946 年 11 月 6 日，宋庆龄根据中国福利基金会正在着手进行的国际和平医院和托儿所项目，致函建议黄家权将筹集的款项用于开办一座新的托儿所，可以“某一捐款城市命名……或许悉尼市能参与诸如此类的创举”⑥。1947 年 6 月，宋庆龄建议筹赈会

---

① 《致悉尼响应孙夫人呼吁筹赈会》（1946 年 2 月 16 日），《宋庆龄书信集》上册，第 336—338 页。

② 蒋洪斌：《宋庆龄的足迹》，黑龙江人民出版社 1988 年版，第 712—713 页。

③ 蒋洪斌：《宋庆龄的足迹》，黑龙江人民出版社 1988 年版，第 710 页。

④ 《致黄家权》（1946 年 9 月 4 日），《宋庆龄书信集》上册，第 418 页。

⑤ 《致黄家权》（1946 年 8 月 2 日），《宋庆龄书信集》上册，第 404 页。

⑥ 《致黄家权》（1946 年 11 月 6 日），《宋庆龄书信集》上册，第 440—441 页。

配合中国福利基金会正在开展的“实物礼品”活动，她在致黄家权的信函中附上了介绍这个活动的报告，并希望通过筹赈会“在澳大利亚很好地使用，并在我们的、关心中国人民福利的朋友们中间传播”①。

其三，争取医药物资。1946 年 7 月以来，筹赈会多次向中国福利基金会寄来消耗性药品，宋庆龄每一次都热情地向黄家权表达感谢：

这是一批极好的捐献品，因为消耗性的医药物资越多越好。需要这类物资的要求多得不得了，我们尽力不断地采办。②

有两箱消治龙和一箱磺胺胍正在运往上海的途中，多谢你这份厚礼③。

这些来往电函，字里行间都流露出澳大利亚华侨希望了解战后中国、支援祖国重建的迫切愿望，同时也充分说明宋庆龄与澳洲侨胞的紧密联系。黄家权向宋庆龄表达了筹赈会对她的信任，“侨青社成员得知筹集的款子正在起那么好的作用，高兴得很……他们已决定从今起，今后的捐款全部捐献给孙夫人的事业”④。宋庆龄也对黄家权主持的筹赈会表示高度赞扬：

阿瑟·朗兹先生来信谈到你具有良好的精神和你们的组织所做的出色的工作。我要再一次向你保证，你所作的每件事都会被热烈地接受和赞赏⑤。

我会十分感谢澳大利亚华侨朋友为中国苦难人民所做的一切，同时感谢你们对中国福利基金会所表示的信任⑥。

目前中国处于情况危机的时刻，我们呼吁全体海外侨胞和外国朋

① 《致黄家权》（1947 年 6 月 5 日），《宋庆龄书信集》上册，第 532 页。
② 《致黄家权》（1946 年 8 月 2 日），《宋庆龄书信集》上册，第 404 页。
③ 《致黄家权》（1946 年 9 月 4 日），《宋庆龄书信集》上册，第 418 页。
④ 蒋洪斌：《宋庆龄的足迹》，第 712 页。
⑤ 《致黄家权》（1946 年 9 月 4 日），《宋庆龄书信集》上册，第 418 页。
⑥ 《致黄家权》（1947 年 3 月 17 日），《宋庆龄书信集》上册，第 480 页。

友以物质支援中国福利基金会的活动。我们知道你和贵会是我们可以依靠的[①]。

遗憾的是，1948 年 7 月，黄家权组织亚洲航空公司装运药品支援印度尼西亚，在墨尔本保加湖检阅水上飞机时，因飞机失事不幸坠湖牺牲。澳大利亚侨青社特刻碑铭“人类幸福未臻，我公精神不死”[②]，纪念黄家权带领澳大利亚华侨为祖国战后重建所作的贡献。

1945 年 11 月，泰国爱国华侨在曼谷成立“暹罗华侨各界建国救乡联合总会”（以下简称“暹华建救总会”），旨在“救济祖国灾难同胞和促进祖国和平民主的实现”，会长为泰国华侨蚁美厚，宋庆龄、何香凝、彭泽民等都先后担任过暹华建救总会的名誉会长。蚁美厚（1909—1994），广东澄海人，1925 年春随叔父、泰国华侨名商蚁光炎到曼谷经商。抗战爆发后，蚁美厚参加“暹罗华侨各界抗日联合总会”，协助叔父在华侨中开展抗日救亡活动。1939 年叔父被日伪暗杀后，他立志继承叔父蚁光炎的爱国遗志，多次通过宋庆龄领导的保盟汇款，援助八路军、新四军。抗战胜利后，蚁美厚积极响应宋庆龄救济战后中国的号召，领导暹华建救总会把募集到的大部分钱物通过中国福利基金会转到国内，为祖国解放事业贡献力量。

暹华建救总会成立后不久，蚁美厚于 1946 年 3 月 20 日致函宋庆龄请求指导。宋庆龄 5 月 10 日复函蚁美厚，感谢其对祖国的捐助，并介绍了中国福利基金会的运作情况，为暹华建救总会的援助活动提供参考：

多承贵会关怀祖国建设救济事业，并蒙慨允赐予援助，具见先生等爱国之深，爱护敝会之切，至为钦佩感激，敝会工作除继续几年来所支持之（国际）和平医院及儿童教养事业之外，现因苏、粤、豫、鄂等地，

① 《致黄家权》（1947 年 4 月 2 日），《宋庆龄书信集》上册，第 485—486 页。

② 黎细玲编，珠海市档案局（馆）：《珠海人物》，中国文史出版社 2016 年版，第 153 页。

均以战后元气未复，更加以天作人为之祸相继侵蚀，饥馑之灾已蔓几遍。敝会刻正筹备举行赈灾义演，唯一的筹募所得仍不免有杯水车薪之虑，深盼各地热心爱国侨胞均能努力筹募，赐予援助，……祖国前途实甚利赖。①

1946 年 5 月 29 日，宋庆龄在中国福利基金会会议上发起募集赈灾基金，号召救济难民："目前灾区中皆待毙之人民，据估计达七百余万，而陷于营养不良等半饥饿状态中者，更已达三千余万，故吾人必须立即尽吾人之力，以救济此项难民。"② 蚁美厚了解到祖国的灾情后，即刻响应宋庆龄的号召，以暹华建救总会的名义向中国福利基金会捐赠 2000 万元法币作救济灾民之用。在 6 月 6 日致宋庆龄的信函中，蚁美厚满怀忧思地写道，"敝会鉴于祖国灾情严重，拯救施济刻不容缓……敬乞酌量地区灾情，代为先行赈难"③。

在暹华建救总会捐助同胞大米的事情上，蚁美厚和宋庆龄都付出了颇多心血。1946 年 6 月，蚁美厚在响应宋庆龄赈灾号召的同时，建议以中国福利基金会名义，向联合国善后救济总署（以下简称"联总"）申请在救济大米的额度外，另拨给 3000 吨进口大米，由暹华建救总会购买后运输至广东、湖南两地施赈。④1946 年 9 月 18 日，宋庆龄致函蚁美厚，告知祖国各灾区的现状，向泰国华侨争取进一步的援助：

各地灾情，有增没减，至在收割期中，灾荒依然如故；而今年收获，大约只足五个月粮食，五个月后，更不堪设想矣！⑤

---

① 《致蚁美厚》（1946 年 5 月 10 日），《宋庆龄书信集》上册，第 377 页。

② 《孙夫人发起募集赈灾基金》，《新华日报》1946 年 5 月 30 日，第 2 版。

③ 中国福利会编：《宋庆龄与中国福利会》，第 155 页。

④ 杜淑贞主编，《中国福利会志》编纂委员会编：《中国福利会志》，上海社会科学院出版社 2002 年版，第 133 页。

⑤ 《1946 年 9 月 18 日致建救总会会长蚁美厚函》，泰国归侨联谊会《湄江风云》编委会编：《湄江风云——泰国华侨抗日爱国活动回忆录》，中国华侨出版社 1993 年版，第 70 页。

1947 年 1 月，由于联总在广东的福利计划即将终止，而来不及进行实际救济工作，这意味着暹华建救总会通过联总额外赠予的大米有可能无法落实。宋庆龄专门就此事致函蚁美厚，对大米捐助的方式提出建议：

鉴于这种情况，我们建议：如果完全由此可能并得到贵委员会的同意，我们愿意为渴望得到救济供应的广东朋友接受大米折价款项，因为目前在那个地区分配大米是不可能……我们提出这些建议是希望本会能继续通过贵会的合作，将大量需要的物资运送给最需要援助的人民①。

在得到蚁美厚的肯定答复后，宋庆龄还致函联总官员范海宁，向其说明暹华建救总会以捐款代替大米的原因，“考虑到蚁先生对在暹罗能否及时募集到购买大米的捐款尚无把握，因此，我们写信给他建议以捐款代替大米，直接汇寄我会办理救济灾荒工作。暹罗华侨购进大米的时间拖延过久，将使联总不能运送和帮助分配大米”②。

从 1945 年到 1949 年，暹华建救总会在蚁美厚的领导下，积极响应宋庆龄的号召，在侨界广泛发动救国救乡义捐，团结泰国各界华侨，募集了巨额资金和大批医药品、大米支援战后祖国。宋庆龄评价蚁美厚，“素仰先生领导侨胞，德高望重，登高一呼，四方响应”③；对暹华建救总会对中国福利基金会的信任至为钦佩感激，“多承贵会关怀祖国建设救济事业，……具见先生等爱护祖国之深，爱护敝会之切”④。

除与上述两位海外华侨团体负责人保持密切友好的合作以外，宋庆龄还与许多华侨华人建立起亲密情谊，他们以个人或团体的名义不断支持宋庆龄的救济工作。美籍华人赵司徒志芳，听闻宋庆龄领导中国福利

---

① 《致蚁美厚》（1947 年 1 月 28 日），《宋庆龄书信集》上册，第 465 页。

② 《致范海宁》（1947 年 2 月 15 日），《宋庆龄书信集》上册，第 472 页。

③ 《1946 年 9 月 18 日致建救总会会长蚁美厚函》，泰国归侨联谊会《湄江风云》编委会编：《湄江风云——泰国华侨抗日爱国活动回忆录》，中国华侨出版社 1993 年版，第 70 页。

④ 《1946 年 5 月 13 日致建救总会函》，泰国归侨联谊会《湄江风云》编委会编：《湄江风云——泰国华侨抗日爱国活动回忆录》，中国华侨出版社 1993 年版，第 68 页。

基金会开办的识字班因资金不足而缺少必需用品时，不仅慷慨捐赠识字班所需的铅笔和纸，还由她个人承担运输费用。赵司徒志芳还热情地介绍身边的朋友加入援助活动。美国华侨黄植滋经过赵夫人的联络，得知中国福利基金会需要纸张、铅笔和粉笔，他“毫不犹豫地自愿在他的朋友中着手集款”[①]。在美国经营一家咖啡馆的陈继业经黄植滋和赵夫人的发动，成为中国福利基金会的“新的支持者”[②]。赵夫人还从中搭线，将芝加哥中国新生活运动妇女俱乐部的主席黄自根女士、在美国做绿豆生意的许协先生介绍给宋庆龄，帮助动员更多的美国华侨华人，为中国福利基金会争取到潜在的个人捐赠者。

新加坡华侨曾毓秀响应宋庆龄的呼吁支援战后中国的救济事业，1946年8月宋庆龄致函感谢援助，称其“领导侨胞德高望重，登高一呼，四方响应，尚希为祖国灾民呼吁，群策群力，共襄善举，而收宏效”[③]。中国红十字会爪哇分会的柯全寿曾向宋庆龄领导的中国福利基金会捐赠两箱医药物资供中国伤残者用，宋庆龄复函表示“十分感谢爪哇的华侨朋友为受难的中国人民所作的一切，以及你们对我们中国福利基金会的信任”[④]。1948年，菲律宾华侨颜敕夫人援助四亿元法币，宋庆龄在回函中深表感谢，“顷蒙惠捐巨款（国币肆万万元），具见夫人对祖国贫苦同胞之厚爱，博爱精神至深钦佩，至深感谢”[⑤]。古巴华侨民主同盟的吕主席向国际和平医院捐赠500元美金，宋庆龄亲自回函表示“对于列位

---

① 《赵司徒志芳复宋庆龄函》（1948年4月5日），瞿丽珍翻译:《宋庆龄等为向中福会捐赠事与旅美华侨等往来函》,《上海档案》1993年第1期。

② 《赵司徒志芳致宋庆龄函》（1948年6月15日），瞿丽珍翻译:《宋庆龄等为向中福会捐赠事与旅美华侨等往来函》,《上海档案》1993年第1期。

③ 《致曾毓秀等》（1946年8月），《宋庆龄书信集》上册，第415页。

④ 《致柯全寿》（1947年3月17日），《宋庆龄书信集》上册，第482页。

⑤ 《致颜敕夫人》（1948年），《宋庆龄书信集》上册，第800页。

爱护祖国、关心国内同胞之美意及精神，请代致钦佩之忱”[①]。

（五）新中国成立后心系侨胞，深受爱戴

1949 年 6 月，宋庆龄接受中国共产党的邀请，同意北上参加新政协会议，共商国是。1949 年 9 月 30 日，第一届中国人民政治协商会议选举宋庆龄为中央人民政府副主席。此后她一直担任国家副主席、全国人民代表大会常务委员会副委员长等国家重要领导职务。1950 年 8 月 15 日，宋庆龄根据中央人民政府的要求，将中国福利基金会改组为中国福利会，主要从事妇女儿童福利保健工作、少年儿童文化工作以及国际宣传工作。由于宋庆龄的身份职务和分工安排，她在新中国成立后并没有直接领导侨务工作，出席外事活动的次数也相对有限。但是她始终心系海外侨胞，在华侨华人中仍享有极高声誉。

宋庆龄在国事访问活动中，如有机会都会同当地华侨欢聚交流。1955 年 12 月 16 日至 1956 年 2 月 4 日，宋庆龄先后受邀前往印度、缅甸、巴基斯坦三国开始为期 50 天的友好访问。宋庆龄所到之处，都有当地华侨代表前往机场欢迎：在抵达印度加尔各答机场时，华侨代表到机场迎接宋庆龄的到来[②]；抵达缅甸时，缅甸华侨代表也到机场欢迎[③]。在结束缅甸访问的前一天，宋庆龄在中国驻缅甸大使馆举行的茶会上接见了仰光的各界华侨，当时出席的华侨约有 1000 人，茶会氛围热烈而亲切[④]。第二天离开仰光时，缅甸各界名流和华侨为她举行欢送会。1956 年 8 月 13 日，宋庆龄应印度尼西亚政府和苏加诺总统邀请，前往印尼开始为期十天的友好访问。这次国事访问活动给宋庆龄留下了深刻的印象，

---

① 《致古巴华侨民主同盟吕主席》（1949 年），《宋庆龄书信集》下册，第 242 页。

② 《应印度政府邀请到印度访问 宋庆龄由昆明到达加尔各答》，《人民日报》1955 年 12 月 17 日第 1 版。

③ 《宋庆龄应邀到缅甸访问》，《人民日报》1956 年 1 月 3 日第 4 版。

④ 《宋庆龄继续在缅甸访问 并将在本月下旬访问巴基斯坦》，《人民日报》1956 年 1 月 21 日第 4 版。

在访问期间她不仅受到了印尼华侨的热烈欢迎，还多次同各地华侨代表亲切交流。8 月 15 日，宋庆龄一行抵达印尼雅加达，当天下午她便出席了印尼华侨代表举行的欢迎会。1500 余名代表分别从爪哇、棉兰、望加锡等地赶来赴会，华侨代表司徒赞致欢迎辞。在欢迎会上，宋庆龄向华侨代表们介绍了祖国建设事业的突飞猛进，并勉励华侨要和印度尼西亚人民友好相处①。8 月 18 日抵达万隆后，宋庆龄又在当地华侨中学接见了 300 余名华侨代表，当晚他们分别住在华侨家里，“他们把最好的房子和房间让给我们，使我们觉得像在家里一样”②。8 月 19 日抵达日惹后，宋庆龄参观了华侨开办的工厂，会见日惹和中爪哇地区的华侨代表，在峇厘期间还会见了当地和临近各埠的华侨代表和华侨学校的学生。③1964 年 2 月，宋庆龄以国家副主席的身份，同周恩来、陈毅一起访问锡兰。行程结束时，旅居锡兰的华侨代表到机场为她送行。④

1956 年夏，宋庆龄出访印度尼西亚成为当地侨界轰动一时的重大喜讯。印尼华侨在抗战时期，是南洋各国华侨中抗日捐献最为突出的，并且他们当中有很多是曾追随孙中山革命的国民党元老，因此非常期待宋庆龄的到访。当地 1500 余名华侨代表为欢迎宋庆龄，“有的乘轮船，有的乘火车，有的乘飞机分别从爪哇岛的各大城市以及棉兰、坤甸、望加锡、万鸦老等印尼其他岛屿和遥远的城镇特地赶来雅加达”⑤。印尼各地爱国华文报刊，都以显著版位刊登关于宋庆龄活动的消息及其革命生平事迹，“在印尼的一些国民党元老如陈隆吉、陈匀士等人还在《生活报》

① 宋庆龄：《访问印度尼西亚的报告》，《人民日报》1956 年 9 月 27 日第 6 版。

② 宋庆龄：《访问印度尼西亚的报告》，《人民日报》1956 年 9 月 27 日第 6 版。

③ 宋庆龄：《访问印度尼西亚的报告》，《人民日报》1956 年 9 月 27 日第 6 版。

④ 《宋副主席周总理回到昆明》，《人民日报》1964 年 3 月 2 日第 1 版。

⑤ 乔文：《宋庆龄为印尼华侨签名留念》，中国人民政治协商会议福建省长泰县委员会文史资料委员会：《长泰文史资料》（第十六辑）1993 年 10 月，第 1 页。

发表欢迎的旧体诗”①。许多曾见证宋庆龄出访的华侨，回忆起当时的场景都激动不已。泗水侨联选派的华侨青年代表林孙璋，在欢迎宴会上激动地与宋庆龄握手，并敬请她签字留念，成为激励他回国作贡献的一股力量。1957 年林孙璋毅然回到福建定居，为长泰农业的发展辛勤工作，无私奉献一生。另一位印尼华侨翁瑞兰，在当时曾参加“华侨欢迎宋庆龄副委员长大会”的招待工作，她不仅为见到宋庆龄、聆听她的演讲而激动不已，而且将自己与宋庆龄的合照视为终生最珍贵的纪念品②。在宋庆龄的鼓舞下，翁瑞兰于 1959 年 6 月回到祖国，考上医科大学，在最困难的时期也始终保持着对祖国、对党的信任。

宋庆龄晚年深居简出，在公开场合出席活动或发表讲话的次数相对有限，但她作为国家领导人所参与的重大国事活动，都取得了很大成功。宋庆龄访问印尼之行结束后，周恩来专门来函表示肯定：“您在印度尼西亚的访问，对苏加诺总统、哈达副总统、阿里总理、印尼政府和人民以及华侨，都产生了极为广泛而深刻的影响。”③对华侨同胞来说，宋庆龄的访问在一定程度上扩大了爱国团结，有助于争取华侨为国家建设作贡献。宋庆龄在新中国成立后，以国家领导人身份，始终心系华侨、归侨和侨眷，赢得了广大侨胞对她的无限敬爱。1981 年 5 月 29 日，宋庆龄在北京因病逝世，全国侨联来函深切哀悼，高度评价她在华侨事业中的贡献：

宋庆龄名誉主席以自己的革命实践维护了孙中山先生的新三民主义。她终生不渝地为中华民族的解放和中国人民的解放事业而奋斗。她的崇

---

① 《千岛华侨一段春》，赖玉梅、阮衍章编，《印尼〈生活报〉纪念丛书》编委会：《千岛春痕：邹访今诗文选》，世界图书出版广东有限公司 2013 年版，第 86 页。

② 翁瑞兰：《在雅加达幸福地见到周恩来总理和与宋庆龄副委员长合影的回忆》，本社编：《回忆宋庆龄》，东方出版中心 2013 年版，第 821 页。

③ 《周恩来致宋庆龄》（1956 年 8 月 26 日），上海宋庆龄故居纪念馆编译：《宋庆龄来往书信选集》上册，上海人民出版社 1995 年版，第 407 页。

高的品质和坚贞不屈的革命情操，在华侨中树立了光辉的形象，是海外侨胞的骄傲，为广大华侨所敬仰。她的逝世，是中国各族人民包括海外侨胞的莫大损失。[①]

（六）宋庆龄的华侨动员思想

从抗日战争时期同华侨开始建立直接联系，到新中国成立后心系侨胞、深受爱戴，宋庆龄在不同的历史阶段通过其所从事的救济工作，向华侨华人提出不同的要求，其最终目的都是动员侨胞，贡献祖国，增进海外华侨华人对祖国的深厚情谊与深刻羁绊，形成了其特有的华侨动员思想。

第一，宋庆龄华侨动员思想的核心在于团结。1938 年 9 月 23 日，宋庆龄在广州出席华侨抗日动员总会第二届代表大会，并发表题为《华侨总动员——庆祝华侨第二届会员代表大会》的讲演，其核心内容在于建立华侨的团结。抗战初期的华侨运动，存在着不团结的因素。宋庆龄十分强调华侨的团结，因此在这篇演讲中专门指出："保证华侨能够动员，最重要迫切的是加紧华侨中的团结，充实与扩大华侨救国的组织，统一华侨运动的领导，以及发扬应有的民主精神。现在华侨中一部分人，尚存在着地域帮派的观念，彼此间的隔膜，某些地方上下层的未能一致合作，妨碍华侨救国运动顺利地开展，须要迅速地消除，而代之以不分地域，不分畛界，亲诚合作，动员华侨抗战救国的各种团体，应该是有包括广大数量华侨的组织，其内部的工作实施与会员的生活，应实行民主的精神，发展关于抗战建国事业之自由讨论，以提高侨胞抗敌救国的热情与积极性，养成负责的精神，以加强与侨胞间之组织与联系，这样才能获得华侨的爱戴与拥护，成为有威信真能动员的团体；再加以正确的

① 《全国侨联致函宋庆龄同志治丧委员会 深切哀悼宋庆龄名誉主席》，《人民日报》1981 年 6 月 2 日第 2 版。

统一领导，必能激动其‘自发情绪，以从事于同仇敌忾’，自易收动员之效。……只有团结合作与发扬应有的民主精神，保障与帮助华侨的各救国团体，是更加能顺利地动员华侨的先决条件，亦是代表大会能有收获与胜利成功的前提基础。”[①]因此这一历史阶段的华侨团结，在于凝聚各地华侨团体力量，以此作为动员华侨的先决条件。1949年中华人民共和国成立后，华侨团结有了更高的要求。宋庆龄在1956年出访印度尼西亚时，在华侨欢迎会上发表的演讲指出，“祖国是大家的，大家都有义务，也有权利爱国。我们应该做到使所有的华侨全体都团结在爱国的旗帜下”[②]，因而在新的历史条件下，爱国成为团结华侨、动员华侨的首要目的。

第二，华侨动员的重要保证，在于依靠和组织侨胞到实际工作中。宋庆龄指出，在革命战争年代，动员华侨即是“以促进反侵略的和平阵线之进展，以扩大国际援华运动”为中心目标，“经过长期捐输运动，训练华侨技术人才，筹办华侨垦殖救济难民，投资国内，从事生产，组织各地华侨回国服务，参加抗战工作，经过实际工作去动员华侨，使潜在着的华侨伟大力量，能充分发挥，贡献抗战，成为一支强大的生力军”[③]。在社会主义建设的事业中，宋庆龄主张动员华侨即是发挥华侨的专长，“国外华侨向来有着兴办福利的传统，这是一个优良的传统，应该很好地发扬。我希望各地华侨团体能够广泛地开展互助互济的福利事业，办好福利事业就有助于促进华侨的团结。办福利事业还应该着重解决贫

① 宋庆龄:《华侨总动员——庆祝华侨第二届会员代表大会》，汉口《新华日报》1938年9月23日第4版。

② 《在印度尼西亚华侨欢迎会上的讲话》（1956年8月15日），《宋庆龄选集》下卷，第208页。

③ 宋庆龄:《华侨总动员——庆祝华侨第二届会员代表大会》，汉口《新华日报》1938年9月23日第4版。

苦华侨的困难，以达到减少和消除贫苦侨胞流离失所的现象”①。

第三，华侨动员必须处理好华侨与政府之间的关系。宋庆龄指出，抗战时期的国民政府未能处理好同侨胞的关系，“但惜我政府对回国服务侨胞，未能妥予招待，亲切接洽，予以指导，致使久离祖国之侨胞，深感人地生疏之苦，请缨无由，进退两难，彷徨歧路，有挫华侨之壮志热忱”，因此她希望政府层面能够“对回国服务之侨胞，对国内华侨团体，予以亲切的扶植，给以工作的机会。对海外侨胞、救国团体，应加强联络，经常给以政治上精神上的帮助，尽量为华侨解除痛苦与困难，更多为华侨谋福利，以提高政府在华侨中之威信”。②新中国成立后，宋庆龄不仅肯定中央人民政府的侨务政策，而且在出访印度尼西亚时向侨胞详细介绍祖国的侨务政策，她指出：“何香凝、陈嘉庚，以及其他华侨代表，针对关于改善华侨工作，特别是针对照顾侨眷、归侨方面的问题，提出了许多宝贵的意见……在今年六月中旬华侨事务委员会还召开了第四次侨务扩大会议，深入地检查了几年来国内的侨务工作……毫无疑问过去在侨眷、归侨工作中存在的某些缺点，必将因此而迅速得到纠正，这是可以告慰各位侨胞的。这次侨务扩大会议的召开，又一次地说明祖国对国外侨胞和国内侨眷和归侨的深切关怀。我深信国外侨胞一定会更加积极地支持祖国的社会主义建设事业的。”③

总之，宋庆龄深知华侨动员始于孙中山倡导革命之时，“在辛亥革命、抗日战争和解放战争时期，华侨对祖国的革命事业，都曾有过许多

---

① 《在印度尼西亚华侨欢迎会上的讲话》（1956年8月15日），《宋庆龄选集》下卷，第208页。

② 宋庆龄：《华侨总动员——庆祝华侨第二届会员代表大会》，汉口《新华日报》1938年9月23日第4版。

③ 《在印度尼西亚华侨欢迎会上的讲话》（1956年8月15日），《宋庆龄选集》下卷，第206—207页。

贡献”[①]，因此她十分了解海外华侨华人的特点，多次强调华侨的爱国之心，号召“祖国是大家的，大家都有义务，也有权利爱国”，加深华侨同祖国的情感羁绊。宋庆龄的华侨动员思想，根据华侨华人的特点，以爱国的旗帜将他们充分团结起来，并为他们提供服务祖国的途径。

（七）有关宋庆龄与华侨华人交往的认识

宋庆龄早年追随孙中山献身革命，在孙中山去世后继承他的遗志，她的一生始终心系侨胞，是广大侨胞的骄傲。宋庆龄能够与华侨华人保持友好往来，在革命时期动员华侨，在建设时期影响归侨，都离不开她的成长背景，离不开她对孙中山华侨思想的继承，更离不开她一直以来所从事的国际性救济活动。正是因为这些因素共同作用，促使宋庆龄同华侨华人建立起亲密联系，在侨胞中享有崇高的声望。

第一，宋庆龄的成长背景。宋庆龄出生在一个华侨家庭。父亲宋耀如幼年赴美定居，其间受洗入基督教，接受美国教会教育。后来，宋耀如回到上海，由布道转为经商，在结识孙中山之后又通过各种方式予以援助，成为孙中山重要的革命伙伴。宋耀如的个人经历使他在对待子女教育方面，完全采用西方民主的方式，但同时又注重培养子女的公民意识和社会责任心。在美国求学期间，宋庆龄听闻辛亥革命推翻了清王朝，于 1912 年 4 月为威斯里安学院院刊撰写文章《二十世纪最伟大的事件》，反映出她早期的爱国主义思想。一年后宋庆龄大学毕业，当她得知国内形势剧变后，依然满怀革命的理想和对祖国的责任感，离美归国。宋庆龄早年形成的爱国主义思想，成为她同华侨华人情感共鸣的基础。在投身革命的历史进程中，宋庆龄关心侨居世界各地的同胞和归国华侨的利益，高度评价华侨在支持祖国革命和建设事业中所作出的重大贡献。

---

① 《在印度尼西亚华侨欢迎会上的讲话》（1956 年 8 月 15 日），《宋庆龄选集》下卷，第 208页。

1981年5月8日，宋庆龄在接受加拿大维多利亚大学名誉法学博士的仪式上致答谢辞时，特别赞扬了加拿大华侨和华人："他们并没有忘记自己祖先的故土，也从未停止过对故土进步事业的支援。"①

第二，孙中山华侨思想的影响。宋庆龄十分重视华侨工作，一直与他们保持广泛的联系，这源自她追随孙中山革命的实践。孙中山早年在海外奔走革命，与华侨接触最为密切，得到爱国华侨的广泛支持。孙中山认为，"华侨的思想开通较早，明白本党的主义在先，所以他们革命也是在先，每次起革命都是得海外同志的力量"②；"我海外同志，昔与文艰苦相共，或输财以充军实，或奋袂而杀国贼，其对革命之奋斗，历十余年如一日。故革命史上，无不有'华侨'二字，以长留于国人之脑海"③。宋庆龄深受孙中山华侨思想的影响，深深敬佩华侨的爱国传统。在1938年关于华侨总动员的演讲中，她表达了继承孙中山华侨思想精华的志愿，"在总理数十年革命奋斗中，特别关怀华侨的痛苦，最注意华侨的爱国行动，我当以同样精神，关怀着千万侨胞之动态，热望着华侨救国运动之突飞猛进"④。在晚年和友人的书信联络中，宋庆龄始终铭记孙中山思想的精华之一在于"对出洋谋生的中国移民，即所谓'华侨'的景仰"⑤，对海外侨胞命运的关怀同样伴随她的一生。正是因为宋庆龄坚定不移地继承孙中山的华侨思想，使得"孙夫人"的称号在国外广大华

---

① 《发展中加两国源远流长的友谊——在接受荣誉法学博士学位仪式上的讲话》（1981年5月8日），《宋庆龄选集》下卷，第622页。

② 《在广州中国国民党恳亲大会演说》（1923年10月15日），《孙中山全集》第八卷，中华书局1986年版，第280页。

③ 《美利滨分部党所落成并开恳亲大会训词》（1921年12月），《孙中山全集》第六卷，中华书局1985年版，第52页。

④ 宋庆龄：《华侨总动员——庆祝华侨第二届会员代表大会》，汉口《新华日报》1938年9月23日第4版。

⑤ 《宋庆龄颂》，顾琳敏主编：《宋庆龄与爱泼斯坦往来书信选》，中国福利会出版社2012年版，第155页。

侨中享有崇高的威望，早年追随孙中山的华侨华人对她充分信任，在抗战全面爆发后能够立即响应她的号召，快速建立起同她的直接联系。

第三，从事国际活动的必然结果。宋庆龄和华侨华人的交往，主要是通过她所从事的救济工作展开。宋庆龄把一般的救济工作，提到国际主义的高度，在保盟和中国福利基金会面向全世界爱好和平民主人士争取援助的同时，广泛联络海外侨胞，从海外华侨和各国华侨团体中争取捐款、物资支援中国。1942 年，保盟争取到美国洛杉矶爱国华侨和其他人士的捐款，用于资助延安创办洛杉矶托儿所。[①]1946 年，宋庆龄根据暹罗侨领蚁美厚提供的名单，将中国福利基金会的工作计划转发给更多的侨胞领袖。[②]1947 年，宋庆龄发表《告友人书》，面向世界介绍和中国福利基金会合作的澳大利亚响应孙逸仙夫人呼吁委员会、曼谷暹罗华侨支援祖国善后救济工作总会、哈瓦那古巴支持中国民主大同盟等海外华侨团体，呼吁将捐赠的现金或实物通过这些机构进行支援。[③] 在国际性的救济活动中，宋庆龄与华侨团体亲密无间的合作，不仅使她收获了华侨同胞的信任，也使海外侨胞成为通过保盟和中国福利基金会支援祖国的可靠力量。

1981 年 5 月 29 日宋庆龄在北京逝世的消息传到海外，海外侨胞怀着无限沉痛的心情，举行各种纪念活动遥寄哀思。日本东京华侨总会以及神户华侨总会等组织，惊闻噩耗后立即发出唁电，表示沉痛的哀悼，“神户华侨学校近千名师生员工 30 日早晨得到这一不幸的消息后，为宋庆龄的逝世低首默哀”[④]。曾经见过宋庆龄的东京华侨总会副会长黄文钦在缅怀宋庆龄时表示，“她早年，同孙中山先生一道，曾在日本进行革命

① 中国福利会编:《宋庆龄与中国福利会》，第 337 页。

② 《致蚁美厚》（1946 年 8 月 15 日），《宋庆龄书信集》上册，第 407—408 页。

③ 《告友人书》（1947 年 7 月），《宋庆龄书信集》上册，第 557—558 页。

④ 《旅日侨胞寄哀思 沉痛哀悼宋庆龄名誉主席逝世》，《人民日报》1981 年 6 月 1 日第 6 版。

活动，作为旅日华侨，对此感到特别亲近和光荣，对她的逝世感到无比悲痛。我们要把悲痛化为力量，继承她的遗志，进一步加强爱国团结和促进中日友好”[①]。欧洲和美洲国家的华侨团体也纷纷发来电函，向宋庆龄的逝世表示深切的哀悼：“在荷兰的旅荷华侨总会在唁电里说，‘宋庆龄名誉主席是全国人民和海外侨胞共同敬仰的杰出领导人，她的逝世是我们国家的重大损失’”；“加拿大维多利亚华侨联谊会副主席刘敦仁的唁电说，‘宋主席一生贡献于中国革命伟业，坚定不移，实为全球中国人之典范，足以策励我炎黄子孙，为完成祖国统一、促进祖国强大而努力’”[②]；“秘鲁中华通惠总局在唁电中说‘宋庆龄女士秉承孙中山先生遗教，忠于祖国，热爱人民，为中国革命事业战斗一生，对祖国人民作出了伟大贡献。她是国际主义、民主主义和共产主义杰出的国际政治家，也是我们祖国卓越的领导人，永远深受世人爱戴和尊敬’”[③]。在美国，有300余名纽约华裔和华侨在纽约的唐人街为宋庆龄举行追悼会。[④]许多华侨还从珠海、深圳等地入境，专程赶到中山县瞻仰翠亨村孙中山故居和进行悼念活动，表达对孙中山和宋庆龄的景仰之情。

宋庆龄一生的历程，就是华侨和祖国关系的写照。孙中山总是把海外华侨给予中国民主革命的支持铭记在心里，宋庆龄也同她的丈夫一样始终关怀海外华侨的命运。

---

① 《遥寄哀思 悼念宋庆龄》，《人民日报》1981年5月31日第3版。

② 《欧美国家友好人士电唁宋庆龄名誉主席》，《人民日报》1981年6月3日第6版。

③ 《旅居海外的华侨团体的唁电 沉痛哀悼宋庆龄名誉主席逝世》，《人民日报》1981年6月6日第6版。

④ 《纽约华裔和华侨悼念宋庆龄》，《人民日报》1981年6月24日第4版。

十二、爱国侨胞的忠实代言人何香凝

何香凝是中国近现代民主革命著名的女革命家、政治活动家和伟大的爱国主义者，中国共产党的亲密朋友。在何香凝传奇的一生中，她始终与海外侨胞保持着紧密的血肉联系，通过广泛发动海外侨胞，大力支持中国的革命和建设事业，为中国人民的进步事业作出了重要贡献。同时，她始终关心海外侨胞的生存发展，维护归侨侨眷的合法权益，是新中国侨务工作的开拓者、侨务政策的奠基人，为新中国侨务事业的发展作出了卓越的贡献。

（一）有关研究回顾

学界对于何香凝及其家庭与华侨华人的交往已有不少论著涉及，散见于各类传记。在个人传记方面，比较有代表性的是尚明轩著《何香凝传》（民族出版社 2004 年版）、《廖仲恺传》（北京出版社 1982 年版）。尚明轩作为廖仲恺、何香凝二人文集《双清文集》的主编之一，对二人的研究有相当多的积累，他与李志奇合著有《历史大相册——何香凝》（中共党史出版社 2007 年版）、《何香凝画传》（民主与建设出版社 2012 年版）等。在个人传记中，对何香凝与华侨华人交往的研究主要是论述新中国成立以来何香凝在中侨委主持相关工作的情况。

在家庭研究方面，周兴樑将廖仲恺与何香凝的革命人生作了整体叙述，著有《廖仲恺和何香凝》（河南人民出版社 1989 年版）、《伉俪革命家——廖仲恺与何香凝》（广东人民出版社 2008 年版），回顾了廖、何二人共同为革命奔走的历程，但对革命早期二人与华侨华人的交往方面着墨不多，仅有零星叙述。廖仲恺何香凝纪念馆馆长蒙光励将何香凝的儿女廖承志、廖梦醒纳入研究范围，著有《廖家两代人》（暨南大学出版社 2001 年版）。该书在学界首次比较系统、全面地展示了廖家两代人的丰功伟绩，是研究廖家的开拓性的重要著作。廖承志继何香凝之后负责新中国的侨务工作，此书反映出何香凝家庭与华侨华人的深远关系，但对其具体交往的研究还不够深入系统。此书披露了一些珍贵资料，包括未刊的档案素材，为进一步研究何香凝与华侨华人的交往提供了资料。此外，吴学文、王俊彦合著有《一门忠烈：廖氏家族》（中共党史出版社 2004 年版）一书，其中第十三章论述了何香凝与廖承志在新中国成立后的侨务工作，但主要是故事性描述，理论性和系统性稍显欠缺。

何香凝作为革命老人，与国民党、共产党关系密切。《宋庆龄与何香凝》（中国和平出版社 1990 年版）、《邓颖超与何香凝》（华文出版社 1999 年版）等论述了何香凝与国共两党重要人物交往与合作的历史，但对于她们与华侨华人交往情况并未多加注意。事实上，宋庆龄、邓颖超同何香凝一样，与华侨华人有密切往来，这部分历史是当前研究中比较薄弱的环节。

有关何香凝与华侨华人交往的资料比较零散。《双清文集（下卷）》（人民出版社 1985 年版）收录了何香凝对华侨华人的讲话稿、赠诗、电报等，这是相对集中的一手材料。当年的报章杂志，如国内《人民日报》《侨务报》，新加坡《星洲日报》等，有对何香凝旅居海外、归国建设期间的相关报道。在各类回忆文章中，如廖梦醒《我的母亲何香凝》（《人民中国》1972 年第 11—12 期，1973 年第 1、2、5、7 期）、廖承志《我的母亲和她的画》（《人民日报》1979 年 2 月 14 日），对于何香凝与华侨华人的交往很少提及。何香凝作为一位在侨界有重要影响的革命老人，相关工作人员和海外华侨华人撰写了一些有代表性的回忆文章，如洪丝丝《华侨慈祥的贴心人——忆何香凝老人在侨务战线上》一文，收录在《回忆与怀念——纪念革命老人何香凝逝世十周年》（北京出版社 1982 年版）的纪念册子里，记述了何香凝关心华侨生产、投资、教育等情况。此外还有刘成业《归侨的深切怀念》（《厦门日报》1982年8月27日）一文，深情回忆何香凝关心福建永春华侨农场建设和归侨生活的往事。

笔者目前尚未见到公开出版的有关何香凝与华侨华人交往的研究专著，专题论文也不多。黄虎《新中国成立初期何香凝华侨观的历史解读——基于马来亚的视角》（《团结》2012年第4期）一文，阐述了新中国成立之初，何香凝在各方面维护华侨在马来亚乃至整个东南亚国家的利益，妥善安置归国难侨的情况。遗憾的是文章篇幅较短，没有详细展开。周学斌、郭丹玲《何香凝与新中国侨务工作》（《团结报》2012年11月22日）一文，集中阐述了何香凝在1950—1960年间对侨务工作的领导，包括维护海外华侨权益、制定侨务政策、团结华侨参与祖国建设等多个方面，从中见出何香凝确是新中国侨务工作的奠基人之一。以上几篇多是关注何香凝在新中国成立之后对华人华侨的关心爱护，而张兴汉《何香凝与海外侨胞》① 一文将研究范围上延至抗日战争时期，阐述了何香凝从抗日战争到新中国成立以来，与海外侨胞的密切联系，包括建立抗日民族统一战线、维护侨胞权益、制定侨务政策等多个方面。更有代表性的是赵健《披肝沥胆为国 尽心竭力护侨——何香凝先生与海外侨胞肝胆相照水乳交融》（《侨务工作研究》2012年第4期）一文，比较全面地回顾了何香凝与海外侨胞保持紧密联系的一生，文章篇幅虽仅六千余字，一些问题难以展开深入研究，但给我们提供了很好的线索和框架。此外还有着眼于微观层面的文章，如孙传勇、林联勇《何香凝与永春侨乡》一文（《福建党史月刊》2003年第9期），讲述了何香凝对福建省永春县开办华侨农场的关心和支持。

---

① 张兴汉：《何香凝与海外侨胞》，《廖仲恺何香凝研究——廖仲恺何香凝学术研讨会论文集》，广东高等教育出版社1993年版。

（二）与华侨的家世渊源

何香凝出生在香港一个富商家庭，她的亲戚中就有不少是海外侨胞。何香凝与从美国归来的华侨青年廖仲恺结婚后，更与华侨结下不解之缘。新中国成立后廖氏一门出了三位侨办主任，[①] 在当代中国是绝无仅有的。

何香凝自幼遇事极有主见，她坚决反对缠足。当时的中国，依然保留着妇女必须缠足的陋习。何香凝五六岁时，她的母亲就开始为她缠足。何香凝一方面不愿忍受身体的痛苦，另一方面又钦慕太平天国的女英雄保有一双天足，于是下定决心要反抗缠足。她在深夜偷偷地用剪刀将缠足布剪开，解放了双脚。第二天，母亲严厉地斥责了她，再次为她缠足，并收去了全家的剪刀。她设法买了一把，藏在祖先祭坛的大香炉底下，等到深夜时拿出来再将缠足布剪掉。缠一回剪一回，“这样的英勇奋斗，大概经过了好几十个回合”[②]。最后，何香凝的父亲出面袒护发话说：“就由她去吧！”母亲终于勉强答应不再为她缠足了。就这样，何香凝成功地保留了一双天足，这在当时社会来说是一件了不起的事，对何香凝本人来说也是影响到她人生走向的重要事件。为什么这么说呢？因为正是借由一双天足，何香凝与廖仲恺结为革命伉俪。

在小脚为美的年代，廖仲恺为什么会与一位大脚女子结合？这要从廖仲恺的家庭说起。廖仲恺出生于美国加利福尼亚州旧金山市一个华侨家庭，原籍广东，祖父廖景昌在香港经商，父亲廖竹宾早年在香港汇丰银行工作，后被派往美国旧金山，是当地颇有社会地位的华侨商人。廖氏是广东惠阳客家的后裔，客家妇女是不缠足的，加上在国外看到小脚女人备受歧视的状况，廖竹宾要求廖仲恺回国娶妻必须娶大脚女子。经

---

① 何香凝曾担任中华人民共和国中央人民政府华侨事务委员会、中华人民共和国华侨事务委员会主任委员，廖承志曾担任中华人民共和国华侨事务委员会主任委员、中华人民共和国国务院侨务办公室主任，廖晖曾任国务院侨务办公室主任。

② 廖承志：《我的母亲和她的画》，《人民日报》1979年2月14日。

人介绍，一双天足的何香凝便与廖仲恺结婚了，虽是“父母之命、媒妁之言”，但因有着共同的进步追求，他们的婚姻和谐美满。

廖仲恺家族可以说是华侨世家。除上文提及的廖仲恺父亲廖竹宾是旧金山华侨外，廖仲恺的兄长廖恩焘在清政府时期就在外交领域工作，著名美籍人士陈纳德将军及其妻子陈香梅，就是廖恩焘的外孙女婿和外孙女。对此，廖承志曾言：“大家知道美帝国主义过去有一个叫陈纳德的航空队长，参加蒋介石集团运输队进攻我们解放区的，他看见我要叫我做舅父，因为他的老婆，就是我的外甥女儿……我在香港有多少亲戚呢？如果在香港我要计算我的表妹、表弟、表姑丈、表姨夫什么乌七八糟的通通算在一起有 400 个。”①

自身家庭与华侨群体具有深厚的“原生联系”，何香凝及其家人在革命工作中对华侨华人事务倾注了很多心血。廖仲恺父亲廖竹宾很早就关注到海外华侨华人的艰难境遇，从 1875 年开始，他多次出面协助筹款并出资兴建华侨华人医院，解决华侨华人看病就医的困难；1885 年，他组织筹建了旧金山首家华侨华人子弟学校，从国内聘请一些具有秀才、举人资格的人执教，为旧金山华侨子弟学习、传袭中国文化提供了方便。何香凝的女儿廖梦醒，是早期中共党员，长时间从事党的地下工作，出于工作性质原因，她的贡献较少为人所知。在抗日战争爆发后，她参与筹建“保卫中国同盟”，担任宋庆龄的秘书，动员海外华人华侨支援抗战。新中国成立后，她担任宋庆龄秘书、中国人民保卫世界和平委员会理事、中日友好协会理事等职，被誉为“红色翻译家”。何香凝的儿媳妇经普椿是挚友经亨颐的女儿。新中国成立后，经普椿长期从事海外华侨华人事务，为协助廖承志团结、吸引广大海外华侨华人、港澳同胞和

① 据廖承志 1962 年 3 月 9 日在广东省广州市直属机关科以上党员干部大会的报告记录，记录原件藏广东省档案馆。转引自蒙光励：《廖家两代人》，暨南大学出版社 2001 年版，第 351 页。

国际友人，支持、关心祖国社会主义建设做了许多卓有成效的工作，曾担任过中日友协理事、中国国际友好联络会顾问等职务。最值得一提的是何香凝本人与其儿子廖承志、孙子廖晖，先后出任新中国侨务部门的最高“掌门人”，为我国侨务工作作出卓越贡献，在华侨华人群体中有很大的影响力。

（三）民主革命时期何香凝与华侨的交往

1. 协助孙中山发动侨胞支援革命

何香凝与廖仲恺结婚后，赴日本留学。1903 年，他们在日本与孙中山相识，积极参加留日学生的各种进步活动，成为中国资产阶级政党中国同盟会的首批会员和重要骨干，他们的住处也成为同盟会联络各界的重要场所。各地华侨的联络工作大多由何香凝承担，她被孙中山亲切地称为“奥马双桑”，意即受人爱戴的革命老妈妈。

孙中山早年从事民主革命，得到广大海外华侨的大力支持，他高度评价华侨对于革命的贡献，称誉“华侨为革命之母”。何香凝和廖仲恺充分借助他们与海外侨胞的密切关系，积极发动华侨支持革命。当时，高唱改良主义的康有为、梁启超等君主立宪派人士认为孙中山的革命只能导致列强瓜分中国，阻止华侨援助革命。何香凝与廖仲恺、朱执信等联合写信给海外美洲等地华侨，向他们宣传推翻清王朝封建帝制的必要，“海外华侨甚为同情，不久就寄了款来，赞助革命”[①]。廖梦醒回忆这段历史时说：“他们只要有空，就写信投寄海外。海外华侨对于革命，给予了很大的帮助。母亲的名字也就在前一辈的华侨中传播开来。”[②]不少华侨受到感召，回国参加起义。在黄花岗起义牺牲的华侨烈士中就有何香凝的旧友。当孙中山在广州建立“中华民国军政府”后，为了发行公债，

---

① 何香凝：《我的回忆》，《回忆与怀念——纪念革命老人何香凝逝世十周年》，第 12 页。

② 廖梦醒：《我的母亲何香凝》，《回忆与怀念——纪念革命老人何香凝逝世十周年》，第 76页。

支持护法运动，落实孙中山将发行公债的重点放在海外华侨方面的指示，何香凝积极向美洲、南洋及港澳的侨胞劝募公债券。她还多次陪同廖仲恺赴日发行公债券，为支持护法运动作出了积极努力。

2. 卖画筹款，和华侨结下深厚情谊

在廖仲恺被刺身亡后，何香凝立志要将仲恺农工学校开办起来。南京国民政府和广东省政府对仲恺农工学校不予经费支持，筹款办校是当务之急。1928 年，何香凝辞去国民党中央及政府的所有职务，拒绝参加一切党派活动，时与柳亚子、经亨颐、陈树人等在沪、杭一带作画，不到一年工夫积累了作品 300 余幅。

为学校筹款，何香凝到马来亚、菲律宾等地卖画，国民党反动派恶意造谣，使卖画筹款进度不佳。但何香凝得到了海外华侨的大力支持。在菲律宾，何香凝演讲孙中山的革命历史，共计三次，听讲青年数千人。[①] 在新加坡，何香凝受到当地华侨胡文虎、陈嘉庚等各界人士欢迎。她的书画作品受到华侨的喜爱，当年“仲恺农工学校先后收到何香凝卖画筹款十余万元”[②]。

四一二反革命政变后，为了表示与国民党右派的彻底决裂，何香凝旅居国外。1929 年，她离开上海经香港出国，从菲律宾到新加坡、柔佛、吉隆坡、马赛，抵达巴黎，寄居在巴黎市郊的里拉顿岛。此间，何香凝以画画筹集旅费和生活费，每张画仅售几元，她竟筹足了两三年的生活费，可见海外侨胞给予了她大力支持。正如廖承志回忆这段生活时所说，“爱国侨胞是敬重她的”[③]。

---

① 何香凝：《自传初稿》，《双清文集》下卷，第 207 页。

② 余德富、刘信荣：《仲恺学校简史（1927—1996）》，广东高等教育出版社 1997 年版，第 36 页。

③ 廖承志：《我的母亲和她的画》，《回忆与怀念——纪念革命老人何香凝逝世十周年》，第 132 页。

3. 动员华侨力量支持团结抗战

九一八事变后，何香凝在法国日夜担忧祖国安危。在中华民族生死存亡的危难时刻，华侨也在努力寻求报效祖国的方式和途径。何香凝与各地华侨保持广泛联系，寄发函电给华侨，呼吁各界奋起抗战。1931 年，何香凝从法国出发，途经新加坡等地回国，最后抵达上海。刚下轮船，她听到东北义勇军在东北坚持抗日的消息，就用新加坡爱国华侨为支持抗日运动而捐献的款项，组织了援助义勇军的医疗队，把医疗器材和药品送到东北前线，救助义勇军伤兵。①

1932 年，一・二八事变爆发，日军突袭上海，十九路军奋起抵抗，淞沪抗战开始。何香凝为了慰问在上海孤军奋战的十九路军，发电向海外华侨呼吁援助，同时向上海市民呼吁援助为祖国守土的抗战将士。何香凝在自家门口贴上大幅字条，上书“此处接受热心的援助”。何香凝后来回忆说：“上海各界人民和华侨都很热心，捐了很多款物来。我家房子都放满东西了。”在共赴国难的洪流中，何香凝与华人华侨结下了深厚的友谊。如归国华侨陈乙明把自己的汽车开来给何香凝使用，他说：“我可以开车，您到哪里去，我都可以伴随，运货物也行。”陈乙明后来成为何香凝终生的好友。②

1937 年 11 月，上海沦陷，何香凝迁居香港。在香港，何香凝尽一切可能同华侨华人接触，积极争取华侨对中国抗战的支持。她特别注意为八路军、新四军筹款募捐。从 1928 年至 1941 年，何香凝同许多华侨见面，向他们宣传抗战，认为抗战就要帮助八路军，“华侨捐一笔款，她就送一张画”，究竟送了多少幅，难以计数。③ 据当时旅居英国的侨胞回

---

① 廖梦醒：《我的母亲何香凝》，《回忆与怀念——纪念革命老人何香凝逝世十周年》，第 50 页。

② 廖梦醒：《我的母亲何香凝》，《回忆与怀念——纪念革命老人何香凝逝世十周年》，第 52 页。

③ 廖承志：《我的母亲和她的画》，《回忆与怀念——纪念革命老人何香凝逝世十周年》，第 134 页。

忆，何香凝在华侨中享有很高的声望，只要一提起“廖夫人”，老一辈的华侨都表示高度的崇敬。以何香凝的名义在华侨中募捐时，侨胞纷纷捐献出现金和药品、医疗器械、食品等各种物资，有的华侨甚至把身上穿的冬衣脱下来或把床上用的毛毯都取来捐献。

在这一时期，何香凝发表了大量政论文章，阐述对时局的观感，呼吁华侨团结抗战，反对投降和分裂。仅1939年一年，就发表了《在香港妇女欢迎琼侨代表会上致词》《妇女的责任》《纪念“三八”节讲话》《对香港〈星岛日报〉记者谈纪念孙中山逝世十四周年纪念会的感想》《孙中山先生的伟大》等多篇讲话或文章。她回顾了革命以来，华侨作出的巨大贡献。“当同盟会成立后，就派出许多同志到各地劝捐，华侨之毁家捐金者，此呼彼应，其后中华民国得以建立，华侨之力，实占三分之一。”她呼吁华侨珍惜过去支援革命的传统，在经济上支援抗战和国防建设，不能发国难财，“假如国家亡了，就是有私财，也没有用的”，“对于军事工业的建立，国防经济的发展，华侨们也应尽全力协助”，“对于自己的私产的蓄积，不论官民，得应反省，有无发国难财的意味”。[①]对华侨的宣传取得了很好的效果。何香凝在文章中对华侨华人支援祖国抗战予以肯定，表达了对他们热忱爱国行动的期盼。“抗战开展后，华侨已做到有钱出钱，有力出力的田地”，“盼侨胞今后本过去对祖国光复伟大之功勋，回海外后，为抗战扩大宣传”[②]。

4. 积极支持宋庆龄组建保卫中国同盟

抗日战争初期，国民党政府通过官办的“抗敌后援会”垄断了海外援助，一点也不分给处在抗日前线的八路军和新四军，并下令特务系统控制南洋各地的华侨爱国团体，通过外交部门掌握各国提供的捐助，企

---

① 何香凝:《孙中山先生的伟大》（1939年3月12日），《双清文集》下卷，第331—335页。

② 何香凝:《在香港妇女欢迎琼侨代表会上致词》（1939年1月31日），《双清文集》下卷，第320页。

图把所有海外援华钱款物资都装到蒋介石国民党官僚集团的口袋里，而真正的抗日武装在日寇进攻下却面临物资极端缺乏的困难，这一问题必须设法解决。中共方面请宋庆龄在香港出面组织一个便于向公众征集援助并同海外援助团体取得联系的机构。这个机构就是保卫中国同盟（简称“保盟”），何香凝及其家人为“保盟”的建立和开展活动做了大量的工作。

1938年6月14日，保卫中国同盟成立，宋庆龄为主席，何香凝担任中央委员，廖承志任秘书长，廖梦醒任办公室主任。这个组织一方面向海外华侨和世界各国同情中国抗日战争的人士筹款募捐，另一方面向全世界宣传中国的抗日战争。其机关刊物《新闻通讯》，被誉为“准确报道中国抗战的刊物”，在海外华侨和国际友人中产生了广泛影响。

为了进一步在华侨群体中开展救国运动，何香凝与宋庆龄联名发表了《致海外侨胞书》，号召广大华侨发扬革命救国的传统精神，关心和拥护抗日战争，用实际行动继续给予抗战将士以各种援助。保卫中国同盟做了大量工作，仅用一年时间就从国际友人和华侨群体中筹集抗日经费25万港元，还募集到中国抗日前线急需的药品和医疗器械，有力地支援了八路军、新四军的抗战。正如廖承志回忆说：“全世界各地支援中国人民抗战的国际朋友以及爱国华侨，开始点点滴滴地捐款。到游击区服务的医疗人员、药品，由华侨组成的到游击区服务的战地服务队、救护车队，克服了各种困难，由深圳、东江、河内源源不断地运送到八路军、新四军和游击队伍。新四军成立时的通讯设备，也是保卫中国同盟募捐助成的。”①

① 《中国抗日战争军事史料丛书·八路军新四军驻各地办事机构》（11），解放军出版社2016年版，第232页。

5. 支持廖承志在八路军驻香港办事处的工作

抗日战争全面爆发后，以国共合作为基础的抗日民族统一战线很快形成。八路军、新四军英勇抗日的事迹赢得海外广大华侨的钦佩，他们纷纷捐助物资、药品和款项，中共需要在香港设立可靠的办事机构来进行接收。廖承志在父母革命思想、伟大人格的熏陶和影响下，积极投身革命活动，逐渐成长为一位坚定的共产主义战士，这项重任便落到了廖承志身上。当时的香港作为中国抗战事业与海外联系的唯一通道，成为热心抗战并对蒋介石独裁统治不满的政党团体和爱国民主人士进行抗日活动之地。何香凝在华侨中的知名美誉为廖承志的工作提供了诸多助力。1938 年 1 月 24 日何香凝在香港《救亡日报》发表《恢复十三年精神》，批评国民党当局限制抗日救亡活动的行径，号召坚持国共合作，争取中华民族的光明前途。同年，廖承志、潘汉年等人成立了八路军驻香港办事处，廖承志任主任。

廖承志的胆识和才能出类拔萃，他的祖辈、父母和他本人都是华侨，对侨胞感情深厚，彼此间有广泛的联系，这为他的工作提供了有利条件。廖承志联络多位华侨领袖，动员各地华侨支援抗战。如支持陈嘉庚领导的南洋华侨抗日救亡运动、联系荷印（印尼）华侨政治家吴志满、联络爱国侨领蚁光炎和蚁美厚等。廖承志以新四军军长叶挺、副军长项英的名义，在香港《大公报》刊登启事，通告海外侨胞，凡是捐赠给八路军、新四军的钱款物资，一律由“敝军驻港澳代表廖承志收转”。当时香港华比银行的华人代办是廖承志的亲戚邓文田、邓文钊，廖承志作为何香凝之子，在海外华侨群体中有较高知名度，海外华侨给八路军、新四军的捐款直接汇到香港华比银行廖承志收，手续简便，又能使华侨信任。在当时香港这样复杂的三角地带，能有一家银行代收给八路军、新四军方面的捐款，是极不容易的，这大大推进了海外华侨华人支援抗战的工作。

各地华侨积极开展了各种援助八路军、新四军和华南抗日游击队的活动。其中“援八”（援助八路军）活动开展得有声有色。1938 年夏，日本侵略军在华北抗日根据地施放毒气。廖承志与周恩来、叶剑英、潘汉年等于 8 月 9 日联名致函海外侨胞，及时报告中国华北战场情况，揭露日本法西斯暴行，呼请海外华侨踊跃为八路军援助防毒用具和医药用品。各地华侨掀起了“援八”热潮。菲律宾民生学校的华侨师生，开展为八路军购买防毒面具的募捐活动，共得捐款 17304 元，立即汇至经廖承志指定的香港大英银行转八路军收。马来亚柔佛顿英华侨筹赈会，在获悉日军于中国华北战场施放毒气的暴行后，立即决定将“八一三”献金运动所募集的捐款，全部援助给八路军，作购置防毒面具之用。法国里昂的两百名华侨，平时以做工或做小买卖为生，节衣缩食募得捐款 1.2 万法郎。其他如荷兰侨胞募集 8 万法郎、智利侨胞募集 3000 智币等，都及时汇交香港八路军办事处。1938 年 11 月 3 日，廖承志又一次与周恩来等人联名发表《致南洋同胞书》，呼请海外侨胞继续为战斗在抗日战场的八路军将士们捐助寒衣，以解决华北战场上八路军将士缺衣挨冻的困难。世界各大洲的华侨，开展了援助八路军寒衣的募捐活动。是年冬，八路军香港办事处和保卫中国同盟，将收到海外华侨捐赠的各类物资装成 130 箱，用船运往淡水、惠州、老隆，转往桂林八路军办事处，然后运抵延安。海外侨胞和港澳同胞的各类“援八”运动，从 1938 年夏季开始，一直延续到次年春天才暂告一段落。

在中共中央领导下，廖承志和“香港八办”大力组织海外华侨工作团回国参加抗战，成为中国抗战史上的一个亮点。随着八路军、新四军和华南抗日游击队的不断发展壮大，需要补充大量的司机、医生、护士等专业技术人才，以及具有一定政治文化水平的政工和宣传干部。在各地进步侨团的支持下，以廖承志为首的八路军香港办事处，动员和组织了大批专业技术人才和决心报国的华侨青年回国服务。人数较多的，一批是从新加坡、印度尼西亚、马来亚等地前往新四军的140名司机，一批是从香港、马来亚、泰国前往延安的几十名司机、医生和护士。这些爱国华侨青年抵港后，全部由八路军驻港办事处负责安全转送到各目的地。

廖承志在香港向海外广泛宣传中国共产党的全面抗战路线和抗日民族统一战线方针和政策。毛泽东著作在香港第一次印刷出版就是廖承志组织的。廖承志在香港创办《华侨通讯》，揭露日本帝国主义侵略罪行，宣传中国共产党抗日主张，报道祖国内地抗战实况，介绍八路军、新四军抗日杀敌光辉战绩和解放区真实状况。这份刊物没有向港英当局注册，也不送审，编印地点并不公开，但是刊发的文章影响很大，不仅香港的进步报刊转载，大批海外报刊如纽约《华侨日报》、秘鲁《华商日报》、古巴《前进日报》、菲律宾《建国周刊》等华侨报刊也纷纷转载。一些中立国家如马来亚、暹罗、越南等地的侨报，因殖民当局不允许刊登，这些地方的华侨便千方百计自刻钢板油印，秘密分发给华侨读者。可以说，源自八路军驻港办事处的这份《华侨通讯》是深受海外华侨欢迎的战时宣传刊物。廖承志还积极促使表亲邓文田、邓文钊兄弟出面，办起了蜚声海外的《华商报》。此外，廖承志通过文化界的中共党员和各界上层名流，创办或复办了一批抗日报刊和新闻机构，如茅盾主编的《文艺阵地》、何香凝任名誉主编的《侨报》等，得到港澳同胞、华侨和国际友人的高度赞赏。

为加强海外华侨工作以打破香港的新闻封锁，以廖承志为领导的八路军驻港办事处，陆续派出王任叔、陆治、董维健、胡愈之、沈兹九、金仲华、胡一声等人，分别到美国纽约、菲律宾、马来亚、新加坡等地，创办华侨抗日报刊或参加当地进步报刊工作。他们通过当地华侨中的中共组织和党员同志，积极创办或联系华侨群众团体、华侨报刊和华侨学校，并充分运用和发挥这三大阵地的重要作用，努力以当地群众喜闻乐见的方式宣传，号召侨胞团结起来支援祖国抗战。旅居菲律宾的闽籍华侨领袖许立（共产党员），在廖承志及八路军驻港办事处的支持帮助下，不仅相继组织了“中华民族武装自卫会菲律宾分会”“菲律宾华侨店员救亡协会”等抗日救亡团体，同时还推动菲律宾中上层人士成立“中国之友社”，积极声援中国抗日战争；而且还在菲律宾创办《建国报》和“建国出版社”，建立“美范印书馆”和“全民书店”。“建国出版社”用中英文分别出版了毛泽东的《论持久战》《新民主主义论》和朱德的《论抗日游击战争》等重要著作；《建国报》及时报道八路军、新四军抗战成绩，在海外影响很大。其他各地的华侨报刊、华侨学校和华侨会馆等群众团体，在宣传、动员和组织当地华侨支援祖国抗战方面，也发挥了巨大作用。

何香凝及其家庭为动员华侨支援抗战做了大量卓有成效的工作，令人感佩。1938 年 8 月邓颖超前往香港，向宋庆龄、何香凝和八路军驻香港办事处传达中共中央关于香港以及华南工作的指示。邓颖超深为廖家两代四口人及其在香港的亲属邓文钊、邓文田积极投身抗战事业所感动。廖仲恺为国民革命英勇献身，何香凝带领子女和儿媳继承烈士遗志，为国为民，不遗余力，廖氏家族堪称华侨楷模。

6. 坚决反对内战，为和平建国奔走疾呼

抗战胜利后，何香凝坚决反对内战，主张政治解决争端，积极推动和平建国。1946 年，何香凝同李济深一道，筹建中国国民党民主促进会，积极联络国民党内民主派人士，开展民主运动，并利用各种关系做国民党军队将领工作，动员他们不参加或反对内战，她在香港的住处，成为拥共反蒋进步人士的聚会场所。

1947 年 6 月 17 日，何香凝与李济深联名发表《致海外同胞同志书》，揭露内战造成的混乱恐怖局面，历数国民党八大罪状，号召海外侨胞反对国民党的倒行逆施，共同争取和平民主。文章饱含对海外侨胞

的深情，回顾了华侨赞襄革命的历史，从孙中山创办兴中会到同盟会，“加盟者大抵为海外侨胞与留美青年”。能够坚持抗战八年，是“吾党忠实同志与海外爱国同胞，冒危难，忍艰苦，不惜牺牲一切所得之结果”。但蒋介石发动内战，是与全国人民为敌。文章指出，“内战实已不容再继续扩大，多延长一日内战，即多断伤一分元气”。必须化干戈为玉帛，召开政协会议、组织联合政府。她呼吁大家“以坚定之立场，团结爱国和平人士，明是非，别善恶，作正义之呼吁”，“重新举行包罗更广之政协会议，组织名副其实之联合政府”；希望海外侨胞“作桴鼓之应，并起而作有力之支持者也”，号召海外侨胞“继续过去援助革命运动之光荣传统，为祖国之独立而贡献一切”。①

在何香凝和李济深等人的努力下，1947 年 11 月 12 日，“民促”“民联”和其他国民党内民主派人士在香港联合召开了代表大会，宣布脱离蒋介石控制的国民党，另组新党，提出推翻蒋介石独裁统治，建立和平、民主和幸福的新中国的主张。何香凝在大会开幕讲演中，宣布该党的奋斗目标是要真正的三民主义，实行三大政策；并号召大家诚心诚意地为继承孙中山未竟之志而努力。1948 年 1 月，中国国民党革命委员会在香港成立，李济深任主席，何香凝任中央常务委员。“民革”的成立，实现了国民党党内民主派的大联合，标志着中国国民党民主派已经彻底和国民党反动派决裂，完全站到人民革命方面来了，它说明蒋介石反动派已经彻底孤立，中国民主革命高潮已经到来了。“民革”成立后，立即投入了人民解放斗争，为民主革命的胜利和新中国的成立作出了重要贡献。

1948 年 5 月，何香凝和各民主党派、无党派民主人士发表声明，响应中国共产党《纪念“五一”劳动节口号》，并表示接受中国共产党的领导。1949 年 4 月，何香凝应中共中央邀请，离港奔赴北平，受到了朱

① 何香凝：《致海外同胞同志书》（1947 年 6 月 17 日），《双清文集》下卷，第 478 页。

德、周恩来、邓颖超等的热烈欢迎。6 月，何香凝参加了中国人民政治协商会议的筹备工作。9 月，出席了新政协第一次全体会议。她的女儿廖梦醒、儿子廖承志都被选为代表，参加了盛会。会上，何香凝当选为中央人民政府委员。她以崭新的姿态投入了新的生活。

（四）新中国成立后何香凝与华侨华人的交往

新中国成立后，中国共产党成了全国范围的执政党，侨务工作的对象不再是少数华侨领袖和先进分子，而是全体华侨华人及归侨侨眷等，保护他们的正当权益是中国共产党的庄严义务和职责。1949 年 10 月 22 日，在中央人民政府的机构中成立了主管侨务工作的专门机构——华侨事务委员会，何香凝任主任委员，李任仁、廖承志等任副主任委员，陈嘉庚、司徒美堂等一些在海内外有威望的华侨领袖和社会活动家任委员。

爱国华侨早就深深敬仰何香凝，往往把宋庆龄和何香凝这两个光辉的名字并列。她们早年都在海外进行过革命活动，政治品德都堪称冰清玉洁。许多爱国华侨听到何香凝被任命为“中侨委”主任，都欢欣鼓舞，认为这是国家对华侨的重视。[①] 何香凝早年旅居日本、法国等，当过游子的人更知游子苦，更知游子心。在得知自己和廖承志的任命后，何香凝郑重地嘱咐儿子说：“肥仔！每个华侨都有一段血泪历史，跟你祖父、父亲一样去国离乡，那是黑暗社会逼迫的。多少年，他们寄人篱下，地位低下；多少年，他们盼望着祖国强大，好堂堂正正昂起头做人！你跟我做侨务工作，妈妈只要求一点，把他们当作自家的亲戚，为他们谋利益、谋幸福！”[②]

尽管已是 70 多岁的老人，但何香凝很多事情依旧亲力亲为。就连当时华侨事务委员会的办公地址，也是她拍板选定的。在听了几位负责选

---

① 洪丝丝：《华侨慈祥的贴心人——忆何香凝老人在侨务战线上》，《回忆与怀念：纪念革命老人何香凝逝世十周年》，第 159—160 页。

② 王俊彦：《廖承志传》，人民出版社 2006 年版，第 196 页。

址的同志介绍情况后，她亲自乘车到现场查看，当她看到北京北新桥王大人胡同东头一号大院时，高兴地说："好地方，就是这里了。办公室和住家都可以在一起，晚上加个班都方便。"

在担任中侨委主任期间，何香凝特别重视侨务工作，主持中侨委制定了一系列政策，坚决维护华侨华人的合法权益，鼓励华侨回国投资，大力鼓励归侨、侨眷参加农副业生产，推动祖国建设事业。她运用自己和华侨华人有广泛联系的有利条件，以热情诚挚的爱侨之心和平易近人的工作方式，赢得了华侨华人的普遍爱戴，被誉为"华侨慈母"。

1. 重视侨务工作，积极建章立制

何香凝对华侨在中国革命历史上的贡献和作用给予了高度评价。何香凝于 1950 年元旦发表的新年广播，应该说是代表新中国侨务部门第一次比较全面地阐述新中国侨务政策。她在讲话中说："侨胞们，你们在中国革命历史上，早有了光辉的记录。早在辛亥革命时代，侨胞出钱出力帮助革命，孙中山先生称华侨是'革命之母'。到八年抗日战争期间，侨胞不断输将，尽了最大努力，坚持了抗战。在人民解放战争中，许多青年侨胞，尤其是从南洋各地回国的青年，积极地参加了战争，参加了土地改革和其他种种革命斗争。在国外也有许多侨胞，能站稳岗位，坚持人民民主立场，与反动派作不屈不挠的斗争。这些都是华侨对祖国的光荣贡献。"在中侨委第一次侨务扩大会议上，何香凝进一步阐述"在祖国解放以来，国外侨胞中所发展的爱祖国、爱人民、爱中央政府、爱毛主席的爱国主义，比之过去，更获得了本质的进步"。她认为："华侨在支持祖国建设方面在促进祖国和东南亚国家的友好关系方面都有一定贡献。"[①] 何香凝对海外侨胞在现代中国各个重要历史时期的贡献进行了高度概括，给予了充分肯定。这充分体现了何香凝对海外侨胞的深厚感

① 《双清文集》下卷，第 521、591、752 页。

情，对海外侨胞贡献的深刻认识。这是对华侨贡献的评价基调，也是新中国制定侨务政策的重要依据。

何香凝担任中侨委主任期间，正是新中国百废待举之际，也是新中国侨务政策逐步形成并不断完善之时。何香凝积极参与并主持制定了一系列保护华侨权益的方针政策，她在新中国成立后所发表的著述中，三分之一以上是关于侨务工作的。可以说，何香凝为新中国侨务政策的制定做了大量的基础性工作。

2. 维护华侨华人的合法权益

何香凝对海外华侨华人利益的关心是一贯的。早在 1948 年 7 月 8 日，何香凝就曾同李济深等致电泰国总理銮披汶，要求泰国政府保护侨民利益，不能因为中国侨民政治意见与南京国民政府相左而被非法监视、逮捕、拘禁及放逐出境。[①] 新中国成立后，何香凝主持的中侨委确立了维护华侨正当权益、保护归侨侨眷合法权利的侨务工作方针。在全国人大一届一次会议上，何香凝发言时指出：政府必须考虑和制定有关华侨的各种政策，作为国家总的政策中不可分割的部分。在中侨委第一次侨务扩大会议上，何香凝提出，会议的一个重要任务就是要研究和讨论“加强与国内外二千余万华侨、侨眷的联系，促进国外侨胞为保卫自己正当权益的爱国大团结”。“还应研究与讨论各项如何便利侨胞，福利归侨、侨眷的具体设施与事业”。在这新生的人民共和国刚刚诞生之际，何香凝就在 1950 年新年向海外华侨作广播讲演，她坚定地向海外侨胞表示：“我们要用各种办法，保护地方秩序，保障侨眷生活。”[②] 何香凝在各种重要场合详细阐述了华侨和归侨、侨眷的独特性和特殊性，深刻阐明了保护华侨的正当权益，扶助回国华侨的重要性，确立了“一视同仁、不得歧

① 《双清文集》下卷，第 502 页。

② 赵健：《披肝沥胆为国　尽心竭力护侨——何香凝先生与海外侨胞肝胆相照水乳交融》，《侨务工作研究》2012 年第 4 期。

视，根据特点、适当照顾”的国内侨务工作总原则。这些方针和原则在中侨委的工作中得到了具体体现。1954 年 9 月 26 日，何香凝在一届全国人大第一次会议的发言中指出，有个别地区的干部甚至负责人不愿正视华侨问题的特殊性，怕麻烦，图省事，不愿把复杂的特殊问题同一般问题区别开来，这种缺点和错误，必须坚决纠正。

在海外侨胞面临困难和危险时，何香凝对他们表示深切的关心和大力的支持。新中国成立之际，一些国家先后出现对中国侨民的迫害，何香凝多次发表讲话，对迫害华侨的暴行进行严正抗议，呼吁各国政府尊重和保护华侨的正当权益，严正指出，“迫害华侨的种种罪行，是中国人民所不能容忍的”，号召“华侨团结一致，继续为争取他们的正当权益而奋斗”①。

对于被迫害而归国的难侨，何香凝给予深切的同情和关怀。何香凝曾多次发表严正声明，抗议所在国政府对华侨的迫害，并号召各国侨胞，为捍卫自己的正当权益而斗争。同时，她认真组织侨务工作者做好难侨的接待和安置工作，使他们一踏上祖国的土地，便感到乡情的温暖。据统计，仅从 1949 年 10 月至 1952 年 9 月为止，广州、汕头、海南岛等地的华侨接待站，便接待了难侨五万多人，并且根据他们之所长，做了妥善的安置，有的还参加了人民政府机关工作，或到工矿企业部门工作。1959 年，何香凝还亲笔致函毛泽东，要求对归侨的生活给予适当照顾。对于某些地方侵犯华侨权益的行为，她非常气愤，给予严厉的批评。

3. 鼓励归侨、侨眷投身新中国建设

何香凝通过各种途径满腔热情地向海外侨胞宣传介绍新中国的建设成就，积极推动华侨对新中国的认同和支持，“使侨胞深刻地认识到，我们国家的伟大与强盛，使国外侨胞在爱国基础上的团结，益臻巩固”。

---

① 《双清文集》下卷，第 546 页。

她不止一次地表示，“在社会主义建设过程中，我们热烈诚恳地欢迎海外华侨加倍地帮助祖国”，热烈诚恳地欢迎海外华侨，发扬革命的传统，参加新中国建设的伟大光荣的事业[①]。

何香凝认为，组织归侨、侨眷参加生产，招致侨资回国参加建设，都是关系到国内外华侨特别是国内侨眷、归侨生活的大事，是侨务政策的另一个基本而又长远的方针。在全国人大一届一次会议上，她发言说，国家除了继续辅导华侨回国参加工业生产外，欢迎华侨在国内各地开发山林荒地，种植农场，开办牧场，并欢迎华侨大量兴造房屋和兴办文教事业。这样做对华侨是有利的，对国家的社会主义建设是有帮助的。在1951年6月召开的第一次侨务扩大会议上，何香凝号召华侨根据当地实际情况，投资于开矿、建筑、交通、旅馆业及其他经济事业等。同时她上书周恩来和陈云，详细阐述对投资方向的建议：“男子可在闽、粤、桂经营糖业，在江、浙、粤经营纸业，在江、浙、闽、桂、滇经营茶业，在滇、粤、桂经营烟业，在蜀、滇经营药材业，在海南岛经营树胶业、椰油业、铁矿业，在沿海各处经营渔业，在其他地区经营建筑业、公路运输业等等。女子可营机织、棉、麻、毛、丝等小型工业。同时为适应侨眷散处各方的特殊情况，亦可鼓励他们分别从事小规模农业及工艺，如种花生榨油、编织藤椅、窗帘、麻包等”，并且指出，上述“种种工业，多半适于在南方发展，华侨对于经营热带生产，素有经验，这对他们甚为适宜”[②]。

何香凝还提出了鼓励华侨开垦祖国荒山的主张，并由廖承志起草，国务院批准，以毛泽东的名义发布了《华侨申请使用国有荒山荒地条例》。1952年，国家拨出巨款，在广东、福建和云南等地创办了一批华

---

① 何香凝：《在五四年春节对国外侨胞的讲话》，《中国新闻》1954年2月6日。

② 何香凝：《关于归侨、侨眷生产，华侨投资的几项建议》，转引自董志凯：《共和国经济风云回眸》，中国社会科学出版社2009年版，第52页。

侨农场。这不仅解决了安置归侨的问题，而且促进了我国橡胶工业和其他经济作物的发展。在二届全国人大一次会议上，何香凝提出了发动归侨、侨眷研究种植经济作物和进行副业生产的建议，她在发言中指出，华侨有爱国爱乡的光荣传统，假如把他们发动起来，他们良好的经验和技术对祖国的经济建设是有帮助的。她还鼓励印度尼西亚归侨尤扬祖，在其家乡福建永春县海拔 700 多米高的猛虎山上，开办垦殖场，种植良种柑橘和其他经济作物，为发展高山柑橘的种植和节约平原耕地，创造了成功的范例。1960 年 7 月，她喜闻福建省永春县北硿华侨茶果场生产发展，新近又安排了 2000 多印尼归侨，便作画一幅并热情赋诗："一张拙画慰劳君，勉励归侨爱国心；万劫千辛归故里，勤劳建设勇于人。"她托人把这幅画和诗送给了该场，对他们的辛勤劳动表示赞赏。

何香凝积极鼓励华侨回国投资创办企业、工厂。新中国成立初期，有些国家尚未与我国建交，当地政府对华侨实行不友好甚至迫害政策，华侨要在当地办实业风险大，为此，何香凝号召华侨回国投资，把国外资金转移到国内来。她在向周恩来总理汇报时建议用招股办法解决投资途径问题，"经营种类，如矿业、建筑、树胶、糖业等，应分别详细列明，任人选择"，"至于股份额不宜过高，使各阶层华侨及港、澳等处商人亦有能力投资"①。正是基于这样的考虑，先后成立了福建投资股份有限公司、广东华侨投资公司，这些企业成为吸引华侨投资的重要平台。中央政府还相继制定了一系列鼓励和方便华侨回国投资的政策，如《华侨投资于国营华侨投资公司的优待办法》等。这一系列有利于华侨投资的政策法规的颁布，使华侨投资在 1957 年前后有了相应的成效。资料统计，从 1950 年至 1957 年，华侨投资兴办的企业有 50 多个，到 1960 年，投资建立的企业达到了 100 多个。华侨还为兴办农场作出了贡献，到

① 国务院侨务办公室秘书行政司编：《党和国家领导人论侨务（1959—2006）》，第 219 页。

1959年止，由华侨投资兴办的农场有26个。[①]

4. 妥善安置归侨、归侨学生

归侨及归侨学生的安置工作是新中国成立后国内侨务工作的一项重要内容。为了接待安排大量受迫害回国的华侨，中央政府颁布《好好安置难侨，不让其流离失所》的通知。对于大量难侨回国，何香凝表示，“对他们长久接济不是积极的办法，如何组织他们参加生产，才是我们今后积极步骤”。正是在此思想指导下，中国政府创办了一系列华侨农场，这项举措在当时为接待和安置难侨发挥了积极作用。

对于归侨学生，何香凝十分重视他们的教育问题。一部分归国华侨学生，由于受帝国主义的压迫以及其他特殊原因的影响，在数学、物理、化学等基础课方面，还赶不上国内学生的水平，因而在投考学校时发生困难。何香凝便嘱咐廖承志以中侨委名义与中央人民政府教育部磋商，决定对这类成绩差的侨生，给予照顾，从宽录取。这项政策实行了一段时期之后，被照顾的侨生，对于这种照顾的办法，并不满意。他们反映，他们的文化程度本来就赶不上，从宽录取之后，只好拼命赶，开夜车，结果还是赶不上，因而感到很苦恼。为了解决这个难题，中侨委决定在北京、广州、福建三地创办三所归国华侨学生中等补习学校。这些补习学校，对于归国侨生，都是不分程度（大学或中学），不分年限（一年或半年），随到随收。这三所补习学校可容纳2500名学生。在20世纪50年代，每年归国的侨生约一万人，其中文化程度较差需要补习的约占1/4，这三所补习学校基本上能满足需要。从创办至“文化大革命”前，三所补习学校先后招收四万多侨生，经过短期补习以后，其中有20%考进了高等学校。另外，侨乡政府有关部门还在其他有关侨乡创办了类似的侨生补习学校，安置招收归侨学生。对于侨生的费用，政府也给予优

① 吴泽主编：《华侨史研究论集》（一），华东师范大学出版社1984年版，第34页。

惠。经中侨委报国务院批准，有专科以上程度的侨生，都给予公费待遇。对经济宽裕的侨生，也给予公费补助，如果他们自愿捐助国家建设事业，则给予支持和鼓励。政府还规定，中学助学金中的 20% 款项指定作为救济归国侨生之用。1958 年，为适应侨生回国升学的需要，何香凝、廖承志积极支持在广州复办暨南大学。廖承志并多次到暨南大学视察，强调要注意提高教学质量。

在 20 世纪 50 年代，由于归国侨生逐年增多，仅有暨南大学还不能满足他们投考大学的需要，1960 年，廖承志积极支持在福建泉州市创办华侨大学，当年就接收了 2000 多名归侨学生。廖承志考虑到从东南亚来的侨生，特别是女同学，习惯洗澡和在室内打赤脚，因此要求建女生宿舍时，特意在两间卧室中间增加一个能洗澡的卫生间，还嘱咐地板要磨光，以免刺破脚板。他总是要求学校扎扎实实地把教学工作做好，保证教育质量，培养出合格的学生。廖承志为这所大学的创办和发展倾注了很多心血，从办学理念、专业设置、学术交流到建设规模、建筑材料，几乎是面面俱到。何香凝、廖承志对华侨教育事业的高度重视由此可见一斑。

何香凝十分关心归国华侨青年的成长进步。她曾说：“侨胞把子弟托给我们，我们一定要把他们培养好，这才对得起侨胞，万万不要误人子弟！”[①] 在 1958 年社会主义建设高潮中，南侨机工黄步云苦干加巧干，积极提高车辆牵引能力，在他的带动下，全车队实现一车多兜化。他利用发动机进气管的作用，在挂车上装置真空加力刹车，保证了行车安全，实现行驶 20 万公里无大修，1958 年被评为全国劳动模范，出席了全国“群英会”，受到周恩来总理的亲切接见。何香凝感到非常高兴，亲笔

① 洪丝丝：《华侨慈祥的贴心人——忆何香凝老人在侨务战线上》，《回忆与怀念：纪念革命老人何香凝逝世十周年》，第 161 页。

画了两幅虎图赠他。[①] 廖承志在百忙之中也会抽出时间参加在北京举行的侨生春节联欢会。1957 年春节，他出席归侨学生的联欢会，并发表《喜事重重，努力前进！》的讲话，向他们报告祖国社会主义建设的伟大成就。

5. 对于归侨、侨眷的“适当照顾”

做好国内归侨、侨眷工作直接关系到对国外华侨的工作效果。何香凝准确指出了这一点：“国内的侨务工作，对于促进国外华侨的爱国团结，是息息相关的。国内侨务工作的每一项措施，都会直接地影响到国外侨务工作。”[②] 做好归侨侨眷的工作，同海外华侨华人的根本利益是一致的。

归侨侨眷同国内一般人相比，存在着一些特殊情况。这种特殊情况的存在，就是由于他们家庭中的一部分成员或主要劳动力旅居国外，而且绝大部分是在资本主义国家。国内侨眷和国外华侨在伦理关系上和经济关系上历来就有着密切的联系，而且大部分侨眷在经济上对国外亲属有着依赖或半依赖关系。一般说来，国内侨眷大多数缺乏劳动力，其中一部分又缺乏劳动习惯；加之有侨汇收入，生活较为富裕，对物质生活的追求比一般农民高。[③] 因此，新中国对归侨侨眷在土改、侨汇等多个方面实行了“适当照顾”政策。

有了“适当照顾”的政策，华侨侨眷的利益便有了一定的保障，但要坚决捍卫侨胞的利益，还必须使党的路线、方针和政策落到实处，何香凝和廖承志为此作出了巨大的努力。

---

① 陈共存主编：《南侨魂：陈嘉庚与南洋华侨机工回国抗日服务纪实》，云南美术出版社 2006 年版，第 89 页。

② 《双清文集》下卷，第 710 页。

③ 廖承志主持撰写和由他亲自修改的《在中共八届三次全体中央委员会会议上的发言》，国务院侨办档案室藏档永久卷 245 号。

在侨区的土改因为要照顾归侨侨眷的特点而显得较为复杂。何香凝指出，由于“国内任何细小的问题和措施，都会影响到国外华侨以及侨居国人民对我国的观感”，故而要“尽可能地处理好归侨侨眷的问题，扩大我们国家的影响”。[①] 在土地改革运动中，华侨关注的焦点是华侨地主的房产是否会被没收，而对土地分配的意见不大。对此，周恩来曾经指出，华侨总的来说是好的，是爱国的。而我们的土地改革也是必须要进行的，这必然会触动华侨的利益。如果我们在房子问题上能够解决得好，就能使华侨波而不动。[②] 廖承志认为在土地改革运动中，华侨地主的房屋不能动，否则牵涉面太大。总的原则应该是缩小打击面，有利于团结国外更多的华侨。为此，中侨委制定了详细的照顾政策，为政务院代拟了《土地改革中对华侨土地财产的处理办法》，由廖承志主持起草，何香凝对文件稿逐条逐句研究修改，呈报周恩来、毛泽东批准。其主要内容是：华侨出国前本人及其家属为地主者，其土地、耕畜、农具、余粮及多余的房屋予以没收分配；如本人出国后上升为地主者，或在农村有少量土地出租的华侨工商者及其家属，其土地及多余的房屋予以没收分配，其他财产一律保留不动；如本人出国前系劳动人民，其出租土地超过当地居民人均数的20%，超过部分亦得酌情照顾，不予征收；一般侨眷与当地农民一样分配土地。

这个文件公布后，得到华侨普遍的拥护。但是，下面执行情况不到位甚至出现问题。有不少地方，说是“为了满足贫下中农的要求”，还是分了华侨的房产。消息传到国外，华侨通过社团组织，上告到了联合国。周恩来知道后，对下面这些“左”的偏差很有意见。廖承志主持整理了《中侨委党组对广东目前土改问题的九条意见》，但仍未能制止住

---

① 《双清文集》下卷，第759页。

② 参阅高云于1988年4月22日采访原国务院侨办副主任彭光涵的记录，该件藏国务院侨办廖承志文集传记编辑办公室。

地方上没收华侨地主房屋的趋势。后来，在周恩来和邓小平的支持下，中侨委派了两个工作组分别到广东和福建了解执行情况。到广东的工作组由廖承志带领。经过调研，廖承志向中央提出九条建议。[①]后来，党中央、政务院采纳了他的建议，较好地纠正了侨区土改中“左”的错误倾向。

在侨汇问题上，1949 年新中国成立伊始，党和政府采取了便利侨汇的系列措施，侨汇曾一度迅猛提升。1950 年，何香凝提出实行原币汇款、发行原币存单等措施，保障了侨汇的币值，使侨眷的利益不受损失，受到了侨眷的欢迎。侨汇稳定后，为保障侨眷的利益，原币和本币同时并用，侨眷们都表示满意。此外，又采取各种措施，简化了侨汇手续，加强了侨区的物资供应，并举办侨眷的福利贷款，增设兑付侨汇机构，又规定侨汇的手续费全部由人民政府来承担，一律不准在侨汇中扣除等，从而减轻了侨胞的负担。1951 年，我国的侨汇收入已超出 1949 年七倍以上。但随后侨汇工作中出现了一些“左”的错误，一些干部错误地认为侨眷接受侨汇是“不劳而获”，是“剥削”，这导致了侨汇的急剧下降，不但减少了侨眷的收入，还使国家减少了外汇来源，并造成侨乡的不安定及给敌对国家和台湾当局诬蔑人民政府、笼络海外华侨提供了口实。廖承志便不断把华侨反映的真实情况向中央写报告，一有机会，他便请周恩来接见华侨代表，让他亲自听到真实的情况。为纠正错误，1952 年 12 月，中共中央批转《中国人民银行党组及中侨委党组关于侨汇及华侨投资的报告》。报告明确指出：“侨汇不是封建剥削”，“不能侵犯侨眷的侨汇收入”。[②]1954 年第三次侨务扩大会议通过了关于“保障侨汇所有权和使用权”的提案。为了争取侨汇，保障归侨侨眷的生活，何香凝

---

① 《廖承志文集》上卷，人民出版社 1990 年版，第 188 页。

② 胡之信：《中国共产党统一战线史》，华夏出版社 1988 年版，第 333 页。

呼吁“国营银行的储蓄部门，特别照顾侨眷、侨生的特殊情况，务期做到保本保息”。何香凝表示，我们要研究制定有利于华侨的符合实际的侨汇条例，达到公私兼顾和便利侨汇的目的。正是在侨务部门的大力呼吁和深入细致的调查研究基础上，1955 年 2 月，国务院颁布了《关于贯彻保护侨汇政策的命令》。党和国家坚决保护侨汇的政策得到了海外华侨侨眷的热烈欢迎与拥护，侨汇重新上升，鼓舞了华侨归国投资的信心。

新中国成立后，在社会主义革命和建设中，频繁发动政治运动，尤其是 50 年代后期至六七十年代，连续开展的政治运动犯了越来越“左”的错误，严重影响到侨务领域，把曾强调照顾归侨、侨眷的工作方法问题作为资产阶级侨务路线加以批判，认为这是要把华侨“挂上社会主义列车还是挂上资本主义列车”的严重的两条路线斗争。[①] 由于从中央到地方某些侨务干部忽视归侨侨眷的特殊性，强调“以同化异”，不承认由于归侨、侨眷有较多的海外联系与华侨不断回国这种特殊性在相当长的时期仍然存在，仍是党的统战工作的重要对象，错误地批判一些侨务部门在贯彻执行政策时是“片面照顾”，甚至把一些为归侨侨眷谋利益的侨联组织称为“促退会”加以批判。一些部门甚至搞阶级斗争扩大化，伤害了一部分归侨侨眷。反右派斗争中，各级侨联中都有一批人受到冲击，在“社教”“四清”运动中，一些侨户被重新戴上地主帽子，有些归侨被错划为所谓的资产阶级。何香凝十分关心这个问题。南侨机工林清泉是华侨领袖陈嘉庚公司的司机，受陈嘉庚影响很大，参加第九批“南侨机工回国服务团”回国抗日，在道路条件十分恶劣的滇缅路上，运送了大批军用物资，支援了抗战。新中国成立后在重庆中南橡胶厂工作。1953 年调川藏公路运输总公司四川省雅安公司开车。1955 年抢运物资时双眼因公受重创，1959 年双眼失明。因是归侨，林清泉在政治和生活上

① 侨务报编辑室：《批判归侨思想工作中的右倾保守倾向》，《侨务报》1958 年第 4 期。

都受到了不公正的待遇，曾失去工作，被下放农村，生活凄惨。后来，在何香凝的亲自关怀下，恢复了工作和名誉。①

后来，关于妥善处理归侨侨眷的就业和精简问题，保护华侨侨眷的选民权利问题，对华侨出租房屋进行社会主义改造问题，在农村社会主义教育运动中对待侨户问题，华侨和港澳同胞捐资兴办公益事业问题，归侨侨眷婚姻问题以及归国华侨青年参军等一系列问题，中侨委都根据“一视同仁，适当照顾”的政策，会同有关部门拟订了具体的处理办法，报请党中央和国务院批准，使“左”的错误在侨务领域受到一定遏制。

6. 解决历史遗留的华侨双重国籍问题

历史上华侨双重国籍问题的产生，主要是由于华侨居住国的法律和政策对华侨国籍的取得和丧失的规定，与中华人民共和国成立前有关国籍问题的规定不同而造成的。国籍问题是关系到当事人与国家的权利与义务的问题。双重国籍常常会造成两个国籍国之间对双重国籍者的管理和保护上的冲突，也涉及双重国籍者对两个国籍国的忠诚问题，特别是两个国籍国之间关系恶化或交战时，双重国籍者的处境非常艰难。据统计，华侨中有双重国籍者占半数以上。新中国成立后，帝国主义者利用这个问题挑拨我国与东南亚各民族主义国家的关系，诬蔑“华侨是第五纵队”，双重国籍一直是困扰海外华侨在国外生存的很大问题。

为了巩固和发展我国和东南亚各国的友好关系，也为了华侨在海外长期生存的利益，中华人民共和国政府本着平等协商和华侨自愿等项原则，先后与印度尼西亚、缅甸等国谈判，解决了华侨的双重国籍问题，但具体落实起来并不容易，何香凝、廖承志为此做了许多工作。

首先就是许多华侨不理解取消双重国籍这种做法。这不是个别现象，华侨对新中国的华侨政策有些想不通，有一种被祖国亲人遗弃的感觉，

① 《定居在重庆的南侨机工》，2008年，第28页。

毕竟一旦要作出是不是中国人的重大抉择，好多华侨都犹豫不决。得知消息的泰国侨领陈振敬干脆就不回国参加国庆观礼活动了。为了做好转化工作，何香凝、廖承志请泰国另一位侨领蚁美厚到家中作客。早在中国与印度尼西亚签订关于双重国籍问题条约时，何香凝便指出，取消双重国籍的做法符合我国保护华侨正当权利和利益及不干涉当地内政的一贯政策、深切照顾华侨切身利益和体现自愿选择国籍的民主精神。廖承志幽默地开导蚁美厚："国家的政策是为广大华侨着想的，不信走着瞧，我说这是一颗橄榄果呢。"橄榄果闻起来臭，吃起来香，海外华侨在国外没有当地国籍是很难生存的，有时做买卖、当工人都不被允许。华侨加入当地国籍，不会切断同祖国亲人朋友的感情，应当受到尊重。做通蚁美厚的思想工作后，廖承志请他到香港开导陈振敬。蚁美厚为陈振敬详陈利害，若不加入泰国国籍，就不能做地产，不能办实业，许多生意做不了；若加入泰国国籍，在泰国顺利发展事业，可以有更多机会为促进中泰两国之间的友谊做工作，到时同胞不会骂他只顾赚钱放弃国籍，而是会尊重他成为了沟通中泰两国人民感情的民间大使。经过这样的分析，陈振敬最终同意加入泰国国籍。

7. 呼吁建立华侨爱国统一战线

新中国成立后，在海外华侨华人群体中，"赤白对立"一个时期较为严重。"赤"，指的是拥护新中国的人们在海外形成的一股力量；"白"，指的是反对新中国、拥护蒋介石国民党残余势力。"赤白对立"表现最为强烈的是东南亚各国的华侨。1950 年 10 月 1 日为庆祝中华人民共和国成立一周年，印度尼西亚的雅加达有 50 万华侨要上街举行庆祝游行，但是台湾国民党当局驻印尼官员组织大批华侨与其对抗，这样一来，冲突日趋尖锐，打斗时有发生。何香凝、廖承志对华侨的"赤白对立"问题高度重视，在调查研究的基础上，提出了必须建立华侨爱国统一战线的主张。廖承志说服印尼爱国华侨要尽可能多团结一些人，有事多商量解决，千万不要在华侨之间发生流血冲突。他说：“如果我们侨胞内部不团结，或者团结得不够好，那就不能做好任何工作……侨胞们现在在国外奋斗，应该学习毛主席团结大多数、自力更生的精神。我们要站在爱国立场上，团结大多数，大多数的侨胞团结起来了，才有发言权。”

在缅甸，台湾当局派遣的特务活动猖獗，在缅华侨处境危险，当地侨领曾顺续派华侨黄铁金到北京找廖承志寻求解决之法。廖承志指出，新中国的侨务与旧中国的侨务有着本质的区别，侨务工作在新中国对外关系中具有举足轻重的地位和作用，归根结底就是要保护海外同胞的根本利益。“这个锦囊妙计就是结成华侨统一战线……现在的祖国是强大了，可以做侨胞们的后盾，但是进步的侨胞们和反动派斗争单硬拼就不够了，而是要把力量用在团结广大中间的甚至落后的侨胞工作上。华侨中爱国进步分子今天正是要在这个问题上起作用。如果在这个问题上经不起考验，关起门来，那就不行。现在我们团结侨胞，应该不分阶级、不分区域、不分语言、不分宗教信仰。要宽大，要体谅人家的苦楚。有些侨胞不得已‘身在曹营心在汉’，也要加以原谅。只要心在汉，就是好同胞！”①

当时，有些人认为华侨统一战线行不通，华侨的首领都是海外富裕资本家，“一身毛病”。廖承志用大量事实说明，华侨资产阶级由于受帝国主义的压迫，他们与帝国主义的矛盾一天天加深，帝国主义是不会放过他们的，因此他们就有可能成为我们长期的同盟者。对他们的缺点，廖承志有这样一番妙论：“这些人在国外的处境困难，有部分人不能生存下去，被迫回国，但他们在国外带来的资产阶级思想和行为，是很难一下子扭转过来的。这不能完全怪他们，因为他们在海外，多数是资产阶级。这些人，尽管他们身上存在许多毛病，但是总有一条：热爱祖国。

---

① 《廖承志文集》上卷，人民出版社 1990 年版，第 194—197 页。

对于带着爱国心情回来的人们，我们就要欢迎，我们就要帮助他们去掉身上的毛病，帮助他们克服各种缺点，团结他们，争取他们中的大多数。这就要求我们有耐心，不要急躁。如果我们不耐心，我们就会犯错误。”

何香凝十分赞成廖承志的看法，她坚持每周召开一次侨委会议，以宽阔的胸襟倾听各方面的意见。她多次在讲话和文章中谈到：“华侨中的爱国民主统一战线，必然广泛地开展和巩固地建立起来……只要是爱好和平民主的爱国分子，都能参加这爱国民主统一战线。”①

何香凝将侨委建立华侨爱国统一战线工作的主张上报毛泽东、周恩来，得到了肯定与支持，何香凝、廖承志母子备受鼓舞，组织侨委工作人员制定了“建立华侨爱国统一战线”的一系列方针政策，经中央审定下发。这个阶段的国外华侨政策是：“教育华侨不参加当地的政治斗争，华侨不参与当地的革命运动，划清楚这个界限，同时针对敌人对新中国的破坏宣传，对华侨坚持进行爱国主义教育，加强华侨爱国团结，打击敌人在广大华侨中所进行的种种阴谋活动。”

毛泽东在湖南省立第一师范的同班同学张国基，长期在国外从事华侨教育工作，应廖承志的邀请，1954 年从印度尼西亚回国参加全国人民代表大会，受到毛泽东的接见。在谈话过程中，张国基反映海外华侨中左派、右派分得很清楚，即使是昔日同窗因派系不同也是到了水火不容的地步。毛泽东指出：“华侨之间应该互相联系，不要老死不相往来嘛！我们都是中国人，都是炎黄子孙嘛，对不对？”何香凝、廖承志在多个场合宣传毛泽东接见张国基时所讲的这番话，推动了华侨爱国统一战线工作顺利发展。

① 何香凝：《华侨事务委员会主任委员何香凝 新年元旦向海外华侨广播词》，《人民日报》1950 年 1 月 3 日，第 4 版。

8. 鼓励侨胞与当地人民长期友好相处

何香凝呼吁侨胞自身加强团结，据理据法维护自身的正当权益。对于侨胞与当地人民的关系，她说："华侨在海外，尤其是南洋各处，早已与当地人民建立了和平友好亲密的关系。""我们应该珍惜它，爱护它，发扬它。"她希望海外侨胞"遵循我国的和平外交政策，自觉地成为祖国和平友好的使者，更加发扬光大与侨居国人民的传统友谊，促进与侨居国人民的文化合作与经济合作"[①]。她要求海外的侨胞"不参与当地政治纷争"，"尊重当地的风俗习惯和法律"，要在侨居国做守法、模范的侨民，要学习所在国的文字，以便直接和侨居国人民交流感情，学习侨居国人民的优点和长处。"凡是有益于祖国和所在国增进友好关系的事情就应当努力去做，凡是对祖国和所在国增进友谊有害的事情就尽量少做，不做。"何香凝还希望海外侨胞"发扬兴办文化事业的优良传统，使华侨的文化教育工作长期为华侨服务"。廖承志多次在接见华侨代表团的讲话中，总是循循善诱，教育他们同侨居国的人民友好相处，不要介入和干涉当地内政，只办自己的福利事业，促进和侨居国的友好。他还指出，在侨务工作中要警惕民族主义思想，这是因为侨居国历来遭受帝国主义压迫，创痛犹新，看到强大的新中国，他们就担心起来。廖承志强调华侨要遵守当地政府的法律、法令。早在 1957 年，他就批评说，现在华侨报纸都学《人民日报》，头条新闻是中国新闻社的消息，当地消息都放在第四版。他主张应当转过来，多登当地通讯社的消息，有义务把当地通讯社的消息放在第一版。

时过半个世纪，这种民族间平等、和平友好相处的精神，依然值得我们学习和提倡。我们当前鼓励海外侨胞融入主流社会，努力成为"好公民""好居民"，正是这一精神的延续和发展。

---

① 《双清文集》下卷，第 763 页。

9. 在同华侨华人热情交往中推动侨务工作

何香凝、廖承志始终同华侨华人保持着真诚的交往。他们诚挚地邀请海外华侨回国观光，在新中国成立初期经济特别困难的情况下，给予热情周到的招待，海外华侨参观回来，都喜欢到何香凝家或侨委，找何香凝、廖承志或侨委的同志谈论自己的观感。就这样，何香凝、廖承志成为1300万海外华侨的知心人，“中侨委”、何香凝居所成为“归侨之家”。一个老华侨的话颇有代表性：“我们到北京，一定到王大人胡同，看望何老太太和廖公。我们尊重何老太太，把她当成一尊神来拜见；我们去看廖公，则是把他当成好朋友，当成自己的代言人。这些年来，若不是他撑着为我们华侨说话，我们还不知道要受多少罪！”渐渐地便有了这样的说法：海外华侨回国一趟，如果没有见到何香凝或廖承志，没有听到廖承志的报告，那就等于白白到了一趟北京！这是侨胞们的知心话。

何香凝、廖承志往往就是这样通过拉家常的方式同海外华侨华人交心。1952年，南非华侨首领吴应奎应邀带着他的儿子吴桓兴回国参加政协全国委员会会议。何香凝深知南非当局追随美国的反华政策，推行种族歧视和种族隔离政策，华侨工作步履艰难。为推动南非的华侨工作，她特意让廖承志把吴应奎父子请到北京王大人胡同三号家中，母子两人亲自热情招待做工作。

吴应奎见到大名鼎鼎的廖夫人和廖承志，敞开心扉说：“海外的人，心里是热爱新中国的，但是有的地方国民党的势力太强，美蒋在各地利用当地政府压制向往新中国的人，所以我们不能公开拥护新中国，请祖国亲人谅解！”吴应奎担心中共高级官员廖承志会严厉批评自己工作无能，但是却听到他这样令人莫名其妙的问话：“吴老先生，您吃过北京的心里美吗？”“北京人最爱吃心里美，不管是白皮还是青皮，里面却是红艳艳的。你们华侨在国外总会遇到意想不到的困难，祖国不要求你们天天上街喊中国万岁的口号，祖国理解你们，只要心里爱国就行！祖国是强大的，但是祖国终究是祖国；侨胞在国外，终究是在国外，国外和祖国是两个地方，情况不同，做法就不能一样，不能把祖国的一套机械地搬到国外去运用。侨胞们应该根据自己的具体情况，具体地决定在侨居国的做法，祖国人民同样是完全支持的。总之，我们团结侨胞的方针是：只要他心爱祖国，拥护新中国就够了！”廖承志的话说到了吴应奎的心坎儿上。何香凝进一步指出：“侨胞在国外受压迫的处境，使他们要求反对外国侵略，要求建立一个先进的、繁荣富强的祖国。在这样的基础上，华侨就有了推翻腐朽政府的革命思想，能够同情和支持祖国的革命，但是也有很多侨胞迫于生计，与国民党也有往来，这不要紧，你们可以‘身在曹营心在汉’，你们经常怀念祖国就行了，这儿是你们的老祖家，根在这里！”母子俩一席话，使吴应奎感动得热泪盈眶：“我们许多老侨胞至死都在念叨，‘我的根在中国，儿孙们都要认祖归宗’，但是蒋帮人员活动猖獗，老侨胞要在南非生活下去，不得不与他们周旋，但是他们心里难受得直掉眼泪，害怕被骂做忘恩负义之辈！这下可好了，我们侨胞要做心里美！”①

吴应奎感叹南非的进步华侨力量较小，给侨务工作带来很大困难。廖承志笑呵呵地为吴应奎出谋划策道：“很早就在南非从事爱国活动的侨胞，现在已经成为华侨领袖和骨干，但今天光靠骨干是不行的，骨干必须有血肉、皮肤、眉毛、眼睛配合才行，才能起作用。要做骨干，就要能团结人，需要我们有工作经验的同志走到群众中去，走到与我们有不同意见的人们中去，用各种方法把他们团结在爱国主义的旗帜下！”吴应奎顿时觉得心明眼亮，归国时的种种顾虑一扫而光，回到南非后很快打开了侨务工作的局面，还把儿子吴桓兴送回国内工作。吴桓兴不时代

① 参见李荣德：《廖承志和他的一家》，春风文艺出版社 1998 年版，第 214—215 页。

表父亲到王大人胡同探望廖夫人和廖承志，成为双方之间的联络员。吴桓兴后任北京肿瘤医院院长，在南非华侨中传为佳话。他在《一位气宇不凡的人》中回忆当时的情况说："我是一名归侨，生在毛里求斯，长时期在英国求学、从医。早在国外时，我就知道廖公和他的母亲何香凝老人长年为华侨的爱国大团结事业呕心沥血，在海外侨胞中享有崇高的声望。因此，我早就敬仰他，渴望能和他见一面。1952 年，这个向往已久的愿望终于实现了。那年，我父亲吴应奎以一个南非华侨领袖的身份回国参加全国政协会议时，带着我去登门拜访了何香凝老人和廖公。我清楚地记得，我们紧紧握手之后，他用英语亲切地叫我道：'医生，来！'随即亲切地和我攀谈起来，其间还不时插入诙谐、幽默之语。尽管是初识，但廖公那种平易近人、赤诚以待的好品德、好作风，使我更加景慕。我记得，他确实是一位气宇不凡、胸怀博大、学贯中西、作风质朴的人。从此我们之间的交往日益加深，我不但把他看作德高望重的领导人，更把他当作肝胆相照的良师益友。"①

回顾何香凝的一生，她始终与海外侨胞保持着紧密的联系，始终对海外侨胞和归侨侨眷怀着真挚的感情，始终维护华侨和归侨侨眷的合法权益，始终积极推动海外侨胞和归侨侨眷为国家民族尽心竭力。正如中华全国归国华侨联合会主席庄希泉在《爱国侨胞的忠实代言人》一文中所说："在近一个世纪中，从廖仲恺、何香凝到廖承志，一家两代三位著名的革命志士，在各个不同时期，对革命作出了巨大的贡献，并与华侨有着血肉联系，这在中国历史上是少有的。"今天，回顾何香凝同华侨华人交往的历史，她一心爱国、一心为侨的高尚品格仍然值得我们学习。

---

① 中国新闻社编：《廖公在人间》，生活·读书·新知三联书店 1984 年版，第 142—143 页。

后记

《华侨华人与毛泽东、孙中山等政党领袖》，是《华侨华人与中国革命和建设》丛书的第四册。一个半多世纪以来，在投身和支持中国革命和建设事业中，广大华侨华人与中国共产党领袖及国民党民主派领袖们密切交往，结下了深情厚谊，使中国革命史、中共党史、华侨华人史呈现出多姿多彩的一页，也展现出中国近现代历史、中国革命史、中共党史、新中国历史和华侨华人史的一个侧面。

学术界对毛泽东、孙中山等政党领袖的侨务理论与实践及其与华侨华人的交往多有研究，但倚重倚轻，有的领袖人物如毛泽东、周恩来、邓小平、孙中山等研究成果相对较多，有些则成果偏少，有些甚至没有研究。丛书主编任贵祥曾发表过十几篇关于领袖人物与华侨华人交往及侨务思想的文章。本书介绍华侨华人与十二位领袖人物的交往，将中共历代领袖及国民党民主派有代表性领袖人物与华侨华人关系的研究集结成册还是第一次，这是一种新的形式。本书在研究内容上也有一些新的拓展，此前除毛泽东、周恩来、邓小平、孙中山与华侨华人交往有些研究成果外，其余八位领袖人物与华侨华人的关系，则较少有人研究或基本没有人研究，较少或基本没有相关研究成果。因此，从总体上看，无论形式还是内容，本书都是一部具有创新性研究的著作。

根据各位领袖人物生平活动、工作经历以及与华侨华人交往情况的不同，本书阐述方式和时限有所不同：有些是全景式地反映领袖人物与华侨华人的交往，有些则是与华侨华人交往的生活片断；有的主要侧重在革命斗争中的交往，有的则侧重国家建设或工作上的交往，还有的是工作和生活上交往兼有，对此本书没有追求统一。本著体例风格与丛书前三册有所不同，在体例上以领袖人物为专题，在写作风格上学术性和通俗性相结合，在选材上主要为中国共产党领袖和中国国民党民主派领袖人物与华侨华人的交往。

本著为多人合作撰写。中共八位领袖人物毛泽东、周恩来、刘少奇、朱德、邓小平、江泽民、胡锦涛、习近平相关内容由任贵祥撰写，并得到其他人的支持和帮助；其中毛泽东、周恩来、刘少奇、朱德、邓小平五位领袖人物（陈云与华侨华人交往资料偏少，故未作介绍）的书稿，是任贵祥承担完成的中国中共文献研究会毛泽东思想生平研究分会2009—2010年度课题“毛泽东等中共第一代领袖与华侨华人”的结项成果（结项后未出版）。四位国民党民主派领袖书稿的作者分别是：孙中山部分由张晓飞撰写，黄兴部分由刘颖撰写，宋庆龄部分由叶维维撰写，何香凝部分由王婧倩撰写。张晓飞、刘颖、王婧倩均为中央党史和文献研究院研究或编辑人员，叶维维为重庆红岩革命历史博物馆工作人员。最后由任贵祥统改全稿。王婧倩、刘颖、张晓飞分别校阅了本书部分书稿。

总体说来，华侨华人与领袖人物的关系，是中国革命史、中共党史、华侨华人史研究的新领域、新课题，本书的研究是一种探索和尝试，属于抛砖引玉，难免会有这样那样的缺点和不足，欢迎专家和读者批评指正。

作者

2024 年 3 月